Gender-Studien

Eine Einführung

Herausgegeben von
Christina von Braun und Inge Stephan

Verlag J. B. Metzler
Stuttgart · Weimar

Die Deutsche Bibliothek – CIP-Einheitsaufnahme

Gender-Studien : eine Einführung /
hrsg. von Christina von Braun und Inge Stephan. –
Stuttgart ; Weimar : Metzler, 2000
ISBN 3-476-01636-6

Gedruckt auf chlorfrei gebleichtem, säurefreiem und alterungsbeständigem Papier

ISBN 3-476-01636-6

Einbandgestaltung: Willy Löffelhardt
Satz: Grafik-Design und Satzstudio Fischer, Weimar
Druck und Bindung: Franz Spiegel Buch GmbH, Ulm
Printed in Germany
Verlag J. B. Metzler Stuttgart · Weimar

Inhaltsverzeichnis

I. Gender-Studien

1. Einleitung

Inge Stephan, Christina von Braun

Geschlechterforschung/Gender-Studien fragen nach der Bedeutung des Geschlechts für Kultur, Gesellschaft und Wissenschaften. Sie setzen keinen festen Begriff von Geschlecht voraus, sondern untersuchen, wie sich ein solcher Begriff in den verschiedenen Zusammenhängen jeweils herstellt bzw. wie er hergestellt wird, welche Bedeutung ihm beigemessen wird und welche Auswirkungen er auf die Verteilung der politischen Macht, die sozialen Strukturen und die Produktion von Wissen, Kultur und Kunst hat.

Das Nebeneinander der Begriffe Geschlechterforschung und Gender-Studien verweist zum einen auf die längst vollzogene Internationalisierung von Forschung und zum anderen auf die Schwierigkeiten der Begriffsbildung selbst. Der deutsche Begriff ›Geschlecht‹ ist enger und theoretisch weniger eingebunden als der englisch-amerikanische Parallelbegriff. Für den Begriff ›Gender‹ im Sinne von ›soziokulturellem Geschlecht‹ – im Gegensatz zum biologischen Geschlecht – gibt es in der deutschen Sprache keine Entsprechung. Die deutschen Begriffe ›Geschlechtscharakter‹, ›Geschlechtsidentität‹ oder ›Geschlechtsrolle‹ decken immer nur Teile der Bedeutung ab. Am nächsten kommt dem Begriff der Terminus ›Geschlechterverhältnisse‹, der seinerseits jedoch schillernd und daher definitionsbedürftig ist.

Gender ist ursprünglich eine lexikalisch-grammatische Kategorie. Dabei steht die grammatische Genus-Klassifizierung in einem widersprüchlichen und umstrittenen Verhältnis zu dem sogenannten »natürlichen Geschlecht« als angeblich universellem Differenzierungsmodell von Sprache und Denken. Abgeleitet ist der Begriff *gender* wie auch die französischen und spanischen Begriffe *genre* und *genero* von dem lateinischen Verb *generare*, wobei die im Deutschen und Englischen mitschwingende sexuelle Konnotation der Begriffe *Geschlecht* und *gender* im Französischen und Spanischen weniger stark spürbar ist. Die Abstammung von dem lateinischen Verb *generare* – erzeugen – macht auf eine Gemeinsamkeit aufmerksam: Es geht um das Erzeugen von Bedeutungen, Klassifikationen und Beziehungen. Die ursprünglich grammatische Kategorie hat in den 70er und 80er Jahren des 20. Jahrhunderts eine erstaunliche Karriere in den verschiedensten Wissenschaftsdisziplinen gemacht und sich inzwischen auch jenseits der Soziologie und Politik, in denen sie zunächst heimisch geworden war, eingebürgert. In der Literaturwissenschaft und den Kulturwissenschaften dient *genre* der Kategorisierung von literarischen Gattungen oder der Zuordnung zu einem bestimmten kulturellen Gebiet.

Der Vorteil der Kategorie *gender* gegenüber dem Begriff ›Geschlecht‹ liegt auf der Hand. Durch die Differenzierung zwischen *sex* und *gender* kann eine Unterscheidung zwischen biologischem und sozialem Geschlecht getroffen werden, die im deutschen Sprachgebrauch in dieser Weise nicht möglich ist. Die stillschweigende Festschreibung von Männlichkeit und Weiblichkeit auf angeblich unhintergehbare biologische und/oder epistemologische Gegebenheiten kann aufgesprengt werden. Durch die Einführung der *sex-gender*-Relation entsteht ein kultureller und historischer Rahmen, in dem die Frage nach der Konstruiertheit von Geschlecht, sei es in Hinsicht auf die Kategorie *gender* oder sei es in Hinsicht auf *sex*, überhaupt erst möglich wird.

Die Unterscheidung zwischen *sex* und *gender* taucht in der angloamerikanischen Diskussion in der Form, wie sie gegenwärtig in Deutschland thematisiert wird, erst in den 80er Jahren auf und ist ein Produkt des Feminismus, der als politische und wissenschaftskritische Bewegung in den USA eine frühere und viel größere Bedeutung für den universitären Diskurs und die Theoriebildung gehabt hat als in Deutschland. Die Bedeutung, die *gender* – die kulturelle Kodierung des Körpers – erlangte, stand in den USA zum Teil in engem Zusammenhang mit der afro-amerikanische Rassenthematik und seiner Rolle für den amerikanischen Wissenschaftsdiskurs. Rückblickend läßt sich ein ähnlicher Zusammenhang von Geschlechterfragen und Antisemitismus in Deutschland feststellen. Mit einer Verzögerung von fast zwanzig Jahren erreichten die amerikanischen *gender*-Debatten seit dem Ende der 80er Jahre auch den deutschsprachigen Raum. Inzwischen hat der *gender*-Begriff eine so weite Verbreitung erfahren, daß es sinnvoll ist, jeweils genau zu definieren, was damit eigentlich gemeint ist und welchen Stellenwert er innerhalb der verschiedenen Disziplinen einnimmt. Deutlich ist, daß der Begriff gegenüber dem relativ naiven Gebrauch in den 70er und 80er Jahren eine erhebliche semantische Ausweitung und – beeinflußt durch Postmoderne und Dekonstruktion – eine anspruchsvolle theoretische Einbindung erfahren hat.

Von der ursprünglichen grammatischen Kategorie hat er sich zu einem Begriff mit weitreichenden Implikationen für gegenwärtige Subjekt- und Identitätsdiskurse entwickelt. Ging es zunächst darum, durch die bewußte Unterscheidung von *sex* und *gender* auf die gesellschaftliche und kulturelle Konstruktion von ›Geschlechtsidentität‹ aufmerksam zu machen, so ging es bald um eine grundlegende Kritik an essentialistischen Vorstellungen einer ›unverrückbaren‹, ›primären‹ oder ›originalen‹ Beschaffenheit von Natur, Geschlecht und Identität überhaupt. Zur Debatte stand und steht, wie Bedeutung und Repräsentation erzeugt werden und welche Funktion darin das *sex*- und *gender*-System einnimmt. Letztlich geht es also darum, die Art und Weise, wie in unserer westlichen Kultur Unterscheidungen getroffen, Dichotomisierungen (Gegensätzlichkeiten) eingeführt und Hierarchien produziert werden, in Frage zu stellen. Ein so gefaßter Begriff von *gender* fordert, »unseren Umgang mit Differenzen« zu problematisieren und in eine »Auseinandersetzung mit der Fremdheit des anderen und des eigenen Geschlechts« einzutreten (Hof 1995, 122).

Der Vorteil der *gender*-Kategorie liegt im Vergleich zu den von der älteren feministischen Forschung verwendeten Begriffen ›Weiblichkeit‹ und ›Männlichkeit‹ in ihrem Vermögen, beide Geschlechter einzuschließen, problematische Trennungen aufzuheben und Übergänge fließend zu halten. Im Vergleich zum deutschen Begriff ›Geschlecht‹ macht sie zudem auch deutlich, daß die Konstruiertheit durch die Bindung an die *sex-gender*-Relation im Begriff schon enthalten ist und nicht durch zusätzliche Markierungen erst verdeutlicht werden muß.

Ein weiterer Vorteil liegt darin, daß die *gender*-Kategorie stärker als die Feminismus-Kategorie, die häufig als Ausschluß- bzw. Ausgrenzungskategorie verstanden worden ist, ein Angebot auch an männliche Wissenschaftler darstellt, sich mit der Konstruiertheit ihrer eigenen und der in Texten vermittelten Geschlechtsidentität auseinanderzusetzen. Damit kann die ungute ›Arbeitsteilung‹ zwischen Frauen, die Frauenforschung bzw. feministische Forschung betreiben, und Männern, die sich der ›richtigen‹ Wissenschaft widmen, aufgehoben werden, und es kann Schluß gemacht werden mit den unterschwelligen Vorbehalten gegenüber Männern, die ›Frauenforschung‹ und Frauen, die ›Männerforschung‹ betreiben.

Die Furcht, daß durch das gemeinsame Forschungsfeld Gender-Studien der Frauenforschung das Wasser abgegraben würde, ist weit verbreitet, aber ebenso unbegründet wie die Angst, daß durch die Bezugnahme auf die *gender*-Kategorie die feministische Perspektive verwässert würde. Als zwischen verschiedenen Forschungsfeldern, Wissenschaftstraditionen sowie männlichen und weiblichen Wissenschaftlern vermittelnde Kategorie ermöglicht *gender* eine Interdisziplinarität, die heute mehr denn je wünschenswert ist und immer wieder gefordert wird, um den traditionellen Wissenskanon aufzubrechen und neu zu bestimmen. Insofern ersetzen Gender-Studien nicht die Frauenforschung oder die feministische Wissenschaft. Diese können und sollen auch unabhängig davon als Schwerpunkte in der Disziplin weiterbestehen. Gerade wegen ihrer Interdisziplinarität eröffnen Gender-Studien Einsichten in die enge Vernetzung der verschiedenen, in den Einzeldisziplinen verankerten Diskurse über Frauen und Geschlecht. Nur indem beides nebeneinander besteht, ist gesichert, daß die grundlegende Recherche und Kritik, die von der Frauenforschung und der Feministischen Literaturwissenschaft in der Vergangenheit geleistet worden sind, auch weiterhin zum Tragen kommen.

Im übrigen ist es ein Mißverständnis, *gender* als eine totalisierende und verdrängende Kategorie zu verstehen. Die *gender*-Kategorie eröffnet vielmehr neue Felder und schafft Möglichkeiten der interdisziplinären und internationalen Zusammenarbeit, in der *gender* mit *race* und *class* und anderen Kategorien ein kritisches Instrumentarium der kulturellen Reflexion und gesellschaftlichen Kritik bildet.

Der Studiengang: Gender-Studien

Was bedeutet es, Geschlechterforschung zu studieren? Man muß sich zunächst mit der Tatsache vertraut machen, daß man mit unterschiedlichen, zum Teil widersprüchlichen Formen der Wissensaneignung und der wissenschaftlichen Methodik konfrontiert wird. Geschlechterforschung zu studieren ist nur dann sinnvoll, wenn es gelingt, die Querverbindungen zu begreifen, die zum Beispiel Philosophie mit den Naturwissenschaften, Kunstgeschichte mit Medizin, Literatur mit Rechtswissenschaft und Theologie mit den Sozialwissenschaften verbindet. Es ist wichtig, sich klarzumachen, daß die Gesetze, die über das Verhältnis der Geschlechter bestimmen, den Kern jeder Gemeinschaftsordnung bilden – egal, ob es sich um einen religiös bestimmten Sittenkodex oder das Grundgesetz handelt – und daß sie deshalb auch in allen Disziplinen und Wissensgebieten eine wichtige Rolle spielen, manchmal mehr und manchmal weniger vordergründig. Das hängt mit der Tatsache zusammen, daß die Gemeinschaften aus Selbsterhaltungsgründen ein zentrales Interesse an der Regulierung der Fortpflanzung bzw. der Kontrolle über die ›antisozialen‹ Mächte der Sexualität haben. So entsprechen dann nicht zufällig bestimmte Rechtsauffassungen den Konstrukten und Denkmustern, die sich zeitgleich in der Philosophie oder in der Medizin finden.

Das Studiengebiet Gender impliziert die Erforschung und Entzifferung von – zumeist unsichtbaren, unausgesprochenen und ungeschriebenen – Fäden, die von einer Disziplin zur anderen gewoben werden und die zumeist der gegenseitigen Legitimation dienen: Die medizinischen Lehren über den männlichen und den weiblichen Körper beziehen ihre Legitimation aus den durch Gesetzgebung oder Rechtssprechung geschaffenen sozialen Fakten (und umgekehrt), ebenso wie die Sozialwissenschaften soziale ›Realitäten‹ konstatieren, die unter Umständen das Erzeugnis von ›Grundsätzen‹ sind, die von Philosophie oder Theologie aufgestellt wurden. Die Querverbindungen zwischen den einzelnen Disziplinen stellen das eigentliche ›Fach‹ dar. Das hat zur Folge, daß die Studierenden einerseits ein offenes Auge für die Parallelen zwischen den Gender-Diskursen in den einzelnen Disziplinen entwickeln müssen, andererseits aber auch die Bereitschaft mitbringen sollten, ihre Heimat *zwischen* den disziplinären Stühlen und Lehrstühlen zu finden.

Die Methodenvielfalt und die zahlreichen Querverbindungen, mit denen die Studierenden konfrontiert werden, können durchaus zu einem Problem bei den Gender-Studien werden, vor allem in den ersten Semestern. Es ist daher zu empfehlen, sich der Fächer- und Methodenvielfalt allmählich zu nähern. Mit anderen Worten: das Studium sollte so organisiert werden, daß in den ersten Semestern methodisch relativ verwandte Fächer studiert werden – etwa die verschiedenen geisteswissenschaftlichen Disziplinen –, bevor Fächer belegt werden, die methodisch und inhaltlich ganz anders vorgehen. Die Erfahrung hat gezeigt, daß es sich aus inhaltlichen Gründen empfiehlt, zunächst Lehrveranstaltungen in den Fächern zu besuchen, in denen die theoretische Diskussion der Geschlechterfrage eine relativ große Rolle spielt: Das gilt für die meisten kulturwissenschaftlichen Fachrichtungen wie etwa die Literaturwissenschaft, die Philosophie oder die Kunstgeschichte. Erst dann sollte man sich den empirischen und anwendungsorientierten Fächern zuwenden, wie etwa den Sozialwissenschaften, der Medizin oder der Rechtswissenschaft. Natürlich wird in jedem dieser Studienrichtungen die Gender-Frage auch auf theoretischer Ebene behandelt (ebenso wie es auch Empirie und Anwendungsorientierung in den Kulturwissenschaften gibt). Aber bei genauerem Hinsehen erkennt man doch, daß ein Gutteil der Gender-Theorie in den empirischen und anwendungsorientierten Fächern einen Import aus den Kulturwissenschaften darstellt. Erst ein durch die Theorie geschärfter Blick für die Kategorie ›Gender‹ erlaubt es, die Hintergründe und ungeschriebenen Gesetze zu entziffern, die sich oft hinter der Realität verbergen und mit denen die empirischen Wissenschaften umgehen.

Die Empfehlung, sich erst mit den Theorien zu Gender und dann mit der ›Praxis‹ zu beschäftigen, bedeutet nicht, daß man die Praxis oder die Betrachtung der sozialen ›Fakten‹ vernachlässigen kann. Im Gegenteil. Es gibt sowohl in der Gender-Debatte als auch in der Frauenforschung zur Zeit eine gewisse Tendenz, sich auf rein theoretischer Ebene zu bewegen, das heißt, eine feministische oder Gender-Theorie mit der anderen zu vergleichen und beide gegeneinander abzugrenzen. Ein solches Vorgehen erscheint uns wenig sinnvoll. Denn es ist gerade die Untersuchung der Rückwirkungen von Ideologien oder religiösen Denkbildern auf die Entstehung sozialer, kultureller und sogar physischer Wirklichkeit, die Gender-Studien interessant machen. Auf keinem anderen Gebiet kann man so deutlich den Einfluß von geistigen und kulturellen Denkmustern auf die Entstehung von ›Wirklichkeit‹ ablesen. Deshalb wäre es verfehlt, der Wirklichkeit den Rücken zu kehren und sich nur noch mit den Theorien über die Gesetze der symbolischen Geschlechterordnung zu beschäftigen.

Da die Wechselbeziehung zwischen Ideologie bzw. Denkmustern und sozialer ›Wirklichkeit‹ eine Grundfrage der Geschlechterforschung darstellt, ist die Geschichtswissenschaft eine der Schlüsseldisziplinen in diesem Studium. Als die Geschichtswissenschaft um 1800 als wissenschaftliches Fach an Bedeutung gewann, verstand sie sich vornehmlich als eine Disziplin der Sinnstiftung, zumeist im nationalen Kontext. Das hat sich geändert. Immer mehr sind zum Beispiel Fragen der Mentalitätsgeschichte in den Vordergrund gerückt, und dabei spielt die Wechselbeziehung zwischen den kulturellen und religiösen Denkmustern einer Epoche und den sozialen Strukturen, die sie hervorbringen, eine wichtige Rolle. Die Frage nach dieser Wechselbeziehung läßt sich heute noch einmal erweitern. Wenn man historisch zurückblickt, dominierte bis ins 18. Jahrhundert in Europa die Theologische Fakultät. Mit der Aufklärung wurde diese abgelöst von der Geschichte und der Philosophie, die sich beide zunächst als säkulare Formen der Sinnstiftung verstanden. Wenn man heute jemanden fragt, welches die ›führenden‹ Fakultäten seien, so würden die naturwissenschaftlichen Fächer und die Medizin genannt: beides *hard-scien*ce-Fächer in dem Sinne, daß sie den Forderungen nach quantitativer Erfaßbarkeit und empirischer Überprüfbarkeit entsprechen. Das könnte aber auch heißen, daß die *hard-science*-Fächer eine ähnliche Funktion übernommen haben wie die Theologie sie einst innehatte. Und tatsächlich strukturieren sie durch die Art ihrer Wissenserhebung, durch die Methode der überprüfbaren Beobachtung, durch die Statistik und ähnliche Formen, die alle ›Berechenbarkeit‹ suggerieren, nicht nur eine bestimmte Form von Wissen, sondern auch die Wahrnehmung von Realität sowie die – soziale oder die materielle – Wirklichkeit selbst.

Das soll nicht bedeuten, daß die *hard-science*-Fächer eine neue Form von Theologie darstellen. Aber die Annahme der ›Berechenbarkeit‹, die ihnen zugrunde liegt, hat dennoch Rückwirkungen auf die Gestaltung der Wirklichkeit. Demgegenüber haben die *soft-science*-Fächer – also vor allem die geisteswissenschaftlichen Disziplinen – zunehmend die Funktion übernommen, solche Prozesse und deren Rückwirkungen zu analysieren, also zum Beispiel die medialen Bedingungen zu ›lesen‹, die einer bestimmten Formation der Gesellschaft bzw. auch einem bestimmten medizinischen Bild des menschlichen Körpers zugrunde liegen. Die Geisteswissenschaften sind aus der Rolle einer Grundsätze formulierenden Wissenschaft zunehmend in die Rolle des ›Beobachters‹ und Entzifferers von Subtexten und Codes geworden. Allerdings stellen sie innerhalb ihrer eigenen Wissenschaftsbereiche nur selten den Bezug zu sozialen und anderen Kontexten her, die aus diesen Subtexten hervorgegangen sind. Hier kann der Blick, den die Gender-Kategorie auf die Wechselbeziehung zwischen den Denkmustern und den sozialen ›Realitäten‹ wirft, eine entscheidende Rolle spielen.

In dieser Hinsicht unterscheiden sich Gender-Studien von der Frauenforschung. Beide erfüllen unterschiedliche Funktionen, die sich allerdings gegenseitig ergänzen. Bevor man von Gender-Studien oder Geschlechterforschung gesprochen hat, gab es schon eine ganze Reihe von Frauenforschungsprojekten und Lehrstühlen für Frauenforschung (s. die Auflistung im Anhang); es wurden Graduiertenkollegs geschaffen, und vereinzelt gab es sogar Institute mit spezifischen Gender-Fragestellungen. Diese Projekte, Lehrstühle und Schwerpunkte waren oder sind aber zumeist einer einzelnen Disziplin zugeordnet. Das heißt, sie trugen und tragen erheblich dazu bei, innerhalb der Disziplin den Blick für die Geschlechterverhältnisse zu schärfen. Damit waren wiederum die Voraussetzungen für eine Vernetzung der verschiedenen Disziplinen geschaffen, wie sie von den Gender-Studien angestrebt wird.

Vergleichbar der Wechselbeziehung von Geschlechter- und Frauenforschung ist auch die zwischen der Institutionalisierung von Gender-Studien und Frauenförderung. Eigentlich handelt es sich schon deshalb um grundverschiedene Dinge, weil die Förderung von Frauen das Ziel verfolgt, Frauen in Laufbahnen und Fächern zu fördern, in denen wenig Frauen vertreten sind, während die Geschlechterforschung gerade in den Disziplinen betrieben wird, in denen sich Frauen relativ gut etabliert haben. Dennoch können die Gender-Studien auch zu einer Veränderung der Grundsätze der Frauenförderpolitik beitragen. Wenn man erst die kulturgeschichtlichen Hintergründe begriffen hat, die dazu führten, daß der männliche Körper zur Symbolgestalt des Geistigen und der weibliche zur Symbolgestalt des Körperlichen, Sterblichen, der Sexualität geworden ist und daß diese symbolische Geschlechterordnung einen tiefen Einfluß auf die soziale Geschlechterordnung ausgeübt hat (etwa auf den bis vor gar nicht langer Zeit geltenden Ausschluß von Frauen aus den Bildungseinrichtungen und ihre Nicht-Zulassung zu akademischen Berufen), so wirft diese Erkenntnis ein ganz anderes Licht auf die Frage, warum Frauen in bestimmten Disziplinen weniger vertreten sind als in anderen. Und es stellt sich auch die Frage, warum es sich bei diesen Disziplinen heute ausgerechnet um die *hard-science*-Fächer handelt, die wiederum eine führende Rolle in der ›Politik des Wissens‹ übernommen haben. Oft ist dieser Zusammenhang den wenigen Frauen, die sich in diesen Fächern etabliert haben, gar nicht bewußt. Das heißt, Frauen in den *hard-science*-Fächern stellen z. T. gar nicht die Frage nach dem geschlechtsspezifischen Subtext ihres Faches. Hier könnten die wissenschaftskritischen Fragen, die die Kategorie Gender an das jeweilige Fach und an die Hierarchie der Fächer stellt, indirekt Rückwirkungen nicht nur auf das Fach, sondern auch auf die Art der Frauenförderung in diesem Fach haben, z. B. in Bereichen wie dem der Genforschung, wo es denkbar ist, daß es zu produktiven Auseinandersetzungen zwischen Frauenförderung und Gender-Studien kommt.

Insgesamt müssen sich alle, die Geschlechterforschung studieren, vergegenwärtigen, daß dieses Studium nicht nur eine umfangreiche Wissensaneignung erfordert, sondern auch die Hinterfragung der Kategorien bedeutet, nach denen Wissen jeweils geordnet und strukturiert wird. Insofern stellt das Gender-Studium eine Form der Wissenschaftskritik dar.

Geschlechterforschung zu studieren bedeutet, auf ein Fach und dessen Wissenskanon einen ›Blick von außen‹ zu werfen. Das kann dazu führen, daß sich die Studierenden innerhalb der einzelnen Disziplin ›fremd‹ fühlen. Andererseits gibt es kein anderes Studiengebiet, das so wie die Gender-Studien in alle Wissens- und Wissenschaftsbereiche hineinführt und damit das Humboldtsche Ideal einer universellen Bildung in geradezu vorbildlicher Weise erfüllt.

Der interdisziplinäre bzw. transdisziplinäre Ansatz der Gender-Studien bedeutet auch, daß es keine feste Methodik gibt. Die Gender-Studien greifen vielmehr die verschiedenen Methoden in den einzelnen Disziplinen auf, arbeiten mit ihnen, modifizieren sie und entwickeln sie so weiter, daß sie für die Gender-Fragestellungen produktiv gemacht werden können. Sozialwissenschaftliche Ansätze stehen nicht in Konkurrenz zu dekonstruktiven Verfahrensweisen, sondern die historisch gewachsenen Methoden in den einzelnen Disziplinen, zu denen auch die postmoderne Vernunft- und Subjektkritik gehört, bilden den unverzichtbaren Verständigungsrahmen für die Gender-Studien als einem neuen universitären Studienfach.

2. Gender, Geschlecht und Geschichte

Christina von Braun

Historisch stellen sich im Zusammenhang mit den Begriffen ›Gender‹ und ›Geschlecht‹ zwei Fragen. Erstens: Wann und warum wurden das biologische und das kulturelle Geschlecht als identisch, d. h. als sich überlagernd gedacht? Und zweitens: An welcher historischen Schwelle und warum begann man, zwischen ›Gender‹ und ›Geschlecht‹ zu unterscheiden? Die Antwort auf beide Fragen ist natürlich sehr komplex, und dennoch lassen sich ein paar historische Linien skizzieren, an denen sich zugleich erkennen läßt, wie geschichtsmächtig die Kategorien Geschlecht und Gender in allen historischen Epochen gewesen sind. Dabei ging es manchmal um die politische oder kulturelle Relevanz der Geschlechtszugehörigkeit selbst, in anderen Fällen aber auch um die ›Aufladung‹ von politischen Kontexten durch Geschlechterbilder und Sexualsymbole.

Daß dem Geschlecht nicht nur eine biologische Rolle zukommt, sondern auch die Funktion zugewiesen wird, bestimmte kollektive oder kulturelle Aussagen zu symbolisieren, gilt für alle Kulturen. Der Grund dafür ist vielfältig: Erstens liegen Geschlechtlichkeit und Fortpflanzung nah am Bereich der Sterblichkeit, für die alle Religionen und Kulturen einen symbolischen Ausdruck suchen: Ist in der sexuellen Differenz auch das Gesetz menschlicher ›Unvollständigkeit‹ oder Sterblichkeit festgeschrieben, so erscheinen Fortpflanzung und Sexualität zugleich wie ein ›Trost‹ für die Vergänglichkeit des Menschen. Zweitens sind Fortpflanzung und Sexualität aber auch von existentieller Bedeutung für die Kontinuität und Regeneration jeder Gemeinschaft. Deshalb unterstehen beide in jeder Gemeinschaft einer genauen Regulierung. Das gilt nicht nur für die traditionellen Gesellschaften, sondern auch für die modernen. Allerdings gibt es in dieser Hinsicht große Unterschiede zwischen den traditionellen und den modernen Gesellschaften. Dient in den traditionellen Gesellschaften die Kontrolle der Sexualität der Regulierung der Fortpflanzung, so hat sich in den Industrieländern die Kontrolle über die Fortpflanzung zunehmend in die Gentechnologie verlagert, wo sie von der Sexualität unabhängig ist. Das ist einer der Gründe dafür, daß das Sexualverhalten in den modernen Industriegesellschaften kaum mehr einer Normierung und Kontrolle unterliegt.

Über die Sexualbilder und Geschlechterrollen stellen die Gesellschaften die Grundsätze dar, nach denen die Gemeinschaft ihre Kontinuität imaginiert: Das zeigt sich daran, daß im Zentrum der religiösen Bilder, Rituale oder Ursprungsmythen aller Gemeinschaften zumeist Fruchtbarkeits- oder Sexualbilder stehen. Mit anderen Worten: Es gab immer schon – und in allen Kulturen – die Unterscheidung zwischen dem (biologischen) Geschlecht und dem (kulturell oder symbolisch kodierten) Gender. Manchmal überlagerten sich diese jedoch so sehr, daß der Unterschied kaum mehr wahrnehmbar war. Das gilt nicht nur für archaische Gesellschaften, sondern auch für hochentwickelte Schriftkulturen. Allerdings kann man bei letzteren eine historische Bewegung feststellen. Im westlichen Abendland gab es zwar eine intensive Überlagerung von Geschlecht und Gender – im Sinne einer Identität von Biologie und symbolischer Geschlechterordnung –, dies war aber nur für eine begrenzte Zeit der Fall. (Allerdings erstreckte sich der Zeitraum über mehr als zweitausend Jahre). Die Tatsache, *daß* es einen historischen Wandel gegeben hat, erklärt wiederum, warum in den westlichen Industrienationen die Geschlechterfrage heute so sehr in den Vordergrund gerückt ist und die Tatsache immer wieder betont werden muß, daß es sich bei der Kategorie ›Geschlecht‹ um eine symbolische, kulturelle Zuordnung handelt.

Was unterscheidet das westliche Abendland von anderen Kulturen, und wie kam es dazu, daß es hier in der Frage der Geschlechterordnung einen historischen Prozeß gegeben hat? Während es in allen anderen Kulturen eine mehr oder weniger gleichbleibende Geschlechterordnung gab oder gibt, bewegte sich die westliche Kultur zwischen extremen Polen. Das offenbart sich u. a. an einer Paradoxie, die nur den westlichen Kulturen eignet: Einerseits verfügen die Geschlechter in den modernen Industriegesellschaften über eine Freiheit und ein Selbstbestimmungsrecht im Sexualverhalten, wie es sie noch nie gegeben hat – weder in anderen Gesellschaften noch in früheren historischen Epochen. Andererseits blickt diese Gesellschaft aber auch auf eine Geschichte der Sexualfeindlichkeit zurück, wie sie ebenfalls in keiner anderen Kultur vorgekommen ist. Um dieses Paradox zu erklären, muß man nach den kulturellen Ursprüngen fragen, die der westlichen Gesellschaft und ihrer Wandelbarkeit zugrundelagen. Der wichtigste Faktor dieses Ursprungs ist die Schriftlichkeit. Sie führte zu einem tiefgehenden Wandel der Mentalitäten. Natürlich gab es auch andere Faktoren, die der Geschichte des Abendlandes die ihr eigene Richtung gegeben haben. Aber bei näherem Hinsehen erkennt man, daß viele von diesen Faktoren – ob sie nun religiöser, ökonomischer oder sozialer Art seien – in enger Beziehung zu dem Mentalitätswandel zu sehen sind, der sich unter dem Einfluß der Alphabetschrift vollzog. Vor allem für das Verhältnis von Geschlecht und Gender, von biologischer und symbolischer Geschlechterordnung ist die Alphabetschrift von zentraler Bedeutung.

Gesellschaft und Alphabetschrift

Die Alphabetschrift schuf zunächst die Grundvoraussetzungen für historischen Wandel. Nur bei Schriftkulturen kann man von Geschichte sprechen. Es bedarf der Schriftlichkeit, um historische Entwicklungen aufzuzeichnen, und deshalb denken alle Schriftkulturen auch in Kategorien von konsekutiver Zeit, also von Zeitablauf. Selbst wenn sich die sozialen Strukturen einer Gesellschaft und ihre Gesetze über Jahrhunderte nicht verändern, wenn also die Gesellschaft statisch bleibt, so ist sich eine Schriftgesellschaft doch immer der fortschreitenden Zeit bewußt. Das alte Ägypten und China, beides hochentwickelte Schriftkulturen, deren Sozialordnung sich über Jahrhunderte kaum veränderte, verfügten über eine genaue Aufzeichnung und Chronologie der Herrscher und Herrscherhäuser. Sie waren also statisch und sich dennoch des Zeitablaufs bewußt. Ganz anders die Schriftkultur des Abendlandes, in dem auch schon mit der Etablierung des griechischen Schriftsystems um etwa 800 vor u. Z. ein gewaltiger Prozeß der Dynamisierung und Veränderung der Gesellschaft und historischer Entwicklungen einsetzte – ein Prozeß, der sich seither ständig beschleunigt hat. Die Begriffe des ›Fortschritts‹ und der ›Verbesserung‹ wurden zu Leitmotiven einer kulturellen Entwicklung, deren Blick nach vorne, auf die Zukunft gerichtet war.

Warum aber hat sich die Schriftlichkeit in diesem Fall anders ausgewirkt als in der altägyptischen oder chinesischen Kultur? Während letztere über Piktogrammschriften verfügten, beruhte die griechische Alphabetschrift auf einem phonetischen Zeichensystem. Piktogrammschriften (Schriftsysteme, deren einzelne Zeichen auf Bildern beruhen) umfassen sehr viele Symbole (die chinesische Schrift umfaßt 50 000 Zeichen), was dazu führt, daß nur eine Elite lesen und schreiben lernt. Diese Eliten bedienen sich der Verfügungsmacht über die Schrift, um sich selbst als Elite zu ›legitimieren‹ – durch Schöpfungsmythen oder den Verweis auf die lange Generationenkette, in der sie stehen. Die Eliten deklarieren und erheben sich also, dank ihrer Beherrschung des kollektiven ›Archivs‹, zu Garanten der Kontinuität der Gemeinschaft (Goody/Wat/Gough 1986, 82). Daher rührt die Unveränderbarkeit von Gesellschaften mit Piktogrammschriften.

Die fünfundzwanzig Buchstaben des Alphabets hingegen lassen sich schnell und von jedem Kind erlernen. Das hat zur Folge, daß weder die Verfügung über die Schrift noch die Geschichte, die sie festhält, einer Elite vorbehalten bleiben kann. Die Alphabetschrift hat also einen demokratisierenden Effekt (vergleichbar dem Effekt des Buchdrucks zu Beginn der Neuzeit). Mit der Verbreitung der Alphabetschrift bildeten sich in der griechischen Antike auch die Polis und die Demokratie heraus (Innis 1972). Wissen, Rechtsauslegung und das kulturelle Gedächtnis waren nicht mehr einer Elite vorbehalten, sondern gehörten der Allgemeinheit. Schon um 600 v.Chr. schuf der athenische Gesetzgeber Solon (641 bis ca. 561 v. Chr.) Gesetze, die jeden Bürger mitverantwortlich für das Ganze machten. In diesem Sinne gilt er als der Gründer der Polis. Die Rolle der Schriftlichkeit bei diesem Prozeß hat Euripides (ca. 485–406 v. Chr.) beschrieben. In seinem Stück *Die Hilfeflehenden* heißt es an einer Stelle:

> Nichts ist dem Volke so verhaßt wie ein Tyrann.
> Dort gelten nicht als Höchstes die gemeinsamen
> Gesetze; *einer* schaltet als Gesetzesherr
> ganz unumschränkt; und das ist keine Gleichheit mehr.
> Doch wurden die Gesetze schriftlich festgelegt,
> genießt der Arme wie der Reiche gleiches Recht.
> (Euripides 1996, 286)

Die Gleichbehandlung vor dem Gesetz bezog sich freilich nicht auf die Frauen. Wie kam es, daß einerseits die Gleichheit zum Ideal erhoben werden konnte, andererseits aber auch eine krasse Ungleichheit zustandekam? Auch das hing mit der Wirkungsmacht der Alphabetschrift zusammen. In demselben Stück von Euripides eignet sich ein Mann, der Held Theseus, das traditionelle Recht der Frauen an, die Trauer auszurichten. Nicht die Frauen, sondern er, der Feldherr, wäscht die Leichen der Gefallenen. Und er proklamiert, daß die Trauer nicht den Familien oder den Frauen zu dienen habe, sondern der *Polis*. Die Gefallenen werden also gleichsam zu ›Kindern‹ der Gemeinschaft erklärt. Lange vorher schon hatte Solon strenge Gesetze erlassen, die den Frauen und Müttern – nicht im Trauerspiel, sondern in der politischen Realität – die traditionellen

Formen des Trauerns untersagten (Loraux 1990). Da die Frauen als Garantinnen der Regeneration der Gemeinschaft galten, wurde in einer Kultur, die auf der Vorstellung zyklischer Zeit beruhte, auch die Trauer als ›weiblicher Bereich‹ betrachtet. (Einige Kulturen rund ums Mittelmeer vermitteln uns heute noch eine Ahnung von dieser Form mütterlich-weiblicher Klage.) Doch als sich mit der allmählichen Verbreitung der Alphabetschrift ein neues Versprechen von Unsterblichkeit durchsetzte – ein Versprechen, das ›Unsterblichkeit des Geistes‹ besagte –, änderte sich auch das Verhältnis zur Trauer der Frauen. Frauen schienen nun nicht mehr die Kontinuität der Gemeinschaft zu garantieren, sondern ihr Geschlecht symbolisierte gerade die Vergänglichkeit des Körpers. Euripides' Drama *Die Hilfeflehenden* beginnt mit dem Auftritt Demeters (der Göttin der Fruchtbarkeit) und endet mit dem von Athena (der Göttin der Vernunft). Das Stück zieht den Bogen zwischen einem religiösen Denken, das um den Kult von Fruchtbarkeit, Leben, Tod und Erneuerung kreist, zu einem neuen religiösen Denken, in dessen Mittelpunkt Geistigkeit und Willen, die militärische Aktion und die Vorstellung einer fortschreitenden Zeit stehen. Damit beschreibt Euripides auch den Übergang von einer Kultur, die von der Mündlichkeit geprägt ist, zu einer Kultur, die von den Denkformen der Schrift bestimmt wird. Von nun an wurden Geist und Körper, Kultur und Natur nicht mehr als Spiegelbilder, sondern als Gegensätze begriffen – eine Vorstellung, die prägend bleiben sollte für die Geschichte des Abendlandes und bis heute weiterwirkt.

Die Tatsache, daß man zwischen Religion und Philosophie, Glauben (Gefühl) und Denken (Rationalität) zu unterscheiden begann, war u. a. durch die Tatsache bedingt, daß das griechische Alphabet – anders als das semitische – die Vokale schrieb. Daß im semitischen Alphabet nur die Konsonanten geschrieben werden, impliziert, daß die hebräischen Texte nur lesen kann, wer die Sprache auch laut zu sprechen vermag. Das hatte zur Folge, daß sich in der jüdischen Tradition ein *Nebeneinander* von Mündlichkeit und Schriftlichkeit erhielt. In der jüdischen Religion gehört das laute Lesen der Texte zur religiösen Praxis. Die volle Alphabetschrift der Griechen hingegen (die nur zweihundert Jahre nach dem semitischen Alphabet entwickelt wurde und in der auch die Vokale geschrieben wurden) führte zu einer *Überlagerung* von gesprochener und geschriebener Sprache (von Braun 1998). Die Einwirkung der Schrift auf die gesprochene Sprache hatte einen homogenisierenden Effekt: Sie führte zur Aufhebung regionaler Sprachunterschiede, zur Vereinheitlichung des Vokabulars und zur Strukturierung der Sprache nach einer ›berechenbaren‹ Grammatik. Dadurch daß die phonetische Alphabetschrift eine unbegrenzte Anzahl von Worten verschriftlichen konnte und sich auf alle Sprachen übertragen ließ, entstanden die Voraussetzungen für die Angleichung der einzelnen Sprachen und der Denksysteme, in denen Menschen unterschiedlicher Kulturen dachten und fühlten.

Indem das geschriebene Wort sich strukturierend auf die mündliche Sprache auswirkte, hatte es auch eine Strukturierung des Körpers durch das Denken zur Folge. Eben das sollte auf die Geschlechterordnung zurückwirken. Mit der vollen Alphabetschrift, mit der sich sowohl das Versprechen ›geistiger Unsterblichkeit‹ als auch ein Prozeß der Abstraktion und Entkörperung verband, entstand eine Geschlechterordnung, in der der männliche Körper zum Symbolträger des Geistigen und der weibliche Körper zum Symbolträger des Leiblichen wurden. Eben weil der weibliche Körper bis dahin Fruchtbarkeit, Sexualität und die wiederkehrende Zeit symbolisiert hatte (wovon die Figur der Demeter erzählt), wurde er nun in der neuen Kultur der Geistigkeit zum Symbolträger der Vergänglichkeit, die mit Sexualität und Körperlichkeit in eins gesetzt schien. Das heißt, dieselbe von der Alphabetschrift ausgelöste historische Dynamik, die für eine Gleichheit aller Bürger vor dem Gesetz sorgte, schuf ein Gesetz, das eine Ungleichheit zwischen den Geschlechtern herstellte. Es war dieselbe Dynamik, die auch das Verhältnis von Schriftlichkeit und Mündlichkeit prägte. Das heißt, die Überlagerung von Schriftlichkeit und Mündlichkeit, die sich zunächst als Dichotomie von gesprochener und geschriebener Sprache zeigte, schlug sich in der für das Abendland bezeichnenden Gegenüberstellung von Geist und Körper, Vernunft und Gefühl, Kultur und Natur nieder, und dieser Gegensatz fand in den Rollen, die den Geschlechtern zugewiesen wurden, ihr Spiegelbild: Geist, Vernunft, Kultur wurden als männlich; Gefühl, Natur und Körperlichkeit als weiblich imaginiert. Der männliche Körper wurde zum Symbolträger des abstrakten Denkens, der Logik, der Buchstaben, während der weibliche Körper zum Symbolträger der Leiblichkeit, der Sexualität, der Sterblichkeit und damit auch der mündlichen (weil an den Körper gebundenen) Sprache wurde. ›Vatersprache‹ nannten die Gelehrten im Mittelalter die Schriftsprache, während die gesprochene Sprache ›Muttersprache‹ hieß. Während die logische ›Vatersprache‹ über den Wissenschaftsdiskurs bestimmte, wurden die Traditionen der Mündlichkeit zunehmend mit Aberglauben, Leichtgläubigkeit, Unzurechnungsfähigkeit gleichgesetzt (Assmann 1999, 267). Weil sie an den Körper und damit auch an seine Geschlechtlichkeit gebunden war, wurde die mündliche Tradition mit der Unberechenbarkeit und Unbeherrschbarkeit gleichgesetzt, die der Sexualität wie der Körperlichkeit überhaupt eignen. Und diese Eigenschaften galten als ›weiblich‹. Die symbolische Geschlechterordnung, die sich unter dem Einfluß der Alphabetschrift herausbildete, sollte jahrhundertelang über die realen Geschlechterrollen bestimmen – etwa über die Nicht-Zulassung von Frauen zu akademischer Ausbildung oder auch zum Priesteramt. Über die Zeit wurde allerdings das, was mit der Alphabetschrift als symbolische Geschlechterordnung begonnen hatte, mit Natur und Biologie gleichgesetzt.

Der kollektive und der individuelle Körper

Wie kam es zu einer solchen Überlagerung von kulturellem und biologischem Geschlecht? Um auf diese Frage zu antworten, muß man sich noch einmal die Auswirkungen der Schriftlichkeit vor Augen führen. Gegen Anfang des 2. Jahrtausends vor u. Z. klagte im Mittleren Reich Altägyptens ein Schriftgelehrter:

> O daß ich unbekannte Sätze hätte, seltsame Aussprüche,
> neue Rede, die noch nie vorgekommen ist,
> frei von Wiederholungen,
> keine überlieferten Sprüche, die die Vorfahren gesagt haben.

> Ich wringe meinen Leib aus und was in ihm ist
> und befreie ihn von allen meinen Worten.
> Denn was gesagt wurde, ist Wiederholung,
> und gesagt wird nur, was gesagt wurde.
> [...]
> O wüßte ich, was die anderen nicht wissen,
> was keine Wiederholung darstellt.
> (Assmann 1999, 97f.)

Mit diesen Zeilen eines Gelehrten, der sich darüber beklagt, daß sich sein Denken und sein Wissen nicht von dem seiner Vorgänger unterscheidet, begann vor rund viertausend Jahren das Zeitalter der Schriftlichkeit. In einer Kultur der mündlichen Überlieferung beklagt sich kein Dichter oder Gelehrter darüber, daß er nichts Neues zu sagen hat und keine Worte finden kann, die nicht auch schon ein anderer vor ihm im Munde hatte. Im Gegenteil: Es liegt ihm daran, das schon Bekannte zu wiederholen und das Vergangene in die Gegenwart zu überführen. Dementsprechend ist auch das Wissen orientiert an dem, was die Alten ›immer schon wußten‹. Deren Wissen wird wie ein wertvolles Gut behandelt, das es zu erhalten und immer wieder ins Gedächtnis zu holen gilt. Dieser kulturellen Tradition und Erinnerungsform entspricht ein zyklisches Zeitgefühl. Die Zeit wird nicht als fortschreitend, sondern als ewige Wiederholung begriffen; in den Festen und Ritualen wird das Wiederkehrende betont. In den Schriftkulturen des Alphabets hingegen löst ein Denken in fortlaufender (›linearer‹) Zeit das zyklische Zeitdenken ab. Es entsteht das Bedürfnis, das alte Wissen durch neues Wissen zu ersetzen. Diesem Umstand verdankt das Abendland seinen Glauben an den ›Fortschritt‹ und seine ›Neu-Gier‹: die Überzeugung, daß das Neue immer besser ist als das Alte.

Beiden Konzepten von Zeit und Kontinuität der Gemeinschaft liegen ganz unterschiedliche Vorstellungen vom Körper des Menschen und seiner Rolle in der Gemeinschaft zugrunde. Mary Douglas hat in ihrer Untersuchung *Die zwei Körper* (1993) dargestellt, daß in allen Kulturen eine enge Beziehung zwischen den individuellen Körperbildern und dem Konzept der sozialen Gemeinschaft besteht:

> Der Körper als soziales Gebilde steuert die Art und Weise, wie der Körper als physisches Gebilde wahrgenommen wird; und andererseits wird in der (durch soziale Kategorien modifizierten) physischen Wahrnehmung des Körpers eine bestimmte Gesellschaftsauffassung manifest. [...] Kurz, all die kulturell geprägten Kategorien, die die Wahrnehmung des Körpers determinieren, müssen den Kategorien, in denen die Gesellschaft wahrgenommen wird, eng korrespondieren, weil und insofern auch diese sich aus den kulturell verarbeiteten Körpervorstellungen ableiten. (Douglas 1993, 99)

Dieses Wechselverhältnis von Körper und Gemeinschaft ist jedoch in Schriftkulturen anders als in Kulturen mit rein mündlicher Überlieferung. Wie das obige Beispiel des ägyptischen Schriftgelehrten zeigt, wird in mündlichen Kulturen die Sprache als eine Art von Lebenssaft empfunden, der die Gemeinschaft durchfließt und auf diese Weise die einzelnen Körper vereint und formt. Weil die mündliche Sprache als Teil des Körpers und der Sinne erfahren wird, bildet sie auch das einigende Band, auf dem der Konsens der Gemeinschaft, das Gemeinschaftsgefühl basiert. Durch die gesprochene Sprache wird der einzelne zu einem Teil der Gemeinschaft, zu einem Glied in der Kette. Sein sprechender und hörender Körper verschmilzt mit den Körpern der anderen, um einen Gemeinschaftskörper zu bilden. Ein solches Bild von Gemeinschaft entspricht durchaus der modernen ›Konsensgemeinschaft‹ in den Industrieländern, von denen noch die Rede sein wird –, nur daß dem einen Modell die gesprochene Sprache und dem anderen die moderne Kommunikationstechnik zugrunde liegt. Dazwischen vergingen viertausend Jahre, in denen die Schriftlichkeit, vor allem die der Alphabetschrift, das Denken und damit auch die Form des ›Gemeinschaftskonsens‹ veränderten.

Die Verschriftlichung der Sprache durch das phonetische Alphabet durchschnitt zunächst das einigende Band der Mündlichkeit. Die phonetische Alphabetschrift, die das gesprochene Wort, den einzelnen Namen in phonetische Einzelteile zerstückelt (Teile, die für sich genommen als A oder V keinen Sinn haben, zumindest werden diese Buchstaben nicht als Teil des Körpers erfahren), schuf Distanz zwischen dem Körper und dem Wort. Die Phoneme, als visuelle Zeichen auf das Papier übertragen, entrissen dem Körper die Zunge. (Um den Vorgang zu begreifen, genügt es, sich vorzustellen, was es für ein Kind, das lesen und schreiben lernt, bedeutet, wenn das gesprochene Wort ›Haus‹, mit dessen Klang es Gerüche, Geräusche, Licht, Farben, ein betastbares Mauerwerk und zumeist Wärme oder Schutz verbindet, auf dem Papier in die einzelnen Zeichen H – A – U – S zerfällt.) Damit zerriß die Schrift auch das Band zwischen dem einzelnen Körper und dem Kollektivkörper. Der Dichter oder Gelehrte konnte sich nicht mehr als ein Glied in der Kette sehen, zu deren Erhalt er beizutragen hatte. Er begann, seine Aufgabe vielmehr darin zu sehen, etwas Neues zu sagen, Worte zu finden, die bisher noch nicht gesagt worden waren. Das führte zu neuen Formen der Wissensaneignung und Wissenserforschung, die vom Prinzip der Erneuerung und der Neuformung des Bestehenden geleitet waren. Dieses Prinzip, das auf der definitorischen Macht des geschriebenen Wortes basierte, prägte das Bild von ›Männlichkeit‹ als definitorischer oder gestaltender Macht.

Wäre der Drang zur Erneuerung die einzige Konsequenz der Schriftlichkeit gewesen, so wären die Gemeinschaften mit der Entstehung der alphabetischen Schriftsysteme auseinandergefallen. Sie hätten ihren Zusammenhang verloren, und der einzelne wäre nicht mehr im Rahmen der Gemeinschaft ›behaust‹ gewesen. Tatsächlich haben die Schriftgemeinschaften aber andere Formen des Gemeinschaftskörpers entwickelt, und diese sind dem Bild eines Kollektivkörpers der mündlichen Gemeinschaften oft erstaunlich ähnlich. Auch hier spielt das Bild eines Lebenssaftes, der alle Mitglieder der Gemeinschaft durchfließt und miteinander verbindet, eine wichtige Rolle. So taucht in den Schriftkulturen der Alphabetschriften, die also eigentlich Kultur- oder Textgemeinschaften darstellen, die Vorstellung einer Blutsgemeinschaft auf. Die Vorstellung, daß ein Stamm oder eine Gemeinschaft eine Blutsgemeinschaft bildet, ist eigentlich ein archaisches Gemeinschaftsbild. Indem die Analogie zum Individualkörper beschworen wird und von einem gemeinsamen Blut die Rede ist, das alle einzelnen Körper der Gemeinschaft durchfließt, soll bedeutet werden, daß die Gemeinschaft einen einzigen und unteilbaren Körper bildet. Die Vorstellung spielt in den Ritualen vieler Gesellschaften ohne Schrift eine gewisse Rolle, und auf ihr gründen sich zahlreiche Gebräuche und Gebote wie etwa die Blutsbrüderschaften, das Inzestverbot, einige Opferrituale oder auch die Gesetze der Reinheit, die von einer Gemeinschaft zur nächsten unterschiedlich definiert werden (Douglas 1988).

Solche Bilder wurden von den Schriftkulturen aufgegriffen und mit einer neuen Bedeutung versehen, die der Kohärenz der Gemeinschaft diente, nachdem die Verschriftlichung die gesprochene Sprache ihrer Eigenschaft als Lebenssaft des Gemeinschaftskörpers beraubt hatte. Das Aufgreifen solcher archaischer Bilder, die auf angebliche physiologische Charakteristika verweisen, sollte dazu beitragen, daß die symbolische Ordnung zunehmend als eine biologische verstanden wurde. Doch schon die Tatsache, daß Bilder der Blutsgemeinschaft sowohl in der jüdischen als auch in der christlichen Religion (beides Religionen, denen alphabetische Schriftsysteme zugrunde liegen) eine wichtige Rolle spielen, dies aber auf unterschiedliche, sogar konträre Weise geschieht, beweist, daß es sich um eine kulturelle *Wiederbelebung* archaischer Bilder handelt. In der jüdischen Religion bildet sich die Gemeinschaft u. a. über das Gesetz, daß das Blut, Symbol des Lebens, dem Schöpfer gehört und ihm vorbehalten bleibt. Im Alltag darf der Mensch nicht mit Blut in Berührung treten: Das Fleisch, das zur Speise gereicht wird, darf kein Blut enthalten, und der Sexualverkehr ist während der Menstruation verboten. Wird Blut versehentlich vergossen, so muß es ›begraben‹ werden, um mit der Schöpfung vereint zu sein. Im Verbot, Blut zu konsumieren, wird einerseits die Differenz von Mensch und Gott betont, andererseits bildet es – mit den anderen Ritualgesetzen – aber auch die Grundlage der sozialen Gemeinschaft.

Ganz anders im Christentum, wo gerade die Aufnahme des Blutes einen heiligen Akt der ›Gemeinsamkeit‹ darstellt. Beim Heiligen Abendmahl nimmt der Gläubige das Blut und den Leib des Erlösers in sich auf und vereinigt sich so mit Gott wie mit den anderen Mitgliedern der Gemeinde. Das Entscheidende ist also die *Aufhebung* der Differenz von Gott und Mensch, und der Vorgang findet in den Bildern der Vereinigung des Blutes ihren Ausdruck – eine Vorstellung, die der jüdischen Religion nicht nur fremd, sondern geradezu konträr ist. Der unterschiedliche Umgang mit den Bildern des Blutes prägte zutiefst die jüdisch-christliche Geschichte, und gerade die unterschiedlichen Bilder der Blutsgemeinschaft brachen im christlichen Antijudaismus und Antisemitismus immer wieder auf gewalttätige Weise an die Oberfläche (von Braun/Heid 1990). Die gegensätzliche Art der Gemeinschaftsbildung wirkte auch auf die Geschlechterbilder in beiden Religionen zurück. In der jüdischen Religion wird die Differenz der Geschlechter betont, in der christlichen setzte sich eine Ideal der Vereinigung durch, das u. a. in der Unauflösbarkeit der Ehe seinen Ausdruck fand (von Braun 2000).

So gegensätzlich die Bilder des Blutes und der Gemeinschaftsbildung auch sind, eines ist dennoch diesen beiden ›Religionen des Buches‹ gemeinsam: Sowohl die jüdische als auch die christliche Religion gehen davon aus, daß die Welt durch das Wort erschaffen wurde, bzw. im Christentum, daß der Heiland das ›Fleisch gewordene Wort‹ darstellt. Es entstand also in beiden Religionen ein Bild, das die Sprache zum schöpferischen Element erhebt und dabei an das Bild der Sprache als einigendem Lebenssaft anknüpft. In beiden Fällen stand hinter der schöpferischen Macht des Wortes wiederum die Schriftlichkeit. Denn ein solcher unsichtbarer, abstrakter Gott, der sich nur durch die Schrift offenbart und die Welt aus dem Wort erschafft, war erst denkbar, nachdem der Schrift – der Alphabetschrift – definitorische, gestaltende Macht zugewiesen worden war. Allerdings gab es auch in dieser Hinsicht grundlegende Unterschiede zwischen jüdischer und christlicher Schriftlichkeit. Während dem Christentum das griechische Alphabet und damit eine Schriftform zugrunde lag, die die Mündlichkeit völlig erfaßte, hatte das semitische Alphabet, das die Vokale nicht schreibt, zur Folge, daß sich in der jüdischen Religion ein Nebeneinander von Mündlichkeit und Schriftlichkeit erhielt, das auch ganz generell in der Betonung der Körperlichkeit ihren Ausdruck findet. Die Ritual- und Speisegesetze, die den Mitgliedern der jüdischen Gemeinschaft genau vorschreiben, wie sie zu leben, zu essen, zu ruhen, Krankheiten zu begegnen und sich im Umgang mit dem anderen Geschlecht zu verhalten haben, die sich also vornehmlich auf den Körper des einzelnen beziehen, sind ein Ausdruck dafür. Sie fanden ihren Niederschlag u. a. in der Geschlechterordnung der jüdischen Religion, die Männer und Frauen – durch die Beschneidung oder durch die Gesetze, die sich auf das Menstruationsblut beziehen – immer wieder daran erinnert, daß sie einem bestimmten Geschlecht angehören und mithin, anders als Gott, ›unvollständig‹ und sterblich sind.

Im Christentum, das im Zeichen der vollen griechischen Alphabetschrift entstand, gab es kein Nebeneinander von Mündlichkeit und Schriftlichkeit, und das hatte Rückwirkungen auf das Verhältnis zum Körper. Die Übertragung der gesprochenen Sprache in die Schriftzeichen des Alphabets hatte nicht nur einen Prozeß der Abstraktion zur Folge, sondern auch einen Prozeß der Materialisierung des Abstrakten. Neben dem Denken, das die Unterscheidung von Geist und Natur hervorhob, entwickelte sich auch die Vorstellung, daß der Körper als ›Erzeugnis‹ des abstrakten Denkens zu betrachten sei – vergleichbar dem Bild der ›Blutsgemeinschaft‹, das der abstrakten Textgemeinschaft einen Körper verleihen sollte. Das heißt, nicht nur wurde die (aus dem Schriftsystem) hervorgegangene Gemeinschaft als eine Schöpfung des Geistes oder des Wortes verstanden, sondern auch der einzelne Körper als Schöpfung der Metaphysik. War Christus das ›Fleisch gewordene Wort‹, so erschien der menschliche Körper als Leib gewordene Schrift. Das prägte wiederum die Geschlechterordnung: Da der männliche Körper als Symbolträger des schöpferischen Geistes – oder der Schrift – begriffen wurde, der deshalb auch über die definitorische Macht von Schrift und Geist verfügte, erschien der weibliche Körper als seine ›Schöpfung‹. War der Mensch ›Ebenbild‹ Gottes, so die Frau ›Ebenbild‹ eines als männlich imaginierten Geistes. In der jüdischen Religion ist mit dem alttestamentarischen ›Nach seinem Ebenbild‹ nicht das Abbild gemeint, sondern, wie Abraham Joshua Heschel schreibt, »von seinem Geist durchdrungen« (Heschel 1985, 125ff.). Im Christentum hingegen wurde der Körper als ›Ebenbild‹ in dem Sinne verstanden, daß Gott oder das Wort menschliche Gestalt angenommen hatte. So wie die christliche Bilderverehrung immer mit der Mensch-Werdung Christi gerechtfertigt wurde, sollte auch der weibliche Körper als Bild für die definitorische Macht des geschriebenen Wortes gelten, die wiederum mit Männlichkeit gleichgesetzt wurde. In diesem Prozeß der ›Fleisch-Werdung des Wortes‹ liegt der Schlüssel zur ›Naturalisierung‹ der symbolischen Geschlechterordnung, die sich über die Jahrhunderte vollzog.

Die symbolische Geschlechterordnung – laut der Männlichkeit Geistigkeit und Weiblichkeit Leiblichkeit repräsentieren – fand ihr Spiegelbild in der symbolischen Darstellung des Gemeinschaftskörpers. Im Christentum repräsentiert der Gekreuzigte die geistigen Aspekte des Glaubens (das Haupt), während die Gemeinschaft der Sterblichen als sein ›Leib‹ beschrieben wird und in den allegorischen Darstellungen deshalb auch weibliche Gestalt annimmt: in der Gestalt der *Ecclesia*, die für die christliche Kirche und die Gemeinschaft der Gläubigen steht. Wegen dieser geschlechtlichen Symbolik ist auch von der ›Ehe‹ Christi mit der Kirchengemeinde die Rede, die zugleich sein Leib ist. Diese Symbolik wirkte auch auf die reale Geschlechterordnung zurück. So forderte Paulus, daß, so wie Christus das Haupt der Gemeinde sei, auch der Mann in der Ehe das Haupt der Frau, und sie seinen Leib darstelle (Eph. 5,23 u. 28). Der Mann solle seine Frau so lieben »wie seinen eigenen Körper«. Weil Christus und die Gemeinde ›einen Geist und einen Leib‹ bilden (dieses Bild wird beim Heiligen Abendmahl rituell zelebriert) und Mann und Frau in der Ehe zu »einem Fleisch« werden, hat die christliche Religion (als einzige Religion der Welt) auch die Unauflösbarkeit der Ehe verkündet und die Ehe selbst zum Sakrament erhoben. (Wichtig ist allerdings die Unterscheidung, daß Mann und Frau nur im Sinne von *sarx* (gr.: vergänglicher Körper) »ein Fleisch« werden können, während die Vereinigung mit Gott den Gläubigen zum Teil eines unsterblichen, *geistigen* Leibes werden läßt (1.Kor. 6: 15–17)). Ähnliche Bilder einer ›Ehe‹ mit dem eigenen Leib erscheinen später auch auf säkularer Ebene, wenn der Monarch als ›Haupt‹ des Staates bei seiner Krönung die Nation ›heiratet‹ (Kantorowicz 1990, 222) bzw. der Ehemann als das ›Haupt‹ der Familie betrachtet wird. So schrieb Theodor Gottfried von Hippel 1774 über die Ehe: »Der Mann soll über das Weib herrschen wie die Seele über den Leib« (von Hippel 1774, 96). Das heißt, gegen Ende des 18. Jahrhunderts, mit der ›Aufklärung‹ war aus dem, was ursprünglich als ›symbolische‹ Zuweisung begriffen worden war, ein ›Naturgesetz‹ geworden, auf das sich die soziale Ordnung und der Rechtskodex beriefen.

Der ›normale‹ Körper und die Anomalie

Die symbolische Geschlechterordnung zeigte sich auch auf der Ebene des individuellen Körpers. Schon seit der griechischen Antike galt der männliche Körper als Norm, er stand für den ›ordentlichen‹, berechenbaren Körper, während der weibliche Körper (in der Theologie, der Philosophie, in den Medizinbüchern sowie den bildenden Künsten) das Fremde, Unberechenbare und ›Nicht-Ganz-Dazugehörige‹ symbolisierte. Das zeigte sich u. a. daran, daß der Bildhauer Polyklet im 5. Jahrhundert vor u. Z. – das heißt, zu einer Zeit, in der das Leben im antiken Griechenland nach den Gesetzen der

Schrift zu ›funktionieren‹ begann – den Begriff des ›Kanons‹ auf den menschlichen Körper übertrug. Der Begriff ›Kanon‹ leitet sich vom altägyptischen Wort für Rohr, Stange, Stab ab und stammt aus der Baukunst (Assmann 1999, 107). Polyklet verfaßte eine Lehrschrift, in der er die Maßstäbe für die ideale Proportionierung des menschlichen Körpers festlegte (ebd.). Dabei waren die angegebenen Proportionen selbst von weniger Bedeutung als die Tatsache, daß er den Körper an sich nach solchen ›Maßstäben‹ vermaß, mithin der Berechenbarkeit unterwarf. Der ›ideale‹ Körper sollte ein Körper sein, der einem metrischen System entsprach, denn laut Polyklet kann der Körper nur ein ›beseeltes Ganzes‹ bilden, wenn er ›voll berechenbar‹ sei. Polyklet, in dessen Anschauung sich die griechische Philosophie einer kosmischen Ordnung widerspiegelte, die im einzelnen ihre Entsprechung findet, begriff den Körper als ein ›System‹ mit einer festen Ordnung. Die Auswirkungen von Polyklets Vorstellungen eines ›idealen Körpers‹ lassen sich noch heute in den Glyptotheken und Museen antiker griechischer Bildhauerkunst bewundern. Dort wird allerdings auch deutlich, daß sich diese Normierung des Körpers immer auf den männlichen Körper bezog.

Es vollzog sich also in der griechischen Antike, parallel zur Verschriftlichung der Gesellschaft – oder zur Durchsetzung einer neuen Form von Gemeinschaft, die auf den normierenden Gesetzen der Schrift beruhte – auch eine ›Verschriftlichung‹ des Körpers. Daß wir es mit einem Verschriftlichungsprozeß zu tun haben, dafür spricht die Tatsache, daß sich Polyklet des ›Kanon‹-Begriffs bediente, der später vor allem in der Schriftlichkeit eine Rolle spielen sollte, um sich heute fast ausschließlich auf Texte mit Norm- oder Maßstabcharakter zu beziehen. Jan Assmann schreibt: »Die Kanonmetapher postuliert zugleich mit der Konstruktivität der Welt – der Mensch als Baumeister seiner Wirklichkeit, seiner Kultur und seiner selbst – die Letztinstanzlichkeit und Hochverbindlichkeit der Prinzipien, denen solche Konstruktion sich unterwerfen muß, wenn das ›Haus‹ Bestand haben soll.« (Assmann 1999, 127).

Daß sich die Norm, die der Gemeinschaft und dem einzelnen Körper auferlegt wird, als ›Kanon‹ eines Metatextes verstehen läßt, der mit dem griechischen Alphabet seinen Anfang nimmt, das zeigt sich nicht nur an der Bildhauerkunst und einer von den Augen bestimmten ›Systematisierung‹ des Körpers. Es zeigt sich auch an der medizinischen Betrachtung des *kranken* Körpers in der Antike – diese allerdings bezog sich vornehmlich auf das weibliche Geschlecht. War mit dem ›idealen Körper‹, dem berechenbaren Körper in der Skulptur der männliche Körper gemeint, so repräsentierte der weibliche Körper in den medizinischen Lehren das Unberechenbare. Es war dieselbe ›Unberechenbarkeit‹, die der gesprochenen Sprache wie der physischen Existenz – qua Sexualität und Sterblichkeit – eignete. Das medizinische Paradigma wurde besonders deutlich am Krankheitsbild der Hysterie, das fast zeitgleich mit Polykrates' Lehrschrift über die idealen Maßstäbe des Körpers im *Corpus Hippocraticum* als Krankheitsbild entworfen wurde. Die Hysterie stellt den ältesten Begriff unseres medizinischen Vokabulars dar (Veith 1965), doch die Krankheit selbst wurde in jeder Epoche anders beschrieben und behandelt. Mal wurden die seltsamen Symptome des weiblichen Körpers – darunter Lähmungserscheinungen, Krämpfe, Erstickungsanfälle, der teilweise oder gänzliche Verlust des Seh- und Sprechvermögens und viele Symptome mehr, denen allen gemeinsam ist, daß keine organische Ursache auszumachen ist – als Folgen einer Wanderung der Gebärmutter beschrieben, dann wieder als ›Besessenheit‹ durch die Mächte des ›Teufels‹ oder als erbliches Defekt des Nervensystems, um schließlich – bei Sigmund Freud – als Ausdruck einer Symptom gewordenen Sprache begriffen zu werden. So leidet die Patientin Cäcilie M., die von Freud behandelt wird, an einer Gesichtsneuralgie, die sich in dem Moment einstellte, als sie eine Bemerkung ihres Mannes als »einen Schlag ins Gesicht« empfand (Breuer/Freud 1970, 145). Mit dieser Interpretation kehrte die Hysterie gleichsam an ihren Ursprung, der Überlagerung der Mündlichkeit durch die Schriftlichkeit, zurück (von Braun 1985). Denn in der Hysterie und ihren vielen ›unberechenbaren‹ Symptomen hatte sich gleichsam die verdrängte Sprache der mündlichen Überlieferung erhalten. Als sie bei Freud auch als solche behandelt wurde, verschwanden die Symptome – oder wurden als Körper gewordene Worte erkennbar.

Obgleich jede Epoche das Krankheitsbild der Hysterie auf unterschiedliche Weise interpretierte und behandelte, war doch allen nosologischen Mustern gemeinsam, daß die Krankheit nicht nur als typisch weiblich, sondern auch als Ausdruck der ›Anomalie‹ und der Unberechenbarkeit gehandelt wurde. »Die Hysterie«, so sagte Freud, »verhält sich bei ihren Paralysen und Symptomen, als ob es die Anatomie nicht gäbe oder als ob sie kein Wissen darüber besäße« (Freud 1964, Bd. I, 50). Welche Funktion konnte ein solches Konzept von ›Anomalie‹ haben – ein Konzept, in dem sich die symbolische Rolle des weiblichen Körpers in der abendländischen Geschichte widerspiegelt und das mithin auch als ›Konstrukt‹ zu verstehen ist? (von Braun 1995, 98–129). Indem der weibliche Körper für das Anormale, die Anomalie, stand, diente er der Definition des ›Kanons‹ bzw. der Normalität. Vergleichbar der ›Reinheit‹, die nie positiv, nur in Abgrenzung gegen das Unreine definiert werden kann, läßt sich auch die Norm nur in Abgrenzung gegen die Anomalie beschreiben. Wenn es im Kanon »um Ordnung, Reinheit und Harmonie, um den Ausschluß von Zufall und unkontrollierter Abweichung, von ›Schlendrian‹ und lavierender Anpassung ans Gegebene« geht (Assmann 1999, 109), so sind mit den Gegenbildern und den auszuschließenden Abweichungen die Eigenschaften beschrieben, die in der Geschichte des Abendlandes die Phantasien über den weiblichen Körper begleitet haben. Rückblickend liefern die Deutungsbilder der Hysterie ein getreuliches Spiegelbild dieser Phantasien. Indem diese Phantasien aber als Krankheitsbild der Medizin zugeordnet wurden, erschienen sie wiederum als biologisch bedingt.

Eine solche historische Sichtweise auf diese Zusammenhänge wird freilich dadurch kompliziert, daß der weibliche Körper nicht nur das Andere der ›Norm‹, sondern zugleich auch den Gemeinschaftskörper an sich symbolisierte – ein Paradoxon, das die Geschichte der symbolischen Geschlechterordnung begleitet hat und im Zusammenhang mit den Theorien über die Weiblichkeit immer wieder historisch wirkungsmächtig wurde. Die Tatsache, daß der Gemeinschaftskörper als weiblicher Körper gedacht wird, galt nicht nur für religiöse, sondern auch für politische Gemeinschaften. Der Begriff der *Ecclesia* selbst, den Paulus auf die Gemeinde der Gläubigen übertrug, bedeutet im Griechischen politische Gemeinschaft. Und so wie die Kirche wurde auch die Stadt

Athen durch eine weibliche Gestalt, *Pallas Athene*, und Rom durch die mütterliche Wölfin repräsentiert. Das gleiche gilt für die modernen Nationen. Ob als *Germania*, *Marianne*, oder *Britannia*: Der Kollektivkörper stellt fast immer die Analogie zum Individualkörper her, indem er sich selbst als *weiblichen* Körper präsentiert. Dabei spielt einerseits die Tatsache, daß der weibliche Körper als Symbolträger der Leiblichkeit und als mütterlich umschließend gedacht wird, eine wichtige Rolle. Andererseits ist aber auch von Bedeutung, daß die Genealogie der Gemeinschaft (also die gemeinsame Herkunft, wie sie die Bilder des gemeinsamen Blutes symbolisieren) in der mütterlichen Linie immer leichter zu belegen war als in der väterlichen. Damit war sie symbolisch darstellbar am weiblichen Körper. Der eindeutige ›Vaterschaftsbeweis‹ durch den genetischen Fingerabdruck kam erst im 20. Jahrhundert auf. Allerdings entsprach das Bild der Gemeinschaft als ›Mutter‹ nicht einer naturgetreuen Vorstellung vom weiblichen Körper. Es handelte sich vielmehr um eine ›unbefleckte‹ Mutter, wie sie in der Gestalt des christlichen Muttergottes und der Pietà in Erscheinung tritt. Daß heißt, bei diesen weiblichen Repräsentationen des Kollektivkörpers ging es nicht um den irdischen Frauenkörper, sondern um eine Art von überirdischer ›Weiblichkeit‹. Allerdings hatte dieses Weiblichkeitsbild Rückwirkungen auf die Rolle des weiblichen Körpers in der weltlichen Gemeinschaft. Das zeigt sich zum Beispiel an den kollektiven Vergewaltigungen, wie sie vor allem in Kriegszeiten stattfinden. Durch die sexuelle Verletzung der einzelnen Frauen der Gemeinschaft, soll der – als ›weiblich‹ wahrgenommene – Gemeinschaftskörper des Feindes getroffen werden. Auch die Bilder, laut denen die Sexualbeziehungen von Frauen der eigenen Gemeinschaft mit ›fremden‹ Männern den Kollektivkörper ›gefährden‹ oder gar ›verseuchen‹, basieren auf dieser Vorstellung, daß der ›Volkskörper‹ durch einen ›Fremdkörper‹ ›penetriert‹ und ›verletzt‹ werde.

Der weibliche Körper repräsentiert also sowohl die Einheitlichkeit als auch die Verletzlichkeit der Gemeinschaft. Er symbolisiert einerseits den Gemeinschafts*körper*, als individueller Körper aber auch das ganz ›Andere‹ der Gemeinschaft: ein Element, das mit *Un*reinheit oder *Un*zurechnungsfähigkeit, mit *Un*zulänglichkeit gleichgesetzt wird; eine Form von Andersheit, der ein mangelnder Sinn für die Gemeinschaft unterstellt wird. Letzteres wird oft im Zusammenhang mit dem Militärdienst für Frauen als Argument angeführt. Bei Frauen sei ungewiß, so heißt es, ob sie im Ernstfall ihre Prioritäten nicht bei ihren Männern oder Kindern statt bei der Gemeinschaft setzen würden. Das gleiche Argument wurde auch in den Debatten um 1900 über das weibliche Wahlrecht benutzt. Das heißt, der weibliche Körper symbolisiert die Ganzheitlichkeit *und* zugleich das unsichere Element der Gemeinschaft.

In der Geschichte der ›Frauenkrankheiten‹ spielt dieser Widerspruch eine wichtige Rolle. Denn die Frauenkrankheiten sind nicht nur als ein Spiegelbild der Phantasien über den weiblichen Körper und der symbolischen Geschlechterordnung jeder Epoche zu lesen, sondern auch als ein Indiz für die Schwierigkeiten von Frauen, mit den widersprüchlichen Ideen von ›Weiblichkeit‹ umzugehen. Die Geschichte des Abendlandes kennt drei große ›Frauenkrankheiten‹: Neben der Hysterie gehören zu den ›Frauenkrankheiten‹ die weiblichen Eßstörungen und neuerdings die sogenannten ›dissoziativen Identitätsstörungen‹, das heißt Störungen der Selbst- und Realitätswahrnehmung (von Braun 1999). Allen drei ›Krankheiten‹ ist gemeinsam, daß sie erstens fast nur bei Frauen auftauchen, daß sich zweitens die Nosologen nicht nur wegen der Ätiologie, sondern auch wegen der Definition in den Haaren liegen. Was nichts daran ändert, daß sich die Therapeuten drittens mit einer Leidenschaft für diese Krankheiten interessieren, die viertens im umgekehrten Verhältnis zu ihren therapeutischen Erfolgen steht. Last not least ist diesen drei Krankheitsbildern ebenfalls gemeinsam, daß sie in erheblichem Maße nicht nur das Interesse von Medizinern und Psychologen, sondern auch von Kirchenmännern, Philosophen, Soziologen, Historikern sowie von Schriftstellern und Künstlern auf sich gezogen haben. Schon das legt es nahe, nach einer *kulturellen* Ursache der Krankheitsbilder zu suchen. Dieser Umstand wird noch durch die Tatsache verstärkt, daß es sich um Symptombildungen handelt, die nur in den Schriftgesellschaften als ›Krankheiten‹ beschrieben werden bzw. (wie die Eßstörungen) eine wichtige Rolle spielen. Vor allem in der Psychiatrie kann man beobachten, daß bestimmte Symptome in der einen Kultur als ›krank‹, in der anderen aber als ›heilig‹ definiert werden (Kakar/Clément 1993). Man könnte daraus schließen, daß entweder die Symptome oder die Krankheitsbilder mehr mit der symbolischen Ordnung der Geschlechter als mit biologischen Gegebenheiten des weiblichen Körpers zu tun haben. Denn auch wenn körperliche Symptome bei allen drei ›Frauenkrankheiten‹ eine Rolle spielen, so sind diese doch nicht biologisch, sondern nur psychologisch zu erfassen. Ungeachtet dessen gab und gibt es aber immer wieder Versuche, die ›Frauenkrankheiten‹ auf biologische Ursachen zurückzuführen. Dieses Bedürfnis entspricht der ›Naturalisierung‹ der symbolischen Ordnung. Indem der Versuch unternommen wird, biologische Erklärungsmuster für die Symptome zu finden, kann die Diskussion über die symbolischen Hintergründe für die Krankheitsbilder umgangen werden.

In der Geschichte der ›Frauenkrankheiten‹ drücken sich nicht nur die widersprüchlichen Phantasien jeder Epoche über den weiblichen Körper, sondern auch das Leiden von Frauen an diesen Phantasien aus. Denn, so sehr es sich bei den Krankheiten auch um kollektive ›Konstrukte‹ handeln mag, so ist doch unbestreitbar, daß Frauen ›erkranken‹. Frauen haben immer wieder an den Widersprüchen gelitten, die in der unterschiedlichen Symbolik des weiblichen Körpers ihren Ursprung haben, wenn dieser einerseits *den* Kollektivkörper, andererseits aber auch das Unberechenbare oder Auszuschließende der Gemeinschaft symbolisiert. Mit anderen Worten, es ist wichtig, die ›Frauenkrankheiten‹ unter historischer Perspektive zu betrachten und die Wechselwirkung zwischen den kollektiven Weiblichkeitsbildern und den individuellen Reaktionen auf diese Bilder zu sehen. Vor allem aber ist es wichtig, sich bei der historischen Betrachtung der Geschlechterbilder zu vergegenwärtigen, daß mit dem einen Weiblichkeitsbild – etwa dem der Madonna – nicht ›die Frau‹ oder der individuelle weibliche Körper gemeint ist, sondern die Gemeinschaft bzw. der kollektive Körper. Daß also die widersprüchlichen Weiblichkeitsbilder unterschiedliche Funktionen für die Gesellschaft zu erfüllen haben und deshalb von vornherein nicht in Einklang miteinander zu bringen sind.

Der Körper als Räderwerk

Die Vorstellung von der Normierung des Körpers nahm zunehmend weltlichen und ›wissenschaftlichen‹ Charakter an. Das hing u. a. mit technischen Neuerungen zusammen, die eigentlich nichts mit dem menschlichen Körper zu tun hatten, wohl aber auf dessen Wahrnehmung und Verhalten einwirkten. Besonders deutlich wird das für das Bild des Räderwerks bzw. der Uhr, die um 1300 erfunden wurde. Dieses Modell sollte bald auf alle Gebiete des menschlichen Körpers und des menschlichen Geistes übertragen werden. So verglich die französische Dichterin Christine de Pizan (1364 – ca. 1432), deren *Buch über die Stadt der Frauen*, 1405) im 15. Jahrhundert für Aufsehen sorgte, weil es sich gegen frauenfeindliche Schriften der Kirche und der höfischen Literatur richtete, die Tugend der ›Mäßigkeit‹ mit einem Räderwerk:

> Die Mäßigkeit sollte gleichfalls als eine Göttin gelten. Und weil unser menschlicher Körper aus vielen Teilen besteht und von der Vernunft reguliert werden sollte, kann man ihn als eine Uhr darstellen, die eine Reihe von Rädern und Maßen enthält. Und so wie eine Uhr nichts taugt, solange sie nicht reguliert ist, so arbeitet auch unser menschlicher Körper nicht, solange nicht Mäßigkeit ihn leitet. (de Pizan, zit. n. Mayr 1987, 53)

Rund 150 Jahre nach Christine de Pizan stellte für den französischen Philosophen Descartes (1596–1650) das Räderwerk nicht mehr ein Ideal dar, das es zu erreichen gelte, sondern es war Ausdruck der göttlichen Natur und Schöpfung selbst. Gott habe den Menschen als eine ›Maschine‹ erschaffen, in der Absicht, »sie uns so ähnlich wie möglich zu machen, und zwar derart, daß er ihr nicht nur äußerlich die Farbe und die Gestalt unserer Glieder gibt, sondern auch in ihr Inneres all jene Teil legt, die notwendig sind, um sie laufen, essen, atmen, kurz alle unsere Funktionen nachahmen zu lassen« (Descartes 1969, 44). Der ›gesunde Körper‹ funktioniere nach derselben Mechanik wie das Uhrwerk: »Und so wie eine aus Rädern und Gewichten gefertigte Uhr nicht weniger genau alle Naturgesetze befolgt, wenn sie schlecht gefertigt ist und die Zeit schlecht anzeigt, als wenn sie allseitig den Wünschen des Künstlers entspricht, so betrachte ich auch den menschlichen Körper, als eine Art Maschine.« (Descartes 1870, 111).

Im Verlauf der Säkularisierung wurde aus dem ›Räderwerk‹ der göttlichen Schöpfung zunehmend ein ›Naturgesetz‹. Bedurfte es für Descartes noch eines Gottes als Schöpfer der Maschine, so trat für den deutschen Philosophen, Mathematiker und Physiker Gottfried Wilhelm Leibniz (1646–1716), der nach den Grundlagen der logischen Erkenntnis suchte und die Rationalität zum Ideal erhob, die Natur oder die Vernunft selbst an dessen Stelle. Aber das mechanistische Bild von Körper und Natur blieb dasselbe.

> So ist jeder organische Körper eines Lebewesens sozusagen eine göttliche Maschine oder ein natürlicher Automat, der alle künstlichen Automaten unendlich übertrifft […] Aber die Maschinen der Natur, d. h. die lebenden Körper, sind noch in ihren kleinsten Teilen, bis ins Unendliche, Maschinen. (Leibniz 1962, 117)

Das mechanische Uhrwerk verlieh der Berechenbarkeit, die der Schrift selbst zugrunde lag, eine symbolische Form: ein Körperbild, das sich sowohl auf den individuellen als auch auf den kollektiven Körper übertragen ließ. Beim Kollektivkörper leuchtete die Analogie zum Räderwerk durchaus ein, mehr als beim Individualkörper. Denn durch die mechanische Uhr wurde es möglich, Zeit nach einheitlichen gleichbleibenden Maßstäben zu messen. Das änderte die Zeitwahrnehmung sowie die Art, wie sich der menschliche Körper innerhalb der Zeit bewegte. An die Stelle der ›Temporalzeit‹ mit ihren wechselnden Stundenmaßen, nach der der Mensch bis ins späte Mittelalter gelebt hatte (Temporalzeit: im Sommer, wenn die Tage länger waren, erstreckten sich auch die Stunden auf einen längeren Zeitraum), trat die ›Äquinoktialzeit‹ mit ihren über das ganze Jahr, Tag und Nacht gleichbleibenden Stunden. Aus Christine de Pizans ›Mäßigkeit‹ wurde allmählich das ›gleichbleibende Maß‹: eine Zeit, die sich dem Körper des einzelnen einschrieb. Die Menschen begannen ›synchron‹ zu leben und ihren Tagesablauf zu organisieren. David S. Landes hat am Beispiel der Geschichte der ›Pünktlichkeit‹ beschrieben, wie sehr sich die Technik des Räderwerks der Psyche einschrieb:

> Die mechanische Uhr war selbstgenügsam, und sobald Uhrmacher gelernt hatten, sie mit einer Sprungfeder, statt eines Fallgewichts, anzutreiben, konnte sie verkleinert werden, um tragbar zu sein, ob im Haushalt oder an der Person. Diese Möglichkeit eines weit verbreiteten privaten Gebrauchs wurde zur Basis für *Zeitdisziplin*, im Gegensatz zu *Zeitgehorsam*. Man kann, wie wir sehen werden, öffentliche Uhren benutzen, um Menschen für den einen oder anderen Zweck zusammen zu rufen. Aber das ist keine Pünktlichkeit. Pünktlichkeit kommt von innen, nicht von außen. Die mechanische Uhr ermöglichte, wie man das auch immer beurteilen mag, eine Zivilisation, die sich der Vergänglichkeit der Zeit bewußt und damit auch produktiv und performativ war. (Landes 1983, 7)

Auch die anderen Medien hatten einen ähnlich homogenisierenden Einfluß auf die Gemeinschaft: Währungen schlossen große Märkte zusammen und führten zur Vereinheitlichung der Waren; durch den Buchdruck fanden einzelne Schriftwerke weite Verbreitung, und das führte wiederum zur Vereinheitlichung regionaler, gesprochener Sprachen. (Luthers Bibelübersetzung gilt als eines der wichtigsten Instrumente bei der Aufhebung regionaler Sprachunterschiede im deutschen Sprachraum). Jedes Kommunikationsmittel trug auf unterschiedliche Weise zum Prozeß der Synchronisierung und Homogenisierung bei. Das heißt, der menschliche Körper, der natürlich keine Maschine ist, verhielt sich dennoch zunehmend nach den Maßgaben, die ein Ideal der Berechenbarkeit ihm vorgab. In diesem Sinne war er ein ›Geschöpf‹ der Schrift – und das galt für beide Geschlechter gleichermaßen und sollte zu einem Faktor der ›Angleichung‹ der Geschlechter werden, wie sie sich nach der Aufklärung, insbesondere gegen Ende des 19. Jahrhunderts vollzog.

Der sich hinter dieser Entwicklung fast unmerklich vollziehende Prozeß entsprach der weiter oben angesprochenen ›Materialisierung‹ des Geistigen oder der Schriftlichkeit, die allmählich sowohl kollektiv als auch individuell ihre eigenen ›Normen‹ setzte. Er entsprach auch einer Überlagerung von Schriftlichkeit und Mündlichkeit. Mit dem Beginn der Neuzeit, insbesondere mit dem Buchdruck hatte die geschriebene Sprache die gesprochene Sprache zunehmend nach ihren Gesetzen geformt und mit ihr auch den sprechenden Körper. Daß es sich um einen solchen Prozeß der Materialisierung des Geistigen handelte, war für Descartes im 17. Jahrhundert noch eine Selbstverständlichkeit. Er sagte von der Philosophie, sie sei »wie ein Baum. Die Wurzeln sind die Metaphysik, der Stamm ist die Physik, und die Zweige sind die anderen Wissenschaften« (Descartes, zit. n. Capra 1983, 68). Er umschrieb also das Bild einer Wirklichkeit, bei der das Sichtbare, der Körper als Produkt oder Ergebnis des Unsichtbaren oder des Transzendenten zu betrachten sei. Doch schon 150 Jahre nach ihm war das Bewußtsein dieses metaphysischen Ursprungs des Physischen verschwunden. »Wenn Ihr wollt, daß ich an Gott glaube, so muß ich ihn berühren können« (Diderot 1951, 40). Mit diesen Worten wandte sich gegen Ende des 18. Jahrhunderts der junge Theologie-Student Denis Diderot von der Religion ab und der Philosophie zu, um zu einem der großen Vordenker der Französischen Aufklärung zu werden. Diese verkündete ihrerseits den Glauben ans Sichtbare und rückte damit die Naturwissenschaften in den Mittelpunkt moderner Betrachtung. Damit setzte sich auch die Vorstellung durch, daß der Geist nicht etwa die Natur erschaffen habe, sondern von ihr nur ›ablese‹. Sah Descartes die Natur noch als eine Schöpfung Gottes (deshalb bezeichnete er die Metaphysik als Wurzel aller Wissenschaft), so wollte die Aufklärung die Schöpfung nur mehr als Physis, als ›ursprüngliche Natur‹ gelten lassen. Der Entstehungsprozeß dieser ›Natur‹ – damit auch der Natur der Geschlechter – war aus dem Blickfeld verschwunden. Für die Aufklärung funktionierten der Körper und die Natur nicht *wie* ein Uhrwerk, sondern *als* Uhrwerk an sich, und ebenso setzte sich auch die Vorstellung durch, daß die symbolischen Geschlechterrollen auf einem ›Naturgesetz‹ beruhten. Das heißt, die Verweltlichung der Religion, als welcher sich der Säkularisierungsprozeß umschreiben läßt, hatte u. a. zur Folge, daß das biologische und das kulturelle Geschlecht ununterscheidbar wurden.

›Die Unfähigkeit des weiblichen Körpers zu denken‹

Es ist wichtig, sich der langen Wechselbeziehung von Religion / Metaphysik und Physik oder Körper und sichtbarer Wirklichkeit zu erinnern, um zu begreifen, weshalb in den Debatten, die um 1900 über die Zulassung von Frauen zum höheren Studium geführt wurden, nie von der symbolischen Ordnung der Geschlechter, sondern immer nur von der ›Natur‹ des weiblichen und des männlichen Körpers die Rede war. In dieser Hinsicht unterschieden sich die Argumente der Gegner und der Befürworter eines Frauenstudiums kaum. Beriefen sich die Gegner des Frauenstudiums auf angebliche ›Naturgesetze‹, so waren die Befürworter des Frauenstudiums in besonderen *Ausnahmefällen* bereit, diese zu umgehen. Zu letzteren gehörte etwa Max Planck. Er schrieb, daß »wenn eine Frau, was nicht häufig, aber doch bisweilen vorkommt, für die Aufgaben der theoretischen Physik besondere Begabung besitzt und den Trieb in sich fühlt, ihr Talent zur Entfaltung zu bringen,« so werde er ihr »soweit es überhaupt mit der akademischen Ordnung verträglich ist, den probeweisen und stets widerruflichen Zutritt zu meinen [Plancks, CvB] Vorlesungen und Übungen gestatten.« Allerdings halte er es für verfehlt, »Frauen zum Studium heranzuziehen«. Denn »Amazonen sind auch auf geistigem Gebiete naturwidrig« und, so fährt er fort,

> man kann nicht stark genug betonen, daß die Natur selbst der Frau ihren Beruf als Mutter und als Hausfrau vorgeschrieben hat und daß Naturgesetze unter keinen Umständen ohne schwere Schädigungen, welche sich im vorliegenden Falle besonders an dem nachwachsenden Geschlecht zeigen würden, ignoriert werden können. (Planck in Kirchhoff 1897, 257f.)

Viel schärfer formulierten es die *grundsätzlichen* Gegner des Frauenstudiums. So berief sich der Historiker Jacob Caro nicht nur auf ›göttliche‹, sondern auch auf ›Naturgesetze‹: »In der eigentlichen Wissenschaft, in dem Heiligtum der Universitäten, da halte ich mich an den alten Satz: mulier taceat in ecclesia. [...] Edle Frauen haben einen natürlichen Instinkt für die von Gott gewollte Weltordnung. Mit künstlichen Eingriffen in sie soll man die Insufficienzen unserer neurasthenischen Gesellschaft nicht kurieren wollen« (Caro in Kirchhoff 1897, 186). Einige Wissenschaftler führten sogar *erbliche* Schäden an, die sich durch die geistige Tätigkeit von Frauen ergeben könnten. »Ich denke dabei«, so schreibt ein Psychiater, »an die hereditäre Übertragung von der unter den studierenden Mädchen ohne Zweifel erheblich zunehmenden Kurzsichtigkeit und der nervösen Disposition« (Erb in Kirchhoff 1897, 128).

In der Debatte um die Frage, ob Frauen über die notwendige Intelligenz und Fähigkeit zu einem wissenschaftlichen Studium verfügten, ging es weniger um den Kopf als um den Unterleib der Frau. Dabei knüpften die Theoretiker natürlich an die alten Vorstellungen der hippokratischen Medizin an, die die Gebärmutter für alle Unberechenbarkeiten und das angeblich ›Irrationale‹ des weiblichen Geistes verantwortlich gemacht hatte. So argumentierte der große liberale Mediziner Rudolf von Virchow gegen die Gleichberechtigung der Frau, mit der Begründung: »alles, was wir an dem wahren Weibe Weibliches bewundern und verehren, ist nur eine Dependenz der Eierstöcke.« (von Virchow, zit. n. Mayreder 1907, 17) Der Anatom Theodor L.W. von Bischoff schrieb, daß »der wahre Geist der Naturwissenschaften dem Weibe stets verschlossen bleibe, weil es »schamhafter« sei und »die Regungen des groben Genusses der Sinnlichkeit [...] bei ihm in der Regel geringer (sind) als beim Manne« (von Bischoff 1872). Der Nationalökonom Lorenz v. Stein vertrat die Ansicht: »Die Frau, die den ganzen Tag hindurch am Pulte, am Richtertisch, auf der Tribüne stehen soll, kann sehr ehrenwert und nützlich sein, aber sie ist keine Frau mehr, sie kann nicht Mutter sein« (von Stein 1886 [1875], 92ff.). Und der Historiker Heinrich von Treitschke sekundierte: »Durch die Gleichberechtigung der Frau mit dem Manne ergibt sich von selbst die Auflösung aller häuslichen Liebe und Zucht, und die Ehe verwandelt sich in ein Konkubinat.« (Treitschke 1897, Bd. I, 236ff.). Der Rechtshistoriker Otto Gierke sah im Falle eines Frauenstudiums sogar den Untergang des preußischen Staats voraus:

> Weibliche Rechtsanwälte und Notare? Oder weibliche Richter? Oder weibliche Staatsanwälte? Oder weibliche Verwaltungsbeamte? Mit jedem Schritt vorwärts beträte man hier die abschüssige Bahn, auf der es keinen Halt mehr gibt, bis die Austilgung der Unter-

schiede der Geschlechter im öffentlichen Recht erreicht ist. [...] Unsere Zeit ist ernst. Das deutsche Volk hat anderes zu thun, als gewagte Versuche mit Frauenstudium anzustellen. (Gierke in Kirchhoff 1897, 25ff.)

Die Nicht-Beachtung der *biologisch bedingten* Ordnung führe, so der Theologe August Dorner, zu einer »Atomisierung der Gesellschaft« (Dorner in Kirchhoff 1897, 3). Er macht also sehr deutlich, daß die Ordnung der Geschlechter nicht nur dem männlichen und weiblichen Körper ihren Platz in der Gesellschaft zuwies, sondern auch den ›sozialen Klebstoff‹ für den Erhalt der Gemeinschaft bildete.

Neben den (zahlenmäßig weit überwiegenden) Gegnern des Frauenstudiums gab es auch einige wenige Wissenschaftler, die sich bedingungslos *für* ein Frauenstudium aussprachen. Interessanterweise stellten aber auch sie die biologische Beschaffenheit der Frau ins Zentrum ihrer Interessen, wenn auch mit umgekehrter Pointierung. Ihre Argumente, die sich in den Überlegungen des evangelischen Theologen Hermann von Soden zusammenfassen lassen, zielten darauf ab, dem Biologismus der Geschlechterordnung zu begegnen:

> Ist das, was wir alle als Hauptaufgabe der Frau ansehen, so wenig tief in ihrer Natur begründet, daß sie durch wissenschaftliches Studium und öffentliche Berufsthätigkeit den Sinn dafür verlieren könnte, – so wäre es nur doppelt eine Gewalttätigkeit, wollte man sie auf die Aufgabe beschränken. (von Soden in Kirchhoff 1897, 13)

In all diesen Aussagen (die von einigen der größten deutschen Wissenschaftler ihrer Zeit gemacht wurden) wird deutlich, wie sehr das, was zunächst, in der griechischen Antike, als eine symbolische Geschlechterordnung entstanden war – der männliche Körper als Sinnbild für Geistigkeit und Kultur, der weibliche Körper als Sinnbild für Leiblichkeit und Natur –, gegen Ende des 19. Jahrhunderts, dem großen Jahrhundert des naturwissenschaftlichen Aufbruchs, in eine Ideologie übergegangen war, die die Geschlechterordnung als biologisch bedingt betrachtete und mit der Natur selbst gleichgesetzte.

Dennoch bevölkern keine hundert Jahre später Frauen die Universitäten: als Studentinnen oder als Lehrende. Da wohl kaum davon auszugehen ist, daß die weibliche Natur in weniger als hundert Jahren eine radikale Mutation erfahren hat, muß es sich dabei um eine Veränderung der symbolischen oder kulturellen Ordnung handeln. Auch hat sich diese in erstaunlich kurzer Zeit, in kaum hundert Jahren, vollzogen. Verglichen mit der Langsamkeit, mit der sich sonst Geschichte bewegt – und gerade Mentalitätsveränderungen stattfinden –, setzte sich dieser Paradigmenwechsel, der ja nicht nur den Zugang von Frauen zu den Universitäten, sondern auch das Wahlrecht für Frauen, das Recht von Frauen auf Eigentum sowie den Einstieg von Frauen in zahlreiche Berufe mit sich brachte, in atemberaubend kurzer Zeit durch. Was steckte dahinter und warum konnte sich dieser Wandel so schnell vollziehen? Damit kommen wir zur zweiten der beiden anfangs gestellten Fragen: An welcher historischen Schwelle und warum begann die abendländische Gesellschaft, zwischen Gender und Geschlecht zu unterscheiden?

Trennung von Geschlecht und Gender

Zwei Dinge waren dem Wandel vorausgegangen, und beide hingen eng miteinander zusammen: Erstens eine genauere Kenntnis der Zeugungsvorgänge und zweitens ein neues Konzept des Gemeinschaftskörpers. (Natürlich gab es auch andere Faktoren, aber wir werden uns hier auf diese beiden Aspekte beschränken.) Paradoxerweise hatte gerade der Glaube an die Vernunft und an die Wissenschaft, deren Konsequenz einerseits die ›Biologisierung‹ der symbolischen Ordnung der Geschlechter war, zu Erkenntnissen geführt, die andererseits die Gleichsetzung von symbolischer Geschlechterordnung und biologischer Gegebenheiten der Geschlechter in Frage stellten.

Das Wissen um die Vorgänge bei der Befruchtung war relativ neu. Noch bis 1657, bis William Harvey, war die Zeugung ein unerklärbarer Vorgang, über den es die unterschiedlichsten Spekulationen gab. Im späteren 17. Jahrhundert glaubten Vertreter der Theorie der ›Präformation‹, daß entweder das Spermatozoon oder das weibliche Ei ein fertig geformtes kleines Lebewesen enthalte. Erst Anfang des 19. Jahrhunderts wurde durch die Zellenlehre und durch die Entdeckung des Eisprungs eine neue Grundlage für die Befruchtungstheorie geschaffen. Um 1875 verschaffte eine verbesserte Mikroskopiertechnik Einsicht in den Vorgang der Verschmelzung von Spermakern und Eikern. Und dieser Erkenntnisgewinn eröffnete den Raum für neue Phantasien über eine sowohl geplante als auch gesteuerte, d. h. ›verbesserte‹, den Zufall ausschließende Regeneration. Die Phantasien an sich waren nicht neu. Schon Platon hatte in seinem *Staat* gefordert, daß die menschliche Fortpflanzung einer rationalen Planung der Auslese und Züchtung unterworfen werde und daß nur die ›Besten‹ das Recht erhalten sollten, Nachkommen zu zeugen. Auch sollten die Säuglinge der ›Besten‹ von ihren Müttern getrennt und von staatlichen Ammen aufgezogen werden, damit sie ganz dem Staate gehörten. Für die Kinder, die aus einer unkontrollierten Zeugung von ›minderwertigen‹ Mitgliedern der Gesellschaft hervorgingen, sah Platon die Aussetzung vor (Platon 1973, 188). Waren aber solche Vorstellungen für Platon noch mehr oder weniger Gedankenspiel, so rückten sie mit dem Industriezeitalter, als man die Gesetze der Zeugung *durchschaute* und hoffte, sie bald im Reagenzglas nachvollziehen zu können, in greifbare Nähe. Dementsprechend fanden die Hoffnungen auf eine geplante und homogenisierte Reproduktion schon bald in den Theorien der Eugeniker ihren Ausdruck. Im 20. Jahrhundert sollte die Gentechnologie den Gedanken einer kontrollierten und gesteuerten Fortpflanzung weiterführen. Die Trennung von der Sexualität war die Voraussetzung für diese Entwicklung, und sie erklärt die Freiheit, die die Sexualität in den Industrieländern von nun an genoß.

Die Kenntnis der Zeugungsvorgänge eröffnete die Möglichkeit, Reproduktion und Sexualität als voneinander unabhängig zu denken. Bis dahin war die Sexualität als eine notwendige ›Begleiterscheinung‹ der Reproduktion erschienen und galt deshalb als mit der biologischen Beschaffenheit des Individuums zwingend verbunden. Das fand unter anderem in der Vorstellung seinen Ausdruck, daß eine Schwangerschaft nur dann erfolge, wenn die Frau beim Geschlechtsverkehr einen Orgasmus erlebt habe – eine Vorstellung, die u. a. dazu führte, daß Frauen, die nach einer Vergewaltigung schwanger wurden, Schwierigkeiten hatten zu beweisen, daß sie sich nicht freiwillig auf die Sexualbeziehung eingelassen hatten. Das war nun nicht mehr möglich. Mit der Trennung von Sexualität und Reproduktion konnte nicht nur die Fortpflanzung, sondern auch der Sexualtrieb als selbständiger ›Trieb‹ wahrgenommen werden: als ein Trieb, der auch da aktiv wurde, wo der Reproduktionstrieb kein Ziel zu verfolgen hatte, etwa bei der Homosexualität. An dieser historischen Stelle entstanden die Sexualwissenschaften. Mit der Abkoppelung des Sexualtriebs von der Biologie waren die Voraussetzungen dafür geschaffen, daß aus den *biologischen* Kategorien ›Sexualität‹ und ›Geschlecht‹ *kulturelle* oder geistige, psychische Kategorien werden konnten. Genau das geschah um die Jahrhundertwende, und die Entwicklung vollzog sich parallel zur Debatte um das Frauenstudium und vornehmlich in Berlin und Wien. In Berlin fanden die Sexualwissenschaften – mit Iwan Bloch, Magnus Hirschfeld, Albert Eulenburg – ihr aktivstes Zentrum (s. den Beitrag zu Sexualwissenschaft in diesem Band). In Wien entstand mit Sigmund Freud die Psychoanalyse, die ebenfalls ihr Augenmerk auf das Sexualverhalten und den menschlichen Sexualtrieb richtete. Handelte es sich bei den Theoretikern der Sexualwissenschaft und der Psychoanalyse zunächst um Außenseiter, deren Denken oft noch biologistisch bestimmt war, so sollte der Diskurs über Geschlechtlichkeit als einer *kulturell* definierten Kategorie im Verlauf des 20. Jahrhunderts allmählich dominant werden. Bei dem französischen Psychoanalytiker Jacques Lacan z. B. ist die Sexualität nur mehr eine Funktion von Sprache und Zeichen.

Im Zuge dieser Entwicklung wurde nicht nur die Sexualität, sondern zunehmend auch das Geschlecht selbst als Produkt *kultureller* Zuschreibung verstanden. So verkündete der Jurist Karl Heinrich Ulrichs schon ab Mitte der 1860er Jahre die These vom »dritten Geschlecht« (Ulrichs 1864–1879). Magnus Hirschfeld sollte später den Begriff durch den der »sexuellen Zwischenstufen« ergänzen. Mit der Trennung von Sexualität und Fortpflanzung war die genaue Definition der Geschlechtszugehörigkeit schwierig geworden. Gegen Ende des 19. Jahrhunderts – und der Kampf um das Frauenstudium und das weibliche Wahlrecht war nur ein Symptom dafür – trat neben die traditionelle *biologische* Definition des Geschlechts eine kulturelle oder psychologische, die besagte, daß man zwar biologisch ein Mann sein, aber wie eine Frau empfinden (also auch denken) könne und umgekehrt. Das Individuum an sich erschien nicht mehr biologisch definierbar. (In mancher Hinsicht wurden damit schon einige der Phantasien vorweggenommen, die gegen Ende des 20. Jahrhunderts mit *Cyberspace* und Internet einhergehen sollten. Für die Computerfreaks ist der Körper nur noch *wet ware*, eine Hülle, das Spielzeug geistiger Triebe.)

Es versteht sich, daß die beiden Definitionen von ›Geschlecht‹ – einerseits die biologische und andererseits die psychisch-kulturelle – schwer miteinander zu vereinbaren waren, und ihre Theoretiker bekämpften sich deshalb zutiefst. Das offenbarte sich nicht nur in den Auseinandersetzungen für oder gegen das Frauenstudium, sondern auch in unterschiedlichen Theorien *innerhalb* der Sexualwissenschaften. Am deutlichsten im Verhältnis zur Homosexualität. Unter den Sexualreformern, die sich alle für eine Aufhebung der Strafrechtsbestimmungen gegen die Homosexualität einsetzten, gab es zwei Strömungen. Die eine Fraktion, vertreten durch den schon erwähnten Ulrichs und durch die Sexualreformerin Johanna von Elberskirchen, war der Ansicht, daß Homosexualität nicht strafbar, weil angeboren und mithin von der Natur vorgegeben sei. Vielmehr, so argumentierte Elberskirchen sei »der absolute Mann und das absolute Weib eine Chimäre, eine Einbildung, ein Irrtum« (von Elberskirchen 1904, 18). Die andere Strömung, interessanterweise ausgerechnet durch Ärzte wie Magnus Hirschfeld und Iwan Bloch vertreten, argumentierte weniger strikt biologisch und sah in der Homosexualität eine – zu tolerierende – *kulturelle* Erscheinung (Bloch 1909 u. Hirschfeld 1914). Das heißt, die Diskussion kreiste um genau dieselbe Frage, die auch schon in der Diskussion um das Frauenstudium eine Rolle gespielt hatte: Ist das Sexualverhalten des Homosexuellen biologisch (mithin unveränderbar) oder kulturell bedingt? Sind Frauen aus biologischen (mithin unveränderbaren) Gründen vom Zugang zu höherer Bildung und geistiger Tätigkeit auszuschließen; oder handelt es sich um kulturelle und mithin transformierbare Gesetze?

Der Kollektivkörper als ›Nervensystem‹

Daß die Frage, ob der Körper und das Geschlecht kulturell oder biologisch bestimmt seien, in den Mittelpunkt der Debatten rückte, hing nicht nur mit der Trennung von Sexualität und Fortpflanzung zusammen. Sie war auch die Folge einer neuen Konzeption des Gemeinschaftskörpers, die viele Bürger verunsicherte. ›Sandhaufen‹, ›Atomisierung der Gesellschaft‹ waren die Schlagworte für ihre Befürchtungen. Für Wissenschaftler wie den Rechtshistoriker Otto Gierke erschien die biologisch bestimmte Geschlechterordnung wie ein Bollwerk gegen den sozialen Wandel, der sich mit dem Kollektivkörper vollzog:

> Das Gemeinwesen ist kein Sandhaufen, sondern ein Organismus. Geschlechtslose Individuen bilden kein Volk. Die Grundeinheit des socialen Körpers ist die Familie. Von der Gesundheit und Kraft der Familie hängt zuletzt das nationale Schicksal ab. Als Gattin und Mutter erfüllt die Frau ihre eigentliche nationale Aufgabe. (Gierke in Kirchhoff 1897, 25ff.)

Welches war der Wandel des Kollektivkörpers, der Gierke und andere beängstigte – vor allem in Deutschland bzw. im deutschen Sprachraum? Über Jahrhunderte war die Geschlossenheit der Gemeinschaft durch Bilder einer Blutsgemeinschaft beschworen worden, die besagen sollten, daß die Gemeinschaft oder Nation einen einzigen und unteilbaren Körper bildet. Waren diese Bilder in der christlichen Gesellschaft zunächst religiöser, transzendenter Art gewesen, so hatten sie sich mit der Säkularisierung auf eine weltliche Ebene verlagert. Man kann ›Säkularisierung‹ mit Kant als »Austritt aus der selbstverschuldeten Unmündigkeit« beschreiben. Man kann ›Säkularisierung‹ aber auch als Verweltlichung religiöser Bilder begreifen. Genau das geschah im christlichen Säkularisierungsprozeß mit den Bildern der Blutsgemeinschaft. Im 19. Jahrhundert vollzog sich eine ›Naturalisierung‹ oder ›Biologisierung‹ dieser Bilder. Es entstand die

Vorstellung, daß eine Nation einen ›Volkskörper‹ oder eine Rassengemeinschaft bilde. Mit diesen Bildern wurden die alten christlich-religiösen Bilder einer Blutsgemeinschaft beschworen, aber nunmehr wurden sie nicht mehr symbolisch, sondern als Ausdruck der ›Natur‹ selbst begriffen. Der Prozeß entsprach der ›Biologisierung‹ der Geschlechterrollen, die sich von einer symbolischen auf eine ›natürliche‹ Ebene verlagert hatten. Auf ähnliche Weise hatte sich auch die Symbolik der religiösen Blutsgemeinschaft von einer symbolischen auf eine biologische Ebene verlagert.

Warum diese Bilder ausgerechnet im deutschen Sprachraum eine solche Wirkungsmacht entfalteten – fast alle Texte des rassistischen Antisemitismus des 19. Jahrhunderts wurden in deutscher Sprache verfaßt – hängt zweifellos mit der Heterogenität der deutschen Nation selbst zusammen, die, in viele Fürstentümer und Reiche geteilt und in zwei Religionen gespalten (in der Donaumonarchie kam die Vielsprachigkeit dazu), eine geringere nationale Einheitlichkeit vorzuweisen hatte als die meisten anderen europäischen Nationen. Als sich im 19. Jahrhundert der Nationalgedanke ausbreitete und Deutschlands wie Österreichs Identität durch ihre Heterogenität verunsichert waren, kamen politische Strömungen auf, die dieses (angebliche) Manko durch den Rückgriff auf die archaischen Bilder einer Blutsgemeinschaft bzw. einer deutschen ›Stammeskultur‹ zu kompensieren suchten. Dieser Rückgriff fand sowohl in der ›Biologisierung‹ der Blutsgemeinschaft als auch im Bild der ›biologisch‹ bestimmten Geschlechterordnung seinen Ausdruck.

Das neue Konzept des Kollektivkörpers, das viele Menschen beängstigte und auf weltliche Formen der ›Blutsgemeinschaft‹ zurückgreifen ließ, war ein medial bedingter Kollektivkörper, der sich mit der Industrialisierung durchgesetzt hatte und in direkter Nachfolge zur Textgemeinschaft der Alphabetschrift stand. Mit der Aufklärung hatte sich die Vorstellung einer auf Kommunikationsmitteln beruhenden Gemeinschaftskohärenz durchgesetzt, die auf die neuen medialen Entwicklungen vertraute. Es ging dabei um die ›Medien‹ im weitesten Sinne: Seit dem Beginn der Neuzeit hatten die mechanische Uhr, die Zentralperspektive, der Buchdruck, das Papiergeld, der elektrische Strom, Verkehrsmittel wie Eisenbahn und Dampfschiff sowie die Telekommunikationsmittel das Gesicht des Abendlandes verändert und dazu geführt, daß in den Industrieländern Gemeinschaften entstanden waren, die wie große homogene und gut konstruierte Räderwerke funktionierten. Das Bild des Körpers als ›Räderwerk‹ war auf die Gemeinschaft übergegangen, und der Kommunikationsfluß in diesen Gemeinschaften ähnelte dem alten Bild der gesprochenen Sprache als ›Lebenssaft‹ mündlicher Gemeinschaften. Bestand der ›Lebenssaft‹ in der Ideologie des ›Volkskörpers‹ im gemeinsamen Blut, so rückte beim ›medialen Kollektivkörper‹ der Kommunikationsfluß an diese Stelle.

Aber auch hier spielte die Vorstellung von der Gemeinschaft als ›Körper‹ eine wichtige Rolle: Diese Gemeinschaften verband ein gemeinsames *Nervensystem.* Es fand also ebenfalls ein Rückgriff auf ein quasi-biologisches Bild statt, das die Geschlossenheit und Einheitlichkeit des ›einen‹ Körpers beweisen sollte. Die ›Nervenstränge‹ der Technik, die die Städte und Landstriche durchzogen, galten als das einigende System, das die vielen Körper zu einem einzigen verschmelzen ließ. Manche sahen in den modernen

Kommunikationsmitteln schon die Grundlage für eine neue Weltgemeinschaft und für einen Weltfrieden. Noch wenige Jahre vor dem Ausbruch des Ersten Weltkriegs schrieb Alfred H. Fried, einer der ersten Preisträger des Friedensnobelpreises:

> Eisenbahn und Dampfschiffe durchqueren die Welt und führen die Kultur in die entlegensten Gefilde, wie die Adern das Blut in die Teile des Körpers, und Telegraph und Telephon haben sich zum Nervensystem der zivilisierten Welt entwickelt. (Fried 1905, 36)

An anderer Stelle nennt Fried auch die »grossen Kapitalien« »das rote Blut des internationalen Handels« (Fried 1905, 36). Wegen der wirtschaftlichen Verflechtungen des Kapitals konnte er sich nicht vorstellen, daß es je wieder zu einem Krieg kommen würde. Auch wenn sich diese Hoffnung als große Illusion erwies, so sprach Fried doch einen Aspekt an, der heute außer jeder Diskussion steht: Mit dem ausgehenden zweiten Jahrtausend prägt das Bild einer ›globalen Vernetzung‹ zunehmend die Vorstellung des Kollektivkörpers. Vor allem die Datenflüsse sind zum Symbolbild eines zeitgenössischen ›Lebenssaftes‹ geworden, der nicht nur einzelne Gemeinschaften bildet, sondern auch die Gemeinschaften untereinander verbindet. Überlagerten sich bei Fried um 1900 noch die beiden Konzepte des Kollektivkörpers, so wurde im Verlauf des 20. Jahrhunderts zunehmend das Konzept der ›Blutsgemeinschaft‹ von dem des ›Nervensystems‹ verdrängt. Dieses trat hiermit die Erbschaft der mündlichen Sprache als ›Lebenssaft‹ der Gemeinschaft an. Der moderne ›Lebenssaft‹ ist ebenso unsichtbar und immateriell wie die mündlich überlieferte Sprache es war, und ebenso wie diese läßt er die einzelnen Körper zu einem einzigen Gemeinschaftskörper verschmelzen.

Das Bild der modernen Gesellschaften als ›Nervensystem‹ hatte auch Rückwirkungen auf die Geschlechterrollen: Es führte einerseits zur Diffamierung des ›nervösen Typs‹, wurde andererseits aber auch zu einem der Motoren der Gleichberechtigung der Geschlechter. Hatte die Einführung der Alphabetschrift einst eine symbolische Geschlechterordnung geschaffen, die Unterscheidung zwischen den Geschlechtern besagte, so setzte sich mit den modernen Industriegesellschaften und ihrer medialen Vernetzung zunehmend das Prinzip einer Ununterscheidbarkeit der Geschlechter durch. Das durch die Medien geknüpfte Gefühl der Zusammengehörigkeit der Gemeinschaft schuf die Vorstellung eines psychischen, kulturellen (oder virtuellen) Sozialkörpers, die wiederum der neuen kulturellen Definition des Körpers entsprach, wie sie von den Sexualwissenschaftlern vertreten wurde. Das heißt, die Definitionen und Vorstellungen vom modernen Kollektivkörper stellten ein Spiegelbild der Definitionen des modernen Individualkörpers dar – und umgekehrt.

Den engen Zusammenhang zwischen dem Bild des individuellen Körpers, wie es von den Sexualwissenschaften entworfen wurde, und dem kollektiven Körperbild verdeutlicht u. a. die Tatsache, daß zeitgleich mit der Entstehung der Sexualwissenschaften und der Diskussion über die Frage, ob Sexualtrieb und Geschlecht biologisch oder kulturell zu definieren seien, genau dieselbe Diskussion über den Körper des ›Juden‹ geführt wurde – eine Debatte, die (wie die um das Frauenstudium) vor allem in Deutschland eine Rolle spielte und zu nicht minder scharfen Polarisierungen führte. Bei diesen Debatten spielten Sexualbilder eine wichtige Rolle. Gerade an diesem Beispiel läßt sich deutlich erkennen, in welcher Weise politische Zusammenhänge und Debatten durch Sexualbilder ›aufgeladen‹ werden und historische Wirkungsmacht erlangen können.

Der ›weibliche‹ und der ›jüdische‹ Körper

Auch in der ›Judenfrage‹ ging es implizit um den Zugang von Juden zur Universität, zu den öffentlichen Ämtern und den akademischen Berufen. Zwar hatten Juden, soweit männlichen Geschlechts, seit der Reichsgründung das Recht, an deutschen Hochschulen zu studieren. Aber die Berufung auf einen Lehrstuhl war ihnen weitgehend verwehrt, wie u. a. das Beispiel Georg Simmels belegt, dem es nie gelang, in Berlin auf einen Lehrstuhl berufen zu werden, obgleich seine Vorlesungen zu den kulturellen Ereignissen der deutschen Hauptstadt gehörten. In der Diskussion um den ›Juden‹ ging es um eine ganz ähnliche Frage wie bei der um den geschlechtlichen Körper und um die Homosexualität: Ist die ›jüdische Identität‹ biologisch definiert oder handelt es sich um eine kulturelle Identität? Die Antisemiten vertraten zwei unterschiedliche Positionen – mit demselben Ergebnis: Für die eine Fraktion war es die unveränderbare ›Rasse‹ und für die andere war es der unveränderbare ›jüdische Geist‹, die den ›Juden‹ definierten. Zentral war in beiden Fällen der Rückgriff auf Sexualbilder. So diente der Vorwurf der ›Rassenschande‹ und das Bild eines ›unersättlichen jüdischen Sexualtriebs‹ der rassistischen Diffamation des ›Juden‹, der als Gefahr für das ›reine Blut‹ des arischen ›Volkskörpers‹ beschrieben wurde. In seinem Antisemiten-Katechismus von 1887 erklärte Theodor Fritsch, dessen Schrift auf die Entwicklung des Antisemitismus in Deutschland einen wichtigen Einfluß ausübte, das Verbot des Sexualverkehrs mit Juden zum wichtigsten der Zehn deutschen Gebote:

> Erstes Gebot: Du sollst Dein Blut reinhalten. – Erachte es als ein Verbrechen, Deines Volkes edle arische Art durch Juden-Art zu verderben. Denn wisse, das jüdische Blut ist unverwüstlich und formt Leib und Seele nach Juden-Art bis in die spätesten Geschlechter. (Fritsch 1887, 313)

Auch für die Antisemiten, die im ›jüdischen Geist‹ eine Bedrohung sahen, bildete dieser die Grundlage einer unverrückbaren Wesensart des ›Juden‹. So schrieb Artur Dinter, Autor des ersten Rassenromans *Sünde wider das Blut* (Dinter 1927 [1917], 210): »Der Geist ist nicht [...] ein Erzeugnis der Rasse, sondern umgekehrt ist die Rasse, der Körper, die irdische Erscheinung eines Menschen, ein Erzeugnis seines Geistes. Der Geist ist's, der sich den Körper baut, nicht ist es umgekehrt.« (Dinter 1932, 96). Dinter griff hiermit das Bild des ›Fleisch gewordenen Wortes‹ auf, das die Geschichte des Christentums begleitet hatte. Ihm aber ging es nicht um den Heiland als ›Fleisch gewordenes Wort‹, sondern um den ›Juden‹ als ›Fleisch gewordene Sünde‹. Gerade in den Juden, so Dinter, »verkörpern sich Geister hochentwickelter Intelligenz.« Darin bestehe »ihre teuflische Bosheit und Gefährlichkeit für die arischen Rassen« (ebd., 101). Hatte sich die christliche Glaubensgemeinschaft als ›corpus christi‹ begriffen und in der *Ecclesia* eine weibliche Gestalt angenommen, so definierte sich die säkulare Blutsgemeinschaft durch die Abgrenzung gegen das Bild des ›jüdischen Fremdkörpers‹, der den ›arischen Volkskörper‹ bedrohe. Da die ›arische Rasse‹ ein Mythos war, mußte sie sich einerseits ›verweiblichen‹, um einen Leib anzunehmen. Andererseits bedurfte es aber auch einer Bedrohung, um die eigene Gemeinschaft als ›Realität‹ erscheinen zu lassen. Diesem Gegenbild entsprach der Mythos von der ›jüdischen Rasse‹ (von Braun 1990, 149–213). Beide Mythen – der von der ›jüdischen Rasse‹ wie der vom ›arischen Volkskörper‹ – wurde von vielen für ›biologische‹ Realität gehalten, vergleichbar der ›biologischen Realität‹ der Geschlechterordnung.

Egal ob die Antisemiten die ›jüdische Gefahr‹ in der ›jüdischen Rasse‹ oder im ›jüdischen Geist‹ sahen, die Begriffe, derer sie sich bedienten, blieben dieselben. Das Wort ›intellektuell‹, das mit der Dreyfus-Affäre aufkam und in Deutschland als Schimpfwort zu einem Synonym für ›jüdisch‹ wurde (Bering 1978), implizierte genau dieselben Bilder und Begriffe, mit denen auch das ›jüdische Blut‹ beschrieben wurde: ›fremd‹, ›giftig‹, ›zersetzend‹ zum Beispiel. Ein bekannter antisemitischer Kalendervers lautete:

> Hinfort mit diesem Wort, dem bösen,
> Mit seinem jüdisch-grellen Schein!
> Nie kann ein Mann von deutschem Wesen,
> Ein Intellektueller sein.

Solche Bilder des ›jüdischen Körpers‹ – die der angeblichen ›Bedrohung‹ des Kollektivkörpers Ausdruck verleihen sollten – spielten vor allem im Kontext der Assimilation eine wichtige Rolle. Nicht die orthodoxen, sondern die assimilierten Juden – diese ›Fremden‹, denen man ihre Fremdheit nicht mehr richtig ansehen konnte, die Kaftan, Bart und Schläfenlocken abgelegt und sich mit dem ›Wirtsvolk‹ vermischt hatten – wurden als Gefährdung betrachtet. Und die Darstellung ihrer Gefährlichkeit war von Sexualbildern durchsetzt, die nicht nur auf die ›Rassenschande‹, sondern auch auf eine ›Verweiblichung‹ des jüdischen Körpers verwiesen. In seinem Buch *Geschlecht und Charakter*, das 1903 erschien und unter seinen Zeitgenossen einen großen Einfluß ausübte (allein bis zum Ersten Weltkrieg wurde es fünfzehn Mal neu aufgelegt), schrieb Otto Weininger, daß »das Judentum durchtränkt« sei »von jener Weiblichkeit, deren Wesen [...] im Gegensatze zu allem Männlichen ohne Unterschiede« zu betrachten sei. Man könne, so schreibt er weiter,

> überaus leicht geneigt sein, dem Juden einen größeren Anteil an Weiblichkeit zuzuschreiben als dem Arier, ja am Ende eine platonische *Metexis* [= Teilhabe, CvB] auch des männlichsten Juden am Weibe anzunehmen sich bewogen fühlen. (Weininger 1917, 415f.)

Das heißt, im Antisemitismus vermischten sich die Klischees vom ›unsichtbaren Juden‹ mit den Feindbildern eines undefinierbaren neuen Geschlechtskörpers, bei dem sich die traditionellen biologischen Definitionen von Weiblichkeit und Männlichkeit verflüchtigt hatten. So schrieb der ›Rassenforscher‹ Otto Hauser, auf dessen *Geschichte des Judentums* (Hauser 1921) sich später die Nationalsozialisten berufen sollten, in seinem Aufsatz »Juden und Deutsche«:

> Bei keinem Volke nun findet nun man so viel Weibmänner und Mannweiber wie bei den Juden. Deshalb drängen sich so viel Jüdinnen zu männlichen Berufen, studieren alles mögliche, von der Rechtswissenschaft, Heilkunde bis zur Theologie, werden Gruppen- und Volksvertreterinnen. Betrachtet man diese jüdischen Frauen auf die sekundären Geschlechtsmerkmale hin, so kann man bei gut zwei Dritteln von ihnen deren Verwischung feststellen. Der deutliche Bartanflug ist überaus häufig, die Brüste dagegen sind unausgebildet, das Haar bleibt kurz. (Hauser, zit. n. Feder 1932, 61)

Das heißt, das Bild einer *Aufhebung der Sexualdifferenz* überlagerte sich mit dem Bild der deutsch-jüdischen Assimilation: Die Verwischung der Grenzen zwischen Männern und Frauen wurde gleichgesetzt mit der Verwischung der Grenzen zwischen Juden und Deutschen. Deshalb wurde die Assimilation von jüdischen und nichtjüdischen Deutschen auch mit dem Geschlechtsakt verglichen. Werner Sombart benutzte das Begriffsbild der ›Paarung‹ zur Beschreibung der ›Vermischung‹ von Deutschen und Juden. Er schrieb:

> Ich wünschte es im Interesse unserer deutschen Volksseele, daß sie von der Umklammerung durch den jüdischen Geist befreit würde, damit sie sich wieder in ihrer Reine entfalten könnte. Ich wünschte, daß die ›Verjudung‹ so breiter Gebiete unseres öffentlichen und geistigen Lebens ein Ende nähme: zum Heil der deutschen Kultur, aber ebensosehr auch der jüdischen. Denn ganz gewiß leidet diese ebensosehr unter der unnatürlichen Paarung. (Sombart 1932, 252)

Kurz: Was hier um die Jahrhundertwende verhandelt wurde, läßt sich auf die Frage reduzieren: Ist der Körper – der geschlechtliche Körper wie der Körper ›des Juden‹ – biologisch zu definieren, mithin unveränderbar, oder ist er (um einen aktuellen Begriff zu benutzen) ein kulturelles Konstrukt? Viele Frauen und viele Juden setzten sich für eine ›kulturelle‹ Definition des Körpers ein. Für die Frauen bedeutete sie Zugang zu höherer Bildung und Berufen; für die Juden Befreiung von den Klischees, die die rassistischen Antisemiten an den Körper des Juden zu heften versuchten.

›Geistige‹ Weiblichkeit

Die Berufung auf kulturelle Faktoren hatte u. a. zur Folge, daß Frauen wie Henriette Schrader-Breymann und Helene Lange den Kampf um Frauenbildung mit dem Schlagwort der »geistigen Mütterlichkeit« führten. Diese sei »nicht allein an die eigene Kinderstube, nicht allein an die physische Mütterlichkeit« gebunden, sondern werde überall wirksam, wo »die Frau auch außerhalb des Hauses zum mütterlichen Wirken berufen« sei (Schrader-Breymann 1868, 11). Die Mädchenbildung, so forderten sie, solle dieser »psychischen Mütterlichkeit«, die zur Hebung der nationalen Sittlichkeit beitrage, Rechnung tragen. Da sie von der »geistigen Mütterlichkeit« überzeugt waren, bejahten Helene Lange und ihre Mitkämpferinnen auch das Zölibat, das allen amtierenden Lehrerinnen auferlegt wurde. Das Wesen der Frau, so Helene Lange, zeichne sich ohnehin durch »eine geistigere Auffassung des Sexuellen« aus (Lange 1921, 159f.). Solche Bilder einer weniger biologischen als ›geistigen‹ Weiblichkeit trugen einerseits dazu bei, die Weichen für die sozialpädagogischen Ausbildungs- und Berufszweige zu stellen, die bis heute die Bildungs- und Berufswege von Frauen prägen; andererseits entsprachen sie aber auch dem neuen Trend, Psyche und biologisches Geschlecht als voneinander getrennt zu sehen.

Auch für Juden, die die Assimilation anstrebten, war das Konzept eines *nicht* physiologisch definierten Gemeinschaftskörpers anziehend, enthielt es doch, anders als der ›Volkskörper‹ mit seinen Bildern einer ›Blutsgemeinschaft‹ die Möglichkeit einer *kulturellen* Integration. Die Bestrebungen vieler assimilierter Juden um eine ›kulturelle‹ Definition des ›Jüdischen‹ war allerdings weniger vordergründig als bei den Frauen, die um das Stimmrecht oder das Recht auf Bildung kämpften. Sie drückten sich oft nur vermittelt aus – unter anderem in Sexualbildern. Es ist schon oft darüber gerätselt worden, warum, wie Erwin Haeberle schreibt, »die überwältigende Mehrheit der sexologischen Pioniere Juden waren« (Haeberle 1982, 307). *Eine* Antwort auf diese Frage mag in der Tatsache zu suchen sein, daß die meisten dieser Pioniere zu dem Flügel der Sexualwissenschaften gehörten, der dafür plädierte, im Sexualverhalten keine *biologische,* sondern eine *kulturelle* Erscheinung zu sehen: Da der ›jüdische Körper‹ zu einem Konstrukt rassistischer Ideologien geworden war, boten die Sexualwissenschaften, die die *kulturelle* Kodierung des Körpers betonten, die Möglichkeit, diesem Konstrukt die physiologische Basis zu entziehen, also das rassistische Bild des jüdischen Körpers zu ›dekonstruieren‹. Auch Georg Simmels Interesse für die Geschlechterfrage ließe sich in diesem Sinne lesen. Indem er über den ›Fremdkörper‹ Frau sprach, thematisierte er zugleich den ›Fremdkörper‹ des Juden – ohne ihn freilich zu benennen. So beschreibt Simmel am Beispiel der Sprache von Lyrikerinnen, wie sehr sich das ›Weibliche‹ – hierin vergleichbar dem Jüdischen – in der bestehenden Kultur als ›Fremdkörper‹ erfahre:

> Gewiß ist das Herausbringen der weiblichen Nuance, ihre Objektivierung, auch in der literarischen Kultur sehr schwierig, weil die allgemeinen Formen der Dichtung, innerhalb deren es geschieht, eben männliche Produkte sind und daraufhin wahrscheinlich einen leisen inneren Widerspruch gegen die Erfüllung mit einem spezifisch weiblichen Inhalt zeigen. Namentlich an weiblicher Lyrik, und zwar gerade an sehr gelungener, empfinde ich oft zwischen dem personalen Inhalt und der künstlerischen Form eine gewisse Zweiheit, eine unterirdische Unbehaglichkeit, als hätte die schaffende Seele und ihr Ausdruck nicht ganz denselben Stil. (Simmel 1985, 166)

Eine solche Darstellung von Fremdheit entspricht der Beschreibung von Jakob Wassermann, wenn er in seiner Autobiographie *Mein Weg als Deutscher und Jude* von seiner inneren Gespaltenheit in den Jugendjahren spricht und die Reaktionen seiner Psyche auf die Gewalt beschreibt, der er sich als Jude ausgesetzt fühlte: »Ich hatte den Forderungen, mit denen man meine Natur vergewaltigen wollte, nur Trotz entgegenzusetzen, schweigenden Trotz, schweigendes Anderssein.« (Wassermann 1984, 51) Eine solche Beschreibung von Andersheit hat viel Ähnlichkeit mit der Vorstellung vom weiblichen Körper als ›Anomalie‹ oder als das ›Unreine‹ der Gemeinschaft.

Die Tatsache, daß sich hinter dem Wandel der Vorstellungen vom geschlechtlichen Körper die Frage nach der Definition des Kollektivkörpers verbarg, erklärt, warum die Definition des Körpers um die Jahrhundertwende – im deutschen Sprachraum mehr als anderswo – eine derartig politische Brisanz angenommen hatte. Es erklärt auch, warum die Gegner des Frauenstudiums und der Frauenemanzipation im großen und ganzen identisch waren mit den Gegnern der Assimilation der Juden und warum sie außer den ›Naturgesetzen‹ auch die Gefahr einer Auflösung der Gemeinschaft beschwörten.

Fand das neue Konzept des Gemeinschaftskörpers im Bild des ›Nervensystems‹ seinen Ausdruck, so richtete sich die Diffamierung des neuen Geschlechtskörpers gegen die ›moderne Nervosität‹, die ›nervöse Gesellschaft‹ bzw. den ›nervösen Typus‹ – ein Begriff, der vor allem in Deutschland um die Jahrhundertwende hohen Kurs hatte. Mit dem Begriff der ›Nervosität‹ wurden Erscheinungen umschrieben, die dem Bereich des *psychisch* Krankhaften oder Krankmachenden zugeschrieben wurden. Dazu gehörte das Leben in der Großstadt mit seiner Rastlosigkeit und seinen rasch wechselnden Rhythmen, mit den undurchschaubaren Beziehungsgeflechten, die das Stadtleben zwischen den Menschen wob, mit seinen ›schrägen‹ Typen, die als Dandys, als Schwule oder als Frauen in Männerkleidung die Cafés und Nachtbars bevölkerten. Der Begriff der ›Nervosität‹ wurde auch auf die Frauen übertragen, die für das Stimmrecht auf die Straße gingen oder für das Recht kämpften, an den Universitäten zugelassen zu werden. »Die Nervosität unserer Zeit«, so befürchtete eine Theologe, werde durch das Frauenstudium zunehmen (Dorner in Kirchhoff 1897, 4). Ein Mediziner wiederum hielt Frauen zwar für fleißiger als Männer:

> Gerade dieser Fleiß aber, welcher die Veranlagung zum Teil ersetzen soll, wird es dann wieder sein, welcher den zu Nervenkrankheiten besonders disponierten Frauen schädlich wird. Dieser, wie die Aufregungen, welche die Examina hervorrufen und welchen das weibliche Geschlecht viel weniger gewachsen ist als das männliche, wird beim Ende des Studiums die ›nervöse Frau‹ hervorgebracht haben. (Wendel in Kirchhoff 1897, 133)

Das heißt, Frauen, die studieren wollten, galten nicht nur als ›unweiblich‹ und ›widernatürlich‹; sie wurden auch betrachtet als das Produkt der Moderne mit ihren technischen Neuerungen, die einerseits ›Beschleunigung‹, ›Unruhe‹ besagten, andererseits aber auch Innovationen hervorgebracht hatten, die die ›Naturgesetze‹ in Frage stellten. So suchten vor allem in Deutschland viele in den ›Naturgesetzen‹ Schutz vor den Innovationen der Moderne.

Der Begriff des ›nervösen Typus‹ fand Anwendung auf Menschen, denen unterstellt wurde, daß sich ihre Erscheinung und ihr Verhalten jeder *eindeutigen* Zuordnung widersetzte, darunter den tradierten biologischen Mustern von ›Männlichkeit‹ und

›Weiblichkeit‹. Das Bild körperlicher Undefinierbarkeit, das in der Diffamierung des ›nervösen Typs‹ seinen Ausdruck fand, verband sich wiederum mit dem Bild des assimilierten ›Juden‹, dem die gleiche ›Undefinierbarkeit‹ unterstellt wurde. Hysterie, Neurasthenie, Nervosität wurden nicht nur als typisch weibliche, sondern auch als typisch jüdische Krankheiten angesehen (von Braun 1996) – eine Vorstellung, die wiederum von vielen Juden übernommen wurde. Allerdings war man sich über die Ursachen uneinig. Die Antisemiten machten »jahrhundertelange Inzucht« für die Erscheinung »jüdischer Nervosität« verantwortlich. Sie erfanden dafür den widersprüchlichen Begriff der »Mischlinginzucht« (Hauser 1921): Houston Stewart Chamberlain machte sowohl die »Vermischung« mit anderen Völkern (also die »rassische Unreinheit«) als auch die »Inzucht« für die »Degeneration« der jüdischen Rasse verantwortlich (Chamberlain 1909, Bd. I, 441). Der *Völkische Beobachter* bezeichnete den Inzest sogar als zur »Natur des Juden« gehörig und begründete damit die Notwendigkeit der »Rassengesetze« (Stümke/Finkler 1981, 284). – Diese Berufung auf einen angeblich natürlichen jüdischen ›Inzest‹ ist um so bemerkenswerter, als gerade die *Idealisierung* des Inzests in der antisemitischen Literatur eine wichtige Rolle spielte: gleichsam als Schutz gegen die Berührung mit dem ›fremden Blut‹ (von Braun 1989). Dagegen vertrat der jüdische Arzt Rafael Becker 1918 vor einem zionistischen Akademikerverein die Ansicht, daß ›die jüdische Nervosität‹ die Folge von Emanzipation und Assimilation sei (s. Becker [1918] in Jütte 1998, 137). Er akzeptierte also das Krankheitsbild, machte aber den Verlust einer jüdischen ›Identität‹ und die *Auflösung* des jüdischen Gemeinschaftskörpers für die Krankheit verantwortlich. In jedem Fall aber besagte ›Nervosität‹ Undefinierbarkeit.

An der Diskussion um den ›nervösen Typ‹, die in Deutschland mehr als anderswo eine Rolle spielte, zeigt sich besonders deutlich der Übergang von einem biologisch definierten zu einem kulturell definierten Kollektivkörper sowie der Übergang von einem biologisch definierten zu einem kulturell definierten Geschlecht. Insgesamt kann man sagen, daß das Bild ›körperlicher Undefinierbarkeit‹, das im ›nervösen Typ‹ seinen Ausdruck fand, auf Menschen angewendet wurde, deren Grundmuster darin bestand, daß sich ihre Erscheinung und ihr Verhalten jeder *eindeutigen* Zuordnung widersetzte, damit aber auch den Grundmustern einer traditionellen Körperlichkeit. Die Diskussion über den ›nervösen Typ‹ zeigte, daß der individuelle Körper in der öffentlichen Wahrnehmung fließende Grenzen angenommen hatte – und diese Wahrnehmungsveränderung vollzog sich parallel zur Entstehung der neuen Vorstellung vom Gemeinschaftskörper als eines ›Nervensystems‹. Er stellte das Spiegelbild zu dem neuen, vernetzten Kommunikationssystem dar, das zwischen den Menschen unsichtbare Fäden flocht, die es ihnen wiederum erlaubten, wechselnde Gestalten anzunehmen. Wurde diese Wechselhaftigkeit noch zu Beginn des Jahrhunderts als krank oder krankmachend betrachtet, so ist die Undefinierbarkeit oder Nicht-Eindeutigkeit des Körpers mit dem ausgehenden 20. Jahrhundert zum Mainstream-Diskurs über Geschlechtlichkeit und über den Körper an sich geworden. Heute gibt es einen breiten Konsens darüber, daß ›Geschlecht‹ und ›Rasse‹ als ›kulturelle Konstrukte‹ zu verstehen sind (Butler 1991 u. Butler 1993). Genau das bringt das Wort ›Gender‹ zum Ausdruck.

Die kulturelle Kodierung des Körpers durch die Techniken der Visualisierung

Die Vorstellung von der kulturellen Kodierung des geschlechtlichen und des kollektiven Körpers bahnte sich nicht nur mit den Verkehrsmitteln und Währungen, den Techniken der Telekommunikationsmittel und der Vernetzung an; sie war auch den Visualisierungstechniken eingeschrieben, die im 19. Jahrhundert entwickelt wurden. Photographie und Film führten – auf unterschiedliche Weise – zu einer Veränderung der Sehgewohnheiten und der Wahrnehmung des Selbst und des Anderen, die ihrerseits die Geschlechtergrenzen fließend erscheinen ließen. Historisch gesehen kann man sagen, daß je besser und präziser die visuellen Techniken wurden, desto ›unsichtbarer‹ wurde der geschlechtliche Körper, desto mehr verlor er seine genauen Konturen, seine Differenz, seine Unterscheidung vom ›anderen Körper‹. Gleichzeitig wuchs aber das Bedürfnis, dem geschlechtlichen Körper spezifische, sichtbare, biologisch bedingte Eigenschaften zuzuschreiben. Dieses Bedürfnis sollte ebenfalls einen Hintergrund für die verstärkte ›Biologisierung‹ der symbolischen Geschlechterordnung bilden.

Die Reproduktionstechniken des Industriezeitalters führten zu einer Vereinheitlichung des Blicks, die schon mit der Entwicklung der Zentralperspektive in der Renaissance begonnen hatte, mit der das Ich, das bis dahin als ›erkennendes‹ oder ›denkendes‹ Subjekt gedacht (und als solches mit Männlichkeit gleichgesetzt) worden war, durch ein Subjekt ersetzt wurde, das sich durch die Augen, das Sehen definierte. Es war eine Form des Sehens, die laut Dürer die Unterscheidung von ›Wahrem‹ und ›Falschem‹ ermöglichte. Er empfahl allen »jungen kunstbegirigen« sich der Messungen von »zirckel und richtscheit« zu bedienen, auf daß sie »darauß die rechten wahrheit erkennen und vor augen sehen mögen, damit sie nit allein zu künsten begirig werden, sonder auch zu einem rechten und grösseren verstant komen mögen« (Dürer 1995, 43). Das ›Objekt‹ dieses durch den »verstant« geschärften Blicks – egal, ob es sich um den Körper, ein Bild oder die Natur handelte – wurde als ›weiblich‹ gedacht und stellte insofern die Fortführung des christlichen Denkens dar, das die Frau als ›Ebenbild‹ und Schöpfung einer Geistigkeit dachte, die mit Männlichkeit gleichgesetzt wurde. Mit der Zentralperspektive hatte sich die alte Dichotomie von männlicher Geistigkeit und weiblicher Leiblichkeit auf die Augen verlagert, und diese Art des Sehens sollte der photographische Apparat, dessen Blick nicht erwidert werden kann, zunächst noch einmal verstärken.

Doch schon mit dem Film – 1894/95 wurden fast zeitgleich, mit wenigen Monaten Abstand, die ersten Filmstreifen in Berlin und Paris vorgeführt – verbanden sich ganz andere Phantasien mit dem Sehen. Diese Phantasien erzählten von der Verschmelzung der Geschlechter und der *Aufhebung* ihrer Unterscheidung. Das hing mit der Tatsache zusammen, daß sich im Kino die Zuschauer/innen sowohl mit dem betrachtenden Auge der Kamera als auch mit dem betrachteten Objekt des Blicks, den Darsteller/innen, identifizieren. Die Zuschauer/innen imaginieren sich also als Betrachter *und* betrachtetes Objekt zugleich. Genau darin bestand das Neue des Kinos sowie die ›Lust‹, die es bereitete. Diese Form der Rezeption sowie der verdunkelte Vorführraum führten dazu, daß das Kino von Anfang an als Ort des Anzüglichen betrachtet wurde – aus dem paradoxen Grund, daß im Kino einerseits die Unterscheidung zwischen den Geschlechtern zum Verschwinden gebracht werde, daß es andererseits aber auch Brutstätte lasterhafter Ausschweifungen zwischen den Geschlechtern sei. 1926 bezeichnete Alfred Polgar deshalb das Kino als »Region«, wo »das Individuum aufhört, Individuum« zu sein. Er nannte den Kinosaal einen »dunkle(n) Wurzelgrund des Lebens«, einen Ort, »den so selten ein Wort erreicht, kaum das Wort des Gebetes oder das Gestammel der Liebe, er bebt mit« (Polgar, zit. n. Brauerhoch 1995, 73).

Nicht durch Zufall entstand dieser Ort ›lustvoller Auflösung des Selbst‹ zeitgleich mit den Sexualwissenschaften. Auf den ersten Blick scheinen beide nicht viel miteinander zu tun zu haben, geht es bei dem einen doch um den Sexualtrieb, bei dem anderen um die visuelle und (später auch akustische) Wahrnehmung. Aber nicht nur die zeitlichen Parallelen sind auffallend. Die wichtigste Gemeinsamkeit besteht in der Auflösung der sexuellen Eindeutigkeit: Betonten die Sexualwissenschaften die kulturelle Definition des Geschlechts, so lieferte das Kino einen der Hinweise für die Art, *wie* sich diese kulturelle Kodierung vollzog: etwa durch die Rezeptionsmuster, die die Grenzen zwischen den Geschlechtern fließend erscheinen ließen. Das heißt, mit dem Kino wurde deutlich, daß das Sehen und Gesehen-Werden eine kulturelle (oder nicht-körperliche) Form des sexuellen Austausches beinhaltete. Damit wurden nicht nur das Geschlecht und die Geschlechterordnung als kulturell bedingt begriffen, sondern auch die Sexualität selbst nahm zunehmend ›kulturellen‹ Charakter an. Und das gilt nicht nur für das Sehen. Als erstes technisch hergestelltes ›immersive environment‹ nahm der Kinosaal die akustischen und künstlerischen Installationen der Moderne sowie den virtuellen Raum der digitalen Techniken voraus, in den sich das Ich mit Augen und Ohren, bei gleichzeitiger Stillegung des restlichen Körpers, *hinein*bewegen kann. Endlich ein Ort, in dem mein Ich jede Gestalt annehmen kann, in dem Rasse, das Alter, das Geschlecht beliebig geworden sind – so lautet das Credo der *chats* und *dungeons* im Internet. Seitdem es sie gibt, ist das zentrale Kennzeichen der Cyberspace-Phantasien die Überwindung der biologischen Körperlichkeit. Das erinnert an die großen Asketen des frühen Christentums (Brown 1994, 304f.). Aber während diese versuchten, durch strenge Enthaltsamkeit die Gesetze des Körpers außer Kraft zu setzen, ist für Cyberspace-Theoretiker wie Gullichsen Walser die Reise in die Körperlosigkeit nicht nur technisch beherrschbar, sondern auch ein Vergnügen:

> Im Cyberspace besteht keine Notwendigkeit, daß Sie sich in Ihrem Körper herum bewegen, den sie in der Realität besitzen. Vielleicht fühlen Sie sich zunächst in einem Körper wie Ihrem eigenen am wohlsten, doch wenn Sie immer größere Anteile Ihres Lebens und Ihrer Geschäfte im Cyberspace abwickeln, wird Ihre eingeschliffene Vorstellung von einem einzigen und unveränderlichen Körper einem weit flexibleren Körperbegriff weichen – Sie werden Ihren Körper als verzichtbar und, im großen und ganzen, einengend empfinden. Sie werden feststellen, daß manche Körper in bestimmten Situationen am dienlichsten sind, während sich andere Körper in anderen Situationen besser eignen. Die Fähigkeit, das eigene Körperbild radikal und zwingend zu verändern, wird zu tiefgreifenden psychologischen Auswirkungen führen und die Vorstellung in Frage stellen, die Sie von sich selber haben. (Walser 1992, 288)

Nicht nur im Kino, im Internet, in den akustischen Medien (vor allem letztere verstärken heute den Effekt des Kinos als ›immersive environment‹) werden Körper und Geschlecht als austauschbar erfahren. Ähnlich verhält es sich auch mit der leiblichen Körpererfahrung, bei der das biologische Geschlecht nicht nur als ›anders‹ oder austauschbar phantasiert wird, sondern auch tatsächlich verändert werden kann: etwa durch eine transsexuelle Operation. Das bedeutet aber, daß nicht nur die Grenzen zwischen den Geschlechtern, sondern auch die Grenzen zwischen dem ›Körper‹ aus Fleisch und Blut und der Maschine fließend geworden sind.

Die modernen ›Konsensgemeinschaften‹

Man kann die Bedeutung des modernen Kommunikationsnetzes, insbesondere der Informatik und des digitalen Datenflusses für die Geschlechterordnung nur ermessen, wenn man der langen Linie folgt, die von der Tradition der Gemeinschaft des sprechenden Körpers bis zu den modernen Informationsgesellschaften führt. Dazu muß man freilich den Blick auf die Bedingungen richten, die die moderne Technik für den Körper geschaffen hat. Diese Techniken gehen weit über die Analogie des ›Räderwerks‹ hinaus. Der französische Gesellschaftstheoretiker und Philosoph Michel Foucault bediente sich des Begriffs der ›Macht‹ zur Beschreibung neuer Formen von Wissen und Verhalten, die sich mit der Neuzeit entwickelten (Foucault, Bd. I, 1976; 1969). Er meint damit eine Form von Konsensbildung, die allerdings nicht ›freiwilliger‹ Art sei, sondern gleichsam mechanisch funktioniert. Foucault sieht durchaus die technischen und medialen Hintergründe, die diesen Prozeß ermöglichten – »die Einrichtung des zwingenden Blicks« erfordere »eine Anlage, in der die Techniken des Sehens Machteffekte herbeiführen und in der umgekehrt die Zwangsmittel die Gezwungenen deutlich sichtbar machen« (Foucault 1994, 221). Er sieht in den Sehgeräten und technologischen Neuerungen ›Werkzeuge‹ der Macht, aber er unterschätzt die eigene historische Wirkungsmacht der Geräte, so wie sie etwa David Landes am Beispiel der Uhr und der Pünktlichkeit beschrieben hat. Foucaults Begriff der ›Macht‹ impliziert, daß es eine Instanz gab, die sich dieser Instrumente ›bediente‹. Das ist aber nicht der Fall. Vielmehr entstanden soziale und politische Strukturen, die von den Techniken der vorhandenen Kommunikationsmittel vorgegeben waren: egal, ob es sich dabei um die Techniken der Vernetzung oder um akustische und visuelle ›immersive environments‹, die möglichst alle Sinne ansprechen, handelte. Die ›Macht‹, wenn es überhaupt eine gibt, besteht in den technischen Bedingungen selbst, die einerseits zwar von Menschen geschaffen sind, sich andererseits aber auch dank ihrer Komplexität der einfachen Beherrschbarkeit durch einen einzelnen oder eine Gruppe entziehen. Wer je bei einer Fußballweltmeisterschaft durch die leer gefegten Straßen einer Stadt gegangen ist, wenn plötzlich aus allen Fenstern in inbrünstiger Einstimmigkeit das Wort ›Tor‹ ertönt, der weiß, was mit dem Begriff ›Konsens‹ gemeint ist. Und solche medial bedingte ›Einstimmigkeit‹ gilt nicht nur auf nationaler Ebene. Am Tag der Bestattung von Prinzessin Diana saßen zu derselben Stunde weltweit zwei bis drei Milliarden Menschen vor dem Fernseher, um die Trauerfeier zu verfolgen. Für einen historischen Moment waren ein Mensch und ein Ereignis zum Knotenpunkt einer vernetzten Gemeinschaft geworden, die ahnen ließ, was nach Goethes »Weltliteratur«, Kants »Weltbürger« und Hegels »Weltgeschichte« ein »Weltgefühl« einmal bedeuten könnte. Die »Weltzeit« und das »Weltkapital« sind ohnehin schon feste Begriffe, ebenso wie Jeans zur »Welttracht« geworden sind – und mit Spaghetti und Pizza haben wir auch schon das »Weltgericht«.

Solche Phänomene verweisen auf eine Konsensbildung, über die sich die Menschen in den Industriegesellschaften kaum mehr Rechenschaft ablegen oder auch nur wundern. Erst wenn sie in traditionellen Gesellschaften mit Rechtsvorstellungen wie etwa der Blutrache konfrontiert sind, beginnen sie zu begreifen, daß die moderne Konsensgesellschaft keineswegs eine Selbstverständlichkeit darstellt. Dann werden sie sich aber auch mit der Frage auseinandersetzen müssen, worauf eigentlich dieser Konsens beruht, und sie werden feststellen müssen, daß er das Produkt der Kommunikationsgesellschaft, ihrer Strukturen und Vernetzungen ist. Das Kommunikationssystem ist gleichsam an die Stelle der Wurzeln getreten, die Descartes mit der Metaphysik und Diderot mit dem sichtbaren Gott, der Philosophie und den Naturwissenschaften gleichsetzte. Aus einem Netz von Vorschriften, die vorher, im religiösen Kontext oder im absolutistischen Staat, die Gefühle und das Denken bestimmten, ist ein technisches Netzwerk hervorgegangen, das den Gemeinschaftssinn bewirkt und das dazu führt, daß ein Netz von Maschinen in einer Weise in das Leben der Gemeinschaft eingreift, daß diese selbst wie eine Metamaschine funktioniert.

Daß es sich beim medialen Netz nicht um ›Macht‹, sondern um Konsens (Konsens wörtlich: gemeinsame Sinne und Gemeinsinn) handelt, läßt sich auch an der Tatsache ablesen, daß die modernen Industriegesellschaften die Gesetze, nach denen sie funktionieren, nicht laut verkünden. Zwar gibt es sehr genaue und umfassende Gesetzbücher, doch geben diese nicht unbedingt Aufschluß über die Prinzipien, über die Konsens besteht. Das wird besonders deutlich an den Gesetzen, die über die Ordnung und das Zusammenleben der Geschlechter bestimmen. Enthielten die Gesetzbücher der modernen Industrieländer zunächst einen genauen Kodex, der das Sexualleben regulierte, so verschwanden die Bestimmungen im Verlauf des 20. Jahrhunderts allmählich. (Zuerst wurden sie nicht angewandt, dann aus dem Gesetzbuch gestrichen – so etwa das Verbot der Homosexualität.) Zumindest vom Staat aus gesehen, kann heute in den Industrieländern des ausgehenden und neuen Jahrtausends jeder und jede für sich mehr oder weniger frei entscheiden, ob, und wenn ja, mit wem er oder sie sich paart, Kinder zeugt, eine Lebensgemeinschaft bildet oder auch nur den ›antisozialen‹ Kräften der Sexualität überläßt. Das beinhaltet einen Freiraum für die Sexualität, die Libido und den Körper, wie es ihn noch nie gegeben hat. Das heißt, entweder erübrigt sich in den modernen Industrienationen die Kontrolle der Sexualität, weil diese nicht mehr als Garantin der Fortpflanzung betrachtet wird. Oder aber die ›antisozialen‹ Mächte der Sexualität gelten nicht mehr als bedrohlich. Beides trifft zu.

Daß die Fortpflanzung nicht mehr notwendigerweise der Sexualität bedarf, ist schon gesagt worden. Warum aber hat die Sexualität ihre Bedrohlichkeit als ›antisoziale Macht‹ eingebüßt? Weil der Körper und damit auch die Geschlechtlichkeit als ›domestiziert‹ – im Sinne von ›konsensuell‹ – gelten. Hatte die Betonung der Differenz der Geschlechter die Sexualität als gefährlich erscheinen lassen, so brachte die Aufhebung der Differenz, die in der kulturellen Kodierung der Geschlechterordnung ihren Ausdruck fand, diese Bedrohlichkeit zum Verschwinden. Als Instrument der ›Konsensualität‹ konnte die Sexualität nicht nur ›befreit‹ agieren, sondern sogar zum Motor der kollektiven ›Maschine‹ werden. Tatsächlich setzte sich parallel zur medialen ›Synchronisierung‹ der einzelnen Körper auch ein sexueller Leistungsdruck durch. Und dieser, nicht die Reglementierung der Sexualität, bereitet heute in den Industrieländern Männern wie Frauen zunehmend Schwierigkeiten. Verglichen mit der Warnung vor der Sexualität früherer Jahrhunderte, erscheinen ein ›erfülltes Sexualleben‹ und sexuelle Potenz in Massenpresse, Fernsehprogrammen und medizinischer Fachliteratur zum Thema Sexualität wie ein ›kategorischer Imperativ‹. Auch eine ganze Reihe von modernen Krankheitsbildern, darunter die weiblichen Eßstörungen, die immer in enger Verbindung zur Sexualität gesehen wurden (von Braun 1992), sprechen dafür, daß dieser Leistungsdruck in den Industrieländern zum Problem geworden ist, auf das Männer und Frauen mit massiven Störungen reagieren.

Der *Genetic Turn*

Was bedeutet die Entstehung der ›Konsensgesellschaft‹ für die Betrachtung und das Studium der Frage von Geschlecht und Gender? Auf diese Frage ist über einen Umweg zu antworten, der die Sprachwissenschaften wie die Kulturwissenschaften überhaupt betrifft. 1953 führte der Sprachwissenschaftler Gustav Bergmann den Begriff des *linguistic turn* (›linguistische Wende‹) ein (Bergmann 1992, 62–71). Er benannte damit das Problem, das schon seit dem Beginn der Jahrhundertwende Philosophen wie Bertrand Russel und Ludwig Wittgenstein beschäftigte: nämlich die Frage, ob es überhaupt möglich ist, über philosophische Fragen nachzudenken, ohne sich der Sprachproblematik bewußt zu sein. Die Fragen, die Kant auf die Schwierigkeiten der Erkenntnis und der sinnlichen Wahrnehmung bezogen hatte, übertrugen sie auf die Schwierigkeiten, mit einem ›Instrument‹, nämlich der Sprache, ›arbeiten‹ zu müssen, das seinerseits die Möglichkeiten der Erkenntnis vorgibt. Bergmann dachte über die Möglichkeit einer ›Idealsprache‹ nach, die gleichsam das Reden über das Reden, mit einem Blickwinkel von außen ermöglichen sollte. Der Sprachwissenschaftler und Kulturtheoretiker Richard Rorty griff 1967 den Begriff des *linguistic turn* auf – allerdings verwarf er das Ziel einer ›Idealsprache‹ und bezeichnete mit dem ›linguistic turn‹ den Zweifel an den philosophischen Systemen der Vergangenheit, die nicht auf die Probleme der Sprache eingegangen seien:

> Der linguistischen Philosophie ist es in den letzten dreißig Jahren gelungen, die gesamte philosophische Tradition von Parmenides über Descartes und Hume bis Bradley und Whitehead in die Defensive zu versetzen. Sie tat das durch eine sorgfältige und genaue

> Untersuchung der Weisen, mit der traditionelle Philosophen sich der Sprache bei der Formulierung ihrer Probleme bedienten. Diese Leistung genügt, um diese Epoche zu einer der großen der Philosophiegeschichte zu machen. (Rorty 1992, 33)

Während der *linguistic turn* für die einen also beinhaltet, die Sprachphilosophie in eine ›strikte Wissenschaft‹ (Rorty 1992, 33) im Sinne von *hard science* zu verwandeln (und dieser Versuch findet im Konzept der ›Idealsprache‹ wie in der Annäherung eines Teils der Linguistik an die Mathematik ihren Ausdruck), bezeichnete derselbe Begriff für andere Sprachphilosophen gerade das notwendige Scheitern eines solchen Konstruktionsversuchs. In beiden Fällen aber wird die Sprache als eine ›Fessel‹ empfunden: als ein Gefängnis des Denkens, das dem Menschen vorschreibt, wo es lang geht. Das geschieht zum ersten Mal seit der Geburt abendländischer Philosophie, und diese Geburt vollzog sich mit der Einführung der vollen Alphabetschrift. Erinnert dieses Gefühl der ›Bedrängnis‹ nicht an die Klage des altägyptischen Schriftgelehrten, der sich um etwa 2000 v. Chr. über die Unmöglichkeit beklagte, ›eigene Worte‹ zu finden, Worte, die noch keiner gesagt hatte? Das würde aber bedeuten, daß der *linguistic turn* auch die historische Stelle bezeichnet, an der die Schriftlichkeit die Eigenschaften der mündlichen Sprache als ›Lebenssaft‹ angenommen hat, oder genauer eine Ununterscheidbarkeit von geschriebener und gesprochener Sprache eingetreten ist. (Tatsächlich ist es erstaunlich, wie wenig in der Diskussion um den *linguistic turn* die Frage der Schriftlichkeit und ihr Einfluß auf die Entstehung einer eigenmächtigen Sprache mitgedacht wird.) Dabei ist durchaus ein historischer Prozeß erkennbar, den die französische Kulturtheoretikerin und Psychoanalytikerin Julia Kristeva folgendermaßen umschrieben hat:

> Man könnte sagen: Wenn die Renaissance den Kult Gottes durch den des Menschen ersetzt hat, so bringt unsere Epoche eine nicht minder bedeutende Revolution, nämlich die Auslöschung jeglichen Kultes. Denn sie ersetzt den Kult des Menschen durch ein System, das der wissenschaftlichen Analyse zugänglich ist: die Sprache. Der Mensch als Sprache, die Sprache, anstelle des Menschen, das wäre die demystifizierende Handlung par excellence, die die Wissenschaft in die komplexe und ungenaue Zone des Menschlichen einführt: dorthin, wo sich (gemeinhin) Ideologien und Religionen ansiedeln. (Kristeva 1981, 10)

Es ist sehr fraglich, ob die Sprache tatsächlich an die Stelle getreten ist, an der sich vorher die Religionen befanden; ob sie nicht vielmehr nur eine der Funktionen der Religion übernommen hat. Geht man davon aus, daß Religionen – vor allem die Religionen des Buches – einerseits eine transzendente Botschaft zum Inhalt haben und andererseits versuchen, Gemeinschaften zusammenzuschließen (und diese ›Aufgabe‹ leitete sich bei den ›Religionen des Buches‹ präzise von der Tatsache ab, daß die alphabetische Verschriftlichung der gesprochenen Sprache ein existentielles Gemeinschaftsband durchschnitten hatte), so könnte man sagen, daß im Verlauf des Säkularisierungsprozesses diese Funktion – aber nur diese und nicht die transzendente – von der Sprache übernommen wurde. Allerdings bedarf es dazu einer Definition von ›Sprache‹, die nicht nur das Sprechen selbst einschließt, sondern auch das verschriftlichte Sprechen sowie die medialen Techniken der Synchronisation oder des Konsenses, die die

Alphabetschrift hervorgebracht hat, umfaßt. Die Tatsache, daß die medialen Techniken und das von ihnen geschaffene Kommunikationsnetz die Aufgabe, die Gemeinschaft zu informieren und zu ›formatieren‹, übernommen hat, heißt nicht, daß die Technik die Religion ersetzte, sie machte sie nur in bezug auf die Gemeinschaftsbildung überflüssig.

Der *linguistic turn* bezeichnet also einerseits eine Wende, an der die Sprache als ›Fessel‹ des Denkens erkannt wird, andererseits aber auch eine Wende, an der die Querverbindungen zu den technischen ›Medien‹, die von der Schriftlichkeit hervorgebracht wurden, offenbar werden. So erstaunt es auch nicht, daß alsbald von einem *pictorial turn* die Rede ist, den der Kunsthistoriker W. J. T. Mitchell in den 80er Jahren einführte (Mitchell 1994; 1997, 15–40). Mitchell beschäftigt die Frage, wie man über das Bild, Visualisierungstechniken und Sehgewohnheiten in einer neuen Weise sprechen kann – zudem in Texten sprechen kann. Denn über Bilder und das Sehen wird auch durch Sprache, das Wort verhandelt. Beim *pictorial turn* gehe es nicht um eine »Bändigung des Ikons durch den Logos«, und er führe auch »weit über das vergleichende Studium von verbalen und bildenden Künsten hinaus, hin zur grundlegenden Konstituiertheit des menschlichen Subjekts durch sowohl Sprache als auch bildliche Darstellung« (Mitchell 1997, 26f.). Die Ikonologie müsse sich selbst als eine »Ideologie« erkennen, »das heißt als ein System der Naturalisierung, ein homogenisierender Diskurs, der Konflikte und Differenzen in Bildern von ›organischer Einheit‹ und ›synthetische[r] Intuition‹ auslöscht« (ebd., 33). Drückt sich im *linguistic turn* also die Bedrängnis durch eine ›sinnlich‹ gewordene Schriftlichkeit (im Sinne einer Überlagerung von Mündlichkeit und Schriftlichkeit) aus, so bezeichnet der *pictorial turn* die Erkenntnis, daß das Bild ein »komplexes Wechselspiel von Visualität, Apparat, Institutionen, Diskurs, Körpern und Figurativität« darstellt (ebd., 19). Der *pictorial turn*

> ist die Erkenntnis, daß die Formen des Betrachtens (das Sehen, der Blick, der flüchtige Blick, die Praktiken der Beobachtung, Überwachung und visuelle Lust) ebenso tiefgreifende Probleme wie die verschiedenen Formen der Lektüre (das Entziffern, Dekodieren, Interpretieren etc.) darstellen, und daß visuelle Erfahrung oder ›die visuelle Fähigkeit zu lesen‹ nicht zur Gänze nach dem Modell der Textualität erklärbar sein dürften. Entscheidenderweise aber enthält der pictorial turn die Erkenntnis, daß, obgleich sich das Problem der bildlichen Repräsentation immer schon gestellt hat, es uns heute unabwendbar mit noch nie dagewesener Kraft bedrängt, und das auf allen Ebenen der Kultur, von den raffiniertesten philosophischen Spekulationen bis zu den vulgärsten Produkten der Massenmedien. (Mitchell 1997, 19)

Auf die Konsensgesellschaft bezogen, impliziert der *linguistic turn*, daß ein Unbehagen über die Instrumente des Denkens entstanden ist, und der pictorial turn die Erkenntnis, daß die ›Macht‹ der Konsensgesellschaft auf der Komplexität und Komplizenschaft der verschiedenen Sinneswahrnehmungen beruht, die sich nur durch die komplexe und komplizenhafte Zusammenarbeit verschiedener Disziplinen wie der Soziologie, der Geschichte, der Psychologie, der Literatur und der Philosophie und natürlich der Musik- und Kunstwissenschaften entziffern läßt.

Damit hängen beide *turns* historisch mit einer Geschichte und Entwicklung zusammen, die auch die Geschlechterordnung begleitet und geprägt hat. Sie spiegeln den *genetic turn* wider, der sich im 20. Jahrhundert mit der Trennung von ›Geschlecht‹ und ›Gender‹ vollzogen hat. Für diese Parallelisierung sprechen mehrere Faktoren:

1. ist die Erkenntnis einer kulturellen Kodierung des Geschlechts ein Produkt derselben historischen Entwicklung, die auch die anderen beiden turns hervorgebracht hat;
2. stellt sich in der Frage von Gender dieselbe ›Bedrängnis‹ ein, die auch die Wissenschaft (vom Sehen wie vom Sprechen) in der Konsensgesellschaft kennzeichnet;
3. impliziert der Versuch, die ›ungeschriebenen Gesetze‹ zu entziffern, die das Verhältnis der Geschlechter in der Konsensgemeinschaft darstellen, eine Form von Wissenschaftlichkeit, die alle Disziplinen mit einbezieht, wie Rorty sie für den *linguistic turn* und Mitchell für den *pictorial turn* beschrieben haben;
4. gibt es wie bei den anderen beiden turns auch keine wissenschaftliche Betrachtung oder Untersuchung der Kategorie Geschlecht, die nicht auch das untersuchende Ich als ›strukturierende‹ und ›definitorische Macht‹ einbezieht und verändert.

Der 5. und vielleicht wichtigste Grund, von einem genetic turn zu sprechen, besteht schließlich darin, daß, weil die Geschlechterbilder unter dem Einfluß derselben historischen Entwicklung stehen, die zu den beiden anderen turns führte, sie deshalb auch einen Schlüssel zur Entzifferung der ›Bedrängnis‹ der Wissenschaft bieten. Bedenkt man darüber hinaus, wie sehr das ›Gen‹ zu einer kollektiven Metapher geworden ist (Nelkin/Lindee 1995), auf dem u.a. das Kontinuitätsversprechen des ›konsensuellen‹ Kollektivkörpers beruht, so wird deutlich, daß mit dem Begriff ›Gender‹ nicht nur die Geschlechterbilder und Geschlechterverhältnisse gemeint sind, sondern auch die Generationenkette. Wie der geschlechtliche Körper wird auch diese immer weniger als biologisch bedingt und immer mehr als kulturelle oder mediale ›Fortpflanzungsform‹ begriffen. Das Schlagwort vom ›Generationenvertrag‹, der nicht die biologische Kette von Eltern zu Kind, sondern die zeitliche Aufeinanderfolge der Generationen einer Gemeinschaft bezeichnet, ist dafür nur ein Beispiel.

Damit stellt sich aber auch die Frage nach der Methodik der Genderforschung, die für den lingustic wie für den pictorial turn von zentraler Bedeutung ist. Um die ›ungeschriebenen Gesetze‹ einer Gemeinschaft zu entziffern, bedarf das beobachtende Auge der Möglichkeit, sich außerhalb dieser Gesetze zu stellen. Für eine solche Relativierung gibt es zwei denkbare Orte: der erste befindet sich in der ›anderen Gesellschaft‹, der zweite in der ›anderen Zeit‹. Es gibt also die Möglichkeit, aus einer ›fremden‹ Kultur auf die eigene zu blicken und durch diesen Vergleich die Gesetze zu erkennen, nach denen die eigene Gesellschaft ›funktioniert‹. Es gibt aber auch die Möglichkeit, historisch vergleichend vorzugehen, um die Gesetze zu erkennen, die in der Jetztzeit wirkungsmächtig sind. Gegen die erste der beiden Methoden spricht die Tatsache, daß sich die Gesetze unterschiedlicher Gesellschaftsstrukturen zumeist nur schwer vergleichen lassen und der Vergleich deshalb oft dazu führt, daß sich der Blick aus der eigenen Perspektive auf die Gesellschaft der anderen richtet, um deren Gesetze zu entziffern. Dagegen hat die ›historische Methode‹ den Vorteil, Vergleichbares miteinander zu konfrontieren. Sie hat aber auch noch einen weiteren wichtigen Vorteil. Sie ermöglicht die Entzifferung der ›verdrängten‹ Teile der kollektiven Erinnerung, wie sie sich etwa in den ›Frauenkrankheiten‹, aber auch auf vielen anderen Gebieten zeigen. Kein anderer Gegenstand bietet einen derartig direkten Zugang zu dieser verdrängten Erbschaft wie die Geschichte der Geschlechterordnung (s. dazu auch den Beitrag zu Geschichtswissenschaft in diesem Band).

Das griechische Wort ›hystereo‹ heißt ›ich komme zu spät, ich säume, ich erreiche nicht, ich lasse vorbei‹ (Passerow 1857, 2179f.; Frisk 1961, 975f.). Im Blick zurück liegt die Verwandtschaft von Hysterika und Historiker. Beide kommen immer zu spät, weil sie auf den Blick zurück angewiesen sind. Doch während der Blick zurück des Historikers dem Bewußtsein, der Logik geschuldet ist (insofern entstammt er dem Denken der Schrift), bewahrt der Blick zurück der Hysterika die Unberechenbarkeit, das Verdrängte des Körpers, der gesprochenen Sprache. Dieses Verdrängte ist historisch nicht minder wirkungsmächtig als das bewußt Erinnerte des Kollektiven Gedächtnisses. »Die Amnesie der Verdrängung«, so sagte Jacques Lacan, »ist eine der lebendigsten Formen des Gedächtnisses.« (Lacan 1975, 100). Mit der Geschlechterforschung und den Gender-Studien bietet sich die Möglichkeit einer Zusammenarbeit von Hysterika und Historiker. Indem das Studium der Geschlechterbilder dazu beiträgt, den verdrängten Anteilen des kulturellen Gedächtnisses eine Sprache zu verleihen, kann sie auch dazu beitragen, eine Sprache für die ›Bedrängnis‹ zu finden, in die Logik und Wissenschaft heute geraten sind.

Literatur

Assmann, Jan: *Das kulturelle Gedächtnis. Schrift, Erinnerung und politische Identität in frühen Hochkulturen.* München 1999.

Bergmann, Gustav: »Logical Positivism, Language and the Reconstruction of Metaphysics«. In: Rorty, Richard (Hg.): *The Linguistic Turn. Essays in Philosophical Method* [1967]. Chicago 1992.

Bering, Dietz: *Die Intellektuellen. Geschichte eines Schimpfwortes.* Stuttgart 1978.

Bischoff, T. L. W. von: *Das Studium und die Ausübung der Medizin durch Frauen.* München 1872.

Bloch, Iwan: *Das Sexualleben unserer Zeit in seinen Beziehungen zur modernen Kultur.* Berlin 1909.

Brauerhoch, Annette: »A Mother to Me: Auf den Spuren der Mutter – im Kino«. In: *Frauen und Film.* Heft 56/57. Basel 1995, S. 59–77; zitiert Polgar, Alfred: »Das Drama im Kinematographen«. In: *Das Tagebuch* 1927, S. 1758.

Braun, Christina von: *Nicht ich. Logik Lüge Libido.* Frankfurt a. M. 1985.

– : »›Blutschande‹ – Wandlungen eines Begriffs. Vom Inzesttabu zu den Rassengesetzen.« In: Dies.: *Die Schamlose Schönheit des Vergangen. Über das Verhältnis von Geschlecht und Geschichte.* Frankfurt a. M. 1989, 81–111.

– : /Ludger Heid (Hg.): *Der Ewige Judenhass. Christlicher Antijudaismus – Nationaler Judenhaß – Rassistischer Antisemitismus.* Stuttgart/Bonn 1990.

– : »... Und der Feind ist Fleisch geworden. Der Rassistische Antisemitismus.« In: Dies. / L. Heid (Hg.): *Der Ewige Judenhass. Christlicher Antijudaismus – Deutschnationale Judenfeindlichkeit – Rassischer Antisemitismus.* Stuttgart/Bonn 1990, 149–213.

– : »Das Kloster im Kopf. Weibliches Fasten von mittelalterlicher Askese zu moderner Anorexie«. In: Flaake, Karin/Vera King (Hg.): *Weibliche Adoleszenz.* Frankfurt a. M. 1992.
– : »›Frauenkrankheiten‹ als Spiegelbild der Geschichte«. In: Akashe-Böhme, Farideh (Hg.): *Von der Auffälligkeit des Leibes.* Frankfurt a. M. 1995, 98–130.
– : »Frauenkörper und medialer Leib«. In: Reck, Hans-Ulrich/Müller-Funk (Hg.): *Inszenierte Imagination.* New York/Wien/Berlin 1996, 125–146.
– : »Das Geschlecht der Zeichen«. In: Braun, Christina von / Bublitz, Hannelore / Dornhof, Dorothea u. a. (Hg.): *Metis.* Zeitschrift für Historische Frauenforschung und feministische Praxis 7 (1998) 13, Schwerpunkt Gender und Medien, 7–16.
– : »Der Frauenkörper als Norm und Anomalie des Gemeinschaftskörpers.« In: Braun, Christina von/ Dietze, Gabriele (Hg.): *Die Multiple Persönlichkeit. Krankheit, Medium oder Metapher?* Frankfurt a. M. 1999, 60–86.
– : »Das Ein-gebildete Geschlecht. Bilderverbot, Bilderverehrung und Geschlechterbilder«. In: Kamper, Dietmar/Belting, Hans (Hg.): *Der Zweite Blick.* München 2000, S. 149–170.
Breuer, Josef/Freud, Sigmund: *Studien über Hysterie.* Frankfurt a. M. 1970.
Brown, Peter: Die Keuschheit der Engel. *Sexuelle Entsagung, Askese und Körperlichkeit im frühen Christentum.* München 1994.
Butler, Judith: *Das Unbehagen der Geschlechter.* Frankfurt a. M. 1991.
– : *Körper von Gewicht,* Frankfurt a. M. 1993.
Capra, Fritjof: *Wendezeit. Bausteine für ein neues Weltbild.* Bern/München/Wien 1983.
Chamberlain, Houston Stewart: *Die Grundlagen des XIX. Jahrhunderts.* Bd. I. München 1909.
Descartes, René: »Meditationen über die Grundlagen der Philosophie, worin das Dasein Gottes und die Unterschiedenheit der menschlichen Seele von ihrem Körper bewiesen wird«. In: *René Descartes' philosophische Werke.* Übersetzt, erläutert und mit einer Lebendbeschreibung von Descartes versehen von J. H. von Kirchmann. Abt. I-III. Berlin 1870, S. 1–135.
– : *Über den Menschen.* Köln 1969.
Diderot, Denis: *Lettre sur les aveugles à l'usage de ceux qui voient.* Genève, Lille 1951.
Dinter, Artur: »Die Rassen- und Judenfrage im Lichte des Geistchristentums«. In: *Der Jud ist schuld …?* Diskussionsbuch über die Judenfrage. Basel/Berlin/Leipzig/Wien 1932, 95–106.
– : *Die Sünde wider das Blut* [1917]. Leipzig 1927.
Douglas, Mary: *Die zwei Körper. Ritual, Tabu und Körpersymbolik. Sozialanthropologische Studien in Industrie- und Stammesgesellschaft.* Frankfurt a. M. 1993.
– : *Reinheit und Gefährdung. Eine Studie zu Vorstellungen von Verunreinigung und Tabu.* Frankfurt a. M. 1988.
Dürer, Albrecht: »Underweysung der Messung mit dem Zirckel und Richtscheit«. In: Cramer, Thomas/Klemm, Christian (Hg.): *Renaissance und Barock. Die wichtigsten deutschen Kunstschriften von den Anfängen bis zu Sandrart: aus den Quellen ediert und erstmals im Zusammenhang kommentiert.* Frankfurt a. M. 1995, 42–56.
Elberskirchen, Johanna von: *Die Liebe des Dritten Geschlechts.* Leipzig 1904.
Euripides: »Die Hilfeflehenden«. In: Werner, Jürgen/Hagemann, Walter (Hg.): *Werke in Drei Bänden.* Bd. I. Berlin/Weimar 1996.
Feder, Gottfried: »Die Judenfrage«. In: *Der Jud ist schuld …?.* Diskussionsbuch über die Judenfrage. Basel/Berlin/Leipzig u. a. 1932, 53–68.
Foucault, Michel: *Wahnsinn und Gesellschaft.* Eine Geschichte des Wahns im Zeitalter der Vernunft. Frankfurt a. M. 1969.
– : *Sexualität und Wahrheit.* Bd. I: *Der Wille zum Wissen.* Frankfurt a. M. 1976.
– : *Überwachen und Strafen. Die Geburt des Gefängnisses.* Frankfurt a. M. 1994.

Freud, Sigmund: »Quelques considérations pour une étude comparative des paralysies motrices organiques et hystériques«. In: *Gesammelte Werke.* Bd. I. Frankfurt a. M. 1964, 37–56.

Fried, Alfred H.: *Handbuch der Friedensbewegung.* Wien/Leipzig 1905.

Frisk, Hjalmar: *Griechisches Etymologisches Wörterbuch.* Heidelberg 1961.

Fritsch, Theodor: *Antisemiten-Katechismus. Eine Zusammenstellung des wichtigsten Materials zum Verständnis der Judenfrage.* Leipzig 1887.

Goody, Jack/Watt, Ian/Gough, Kathleen: *Entstehung und Folgen der Schriftkultur.* Frankfurt a. M. 1986.

Haeberle, Erwin J.: »The Jewish Contribution to the Development of Sexology«. In: *The Journal of Sex Research* 18 (November 1982) 4, 305–323.

Hauser, Otto: *Geschichte des Judentums.* Weimar 1921.

Heschel, Abraham J.: »Der Mensch, ein heiliges Bild«. In: Ders.: *Die ungesicherte Freiheit. Essays zur menschlichen Existenz.* Neukirchen 1985, 124–136.

Hippel, Theodor Gottfried von: *Über die Ehe.* Berlin 1774.

Hirschfeld, Magnus: *Die Homosexualität des Mannes und des Weibes.* Berlin 1914.

Hof, Renate: *Die Grammatik der Geschlechter: Gender als Analysekategorie der Literaturwissenschaft.* Frankfurt a. M. 1995.

Innis, Harold Adam: *Empire and Communications.* Rev. by Mary Q. Innis. Foreword by Marshall McLuhan. Toronto 1972.

Jütte, Robert: »Der kranke und der gesunde Körper. Gleichheit von Juden und Christen vor Krankheit und Tod«. In: Gilman, Sander L./Jütte, Robert /Kohlbauer-Fritz, Gabriele (Hg.): ›*Der schejne Jid*‹. Das Bild des jüdischen Körpers in Mythos und Ritual. Wien 1998, 133–144; zitiert Becker, Rafael: *Die Jüdische Nervosität. Ihre Art, Entstehung und Bekämpfung* (Vortrag gehalten vor der Zürcher zionistischen Akademikervereinigung) Zürich 1918.

Kakar, Sudhir/Catherine Clément: *Der Heilige und die Verrückte. Religiöse Ekstase und psychische Grenzerfahrung.* München 1993.

Kantorowicz, Ernst H.: *Die zwei Körper des Königs. Eine Studie zur politischen Theologie des Mittelalters.* München 1990.

Kirchhoff, Arthur (Hg.): *Die Akademische Frau. Gutachten hervorragender Universitätsprofessoren, Frauenlehrer und Schriftsteller über die Befähigung der Frau zum wissenschaftlichen Studium und Berufe.* Berlin 1897.

Kristeva, Julia: *Le langage, cet inconnu. Une initiation à la linguistique.* Paris 1981.

Lacan, Jacques: »Funktion und Feld des Sprechens und der Sprache in der Psychoanalyse«. In: Lacan, Jacques: *Schriften.* Hg. v. Norbert Haas. Bd. I. Frankfurt a. M. 1991, 71–131.

Landes, David S.: *Revolution in Time. Clocks and the Making of the Modern World.* Cambridge/London 1983.

Lange, Helene: *Lebenserinnerungen.* Berlin 1921.

Leibniz, Gottfried Wilhelm: *Grundwahrheiten der Philosophie* (Monadologie). Frankfurt a. M. 1962.

Loraux, Nicole: *Die Trauer der Mütter. Weibliche Leidenschaft und die Gesetze der Politik.* Frankfurt a. M. 1990.

Mayr, Otto: *Uhrwerk und Waage.* München 1987.

Mayreder, Rosa: *Zur Kritik der Weiblichkeit.* Jena/Leipzig 1907.

Mitchell, W.J.T.: *Der Pictorial Turn.* In: Kravagna, Christian (Hg.): *Privileg Blick. Kritik der visuellen Kultur.* Berlin 1997, 15–40.

– : *Iconology, Image, Text, Ideology.* Chicago 1986.

– : *Picture Theory. Essays on Verbal and Visual Representations.* Chicago 1994.

Nelkin, Dorothy/Lindee, M. Susan: *The D.N.A. Mystique. The Gene as a Cultural Icon.* New York 1995.

Passerow, Franz: *Handwörterbuch der griechischen Sprache.* Bd. II. Leipzig 1857.
Platon, *Der Staat oder Die Gerechtigkeit.* Eingeleitet von Kurt Hildebrandt. Übersetzt von August Horneffer. Stuttgart 1973.
Rorty, Richard: »Introduction«. In: Ders.: *The Linguistic Turn, Essays in Philosophical Method* [1967]. Chicago 1992, 1–39.
Schrader-Breymann, Henriette: *Zur Frauenfrage.* 1868.
Simmel, Georg: »Weibliche Kultur« [1902]. In: Simmel, Georg: *Schriften zur Philosophie und Soziologie der Geschlechter.* Hg. v. Dahme, Heinz-Jürgen/Köhnke, Klaus Christian. Frankfurt a.M. 1985, 159–176.
Sombart, Werner: »Artvernichtung oder Arterhaltung«. In: *Der Jud ist schuld …?* Diskussionsbuch über die Judenfrage. Basel/Berlin/Leipzig u.a. 1932, 259–263.
Stein, Lorenz: *Die Frau auf dem Gebiete der Nationalökonomie* [1875]. Stuttgart 1886.
Stümke Hans-Georg/Rudi Finkler: *Rosa Winkel – Rosa Listen. Homosexuelle und »gesundes Volksempfinden« von Auschwitz bis heute.* Reinbek 1981.
Sykora, Katharina: »Verletzung – Schnitt – Verschönerung«. In: Lindner, Ines/Schade, Sigrid u.a. (Hg.): *Blick-Wechsel. Konstruktionen von Männlichkeit und Weiblichkeit in Kunst und Kunstgeschichte.* Berlin 1989, 359–368.
Treitschke, Heinrich von: *Politik, Vorlesungen gehalten an der Universität zu Berlin von Heinrich v. Treitschke.* Hg. v. Max Cornicelius, 1. Bd. Leipzig 1897, S. 236ff.
Ulrichs, Karl Heinrich: *Forschungen über das Räthsel der mann-männlichen Liebe.* Berlin 1864–1879.
Veith, Ilza: *Hysteria. The History of a Disease. Chicago.* London 1965.
Virchow, Rudolf von: »Der Puerperale Zustand. Das Weib und die Zelle« [1847]. In: Ders.: *Gesammelte Abhandlungen zur Wissenschaftlichen Medizin.* Frankfurt a.M. 1856, 735–778.
Walser, Gullichsen: »Interview«. In: Rheingold, Howard: *Virtuelle Welten. Reisen im Cyberspace.* Reinbek b. Hamburg 1992, 288.
Wassermann, Jakob: »Mein Weg als Deutscher und Jude« [1921]. In: Ders.: *Deutscher und Jude.* Reden und Schriften 1904–1933. Hg. v. Dierk Rodewald. Heidelberg 1984, 37–90.
Weininger, Otto: *Geschlecht und Charakter.* Wien/Leipzig 1917.

3. Gender, Geschlecht und Theorie

Inge Stephan

Was ist *gender*? – Die amerikanischen Debatten

›Gender‹ hat sich seit den 90er Jahren auch in Deutschland als feste Kategorie eingebürgert (vgl. z. B. die Reihe *Gender Studies. Vom Unterschied der Geschlechter* in der edition suhrkamp, 1991ff.). Die fast vollständige Verdrängung des deutschen Begriffs ›Geschlecht‹ oder der lateinischen Bezeichnung *genus* ist dabei nicht Ausdruck einer problematischen ›Amerikanisierung‹ der deutschen Medienlandschaft und des Wissenschaftsbetriebs, sondern ein Übersetzungsproblem. Für den Begriff ›Gender‹ gibt es im Deutschen keine adäquate Übersetzung. Ein weiteres sprachliches Problem kommt hinzu. Die im englischen und amerikanischen Sprachgebrauch mögliche Unterscheidung zwischen *sex* und *gender* im Sinne von biologischem und sozialem Geschlecht hat in der deutschen Sprache keine Entsprechung, weil nur ein Begriff zur Verfügung steht, der überdies durch die Wurzel »schlecht« nicht unbedingt positive Assoziationen erweckt.

Der Vorteil der Kategorie ›Gender‹ gegenüber dem Begriff ›Geschlecht‹ ist also offensichtlich. Durch die Differenzierung zwischen *sex* und ›Gender‹ kann eine Unterscheidung zwischen biologischem und sozialem Geschlecht markiert und die Eindimensionalität des deutschen Begriffs gesprengt werden. Durch die Einführung der *sex-gender*-Relation entsteht ein kultureller und historischer Rahmen, in dem sich die Frage nach der Konstruiertheit des Geschlechts quasi von selbst stellt.

Unabhängig von der Übersetzungsproblematik verweist der Siegeszug der ›Gender‹-Kategorie im deutschen Wissenschaftsdiskurs darauf hin, daß die Debatten über *sex* und *gender* ihren Ursprung nicht in Deutschland haben. Die Unterscheidung zwischen *sex* und *gender*, wie sie gegenwärtig auch in Deutschland diskutiert wird, ist in den USA in den 70er Jahren im Kontext der feministischen Bewegung wissenschaftsfähig geworden. Die ursprünglich grammatische Kategorie hat dabei eine erhebliche semantische Ausweitung erfahren und ist zu einem Schlüsselbegriff in öffentlichen und universitären Diskursen avanciert. Eine inzwischen schon fast unübersehbare Fülle von Publikationen zeigt, welchen hohen Stellenwert die ›Gender‹-Kategorie inzwischen in den USA erlangt hat. Daß sich ungeachtet der Verbreitung der Kategorie keineswegs ein Konsens darüber durchgesetzt hat, was sie im Einzelfall bedeutet, kann beispielhaft an drei Handbüchern gezeigt werden, die derzeit als Einführungen in die Gender-Studien auf dem amerikanischen Markt angeboten werden.

In dem Buch *Women, Men, & Gender. Ongoing Debates* (Walsh 1997) werden acht Themenbereiche vorgestellt, in denen die Meinungen – jenseits des generellen Konsenses über die Relevanz der Gender-Studien – nach wie vor polarisiert sind. Die Herausgeberin Mary Roth Walsh, Professorin für Psychologie an der Universität von Massachusetts, die bereits mit dem Buch *The Psychology of Women. Ongoing Debates*

(Walsh 1987) ein erfolgreiches Handbuch für Lehre und (Selbst-)Studium auf den Markt gebracht hatte, greift auch mit dem neuen Buch auf das bewährte rhetorische Muster der Pro- und Contra-Debatte zurück. Aufgeteilt auf die sechs Themenbereiche: »Fundamental Questions«, »Power and Influence Strategies«, »Sexuality«, »Violence«, »Knowing and Learning«, »The Workplace«, »Psychotherapy« und »Social Change« werden achtzehn Fragen aufgelistet, zu denen von ausgewiesenen Expert/innen jeweils eine Pro- und Contra-Position formuliert wird. Die Fragen lauten folgendermaßen:

1. Research priorities: Should we continue to study gender differences?
2. Biological causation: Are gender differences wired into our biology?
3. Diversity issues: Are race, class and gender of comparable importance in pro ducing inequality?
4. Conversational style: Do women and men speak different languages?
5. Nonverbal behavior: Are women's superior skills caused by their oppression?
6. Negotiation strategies: Do women and men have different styles?
7. Pornography: Is it harmful to women?
8. Sexual orientation: Is it determined by biology?
9. Domestic violence: Are women as likely as men to initiate physical assaults in partner relationships?
10. Rape: Are rape statistics exaggerated?
11. Ways of knowing: Do women and men have different ways of knowing?
12. Mathematics: Is Biology the Cause of Gender Differences in Performance?
13. Leadership: Do women and men have different ways of leading?
14. Discrimination: Is sex stereotyping the cause of workplace discrimination?
15. Diagnosis: Is there gender bias in the 1994 *Diagnostic and Statistical Manual*?
16. Relational therapy: Is the stone center's relational theory a source of empowerment for women?
17. Women's behavior: Do mothers harm their children when they work outside the home?
18. Men's behavior: Is the mythopoetic men's movement creating new obstacles for women?

Interessanter als die Antworten, in denen weitgehend Altbekanntes präsentiert wird, sind die Art der Fragestellungen und die Form der Debattenführung. Populär, pragmatisch und praxisorientiert werden hier Themen verhandelt, die in öffentlichen wie akademischen Diskursen gleichermaßen umstritten sind: Ist die Biologie noch immer »Schicksal«, wie Freud am Anfang des 20. Jahrhunderts meinte? Auf welcher ideologischen Basis beruhen die divergierenden Anschauungen über Gleichheit oder Differenz der Geschlechter, und welche Konsequenzen haben sie für den wissenschaftlichen Diskurs und für die politische Praxis? Ist die *sex-gender*-Relation tatsächlich grundlegend für unser Verständnis von Mensch und Gesellschaft oder ist sie nur eine Variable unter anderen?

Durch seine Pro- und Contra-Argumentation vermeidet das Buch eine klare Positionierung in den hoch emotionalisierten Debatten, macht aber durch die durchgängig pragmatische Bezugnahme auf die gesellschaftlichen Erfahrungen deutlich, daß

Gender-Studien nicht so sehr als neue akademische Disziplin als vielmehr als praktische Orientierungshilfe bei der Bewältigung geschlechtsspezifischer Alltagsprobleme verstanden werden. Dieser Pragmatismus aber hat seinen Preis. Die Debatten können nicht in der Komplexität und Differenziertheit vorgestellt werden, mit der im akademischen Diskurs Gender-Fragen inzwischen diskutiert werden.

Einen anderen Weg geht Carol C. Gould, Professorin für Philosophie am Center for Research in Applied Epistemology in Paris mit ihrem *Gender*-Reader (1997), der in der Reihe »Key Concepts in Critical Theory« erschienen ist. Gould hat einen umfangreichen Reader zusammengestellt, in dem von Simone de Beauvoir bis Judith Butler die führenden TheoretikerInnen der Sex- und Gender-Debatte mit mehr oder minder umfangreichen Textauszügen versammelt sind. Aus mittlerweile klassischen Texten wie *Das andere Geschlecht* (dt. 1951) von Simone de Beauvoir, *Das Geschlecht, das nicht eins ist* (dt. 1979) von Luce Irigaray, *Gender, Relation and Difference* (1979) von Nancy C. Chodorow, *Gender and History* (1986) von Linda J. Nicolson, *Masculinity and Power* (1989) von Arthur Brittain und *Gender-Trouble* (1990) von Judith Butler sowie aus einer Fülle von weiteren Standardwerken und renommierten Zeitschriftenbeiträgen hat Gould ein Textcorpus zusammengestellt, das – ungeachtet der Aufnahme von Beauvoir und Irigaray – deutlich die nordamerikanischen Gender-Debatten der letzten zwanzig Jahre privilegiert. Der Reader ist in sieben große Abschnitte unterteilt, deren Überschriften die grundlegenden Problemstellungen und Forschungsfelder im Bereich der Gender-Studien signalisieren:

1. The social construction of gender
2. Gender, oppression, and sexual identity
3. Family, class, race, and culture
4. Gender, science, and philosophy
5. Ethics and difference
6. Gender in democracy and politics
7. Law and difference

Ausgewählt für den Reader hat Gould in erster Linie solche Arbeiten, die von der »social construction of gender« ausgehen und sich einem »normative commitment to social critique« verpflichtet fühlen (Gould 1997, XVII). In der Frage »Gleichheit oder Differenz?« favorisiert Gould den Differenz-Standpunkt und wendet sich entschieden gegen einen abstrakten Universalismus, der unter der Hand den ›Menschen‹ mit dem ›Mann‹ gleichsetzt und in der Praxis zur Unterdrückung der Frauen beigetragen hat. Unverkennbar ist in dem Buch die praktische Orientierung der Herausgeberin in der Gender-Frage. So präsentiert sie in den letzten drei Abschnitten des Buches fast ausschließlich solche Texte, die die Konsequenzen des Differenz-Denkens ethisch, politisch und juristisch reflektieren, wobei die spezifischen Erfahrungen von Frauen zumeist der Ausgangspunkt für Kritik und Reformvorschläge (z. B. in Hinsicht auf die Pornographie-Debatte) bilden.

Nicht auf eine mögliche politische Praxis als vielmehr auf den akademischen Diskurs zielt der Band *Speaking of Gender* (1989), den Elaine Showalter, Professorin für

Englisch und Humanities an der Universität von Princeton, herausgegeben hat. In diesem Band sind vierzehn Beiträge namhafter Literaturwissenschaftler/innen unter den Rubriken »Gender« »Subtexts«, und »Reading Gender« zusammengestellt, die der Bedeutung von Gender in Literatur und Kunst nachgehen. Der Band ist ein Kompendium für alle diejenigen, die sich für Gender-Fragestellungen in Literatur, Kunst und Kultur interessieren und neue Forschungsansätze kennenlernen wollen. In dem einleitenden Essay »The Rise of Gender« gibt die Herausgeberin einen kurzen Abriß über die Entwicklung der Gender-Fragestellung in den Humanities:

> One of the most striking changes in the humanities in the 1980s has been the rise of gender as category of analysis. In December 1987, a reporter visiting the annual convention of the American Historical Association in Washington, DC was impressed by the proliferation of topics dealing with gender, from »Sex, Gender, and the Constitution,« to »The Homosexual Experience in Modern Germany.« »You can't do anything now without making reference to gender,« the conservative historian Gertrude Himmelfarb lamented. »You can't talk about the Austro-Hungarian Empire without talking about gender.« (Showalter 1989, 1)

Was aber ist Gender? Showalter sucht Antworten auf verschiedenen Ebenen. Zunächst greift sie auf die ursprüngliche Bedeutung von ›Gender‹ als grammatischer Kategorie zurück:

> To begin with, all speech is necessarily talk about gender, since in every language gender is a grammatical category, and the masculine is the linguistic norm. Even in English, a language in which only nouns referring to human beings and animals are formally gendered (in contrast to languages such as French or German in which all nouns, including inanimate objects, places, and concepts have gender as well), the masculine form is generic, universal, or unmarked, while the feminine form is marked by a suffix or some other variant. We can call either Sylvia Plath or Robert Lowell a »poet«, but we can not call Lowell a »poetess« except as an insult. (ebd., 1)

Neben der grammatischen Bedeutung gibt es eine soziale, kulturelle und psychologische Referenzebene, die vor allem für den feministischen Diskurs der 70er und 80er Jahre wichtig gewesen ist. Drittens hat sich ein Verständnis von Gender entwickelt, das über den feministischen Diskurs hinaus greift und die Beschäftigung mit »Männlichkeit« programmatisch einschließt:

> Thirdly, talking about gender means talking about both women and men. Gender theory began to develop during the early 1980s in feminist thought in the fields of history, anthropology, philosophy, psychology, and natural science, marking a shift from the women-centered investigations of the 1970s, such as women's history, gynocriticism, and psychology of women, to the study of gender relations involving both women and men. Such a shift, some feminist scholars argued, would ultimately have a more radically transformative impact on the disciplines than studies of women, which too easily could be ghettoized, leaving disciplinary structures and practices intact. (ebd., 2)

Auch wenn es für Showalter außer Zweifel steht, daß die Einführung der Gender-Kategorie die Literaturwissenschaft revolutioniert hat, indem sie ein Bewußtsein dafür geschaffen hat, daß »all reading and writing, by men as by women, is marked by gender«, so betont sie doch, daß es unter den Wissenschaftler/innen keine Übereinstimmung darüber gibt, was mit der Gender-Kategorie im Einzelfall gemeint ist.

> Gender is far, however, from reaching a state of consensus. While most feminist scholars agree on the distinction between sex and gender, and the need to explore masculinity as well as femininity, and homosexuality as well as heterosexuality, there is a vigorous intellectual debate about the construction of gender, and the way it should be used by scholars and critics. (ebd., 3)

Der Grund für die unterschiedliche Verwendung der ›Gender‹-Kategorie liegt in der unterschiedlichen theoretischen Orientierung derjenigen, die mit ihr arbeiten. Während für Wissenschaftler/innen, die sich der Psychoanalyse und dem Poststrukturalismus verpflichtet fühlen, Gender vor allem eine Analysekategorie zur Untersuchung von Identität, Sprache und symbolischer Ordnung ist, interessieren sich historisch und ideologiekritisch ausgerichtete Wissenschaftler/innen in erster Linie für die Machtverhältnisse, die ideologischen Strukturen sowie die sozialen und kulturellen Auswirkungen, die durch Gender-Markierungen in der Gesellschaft hervorgerufen werden.

Es ist also wichtig, den jeweiligen theoretischen Hintergrund zu berücksichtigen, wenn von Gender die Rede ist. Ebenso wichtig ist es, die Kontexte zu beachten. In den 70er Jahren signalisierte die Verwendung der Gender-Kategorie in den Literatur- und Kulturwissenschaften vor allem ein Interesse an »women and women's writing«, in den 80er Jahren begann sich allmählich ein Bewußtsein dafür zu entwickeln, »that all subjects are gendered and all literary discourse is gender-specific« (ebd., 5). Die schockartige Einsicht, daß das, was bislang als »Literatur« gegolten hatte, in Wahrheit »Männerliteratur« war, verband sich mit einem neuen kritischen Interesse an »Männertexten«, die nicht länger als »documents of sexism and misogyny« diffamiert, sondern als »inscriptions of gender« gelesen wurden.

Die Herausbildung eines sogenannten *male feminism* und das Auftreten einer kleinen Gruppe militanter *male feminists* (vgl. Jardine/Smith 1987), die der Meinung waren, daß die »Frauenproblematik« zu wichtig sei, als daß man sie den Feministinnen überlassen dürfe, führte im feministischen Lager zunächst zu Irritationen und zu dem Verdacht, daß *male feminism* eine Spielart des Antifeminismus sei oder aber eine »form of critical cross-dressing [...] which made female masquerade a way to take over women's newly-acquired power« (Showalter 1989, 6). Die Befürchtungen mancher Feministinnen, daß die ›männlichen Feministinnen‹ den Gender-Diskurs aus Karrieregründen nur ausbeuten oder aber politisch entschärfen wollten, erwiesen sich jedoch bald als haltlos.

> Nevertheless, by the mid-1980s, serious inquiries into masculine modes of creativity, interpretation and representation began to develop in a number of contexts outside the star wars of literary theory: in the writing of a generation of male critics influenced by feminist critical practice; in Afro-American criticism and theory; in the work of the New Historicists; and most of all, in the emergent fields of men's studies and gay studies. (Jardine/Smith 1987, 7f.)

Eine besondere Hochschätzung durch Showalter erfährt das Buch *Between Men. English Literature and Male Homosocial Desire* (1985) von Eve Kosofsky Sedgwick:

> Sedgwick analyzed the inscriptions of male homosexuality in relation to class, race, and the gender system as a whole. Following on work by Freud, Levi-Strauss, René Girard, Gayle Rubin, and others, she focused on the exchange of women to mediate male bonding, and on the repressed bonds between male rivals in erotic triangles. By placing relationships between men along a continuum from the homosocial to homoerotic, and by studying the ways in which society exercised »secular power over male bonds,« Sedgwick made it possible to look at »the shape of the entire male homosocial spectrum and its effects on women;« indeed, her work has been so influential that one can begin to speak of the Sedgwick School, or École d'Eve. As several gay critics have noted, Sedgwick's woman-centered and feminist work brought both homophobia and male homosexuality »to center stage in the discussion of the construction of gender.« (Sedgwick 1985, 8)

Die Entwicklungslinie vom *feminist criticism* der 70er Jahre über den *male feminism* der 80er Jahre zur *gender theory* der 90er Jahre ist nicht zuletzt durch Arbeiten wie die von Sedgwick befördert worden. Die Grenzen zwischen *men's studies*, *gay studies* und *feminist criticism* begannen sich zu verwischen und ›Gender‹ avancierte zur Leitkategorie literatur- und kulturwissenschaftlicher Arbeiten von Männern und Frauen. Dabei wendet sich Showalter ausdrücklich gegen eine Auffassung von *gender studies*, die sich vom *political commitment of feminism* abwenden, und plädiert statt dessen für eine *gender theory*, die eine »significant and radical expansion of our work« in die Wege leitet:

> Like other aspects of literary analysis, talking about gender without a commitment to dismantling sexism, racism, and homophobia, can degenerate into nothing more than a talk show, with men trying to monopolize the [post]feminist conversation. But as the essays in this book demonstrate, the genuine addition of gender as a »central problem in every text« read and taught, »whatever the era and whoever the author,« could also move us a step further towards post-patriarchy. That's a step worth trying to take together. (ebd., 10 f.)

Was ist Gender? – Die deutschen Debatten

In ihrer populären Aufmachung zeigen Walshs *Women, Men, & Gender. Ongoing Debates* (1997) ebenso wie Goulds *Gender*-Reader (1997) deutlich, wie groß die Resonanz von Gender-Fragen in der US-amerikanischen Öffentlichkeit ist. Das Buch *Speaking of Gender* (1989) von Elaine Showalter demonstriert darüber hinaus sehr eindrücklich, wie professionell und differenziert die Gender-Debatten in den USA bereits zu einer Zeit geführt wurden, als in Deutschland der Feminismus noch um seine universitäre Anerkennung zu kämpfen hatte. Angesichts der Ungleichzeitigkeit der US-amerikanischen und deutschen Entwicklungen verwundert es nicht, daß die Übersetzung von Judith Butlers *Gender Trouble* (1990) in Deutschland für große Aufregung sorgte, war dieses Buch doch das erste, mit dem eine breitere deutsche Öffentlichkeit mit dem US-amerikanischen Gender-Diskurs bekannt gemacht wurde.

Butlers Buch wurde fast zeitgleich zur Veröffentlichung in den USA ins Deutsche übersetzt (1991) und avancierte rasch zu einem Grundlagentext in der deutschen Gender-Debatte. Da andere prominente Gender-Theoretikerinnen wie zum Beispiel Teresa de Lauretis, Sandra Harding, Nancy Fraser oder Donna Haraway zu diesem Zeitpunkt noch nicht ins Deutsche übersetzt worden waren, wurde Butler zunächst als die entscheidende Leitfigur des US-amerikanischen Gender-Diskurses wahrgenommen. Nur wenige Expert/innen wußten am Anfang der 90er Jahre, daß Butlers Buch Teil einer umfangreichen Debatte ist, die in den USA eine lange Tradition hat und mit der Etablierung und widersprüchlichen Entwicklung der *women's studies, feminist studies* und *gender studies* zusammenhängt. Ein Großteil der Schwierigkeiten, auf die das Buch von Butler in Deutschland stieß, erklärt sich aus der Unkenntnis des Kontextes, in dem das Buch in den USA situiert ist, und aus der Andersartigkeit des deutschen Umfeldes, in dem Feminismus und Postmoderne eine viel geringere Akzeptanz als in den USA haben und in dem kaum Erfahrungen mit institutioneller Frauenforschung vorliegen.

Die zugespitzten Thesen von Butler über Identität und Feminismus – der Untertitel ihres Buches heißt »Feminism and the Subversion of Identity« –, ihre Absage an ein kollektives ›Frauen-Wir‹ und eine auf Repräsentation beruhende ›Frauenpolitik‹, ihre Auffassung von der sozialen und kulturellen Konstruktion von *gender* und *sex*, ihre Polemik gegen jeglichen Essentialismus, ihre Angriffe gegen die binäre Struktur abendländischer Logik, ihre Infragestellung der heterosexuellen Matrix als gesellschaftlichem und kulturellem Organisationsprinzip, ihre Sympathie für Lesbianismus und Homosexualität, ihre Präferenz für Subversion, Maskerade und Parodie als Spielarten einer neuen politischen Kultur – all dies mußte verwirrend in einem Kontext wirken, in dem das Thema ›Identität‹ so libidinös besetzt ist wie in Deutschland – und zwar nicht nur von der Frauenbewegung, sondern auch von einer breiteren politischen Öffentlichkeit, die auf die nationalen Verwerfungen von 1989, den weltweiten Zusammenbruch des Kommunismus, die Marginalisierung des Marxismus und Sozialismus als politische und philosophische Leitideen sowie auf die gleichzeitigen medialen Revolutionen von Cyberspace und Internet verstärkt mit der Suche nach Orientierungs- und Fixpunkten reagierte.

Für die Frauenforschung in Deutschland, die sich selbst lange Zeit als Avantgarde-Bewegung begriffen hatte, ergab sich plötzlich eine paradoxe Situation: In dem Moment, in dem Frauen dabei waren, ihre Erfahrungen und Kompetenzen institutionell zur Geltung zu bringen, wurden die Bedeutung und die Legitimation von Erfahrung, Macht und Autorität generell in Frage gestellt. Es schien so, als ob aus der Vorhut der Emanzipation quasi über Nacht eine Nachhut geworden war, die hilflos zusehen mußte, wie sich die Grundlagen ihres Selbstverständnisses in bestürzender Geschwindigkeit zersetzten.

Die ersten Reaktionen auf Butlers Buch zeigen deutlich die Verunsicherung, zugleich aber auch die produktiven Anstöße, die *Gender Trouble* in Deutschland ausgelöst hat. Bereits 1993 widmeten die *Feministischen Studien* mit dem programmatischen Titel

Kritik der Kategorie ›Geschlecht‹ den Auseinandersetzungen um Butlers Buch ein eigenes Heft. In der Konjunktur der ›Gender‹-Kategorie und ihrer Relativierung durch Butler sahen die Herausgeberinnen ein Symptom für einen tiefgreifenden Generationskonflikt im Feminismus. Während ältere Feministinnen weitgehend mit Unverständnis und Ablehnung auf Butlers Buch reagierten, zeigten sich jüngere Frauen überwiegend begeistert:

> Geschlechterbeziehungen scheinen für die jetzige Generation nicht mehr in dem Sinne ›Kampfverhältnisse‹ und auch nicht in jedem Fall so ›zentral‹ zu sein, wie sie es für die älteren sind. Unter anderem als Folge der Frauenbewegung haben sich Lebensformen und ihre Interpretation, sexuelle Orientierungen und Perspektiven von Frauen verändert. Erst auf dem Boden dieser in Ansätzen realisierten Umstrukturierung der Geschlechterbeziehungen kann die Utopie einer Welt, in der es keine oder sehr viele Geschlechter gibt, an Boden gewinnen und Anlaß für Theoretisierung geben. Dies scheint uns eine der Bedingungen dafür zu sein, daß sich die langjährigen Debatten um Gleichheit oder Differenz verschoben haben auf die Kritik der Kategorie ›Geschlecht‹ selbst und damit in der derzeitigen Konjunktur vorläufig zu einem (impliziten) ›Sieg‹ der Egalitätsposition geführt haben. (Feministische Studien 1993, 4)

Vor allem Butlers These, daß nicht nur *gender* als soziales Geschlecht, sondern auch *sex* als biologisches Geschlecht durch Diskurse hervorgebracht werden, wird als problematisch zurückgewiesen.

> Dies ist eine Position, die in den 70er und auch noch in der ersten Hälfte der 80er Jahre unter das Verdikt »idealistisch« gefallen und deshalb kaum zur Kenntnis genommen worden wäre. Heute aber wird sie als eine Variante des sozialen Konstruktivismus gelesen. Nachdem der Feminismus den Satz »Alles ist Biologie« überführt hatte in »Biologische Unterschiede werden kulturell überformt« heißt die (nicht so ganz) neue Devise: »Alles ist Kultur – inklusive der Biologie selbst«. Nun darf aber die triviale Feststellung, daß jeder *Begriff* von »Körper« und »Natur« symbolisch, also Deutung ist, nicht kurzgeschlossen werden zu der Annahme, daß diese Deutung damit auf nichts anderes verweist als auf sich selbst und andere diskursiv konstruierte Interpretationen. (ebd.)

Butlers Abgrenzung von einer feministischen Politik, die auf einem normativen Verständnis von Männlichkeit und Weiblichkeit basiert, und ihr Plädoyer für eine subversive Politik der Maskerade und Parodie, in der die festen Geschlechtergrenzen unterlaufen werden, interpretieren die Herausgeberinnen als Ausdruck einer Lebenshaltung, die sich nur eine kleine privilegierte Schicht leisten könne. Kritisch merken sie an:

> [...], daß die theoretisch-politische Utopie einer Welt mit mehr als nur zwei Geschlechtern zumindest in der Variante der ›Queer-Politik‹ [...] zunächst noch gebunden ist an Erfahrungen in einigen wenigen euro-amerikanischen Metropolen. Nur hier gibt es bereits ›Szenen‹ und Subkulturen, die eine (auch von Butler propagierte) Politik der »gender performance« (des Inszenierens von Geschlechtsidentität, um deren Künstlichkeit deutlich zu machen) bewußt, öffentlich und dem Anspruch nach in subversiver Weise praktizieren. Aber wird damit, daß an diesen Orten einige kulturelle Selbstverständlichkeiten sichtbar werden können, die unsere Wahrnehmung von zwei und genau zwei Geschlechtern prägen, schon die Zweigeschlechtlichkeit selbst aufgehoben? Oder bestätigt sie sich nicht gerade hier? (ebd., 5)

Die im Heft versammelten Beiträge vertreten unterschiedliche Positionen. Während in dem Beitrag von Sabine Hark zu »Queer Interventions« eine große Sympathie für Butler zu spüren ist, formuliert Barbara Duden – von ihrem Forschungsgebiet der ›Körpergeschichte‹ her – einen vehementen Angriff auf die »Frau ohne Unterleib«:

> Butler ist Sprachrohr eines Diskurses, der ganz mit dem Verständnis von Natur als *Matrix*, also als Geburts*ort* im Fleisch, als Ur-*Sprung* gebrochen hat. Mit selbstgefälliger Larmoyanz, die sie für Parodie hält, stellt sie sich als Autorin dar als eine machtlose, aber dafür unbegrenzt permutierbare Feder. Ohne Witz verlächerlicht sie jene Kolleginnen, die es noch immer für nötig halten, »to find a doer behind the deed« (p. 142). Unzählige Male permutiert sie die Überzeugung, daß »... the question of agency is not to be answered through recourse to an ›I' that preexists signification« (p. 143).
> Mir geht es um das genaue Gegenteil dieser dekonstruktiven »Performanz«, in der das, was ich spüre, fühle, schätze, zum gespensterhaften Schattenbild meines sozial determinierten Benehmens gemacht wird. (ebd., 28)

Moderater in ihrer Kritik an Butler sind die anderen Beiträger/innen, aber auch sie argumentieren mehr oder minder offen »wider die Verdrängung des Leibes aus der Geschlechtskonstruktion« (so der Titel des Beitrags von Gesa Lindemann). Erkennbar ist das Bestreben der Herausgeberinnen, die Diskussion um *Gender Trouble* zu versachlichen und auch andere Positionen als die von Butler in die Debatte mit einzubeziehen. Der Abdruck von Teresa de Lauretis' Aufsatz »Der Feminismus und seine Differenzen« dient diesem Ziel ebenso wie Anna Maria Stubys Besprechung »›Feminism‹ – Feministische Differenzen in der angloamerikanischen Literaturwissenschaft«.

Mit dem Band *Denkachsen* (1994) wird die Versachlichung der Diskussion weitergeführt. Die Herausgeberinnen Theresa Wobbe und Gesa Lindemann versammeln unter dem programmatischen Untertitel »Zur theoretischen und institutionellen Rede von Geschlecht« eine Reihe von Beiträgen, die zeigen, wie schnell es gelungen ist, die Provokation von *Gender Trouble* für die eigene Positionierung in einem immer unübersichtlicher werdenden Theorie-Feld der Gender-Debatten zu nutzen. Die hier versammelten Positionen sind interessant für den Diskursverlauf zwischen deutscher feministischer Wissenschaft und amerikanischer Gender-Debatte.

Auffällig ist zunächst einmal, daß von den deutschen Beiträgerinnen ganz andere Namen von ›Meisterdenkern‹ in die Debatte eingebracht werden als von Judith Butler, die sich auf Freud, Lacan, Kristeva, Foucault und Wittig bezieht. Plessners Positionalitätskonzept, Cassirers Symboltheorie, Langers Gestalttheorie, Schmitz' Leibphilosophie, Arendts Philosophie der Macht, Simmels Konzept der Vergesellschaftung und Wittgensteins Sprachphilosophie werden sicherlich nicht nur herbeizitiert, um einen nationalen Diskurs zu begründen oder die eigene Position autoritativ zu stärken, sondern die Erinnerung an die zum Teil in Vergessenheit geratenen Theoretiker der Moderne dient dazu, auf ›blinde Flecken‹ im Gender-Konzept Butlers aufmerksam zu machen. Diese betreffen nach Meinung der Kritikerinnen vor allem das Verhältnis von Körper und Leib, das Problem der Macht, den Alltag und den Bereich der Politik. Weitgehend akzeptiert ist die These Butlers, daß die Relation zwischen *sex* und *gender* keine ontologische, sondern eine diskursive ist.

Die Kritik von Butler an der Ontologisierung, Naturalisierung, Mythisierung, Politisierung und Moralisierung der Geschlechterdifferenz wird als längst überfällige begriffen und entsprechend begrüßt. Umstritten dagegen ist, ob *Geschlecht* wirklich nur eine »reine Diskurserfindung« (Wobbe/Lindemann 1994, 150) sei und ob der Verzicht auf die Annahme von Vordiskursivem tatsächlich aus den essentialistischen Sackgassen der älteren Frauenbewegung herausführe oder nicht vielmehr neue Dilemmata eröffne.

Wichtiger als das Problem der Diskursivität bzw. Vordiskursivität, das an alte nominalistische Auseinandersetzungen erinnert und eine lange philosophiegeschichtliche Tradition hat, ist die Leib-Körper-Problematik, die in unterschiedlicher Weise von den Kritikerinnen in der Debatte um das Buch von Judith Butler geltend gemacht wird und von Judith Butler selbst in ihrem zweiten Buch *Körper von Gewicht* (1995) thematisiert worden ist. In ihrem Beitrag »Die Grenzen der Gesellschaft und die Grenzen des Geschlechts« knüpft Wobbe an die ›Entkörperungsthese‹ Dudens in den *Feministischen Studien* an und spitzt sie unter Rekurs auf die Leibphilosophie von Hermann Schmitz weiter zu. Danach ist der Leib als »absolute Örtlichkeit« (ebd., 167) eine unhintergehbare Größe. Aus der Gesellschaft, aus Beziehungen und kulturellen Zusammenhängen kann sich der Mensch zurückziehen, unmöglich ist es aber, »sich vom eigenen Leib zu trennen« (ebd., 194). Die »leiblich-affektive Betroffenheit« (ebd., 160) – besonders deutlich in Lust- und Schmerzerfahrung – macht den Menschen zu einem bedürftigen und zugleich verletzlichen Wesen. Die körperlich-leibliche Dimension steht für Wobbe über die Schlüsselbegriffe »Verletzung« und »Gewalt« in untrennbarem Zusammenhang mit Phänomenen des Fremden und des Rassismus, eröffnet also eine politische Perspektive, die in Butlers Buch von vielen Kritikerinnen vermißt wird.

In anderer Weise thematisiert Hilge Landweer die Leib-Körper-Problematik. In ihrem Beitrag »Generativität und Geschlecht« kritisiert sie, daß in der Diskussion um Judith Butler die Zeichenhaftigkeit des Körpers zwar ständig thematisiert werde, daß dabei aber die Generativität völlig ausgeblendet bleibe. Unter Generativität versteht Landweer im Rückgriff auf die alte Wortbedeutung des Gender-Begriffs die »schlichte Tatsache [...], daß nicht nur in tierischen, sondern auch in menschlichen Sozialisationen zweigeschlechtliche Fortpflanzung vorkommt – mit welchem Gewicht und welcher geschlechtsspezifischen Bedeutung auch immer« (ebd., 151f.) Generativität als »Reproduktion der Gattung« (ebd., 147) interessiert Landweer trotz aller Betonung des Körperlichen und Leiblichen als nicht hintergehbare Gegebenheit, aber nicht als biologisches Phänomen, sondern als Ausgangspunkt von Symbolisierung im Sinne von Cassirers Symboltheorie. Ihre These ist, »daß in *jeder* Kultur im Zusammenhang mit Mortalität und Natalität die Generativität zu Kategorisierungen von ›Geschlecht‹ führt« (ebd., 151).

Die Geschlechterdifferenz wird also ihrer Meinung nach nicht durch die Diskurse produziert, »sondern die wegen der Generativität sozial stets relevant gemachte leibliche Differenz« (ebd., 156) treibe unterschiedlichste Mythen hervor, zu denen unter anderem auch die »Gender-Mythen« gehören. Die Einführung des Mythosbegriffs in die Argumentation über die Bedeutung der Geschlechterdifferenz dient dazu, eine kritische Position in der Auseinandersetzung um Diskursivität und Vordiskursivität wiederzugewinnen.

> Wie Mythen generell nicht, so ist auch den Mythen über das Geschlecht nicht beizukommen, indem man sie »richtig« interpretiert und/oder einer Mythenkritik unterzieht, jedenfalls nicht in dem Sinne, daß man damit ein für allemal in ein aufgeklärtes, mythenfreies Reich eintreten könnte. Kritisiert werden können einzelne Mythen, aber nicht der Mythos der Differenz prinzipiell – weil es den scheinbar neutralen Punkt, von dem aus dies geschehen könnte, nicht gibt. Es können immer nur neue Mythen und Geschichten über das Geschlecht erzählt werden. Das entbindet nicht von der Aufgabe einer Mythenkritik, wohl aber erfordert diese Einsicht, die eigenen Geltungsansprüche und den Kontext der eigenen Konzeptualisierungen von »Geschlecht« möglichst genau zu benennen. (ebd., 167f.)

Unerläßlich ist es also, jeweils genau zu bestimmen, was mit den Kategorien ›Geschlecht‹/›Gender‹ gemeint ist und welche erkenntnisleitenden Perspektiven damit verbunden sind. Renate Hof, die als Amerikanistin eine wichtige Vermittlungsrolle zwischen amerikanischen und deutschen Gender-Diskussionen spielt, hat in *Die Grammatik der Geschlechter* (1995) und in dem zusammen mit Hadumod Bußmann herausgegebenen Band *Genus. Zur Geschlechterdifferenz in den Kulturwissenschaften* (1995) mit Nachdruck darauf hingewiesen, daß die Gender-Kategorie erklärungsbedürftig ist. Jede Definition von *gender* muß das zugrundeliegende Interesse an diesem Konzept thematisieren (Bußmann/Hof 1995, 23).

Hof versteht ›Gender‹ im Anschluß an Teresa de Lauretis (*Technologies of Gender*, 1987) weder als feste Größe noch als beliebige Variable, sondern als eine grundlegende wissenschaftliche Analysekategorie, mit der »die fragwürdig gewordene Opposition zwischen Männern und Frauen« dekonstruiert, gleichzeitig aber die in der Praxis weiterbestehende Opposition »in ihrer sozialen, kulturellen und politischen Realität als Mechanismus der Hierarchisierung« (Hof/Bußmann 1995, 21) ernstgenommen werden könne.

> Wenn die Bedeutung, die der geschlechtlichen Differenzierung beigemessen wird, nicht auf anthropologische, biologische oder psychologische Gegebenheiten zurückgeführt werden konnte, sondern von kulturellen Klassifikationen abhängig war, so konnte auch die Beziehung der Geschlechter zueinander nicht länger als Ausdruck oder Repräsentation einer statischen, naturgegebenen Ordnung verstanden werden. Geschlechterbeziehungen sind *Repräsentationen von kulturellen Regelsystemen.* (ebd., 16)

Ein so gefaßter Begriff von ›Gender‹ fragt nach dem Wert, der Funktion und den Konsequenzen von Differenzierungen, Polarisierungen und Hierarchisierungen in historischen, sozialen, politischen und kulturellen Kontexten. Er zielt damit ins Zentrum der Argumentations- und Begründungszusammenhänge von Wissenschaft und Forschung überhaupt.

> Mit der Kategorie *gender* ließ sich deutlich machen, daß die theoretischen Implikationen der Frauenforschung sich nicht darin erschöpfen können, bisher vernachlässigtes Wissen von und über Frauen in schon vorhandene Wissenschaftsbereiche zu integrieren, sondern

> daß sich aufgrund dieser neuen Erkenntnisse die Argumentations- und Begründungszusammenhänge der gesamten Forschung der jeweiligen Disziplinen ändern müssen. Mit anderen Worten: Während es anfangs vor allem darauf ankam, Informationen über Frauen nachzuliefern sowie Differenzen zwischen Frauen und Männern aufzuzeigen, fragen die *Gender Studies* vor allem nach dem *Wert*, der diesen diversen Differenzierungen beigemessen wurde und wird. Damit stellte sich in der Folgezeit die sehr viel schwierigere Frage, anhand welcher Auswahlkriterien die Relevanz von Fakten und Ereignissen überhaupt beurteilt wird. Als ein allgemeines theoretisches Problem betrifft diese Frage nicht nur die Frauenforschung, sie bezieht sich vielmehr auf den gesamten Bereich unserer Wissensproduktion. (ebd., 20)

Ihre zunehmende Popularität verdankt die Gender-Kategorie zu einem nicht unerheblichen Teil der Sinn- und Legitimationskrise, in der sich Natur- und Geisteswissenschaften unter dem Eindruck von rasant fortschreitender Gentechnologie und medialer Vernetzung am Ende des 20. Jahrhunderts befinden. Als eine die engen Fächergrenzen und nationalen Grenzen überschreitende und die obsolet gewordene Unterscheidung von Natur und Kultur transzendierende Meta-Kategorie kann sie das Problembewußtsein in den gegenwärtigen Debatten über Identität, Sexualität, Körper, Gewalt und Politik schärfen und einen Beitrag zu einem neuen Verständnis alter Theorie-Praxis-Auffassungen leisten.

Gemeinsame Arbeitsfelder und Forschungsperspektiven

Aufgrund ihres wissenschaftskritischen Anspruchs und ihres Fächer- und Ländergrenzen überschreitenden Charakters hat sich die ›Gender‹-Kategorie zu einer Schlüsselkategorie in den internationalen Debatten entwickelt. Besondere Bedeutung spielt sie in den gegenwärtigen Auseinandersetzungen über die Zukunft des Menschen in den durch Gen- und Reproduktionstechnik einerseits und mediale Revolution sowie Globalisierung andererseits radikal veränderten Lebensverhältnissen sowohl des einzelnen als der Menschheit insgesamt.

Folgende Schwerpunkte der Diskussion zeichnen sich dabei ab:

Identität

Die Frage des Subjekts gehört zu den am heftigsten umstrittenen Diskussionspunkten in den gegenwärtigen Theoriedebatten. Das Klonen von Menschen und die Schaffung hybrider Wesen (Cyborgs) ist keine Science-Fiction-Vision mehr, sondern in greifbare Nähe gerückt. Die unter dem Druck von Industrialisierung, Mechanisierung und Nationalisierung sowie durch die Erfindung neuer Medien (Fotografie/Film), Fortbewegungsmittel (Bahn/Auto/Flugzeug) und Kommunikationstechnologien (Schreibmaschine/Telefon) am Anfang unseres Jahrhunderts vor allem durch die Psychoanalyse angestoßene Problematisierung alter Subjektvorstellungen (Descartes: »Ich denke, also bin ich«) hat sich unter dem Eindruck neuer technologischer Möglichkeiten und Globalisierungsentwicklungen weiter verschärft. Die Freudsche Vorstellung, daß das »Ich« nicht mehr »Herr im Hause« sei, und seine Unterscheidung zwischen »Ich«, »Es« und »Über-Ich« arbeiteten einer Vorstellung des Subjekts zu, die am Anfang des 21. Jahrhunderts eine neue Aktualität gewonnen hat. Dabei zeichnet sich ein breites Spektrum von unterschiedlichen Positionen ab, die zwischen den Extrempunkten eines emphatischen Holismus (Identität als ganzheitliches Konzept) und eines radikalen Relativismus (Identität als Konstrukt) changieren.

Für die Frauenbewegung (wie für alle Emanzipations- und Befreiungsbewegungen) ist die Frage des Subjekts von grundlegender Bedeutung. Die Debatten der 70er und 80er Jahre darüber, was eine Frau (und ein Mann) sei, komplizierten sich in dem Moment, als postmoderne Thesen über die Konstruktion von Identität ein immer stärkeres Gewicht gewannen. Das von manchen Theoretikerinnen als ›prekär‹ empfundene Bündnis zwischen Feminismus und Postmoderne (vgl. Seyla Benhabib 1993) stellte den mühsam errungenen Konsens über eine stabile Kategorie von ›Frau‹ (und ›Mann) ebenso in Frage wie die fundamentale Kritik an der Konzeption eines festen ›Frauen-Wir‹ durch soziale und politische Emanzipationsbewegungen, die das »Subjekt des Feminismus« polemisch als weiße, wohlhabende, heterosexuelle Frau der Mittelklasse in der Ersten Welt ›geoutet‹ haben.

Race und *class* traten als neue Schlüsselkategorien neben die ›Gender‹-Kategorie und bildeten fortan eine kritische Trias im feministischen Diskurs. Die von der alten Frauenbewegung zugunsten eines politikfähigen ›Frauen-Wir‹ lange Zeit ausgeblendeten ethnischen und sozialen Differenzen zwischen den Frauen rückten zunehmend ins Blickfeld. Durch die Berücksichtigung weiterer Kategorien (zum Beispiel Alter/Aussehen) erfolgte eine Ausdifferenzierung dessen, was lange Zeit unhinterfragt geblieben war: die Frau als Subjekt und Objekt der feministischen Politik. Vorstellungen von Egalität (›Frauen-Wir‹) gerieten dabei ebenso ins Kreuzfeuer der Kritik wie universale Interpretationen (Patriarchat/Matriarchat) und kollektive Ansprüche (Emanzipation/Befreiung).

Während die Differenzauffassung rasch Anerkennung gewann, stößt die radikale Infragestellung der Subjektposition nach wie vor auf Widerstand in den unterschiedlichsten Lagern. In dem Aufsatz »Psychoanalyse, Feminismus und die Rekonstruktion von Subjektivität« (In: Huber/Müller, 1994) formuliert Jessica Benjamin von psychoanalytischer Seite her ihr Unbehagen an Butlers Dekonstruktionsthese:

> Die Psychoanalyse muß eine gewisse Vorstellung vom Subjekt oder Selbst als einem Wesen beibehalten, das seine Geschichte im Unterbewußten bewahrt, wie skeptisch wir auch immer sein mögen, inwieweit die Wahrheit dieser Geschichte zugänglich ist. (ebd., 39)

Auch von philosophischer Seite ist Kritik an Butler geübt worden. In ihrem Aufsatz »Feminismus und Postmoderne. Ein prekäres Bündnis« (In: *Der Streit um Differenz*, 1993) hat Seyla Benhabib ihre Skepsis gegenüber der postmodernen Verabschiedung des Subjekts formuliert, indem sie sich kritisch mit den Thesen vom Tod des Menschen, der

Geschichte und der Metaphysik auseinandersetzt, die für Jane Flax zu den Essentials des postmodernen Feminismus gehören (*Thinking Fragments. Psychoanalysis, Feminism and Postmodernism in the Contemporary West*, 1990). Benhabib unterscheidet zwischen einer ›starken‹ und einer ›schwachen‹ Version der jeweiligen Todeserklärung. In ihrer schwachen Version ist die These vom »Tod des Menschen« für Benhabib akzeptabel:

> Die schwache Version dieser These würde das Subjekt im Kontext verschiedener gesellschaftlicher, sprachlicher und diskursiver Praktiken *situieren*. Diese Sichtweise stellt keineswegs den Wunsch und die theoretische Notwendigkeit in Frage, eine angemessenere, weniger trügerische und entmystifiziertere Version von Subjektivität zu entwickeln. Denn die traditionellen Attribute des philosophischen Subjekts Selbstreflexivität, die Fähigkeit, nach Prinzipien zu handeln, rationale Verantwortlichkeit für die eigenen Handlungen sowie die Fähigkeit, einen Lebensplan in der Zukunft zu entwerfen, kurz gesagt: eine Art von Autonomie und Rationalität lassen sich so reformulieren, daß man dabei der grundsätzlichen Situiertheit des Subjekts Rechnung trägt. (Benhabib 1993, 13)

Die starke Version der These lehnt sie dagegen entschieden ab:

> Diese starke Version der These vom »Tod des Subjekts« ist mit den Zielsetzungen des Feminismus nicht vereinbar. Sicherlich ist keine Subjektivität denkbar, die nicht durch die Sprache, ein Erzählschema und den spezifischen Erzählcode, den die jeweilige Kultur bereitstellt, strukturiert ist. Wir erzählen von dem, was wir sind, von dem »Ich«, das wir sind, indem wir uns eines Erzählschemas bedienen [...]. Diese Erzählschemata sind zutiefst von den jeweiligen Codes erwartungsgemäßer und verständlicher Biographien und Identitäten in unseren Kulturen gefärbt und strukturiert. All dies kann man zugestehen und dennoch gilt auch weiterhin, daß wir nicht bloß eine Verlängerung unserer Lebensgeschichte sind, sondern uns vielmehr gegenüber unserer Lebensgeschichte zugleich in der Position des Autors und des Darstellers befinden. (ebd., 14)

Ablehnung kommt auch aus den Reihen der Geschichts- und Sozialwissenschaft. So hält Joan W. Scott die postmoderne Infragestellung fester Identitätsvorstellungen zwar für interessant, den Verzicht auf ein Subjekt der Geschichte aber gerade für Historikerinnen unpraktikabel. In ihrem Aufsatz »Gender. Eine nützliche Kategorie« (in: Kaiser 1994) plädiert Scott ähnlich wie Benhabib für eine schwache Version vom ›Tod des Menschen‹.

> Was wir brauchen, ist die Ablehnung der festgeschriebenen und permanenten Eigenschaft des binären Gegensatzes, eine echte Historisierung und die Dekonstruktion der Bedingungen des geschlechtlichen Unterschieds.[...] Wenn wir dabei Jacques Derridas Definition der Dekonstruktion anwenden, so bedeutet diese Kritik eine Analyse der Funktionsweise des binären Gegensatzes in einem Kontext, indem man die hierarchische Konstruktion umkehrt und aus den Fugen hebt, und nicht, indem man den Gegensatz als echt oder selbstverständlich oder sogar als in der Natur der Dinge liegend akzeptiert. (Kaiser 1994, 49f.)

Ungeachtet ihrer Aufgeschlossenheit für die Psychoanalyse verhält sich Scott dem Subjektbegriff der Psychoanalyse gegenüber skeptisch, weil er ihrer Meinung nach zu sehr auf Sexualität eingeschränkt ist:

> Selbst wenn Lacans Theorie uns beim Nachdenken über die Konstruktion der sozialgeschlechtlich bestimmten Identität hilft, müssen HistorikerInnen sich um eine mehr historische Arbeitsweise bemühen. Falls die Identität des sozialen Geschlechts sich allgemein und vollständig auf die Angst vor der Kastrierung bezieht, würde die Notwendigkeit historischer Untersuchung abgestritten. [...] Die HistorikerInnen sollten sich [...] damit beschäftigen, wie die sozialgeschlechtlich bestimmten Identitäten konstruiert werden. (ebd., 55)

Mit besonderer Vehemenz hat Barbara Duden, die sich als Körperhistorikerin mit Körpererfahrung und -wahrnehmung beschäftigt, in den *Feministischen Studien* (Kritik der Kategorie ›Geschlecht‹) gegen die postmoderne Dekonstruktion des Subjekts protestiert: Für Butler sind ›ich‹/›du‹/›wir‹ Epiphänomene einer *performance*, der Leistung eines stimmlosen »Diskurses« (Duden 1987, 27). Der Affekt Dudens richtet sich vor allem gegen die Konsequenzen des postmodernen Subjektdiskurses für das eigene Fach: »Seit ich mich mit Körpergeschichte befasse, bin ich entschlossen, mir meinen Umgang mit dem Körpererlebnis der Frau in der Vergangenheit durch die Dekonstruktion der Postmoderne nicht nehmen zu lassen« (ebd., 29).

Die emphatische Betonung des Körpers und der Körperempfindungen ist in Dudens Fall von ihrer Disziplin her unmittelbar einleuchtend. Aber auch von Wissenschaftler/innen anderer Fachgebiete wird die Identitätsproblematik häufig mit der Problematik des Körpers verbunden.

Körper

Spätestens seit den 80er Jahren gibt es eine Fülle von Arbeiten, die sich mit dem Körper, seiner Wahrnehmung und seiner Inszenierung im historischen Wandel beschäftigen (Feher 1989; Stafford 1991). Für den deutschen Sprachraum liegt mit dem von Richard van Dülmen herausgegebenen Buch *Erfindung des Menschen. Schöpfungsträume und Körperbilder 1500 2000* (1998) ein repräsentativer Band vor, der am Ende der Jahrtausendwende eine kritische Bilanz der Körperdiskussionen zieht.

Anfang der 90er Jahre komplizierten sich die Debatten über den Körper. Mit den Büchern *Das Unbehagen der Geschlechter* (1991) und *Körper von Gewicht. Die diskursiven Grenzen des Geschlechts* (1995) von Judith Butler erfolgte eine entscheidende Neu-Perspektivierung der Diskussion: Der von der Wissenschaft entdeckte Körper schien sich unter dem Druck der radikalen konstruktivistischen Thesen von Butler wieder zu verflüchtigen. Butlers These, daß alle Aussagen über Identität, Körper und Geschlecht diskursiv bestimmt seien, stellte Annahmen über eine natürliche Verfaßtheit des Körpers in Frage, rückte zugleich aber den geschlechtlich markierten Körper noch stärker als bisher in den Mittelpunkt des Interesses. Nach Butler besitzt der Körper keine dem Kulturationsprozeß vorgängige Identität, sondern erwirbt diese erst im Akt der Aneignung. Als ›Kopie‹ ohne Original ist er nicht einfach »nur äußerlich mit einem Komplex kultureller Bedeutung verbunden«, sondern eine Konstruktion, die »erst in und durch die Markierung(en) der Geschlechtsidentität *ins Leben gerufen* wird«.

> Doch der »Leib« ist selbst eine Konstruktion – wie die unzähligen »Leiber«, die das Feld der geschlechtlich bestimmten Subjekte bilden. Man kann nämlich den Körpern keine Existenz zusprechen, die der Markierung ihres Geschlechts vorherginge. (Butler 1991, S. 26)

Die theoretischen Debatten um den Körper sind aber nicht nur durch die Thesen Butlers in Bewegung geraten. Die rasanten Entwicklungen in den Gen- und Transplantationstechniken sowie die medialen Umbrüche durch Internet und Cyberspace haben alte Körperkonzepte stärker erschüttert als alle philosophischen Diskurse. Paul Virilio hat in seinem Buch *Die Eroberung des Körpers* (1994) die These vertreten, daß nach der industriellen Revolution und der Revolutionierung durch globale Informationsnetzwerke der Menschheit eine dritte und letzte Revolution bevorstehe: die radikale Kolonisierung des Körpers.

> Weil man unserer natürlichen Biosphäre nicht entkommt, kolonisiert man [...] einen unendlich viel leichter zugänglichen Planeten: den des *seelenlosen Körpers*; der entweihte Körper für eine gewissenlose Wissenschaft, die immer schon den Raum des tierischen Körpers entweiht hat, genauso wie den des Sklaven oder des Kolonisierten der früheren Königreiche. (Virilio 1994, 124)

Während der kulturkritische Tenor in Virilios Essay unüberhörbar ist, wird die »Biopolitik postmoderner Körper« von anderen Autoren durchaus positiv gesehen. Donna Haraways »Manifest für Cyborgs« in dem Band *Die Neuerfindung der Natur* (1995) wendet sich ironisch gegen die Dämonisierung der Technik und plädiert dafür, die vielfältigen Möglichkeiten auszuloten, die sich an der Schwelle des 21. Jahrhunderts nach dem Zusammenbruch alter Grenzziehungen zwischen Tier, Mensch und Maschine abzeichnen. Für Haraway ist der Körper nicht länger ›heilig‹ und ›unberührbar‹: Jede beliebige Komponente kann mit jeder anderen verschaltet werden, wenn eine passende Norm oder ein passender Code konstruiert werden kann, um Signale in einer gemeinsamen Sprache auszutauschen (Haraway 1995, 50).

Noch weiter geht Vilém Flusser in seinem Buch *Vom Subjekt zum Projekt* (1994). In dem Kapitel »Körper entwerfen« beklagt er die »funktionelle Armut des Körpers«: »Der ›gegebene‹ Körper ist Resultat eines blinden, Jahrmillionen währenden Würfelspiels, und näher besehen ist dieses Resultat nicht überzeugend ausgefallen. Vielleicht gibt es bessere Methoden für Körperentwürfe als den blinden Zufall?« (Flusser 1994, 89).

Für Flusser ist es eine verführerische Vorstellung, den »Körper so zu gestalten, daß man sich seiner bedienen kann, statt ihm, und durch ihn den Objekten, unterworfen zu sein« (ebd., 98). Auch wenn seine Vorstellungen vom »alternativen Körper« (ebd., 98) vage gehalten sind, so ist die abschließende These um so klarer: »Nicht der Körper ist das Wesentliche, sondern das Entwerfen.« (ebd., 102)

Gegen solche Visionen einer körperlosen Zukunft, in der Geschlechtsunterschiede keine Rolle mehr spielen, sind vor allem von der Gedächtnisforschung, für die der Körper ein wichtiges Medium kultureller Erinnerung darstellt, Einwände erhoben worden. Anknüpfend an Jan Assmanns Vorstellung vom »kulturellen Gedächtnis« als einem Ordnungsmuster zur Stabilisierung persönlicher und kollektiver Identitäten haben sich Claudia Öhlschläger und Birgit Wiens in dem von ihnen herausgegebenen

Sammelband *Körper Gedächtnis Schrift* (1997) gefragt, »auf welche Normvorstellungen vom Körper, auf welchen Fundus des Körper-Wissens« das »kulturelle Gedächtnis« rekurriert, »welche kulturellen Institutionen und Medien normatives Körper-Wissen archivieren und nach welchen Gesetzmäßigkeiten dieses Wissen erneut in Umlauf gebracht und verbreitet wird« (Öhlschläger/Wiens 1997, 17). Solche Fragen bringen die Materialität des Körpers und die Bedeutung von geschlechtlichen Markierungen des Körpers unversehens wieder ins Spiel.

> In den unterschiedlichen Medien der (abendländischen) Kunst ist es vor allem der weibliche Körper, der einerseits als ›natürlich‹ imaginiert wird, andererseits jedoch die privilegierte Matrix für kulturelle Einschreibungen darstellt, über die er naturalisiert wird; darüber hinaus ist er der ›Schauplatz‹, an dem Erinnerungssymbole des kulturell Verdrängten in Erscheinung treten. Dies läßt auf unterschiedliche Strategien und Verfahren der kulturellen Archivierung und Tradierung geschlechtsspezifischer Körperbilder und Repräsentationsformen der Geschlechterverhältnisse schließen [...]. (ebd.)

Nicht von der Gedächtnisforschung, sondern von den neuen Medienentwicklungen und -theorien her problematisiert Marie-Luise Angerer in ihren Bänden *The Body of Gender* (1995) und *Body Options* (1999) die Bedeutung des Körpers. Auch für sie ist der Körper ein Schauplatz der Einschreibung, die sich unter den Bedingungen der digitalen Revolution allerdings dramatisch verändert hat. Die Situierung des Körpers zwischen Realität und Virtualität kann nicht ohne Rückwirkung auf die Wahrnehmung des Körpers und die Produktion von Körperbildern sein. Dabei wendet sich Angerer aber gegen die Vorstellung, daß die Inszenierung der Körper und Geschlechter im digitalen Netz frei sei, sondern sie betont vielmehr, daß die Unterscheidung zwischen ›männlich‹ und ›weiblich‹ auch im elektronischen Raum fundamental für die Konstruktion von »Medienkörpern« ist.

Sinne

Eng verbunden mit der Debatte um den Körper ist die Diskussion über die Sinne. Die Frage nach dem »Sinn der Sinne« (*Der Sinn der Sinne*, 1998) stellt sich am Ende der Jahrtausendwende in neuer Schärfe. Die alte cartesianische Unterscheidung zwischen dem Körper als *Res extensa* und dem Geist als *Res cogitans* und der bis in die Antike zurückgreifende Streit um eine Hierarchisierung der Sinne haben unter dem Eindruck der Medienrevolution am Ende unseres Jahrhunderts eine neue Bedeutung gewonnen. Die ehemalige »Dunkelheit der Sinne«, von der Hartmut Böhme in seinem Aufsatz »Sinne und Blicke. Zur mythopoetischen Konstitution des Subjekts« (in: Böhme 1988b) spricht, hat sich unter dem Druck einer fortschreitenden Aufklärung zunehmend »gelichtet«:

> Die Sinne sind nicht gleich dunkel. Die Reihenfolge vom Tasten, Schmecken, Riechen, Hören zum Sehen ist ein Aufstieg in die Nähe zum Geist, der unsinnlich und gerade darum wahr ist. Sicher hat dies mit der Lösung vom vierfüßigen Gang zu tun. Hören und Sehen sind Fernsinne, gehören zum aufrechten Gang, der wiederum die anderen Sinne verkümmern läßt. (Böhme 1988b, 226)

Am Ende unseres Jahrtausends scheint sich das »Privileg des Auges«, das Paul Virilio für die Gegenwart konstatiert (In: Dubost 1994) endgültig etabliert zu haben.

> *Das Kino bedeutet, dem Auge eine Uniform anzulegen*, warnte Franz Kafka … . Heute wird diese Bedrohung mit der Videotechnik und der Infographie digitalisierter Bilder in einem solchen Maße bestätigt, daß sie bald die Bildung eines »Ethik-Komitees der Wahrnehmung« erforderlich macht, denn sonst könnten wir durchaus einer *exzessiven Dressur des Auges*, einem »*optisch korrekten*« unterschwelligen Konformismus erliegen, der den in Sprache und Schrift vorhandenen Konformismus vollenden würde.
> Die Gewöhnung an extrem gewalttätige Filme und die übermäßige Benutzung von hart miteinander kollidierenden Bildfolgen im Fernsehen zeigen, daß wir schon eine rhythmische Enteignung des Blicks miterleben, die auf die wachsende Macht von Bild und Ton zurückzuführen ist. Wenn wir uns nicht in acht nehmen, werden wir morgen die wahrscheinlich unbewußten Opfer einer Art Verschwörung des Sichtbaren, einer *durch übermäßige Beschleunigung gewohnter Vorstellungen* manipulierten Sichtweise. (Virilio 1994, 57f.)

Was aber haben solche Feststellungen bzw. Thesen mit der Gender-Frage zu tun? Die neueren Debatten zeigen, daß in der Frage nach dem Verhältnis der Sinne zueinander, in den Debatten um Oralität und Visualität oder Mündlichkeit und Schriftlichkeit bzw. Schrift und Bild immer auch die Geschlechterfrage mit verhandelt wird (Wenzel 1995). Bereits in den alten Mythen (zum Beispiel Medusa, Pygmalion und Narziß) werden die Geschlechterpositionen über die Ordnung des Blickes gelenkt: Medusa muß von Perseus getötet werden, damit ihr »böser Blick« gebrochen wird, Pygmalion und Narziß bestätigen in anderer Weise die Dominanz des Blickes: Er kann verlebendigen wie im Falle Pygmalions, er kann aber auch töten wie im Falle von Narziß. In allen drei Mythen ist der Blick immer mit dem sexuellen Begehren zwischen den Geschlechtern verbunden. Bereits in Platons *Phaidros*, in dem Eros als homosexuelles Liebesideal entworfen wird, findet eine Verschiebung der erotischen Energie vom Genital aufs Auge statt, und es deutet sich der Aufstieg des Auges zum Leitsinn an, der Konsequenzen für das Verhältnis der Geschlechter hat (Manthey 1983). Der Mann ist Träger des Blickes, die Frau dagegen diejenige, die gesehen wird. Eine Umkehrung der Blickrichtung hat stets tödliche Folgen, wie bereits das Beispiel der Medusa zeigt.

Die Auswirkungen einer solchen Blickdramaturgie lassen sich bis in den Alltag und die Verhaltensmaßregeln für Frauen beobachten, sie prägen die Literaturgeschichte (Utz 1990), die Kunst- und Kulturgeschichte (Chapeaurouge 1983) und selbst noch die aktuellen filmtheoretischen Debatten (Gottgetreu 1992).

E. Ann Kaplans provokante Frage: »Ist der Blick männlich?« (in: *Frauen und Film 36*, 1984) wurde zum Ausgangspunkt für die feministische Filmtheorie, von der in den 80er und 90er Jahren entscheidende Anregungen für die feministische Theoriebildung insgesamt ausgingen. Die Frage nach der Möglichkeit eines »weiblichen Blicks«, die ihre Entsprechung in der Frage nach einer »weiblichen Ästhetik« hat (vgl. Bovenschen 1976), dimensionierte die Debatten über Kreativität, Visualität und Medialität nicht nur neu, sondern sie brachte auch die Bedeutung von Voyeurismus, Pornographie und Gewalt für die Konstruktion der Ordnung der Geschlechter zur Geltung (Öhlschläger 1996).

Daß der Blick, ungeachtet seiner großen Bedeutung, gegenüber den anderen Sinnen nicht überprivilegiert werden sollte, zeigen die gegenwärtigen Debatten über den Tastsinn. Die vom Forum der Kunst- und Ausstellungshalle der Bundesrepublik Deutschland seit 1993 veranstaltete Kongreßreihe »Die Zukunft der Sinne« beschäftigte sich nach dem Hören, Sehen sowie dem Geruchs- und Geschmackssinn mit dem Tasten als einer Form von Taktilität, die durch die Vernetzungsmöglichkeiten im digitalen Zeitalter eine neue Bedeutung gewonnen hat (*Tasten*, 1996). Tastobjekte wie Tastatur, Maus, Touch Screen, Fernbedienung etc. vermitteln zwischen Mensch und Maschine und schaffen Möglichkeiten für eine neue Form von *connective intelligence* (Derrick de Kerckhove), in der die Geschlechtergrenzen keine Rolle mehr zu spielen scheinen.

Wie wenig solche Visionen einer körperlichen Berührung im ›Netz‹ alte Vorstellungen vom »Haut-Ich« (Anzieu 1992) außer Kraft setzen, zeigt die Studie von Claudia Benthien (1999), in der die fundamentale Bedeutung der Haut als Sinnesorgan wie als Projektionsfläche von Selbst- und Fremdbildern herausgearbeitet wird. Die den Körper umhüllende Haut ist Grenz- und Kontaktfläche zwischen verschiedenen Körpern, wobei die Geschlechterdifferenz die Eigen- und Fremdwahrnehmung steuert und die jeweiligen »Haut-Bilder« prägt. Nicht einmal die Haut in den neuen Medien ist geschlechtsneutral, wie die Praktiken von SM-Cybersex, aber auch Kunst-Projekte der Gegenwart zeigen. Die Haut-Experimente des body-artists Stelarc (»Fraktale Körper«. In: *Tasten*, 1996) greifen den alten Menschheitstraum, der Begrenzung des eigenen Körpers zu entfliehen, auf, um sich im Netz quasi neu zu gebären.

> Stellen Sie sich vor: einen Körper, der nicht länger an seine Haut gebunden ist. Bislang war die Oberfläche der Haut der Ort, an dem die Welt beginnt und zugleich das Selbst endet. Als Schnittstelle war die Haut der Ort, an dem Persönliches und Politisches zusammenfielen. Aber nun wird sie durch die Technik ausgedehnt und durchlässig gemacht. Haut ist nicht länger die schmiegsame und empfindliche Oberfläche eines Ortes oder eines Schirms. Haut bedeutet nicht länger Abschluß. Wenn Oberfläche und Haut aufreißen, ist das, als lösten sich Innen und Außen auf. (*Tasten*, 319)

Stelarcs Ausführungen zu seiner Performance »Ping Body« (in: *Tasten*, 1996) machen deutlich, daß sich hinter seinen Experimenten mit neuen Formen von Teletaktilität alte Geschlechterbilder verbergen:

> Zur Zeit denke ich darüber nach, einen Körper nicht über die Erregung durch einen anderen Körper in Bewegung zu versetzen, sondern durch die Internet-Aktivität selbst über einen Körper also, dessen Selbstwahrnehmung nicht durch sein inneres Nervensystem angeregt wird, sondern durch den externen Fluß der Daten und dessen An- und Abschwellen. (Tasten, 328)

Das Netz wird zur Projektionsfläche, welche die (männlichen) Körper stimuliert. Der Film MATRIX (1999) findet für diese »Männerphantasie« am Ende unseres Jahrtausends eine adäquate filmische Visualisierung.

Wissen

»Is Sex to Gender as Nature is to Science?« fragte Evelyn Fox Keller bereits 1987 in ihrem Aufsatz »The Gender/Science System« (in: *Hypathia* 2, 3) und machte damit auf den Zusammenhang von Gender und Wissen aufmerksam. Im folgenden setzte sich die Auffassung durch, daß nicht nur die Sinne an die Geschlechterordnung gebunden sind, sondern daß auch das Wissen ein Geschlecht hat (Harding 1994). Die Frage, was Wissen ist und wer es erwerben darf, rührt an die Grundvoraussetzungen jeder Gesellschaft (Schiebinger 1993).

Entsprechend ausgeklügelt sind die Mechanismen, die die Verteilung des Wissens regulieren. Man braucht nicht bis zum Sündenfall in der Bibel zurückzugehen, um zu begreifen, welche Ängste mit dem »Willen zum Wissen« (Foucault) verbunden sind. Der weibliche Wille zum Wissen galt als sündig und gefährlich. Nur mit Mühe konnten sich daher Frauen Wissen aneignen. Trotz aller Verbote und Hindernisse haben sie dies aber immer wieder getan. Das Nebeneinander von offiziellem Wissensverbot oder -einschränkung und inoffizieller Wissensaneignung zieht sich als paradoxe Bewegung durch die Geschichte des Abendlandes.

Im Mittelalter (Lundt 1991), in der frühen Neuzeit (Wunder 1992) ebenso wie im Humanismus (Davis 1996) und in der Renaissance (King 1993) haben Frauen sich Wissen angeeignet. Sie wurden dafür als »Hexen« verfolgt oder aber als »Gelehrte« bestaunt (Gössmann 1984). Hexe und Gelehrte sind dabei gleichermaßen kulturelle Deutungsmuster weiblicher Intellektualität (Honegger 1979), die jedoch unterschiedlich konnotiert sind: Die Hexe wird verbrannt, aber auch die Gelehrte fällt rasch in Ungnade, wenn sich die Paradigmen ändern und Weiblichkeit und Intellektualität wieder grundsätzlich getrennt werden. Der im Humanismus erwünschte und in der Frühaufklärung geförderte Typus der »gelehrten Frau« wich in der zweiten Hälfte des 18. Jahrhunderts dem Typus der »empfindsamen Frau«, wodurch die Frau auf Haus und Familie eingegrenzt wurde. Der Ausschluß der Frauen aus der öffentlichen Produktion des Wissens und die gleichzeitige Reduzierung auf die reproduktiven Funktionen in der Familie schufen eine »Ordnung der Geschlechter« (Honegger), die bis heute mächtig ist.

Die Polarisierung der Geschlechtscharaktere in der Moderne baute auf der Behauptung von den unterschiedlichen intellektuellen Fähigkeiten von Männern und Frauen auf. Rousseau wünschte sich in seinem *Émile* (1762) für seinen Helden eine Frau, die ganz »Gefühl« sein sollte, und entwarf damit ein Muster, das wirkungsmächtig für Kunst, Kultur und Politik wurde, obwohl die realen Lebenswege von Frauen einer solchen Festschreibung schon damals widersprachen. Sowohl Rousseaus Freundin, die Schriftstellerin und Pädagogin Madame d'Epinay, wie auch Voltaires Lebensgefährtin, die Mathematikerin Madame de Chatelet, ließen sich nicht in die engen Muster emotionaler Weiblichkeit pressen. Beide Frauen fielen aber wie viele andere intellektuelle Frauen dem Vergessen und Verschweigen anheim, weil Intellektualität und Weiblichkeit sich nach gängiger Meinung ausschlossen (Badinter 1983).

Auch die Französische Revolution, in der für kurze Zeit auch die Geschlechtergrenzen ins Wanken gerieten, veränderte die Verteilung des Wissens zwischen den Geschlechtern nicht grundsätzlich (Olympe de Gouges: *Erklärung der Rechte der Frau*, 1791). Sie legte zwar den Grundstein für alle nachfolgenden Emanzipationsbewegungen, ermutigte aber nur wenige Frauen, sich ihr Recht auf Wissen und Bildung zu erkämpfen (Mary Wollstonecraft: *Verteidigung der Rechte der Frauen*, 1793). In der Auseinandersetzung mit der Revolution kam es vielmehr zu einer Verfestigung alter Geschlechterbilder: Die Frauen wurden auf die Rolle der Rezipientinnen, die Männer auf die Rolle der Produzenten festgelegt. Friedrich A. Kittler hat in seinem Buch *Aufschreibesysteme* (1985) dargelegt, wie die Geschlechterpositionen nach 1789 neu arrangiert wurden: Der Mann wurde zum Autor, die Frau zur Leserin, die als Mutter zuständig für die Alphabetisierung der Kinder wurde und überdies als Muse für den männlichen Autor fungierte. In ihrer Fünffachfunktion als Mutter, Muse, Geliebte, Leserin und Käuferin wurden Frauen zwar hoch geehrt, von der eigenen Autorschaft aber wurden sie explizit ausgeschlossen (Hahn 1991). Daß sich einzelne Frauen trotzdem davon nicht abhalten ließen, ihren Weg als Intellektuelle oder Künstlerin zu gehen, zeigt, daß Geschlechtervorstellungen zwar mächtig sind, aber nie mächtig genug, um die Intellektualität und Kreativität von Frauen zu brechen.

Daran änderte sich auch um 1900 kaum etwas: Obwohl Frauen sich die öffentlichen Räume in einer bis dahin nicht gekannten Weise eroberten, blieben sie von Autorschaft und Wissenschaft weiterhin offiziell ausgeschlossen. Als Abschreiberinnen gewannen sie neue Bedeutung und Hochschätzung. Frauen waren jedoch mehr als Stenotypistinnen oder Musen erfolgreicher Männer. Sie erkämpften sich den universitären Zugang zur Wissenschaft, entwickelten gegen alle Widerstände ein eigenes intellektuelles Profil (Stephan 1989) und fanden in der neu entstehenden Psychoanalyse ein neues Karrierefeld (Stephan 1992). Auch der Kultur- und Medienbereich stellte für Frauen ein intellektuell anspruchsvolles Betätigungsfeld dar (Hahn 1994), wobei die Konkurrenz zu den Männern nach wie vor ein schwieriges Problem war (Marko 1995).

Am Anfang des neuen Jahrtausends scheinen sich viele der Probleme erledigt zu haben: Frauen haben die gleichen Ausbildungschancen wie Männer, ihnen steht eine Vielzahl von Berufen offen, und sie haben sich in der Wissenschaft etabliert. Untersuchungen zeigen jedoch, daß der Anteil von Frauen in gut bezahlten und einflußreichen Positionen nach wie vor sehr gering ist. Die alten Muster scheinen zwar überwunden zu sein, die Umsetzung in die gesellschaftliche Praxis läßt aber auf sich warten.

Die Frage nach dem Geschlecht des Wissens ist jedoch nicht nur eine historische (Gössmann 1994), sondern auch eine systematische, wie Londa Schiebinger (1993a) dargelegt hat:

> Den Kern der modernen Wissenschaft bildet ein selbstaffirmatives System, dank dessen die Erkenntnisse der Wissenschaft (gewonnen in Institutionen, aus denen Frauen ausgeschlossen waren) zur Legitimation ihres fortgesetzten Fernbleibens benutzt worden sind. [...] Bei der Frage, ob Frauen auf dem Gebiet der Wissenschaft arbeiten können, geht es nicht bloß um das Problem der Gleichheit [...]. Es geht auch nicht nur [...] um das Pro-

> blem des Arbeitskräfte-Potentials [...]. Die Frage betrifft die Erkenntnis selbst. Erst in neuester Zeit bekommen wir einen Blick dafür, daß derjenige, der Wissenschaft treibt, die von ihm betriebene Wissenschaft affiziert. (Schiebinger 1993a, 14)

In gewisser Weise wird eine solche Einschätzung von Sandra Harding (1994) geteilt, die sich kritisch mit dem Verhältnis von Feminismus und Wissenschaft auseinandersetzt:

> Innerhalb des Feminismus gibt es mindestens drei verschiedene Anschauungen über die Wissenschaften. Feministinnen kritisieren nicht nur »schlechte Wissenschaft«, sondern auch die Problemstellungen, Ethiken, Konsequenzen und den Status der sogenannten »science-as-usual« (dt. etwa »herkömmliche Wissenschaft«). Diese Kritiken stehen im Zusammenhang der Forderung nach besserer Wissenschaft. (Harding 1994, 13)

Harding plädiert für einen emanzipatorischen Umgang mit den Wissenschaften:

> Frauen brauchen Wissenschaften und Technologien, die *für* Frauen in *jeder Klasse, Rasse und Kultur* eingerichtet sind. Feministische Frauen und Männer wollen die Kluft zwischen den Geschlechtern im Bezug auf die wissenschaftlichen und technischen Fertigkeiten schließen, wollen neue Denkweisen erfinden und sich jene vorhandenen Techniken und Kompetenzen aneignen, die Frauen befähigen können, mehr Kontrolle über die Bedingungen ihres Lebens auszuüben. Solche Wissenschaften können und müssen auch Männern nutzen, insbesondere den durch Rassismus, Imperialismus und Klassenausbeutung Marginalisierten die neuen Wissenschaften können nicht nur für Frauen da sein. Es ist Zeit zu fragen, wie Wissenschaften aussehen könnten, die *für* »weibliche Männer« sind und nicht in erster Linie für die weißen, westlichen und ökonomisch besser gestellten »männlichen Männer«, die bisher so überproportional von den Wissenschaften profitiert haben. Außerdem müssen wir die sich widersprechenden Interessen, die Frauen aus verschiedenen Klassen und Rassen möglicherweise haben, kritisch untersuchen; Fraueninteressen sind nicht homogen. (ebd., 17f.)

Am Ende des Buches formuliert Harding die These, daß es »bereits spezifisch feministische Wissenschaften gibt und daß es sowohl für den Feminismus wie für die Wissenschaften förderlich ist, diese weiterzuentwickeln« (ebd., 313). Unter »feministischer Wissenschaft« versteht Harding »weder eine *weibliche* noch eine *feminine* Wissenschaft« (ebd., 314). Ihre Vorstellung von feministischer Wissenschaft ist eng mit dem Bereich der Politik verbunden:

> Erstens ist Wissenschaft Politik mit anderen Mitteln, aber sie kann auch zuverlässige empirische Informationen produzieren; sie kann dies tun, zum besseren oder zum schlechteren, da sie an Politik partizipiert. Zweitens beinhaltet Wissenschaft sowohl progressive als auch regressive Tendenzen, und sie bleibt in dem Maß offen für Manipulation durch regressive gesellschaftliche Kräfte, in dem ihre Institutionen sich nicht mit diesen internen widersprüchlichen Eigenschaften auseinandersetzen und sie anerkennen. (ebd., 325)

Das Fazit Hardings ist klar: Wegen ihres fächer- und geschlechterübergreifenden Charakters eröffnet die feministische Wissenschaft die Chance, den traditionellen Wissenschaftsbetrieb so zu reformieren, daß sowohl Frauen wie Männer davon profitieren können.

Natur

Die Berufung auf die angebliche »Natur« der Frauen grenzte Frauen nicht nur aus dem Bereich der Wissenschaften aus, sondern wies ihnen auch einen problematischen Status im Zivilisationsprozeß zu. Als ein Stück phantasierter Natur wurde die Frau zum Objekt männlicher zivilisatorischer Anstrengungen, wie Horkheimer und Adorno in ihrer *Dialektik der Aufklärung* (1947) ausgeführt haben:

> Die Frau ist nicht Subjekt. Sie produziert nicht, sondern pflegt die Produzierenden, ein lebendiges Denkmal längst entschwundener Zeiten der geschlossenen Hauswirtschaft. Ihr war die vom Mann erzwungene Arbeitsteilung wenig günstig. Sie wurde zur Verkörperung der biologischen Funktion, zum Bild der Natur, in deren Unterdrückung der Ruhmestitel dieser Zivilisation bestand. Grenzenlos Natur zu beherrschen, den Kosmos in ein unendliches Jagdgebiet zu verwandeln, war der Wunschtraum der Jahrtausende. Darauf war die Idee des Menschen in der Männergesellschaft abgestimmt. Das war der Sinn der Vernunft, mit der er sich brüstete. Die Frau war kleiner und schwächer, zwischen ihr und dem Mann bestand ein Unterschied, den sie nicht überwinden konnte, ein von Natur gesetzter Unterschied, das Beschämendste, Erniedrigendste, was in der Männergesellschaft möglich ist. Wo Beherrschung der Natur das wahre Ziel ist, bleibt biologische Unterlegenheit des Stigma schlechthin, die von Natur geprägte Schwäche zur Gewalttat herausforderndes Mal. (Adorno/Horkheimer 1947, 298)

In ihrem »Odysseus-Exkurs« haben Horkheimer und Adorno gezeigt, wie Unterdrückung der Natur funktioniert und welchen Preis sie hat: Odysseus kann dem Gesang der Sirenen ungefährdet lauschen, weil er sich von seinen Gefährten am Mastbaum festbinden und die Ohren seiner Untergebenen mit Wachs verschließen läßt.

Odysseus kann sich durch diese List zwar retten, der Gesang der Sirenen bietet ihm jedoch nicht die Lust, die er sich erhofft hat. Er ist Betrüger und Betrogener zugleich. In dieser Doppelbewegung zeichnet sich bereits im Homerischen Mythos ein Grundverhältnis zwischen den Geschlechtern ab: Die Frau (als Sirene, Sphinx oder Kirke) verheißt lustvolle Entgrenzung, der Mann sehnt sich nach dieser Erfahrung des Anderen, schreckt aber zugleich davor zurück und vernichtet das, was er begehrt. Die Frau fungiert als Verkörperung all dessen, was abgewehrt und überwunden werden muß. Sie symbolisiert sowohl die äußere als auch die innere Natur. In der Auseinandersetzung mit ihr formt sich der Mann zum Helden und Kulturträger. Eine solche Entwicklung hat Konsequenzen für den Zivilisationsprozeß und das Verhältnis der Geschlechter: Die Frau wird zum Bild der Natur, der Mann zum Bild der Kultur. Aus dieser Dichotomie ergeben sich weitere Antinomien für die Wahrnehmung der Natur. So wird zum Beispiel Wasser mit Weiblichkeit identifiziert und Land mit Männlichkeit gleichgesetzt. Das Phantasma vom Zusammenhang zwischen Wasser und Weiblichkeit bewegt von der Antike bis in die Gegenwart Dichter und Philosophen gleichermaßen (Böhme 1988a). Wasser ist ein verführerisches Element. Als Undinen, Melusinen, Najaden und Nixen versuchen Wasserfrauen, Männer in ihr tödliches Element zu ziehen. Die Männer können sich dieser erotischen Verlockung nur entziehen, wenn sie als Seefahrer oder Dammbauer das Wasser (und die Weiblichkeit) bändigen.

Auch die Begegnung zwischen dem Bergmann der Romantik und dem Techniker der Moderne mit der Natur ruft alte Geschlechtermuster auf: Der Mann dringt in das Innere der Erde ein und unterwirft sich die Natur. In einer heroischen Anstrengung macht er sich zum Sieger über die ihm feindlich und abweisend gegenüberstehende Natur, die ihn zugleich lockt und verführt.

Ein solches Modell von Sieg und Unterwerfung prägt die Technik, Kultur- und Literaturgeschichte gleichermaßen. Frauen werden in die Position des begehrten und gehaßten Objektes gedrängt. Die gesellschaftliche Machtverteilung erscheint nicht als historisch produziert, sondern als natürlich. Die Identifizierung von Frauen mit Natur führt zu einer Fülle von Bildern in der Literatur (Theweleit 1977) und zur geschlechtlichen Identifizierung von Kunst, Literatur und Kultur (Caduff/Weigel 1996).

Die Naturalisierung von Weiblichkeit im Zivilisationsprozeß hat aber auch Konsequenzen für die Naturwissenschaften. Noch heute prägen alte Geschlechtervorstellungen die Debatten um den Naturbegriff und wirken sich auf die Vorstellungen von der Natur als Lebensraum des Menschen aus. Klaus Michael Meyer-Abichs *Praktische Naturphilosophie* (1997) erinnert unter dem Eindruck der ökologischen Katastrophen der Gegenwart an den »vergessenen Traum«, daß der Mensch in der Natur eigentlich heimisch werden wollte. Das aber ist nur möglich, wenn der Mensch sich von alten Geschlechterbildern verabschiedet, Frieden mit der Natur schließt, sie als Lebensraum respektiert und nach einem neuen Umgang zwischen den Geschlechtern sucht.

Bedeutsam ist die Naturalisierung des Weiblichen aber nicht nur für den Natur- und Ökologiediskurs der Gegenwart, sondern auch für die Debatten über das Fremde, in denen jeweils Bilder des Weiblichen als das ›Andere‹ aufgerufen werden. Als ein Stück ›Natur‹ werden Frauen zur Verkörperung des Fremden, Wilden, Unheimlichen, kurz zu alldem, was im Zivilisationsprozeß ausgegrenzt werden mußte.

Die Gleichsetzung von Frau und Natur hat nicht nur historische und theoretische Konsequenzen für den Fremde-Diskurs, sondern sie prägt auch die Blicke der Reisenden, Eroberer und Kolonisatoren auf die Erde. Die Vorstellung von der Erde als belebter Natur führt zu einer Fülle von Allegorisierungen: Die Erde wird als Frauenfigur imaginiert, idealisiert und dämonisiert. Als ›Mutter Erde‹ wird ihr Leib in Besitz genommen und erobert. Die Eroberung Amerikas (Greenblatt 1994) folgt den Mustern kolonialer Unterwerfung, die bis in die Gegenwart die Phantasien bewegen. Walt Disneys POCAHONTAS-Produktion (1997) phantasiert den Zusammenprall europäischer Kolonisatoren und indianischer Bevölkerung in den Mustern einer bitter-süßen Liebesgeschichte, während Klaus Theweleit (1999) die tragische Unausweichlichkeit der Begegnung zwischen Eroberern und Eroberten in Frage stellt. Am Beispiel *Pocahontas* weitet Theweleit seine in den *Männerphantasien* (1977) und im *Buch der Könige* (1988) formulierte These von der Eroberung des Weiblichen für die männliche Kunstproduktion zu einer Theorie der kolonialen Eroberung aus. *Das Buch der Könige* führte vor, wie Frauenkörper in die Fundamente männlicher Kunstproduktion eingebaut werden, der *Pocahontas-Komplex* zeigt, wie der Leib der indianischen Frau in die »Kontinent-Gründung Amerikas« eingearbeitet wird.

Die Metaphorisierung der Natur als Frauenleib hat umgekehrt aber auch Konsequenzen für Frauen, die diese Metaphorisierungen in Frage stellen, wenn sie sich selbst auf Reisen begeben (Pelz 1993) oder selbst zu Produzenten werden wollen. Weibliche Autorschaft, weibliches Künstlertum und weibliche Intellektualität waren deshalb so lange ein Skandal, weil die geschlechtsspezifische Aufteilung zwischen Natur und Kultur dadurch in Frage gestellt wurde (Meise 1983). Als Natur verkörpern Frauen aber nicht nur das Fremde, Geheimnisvolle und das Grauenerregende, sondern sie werden auch für die nationale Identitätsbildung benutzt (Plessen 1996). Als Allegorien einzelner Länder und Erdteile (Pöschel 1985) können sie in nationale Legitimationskurse überführt werden (Wenk 1996). Als »Mutterland« sind sie bereits so weit territorialisiert, daß sie für den nationalen Diskurs in Anspruch genommen werden können (Eckert 1996). Das Bild der guten Mutter mobilisiert aber sogleich das mythische Bild der »Hure Babylon«, in dem Weiblichkeit und Stadt sich in paradoxer Weise verbinden (Weigel 1990). Weiblichkeit, Natur und Kultur bilden ein Konglomerat von widersprüchlichen Weiblichkeits- und Männlichkeitsbildern, die in den unterschiedlichsten politischen Kontexten zu legitimatorischen Zwecken mobilisiert werden (Schade u. a. 1995).

Auch für den Orientalismus-Diskurs spielt die Unterscheidung zwischen (weiblicher) Natur und (männlicher) Kultur eine bedeutende Rolle (Said 1978). Neuere Arbeiten haben darauf aufmerksam gemacht, daß das orientalistische Wahrnehmungsmuster nicht nur koloniale, sondern auch geschlechtsspezifische Bedürfnisse befriedigt (Lewis 1996). Orientalismus, Exotismus, Japonismus, Primitivismus oder Indigenismus bilden zusammen mit Kolonialismus und Geschlechterdiskurs nicht nur um 1900 eine fatale Einheit, sondern fungieren noch heute als Muster in der Wahrnehmung des Anderen und Fremden (Herminghouse/Müller 1997). Noch in den postkolonialen Diskursen und der Ethnopoesie der Gegenwart spielen alte Geschlechtermuster, in denen Männlichkeit und Weiblichkeit als Kultur und Natur programmatisch gegeneinander ausgespielt werden, eine häufig kaum bemerkte Rolle (Allerkamp 1991).

Mythos

Mythos und Geschlecht gehören untrennbar zusammen. In Mythen haben die Beziehungen zwischen den Geschlechtern seit jeher ihren Niederschlag gefunden. *Die Odyssee* und *Die Argonautica*, die beiden ›klassischen Reisetexte‹ der Antike, erzählen die Geschichte männlicher Subjektbildung als Auseinandersetzung mit der Natur und als Unterwerfung und Ausgrenzung des Weiblichen. So wird zum Beispiel in der Konfrontation zwischen Perseus und Medusa der Geschlechterkampf als Kampf um das Privileg des Blickes geführt und in der Begegnung zwischen Ödipus und der Sphinx die Geschlechterproblematik als tödliche Konfrontation zwischen Wissen und Nichtwissen in Szene gesetzt. Die im *Ödipus*-Drama gestalteten beiden großen Tabus der Menschheitsentwicklung, Vatermord und Mutterinzest, können als verdrängte Momente in der Beziehung zwischen den Geschlechtern verstanden werden, die von Autor/innen zu den verschiedensten Zeiten aufgegriffen werden, um daran die Geschlechterproblematik der eigenen Zeit zu diskutieren.

Freuds Interpretation von Sophokles' *Ödipus* als Schlüsselmythos für die unterschiedliche Entwicklung der Geschlechter und seine Behauptung, daß es sich beim Ödipus-Komplex um »eine allgemein menschliche, schicksalsgebundene Formation« (*Traumdeutung*, 1900) handele, belebte den antiken Mythos zu einer Zeit neu, als sich die Geschlechterverhältnisse durch die gesamtgesellschaftlichen Entwicklungen rasant zu verändern begannen. Die Psychoanalyse remythisierte die Geschlechterrollen und schuf einen »Mythos von Weiblichkeit« (Schlesier 1981), in dem sich Rätselhaftigkeit und Weiblichkeit untrennbar verbanden. In der *Neuen Folge der Vorlesungen zur Einführung in die Psychoanalyse* (1933) wandte sich Freud mit folgenden Worten an eine fiktive Hörerschaft: »Über das Rätsel der Weiblichkeit haben die Menschen zu allen Zeiten gegrübelt. [...] Auch Sie werden sich von diesem Grübeln nicht ausgeschlossen haben, insofern Sie Männer sind, von den Frauen unter Ihnen erwartet man es nicht, Sie sind selbst dieses Rätsel«. (ebd., 120)

Unter der Hand hatte Freud damit die Rätselfrage der Sphinx verschoben, denn diese galt dem Menschen und nicht der Weiblichkeit. Diese Verschiebung aber hat Konsequenzen: Die Frau wird zum Rätsel, das sich selbst nicht lösen kann. Als Psychoanalytiker wird Freud zum Rätsellöser und Sphinxbezwinger in einer Person.

Als »neue Mythologie« (Vogt 1986) hat die Psychoanalyse eine entscheidende Bedeutung für die Festschreibung der Geschlechterpositionen im 20. Jahrhundert (Schlesier 1981). In noch stärkerem Maße gilt das für die Jungsche Psychologie, die mit dem Animus-Anima-Konzept Männlichkeit und Weiblichkeit archetypisch festschreibt (Weiler 1991). Die meisten an die Jungsche Archetypenlehre anknüpfenden Arbeiten (z. B. Ranke-Graves 1991; Gascard 1993) propagieren nicht nur extrem konservative Geschlechterbilder, sondern wirken über die engen esoterischen Kreise hinaus in eine breitere Öffentlichkeit, die im Mythos Antworten auf die drängenden Probleme der Gegenwart sucht. Aber auch dort, wo Autoren sich nicht auf die Archetypenlehre beziehen, mutiert der Mythos unter der Hand häufig zur Rechtfertigungsideologie bestehender Ungleichheiten (Dux 1992).

Am wirkungsmächtigsten ist der Mythos zweifellos in der Literatur. Noch im 20. Jahrhundert werden Subjekt- und Geschlechterdiskurse vorzugsweise in mythischen Konfigurationen inszeniert (Stephan 1997). Christa Wolfs *Kassandra* (1983) und *Medea* (1996) sind die erfolgreichsten Beispiele in einer langen Reihe von Mythosbearbeitungen, die auch noch zu Zeiten der Postmoderne nach dem angeblichen Ende der ›großen Erzählung‹ eine breite Leserschaft finden. Die Mythen sind nach wie vor das große Reservoir, aus dem sich die literarischen Werke speisen. Figuren wie Antigone (Steiner 1988; Bossinade 1990) oder Medea (Clauß/Johnston 1997) werden zum Beispiel aufgerufen, wenn es um politische Neuorientierungen geht, während die Erinnerung an die Orpheus- und Eurydike-Konstellation eine Rolle spielt (Klaus Theweleit 1988), wenn es um die Neulegitimierung männlicher Kunstproduktion geht (Storch 1997).

Im Vergleich zu ihren männlichen Kollegen, die sich von vornherein in einem durch illustre Vorgänger legitimierten Traditionszusammenhang bewegen, haben es

Autorinnen sehr viel schwerer, sich auf Mythen zu beziehen, denen die Gründungsgeschichte der patriarchalischen Ordnung als Geschlechterkampf und als Unterwerfung des Weiblichen eingeschrieben ist. Sie suchen deshalb gezielt nach Figuren, die aufgrund ihres mythischen Profils Anschlußmöglichkeiten für einen weiblichen Subjektdiskurs bieten können (Göttner-Abendroth 1980), verwickeln sich dabei aber häufig in problematische Matriarchatsentwürfe (Wesel 1980) und arbeiten einem restaurativen Geschichts- und Geschlechtskonzept zu, auch wenn das erklärte Ziel die Befreiung aus alten Rollenmustern darstellt.

Unbestreitbar ist, daß die »Arbeit am Mythos« (Hans Blumenberg) bzw. das »Arbeiten mit Ödipus« (Klaus Heinrich) eine notwendige Anstrengung gegen das Vergessen und Verdrängen ist, die von jeder Generation neu geleistet werden muß. Kritische Studien zur Bisexualität im Mythos (Baumann 1980), Untersuchungen zu Riten (Warburg 1988), Ursprungsphantasien (Laplanche/Pontalis 1992), zu »Figuren des Anderen« in der Antike (Vernant 1988) oder zu mythischen Vorstellungen über weibliche Sexualität (Devereux 1985) erweitern das Wissen über uns selbst und tragen zur »Aufklärung« über die Entstehung und das Funktionieren der Geschlechterordnung bei, ohne dem »Mythos« im Sinne von Horkheimer und Adornos *Dialektik der Aufklärung* (1947) erneut zu verfallen.

Wichtig für das Funktionieren der Geschlechterordnung sind jedoch nicht nur die antiken, sondern auch moderne Mythen über Männlichkeit und Weiblichkeit, wie zum Beispiel der Don-Juan-Mythos oder der Diana-Kult, nationale Allegorisierungen oder internationale Idolisierungen (Elvis, Madonna etc.) und nicht zu vergessen die trivialen »Mythen des Alltags« (Barthes), in denen die Geschlechterverhältnisse immer wieder nach alten Mustern neu konfiguriert werden (vgl. Müller-Kampel 1999; Peters/Jantz 1998; Flacke 1998).

Erinnern

Die Frage, wer wie, was, wozu, warum und für wen erinnert, ist ein zentraler Bestandteil der aktuellen Debatten über den Mythos als spezifischer Form des »kulturellen Gedächtnisses« (Assmann). Interessant ist nicht nur, was erinnert, sondern auch was vergessen wird. Erinnern und Vergessen verhalten sich zueinander wie zwei Seiten einer Medaille (Smith/Emrich 1996).

Brechts »Fragen eines lesenden Arbeiters«

> Wer baute das siebentorige Theben?
> In den Büchern stehen die Namen von Königen.
> Haben die Könige die Felsbrocken herbeigeschleppt?
> Und das mehrmals zerstörte Babylon
> Wer baute es so viele Male auf?

lenken den Blick darauf, daß vor allem die Namen von Königen und Heroen in die Annalen der Geschichte eingehen, nicht aber die der Untertanen und Sklaven, geschweige denn die der Frauen, die auch in Brechts klassenkämpferischen »Fragen eines lesenden Arbeiters« unter der Wahrnehmungsgrenze bleiben. Das Verschweigen aber hat Methode: Es ermöglicht eine Konstruktion von Heldentum, aus der alles Materielle weitgehend getilgt ist.

Erst der Paradigmenwechsel der Geschichtswissenschaft, von der politischen Geschichte zur Sozialgeschichte, der seine Entsprechung in der Entdeckung der sozialen Dimension in den Kunst, Literatur- und Kulturwissenschaften hatte, sensibilisierte die Aufmerksamkeit der Forschung für bisher nicht wahrgenommene Bereiche wie den Alltag oder bislang ausgegrenzte Gruppen wie die der Frauen. Die fünfbändige *Geschichte der Frauen* von Georges Duby und Michelle Perrot (1993), diverse Lexikaprojekte (*Metzler Autorinnen-Lexikon*, 1998), Literaturgeschichten (Gisela Brinker-Gabler (Hg.): *Deutsche Literatur von Frauen*, 1988; Hiltrud Gnüg/Renate Möhrmann (Hg.): *Frauen Literatur Geschichte* ²1999) und eine Fülle von Monographien und Studien zu vergessenen und marginalisierten Frauen ergänzen und korrigieren das traditionelle Geschichtsbild und den literarischen Kanon, in denen Frauen über Jahrhunderte keinen Ort gefunden hatten.

So wichtig solche Nachträge in das »kulturelle Gedächtnis« (Weigel 1994) auch sind, so steht doch außer Frage, daß es bei bloßen Ergänzungen und Umwertungen nicht bleiben kann. Erst die Einsicht, daß Erinnern und Vergessen geschlechtsspezifisch gesteuert werden, kann die gängigen Praktiken des Erinnerns verändern und zu einer neuen Erinnerungskultur führen, in der die Geschlechter gleichermaßen vertreten sind.

Nicht nur, was vergessen oder was erinnert wird, ist geschlechtsspezifisch bestimmt. Differenzen bestehen auch zwischen den Erinnerungsformen von Frauen und Männern. So stehen den repräsentativen Memoirenbänden von Herrschern und Dichtern, die sich ihrer öffentlichen Bedeutung sicher sind und versichern wollen, die privaten Aufzeichnungen und Briefe von Frauen gegenüber, die häufig erst aus dem Nachlaß veröffentlicht werden. Mit eigenen Aufzeichnungen und Werken gehen Frauen oft sorglos um, während sie die Werke ihrer Ehemänner, Brüder und Väter mit großer Aufopferung betreuen und für die Veröffentlichung vorbereiten. Die Entscheidung, ob eine Lebensgeschichte nur aufgeschrieben oder aber veröffentlicht wird, hängt häufig nicht von der Qualität der Aufzeichnungen, sondern vom Geschlecht des Autors ab. Das gilt nicht nur für die Vergangenheit, sondern auch für die jüngste Gegenwart, wo im Diskurs über den Nationalsozialismus und den Holocaust, aber auch in den Trauma-Debatten die Erinnerungen von Frauen erst sehr spät öffentliche Aufmerksamkeit gefunden haben (Bronfen u. a. 1999).

Eine große, von der bisherigen Forschung noch lange nicht ausgeschöpfte Bedeutung für den Erinnerungsdiskurs hat Aby Warburgs Mnemosyne-Projekt. Mnemosyne ist in der griechischen Mythologie die Göttin des Gedächtnisses und die Mutter der neun Musen. Warburgs spezifisch kunsthistorisches Interesse galt dem Einfluß der Antike auf die europäische Kultur und besonders der künstlerischen Verarbeitung antiker vorgeprägter Körpergesten bei der Darstellung bewegten Lebens in der Renaissance (vgl. den Ausstellungskatalog: *Rhetorik der Leidenschaft*, 1999). Warburg stellte nicht nur eine exquisite kulturhistorische Bibliothek von mehr als 60 000 Büchern zusammen, die 1933 von Hamburg nach London verlegt werden mußte, sondern er sammelte auch mehr als 25 000 Fotografien, mit denen er das Nachleben der Antike in der Moderne zu belegen suchte. Ein Teil dieser Fotografien ist im *Mnemosyne-Atlas* (1929) zusammengestellt. Obgleich Warburg keine geschlechtsspezifischen Interessen mit seinem Projekt verfolgte, machen die Bilderreihen doch deutlich, wie stark sich die Geschlechterverhältnisse in die Pathosformeln der jeweiligen Epochen eingeschrieben haben.

Sexualität

Seit Foucaults bahnbrechender Studie *Sexualität und Wahrheit* (dt. 1977) hat sich die Ansicht weitgehend durchgesetzt, daß Empfindungen und Wahrnehmungen von Körper und Geschlecht sozialen und kulturellen Wandlungen unterliegen, d. h. konstruiert und damit historisch sind. Noch weiter geht der Medizinhistoriker und Kulturwissenschaftler Thomas Laqueur (1992) mit seiner These, daß auch die Wahrnehmung und Interpretation der Sexualorgane kulturell geprägt sei. Die Frage nach der *sex-gender*-Relation wird von Laqueur auf die Frage nach der Bedeutung des biologischen Unterschieds zugespitzt.

Anknüpfend an die alten Egalitäts- und Differenzdebatten in der Aufklärung, die weitreichende Implikationen für den politischen und gesellschaftlichen Diskurs der Moderne hatten, unterscheidet Laqueur auch im Bereich der Biologie zwischen Egalitäts- und Differenz-Ansätzen. Das über Jahrhunderte geltende Ein-Geschlecht-Modell, nach dem Frauen nur eine (wenn auch geringere) Variante eines grundlegenden Typus von Mensch sind, wird im 18. Jahrhundert durch das Zwei-Geschlechter-Modell ersetzt, nach dem Männer und Frauen grundsätzlich unterschiedlich sind. Beim genaueren Hinsehen erscheint diese Chronologie aber sehr viel weniger zwingend als die Ergebnisse der medizinischen Forschung nahelegen:

> Offen gesagt, je mehr ich die historischen Quellen auspreßte, um so weniger eindeutig wurde die sexuelle Scheidelinie; je nachdrücklicher man den Leib als Grundlage des Geschlechts in Dienst nahm, desto weniger standfest wurden die Grenzen. Mit Freud erreichte der Prozeß seine am weitesten auskristallisierte Unbestimmtheit. Was mit einer Geschichte weiblicher Lust und ihrer versuchten Auslöschung begann, ist stattdessen zur Geschichte des Vorgangs geworden, in dem nicht nur die soziale Geschlechterdifferenzierung (*gender*), sondern eben auch das als biologische Gegebenheit erachtete Geschlecht (*sex*) entstanden sind. (Laqueur 1992, 10f.)

In gewisser Weise deckt sich Laqueurs Befund mit den Thesen von Butler, daß nicht nur *gender*, sondern auch *sex* kulturell kodiert ist: »Im Grundsätzlichen aber ist dem Inhalt der Rede über den Geschlechtsunterschied vom Faktischen her keine Fessel angelegt. Er ist so frei wie das Spiel der Gedanken«. (ebd., 275)

Die »Anatomie«, die für Freud am Anfang des 20. Jahrhunderts noch »Schicksal« war, ist für Laqueur ein kulturelles Konstrukt, mit dem zu verschiedenen Zeiten unterschiedliche Interessen verfolgt worden sind:

> Freuds Antwort muß demnach als eine Narration der Kultur in anatomischer Verkleidung aufgefaßt werden. Was er über die Klitoris erzählt, ist eine Parabel über Kultur, darüber, wie der Körper in eine Gestalt gebracht wird, die der Zivilisation nützlich ist, nicht weil, sondern obwohl er so ist, wie er ist. Die Sprache der Biologie gibt dieser Geschichte ihre rhetorische Autorität, beschreibt aber nicht eine tiefere Realität der Nerven und des Fleischs. (ebd., 267)

Einspruch erhebt Laqueur auch gegenüber der psychoanalytischen Hysterieauffassung (Freud: *Bruchstück einer Hysterieanalyse*, 1905), nach der die verdrängte Sexualität Ursache für eine Vielzahl von weiblichen Krankheiten ist. Wie viele feministische Psychoanalyse-Kritikerinnen (Schaps 1982) stellt das Hysteriekonzept der Psychoanalyse, wie es Breuer und Freud entwickelt haben (*Studien über Hysterie*, 1895), auch für Laqueur nur eine »Narration« über weibliche Sexualität dar, in der alte Vorstellungen von der Gebärmutter (griech.: hystera) als einem wandernden, krankheitserregenden Organ revitalisiert werden, um eine Verbindung zwischen ›Krankheit‹ und ›Frau‹ herzustellen. Neuere Arbeiten haben gezeigt, daß Hysterie erstens keine ausschließliche ›Frauenkrankheit‹ (Wagner u. a. 1991), zweitens mit dem Antisemitismus in paradoxer Weise verflochten (Gilman 1994) und drittens medial vielfältig vermittelt ist (Showalter 1997) sowie viertens in diffusen Krankheitsbildern am Ende unseres Jahrhunderts ihre Wiederauferstehung feiert (von Braun/Dietze 1999).

Ungeachtet ihrer langen, bis auf Hippokrates zurückreichenden Geschichte ist die Hysterie in erster Linie ein Phänomen der Moderne, wie Elisabeth Bronfen in ihrer umfangreichen Studie *Das verknotete Subjekt. Hysterie in der Moderne* (1998) zu zeigen versucht hat. Um »einen Weg aus jener Sackgasse der psychoanalytischen Theorie zu finden, bei der jegliche Teilung und Trennung unweigerlich in eine Diskussion sexueller Differenzen mündet« (Bronfen 1998, 37), führt Bronfen den Omphalos (griech.: Nabel) als eine zwischen den Geschlechtern vermittelnde Kategorie ein:

> Eine der Prämissen, auf denen meine Argumentation hinsichtlich der kulturellen Konfigurationen der Hysterie basiert, lautet, daß die hysterische Strategie der Selbstdarstellung und der Selbstinszenierung zwischen dem Phallus und dem Omphalos verhandelt und damit die Frage der Tochter oder des Sohnes, ob der Besitz oder der Nicht-Besitz des Phallus eigentlich alles sei, was ein Subjekt ausmache, in Szene setzt. [...] Während der Phallus das *Gender* mittels der Dichotomie »ihn haben« oder »er sein« begreift, [...] ist der Omphalos fundamental *gender*spezifisch, denn der Nabel ist die Narbe der Abhängigkeit von der Mutter, doch zugleich demokratisch, insoweit als Männer und Frauen ihn besitzen. (ebd., 37)

Im Rahmen der gegenwärtigen Sexualitätsdebatten läßt sich neben dem neu erwachten Interesse an der Hysterie auch eine verstärkte Auseinandersetzung mit dem Konzept der Bisexualität beobachten (Garber 1996). Die Vorstellung, daß sich in jedem Menschen »Männliches« und »Weibliches« mische, hat dabei nicht nur von der medizinischen und psychoanalytischen Forschung her Unterstützung gefunden, sondern die Aufmerksamkeit auch auf Phänomene des *cross-dressing* (Garber 1992) und der Transsexualität (Lindemann 1993) gelenkt, den alten Debatten über ein sogenanntes »drittes Geschlecht«

neuen Auftrieb gegeben (Herdt 1994) und die Diskussion um das Verhältnis von Sexualität und Sinnlichkeit neu belebt (Schuller/Hein 1987).

Grundlegende Bedeutung kommt der Arbeit von Stefan Hirschauer über *Die soziale Konstruktion der Transsexualität* (1993) zu. Hirschauer versteht »Geschlechtswechsel« als historisches Projekt und zugleich als kulturelles Symptom:

> Die Untersuchung gilt der doppelten Frage, wie Phänomene zur ›Transsexualität‹ werden und wie die ›Transsexualität‹ zum Phänomen wird. Ihre These ist, daß die medizinische Konstruktion der Transsexualität ein immanenter Bestandteil der zeitgenössischen Konstruktion der Zweigeschlechtlichkeit ist. In dieser These sind zwei weitere enthalten: daß die Transsexualität vor allem durch die Medizin selbst hervorgebracht wird; und daß die Geschlechtszugehörigkeit von Gesellschaftsmitgliedern eine durch und durch soziale Konstruktion ist: ein Effekt von kontingenten Praktiken, ein Element in variablen Organisationsformen einer Gesellschaft, eine Tatsache nur in spezifischen Wissenssystemen. (Hirschauer 1993, 9)

Die These von der sozialen Konstruktion der Transsexualität hat einen hohen Anregungswert für die Kultur- und Literaturwissenschaften, wie die Arbeit von Gertrud Lehnert (1994) zeigt. Auch das neu erwachte Interesse an Mode, Masken und Maskeraden (Bettinger/Fuchs 1995) und die Wiederentdeckung von Joan Rivières Maskerade-Konzept (Weissberg 1994) gehören in den Bereich der Sexualitätsdebatten der Gegenwart, die durch die Infragestellung traditioneller *sex-gender*-Relationen an Schärfe gewonnen haben.

Gewalt

Eng verknüpft mit dem Sexualitätsdiskurs ist die Debatte um Gender und Gewalt. Schon ein Blick auf die Begriffsgeschichte zeigt den Zusammenhang zwischen Gewalt und den kulturellen Konstruktionen der Geschlechterdifferenz. Im semantischen Spektrum physischer Gewalt ist Vergewaltigung eine grundlegende Bedeutungsfacette: Gewalt schließt die sexuelle Verfügungsgewalt konstitutiv mit ein. Gerade die Massenvergewaltigungen in den jüngsten kriegerischen Auseinandersetzungen, aber auch die in einigen Ländern noch immer üblichen Klitorisbeschneidungen demonstrieren nachdrücklich, daß sich Gewalt immer wieder als sexueller Übergriff gegenüber Frauen äußert. Auch die schwierigen Debatten über Vergewaltigung in der Ehe und über das Verbot der Pornographie signalisieren, daß die Frage der Gewalt zwischen den Geschlechtern zu den heikelsten Punkten des gesellschaftlichen Zusammenlebens gehört.

In der Frage der Pornographie stehen sich verschiedene Positionen unvereinbar gegenüber. Während für die eine Seite Pornographie Machtausübung von Männern gegenüber Frauen ist und tendenziell mit Vergewaltigung gleichgesetzt wird (MacKinnon 1994), vertritt die andere Seite die Meinung, daß Pornographie ein kulturelles Phänomen ist, das moralisch und juristisch nicht regelbar sei (Cornell 1995). Einen vermittelnden Weg geht Judith Butler in ihrem Buch *Haß spricht* (1998), in dem sie die These vertritt, daß bestimmte Formen der rassistischen und sexistischen Sprache zwar ganz reale Verletzungen erzeugen, daß der Ruf nach dem Zensor aber das Problem der Pornographie nicht lösen könne. Auch die Juristin Nadine Strossen (1997) wendet sich gegen ein Verbot der Pornographie, weil sie der Meinung ist, daß es die gleichen Folgen habe wie die Prohibition in den 20er und 30er Jahren in den USA: Die Pornographie würde nicht abgeschafft, sondern nur in den Untergrund gedrängt. Religion, Gesetze und Wissenschaften festigen nach ihrer Meinung die männliche Vorherrschaft über Frauen weit effektiver als die Pornographie. Gegenüber der politischen Unterrepräsentierung am Arbeitsplatz sei Pornographie ein Nebenschauplatz, dessen Verbot eine einfache, wenig Kosten verursachende Lösung für komplexe, beunruhigende soziale Probleme anzubieten scheint.

Unter dem Einfluß subjektkritischer und dekonstruktivistischer Diskurse hat sich die Frage nach der Gewalt zunehmend auf die Frage nach ihrer Funktion in der Konstituierung der Geschlechterverhältnisse verschoben. Die historisch und gegenwärtig beschreibbare Gewalt zwischen den Geschlechtern hat durch die Einbeziehung aktueller Debatten über Alterität, Marginalisierung, Exotismus, Kolonialismus, Postkolonialismus und Rassismus eine theoretisch anspruchsvolle neue Einbindung erhalten, hinter der die realen Gewaltverhältnisse manchmal zu verschwinden und die politischen Erfolge der Frauenbewegung (Einrichtung von Frauenhäusern, Beratungszentren etc.) in Vergessenheit zu geraten drohen.

Neben Arbeiten, die das Problem der Gewalt historisch in der »Ordnung der Geschlechter« (Honnegger) untersuchen, mythenkritisch als »Opferpraxis« verstehen (Girard 1992), kulturkritisch als Repräsentationsproblem diskutieren (Smith 1998) oder aber theoretisch als Ausdruck der »symbolischen Ordnung« (Lacan) fassen, stehen solche, die auf die sprachlichen, literarischen und kulturellen Kodierungen der Gewalt verweisen. Für die Linguistik waren die Arbeiten von Senta Trömel-Plötz (z. B. 1984) bahnbrechend, für die Literaturwissenschaft Studien zu Opferdiskursen (Kohn-Wächter 1991) und zum Zusammenhang von Weiblichkeit und Tod (Bronfen 1994). Weibliche Schönheit und Tod/Mord bilden in vielen Texten des literarischen Kanons eine untrennbare Einheit.

In dem Buch *Weiblichkeit und Tod* (1987) haben Renate Berger und Inge Stephan darauf hingewiesen, daß in der ästhetischen Koppelung von Weiblichkeit und Tod die aggressiven Potentiale eines Systems zum Ausdruck kommen, das auf Ausgrenzung und Unterwerfung des »Anderen« zielt. Sie beziehen sich dabei auf die *Dialektik der Aufklärung* (1947), in der Horkheimer und Adorno die nekrophilen Strukturen des Fortschrittsdenkens bloßgelegt haben. Im Zivilisationsprozeß wird die Natur zum Objekt der Unterwerfung und Überwindung. Überwindung der Natur aber heißt Vernichtung von Weiblichkeit, denn Frau und Natur bilden zumindest auf der symbolischen Ebene eine untrennbare Einheit: »Sie [die Frau] wurde [...] zum Bild der Natur, in deren Unterdrückung der Ruhmestitel dieser Zivilisation bestand. Grenzenlos Natur zu beherrschen, den Kosmos in ein unendliches Jagdgebiet zu verwandeln, war der Wunschtraum der Jahrtausende.« (ebd., 298).

In dem kurzen Fragment »Das Interesse am Körper« haben Adorno und Horkheimer die »Haßliebe gegen den Körper« (ebd., 277) bzw. gegen Körperlichkeit als den verdeckten Bezugspunkt moderner zivilisatorischer Anstrengungen gedeutet. Dabei sind Körper und Körperlichkeit austauschbar mit Natur und Natürlichkeit einerseits und Frau und Weiblichkeit andererseits, denn die »Haßliebe gegen den Körper« wird ausgetragen am Körper der Frau als Teil der unterlegenen und versklavten Natur. Auf der Ebene des Textes werden Grausamkeit und Destruktion entweder direkt thematisch (Tatar 1995) oder aber sie drücken sich als ästhetische Inszenierung des weiblichen Todes aus: Die Frau wird zum toten Ding, zum ›corpus‹, dem jedoch das geheime Begehren gilt, das auch durch Tod, Tötung und Entlebendigung nicht stillgestellt werden kann (Higgins/Silver 1991). Noch als Puppen und Automaten (Müller-Tamm/Sykora 1999) stellen Frauen eine solche Beunruhigung dar, daß selbst ausgeklügelte Erzählstrategien oder aufwendige Herstellungsverfahren die Angst vor der Weiblichkeit kaum bannen können. Grauen erregt sogar noch die Statue, die ihre Lebendigkeit wie im Falle des Pygmalion-Mythos allein der Schöpferkraft des Mannes/Künstlers verdankt und der männlichen Kontrolle unterworfen ist (Mayer/Neumann 1997).

Das Thema ›Sexualität und Gewalt‹ erschöpft sich aber nicht in der Ausphantasierung toter oder todbringender Frauen. Es rührt an die Grundvoraussetzungen ästhetischer bzw. kultureller Produktion. Die Auffassung, daß Schreiben ein Tötungsvorgang ganz eigener Art sei, ist von Autoren und Autorinnen immer wieder formuliert worden. Sie hat auch in neueren Theoriedebatten, vor allem im angloamerikanischen Raum, vermittelt über den Terminus »killing women into art«, eine Rolle gespielt. Dieser Tötungsvorgang ist mehr als die Sublimierung und Kanalisierung von Triebenergien, er hängt unmittelbar zusammen mit der Position des Weiblichen in der Gesellschaft.

Die These, daß sich die kulturelle Ordnung durch den Ausschluß des Weiblichen konstituiert, hat eine Entsprechung in der These, daß sich die soziale Ordnung auf der Ausbeutung der Arbeitskraft von Frauen im Beruf (Leichtlohngruppen) und in der Familie (Hausarbeit/Beziehungsarbeit) gründet. Die solchen Thesen zugrundliegende einfache Opfer-Täter-Relation ist nicht unwidersprochen geblieben. Daß auch Frauen von ›Natur‹ aus keineswegs friedfertig sind (Mitscherlich 1987), verdeutlicht allein schon ein Blick in die jüngste Geschichte: Im Nationalsozialismus waren Frauen nicht nur Opfer, sondern auch Mitläuferinnen und Täterinnen.

Politik

Das Beispiel des Nationalsozialismus zeigt, daß der Bereich der Politik zu den sensibelsten Themen im Gender-Diskurs gehört. Offensichtlich ist eine geschlechtsspezifische Opfer-Täter-Konstruktion theoretisch unhaltbar und kontraproduktiv in der politischen Praxis. Die universelle Unterdrückungsthese, aus der die Frauenbewegung und der Feminismus in den Anfangsjahren ihre legitimatorische Kraft bezogen hatten (*Wollen wir immer noch alles? Frauenpolitik zwischen Traum und Trauma* 1984), erwies sich als viel zu pauschal, als daß damit auf Dauer erfolgreich gearbeitet werden konnte (Pelz u. a. 1988). *Race* und *class* tauchten vor allem im angloamerikanischen Diskurs sehr rasch als zusätzliche Kategorien auf und stellten den Prioritätsanspruch der Gender-

Kategorie in Frage. Der Abschied von einem starken ›Frauen-Wir‹ fiel ›frauenbewegten‹ Frauen besonders schwer, weil eine stabile Kategorie von »Frau« für feministische Theorie und Politik gleichermaßen als unverzichtbar galt. Die Kritik an Judith Butlers *Das Unbehagen der Geschlechter* (1991) entzündete sich vor allem an ihrer zugespitzten Frage, »ob die feministische Theorie ohne ein in der Kategorie ›Frau(en)‹ bezeichnetes Subjekt auskommen kann« (Butler 1991, 209). Dabei war sich Butler der Provokation einer solchen Frage durchaus bewußt und versuchte Mißverständnissen vorzubeugen, indem sie die Berufung auf ein ›Frauen-Wir‹ unter strategischen Gesichtspunkten für durchaus legitim erklärte:

> Damit steht nicht die Frage auf dem Spiel, ob es strategisch oder übergangsweise noch sinnvoll ist, sich auf die Frauen zu berufen, um in ihrem Interesse repräsentative Forderungen zu erheben. Das feministische »Wir« ist stets nur eine phantasmatische Konstruktion, die zwar bestimmten Zwecken dient, aber zugleich die innere Vielschichtigkeit und Unbestimmtheit dieses »Wir« verleugnet und sich nur durch die Ausschließung eines Teils der Wählerschaft konstituiert, die sie zugleich zu repräsentieren sucht. Freilich ist der schwache oder phantasmatische Status dieses »Wir« kein Grund zur Verzweiflung – oder besser gesagt: nicht *nur* ein Grund zur Verzweiflung. Die radikale Instabilität dieser Kategorie stellt die *grundlegenden* Einschränkungen der feministischen politischen Theorie in Frage und eröffnet damit andere Konfigurationen, nicht nur für die Geschlechtsidentitäten und für die Körper, sondern auch für die Politik selbst. (ebd.)

Im Gegensatz zu vielen ihrer Kritikerinnen, die einen festen Identitätsbegriff als grundlegend für die feministische Politik erachten, ist Butler der Meinung, daß gerade ein Verzicht darauf neue Politikmöglichkeiten eröffnet. Die von ihr vorgeschlagene politische Praxis der Subversion, Parodie und Maskerade ist gekoppelt an einen neuen »Begriff des Politischen« (ebd., 216).

> Die Dekonstruktion der Identität beinhaltet keine Dekonstruktion der Politik; vielmehr stellt sie gerade jene Termini, in denen sich die Identität artikuliert, als politisch dar. Damit stellt diese Kritik den fundamentalistischen Rahmen in Frage, in dem der Feminismus als Identitätspolitik artikuliert wurde. Das innere Paradox dieses Fundamentalismus ist, daß er gerade jene »Subjekte« voraussetzt, fixiert und einschränkt, die er zu repräsentieren und zu befreien wünscht. [...] Würden die Identitäten nicht länger als Prämissen eines politischen Syllogismus fixiert und die Politik nicht mehr als Satz von Verfahren verstanden, die aus den angeblichen Interessen vorgefertigter Subjekte abgeleitet werden, so könnte aus dem Niedergang der alten eine neue Konfiguration der Politik entstehen. Die kulturellen Konfigurationen von Geschlecht und Geschlechtsidentität könnten sich vermehren [...], indem man die Geschlechter-Binarität in Verwirrung bringt und ihre grundlegende Unnatürlichkeit enthüllt. (ebd., 218)

Der Anregungswert eines solchen Ansatzes ist für Literatur- und Kulturwissenschaften relativ hoch, für Geschichts-, Politik- und Sozialwissenschaften ist ein solcher Politik-Begriff dagegen mit den Wissenschaftstraditionen und der Forschungspraxis in den jeweiligen Fächern schwer vermittelbar. Noch schwieriger sind die Vermittlungsprobleme im Bereich der ›Frauenpolitik‹. Die feministischen Theoriedebatten erscheinen gerade Frauen, die in der Praxis tätig sind, als bloße Theorien, die keine Bedeutung für den Alltag haben. Kants berühmtes Raisonnement *Über den Gemeinspruch: Das mag in der Theorie richtig sein, taugt aber nicht für die Praxis* (1793) scheint einmal mehr seine Richtigkeit zu beweisen.

Tatsächlich ist das Theorie-Praxis-Verhältnis als Kernstück der Politik kein genderspezifisches Problem. Es stellt sich aber für den Bereich der Gender-Studien deshalb besonders kraß, weil die Gender-Forschung von ihrem Anspruch her gesellschaftliche Verhältnisse nicht nur in Frage stellt, sondern auch verändern möchte. Die Pro- und Contra-Debatten über ein Verbot der Pornographie, über Frauenförderung und Institutionalisierung von Frauenforschung zum Beispiel verlaufen deshalb so heftig, weil hier der Bereich des Politischen unmittelbar tangiert ist. Die Gender-Studien treten ein schwieriges Erbe an, das aber auch eine große Chance in sich birgt, das alte Theorie-Praxis-Verhältnis zu überdenken und einen Politik-Begriff zu entwickeln, der in den verschiedenen Disziplinen und ideologischen Lagern sowie über die Geschlechtergrenzen hinaus konsensfähig ist.

Literatur

Allerkamp, Andrea: *Die innere Kolonisierung. Bilder und Darstellungen des/der Anderen in deutschsprachigen, französischen und afrikanischen Literaturen des 20. Jahrhunderts.* Köln u.a. 1991.

Angerer, Marie-Luise: *Body Options. Körper. Spuren. Medien.* Wien 1999.

– : *The Body of Gender. Körper/Geschlechter/Identitäten.* Wien 1995.

Anzieu, Didier: *Das Haut-Ich.* Frankfurt a. M. 1992.

Badinter, Elisabeth: *Emilie. Emilie. Weiblicher Lebensentwurf im 18. Jahrhundert.* München/Zürich 1983.

Barta-Fliedel, Ilsebill u. a. (Hg.): *Rhetorik der Leidenschaft Zur Bildsprache der Kunst im Abendland.* Hamburg/München 1999.

Baumann, Hermann: *Das doppelte Geschlecht. Ethnologische Studien zur Bisexualität in Ritus und Mythos.* Berlin ^{2}1980.

Benhabib, Seyla u. a. (Hg.): *Der Streit um Differenz. Feminismus und Postmoderne in der Gegenwart.* Frankfurt/M. 1993.

Benjamin, Jessica (Hg.): *Unbestimmte Grenzen. Beiträge zur Psychoanalyse der Geschlechter.* Frankfurt a. M. 1994.

Benthien, Claudia: *Haut. Literaturgeschichte Körperbilder Grenzdiskurse.* Reinbek 1999

Berger, Renate/Stephan, Inge (Hg.): *Weiblichkeit und Tod in der Literatur.* Köln/Wien 1987.

Bettinger, Elfi/Fuchs, Julika (Hg.): *Maskeraden. Geschlechterdifferenz in der literarischen Inszenierung.* Berlin 1995.

Böhme, Hartmut: *Kulturgeschichte des Wassers.* Frankfurt a. M. 1988a.

– : *Natur und Subjekt.* Frankfurt a. M. 1988b.

Bossinade, Johanna: *Das Beispiel Antigone. Textsemiotische Untersuchungen zur Präsentation der Frauenfigur.* Köln, Wien 1990.

Bovenschen. Silvia: »Über die Frage: Gibt es eine weibliche Ästhetik?« In: *Ästhetik und Kommunikation 25,* 1976.

Braun, Christina von/Dietze, Gabriele (Hg.): *Multiple Persönlichkeit. Krankheit, Medium oder Metapher.* Frankfurt a. M. 1999.
Brinker-Gabler, Gisela (Hg.): *Deutsche Literatur von Frauen.* 2 Bde. München 1988.
Bronfen, Elisabeth: *Das verknotete Subjekt. Hysterie in der Moderne.* Berlin 1998.
– : *Nur über ihre Leiche. Tod, Weiblichkeit und Ästhetik.* München 1994.
– : /u. a. (Hg.): *Trauma. Zwischen Psychoanalyse und kulturellem Deutungsmuster.* Köln u. a. 1999.
Bußmann, Hadumod/Hof, Renate (Hg.): *Genus. Zur Geschlechterdifferenz in den Kulturwissenschaften.* Stuttgart 1995.
Butler, Judith: *Das Unbehagen der Geschlechter.* Frankfurt a. M. 1991.
– : *Haß spricht. Zur Politik des Performativen.* Berlin 1998.
– : *Körper von Gewicht. Die diskursiven Grenzen des Geschlechts.* Berlin 1995.
Caduff, Corina/Weigel, Sigrid (Hg.): *Das Geschlecht der Künste.* Köln/Wien 1996,
Chapeaurouge, Donat de: *»Das Auge ist ein Herr, das Ohr ist ein Knecht«. Der Weg von der mittelalterlichen Malerei zur abstrakten Malerei.* Wiesbaden 1983.
Clauss, James J./Johnston, Sarah Iles (Hg.): *Medea. Essays on Medea in Myth, Literature, Philosophy and Art.* Princeton, New York 1997.
Cornell, Drucilla: *Die Versuchung der Pornographie.* Berlin 1995.
Davis, Natalie Zemon: *Drei Frauenleben. Glikl, Marie de l'Incarnation, Marie Sybille Merian.* Berlin 1996.
Devereux, George: *Die mythische Vulva.* Frankfurt a. M. 1985.
Dubost, Jean-Pierre (Hg.): *Bildstörung. Gedanken zu einer Ethik der Wahrnehmung.* Leipzig 1994.
Duby, George/Perrot, Michelle: *Geschichte der Frauen.* 5 Bde. Frankfurt a. M./New York 1993–1995.
Duden, Barbara: *Geschichte unter der Haut.* Stuttgart 1987.
Dülmen, Richard von (Hg.): *Erinnerung des Menschen. Schöpfungsträume und Körperbilder.* Köln/Wien 1998
Dux, Günter: *Die Spur der Macht im Verhältnis der Geschlechter. Über den Ursprung der Ungleichheit zwischen Mann und Frau.* Frankfurt a. M. 1992.
Eckert, Gisela (Hg.): *Kein Land in Sicht. Heimat, weiblich?* München 1996.
Feher, Michel u. a. (Hg.): *Fragments for a History of the Human Body.* 3 Bde. New York 1989.
Feministische Studien: Kritik der Kategorie Geschlecht Jg. 11, H. 2 (1993).
Flacke, Monika (Hg.): *Mythen der Nationen: ein europäisches Panorama.* Deutsches Historisches Museum. Berlin 1998.
Flax, Jane: *Thinking Fragments. Psychoanalysis, Feminism and Postmodernism in the Contemporary West.* Berkeley u. a. 1990.
Flusser, Vilém: *Vom Subjekt zum Projekt.* Bensheim/Düsseldorf 1994.
Foucault, Michel: *Sexualität und Wahrheit.* 3 Bde. Frankfurt a. M. 1977.
Frauen Literatur Geschichte. Hg. Hiltrud Gnüg/Renate Möhrmann. Stuttgart/Weimar [2]1999.
Garber, Marjorie: *Verhüllte Interessen. Transvestismus und kulturelle Angst.* Frankfurt a. M. 1993.
– : *Vice Versa. Bisexualität and the Eroticism of Everyday Life.* New York u. a. 1996.
Gascard, Johannes R.: *Medea-Morphosen. Eine mythopsychohistorische Untersuchung der Rolle des Mann-Weiblichen im Kulturprozeß.* Berlin 1993.
Gilman, Sander L.: *Freud, Identität und Geschlecht.* Frankfurt a. M. 1994.
Girard, René: *Das Heilige und die Gewalt.* Frankfurt a. M. 1992.
Gössmann, Elisabeth: *Das wohlgelehrte Frauenzimmer.* München 1984.
– : (Hg.): *Kennt der Geist kein Geschlecht?* München 1994.
Gottgetreu, Sabine: *Der bewegliche Blick. Zum Paradigmenwechsel in der feministischen Filmtheorie.* Frankfurt a. M. 1992.

Göttner-Abendroth, Heide: *Die Göttin und ihr Heros.* München 1980.
Gould, Carol C. (Hg.): *Gender. Key Concepts in Critical Theory.* New Jersey 1997.
Greenblatt, Stephen: *Wunderbare Besitztümer. Die Erfindung des Fremden.* Berlin 1994.
Hacking, Ian: *Multiple Persönlichkeit. Zur Geschichte der Seele in der Moderne.* München/Wien 1996.
Hahn, Barbara: *Unter falschem Namen. Von der schwierigen Autorschaft der Frauen.* Frankfurt a. M. 1991.
– : (Hg.): *Frauen in den Kulturwissenschaften. Von Lou Andreas Salomé bis Hannah Arendt.* München 1994.
Haraway, Donna: »Ein Manifest für Cyborgs«. In: *Die Neuerfindung der Natur. Primaten, Cyborgs und Frauen.* Frankfurt a. M./New York 1995, S. 33–72.
Harding, Sandra: *Das Geschlecht des Wissens. Frauen denken die Wissenschaft neu.* Frankfurt a. M./New York 1994.
Herminghouse, Patricia/Müller, Magda (Hg.): *Gender and Germanness. Cultural Production of Nation.* Providence/Oxford 1997.
Herdt, Gilbert (Hg.): *Third Sex, Third Gender. Beyond Sexual Dimorphism in Culture and History.* New York 1994.
Higgins, Lynn A./Silver, Brenda R. (Hg.): *Rape and Representation.* New York 1991.
Hirschauer, Stefan: *Die soziale Konstruktion der Transsexualität.* Frankfurt a. M. 1993.
Hof, Renate: *Die Grammatik der Geschlechter. »Gender« als Analysekategorie der Literaturwissenschaft.* Frankfurt a. M./New York 1995.
Huber, Jörg/ Müller Alois (Hg.): »Kultur« und »Gemeinsinn«. Frankfurt a. M./Basel 1994.
Jardine, Alice/Smith, Paul (Hg.): *Men in Feminism.* New York/London 1987.
Kaiser, Nancy (Hg.): *Selbst Bewußt. Frauen in den USA.* Leipzig 1994.
Kaplan, E. Ann: »Ist der Blick männlich?« In: *Frauen und Film* 36 (1984).
King, Margaret L.: *Frauen in der Renaissance.* München 1993.
Kittler, Friedrich A.: *Aufschreibesysteme 1800 · 1900.* München 1985.
Kohn-Wächter, Gudrun: *Schrift der Flammen. Opfermythen und Weiblichkeitsentwürfe im 20. Jahrhundert.* Berlin 1991.
Laplanche, Jean/Pontalis, J.B.: *Urphantasie. Phantasien über den Ursprung, Ursprünge der Phantasie.* Frankfurt a. M. 1992.
Laqueur, Thomas: *Auf den Leib geschrieben. Die Inszenierung der Geschlechter von der Antike bis Freud.* Frankfurt a. M./New York 1992.
Lauretis, Teresa de: *Technologies of Gender. Essays on Theory, Film, and Fiction.* Bloomington, Indianapolis 1987.
Lehnert, Gertrud: *Maskeraden und Metamorphosen. Als Männer verkleidete Frauen in der Literatur.* Würzburg 1994.
Lewis, Reina: *Gendering Orientalism.* London/New York 1996.
Lindemann, Gesa: *Das paradoxe Geschlecht. Transsexualität im Spannungsfeld von Körper, Leib und Gefühl.* Frankfurt a. M. 1993.
Lundt, Bea: *Auf der Suche nach der Frau im Mittelalter.* München 1991.
MacKinnon, Catherine: *Nur Worte.* Frankfurt a. M. 1994.
Manthey, Jürgen: *Wenn Blicke zeugen könnten. Eine psychohistorische Studie über das Sehen in Literatur und Philosophie.* München 1983.
Marko, Gerda: *Schreibende Paare.* Zürich/Düsseldorf, 1995.
Mayer, Mathias/Neumann, Gerhard (Hg.): *Pygmalion. Die Geschichte des Mythos in der abendländischen Kultur.* Freiburg 1997.
Meise, Helga: *Die Unschuld und die Schrift. Deutsche Frauenromane im 18. Jahrhundert.* Berlin/Marburg 1983.

Metzler Autorinnen Lexikon. Hg. Ute Hechtfischer u. a. Stuttgart/Weimar 1998.
Meyer-Abichs, Klaus Michael: *Praktische Naturphilosophie.* München 1997.
Mitscherlich, Margarethe: *Die friedfertige Frau.* Frankfurt a. M. 1987.
Müller-Kampel, Beatrix: *Mythos Don Juan.* Leipzig 1999.
Müller-Tamm, Pia/Sykora, Katharina (Hg.): *Puppen, Körper, Automaten. Phantasmen der Moderne.* Düsseldorf 1999.
Öhlschläger, Claudia: *Unsägliche Lust des Schauens. Die Konstruktion der Geschlechter im voyeuristischen Text.* Freiburg 1996.
– : / Wiens, Birgit (Hg.): *Körper – Gedächtnis – Schrift. Der Körper als Medium kultureller Erinnerung.* Berlin 1997.
Pelz, Annegret u. a. (Hg.): *Frauen Literatur Politik.* Berlin 1988.
Pelz, Annegret: *Reise durch die eigene Fremde.* Köln, Wien 1993.
Peters, Sibylle/Jantz, Janina: *Diana oder die perfekte Tragödie.* Köln u. a. 1998.
Plessen, Marie-Louise (Hg.): *Marianne und Germania. Frankreich und Deutschland.* Berlin 1996.
Pöschel, Sabine: *Studien zur Ikonographie der Erdteile in der Kunst des 16.–18. Jahrhunderts.* Augsburg 1985.
Ranke-Graves, Robert von: *Die weiße Göttin. Sprache des Mythos.* Berlin 1991.
Said, Edward: *Orientalism.* New York 1978.
Schade, Sigrid u. a. (Hg.): *Allegorien und Geschlechterdifferenz.* Köln/Wien 1995.
Schaps, Regina: *Hysterie und Weiblichkeit.* Frankfurt a. M./New York 1982.
Schiebinger, Londa: *Am Busen der Natur. Erkenntnis und Geschlecht in den Anfängen der Wissenschaft.* Stuttgart 1993a.
– : *Schöne Geister. Frauen in den Anfängen der modernen Wissenschaft.* Frankfurt a. M., New York 1993b.
Schlesier, Renate: *Mythos und Weiblichkeit bei Sigmund Freud. Zum Problem der Entmythologisierung und Remythologisierung in der psychoanalytischen Theorie.* Frankfurt a. M. 1981.
Schuller, Alexander/Hein, Nikolaus (Hg.): *Vermessene Sexualität.* Berlin u. a. 1987.
Sedgwick, Eve Kosofsky: *Between Men. English Literature and Male Homosocial Desire.* New York 1985.
Showalter, Elaine (Hg.): *Speaking of Gender.* New York 1989.
– : *Hystorien. Hysterische Epidemien im Zeitalter der Medien.* Berlin 1997.
Der Sinn der Sinne. Hg. Kunst- und Ausstellungshalle der Bundesrepublik Deutschland. Göttingen 1998.
Smith, Garry/Emrich, Hinderk M. (Hg.): *Vom Nutzen des Vergessens.* Berlin 1996.
Smith, Sabine H.: *Sexual Violence in German Culture.* Frankfurt a. M. u. a. 1998.
Stafford, Barbara: *Body Criticism.* Massachusetts 1991.
Steiner, George: *Die Antigonen. Geschichte und Gegenwart eines Mythos.* München/Wien 1988.
Stephan, Inge: *Das Schicksal der begabten Frau.* Stuttgart 1989.
– : *Die Gründerinnen der Psychoanalyse.* Stuttgart 1992.
– : *Musen & Medusen.* Köln u. a. 1997.
Storch, Wolfgang (Hg.): *Mythos Orpheus.* Leipzig 1997.
Strossen, Nadine: *Zur Verteidigung der Pornographie. Für die Freiheit des Wortes, Sex und die Rechte der Frauen.* Zürich 1997.
Tasten. Hg. Kunst- und Ausstellungshalle der Bundesrepublik Deutschland. Göttingen 1996.
Tatar, Maria: *Lustmord. Sexual Murder in Weimar Germany.* Princeton 1995.
Theweleit, Klaus: *Männerphantasien.* 2 Bde. Frankfurt a. M. 1977.
– : *orpheus und eurydike.* Frankfurt a. M./Basel 1988.
– : *Buch der Könige.* 3 Bde. Frankfurt a. M. 1988–1994.
– : *Pocahontas I und IV.* Frankfurt a. M./Basel 1999.

Trömel-Plötz, Senta: *Gewalt durch Sprache.* Frankfurt a. M. 1984.
Utz, Peter: *Das Auge und das Ohr im Text. Literarische Sinneswahrnehmung in der Goethezeit.* München 1990.
Vernant, Jean-Pierre: *Tod in den Augen. Figuren des Anderen im griechischen Altertum.* Frankfurt a. M. 1988.
Virilio, Paul: *Die Eroberung des Körpers.* München, Wien 1994.
Vogt, Rolf: *Psychoanalyse zwischen Mythos und Aufklärung oder das Rätsel der Sphinx.* Frankfurt a. M./New York 1986.
Wagner, Nike u. a.: *Mann, sei nicht so hysterisch.* München 1991.
Walsh, Mary Roth (Hg.): *Women, Men, and Gender. Ongoing Debates.* New Haven/London 1997.
Warburg, Aby: *Schlangenritual. Ein Reisebericht.* Berlin 1988.
Weigel, Sigrid: *Topographien der Geschlechter.* Reinbek 1990.
– : *Bilder des kulturellen Gedächtnisses.* Dülmen/Hiddingsel 1994.
Weiler, Gerda: *Der enteignete Mythos. Eine feministische Revision der Archetypenlehre C.G. Jungs und Erich Neumanns.* Frankfurt a. M. 1991.
Weissberg, Liliane (Hg.): *Weiblichkeit als Maskerade.* Frankfurt a. M. 1994.
Wenk, Silke: *Versteinerte Weiblichkeit.* Köln/Wien 1996.
Wenzel, Horst: *Hören und Sehen. Schrift und Bild. Kultur und Gedächtnis im Mittelalter.* München 1995.
Wesel, Uwe: *Der Mythos vom Matriarchat.* Frankfurt a. M. 1980.
Wobbe, Theresa/Lindemann, Gesa (Hg.): *Denkachsen. Zur theoretischen und institutionellen Rede vom Geschlecht.* Frankfurt a. M. 1994.
Wollen wir immer noch alles? Frauenpolitik zwischen Traum und Trauma. Dokumentation der 7. Sommeruniversität für Frauen. Berlin 1984.
Wunder, Heide: »*Er ist die Sonn', sie ist der Mond*«. *Frauen in der frühen Neuzeit.* München 1992.

4. Gender, Geschlecht und Männerforschung

Willi Walter

Wer einen prägnanten Einblick in das Feld der Männerstudien und Männerforschung geben möchte, sieht sich mit einer Vielzahl von höchst unterschiedlichen Ansätzen, Zugängen und Definitionen konfrontiert, die auch zu unterschiedlichen Begriffen für dieses Feld geführt haben. Im englischsprachigen Raum werden die Bezeichnungen *Men's Studies, [The] New Men's Studies, Studies of Men / Studies on Men, The Critique of Men, Critical Studies on Men [and Masculinities], Research on Men [and Masculinities]* oder *Gender Studies* benutzt. Im Deutschen werden *Männerforschung, [Antisexistische] Männerstudien, Reflexive oder Kritische Männerforschung, Männlichkeitsforschung, Männer- und Geschlechterforschung, Geschlechterforschung* oder *geschlechtssensible soziale Ungleichheitsforschung* verwendet.

Um dieser Vielfalt der Zugänge und dem Reflexionsprozeß darüber wenigstens annähernd gerecht zu werden, soll der historische Entwicklungsprozeß in groben Zügen nachvollzogen werden. Dabei sollen die wichtigsten Ansätze zur Konzeptionalisierung von Männlichkeiten benannt werden, wobei aufgrund der gebotenen Kürze nur der derzeit wirkungsmächtigste eine genaue Darstellung erfährt. Die Zahl der Veröffentlichungen mit ›wissenschaftlichem‹ Anspruch zu Männern und Männlichkeiten ist in den letzten zwölf Jahren stetig und in den letzten fünf Jahren noch einmal sehr stark angestiegen, so daß im Anschluß nur eine Auswahl der wichtigsten Themen und Forschungsschwerpunkte skizziert werden kann.

Die Entwicklung der Men's Studies

In den USA haben sich die ersten *Männerstudien* ab Mitte der 70er Jahre in Auseinandersetzung mit der feministischen Theoriebildung, den entstehenden *Gay Studies* und mit der *Geschlechtsrollentheorie* entwickelt. Joseph H. Pleck begann in dem zusammen mit Jack Sawyer herausgegebenen Band *Men and Masculinity* (1974) eine radikale Kritik und Neubewertung der im wissenschaftlichen Mainstream bis dahin gültigen Vorstellung der männlichen Geschlechtsrolle. In seinen weiteren Publikationen (z. B. 1976, 1981, 1987) widerlegt er – analog zur zeitgenössischen feministischen Kritik an der Rollentheorie – die Vorstellung einer aus der Biologie des Mannes erwachsenden, quasi ›natürlichen‹ oder ›normativ-gesunden‹ Männlichkeit. Er differenziert die ›traditionelle‹ von der ›modernen‹ Männerrolle und analysiert (wie viele andere, so z.B. auch O'Neil 1981, 1982) die negativen und belastenden Seiten der Männerrolle. Es sei treffender, statt von männlicher Geschlechtsrollen*identität* von Geschlechtsrollen*druck* zu sprechen. In dieser Analyse wird nicht die Abweichung von der gesellschaftlich als ›normal‹ betrachteten Geschlechtsrolle als ›krankhaft‹ diagnostiziert, sondern die der Männerrolle inhärenten ›Rollenspannungen‹ werden umgekehrt als krankmachend angesehen. In Teilen der stark anwachsenden Ratgeber- und Männerverständigungsliteratur wird diese Sichtweise aufgegriffen und (patriarchale) Männlichkeit häufig unter einer Defizitperspektive beschrieben (vgl. Meuser 1998, 135–147). Wie sich im weiteren zeigt, wird jedoch auch die so modifizierte Rollentheorie aus der Perspektive von Frauen- und Männerforschung grundsätzlich in Frage gestellt.

Mitte bis Ende der 80er Jahre erscheint eine neue Generation von Männerstudien. Sie versuchen, Männlichkeitsforschung als neues und notwendiges Forschungsgebiet zu begründen. Dies scheint dringend notwendig, weil die feministische Kritik die traditionelle, vorgeblich objektiv-wertfreie Wissenschaft als *Männerwissenschaft* entlarvte: Die Forschenden waren bis dato fast ausschließlich Männer. Daraus wird gefolgert, daß die Erfahrung von Frauen entweder systematisch ausgegrenzt oder in an Männern orientierten Kategorien gefaßt wurde und daß der *Mann* zur *Norm* und zum Synonym für *Mensch* erhoben wurde. *Männer*forschung von Männern und über Männer, so scheint diese Perspektive nahezulegen, sei nicht erst neu zu etablieren, da die traditionelle Wissenschaft von Männern betrieben wurde, die zwar Mensch sagten, aber Mann meinten. Dies würde allerdings voraussetzen, daß bei der ›Verallgemeinerung‹ von Mann zu Mensch und von männlich zu menschlich in bezug auf das verallgemeinerte Geschlecht nichts verloren bzw. verborgen würde (vgl. Brod 1987, 39ff.).

Genau dem widersprechen diejenigen, die eine *neue* Männerforschung mit einem ihr spezifischen Erkenntnisinteresse fordern und begründen wollen. Wegweisend sind die fast zeitgleich erscheinenden Aufsatzsammlungen, die von Harry Brod (1987), Michael Kaufman (1987), und Michael Kimmel (1987) herausgegeben werden. Ihnen gemeinsam ist das Anknüpfen an eine feministische Theorietradition und an die seit Anfang der 70er Jahre langsam wachsende antisexistische Männerbewegung, in der sich alle drei Herausgeber mit Nachdruck engagiert haben (vgl. Walter 1996). Gefordert wird (hier exemplarisch) von Harry Brod (1987) in dem von ihm herausgegebenen Band zur Begründung einer *New Men's Studies* eine neue, antisexistische und profeministische Männerforschung, in der *Männer als Geschlechtswesen* untersucht werden und die männliche Erfahrungen als spezifische und kulturell wie geschichtlich variierende zum Thema macht:

> »While *seemingly* about men, traditional scholarship's treatment of generic man as the human norm in fact systematically excludes from consideration what is unique to men *qua* men. The overgeneralization from male to generic human experience not only distorts our understanding of what, if anything, is truly generic to humanity but also precludes the study of masculinity as a *specific male* experience, rather than a universal paradigm for *human* experience« (Brod 1987, 40).

Bis in die heutige Zeit reicht innerhalb der Männerforschung die Diskussion darum, wie sie sich bezeichnen soll bzw. darf. Insbesondere Forscher aus Großbritannien, jedoch auch aus den USA, sehen den Begriff *Men's Studies* als problematisch an. Es wird befürchtet, daß eine so benannte Disziplin in Konkurrenz zu *Women's Studies* treten könne – was nicht sein dürfe (z. B. Morgan 1992, Brod 1987, Hearn/Morgan 1990).

Zudem wird kritisiert, daß der Begriff eine Symmetrie von *Men's* und *Women's Studies* suggeriere. Alternativ wird deshalb z.B. von Jeff Hearn u.a. die Bezeichnung *The Critique of Men* vorgeschlagen (vgl. Hearn/Morgan 1990). Gleichzeitig wird in diesem Kontext von der Notwendigkeit der Nach- oder Unterordnung von Männerforschung gegenüber der feministischen Frauenforschung gesprochen. Zudem wird die These vertreten, Männerforschung sei die Sache von Frauen und Männern, während Frauenforschung ausschließlich Frauensache sei: »There is no parity between women's studies and the critique of men. While we see women's studies as being by women, of women, and for women, the critique of men is by both women and men« (Hearn/Morgan 1990, 203f.). Hearn fordert außerdem, daß Frauen die (politische) Kontrolle über die Geschlechter- und ebenso über die Männerforschung haben müssen: »[P]olitical control of Women's Studies and Gender Research, including Critical Studies on Men, needs to remain with women« (Hearn 1999, 5).

Konzeptualisierung von Männlichkeiten

Hinter der Auseinandersetzung um den Namen stehen unterschiedliche theoretische Erklärungskonzepte für das Geschlechterverhältnis. In seiner auch kapitalismuskritischen Herrschaftsanalyse reproduziert Hearn im Kern ein klassisches (früh-) feministisches Patriarchatskonzept, geht dabei allerdings auch verstärkt darauf ein, daß nicht nur der Kapitalismus, sondern auch das Patriarchat als ein System begriffen werden muß, das sich nicht nur gegen Frauen und Kinder, sondern auch gegen Angehörige der ›herrschenden Klasse‹ – gegen Männer – richtet. Hearn begreift Männer als Akteure eines Unterdrückungssystems, dem sie nicht entrinnen können. Sie sind, so der Titel seines 1987 erschienenen Buches, *The Gender of Oppression.* Zu Recht kritisiert Michael Meuser aus soziologischer Sicht, daß ein solches Konzept in seiner Konsequenz nicht nur zu deterministisch ist, sondern auch die »[...] Vielfalt der Beziehungen [...], die Männer untereinander haben, und seien es auch nur solche, die machtförmig strukturiert sind,« nicht angemessen fassen kann (1998, 96; vgl. auch ebd., 93ff.).

Ein differenzierteres Konzept hat der australische Soziologe Robert Connell entwickelt. Dieses hat innerhalb des internationalen Männlichkeiten- und Gender-Diskurses inzwischen eine sehr breite Rezeption erfahren und soll daher ausführlicher dargestellt werden. Er unternimmt den Versuch, eine »politische Soziologie der Männer in Geschlechter-Verhältnissen« (Connell 1995, 27) zu entwickeln. Dabei kritisiert er sowohl die Rollentheorie als auch Versuche, Männlichkeit »gänzlich innerhalb der Welt der Diskurse« (ebd., 25) anzusiedeln, als unzulänglich. In Anlehnung an andere Kritiker/innen bemängelt er an der Rollentheorie, daß sie nicht über eine kohärente Begrifflichkeit für die Erfassung von Machtaspekten verfüge. Sie »übertreibt das Ausmaß, in dem das soziale Verhalten der Menschen vorgeordnet ist. Aber gleichzeitig untertreibt sie soziale Ungleichheit und Macht, indem sie von wechselseitigen Erwartungszwängen ausgeht« (1999, 45). Auch wenn sie in der Lage ist, beispielsweise die ›weiße männliche Rolle‹ von der ›schwarzen männlichen Rolle‹ zu unterscheiden, so werden im Konzept der Männerrolle doch vor allem Unterschiede zwischen den Geschlechtern betont und ›übertrieben‹, andere Dominanzstrukturen wie ethnische Zugehörigkeit, Klasse oder sexuelle Orientierung jedoch vernachlässigt (vgl. Connell 1999, 46; 1995, 25; 1987, 47ff.).

Connell versucht, dem eine dynamische Theorie der Geschlechterverhältnisse gegenüberzustellen, welche die Vielfalt der Lebensrealitäten zu fassen vermag. Er faßt das (soziale) Geschlecht als soziale Praxis, die »kreativ und erfinderisch, aber nicht ursprünglich« (1999, 92) ist. Diese Praxis bewegt sich im Rahmen gegebener Strukturen und reagiert auf diese. Gleichzeitig werden diese Strukturen durch menschliche Praxis verändert. Insofern konstituiert *und* rekonstruiert sie Strukturen. Sie ist – hier rekurriert Connell auf die Begrifflichkeit des Philosophen Karel Kosik – *ontoformativ*: Sie »erschafft die Wirklichkeit, in der wir leben« (ebd., 84). In Abgrenzung zu rein konstruktivistischen Ansätzen faßt Connell ›Geschlecht‹ als *körperreflexive Praxis*, die sich in den Körper einschreibt und gleichzeitig auf ihn bezogen ist, ohne sich auf ihn zu reduzieren (vgl. ebd., 79ff.).

Um der Mehrdimensionalität der Struktur des sozialen Geschlechts gerecht zu werden, schlägt Connell für die westlichen Gesellschaften ein (zumindest) dreistufiges Modell vor (vgl. hier und folgend Connell 1999, 92ff. u. 1987, 91ff.). Er unterscheidet:

1. *Machtbeziehungen*, vor allem jene, die eine Dominanz von Männern und eine Unterordnung von Frauen bewirken.

2. *Produktionsbeziehungen*, die sich in einem kapitalistischen Wirtschaftssystem manifestieren, das auf einer geschlechtsspezifischen *Arbeitsteilung* basiert und zu geschlechtsspezifischen Akkumulationsprozessen führt.

3. *Emotionale Bindungsstrukturen (Katexis)*, die – anlehnend an Freuds Begriff der ›libidinösen Besetzung‹ – das sexuelle Begehren, die Objektwahl und emotionale Energien umfassen und in unserer Gesellschaft in einem die Dominanz der Männer stützenden System von (Zwangs-) Heterosexualität formiert werden. In den jüngsten Überlegungen fügt Connell zudem die Ebene der *Symbolisierung* im Sinne der kulturellen symbolischen Repräsentanz der Geschlechter ein (vgl. Connell 1998, 96).

Das so gefaßte soziale Geschlecht ist auch für Connell verwoben mit anderen sozialen Strukturen. Für ihn sind *Klasse* und *Ethnie* (»race«) – aber auch die *globale Ungleichheit* oder »Position in der Weltordnung« (ebd.) – Kategorien, die im Zusammenhang mit sozialem Geschlecht gedacht und berücksichtigt werden müssen. Um verschiedene Formen von Männlichkeit konzeptionell fassen zu können, will Connell über eine bloße Kombination dieser Kategorien hinausgehen. Er hält es zwar für einen richtigen ersten Schritt, nicht mehr von der Männlichkeit zu sprechen, sondern ›schwarze‹ und ›weiße‹ sowie ›Arbeiterklasse- und Mittelschichtsmännlichkeit‹ zu unterscheiden. Allerdings gibt es auch weder »*eine* schwarze Männlichkeit, [... noch] *eine* Arbeiterklassen-Männlichkeit« (ebd., 97). Daher begründet er ein offenes und dynamisches Konzept *Hegemonialer Männlichkeit*.

Dabei bezieht er sich in mehrfacher Hinsicht explizit auf das Hegemoniekonzept, welches Antonio Gramsci für Klassenbeziehungen entwickelt hat. Zwei Ebenen sind dabei besonders hervorzuheben:

1. Hegemonie ist nichts Statisches, Unveränderbares. Hegemonial ist das, was sich in einer historisch spezifischen Situation gegen konkurrierende Möglichkeiten durchsetzt. Was hegemonial ist, kann herausgefordert und bei neuen Konstellationen auch verändert oder verstoßen werden.
2. Hegemonie zeichnet sich – etwa im Gegensatz zur reinen Gewaltherrschaft – dadurch aus, daß sie neben der Option der angedrohten oder realen Gewalt auch auf ein großes Maß an Autorität – das bedeutet auch Zustimmung oder zumindest Duldsamkeit der Beherrschten – aufbaut.

Connell wendet dies auf das Geschlechterverhältnis an: »Hegemoniale Männlichkeit kann man als jene Konfiguration geschlechtsbezogener Praxis definieren, welche die momentan akzeptierte Antwort auf das Legitimationsproblem des Patriarchats verkörpert und die Dominanz der Männer sowie die Unterordnung der Frauen gewährleistet (oder gewährleisten soll)« (1999, 98). Wie aus dieser Definition schon deutlich wird, geht Connell davon aus, daß Hegemonie eine »historisch bewegliche Relation« (ebd.) ist. Allerdings, und hierin liegt wesentlich die Stärke seines Ansatzes, beschreibt sein Konzept nicht nur ein Herrschaftsverhältnis zwischen Männern und Frauen, sondern auch jenes zwischen Männern bzw. zwischen verschiedenen Männlichkeiten. Das hegemoniale Verhältnis zwischen verschiedenen Gruppen strukturiert sich nach den Prinzipien von Unterordnung, Komplizenschaft und Marginalisierung (vgl. hier und folgend Connell 1999, 97ff.).

Das Prinzip der *Unterordnung* manifestiert sich laut Connell in unserer Kultur am deutlichsten durch die Unterordnung von homosexuellen Männern. In der männlichen Geschlechterhierarchie stehen diese am untersten Ende. Ihnen wird das zugeschoben, was hegemoniale Männlichkeit am stärksten bedroht.

Das Prinzip der *Komplizenschaft* verweist darauf, daß es einerseits zahlenmäßig nur wenige Männer gibt, die die hegemonialen Muster konsequent umsetzen können. Andererseits profitiert nach Connell die Mehrheit der Männer von der gesellschaftlichen Hegemonie von Männlichkeit. Auch wenn sie innerhalb der männlichen Hierarchie weiter unten stehen, so können sie trotzdem teilhaben an der Höherbewertung des Männlichen. Dafür benutzt Connell den Begriff der *patriarchalen Dividende.* Um ein einfaches Beispiel zu geben: Auch ein in der Hierarchie ganz unten stehender, arbeitsloser Mann kann noch an der Ideologie festhalten (und sich an ihrer Reproduktion beteiligen), Männer seien grundsätzlich die Familienernährer und Frauen für den Haushalt zuständig.

Marginalisierung oder *Ausgrenzung* nennt Connell einen Mechanismus, der vor allem dann zum Tragen kommen, wenn man das soziale Geschlecht mit den Kategorien ›Klasse‹ und ›Ethnie‹ in Beziehung setzt. Eines seiner Beispiele ist die symbolische Besetzung, Zuschreibung und Verwertung, welche schwarze Männlichkeit in einer von Weißen dominierten Gesellschaft haben: »So werden beispielsweise schwarze Sportstars zu Musterbeispielen männlicher Härte, während [... das Schreckgespenst] des schwarzen Vergewaltigers in der Geschlechterpolitik unter Weißen eine bedeutende Rolle spielt, die von den rechten Politikern in den USA nur zu gerne instrumentalisiert wird. Andererseits hält die hegemoniale Männlichkeit unter Weißen die institutionelle und physische Unterdrückung aufrecht, welche den Rahmen für die Konstruktion einer schwarzen Männlichkeit bilden« (Connell 1999, 101).

In den letzten Jahren hat Connell verstärkt analysiert, wie sich hegemoniale Männlichkeit verändert und einerseits internationalen *Modernisierungs-* und *Globalisierungsprozessen* unterliegt und andererseits diese strukturiert (vgl. 1995 u. 1998). Dabei beschreibt er, wie bereits Kolonialisierung von Anfang an ein nicht nur rassistischer, sondern auch »geschlechtsgebundener Prozeß« war und wie die Geschlechterordnungen der »eroberten« Gesellschaften nach den Prinzipien von *Verdrängung*, *Einordnung* und *Vermischung* reorganisiert wurden (1998, 94f.). Die Formen der imperialen hegemonialen Männlichkeit haben sich historisch stark verändert. Neoliberalismus, die Schaffung globaler Märkte und die damit einhergehende Konzentration von Macht in transnationalen Konzernen sind Merkmale neuer Machtkonstellationen, die ideologisch zunehmend in einer geschlechtsneutralen Sprache legitimiert werden, gleichwohl aber die »Welt der Geschlechterverhältnisse« (ebd., 100) strukturieren und neue Formen hegemonialer Männlichkeit hervorbringen (vgl. Connell 1998, 99ff.).

Obwohl Connells Theorie gegenüber den angesprochenen alternativen Konzeptualisierungen von Männlichkeit (Rollentheorie oder klassische Patriarchatskonzeption) deutliche Vorteile aufweist, hat es auch Grenzen. Connell kann sich in seiner Theorie nicht konsequent von einer dichotomen Patriarchatskonzeption lösen. Er vermag zwar hegemoniale Machtkonstellationen zwischen Männern differenzierter zu fassen, kann aber die Beteiligung von Frauen an der Produktion und Reproduktion der Geschlechterverhältnisse nicht präziser darstellen. In dieser Hinsicht ist ihm noch keine konsequente Übertragung von Gramscis Hegemoniekonzept auf das Geschlechterverhältnis gelungen. Zum zweiten ist Connells Konzeptualisierung von Geschlecht noch sehr stark in einem Zweigeschlechtermodell verhaftet, aus dem es keinen Ausweg zu geben scheint. Es gibt zwar verschiedene Männlichkeiten (und Weiblichkeiten), aber trotzdem immer nur *zwei* mit dem Körper/der Biologie nach wie vor verknüpfte, kategorial verschiedene Geschlechter (für eine weitere Kritik siehe auch Armbruster 1993, 1995 u. Whitehead 1999).

Zentrale Themen und Forschungsschwerpunkte

Die angesprochenen ›Selbstdefinitionsprozesse‹ der Männerstudien und die Versuche, für die Analyse von Geschlechterverhältnissen und/oder Männlichkeiten neue gesellschaftstheoretische Konzepte zu entwickeln, machen einen wichtigen, aber quantitativ minimalen Teil der Literatur zur Männerforschung aus. Die meisten Männerstudien orientieren sich an gängigen Methoden und Konzepten feministischer, sozial- oder kulturwissenschaftlicher Theoriebildung. Sie wenden die Kategorie ›Geschlecht‹ auf Männer und Männlichkeiten an und kommen so zu disziplin- oder themenbezogenem neuen Wissen über Männer, Männlichkeiten und Geschlechterverhältnisse. Neben Forschungen mit einem explizit geschlechterpolitischen oder praxisrelevanten Bezug gibt es zunehmend Publikationen, die einen Beitrag dazu leisten, Männlichkeiten als explizites Thema in den existierenden Disziplinen zu verankern. Hier soll eine exemplarische Auswahl zentraler Forschungsthemen vorgestellt werden.

Männliche Sozialisation

Im deutschsprachigen Raum haben Lothar Böhnisch und Reinhard Winter mit ihrer Publikation *Männliche Sozialisation. Bewältigungsprobleme männlicher Geschlechtsidentität im Lebenslauf* (1993) den ersten umfassenden Entwurf der Darstellung männlicher Sozialisation aus der Perspektive Kritischer Männerforschung vorgelegt. Dabei unterstützen sie die Kritik der »Äußerlichkeit« von klassischen Sozialisationstheorien (ebd., 19ff.) und fassen ›Mannsein‹ als »emotionale Bewältigungskategorie«. Im Bewältigungsbegriff betonen sie einerseits die Anforderungen gesellschaftlicher Strukturen und andererseits den aktiven Charakter des Subjekts der Sozialisation. Männliche Identität ist das Ergebnis eines lebenslangen sozial strukturierten, aber je individuell gestalteten Suchprozesses. Als grundlegende Bewältigungsprinzipien von Mannsein benennen sie:

1. *Externalisierung/Außenorientierung* (als grundlegendes Verbot, sich mit der emotionalen Innenwelt zu befassen),
2. *Gewalt* (gegen Frauen, gegen andere Männer und gegen sich selbst),
3. *Benutzung* (Funktionalisieren/Abwerten von anderen Menschen, aber auch der Umwelt),
4. *Stummheit* (aufgrund des fehlenden reflexiven Selbstbezugs über alles reden können, nur nicht über sich selbst),
5. *Alleinsein* (Zwang zur Autonomie, mit allem allein fertig zu werden),
6. *Körperferne* (Nichtwahrnehmen des eigenen Körpers, Angst vor körperlicher Nähe/Intimität mit anderen Jungen/Männern, Objektivierung von Frauen),
7. *Rationalität* (Abwertung und Verdrängung von Emotionalität) und
8. *Kontrolle* (Selbstkontrolle und Kontrolle der Umwelt).

Obwohl sich aus den genannten Bewältigungsstrategien ein eher düsteres Bild von Männlichkeit ergibt, versuchen die Autoren, »Wege zu einem anderen Mann-Sein« aufzuzeigen (vgl. Willems/Winter 1990; Rohrmann 1994). Der Entwurf von Böhnisch und Winter ist allerdings auch ein – leider typisches – Beispiel dafür, daß Männlichkeit unreflektiert als heterosexuell gedacht wird. Sie verweisen zwar kritisch auf die Abwertung von Homosexualität als Teil ›normaler‹ männlicher Sozialisation, gehen aber in ihrer Analyse implizit immer von heterosexuellen Männern aus.

Jungenforschung und Theoriebildung zu bewußter Jungenarbeit

Ein im deutschsprachigen Raum inzwischen vergleichsweise stark verbreitetes und praxisrelevantes Themengebiet ist die Theoriebildung zu Jungen und Jungenarbeit (vgl. hier und folgend Wegner 1995 und Winter 1996). In der feministischen Mädchen- und Frauenforschung wurde die schulische Koedukationsdebatte vor allem im Hinblick auf die strukturelle – und dem Lehrpersonal zumeist nicht bewußte – Benachteiligung von

Mädchen in gemischten Gruppen geführt. Mit dem Schlagwort »Jugendarbeit ist Jungenarbeit« wurden zudem die angebliche Geschlechtsneutralität außerschulischer Pädagogik kritisiert und Konzepte für eine parteiliche Mädchenarbeit entwickelt. Die ersten Reflexionen über die Situation von Jungen und Jungenarbeit entstanden auf der Grundlage dieser Analysen. Jungen wurden nicht selten als ›kleine Macker‹ gesehen, die eines gewaltpräventiven, antisexistischen Trainings bedürfen. Abgesehen davon, daß ein solcher Ansatz in seiner Umsetzung bei den Jungen auf Grenzen stieß, wurde auch in der Theoriebildung sehr bald klar, daß er zu kurz greift.

Neuere Ansätze berücksichtigen zusätzlich die Perspektive der Überforderungen und Zurichtungen, welchen Jungen in verschiedenen Institutionen, angefangen von der Familie über Kindergarten, Schule und Clique, ausgesetzt sind. Je nach Theoriehintergrund lassen sich verschiedene Ansätze unterscheiden. Als die heute wichtigsten drei benennt Wegner (1995) den *identitätstheoretischen*, den *emanzipatorischen* und den *antisexistischen* Ansatz. Allen Ansätzen ist gemeinsam, daß sie Männlichkeit als etwas begreifen, das »sozial erworben, erhalten, bewiesen/gezeigt werden, und [...] umgekehrt aberkannt werden kann« (ebd., 164). Jungenarbeit gilt immer als Versuch, Jungen den Zugang zu anderen Männlichkeiten zu ermöglichen. Zum zweiten wird die »besondere Rolle des Pädagogen als männliches Identifikationsmodell« (ebd.) hervorgehoben. Letzteres untermauern die Theorien über den Erwerb männlicher Geschlechtsidentität bei Jungen. Auch in Anknüpfung an die Klassikerinnen der feministischen Psychoanalyse (vor allem Dinnerstein, Chodorow und Olivier) wurden die Konsequenzen beschrieben, welche die Abwesenheit real erlebbarer männlicher Identifikationsfiguren für die frühkindliche Entwicklung bei Jungen hat (vgl. Rohrmann 1994). Wie beispielsweise Thoma und Rohrmann in ihrer Studie gezeigt haben, setzt sich das Fehlen von Männern in Kindertagesstätten fort und führt zu spezifischen Problemlagen bei Jungen. Neben der Forderung nach mehr Männern in diesen Bereichen wird daher eine gezielte Jungenarbeit begründet, in der der Person eines reflektierten männlichen Pädagogen eine besondere Rolle zukommt (Thoma u. a. 1996, Rohrmann/Thoma 1997).

Obwohl inzwischen viele Reflexionen und Praxisansätze vorliegen, gibt es neben der bereits zitierten Studie im deutschsprachigen Raum bisher fast keine repräsentativen empirischen und gut fundierten Forschungen über Jungen. Die Ergebnisse der ersten größeren Jungenstudie, die im Kontext von Schulforschung erhoben wurde, sind bei Zimmermann (1998) und für die pädagogische Arbeit mit Jungen bei Winter/Neubauer (1998) zu finden. In der Synopse von Literatur-, Expert/innen- und Jungenstudie bestätigen Winter und Neubauer die Überforderungsthese, arbeiten aber auch heraus, daß die Bilder von »Experten und Expertinnen« über Jungen und ebenso über Männlichkeit voller Negativentwürfe und Abwertungen sind. Jungen sehen sich danach mit mehrfachen Ambivalenzen konfrontiert: Traditionelle Konzepte von idealisierter Männlichkeit stehen Abwertungen und Defizitkonstruktionen gegenüber; traditionelle Leistungserwartungen (wie Stärke, Durchsetzungsfähigkeit, Dominanz, Kontrolle) widersprechen dem »modernen« Anspruch nach Kommunikationsfähigkeit, Empathie und Körperbezug (vgl. ebd., 68ff., bes. 74f.). Ein wesentliches Ergebnis der Studie ist, daß einige in der Literatur immer wieder reproduzierte negative Grundannahmen über

Jungen revisions- oder zumindest reflexionsbedürftig sind – so z. B. die Annahme, Jungen würden ihre Identität hauptsächlich über die Abwertung von anderen herstellen (vgl. ebd., 157ff.).

Gewalt

In der feministischen Theoriebildung wurde das Geschlechterverhältnis in vielfältiger Weise als Herrschafts- und Gewaltverhältnis beschrieben. Kaum ein anderes Thema ist für Männer mit unangenehmeren Gefühlen verbunden. Dies hat auch Folgen für die Männerforschung: Kein anderes Thema war auch in der Theoriebildung so sehr mit Moral und gleichzeitig mit Abwehrhaltungen und Wahrnehmungstabus aufgeladen. Zunächst war das Thema vor allem in der Dimension von Männergewalt gegen Frauen behandelt worden (siehe Godenzi 1989; Hearn 1998; Pfaff 1998). Gewalt wird als integraler Bestandteil hegemonialer bzw. ›normaler‹ Männlichkeit gesehen (vgl. Heilmann-Geideck/Schmidt 1996; kulturvergleichend: Kersten 1997).

Um die Entstehungsbedingungen von männlicher Gewalt und den Kontext von Gewalt und Männlichkeit zu erklären, wurden dann jedoch zunehmend die verschiedenen Dimensionen von Männergewalt im Zusammenhang betrachtet. Michael Kaufman unterscheidet die Triade von

1. Männergewalt *gegen Frauen,*
2. Gewalt gegen *andere Männer* und
3. Gewalt von Männern gegen *sich selbst* (vgl. Kaufman 1996).

Er sieht die heute vorherrschende patriarchale Männlichkeit als ein in einer repressiven, kapitalistischen, rassistischen, militaristischen, autoritären und (hetero-)sexistischen Gesellschaft erzeugtes Konstrukt, das trotz seiner vorgeblichen Macht und äußersten Gewalttätigkeit höchst *fragil* ist. Unsicherheit und Gefühle der Ohnmacht werden von Männern systematisch durch Gewalt zu verdrängen versucht (Kaufman 1993). Die zumindest für heterosexuelle Männer typische (unbewußte) Blockierung und Verleugnung aller ›weiblichen‹, homoerotischen und ›passiven‹ Gefühle sieht Kaufman als Gewaltakt des Mannes gegen sich selbst. Die Verleugnung des homoerotischen Begehrens führe zu einer folgenschweren Homophobie (Kimmel 1994), deren Ausdruck auch die Gewalt gegen andere Männer sei. Kaufman geht davon aus, daß Homophobie, Gewalt gegen andere Männer, Selbstunterdrückung und Gewalt gegen Frauen zusammenhängen. Deshalb kann seiner Meinung nach der Gewalt gegen Frauen nur erfolgreich begegnet werden, wenn gleichzeitig die beiden anderen Eckpfeiler männlicher Gewalt angegangen werden (siehe auch Bowker 1998).

Während Männer als Täter bezüglich verschiedenster Gewaltformen thematisiert wurden, gibt es bisher ein auffälliges Wahrnehmungs- und Forschungstabu (vgl. Lenz 1996b u. 1999) für die Gewalterfahrungen, die Männer als Opfer von Gewalt machen. Dies steht im krassen Gegensatz zu der Erkenntnis, daß Männer – je nach Gewaltform – statistisch sogar noch in größerem Maße als Frauen zu Opfern von (meist: Männer-)Gewalt werden. Inzwischen gibt es einige Publikationen, die sich mit Jungen als Opfer von sexueller Gewalt befassen (Bange/Enders 1995; Hunter 1990; Lew 1993). Hans-

Joachim Lenz hat (zumindest für den deutschsprachigen Raum) die erste umfassendere Analyse zu Jungen und Männern als Opfer von Gewalt vorgelegt. Er zeichnet ein breites Spektrum männlicher Gewalterfahrungen und versucht zu erklären, welche Widerstände und kulturellen Wahrnehmungsblockaden eine Thematisierung bisher verhindert haben. Er sieht männliches Opfer-sein als »kulturelles Paradox«, das »unbewußt den Kern des traditionellen Verständnisses von Männlichkeit« (Lenz 1996b, 286) trifft. Wegen des Zusammenhangs von Ohnmachts- und Gewalterfahrungen mit Gewaltbereitschaft und Gewalttätigkeit bedarf dieses Thema dringend der weiteren Erforschung.

Die Analysen zu Erscheinungsformen und Entstehungsbedingungen von Männergewalt finden Verwendung in praxisorientierten Konzepten von Männern zur gewaltpräventiven Arbeit und zur Arbeit mit gewalttätigen Männern (siehe Lempert/Oelemann 1995; Hafner/Spoden 1991; verschiedene Beiträge in Brandes/Bullinger 1996, Lenz 1999 u. Diekmann u. a. 1994).

Männliche Sexualitäten

Über männliche Sexualität gibt es viele Mythen. Der vielleicht größte ist, daß sie einfach und allgemein bekannt sei. Bekannt wurde bisher vor allem, welche Probleme Frauen mit ihr haben. Assoziiert werden mit männlicher Sexualität im heterosexuell-feministischen Geschlechterdiskurs häufig sexuelle Gewalt, Pornographie, Prostitution und andere hochgradig problematische Erscheinungsformen. Auch hierfür versucht Männerforschung, die Entstehungsformen, Motivlagen und Strukturen zu erforschen (Brod 1990; Godenzi 1989; Nitzschke 1988; Gottschalch 1997; Vetter 1996). Was hingegen im Verborgenen blieb, sind die Empfindungen und die *Lüste* von Männern. Diese zu thematisieren, haben Männer erst zu erforschen begonnen (Smith 1997; Früchtel 1994; Haase u. a. 1996; Karatepe/Stahl 1993; Schnack/Neutzling 1994).

Weitere zentrale Themen der aktuellen Männerforschung sind u. a.:

- Konstruktion und Reproduktion von *Vaterschaft* im historischen Wandel. Ihre gesellschaftliche und ihre psychische Bedeutung, insbesondere für die männliche Identität (Bode/Wolf 1995; Brzoska/Hafner 1988; Fthenakis 1992; Rebstock 1993; Lenzen 1991 u. 1997; Werneck 1998; Yablonsky 1991)
- Die Bedeutung von *Erwerbsarbeit, Arbeitslosigkeit, Arbeitsteilung, Hausarbeit* (Strümpel 1988; Schnack/Gesterkamp 1996; Heinemeier 1992; Williams 1993)
- *Militär* und *soldatische Männlichkeit* (Easlea 1986; Frevert 1996; Klein 1999; Seifert 1992; Theweleit 1983)
- *Homo-, bi- und multisexuelle Männlichkeiten* (Edwards 1990 u. 1994; Geller 1990; Hölscher 1994; Nardi 2000; Busch/Linck 1997; Puff 1993; Rauchfleisch 1994; Härle 1997; Thinius 1995)
- *Zivildienst* als männliche Sozialisationsinstanz (Bartjes/Bolay 1995; Bartjes 1996)
- Männer und *Männlichkeiten in Organisationen* (Lange 1998; Cheng 1996; Collinson/Hearn 1996)

- *Marginalisierte Männlichkeiten* (Belton 1995; Carbado 1999; Franklin II 1990; Gary 1981; Lenz 1999; Schröder 1996; Segal 1990, 169ff.)
- Konstruktion von *Männer-Körpern; Männergesundheit – Männerkrankheiten* (Sabo/Gordon 1995; Mosse 1997; Theweleit 1983)
- *Männerspezifische Beratungs- und Therapiekonzepte* (Brandes 1992; Brandes/Bullinger 1996; Trio Virilent 1995; Winter/Neubauer 1998)
- *Politikwissenschaftliche Männerforschung* (Döge 1999)
- *Männergeschichte – Geschichte* von Männlichkeiten? (Schmale 1998; Erhart/Herrmann 1997; Kimmel/Mosmiller 1992; Kühne 1996; Späth 1994)

Das Verhältnis von Frauenforschung, Männerforschung und Gender-Studien

Innerhalb der Frauenforschung ist Männlichkeit von Anfang an implizit oder explizit Thema gewesen. Anfänglich wurde Männlichkeit – aus nachvollziehbaren Gründen – häufig eindimensional und verzerrt dargestellt. Constance Engelfried, die *die Öffnung des feministischen Blicks auf den Mann* (1997) fordert, beschreibt drei zentrale Männerbilder, welche innerhalb der feministischen Theorie und Praxis erkennbar sind:
1. *Der Mann als Feind*
2. *Der Mann als (potentieller) Täter sexueller Gewalt* und
3. *Der Mann als illegitimer Partner.*

Diese Bilder sind zwar heute nicht mehr dominant, »stützen jedoch in erheblichem Maße überkommene, feministische Erkenntnisse, die längst zu Dogmen geworden sind und eine Weiterentwicklung feministischer Forschung und Praxis hemmen« (Engelfried 1997, 19).

Die Entwicklung vom Konzept ›Patriarchat‹ zum Konzept ›Gender‹ hat einen ›Paradigmenwechsel‹ hin zur Geschlechterforschung bewirkt (Meuser 1998, 76ff.). Damit ist auch ein verstärktes Interesse an einem tieferen und differenzierteren Verständnis von Männlichkeit(en) verbunden. Engelfried bezeichnet Männlichkeitsforschung von feministischen Forscher*innen* als *Feministische Männerforschung* (1997, 40ff.). Es drängt sich die Frage auf, welche Rolle das Geschlecht des/der Forschenden spielt – und ob es in der Begriffsbildung für das Forschungsgebiet eine Rolle spielt. Ist es so, daß Frauenforschung von Frauen, Männerforschung aber von Frauen und Männern gleichermaßen betrieben werden soll? Wie oben zitiert, vertreten Hearn und Morgan diese Position. Zugleich scheint dies die unterschwellige Annahme einiger Frauen zu sein, die über Männer forschen.

Innerhalb des deutschsprachigen Diskurses wird das Spezifische von *Kritischer Männerforschung* jedoch zumeist gerade darin gesehen, daß männliche Forscher *als* Männer *über* Männer forschen (Beier 1996; Lange 1996; Böhnisch/Winter 1993, 9ff.). Aus dieser Perspektive sollte zwischen *Kritischer Männerforschung, Männlichkeitsforschung* (dazu würden z. B. auch Arbeiten von Forscher/innen zählen, die ihr eigenes Geschlecht nicht mitreflektieren) und/oder *feministischer Männerforschung* im allgemeinen unterschieden werden. Gegen eine derartige Differenzierung wird aus der Perspektive der Dekonstruktion von Geschlecht und Zweigeschlechtlichkeit eingewendet, sie reproduziere eine überkommene (Geschlechts-) Identitätspolitik und verhindere eine theoretische Weiterentwicklung (vgl. Rüter 1996). Auch wenn diese Kritik in Teilen berechtigt sein mag, ist Kritische Männerforschung zum jetzigen historischen Zeitpunkt wichtig und für das Projekt einer ihrem Namen gerecht werdenden *Geschlechter*forschung notwendige Voraussetzung. Wenn es stimmt, daß Männer bisher nur Frauen, aber nicht sich als Geschlechtswesen wahrgenommen haben, dann sollte ihnen dies jetzt nicht mit dem Hinweis darauf verwehrt werden, daß die Frauen(forschung) schon viel weiter ist. Um ihr Geschlecht zu dekonstruieren, müssen Männer es erst einmal haben.

Hinsichtlich des Projektes ›Gender-Studien‹ wurden aus (pro-) feministischer Perspektive verschiedene Warnungen geäußert. Es wird beispielsweise befürchtet, es könne zu einer Entradikalisierung und Entpolitisierung führen. Männer könnten diesen Bereich zu dominieren versuchen und die bestehenden Herrschaftsverhältnisse könnten verschleiert werden. Zudem könnten die mühsam erkämpften Gelder und Ressourcen der Frauenforschung wieder entzogen werden. Aus der Perspektive Kritischer Männerforschung muß nach der bisherigen Entwicklung – zumindest im deutschsprachigen Raum – zudem noch gefragt werden: Tragen Gender-Studien dazu bei, die spezifischen Erfahrungen von Männern und die Perspektiven von Männern auf Geschlechterverhältnisse zu erforschen und theoretisch fassen zu können – oder verhindern sie dies vielleicht sogar?

In den 90er Jahren sind unter dem Label *Gender Studies* unzählige Publikationen erschienen, häufig mit dem Begriff ›Gender‹ im Titel. In der Mehrzahl der Fälle geht es aber inhaltlich ausschließlich um Frauen und deren Perspektive(n) auf das Geschlechterverhältnis. Männer und Männlichkeiten kommen darin nicht vor – oder nur als Negativfolie, von der sich Frauen und Weiblichkeit abhebt. Männer sind jedenfalls (noch) nicht integraler Bestandteil der Geschlechterforschung. Gender-Studien werden als Erweiterung oder Weiterentwicklung des Projekts der *Frauenforschung* verstanden. Das im Diskurs erwartete – und deshalb nicht zu explizierende – Geschlecht der Geschlechterforschung ist allgemein-weiblich.

Das Versäumnis, das Geschlecht der forschenden Person(en) im Forschungsprozeß bewußt zu reflektieren, kann zu *blinden Flecken* und zur Reproduktion von Geschlechterstereotypen oder zu einem doppelten Verschwinden des Geschlechts aus der Geschlechterforschung führen: 1. Das Geschlecht des Mannes entschwindet auf der Ebene der ›Forschungsobjekte‹ und 2. das Geschlecht der Frau auf der Ebene der ›forschenden Subjekte‹.

Wenn Gender-Studien gesagt wird, aber damit ausschließlich Frauenforschung gemeint ist, dann ist dies Etikettenschwindel. Anzustreben ist eine ihrem Namen tatsächlich gerecht werdende *Geschlechterforschung*, die aus dem Dialog bewußter Frauen- und Männerperspektiven entsteht. Kritische Männerforschung – als Forschung, in der sich Männer *als* Männer mit ihrem Geschlecht und ihren Geschlechtsgenossen beschäftigen – ist auf absehbare Zeit notwendig und für das Projekt Geschlechterforschung unverzichtbar.

Literatur

Amendt, Gerhard: *Wie Mütter ihre Söhne sehen.* Frankfurt a. M. 1994.

Armbruster, L. Christof/Müller, Ursula/Stein-Hilbers, Marlene (Hg.): *Neue Horizonte?: Sozialwissenschaftliche Forschung über Geschlechter und Geschlechterverhältnisse.* Opladen 1995.

Armbruster, L. Christof: »Ende der Männlichkeit?«. In: *Widersprüche* Heft 55/56 (1995), 63–76.

– : *Eine »Soziologie der Männlichkeit«? Antisexistische Studien von Männern über Männer und Männlichkeiten im Kontext feministischer Theoriediskussion.* Dipl.–Arb. Univ. Bielefeld 1993.

August, Eugene R.: *Men's Studies (A Selected and Annotated Interdisciplinary Bibliography).* Littleton ^{2}1994.

Badinter, Elisabeth: *XY. Die Identität des Mannes.* München/Zürich 1993.

Bange, Dirk/Enders, Ursula: *Auch Indianer kennen Schmerz: Handbuch gegen sexuelle Gewalt an Jungen.* Köln 1995.

Bartjes, Heinz/Bolay, Eberhard: »Zivildienst als Produktionsort modernisierter Männlichkeit«. In: *Widersprüche* Heft 56/57 (1995), 145–160.

– : *Der Zivildienst als Sozialisationsinstanz.* Weinheim/München 1996.

BauSteineMänner (Hg.): *Kritische Männerforschung: Neue Ansätze in der Geschlechtertheorie.* Berlin 1996.

Beier, Stefan: »Die *Kritik* in der Kritischen Männerforschung«. In: BauSteineMänner (Hg.): *Kritische Männerforschung.* Berlin 1996, 330–334.

Belton, Don (Hg.): *Speak my Name: Black Men on Masculinity and the American Dream.* Boston 1995.

Biederbeck, Reinhard/Kalusche, Bernd: *Motiv Mann. Der männliche Körper in der modernen Kunst.* Gießen 1987.

Bode, Michael/Wolf, Christian: *Still-Leben mit Vater. Zur Abwesenheit von Vätern in der Familie.* Reinbek 1995.

Böhnisch, Lothar/Winter, Reinhard: *Männliche Sozialisation. Bewältigungsprobleme männlicher Geschlechtsidentität im Lebenslauf.* Weinheim 1993.

Boone, Joseph A./Cadden, Michael (Hg.): *Engendering Men. The Question of Male Feminist Criticism.* New York/London 1990.

Bosse, Hans/Knauss, Werner: *Der fremde Mann. Jugend, Männlichkeit, Macht. Eine Ethnoanalyse.* Frankfurt a. M. 1994.

Bowker, Lee H. (Hg.): *Masculinities and Violence.* Thousand Oaks/London/New Delhi 1998.

Brandes, Holger/Bullinger, Hermann: *Handbuch Männerarbeit.* Weinheim 1996.

– : *Ein schwacher Mann kriegt keine Frau: Therapeutische Männergruppen und Psychologie des Mannes.* Münster 1992.

Brenkman, John: *Straight Male Modern. A Cultural Critique of Psychoanalysis.* New York/London 1993.

Brett, Philip/Thomas, Gary/Wood, Elizabeth (Hg.): *Queering the Pitch: The New Gay and Lesbian Musicology.* London 1994.

Brittan, Arthur: *Masculinity and Power.* Oxford/New York 1989.

Brod, Harry: »The Case for Men's Studies«. In: Ders. (Hg.): *The Making of Masculinities. The New Men's Studies.* London/Sydney/Wellington 1987, 39–62.

– : »Pornography and the Alienation of Male Sexuality«. In: Hearn, Jeff/Morgan, David: *Men, Masculinities and Social Theory.* London/Boston/Sydney/Wellington 1990, 124–139.

– : /Kaufmann, Michael (Hg.): *Theorizing Masculinities.* Thousand Oaks/London/New York/New Delhi 1994.

Brzoska, Georg: »Zur ›Männerforschung‹«. In: *Verhaltenstherapie und psychosoziale Praxis.* Jg. 24, Bd. 1. 1992, 5–26.

– : /Hafner, Gerhard: *Möglichkeiten und Perspektiven der Veränderung der Männer-, insbesondere der Väter–Forschung, Diskussionen und Projekte in den Vereinigten Staaten von Amerika, Schweden und den Niederlanden.* Literaturstudie im Auftrag des Bundesministeriums für Jugend, Familie, Frauen und Gesundheit 1988.

Busch, Alexandra/Linck, Dirk (Hg.): *Frauenliebe – Männerliebe. Eine lesbisch-schwule Literaturgeschichte in Porträts.* Stuttgart/Weimar 1997.

Carbado, Devon W. (Hg.): *Black Men on Race, Gender, and Sexuality: A Critical Reader.* New York 1999.

Cheng, Cliff (Hg.): *Masculinities in Organizations.* Thousand Oaks/London/New Delhi 1996.

Collinson, David L./Hearn, Jeff (Hg.): *Men as Managers, Managers as Men. Critical Perspectives on Men, Masculinities and Managements.* Thousand Oaks/London/New Delhi 1996.

Connell, Robert W.: »›The big picture‹ – Formen der Männlichkeit in der neueren Weltgeschichte«. In: *Widersprüche.* Heft 55/56 (1995), 23–45.

– : »Männer in der Welt: Männlichkeiten und Globalisierung«. In: *Widersprüche.* Heft 67 (1998), 91–105.

– : *Der gemachte Mann. Konstruktion und Krise von Männlichkeiten.* Opladen 1999. (Original: *Masculinities.* Cambridge 1995.)

– : *Gender and Power. Society, the Person and Sexual Politics.* Oxford 1987.

– : *Which Way Is Up? Essays on Sex, Class and Culture.* Sydney 1983.

Corneau, Guy: *Absent Fathers, Lost Sons: The Search For Masculine Identity.* Boston/London 1991.

Cornwall, Andrea u. a. (Hg.): *Dislocating Masculinity: Comparative Ethnographies.* London/New York 1994.

Craig, Steve (Hg.): *Men, Masculinity, and the Media.* London 1992.

Diekmann, Alexander u. a. (Hg.): *Gewohnheitstäter – Männer und Gewalt.* Köln 1994.

Döge, Peter: *Männlichkeit und Politik. Krise der fordistischen Naturverhältnisse und staatliche Forschungs- und Technologiepolitik in der Bundesrepublik Deutschland.* Bielefeld 1999.

Easlea, Brian: *Väter der Vernichtung: Männlichkeit, Naturwissenschaftler und der nukleare Rüstungswettlauf.* Reinbek bei Hamburg 1986.

Edwards, Tim: »Beyond sex and gender: masculinity, homosexuality and social theory«. In: Hearn, Jeff/Morgan, David: *Men, Masculinities and Social Theory.* London/Boston/Sydney/Wellington 1990, 110–123.

– : *Erotics and Politics: Gay Male Sexuality, Masculinity and Feminism.* London/New York 1994.

Engelfried, Constance: *Männlichkeiten. Die Öffnung des feministischen Blicks auf den Mann.* Weinheim/München 1997.

Erhart, Walter/Herrmann, Britta (Hg.): *Wann ist der Mann ein Mann? Zur Geschichte der Männlichkeit.* Stuttgart/Weimar 1997.

Farrell, Warren: *The Myth of Male Power.* New York 1993.

Forster, Edgar J.: *Unmännliche Männlichkeit. Melancholie – Geschlecht – Verausgabung.* Wien/Köln/Weimar 1998.

Franklin II, Clyde W.: »Surviving the Institutional Decimation of Black Males: Causes, Consequences, and Intervention«. In: Brod, Harry: *The Making of Masculinities. The New Men's Studies.* London/Boston/Sydney/Wellington 1990, 155–169.

– : *Men and Society.* Chicago 1989.

– : *The Changing Definition of Masculinity.* New York 1987.

Frevert, Ute (Hg.): *Militär und Gesellschaft im 19. und 20. Jahrhundert.* Konstanz 1996.

Friedman, Robert/Lerner, Leila: *Toward a New Psychology of Men: Psychoanalytic and Social Perspectives.* New York 1986.

Frosh, Stephen: *Sexual Difference. Masculinity & Psychoanalysis.* London/New York 1994.

Früchtel, Frank: *Modernisierung männlicher Sexualität. Eine historisch-rekonstruktive und interpretative Untersuchung zu Männlichkeitskonzepten, Frauenbildern, erotischen Standards und Partnerschaftsmodellen von Männern.* Tübingen 1994.

Fthenakis, W.E.: »Zur Rolle des Vaters in der Entwicklung des Kindes«. In: *Praxis für Psychotherapie und Psychosomatik* 37 (1992) 4, 179–189.

Gary, Lawrence E.: *Black Men.* Newbury Park, CA 1981.

Geller, Thomas (Hg.): *Bisexuality. A Reader and Sourcebook.* Hadley, MA 1990.

Gilmore, David: *Mythos Mann. Wie Männer gemacht werden: Rollen, Rituale, Leitbilder.* München 1993.

Godenzi, Alberto: *Bieder, Brutal – Frauen und Männer sprechen über sexuelle Gewalt.* Zürich 1989.

Gonsiorek, John C./Bera, Walter H./LeTourneau, Donald: *Male Sexual Abuse: A Triology of Intervention Strategies.* London 1994.

Goodwin, John D.: *Gender Studies and the Critique of Men.* Leicester 1993.

Gottschalch, Wilfried: *Männlichkeit und Gewalt: eine psychoanalytisch und historisch soziologische Reise in die Abgründe der Männlichkeit.* Weinheim 1997.

Gray, John: *Men are from Mars, women are from Venus.* New York 1992.

Guggenbühl, Allan: *Männer, Mythen, Mächte – Was ist männliche Identität?* Stuttgart 1994.

Haase, Andreas u.a. (Hg.): *Auf und Nieder: Aspekte männlicher Sexualität und Gesundheit.* Tübingen 1996.

Hafner, Gerhard/Spoden, Christian: *Möglichkeiten zur Veränderung gewalttätiger Männer im Rahmen einer Männerberatungsstelle.* Gutachten für die Berliner Senatsverwaltung für Jugend u. Familie. Berlin 1991.

Hagemann-White, S./Rerrichs, Maria (Hg.): *FrauenMännerBilder. Männer und Männlichkeit in der feministischen Diskussion.* Bielefeld 1988.

Härle, Gerhard u. a. (Hg.): *Ikonen des Begehrens. Bildsprachen der männlichen und weiblichen Homosexualität in Literatur und Kunst.* Stuttgart/Weimar 1997.

Hearn, Jeff/Morgan, David: »The Critique of Men«. In: Dies. (Hg.): *Men, Masculinities and Social Theory.* London 1990, 203–205.

Hearn, Jeff: »Getting Organised? The Politics and Organisation of Critical Studies on Men«. In: *Kritische Männerforschung* 17 (1999), 4–6.

– : *Men in the Public Eye: The Construction and Deconstruction of Public Men and Public Patriarchies.* London/New York 1992.

– : *The Gender of Oppression: Men, Masculinity and the Critique of Marxism.* New York 1987.

– : *The Violences of Men.* London 1998.

Heilmann-Geideck, Uwe/Schmidt, Hans: *Betretenes Schweigen. Über den Zusammenhang zwischen Männlichkeit und Gewalt.* Mainz 1996.

Heinemeier, Siegfried: »Rette sich wer Mann. Arbeitslosigkeit als Krise von Männlichkeit«. In: *BIOS* 5 (1992) 1, 63–82.

Hollstein, Walter: *Die Männer – Vorwärts oder zurück?* Stuttgart 1990.

– : *Männerdämmerung. Von Tätern, Opfern, Schurken und Helden.* Göttingen 1999.

Hölscher, Thomas: *Mann liebt Mann – Berichte schwuler Ehemänner und Väter.* Berlin 1994.

Hunter, Mic: *Abused Boys: The Neglected Victims of Sexual Abuse.* New York 1990.

Jardine, Alice/Smith, Paul (Hg.): *Men in Feminism.* New York/London 1987.

Karatepe, Haydar/Stahl, Christian (Hg.): *Männersexualität.* Reinbek bei Hamburg 1993.

Kaufman, Michael (Hg.): *Beyond Patriarchy: Essays by Men on Pleasure, Power, and Change.* Toronto/New York 1987.
– : »Die Konstruktion von Männlichkeit und die Triade männlicher Gewalt«. In: BauSteineMänner (Hg.): *Kritische Männerforschung.* Berlin 1996, 138–171 (Englisches Original in Kaufman 1987, 1–29).
– : *Cracking the Armour: Power, Pain and the Lives of Men.* Toronto 1993.
Kersten, Joachim: *Gut und (Ge)schlecht. Männlichkeit, Kultur und Kriminalität.* Berlin/New York 1997.
Kimmel, Michael S. (Hg.): *Changing Men: New Directions in Research on Men and Masculinity.* Newbury Park 1987.
– : /Messner, Michael A. (Hg.): *Men's Lives.* New York 1989.
– : /Mosmiller, Thomas E. (Hg.): *Against the Tide: Pro-Feminist Men in the United States 1776–1990. A Documentary History.* Boston 1992.
– : »Masculinity and Homophobia: Fear, Shame, and Silence in the Construction of Gender Identity«. In: Brod, Harry/Kaufmann, Michael (Hg.): *Theorizing Masculinities.* Thousand Oaks 1994, 119–141.
Kivel, Paul: *Men's Work: How to Stop the Violence That Tears Our Lives Apart.* New York 1992.
Klein, Uta: »›Our best boys‹ – The gendered nature of civil-military relation in Israel«. In: *Men and Masculinities* 2 (1999) 1, 47–65.
Kracht, Günter: »Der DDR-Mann«. In: *Mitteilungen aus der kulturwissenschaftlichen Forschung (MKF)* 18 (1995) 36, 130–142.
Kraushaar, Elmar/Grimme, Matthias T. J. (Hg.): *Die ungleichen Brüder: Zum Verhältnis zwischen schwulen und heterosexuellen Männern.* Reinbek bei Hamburg 1988.
Kroker, Arthur/Kroker, Marilouise (Hg.): *The Hysterical Male. New Feminist Theory.* Montreal 1991.
Krumbein, Sebastian: *Selbstbild und Männlichkeit. Rekonstruktionen männlicher Selbst- und Idealbilder und deren Veränderung im Laufe der individuellen Entwicklung.* München 1995.
Kühne, Thomas (Hg.): *Männergeschichte – Geschlechtergeschichte. Männlichkeit im Wandel der Moderne.* Frankfurt a. M./New York 1996.
Lange, Ralf: »Thesen zur ›Kritischen Männerforschung‹«. In: BauSteineMänner (Hg.): *Kritische Männerforschung.* Berlin 1996, 327–330.
– : *Geschlechterverhältnisse im Management von Organisationen.* München 1998.
Laqueur, Thomas: *Auf den Leib geschrieben. Die Inszenierung der Geschlechter von der Antike bis Freud.* Frankfurt a. M./New York 1992 (Original: *Making Sex, Body and Gender from the Greeks to Freud.* Cambridge 1990.).
Lempert, Joachim/Oelemann, Burkhard: *Dann habe ich zugeschlagen. Männer-Gewalt gegen Frauen.* Hamburg 1995.
Lenz, Hans-Joachim (Hg.): *Männliche Opfererfahrungen. Problemlagen und Hilfeansätze in der Männerberatung.* Weinheim 1999.
– : »Männer als Opfer von Gewalt und Mißhandlung«. In: Brandes, Holger/Bullinger, Hermann: *Handbuch Männerarbeit.* Weinheim 1996b, 281–291.
– : *Spirale der Gewalt: Jungen und Männer als Opfer von Gewalt.* Berlin 1996a.
Lenzen, Dieter: »Kulturgeschichte der Vaterschaft«. In: Erhart, Walter/Herrmann, Britta (Hg.): *Wann ist der Mann ein Mann? Zur Geschichte der Männlichkeit.* Stuttgart/Weimar 1997, 87–113.
– : *Vaterschaft. Vom Patriarchat zur Alimentation.* Reinbek bei Hamburg 1991.
Lew, Mike: *Als Junge mißbraucht. Wie Männer sexuelle Ausbeutung in der Kindheit verarbeiten können.* München 1993. (Original: *Victims No Longer: Men Recovering from Incest and Other Sexual Child Abuse.* New York 1990).

Mac An Ghaill, Máirtín (Hg.): *Understanding masculinities: social relations and cultural arenas.* Buckingham 1996.

Männerforschungskolloquium Tübingen: »Die patriarchale Dividende: Profit ohne Ende? Erläuterungen zu Bob Connells Konzept der »Hegemonialen Männlichkeit«. In: *Widersprüche.* Heft 55/56 (1995), 47–61.

May, Michael: »Konstruktionen von Männlichkeit in unterschiedlichen soziokulturellen Milieus«. In: *Widersprüche.* Heft 55/56 (1995), 89–102.

Meuser, Michael: *Geschlecht und Männlichkeit. Soziologische Theorie und kulturelle Deutungsmuster.* Opladen 1998.

Morgan, David H.J.: *Discovering Men.* London/New York 1992.

Mosse, George L.: Das Bild des Mannes. Zur Konstruktion der modernen Männlichkeit. Frankfurt a. M. 1997. (Original: *The Image of Man. The Creation of Modern Masculinity.* New York/Oxford 1996.)

Murphy, Peter (Hg.): *Fictions of Masculinity. Crossing Cultures, Crossing Sexualities.* New York/London 1994.

Nardi, Peter M. (Hg.): *Gay Masculinities.* Thousand Oaks/London/New Delhi 2000.

– (Hg.): *Men's Friendships.* London 1992.

Nitzschke, Bernd: *Sexualität und Männlichkeit: Zwischen Symbiosewunsch und Gewalt.* Reinbek bei Hamburg 1988.

Nuissl, Eckehard: *Männerbildung: Vom Netzwerk bildungsferner Männlichkeit.* Frankfurt a. M. 1993.

O'Neil, James M.: »Gender-Role Conflict and Strain in Men's Lives«. In: Solomon, Kenneth/Levy, Norman B. (Hg.): *Men in Transition. Theory and Therapy.* New York 1982, 5–44.

– : »Male Sex Role Conflicts, Sexism and Masculinity«. In: *The Counseling Psychologist* 9 (1981), 61–81.

Parpat, Joachim: *Wie Männer lieben: Jenseits alter Rollenbilder.* Mainz 1997.

Pfaff, Dietmar: *Entstehungsbedingungen männlicher Gewalt gegen Frauen und Mädchen.* Frankfurt a. M. 1998.

Pleck, Joseph H.: »The Male Sex Role: Definitions, Problems and Sources of Change«. In: *Journal of Social Issues* 32 (1976) 3. [Deutsch: »Die männliche Geschlechtsrolle«. In: BauSteineMänner (Hg.): *Kritische Männerforschung: Neue Ansätze in der Geschlechtertheorie.* Berlin 1996, 27–37.]

– : /Sawyer, Jack: *Men and Masculinity.* Englewood Cliffs, NJ 1974.

– : »The Theory of Male Sex-Role Identity«. In: Brod, Harry (Hg.): *The Making of Masculinities: The New Men's Studies.* London 1987, 21–38.

– : *The Myth of Masculinity.* London 1981.

Puff, Helmut (Hg.): *Lust, Angst und Provokation. Homosexualität in der Gesellschaft.* Göttingen/Zürich 1993.

Raphael, Ray: *Vom Mannwerden. Übergangsrituale im westlichen Kulturkreis.* München 1993.

Rath, Wolfgang: *Not am Mann. Das Bild des Mannes im deutschen Gegenwartsroman.* Heidelberg 1987.

Rauchfleisch, Udo: *Schwule. Lesben. Bisexuelle. Lebensweisen. Vorurteile. Einsichten.* Göttingen/Zürich 1994.

Rebstock, Dieter: *Große Männer – kleine Männer. Zum Funktionswandel des Vaterseins und die Bedeutung des Vaters für den Sohn.* Tübingen 1993.

Reuben, Fine: *Der vergessene Mann: Männliche Psyche und Sexualität aus psychoanalytischer Sicht.* München 1990.

Rohrmann, Tim/Thoma, Peter: *Jungen in Kindertagesstätten. Ein Handbuch zur geschlechtsbezogenen Pädagogik für Aus- und Fortbildung.* Fachhochschule Braunschweig/Wolfenbüttel 1997.

– : *Junge, Junge – Mann, o Mann. Die Entwicklung zur Männlichkeit.* Reinbek bei Hamburg 1994.

Rüter, Christian: »Der konstruierte Leib und die Leibhaftigkeit der Körper. Die Relevanz des Körpers für eine Männer-Erforschung«. In: BauSteineMänner (Hg.): *Kritische Männerforschung*. Berlin 1996, 76–107.

Sabo, Donald/Gordon, David Frederick (Hg.): *Men's Health and Illness: Gender, Power, and the Body*. London 1995.

Schmale, Wolfgang (Hg.): *MannBilder: Ein Lese- und Quellenbuch zur historischen Männerforschung*. Berlin 1998.

Schnack, Dieter/Neutzling, Rainer: *Die Prinzenrolle. Über die männliche Sexualität*. Reinbek bei Hamburg 1994.

– : /Gesterkamp T.: *Hauptsache Arbeit. Männer zwischen Beruf und Familie*. Reinbek bei Hamburg 1996.

Schröder, Joachim: »Ungleiche Brüder. Männerforschung im Kontext sozialer Benachteiligung«. In: BauSteineMänner (Hg.): *Kritische Männerforschung*. Berlin 1996, 300–326.

Sedgwick, Eve K.: *Between Men. English Literature and Male Homosocial Desire*. New York 1985.

Segal, Lynne: *Slow Motion: Changing Masculinities, Changing Men*. London 1990.

Seidler, Victor J.: *Recreating Sexual Politics: Men, Feminism and Politics*. London/New York 1991.

– : *Unreasonable Men: Masculinity and Social Theory*. London/New York 1993.

Seifert, Ruth: »Männlichkeitskonstruktionen: Das Militär als diskursive Macht«. In: *Das Argument* 196/34 (1992), 859–872.

Smith, Paul: »*Vas*. Sexualität und Männlichkeit«. In: Erhart, Walter/Herrmann, Britta: *Wann ist der Mann ein Mann? Zur Geschichte der Männlichkeit*. Stuttgart/Weimar 1997, 58–85.

Späth, Thomas: *Männlichkeit und Weiblichkeit bei Tacitus. Zur Konstruktion der Geschlechter in der römischen Kaiserzeit*. Frankfurt a. M./New York 1994.

Strotmann, Rainer: *Zur Konzeption und Tradierung der männlichen Geschlechterrolle in der Erziehungswissenschaft: eine Analyse am Beispiel der Herausbildung erziehungswissenschaftlicher Fragen und didaktischer Anwendungstheorien*. Frankfurt a. M. 1997.

Strümpel, Burkhart u. a.: *Teilzeitarbeitende Männer und Hausmänner. Motive und Konsequenzen einer eingeschränkten Erwerbstätigkeit von Männern*. Berlin 1988.

Theweleit, Klaus: *Männerphantasien*. 2 Bde. Reinbek bei Hamburg 1983 [Bd. 1 zuerst 1977, Bd. 2 1978].

Thinius, Bert: »Paul und Paul im Sozialismus«. In: *Mitteilungen aus der kulturwissenschaftlichen Forschung (MKF)* 18 (1995) 36, 143–169.

Thoma, Peter/Baumgärtel, Werner/Rohrmann, Tim: *»Manns-Bilder« Jungen in Kindertagesstätten*. Fachhochschule Braunschweig/Wolfenbüttel 1996.

Thompson, Edward H. (Hg.): *Older Men's Lives*. London 1994.

Trio Virilent: *Überraschend Beraten. Niedrigschwellige Sexual- und Lebensberatung für Männer*. Tübingen 1995

Vetter, Detlef: »Wie kann mann nur mit solchen Männern arbeiten ... Zur therapeutischen Arbeit mit sexuell gewalttätigen Männern.« In: Haase, Andreas u. a. (Hg.): *Auf und Nieder: Aspekte männlicher Sexualität und Gesundheit*. Tübingen 1996.

Völger, Gisela/Welck, Karin von (Hg.): *Männerbande – Männerbünde. Zur Rolle des Mannes im Kulturvergleich*. 2 Bde. Köln 1990.

Walter, Willi: »Männer entdecken ihr Geschlecht: Zu Inhalten, Zielen, Fragen und Motiven von Kritischer Männerforschung«. In: BauSteineMänner (Hg.): *Kritische Männerforschung*. Berlin 1996, 13–26.

Wegner, Lothar: »Wer sagt, Jungenarbeit sei einfach? Blick auf aktuelle Ansätze geschlechtsbezogener Arbeit mit Jungen«. In: *Widersprüche* Heft 55/56 (1995), 161–179.

Werneck, Harald: *Übergang zur Vaterschaft. Auf der Suche nach den ›Neuen Vätern‹.* Wien/New York 1998.
White, Kevin: *The First Sexual Revolution: The Emergence of Male Heterosexuality in Modern America.* New York 1993.
Whitehead, Stephen: »Hegemonic Masculinity Revisited«. In: *Gender, Work and Organisation* 6 (1999) 1, 58–62.
Willems, Horst/Winter, Reinhard (Hg.): »*... damit Du groß und stark wirst« – Beiträge zur männlichen Sozialisation.* Tübingen 1990.
Williams, Christine L. (Hg.): *Doing ›Women's Work‹: Men in Nontraditional Occupations.* London 1993.
Winter, Reinhard/Neubauer, Gunter: *Kompetent, authentisch und normal? Aufklärungsrelevante Gesundheitsprobleme, Sexualaufklärung und Beratung von Jungen.* Eine qualitative Studie im Auftrag der BzgA. Köln 1998.
– : »Jungenarbeit – ein Perspektivenwechsel«. In: Brandes, Holger/Bullinger, Hermann: *Handbuch Männerarbeit.* Weinheim 1996.
– : *Stehversuche. Sexuelle Jungensozialisation und männliche Lebensbewältigung durch Sexualität.* Tübingen 1993.
Wolter, Gundula: *Die Verpackung des männlichen Geschlechts. Ein illustrierte Kulturgeschichte der Hose.* Marburg 1991.
Yablonsky, Lewis: *Du bist ich: Die unendliche Vater-Sohn-Beziehung.* Köln 1991.
Zilbergeld, Bernie: *Die neue Sexualität der Männer.* Tübingen 1994.
Zimmermann, Peter: *Junge, Junge! Theorien zur geschlechtstypischen Sozialisation und Ergebnisse einer Jungenbefragung.* Dortmund 1998.
Zulehner, Paul M./Volz, Rainer: *Männer im Aufbruch. Wie Deutschlands Männer sich selbst und wie Frauen sie sehen. Ein Forschungsbericht.* Ostfildern 1998.

II. Gender-Studien in einzelnen Disziplinen

1. Geschichtswissenschaft

Martina Kessel/Gabriela Signori

1986 verfaßte Joan W. Scott ihr Plädoyer für das Geschlecht als historische Kategorie (»Gender: A Useful Category of Historical Analysis«, in: *American Historical Review* 91, 1986, 1053–1068). »Geschlecht« verstand sie einerseits als zentrale Achse sozialer Ungleichheit, andererseits als ein Medium, in dem soziale Differenzen transportiert, repräsentiert und verfestigt werden können. Zur selben Zeit, als Scott das Geschlecht in den Mittelpunkt historischer Analyse rückte, begann sich ein Wechsel von der Frauen- zur Geschlechtergeschichte abzuzeichnen, ein Wechsel, an den man damals die Hoffnung knüpfte, die Geschichtswissenschaft von den Rändern her zu revolutionieren.

Geschlechtergeschichte in der Vormoderne

Aus dem Blickwinkel der Vormoderne betrachtet, hat sich die Hoffnung, die Geschichtsschreibung grundlegend zu verändern, aus unterschiedlichen Gründen nicht erfüllt. Die ›großen‹ Umbrüche leiteten fächerübergreifende Methoden und Zugangsweisen ein, die sich unter Sammelbegriffen wie *cultural studies*, *linguistic turn* oder *new historicism* vereinen. Im gleichen Zuge trat an die Stelle der Geschlechtergeschichte eine Vielzahl unterschiedlicher ›Partikulargeschichten‹: *queer studies* (*gay/lesbian studies*), Körpergeschichte, Männergeschichte, Familiengeschichte, Geschichte der Sexualität und ähnliches mehr. Einzelne Forschungszweige wie etwa die Männergeschichte sind untrennbar mit der Geschichte der Geschlechtergeschichte verwoben (vgl. Dinges 1998; Schmale 1998), andere, wie etwa die Familiengeschichte, haben demgegenüber ihre eigenen, ins 19. Jahrhundert zurückreichenden (und dementsprechend vorbelasteten) Forschungstraditionen.

Erschwerend hinzu kommen einerseits die unterschiedlichen nationalen Traditionen, in denen sich die Geschlechtergeschichte bewegt, andererseits die markanten Unterschiede zwischen den verschiedenen Epochen bzw. Zeitbereichen. Die von Georges Duby und Michelle Perrot herausgegebene fünfbändige *Geschichte der Frauen* (1993–1995) bietet im Moment sicher die beste Einführung in die Materie, wenngleich sie ihr räumliches Schwergewicht etwas zu einseitig auf den mediterranen Raum legt. International betrachtet, überwiegen allerorts die Arbeiten zum 19. und 20. Jahrhundert. Eine länderübergreifende »Informationsbörse« fehlt jedoch. Die an sich sehr nützlichen Zusammenfassungen der einschlägigen Neuerscheinungen, die *Women Studies Abstracts* und *Studies on Women Abstracts*, beschränken sich weitgehend auf die US-amerikanische Forschung. Dasselbe gilt für die Zeitschriften *Differences*, *Gender & History*, *Journal of Women's History*, *Signs* und *Women's History Review*. Die deutschsprachigen

Organe *L'Homme*, *Metis* und *Querelles* (Jahrbuch für Frauenforschung) sind demgegenüber meist themenzentriert.

Dank Heide Wunder verfügt Deutschland über einen ausgesprochen starken, qualitativ hochstehenden und innovativen Früh-Neuzeit-Zweig (vgl. Wunder/Vanja 1996; Wunder/Engel 1998), während Antike und Mittelalter, teilweise institutionell bedingt, im internationalen Vergleich eher unterrepräsentiert und an einzelne Namen wie Beate Wagner-Hasel gebunden sind. Wobei es weiter zu differenzieren gilt: Während mittlerweile unzählige Arbeiten für die Zeitbereiche des frühen und hohen Mittelalters vorliegen (vgl. die Sparte ›Women's studies‹ in der jährlich erscheinenden *International Medieval Bibliography*), ist die Ausbeute, klammern wir die Literatur zu weiblichen Heiligen, Beginen und zu den reformierten Ordensgemeinschaften einmal aus, für das späte Mittelalter eher gering. Überblickswerke sind rar, und die wenigen Ausnahmen wie Edith Ennens *Frauen im Mittelalter* (1984), Claudia Opitz' *Frauenalltag im Mittelalter. Biographien des 13. und 14. Jahrhunderts* (1985) oder Erika Uitz' *Die Frau in der mittelalterlichen Stadt* (1988) sind zu weiten Teilen überholt.

In dieser Vielzahl unterschiedlicher Methoden, Forschungstraditionen und Forschungsgegenständen Ordnung zu schaffen, wie man es von einer Einführung erwartet, fällt ausgesprochen schwer. *Nolens volens* läuft jede Systematisierung Gefahr, die ›Dinge‹ zu verkürzen oder gar zu verzerren. Trotz wiederholter Kritik herrschen bis heute zwei Grundmodelle vor, die sich, etwas ketzerisch formuliert, unter die Oberbegriffe *heroische* und *tragische Geschichtsschreibung* zusammenfassen lassen. Auf der einen Seite steht das ungebrochene Interesse für die Geschichte/n ›starker Frauen‹, auf der anderen das genauso ungebrochene Interesse an der Geschichte ihrer Unterdrückung (vgl. Habermas 1993, 485–509). Anderen Autorinnen geht es primär darum, Frauen sichtbar zu machen, ein traditionelles Anliegen, das in Anbetracht der zahlreichen weißen Felder, vor allem im Bereich der »Profangeschichte«, zweifellos seine Berechtigung bewahrt.

Die heroische Geschichtsschreibung

Einer der ältesten Lobgesänge auf ›starke‹ Frauen ist Plutarchs (gest. um 125 n. Chr.) *Tugenden der Frauen* (*Moralia* 242E–263C). Für den von der Stoa beeinflußten griechischen Historiker, einem Vorstreiter der Gleichheitsthese, stand fest, daß das weibliche Geschlecht genauso tugendreich sein könne wie das männliche (vgl. McLeod 1991a, 19ff.). Tugendhaftigkeit – Plutarch meint männliche Tugenden wie Tapferkeit und Mut – kenne weder Geschlechts- noch Standesgrenzen, eine Idee, die später zumindest einzelne christliche Autoren übernehmen werden. Sie zeichne, so Plutarch weiter, Königinnen gleichermaßen aus wie Dichterinnen, Prophetinnen, Richterinnen, Priesterinnen und ›gewöhnliche‹ Bürgerinnen. Mit seiner Auswahl vorbildlicher Frauengestalten grenzt sich der Autor bewußt von älteren Frauen-Katalogen ab, in denen Ideal und Schreckbilder gewöhnlich alternieren (vgl. Gera 1997).

Kataloge berühmter Frauen und Männer zu verfassen kam erst im späten Mittelalter wieder in ›Mode‹, als Begleitprodukt eines sich neu formierenden Interesses an der

Vergangenheit. Wie Giovanni Boccaccio (gest. 1375) bediente man sich dabei vorzugsweise antiker Vorlagen. Seine Schrift *Von berühmten Frauen* enthält 106 Kurzbiographien (vgl. Müller 1992). Heidnisches und Christliches gegenüberstellen wollte der Autor aber nicht. Seine Präferenz liegt, wie angedeutet, bei den antiken Frauengestalten. Boccaccio nennt als Auswahlkriterien besonderen Heldenmut sowie künstlerische und intellektuelle Fähigkeiten, aber auch besondere Schmach (positive Beispiele bilden in seinem Katalog eigentlich die Ausnahme).

Auf Boccaccio stützte sich eine Generation später Christine de Pizan (gest. um 1430) in ihrer *Stadt der Frauen* (1405). Auch ihr (wie schon Plutarch) geht es primär darum, die Gleichheit und Gleichwertigkeit der Geschlechter unter Beweis zu stellen: »Zahlreiche Frauen zeigten beträchtlichen Mut, Kraft und Kühnheit, indem sie schwierige Unternehmungen aller Art auf sich nahmen und durchführten. In dieser Hinsicht stehen sie, wie ich dir im folgenden anhand von Beispielen verdeutlichen werde, in nichts den bedeutenden Männern, den gefeierten Eroberern und Rittern nach, um die man in den Büchern so viel Aufhebens macht« (Pizan: *Das Buch von der Stadt der Frauen*, 69). Zu männlichen Tugenden wie Tapferkeit gesellen sich wiederum künstlerische Fähigkeiten und Intelligenz. Anders als Boccaccios Werk, das schnell in zahlreiche Landessprachen übersetzt und früh auch gedruckt wurde, verließ Christines de Pizans *Stadt der Frauen* die Welt der europäischen Fürstenhöfe jedoch nie (vgl. McLeod 1991b).

Hier ist nicht der Ort, die Geschichte der Gattung Frauen-Kataloge weiter zu vertiefen. Doch unverkennbar wirkt das Interesse an berühmten und berühmt-berüchtigten Frauen bis in die heutige Geschichtsschreibung fort. Begünstigt wird darin nicht nur das Spektakuläre und Außergewöhnliche, sondern weiterhin auch die Gleichheitsthese und nicht die Differenz. Dem heroischen Modell wäre letztlich auch das ungebrochene Interesse für ›Freiheitskämpferinnen‹ in der Art Jeanne d'Arcs oder das neuerwachte Interesse für männerbeherrschende Xanthippen, Kinder verschlingende Medeien und andere ›Furien‹ zuzurechnen. All dies gehört in den Bereich der »Männerphantasien«, deren Platz es im *imaginaire* des späten Mittelalters allerdings noch genauer zu bestimmen gilt.

Die tragische Geschichtsschreibung

Den Gegenpol zur heroischen Geschichtsschreibung bildet die tragische, die die Idee perpetuiert, Frauen seien über Jahrhunderte hinweg ausgebeutet, benachteiligt, rechtlos und ohnmächtig gewesen (vgl. Bennett 1997, 73–94). Auch die tragische Geschichtsschreibung ist keine Erfindung der modernen Frauenbewegung. ›Modernere‹ Züge trägt allenfalls die Zuspitzung der Frauen als Opfer patriarchaler Geschlechterordnungen. Die Schwäche, Schutz- und Rechtlosigkeit der Frau ist biblisch vorgezeichnet und lebt als Metapher mit sozial-moralischem Appellcharakter bis in die Gegenwart hinein. Mit der tragischen Geschichtsschreibung sind eine Reihe unbewiesener Aprioris verbunden, die dringend einer wissenschaftsgeschichtlichen Überprüfung bedürften. Dazu zählt auch die Frage: Darf soziale Schwäche, wie so häufig impliziert, wirklich mit moralischer Stärke gleichgesetzt werden? Verdiente die Mitwirkung der Mütter, Schwiegermütter, Großmütter und Nachbarinnen bei der Festschreibung und Tradierung der Geschlechterrollen nicht mehr Beachtung, als ihr bislang zugestanden wurde? Mit ähnlichen Problemen konfrontieren uns viele Studien zur Frauenarmut. Noch zu selten wird berücksichtigt, daß sich der Armutsdiskurs über die Jahrhunderte hinweg vorzugsweise, wenngleich nicht ausschließlich, auf Frauen und Kinder konzentrierte. Damit sei die (durch die Lohnfrage vorgegebene) wirtschaftliche Ungleichheit zwischen den Geschlechtern keineswegs in Abrede gestellt, sondern lediglich angedeutet, daß die obrigkeitliche Armenpolitik heute wie damals Frauen mit Kindern anderen Gruppen gegenüber begünstigt, Frauen und Kinder in dem Sinne eher eine privilegierte, denn eine benachteiligte Gruppe darstellen (vgl. Skinner 1997, 204–221).

Tragische und heroische Geschichtsschreibung mögen an sich noch so gegensätzlich sein, trotzdem konkurrieren sie manchmal um ein und dasselbe ›Objekt der Begierde‹: Hexen werden wahlweise bald zu Heldinnen (›weise Frauen‹) bald zu Opfern patriarchaler Herrschaftsverhältnisse stilisiert (vgl. Schwerhoff 1994, 325–353). Ähnlich gegensätzliche Zugangsweisen lassen sich bei der Geschichte der Hebammen beobachten (vgl. Schlumbohm 1998). Konkurrierenden Interpretationsangeboten begegnen wir auch im heterogenen Bereich der Kloster- und Heiligengeschichte. Nicht mehr wegzudenken aus den Katalogen ›starker Weiber‹ sind Gestalten wie Hildegard von Bingen (gest. 1179) oder Hrotswith von Gandersheim (gest. 975). Spätere Lebensgeschichten heiliger Frauen handeln hingegen vorwiegend von Autoaggressionen und Privationen, die, emphatisch formuliert, wenig Anlaß zur mythischen Überhöhung bieten.

Ambivalenzen und Widersprüche

Menschliches Denken und Verhalten sind selten derart kohärent, als daß sie sich in klare und in sich geschlossene Sinnzusammenhänge einfügen ließen. Das Streben nach Sinnkohärenz ist primär ein wissenschaftliches Bedürfnis, das sich eher selten mit dem Denken und Handeln der historischen Akteure deckt. Mit dem Streben nach Sinnkohärenz ist nicht nur die Suche nach ›Stärke‹ oder die präjudizierende und polarisierende Wahl der Opfer- oder Täterperspektive gemeint, sondern auch eine Reihe von Fragen, mit denen die Frauen- und Geschlechtergeschichte seit ihren Anfängen kämpft: Hatten die Frauen eine Renaissance? Verschlechterte sich die ›Stellung‹ der Frau im Feudalzeitalter oder in bzw. durch die Reformation? Die Antworten fielen und fallen – zeit- und standortgebunden – merkwürdig uneinheitlich aus. Seit den späten 80er Jahren ist diese Art ›Großerzählung‹ einer Geschlechtergeschichte gewichen, die sich durch akteurzentrierte *case studies* auszeichnet (besonders in der Frühen Neuzeit). Der akteurzentrierte Blick zwingt die Geschlechtergeschichte, die gesellschaftswissenschaftliche Diskussion über die Zusammenhänge zwischen Individuum, Gesellschaft und Gemeinschaft neu aufzurollen. Schon 1980 warnte die Anthropologin Michelle Zimbalist Rosaldo, daß jeder Versuch, Frauen und Männer räumlich voneinander losgelöst zu betrachten, »fail to help us understand how man and women both participate in and help to reproduce the institutional forms that may opress, liberate, join or divide them.« (Rosaldo 1980, 409).

Außerhalb der ›totalen Institutionen‹ (Erving Goffman: *Asyle*, 1961), Kloster, Gefängnis, Internat usw. gibt es weder reine Männer- noch reine Frauengemeinschaften. ›Keimfreie‹ Reinkulturen der Geschlechter sind selbst ›totale Institutionen‹ nie; mehr noch, gerade hier treibt das ›Spiel‹ mit Geschlechterrollen besonders interessante Blüten. Die/der einzelne plaziert und definiert sich heute wie damals in und über eine Vielfalt unterschiedlicher, bald gemischt-, bald eingeschlechtlicher, situationsbezogener Gruppenzugehörigkeiten (Generation, Bruderschaften, Vereine, Kirchgemeinde, Zunft, Nachbarschaft, Haus, Familie etc.). Aus der ›Alltagsperspektive‹ ist die Geschlechtersegregation nie durchgehend, sondern immer nur situativ, an konkrete soziale ›Orte‹ gebunden. Je nach ›Ort‹ spielen Stand, Geschlecht, Generation und andere Gruppenzugehörigkeiten unterschiedliche Rollen. Die Spielregeln der sozialen Interaktion sind, historisch wandelbar, für die meisten Gesellschaftsbereiche vorgegeben. Aber in fast allen Bereichen besteht auch ein Set an Möglichkeiten, davon abzuweichen und neue Regeln zu erfinden. Das gilt auch für Frauen! Die längere Zeit vorherrschende, einseitige Betrachtung von Normen und Leitbildern (Repräsentationen und Ordnungsvisionen) führt sehr häufig an der ›Realität‹ vorbei. Zur Geschichte der Klostereintritte gehört die Geschichte der Klosteraustritte, zur Geschichte der Klausur die Geschichte der reformunwilligen Frauengemeinschaften, zur Geschichte der geschlagenen Frau auch die der schlagenden Frau usw. In der gegenwärtigen Methodenpluralität vermag sich die Geschlechtergeschichte wohl nur zu behaupten, wenn sie sich von den starren, sozialgeschichtlichen ›Geschlechterdichotomien‹ und -determinismen loslöst und den ›Widersprüchen‹, dem *cross gendering*, der gesellschaftlichen Chemie unterschiedlicher Gruppenzugehörigkeiten und der Bandbreite möglicher Abweichungen mehr Rechnung trägt.

Kein Ort, überall? Geschlechtergeschichte in der Moderne

Pluralisierung ist ein entscheidendes Stichwort, mit dem sich die Entwicklung der Geschlechtergeschichte der Moderne kennzeichnen läßt. Gerade in diesem Bereich klafft allerdings sowohl die wissenschaftsgeschichtliche Entwicklung als auch die Verortung von Frauen- und Geschlechtergeschichte innerhalb der Geschichtswissenschaft in verschiedenen Ländern deutlich auseinander. Die gegenseitige Rezeption und der Transfer von Fragestellungen und methodischen Überlegungen wird durch das Fehlen internationaler Bibliographien erschwert. Vor allem aber wird die Frage nach der Rolle von ›Geschlecht‹ als einer zentralen Kategorie, die Gesellschaften mitstrukturiert und Differenz symbolisiert und festschreibt, in unterschiedlichen Wissenschaftssprachen gestellt und beantwortet, die oft schwer übersetzbar sind, wie auf einer sehr unmittelbaren Ebene bereits die häufige Verwendung des Begriffes ›Gender‹ in deutschen Texten zeigt.

Auch nach dreißig Jahren Frauen- und Geschlechtergeschichte bleibt daher die Antwort auf die Frage nach dem Ort innerhalb der eigenen Wissenschaft ambivalent. In den USA ist die Geschlechtergeschichte einer der Bereiche, in denen methodologische und theoretische Grundfragen des Faches diskutiert werden, häufig in Verknüpfung mit konstruktivistischen oder poststrukturalistischen Überlegungen oder in Verbindung mit politikwissenschaftlichen und politiktheoretischen Fragestellungen (vgl. Scott: *Feminism and History*, 1996; Laslett u. a. 1997; sowie Philipps 1998). Außerdem haben die Studien von Judith Butler eine noch andauernde Diskussion um das Verhältnis von *sex* und *gender* sowie um die diskursive Konstruktion nicht nur des sozialen, sondern auch des biologischen Geschlechts in Gang gesetzt (vgl. Butler 1995).

In Deutschland dagegen (und dazu haben die hiesige Dominanz der Sozialgeschichte und der Widerstand gegen mikro-, kultur- und mentalitätsgeschichtliche Fragestellungen beigetragen) ist die Frauen- und Geschlechtergeschichte stärker unter sich geblieben. Das hängt damit zusammen, daß nach wie vor die Geschlechtergeschichte die Relevanz der Kategorie ›Geschlecht‹ gegenüber anderen Kategorien beweisen soll. Das Gros der Geschichtswissenschaft müßte weit stärker als bisher wahrnehmen und einarbeiten, wie die Positionierung der Geschlechter und die Dynamik ihrer Beziehungen zur Konstruktion und zu den Wirkungsweisen von Gesellschaft und Politik beigetragen haben. Die mangelhafte Rezeption geschlechtergeschichtlicher Fragestellungen wird jedoch nach wie vor als Problem der Geschlechtergeschichte formuliert, nicht als Defizit der Argumentationsmuster in der Geschichtswissenschaft insgesamt. Während die internationale Ausrichtung der Forschung ansonsten gefordert und begrüßt wird, laufen die Wissenschaftlerinnen und Wissenschaftler, die die methodisch-theoretische Diskussion der amerikanischen Geschlechtergeschichte rezipieren, noch immer Gefahr, Abwehr statt kritischer Diskussion zu begegnen. Auch institutionell ist die Geschlechtergeschichte noch weniger verankert als in den USA. Mitte 1999 existierten fünf Professuren für Geschlechtergeschichte in ganz Deutschland, wobei in bezug auf die Lehre die Gefahr besteht, daß die Aufforderung, geschlechtergeschichtliche Fragestellungen in der Lehre insgesamt stärker zu berücksichtigen, erleichtert an diese wenigen Professuren zurückdelegiert wird. An der TU Berlin wurde 1996 unter der Leitung von Karin Hausen das Interdisziplinäre Zentrum für Frauen- und Geschlechterforschung eröffnet, das sich nicht nur an Studierende der Geschichtswissenschaft wendet. Generell wird diskutiert, ob man sich einer Situation knapper finanzieller Mittel, in der geschlechtergeschichtliche Professuren schnell in Gefahr sind, wieder abgeschafft zu werden, um eine größere Zahl solcher Stellen oder um fächerübergreifende Genderstudiengänge bemühen soll.

Frauengeschichte etablierte sich seit den 70er Jahren mit dem Anspruch, einerseits Frauen in der Geschichte sichtbar zu machen, andererseits die Geschichtswissenschaft so zu verändern, daß sie wirklich beide Geschlechter umfasse. So paradigmatisch verstand z. B. die 1989 gegründete Zeitschrift *L'Homme. Zeitschrift für feministische Geschichtswissenschaft* ihre Aufgabe, die die geschlechtergeschichtliche Prägung des Menschen schon im Titel deutlich machen wollte. Die historische Frauenforschung entwickelte sich in kritischer Distanz zu der ursprünglich eher additiven Perspektive, neben wichtigen Männern herausragende Frauen sichtbar zu machen (dem sog. kompensatorischen Ansatz) oder den Beitrag von Frauen in verschiedenen Bereichen zu analysieren (dem sog. kontributorischen Ansatz). Die historische Frauenforschung zeigte z. B., daß klassische Kategorien und Periodisierungen der Geschichtswissenschaft eine männerzentrierte Sichtweise perpetuieren, z.B. der ubiquitäre Begriff des ›allgemeinen‹ Wahlrechtes oder der vielzitierte Aufbruchscharakter der Renaissance. Ein mit Blick auf übergreifende Patriarchatstheorien eher engführender Opfer-Täter-Diskurs trug allerdings zur Eigenmarginalisierung der Frauengeschichte ebenso bei wie die Annahme einer weiblichen Identität, die über die Beschäftigung mit Frauengeschichte zu erweisen und zu bestätigen sei.

Gegenwärtig wird in einem Pluralisierungsschub der Themen und Fragerichtungen stärker nach Frauen (und langsam auch nach Männern) als Handelnden gefragt, deren Motivationen und Lebenserfahrungen völlig unterschiedlich und von der Kategorie ›Geschlecht‹ ebenso geprägt sein können wie von anderen Kategorien wie ›Religion‹, ›Ethnizität‹, ›Alter‹ oder ›soziale Lage‹. Divergierende Vorstellungen der Geschlechterverhältnisse bei Männern und Frauen rücken in den Blick; das Mit-Schreiben von Frauen ebenso wie von Männern am Geschlechterdiskurs, aber auch die Inanspruchnahme dominanter Diskurse, um Handlungsräume zu erweitern oder anders zu gestalten und unterschiedliche Subjektpositionen zu beziehen (vgl. Canning 1994). Es interessieren die dynamischen Beziehungen zwischen den Geschlechtern und vor allem auch innerhalb der Geschlechtergruppen. Etliche als ›frauengeschichtlich‹ bezeichnete Studien sagten bereits viel über Männlichkeit, das Verhältnis der Geschlechter und das Handeln von Männern als Männer. Sehr viel langsamer setzt sich die seit den 70er Jahren formulierte Erkenntnis durch, daß geschlechtergeschichtliche Fragen auch dort relevant und aufschlußreich sind, wo Frauen nicht präsent oder sichtbar sind.

Als relationale Kategorie, die nicht in anderen Kategorien wie ›Rasse‹ oder ›Klasse‹ aufgeht, sondern mit diesen verknüpft ist und sie aufzuschlüsseln vermag, und als Element, das Machtbeziehungen codiert und reproduziert, läßt sich ›Gender‹ nicht auf spezifische Themen eingrenzen. Hierzulande wird diese Entgrenzung ebenso wie die damit verknüpfte Wende von der Frauen- zur Geschlechtergeschichte häufig als Gefahr der Selbstauflösung der Frauengeschichte diskutiert. Die Geister spalten sich außerdem daran, ob neue, an den Ergebnissen der Frauen- und Geschlechtergeschichte orientierte ›große Erzählungen‹ diese Forschung stärker in den allgemeinen Diskussionskanon hineintragen würden oder ob sich die Geschichtswissenschaft nicht insgesamt und damit auch mit Blick auf Geschlechtergeschichte von Meistererzählungen verabschieden sollte (vgl. Hunt 1998, Hausen 1998).

Forschungsfelder, Praktiken

Eine repräsentative Auswahl bisher behandelter Themen zu treffen, wird durch die gegenwärtige Ausdifferenzierung immer schwieriger. Die dominante Denkfigur ›des autonomen‹, implizit als männlich gedachten Subjekts der Moderne hat zunächst dazu geführt, daß die Analyse des normativen Frauen(- und Männer)bildes einen Forschungsschwerpunkt in der modernen Geschichte bildete. Grundlegende Arbeiten der 70er Jahre über die naturhafte Begründung der Geschlechtscharaktere seit der Spätaufklärung sowie den Zusammenhang von Arbeit und Geschlecht und die Zuweisung von Bedeutung und Wert in der Ausprägung der kapitalistischen Welt bilden heute noch einen entscheidenden Referenzpunkt (vgl. Hausen 1976; Bock/Duden ^{2}1977). Familie (zentral für die Bedeutung von Geschlecht für die Konstituierung sozialer Gruppen: Davidoff/Hall 1987), Bildung und (Erwerbs)Arbeit waren, in Anlehnung an die großen Themen der bürgerlichen Frauenbewegung seit dem späten 19. Jahrhundert, weitere wichtige Bereiche, außerdem die Rolle von Frauen in der Wissenschaft. Die intensive Forschung über die geschlechterspezifisch extrem segregierte Bildungsgeschichte in Deutschland hat jedoch noch nicht dazu geführt, daß die Rolle des in Deutschland so zentralen Bildungsbegriffes für die Formung individueller und kollektiver Identität im Zusammenhang mit dem Denken in hierarchischen Geschlechterkategorien thematisiert wird, obwohl der Ausschluß von Frauen aus diesem Bildungsbegriff, der auch eine lebenslange, kontinuierliche Entwicklung der Persönlichkeit implizierte, konstitutiv für den Entwurf dieser Konzeption war. Die Forschung über Frauenerwerbsarbeit wiederum war zunächst geleitet durch die implizite Annahme einer ›nachholenden Modernisierung‹ der Frauenarbeit und rückte dann die dieser These z. T. widersprechenden Erfahrungen der Arbeit durch Frauen in den Blick. Jüngere Studien nun fragen nach den gesellschaftlichen Umdeutungsprozessen, denen bestimmte Arbeiten unterlagen, wenn sozio-ökonomische oder technische Veränderungen dazu führten, daß Frauen Arbeiten übernahmen, die vorher Männern vorbehalten waren – Umdeutungsprozesse, die die Hierarchie der Geschlechter auch in einer neuen Form der Arbeitsteilung sicherstellen sollten (vgl. Hausen, *Geschlechterhierarchie und Arbeitsteilung*, 1993; Frader/Rose 1996).

Studien zum Vormärz und zur Revolution von 1848/49 haben Frauen als Handelnde sichtbar gemacht und so die Wahrnehmung für die Politisierungsprozesse vor und während der Revolution geschärft. Die Frauenbewegung des 19. und frühen 20. Jahrhunderts, seit den 70er Jahren Gegenstand der Forschung, ist jüngst aus regionalgeschichtlicher Perspektive und im Zusammenhang der Analyse des regen Vereinslebens von Frauen in den Blick gerückt. Hier ist die Dichotomisierung von Heroisierung und Verfallsgeschichte (die ähnlich wie für Mittelalter und Frühe Neuzeit auch die moderne Geschichte zunächst prägte) einer Lesart gewichen, die die komplexe Verbindung ›emanzipativer‹ und ›beharrender‹ Vorstellungen ausfaltet und z. B. die emanzipativen Intentionen von Differenzkonzepten ausleuchtet. Entstand zunächst eine heftige Kontroverse um die Frage der Positionierung von Frauen im Nationalsozialismus, um ihr Handeln und dessen moralische Bewertung – oft bezogen auf die Studien von Bock (1986) und Koonz (1987) –, so geht es jetzt stärker um individuelle Handlungsspielräume und die Ambivalenz von Distanzierung und Anpassungsbereitschaft jenseits von Opfer-Täter-Dichotomien (vgl. Heinsohn u. a. 1997). Studien zu Religion leuchten u. a. aus, wie Frauen im 19. Jahrhundert die normative Trennung von ›privat‹ und ›öffentlich‹ und deren geschlechterspezifische Zuweisung hinter sich ließen oder aber diese dominanten Diskurse nutzten, um ihre Handlungsspielräume zu erweitern. Eine zumindest die moderne Geschichte noch immer prägende Zurückhaltung gegenüber Frauenbiographien mag durch eine Wissenschaft mitbedingt sein, die die im Subjektivierungsschub der Moderne paradigmatische Zuschreibung, Frauenleben seien unwichtiger und uninteressanter als Männerleben, nach wie vor reproduziert.

Gerade um die Relevanz der Kategorie ›Geschlecht‹ deutlich zu machen, wird die Frage nach ihrem jeweiligen Stellenwert im Verhältnis zu anderen geschichtsmächtigen Kategorien entscheidend. ›Geschlecht‹ ist ein Element in einem dynamischen, variablen Netz verschiedener Kategorien, deren Beziehungen untereinander instabil sind und die sich auch in sich und in ihrer Bedeutung durch ihre Wechselwirkungen verändern können. Wird der Blick dergestalt auf die Konstruktion von Subjektivitätsvorstellungen und das Aushandeln der materiellen wie immateriellen ›Ausstattung‹ von Männern und Frauen gelenkt, im Zusammenwirken von Religion, Geschlecht, Sexualität, Ethnizität und sozialer Zugehörigkeit, zeigt sich nicht nur, wie vielfach gebrochen die Einstellungen z. B. zur Emanzipation von Frauen und bei Frauen waren, sondern auch, wie in vorgeblich geschlechtsneutralen Kontroversen unterschiedliche Vorstellungen von Männlichkeit aufeinanderprallten (z. B. Herzog 1996).

Auch die Denkfigur des ›rationalen Subjekts‹ im Anbruch der Moderne beruhte auf einer bestimmten Konzeption des männlichen Körpers und der männlichen Sexualität; die Annahme eines ungebrochenen und sich gegenseitig verstärkenden Zusammenhangs von männlicher Zeugungskraft, Vernunft, politischem Wesen und Herrschaftsberechtigung war entscheidend für die gesellschaftliche Positionierung der Geschlechter und die Zuweisung staatlicher Macht auf Männer (vgl. Hull 1996, 236ff.; für einen ganz anderen, ebenso provozierenden Blick auf Sexualität in der Frühen Neuzeit s. Roper 1995). Die Analyse von Männlichkeit und der Rolle von Geschlecht in der Politik setzt häufig, das ist naheliegend, bei Staat und Militär an. Sie kann aber auch auf Außenpolitik und internationale Beziehungen ausgeweitet werden – Bereiche, die oft als ›letzte Bastion‹ zitiert werden, um die Grenzen geschlechtergeschichtlichen Fragens aufzuzeigen. Aber auch hier wäre zu fragen, ob und wie der Geschlechterdiskurs mit seinen Aussagen über Charaktereigenschaften, Statusdifferenzen und soziale Beziehungen das angeblich geschlechterneutrale Nachdenken über nationale Sicherheit und die Konstruktion kollektiver Identität durchzieht (vgl. Cooke/Woollacott 1993).

Geschlechtergeschichte muß sich immer wieder neu dem Problem stellen, daß Frauen wie Männer völlig divergierende Vorstellungen, Hoffnungen und Identitätsbezüge hatten (und haben) und doch qua Kategorisierung als ›Frau‹ oder ›Mann‹ positioniert werden. In der entstehenden Männergeschichte (zumindest angelsächsischer Prägung) wird bereits viel selbstverständlicher davon ausgegangen, daß unterschiedliche Männlichkeitsvorstellungen miteinander konkurrierten. Hier bindet sich auch die Analyse des *doing gender*, der alltäglichen Konstruktion und des Umschreibens von Geschlechtervorstellungen und -rollen ein. Die Konzentration auf die Praktiken sollte jedoch das Ausleuchten von Diskursen nicht verdrängen, um auch die zweite Ebene des von Scott explizierten Gender-Begriffs stärker ins Zentrum zu rücken, der in der deutschen Forschung noch unterrepräsentiert ist – die Rolle von Geschlecht als instabilem

Bedeutungsträger, mit dem Grenzen festgeschrieben und Handlungsoptionen zugewiesen werden sollen, als Instrument und Medium, mit dem Differenzen innerhalb von Gesellschaft und zwischen Staaten symbolisiert und untermauert und Gesellschafts- und Weltbilder transportiert und abgeschottet werden.

Literatur

Bennett, Judith: »Confronting Continuity«. In: *Journal of Women's History* 9/3 (1997), 73–94.

Bock, Gisela: *Zwangssterilisation im Nationalsozialismus. Studien zur Rassenpolitik und Frauenpolitik.* Opladen 1986.

– : /Duden, Barbara: »Arbeit aus Liebe – Liebe als Arbeit. Zur Entstehung der Hausarbeit aus dem Geist des Kapitalismus«. In: *Frauen und Wissenschaft.* Berlin ^{2}1977, 118–199.

Butler, Judith: *Körper von Gewicht: die diskursiven Grenzen des Geschlechts.* Berlin 1995. (Orig.: *Bodies that matter: on the discursive limits of »sex«.* New York 1993).

Canning, Kathleen: »Feminist History after the Linguistic Turn: Historicizing Discourse and Experience«. In: *Signs* 19 (1994), 368–404.

Cooke, Miriam/Angela Woollacott (Hg.): *Gendering War Talk.* Princeton 1993.

Davidoff, Leonore/Hall, Catherine: *Family Fortunes. Men and Women of the English Middle Class 1780–1850.* London 1987.

Dinges, Martin (Hg.): *Hausväter, Priester, Kastraten. Zur Konstruktion von Männlichkeit in Spätmittelalter und Früher Neuzeit.* Göttingen 1998.

Dölling, Irene/Beate Krais (Hg.): *Ein alltägliches Spiel. Geschlechterkonstruktionen in der sozialen Praxis.* Frankfurt a. M. 1997.

Duby, Georges/Perrot, Michelle (Hg.): *Geschichte der Frauen.* 5 Bde. Frankfurt a. M./New York 1993–1995.

Duggan, Ann J. (Hg): *Queens and Queenship in Medieval Europe.* Bury St Edmunds 1997.

Frader, Laura/Sonya O. Rose (Hg.): *Gender and Class in Modern Europe.* Ithaca 1996.

Gera, Deborah: *Warrior Women. The Anonymus ›Tractatus de mulieribus‹.* Leiden/New York/Köln 1997.

Gerhard, Ute (Hg.): *Frauen in der Geschichte des Rechts. Von der Frühen Neuzeit bis zur Gegenwart.* München 1997.

Habermas, Rebekka: »Geschlechtergeschichte und »anthropology of gender«. Geschichte einer Begegnung«. In: *Historische Anthropologie* 1 (1993), 485–509.

Hausen, Karin: »Die Nicht-Einheit der Geschichte als historiographische Herausforderung«. In: Medick/Trepp 1998, 15–55.

– : (Hg.): *Geschlechterhierarchie und Arbeitsteilung. Zur Geschichte ungleicher Erwerbschancen von Männern und Frauen.* Göttingen 1993.

– : »Die Polarisierung der ›Geschlechtscharaktere‹ – eine Spiegelung der Dissoziation von Erwerbs- und Familienleben«. In: Werner Conze (Hg.): *Sozialgeschichte der Familie in der Neuzeit Europas.* Stuttgart 1976, 363–393.

Heinsohn, Kirsten/Barbara Vogel/Ulrike Weckel (Hg.): *Zwischen Karriere und Verfolgung. Handlungsräume von Frauen im nationalsozialistischen Deutschland.* Frankfurt a. M. 1997.

Hendricks, Margo/Parker, Patricia (Hg.): *Woman, »Race«, and Writing in the Early Modern Period.* London/New York 1994.

Herzog, Dagmar: *Intimacy and Exclusion. Religious Conflict in Pre-Revolutionary Baden.* Princeton 1996.

Hull, Isabell V.: *Sexuality, the State, and Civil Society in Germany, 1700–1815.* Ithaca, London 1996.

Hunt, Lynn: »The Challenge of Gender. Deconstruction of Categories and Reconstruction of Narratives in Gender History«. In: Medick/Trepp 1998, 57–97.

Koonz, Claudia: *Mothers in the Fatherland. Women, the Family and Nazi Politics.* New York 1987.

Kuhn, Annette/Lundt, Bea (Hg.): *Lustgarten und Dämonenpein. Konzepte von Weiblichkeit in Mittelalter und früher Neuzeit.* Dortmund 1997.

Laslett, Barbara/Ruth-Ellen B. Joeres/Mary Jo Maynes u. a. (Hg.): *History and Theory: Feminist Research, Debates, Contestations.* Chicago/London 1997.

McCash, June Hall (Hg.): *The Cultural Patronage of Medieval Women.* Athens 1996.

McLeod, Glenda K.: *Virtue and Venom: Catalogs of Women from Antiquity to the Renaissance.* Ann Arbor 1991a.

– : (Hg.): *The Reception of Christine de Pizan from the Fifteenth through the Nineteenth Centuries: Visitators to the City.* Lewiston 1991b.

Medick, Hans/Trepp, Anne-Charlott (Hg.): *Geschlechtergeschichte und allgemeine Geschichte: Herausforderungen und Perspektiven.* Göttingen 1998.

Müller, Ricarda: *Ein Frauenbuch des frühen Humanismus. Untersuchungen zu Boccaccios ›De mulieribus claris‹.* Stuttgart 1992.

Philipps, Anne (Hg.): *Feminism and Politics.* Oxford/New York 1998.

Roper, Lyndal: *Ödipus und der Teufel. Körper und Psyche in der Frühen Neuzeit.* Frankfurt a. M. 1995. (Orig.: *Oedipus and the Devil. Witchcraft, sexuality and religion in early modern Europe.* London 1994).

Rosaldo, Michelle Zimbalist: »The Use and Abuse of Anthropology: Reflections on Feminism and Cross-cultural Understanding«. In: *Signs* 5, (1980), 389–417.

Schlumbohm, Jürgen (Hg.): *Rituale der Geburt: eine Kulturgeschichte.* München 1998.

Schmale, Wolfgang (Hg.): *MannBilder. Ein Lese- und Quellenbuch zur historischen Männerforschung* (Innovationen 4). Berlin 1998.

Schnell, Rüdiger (Hg.): *Geschlechterbeziehung und Textfunktion: Studien zu Eheschriften der Frühen Neuzeit.* Tübingen 1998.

Schwerhoff, Gerd: »Hexerei, Geschlecht und Regionalgeschichte. Überlegungen zur Erklärung des scheinbar Selbstverständlichen«. In: Gisela Wilbertz/Gerd Schwerhoff/Jürgen Scheffler (Hg.): *Hexenverfolgung und Regionalgeschichte. Die Grafschaft Lippe im Vergleich.* Bielefeld 1994, 325–353.

Scott, Joan W. (Hg.): *Feminism and History.* Oxford/New York 1996.

– : »Gender: A Useful Category of Historical Analysis«. In: *American Historical Review* 91 (1986), 1053–1068.

Simon-Muscheid, Katharina (Hg.): *»Was nützt die Schuster dem Schmied?« Frauen und Handwerk vor der Industrialisierung.* Frankfurt a. M./New York 1999.

Skinner, Patricia: »Gender and Poverty in the Medieval Community«. In: Watt, Diane (Hg.): *Medieval Women in Their Communities.* Toronto 1997, 204–221.

Thébaud, Françoise: *Écrire l'histoire des femmes.* Fontenay/Saint Cloud 1998

Weckel, Ulrike u. a. (Hg.): *Ordnung, Politik und Geselligkeit der Geschlechter im 18. Jahrhundert.* Göttingen 1998.

Wunder, Heide/Vanja, Christina (Hg.): *Weiber, Menscher, Frauenzimmer. Frauen in der ländlichen Gesellschaft 1500–1800.* Göttingen 1996.

– : /Engel, Gisela (Hg.): *Geschlechter/Perspektiven. Forschungen zur Frühen Neuzeit.* Königstein 1998.

2. Sozialwissenschaften

Hildegard Maria Nickel

Integration durch Segregation und Marginalisierung

Zu Beginn der 90er Jahre nahmen die Sozialwissenschaften unter den 15 am häufigsten gewählten Studienfächern in der Bundesrepublik den 8. Rangplatz ein. Mit etwa 50 % Studentinnen gehörten die Sozialwissenschaften zur Gruppe der gleichermaßen von Frauen und Männern gewählten Studienfächer. Anders verhielt es sich mit der Psychologie (67 %), der Germanistik (73 %) und der Romanistik (86 %), die von Frauen bevorzugte Fächer sind. Die Wirtschaftswissenschaften (35 %), Architektur (38 %), Chemie (36 %) und vor allem die Physik (12,5 %) sind hingegen mehrheitlich von Männern gewählte Studiengebiete. Insgesamt gesehen, sind die Sozialwissenschaften demnach zwar keine Frauendomäne, wohl aber ist von einer »geschlechterparitätischen Basisstruktur« des Faches auszugehen (Metz-Göckel 1996, 12). Hier gilt wie in allen Fächern: je höher die Qualifikation und je höher der Status, desto geringer ist der Frauenanteil.

Heute sind es seltener offene, frauenfeindliche Maßnahmen als diskrete und strukturelle Behinderungen, die dazu führen, daß auf jeder Stufe der wissenschaftlichen Laufbahn der Frauenverlust größer wird. Die Abwehrhaltung Frauen gegenüber hat auch heute noch mit dem gesellschaftlichen Vorurteil zu tun, demzufolge Frauenfächer intellektuell und sozial minderwertiger seien als von Männern dominierte Fächer. Die Sozialwissenschaften sind – zumindest gilt das für die Soziologie – ein Berufsfeld, zu dem Frauen früher als zu anderen wissenschaftlichen Berufen Zugang hatten (Wobbe 1995, Milz 1994), aber auch hier haben sie sich den Zutritt eher erkämpft und erstritten, als daß sie eingeladen worden wären, und sie waren auf »Semiprofessionen« verwiesen, statt im Kern der Theoriebildung präsent zu sein. Mit seinen informellen Netzen kollegialer Kameraderie, seinen internen Hierarchien und seinen subtilen Professionsstrukturen (Wetterer 1995) bildet das Wissenschaftssystem auch in diesem Fach noch immer ein ›boys network‹, dem sich Frauen in einem Akkulturationsprozeß nähern, ohne bisher allerdings gleichermaßen wie Männer akzeptiert zu sein: Die Integration von Frauen sowie Frauen- und Geschlechterforschung in das akademische Wissenschaftssystem geht mit deren Segregation und Marginalisierung einher (Lucke 1999). Studiengänge wie Gender-Studien sind ein Weg, die Geschlechterstruktur des Faches bloßzulegen, zu kritisieren und schließlich zu verändern. Die Sozialwissenschaften sind eine Disziplin, in der in den 70er und 80er Jahren das Geschlechterverhältnis selbst zum Gegenstand der Forschung gemacht worden ist. Sozialwissenschaftlerinnen haben die Geschlechterkonkurrenz mit ihren männlichen Kollegen »als ein intellektuelles Spiel« aufgenommen (Metz-Göckel 1996, 14). Sie haben ihre Sicht der Dinge in die wissenschaftliche Debatte geworfen und – mißt man den Erfolg nicht nur an der

Entwicklung entsprechender Lehrstühle, Professuren und Studiengänge, sondern auch an dem wachsenden Interesse von Männern an der Gender Debatte – sich schließlich Gehör verschafft.

Das Geschlechterverhältnis in den Sozialwissenschaften

Während der vergangenen 20 bis 30 Jahre wurde vor allem durch die Arbeit von Wissenschaftler*innen* das Geschlechterverhältnis zum Gegenstand sozialwissenschaftlicher Forschung und Lehre. Die Bindung an die Frauenbewegung veränderte in den 70er und 80er Jahren zunächst die Wahrnehmung und Wertung der Lage von Frauen im Fach Soziologie und schließlich auch den Blick auf die Soziologie als einer theoriebildenden und datengenerierenden empirischen Wissenschaft. Seither wächst nicht nur die Zahl der Studien über die abgewertete und vernachlässigte soziale Erfahrung von Frauen und über die sozialen und politischen Ungleichheiten im Geschlechterverhältnis (Milz 1994), sondern auch die Zahl der Studien, die die Wissenschaftskritik zum Gegenstand haben. Seinen Niederschlag findet dieser Prozeß beispielsweise in feministischen Periodika wie die *Zeitschrift für Frauenforschung*, die *Feministische Studien* und die *Beiträge zur feministischen Theorie und Praxis*. Allerdings ist im Vergleich zu den USA, Kanada, aber auch den skandinavischen Ländern in der Bundesrepublik der Prozeß der Institutionalisierung von Frauen- und Geschlechterstudien mit deutlicher Verzögerung in Gang gekommen. Das läßt sich bis heute daran ablesen, daß die aktuelle feministische Debatte im deutschsprachigen Raum ihre maßgeblichen Impulse aus den USA erhält. Dort hat die bereits vor mehr als 20 Jahren einsetzende Institutionalisierung von *Women's* und *Gender Studies* an Universitäten und Colleges zu einer Differenzierung von Ansätzen und Positionen geführt, von der hierzulande nur zu träumen ist, und feministische Sichtweisen zählen inzwischen zum selbstverständlichen Spektrum wissenschaftlichen und öffentlichen Nachdenkens über gesellschaftliche Perspektiven.

Mittlerweile ist auch für die Bundesrepublik festzuhalten, daß die Anzahl der genuszentrierten Forschungen und Studienangebote gewachsen ist. Offen ist allerdings, ob das schon Indizien für die Integration des Geschlechteransatzes in traditionelle Einzelwissenschaften sind und ob das für eine Akzeptanz der Geschlechterperspektive im akademischen Fächerkanon spricht. Für die Sozialwissenschaften muß das bezweifelt werden, vor allem für die noch immer weitgehend geschlechtsblinde und frauenfreie Politikwissenschaft (Sauer 1997; Kreisky 1995). Hier beginnt sich erst seit jüngster Zeit ein punktueller Veränderungsprozeß abzuzeichnen, der sich beispielsweise in den Neuerscheinungen verschiedenster wissenschaftlicher Verlage zeigt. In den Sozialwissenschaften sind neben Durchbrüchen parallel laufend immer noch auch gegenläufige Entwicklungen zu beobachten: Die Erneuerung der Hochschulen und Universitäten ist zu Beginn der 90er Jahre in den neuen Bundesländern beispielsweise in vielen Fächern mit der Reetablierung traditioneller ›Kerne‹ der Disziplinen – die mit den Reformuniversitäten und interdisziplinären Ansätzen der 70er und 80er Jahre in der alten Bundesrepublik überwunden werden sollten – verbunden worden. In der Soziologie sei damit ein gewollter »Professionalisierungstrend« in Gang gekommen. Es habe sich ausgezahlt, sich zunehmend wieder an klassischen Kernen bzw. am bewährten »orthodoxen Fächerkanon« (Kreckel 1994, 9) zu orientieren. »Unglückliche Kehrseite des wohl wichtigsten Durchbruchs für die gesamte deutsche Soziologie« ist die Tatsache, daß den neuentstandenen Richtungen und Diskursen, die sich zwischen den Kernen und Orthodoxien entwickelt hatten, eine »marginale Rolle« zugefallen ist (Kreckel 1994, 9). Daß Frauen bei den Berufungen in den neuen Bundesländern nur selten zum Zuge kamen und Geschlechterstudien ein rarer Aspekt der Studienangebote sind, ergab sich aus einer diesem Wissenschaftsverständnis verpflichteten Politik.

Wird das Geschlechterverhältnis hingegen zum systematischen Gegenstand sozialwissenschaftlicher (feministischer) Forschung, zeigt sich, daß die institutionelle Abwehr Frauen bzw. dem Gegenstand ›Geschlecht‹ gegenüber auch damit zusammenhängt, daß die Soziologie (bzw. Politikwissenschaft) eine quasi affektive Beziehung zur Neutralität oder Objektivität (Androzentrismus) hat (Dietzen 1993). Themen, wie sie von Frauen vertreten und wie sie in der Frauen- und Geschlechterforschung behandelt werden, gelten demgegenüber als gefühlsbetont; z. T. wecken sie gar unbequeme Schuldgefühle und werden auch deshalb von den rationalen Kernen der Disziplin abgespalten, marginalisiert bzw. ghettoisiert. Die erfolgversprechende Strategie für die Etablierung der soziologischen Frauen- und Geschlechterforschung ist dennoch, nach Reinhard Kreckel, »einfach bei den Kernthemen mitzumischen. Warum sollte es denn so ausgeschlossen sein, den soziologischen Kernbereich von Theorie, Methoden, Makro- und Mikrosoziologie zunehmend für die Geschlechterproblematik zu sensibilisieren und damit zu bereichern« (Kreckel 1994, 9)? Nimmt man diese Frage positiv auf, dann stellt sich eine Reihe von Aufgaben, die in Studium, Lehre und Forschung zu vermitteln sind, und es ist beispielsweise zu fragen, welchen Stellenwert das Geschlecht in den klassischen soziologischen und politologischen Theorien überhaupt hat(te) und welchen Anteil diese Theorien selbst an der systematischen Ausblendung (Bublitz 1993; Treibel 1993) von Frauen bzw. Geschlechterverhältnissen haben. Zweitens geht es um die Aufdeckung und Kritik des »gender bias« soziologischer Methoden und es ist zu klären, ob es spezielle feministische soziologische Methoden gibt (Diezinger/Kitzer u. a. 1994). Und drittens schließlich müssen sozialwissenschaftliche feministische Theorien selbst immer wieder Gegenstand eines reflexiven Umgangs mit dem eigenen Wissenschaftsverständnis (Knapp/Wetterer 1995) sein.

Die Geschlechtsblindheit der Sozialwissenschaften

Mit Hausen/Nowotny (1986) ist von folgenden grundsätzlichen wissenschaftstheoretischen Annahmen auszugehen:

1. Die Tatsache, daß Wissenschaft seit ihrer Konstituierung bis heute weitgehend ein Ergebnis der Berufsarbeit von Männern ist, kann für Inhalt und Methoden dessen, was sich als Wissenschaft darstellt, nicht folgenlos sein. Damit verbindet sich auch bezogen auf die Sozialwissenschaften

a) ein tiefer Zweifel an der Geschlechtsneutralität der Wissenschaft, insbesondere auch an der Objektivität bzw. Neutralität von datengenerierender und -interpretierender Soziologie;
b) ein tiefer Zweifel an dem Verständnis des Wissenschaftssystems als einer geschlechtsneutralen meritokratischen Institution, die Karriere als Resultat objektiver Leistung interpretiert. Männer und Frauen haben bis heute ungleiche Produktionsbedingungen von Wissenschaft, die in geschlechtstypische Karrieren bzw. -brüche einfließen. Das neutrale, vermeintlich ausschließlich auf ›objektiver‹ Leistung basierende Wissenschaftssystem ist auch heute noch auf subtile Weise an das Funktionieren informeller Netzwerke oder Patronatssysteme von Männern für Männer gebunden.
2. Es gibt disziplinäre Unterschiede von Geschlechtsblindheit, denn die Wissenschaften sind verschieden nah oder fern von geschlechtsspezifischer Arbeitsteilung und damit auch einer jeweiligen ›Denkteilung‹; aber auch innerhalb der Disziplinen gelten jeweils unterschiedliche Zuweisungsregeln von Gebieten bzw. Themen für wissenschaftlich arbeitende Frauen und Männer, die die kognitive Hierarchie des Wissenschaftssystems widerspiegeln.
3. Es gibt eine zeitliche Achse von Wissenschaft, eine geschichtliche Entwicklung der Disziplinen mit Umbrüchen und Traditionen. Das heißt nicht nur, daß wissenschaftliche Themen einen konkret historischen Hintergrund haben, sondern auch, daß es ›Zeitfenster‹ gibt, die sich in Abhängigkeit von gesellschaftlichen Konstellationen mal mehr oder weniger weit für das Frauen- bzw. Geschlechterthema öffnen können (Nachkriegszeit z. B.).
4. Es ist schließlich auch davon auszugehen, daß das ›nationale‹ Wissenschaftsverständnis immer noch eine räumliche Achse von Wissenschaft bildet, die Frauen unterstützend in das akademische System integrieren kann (wie in den USA beispielsweise) oder sie aufgrund von nationalen Traditionen und ritualisierten Wissenschaftsstandards tendenziell desintegriert (wie z. B. in der Bundesrepublik).

Die Wissenschaft der Moderne ist zunächst grundsätzlich männlich (Honegger 1991). Das gilt in modifizierter Weise auch für die Sozialwissenschaften (Wobbe 1995). Eine männliche Prägung der Sozialwissenschaften ist auffindbar:
- in der Auswahl der Gegenstände, Themen, Inhalte, die für wissenschaftsrelevant gehalten werden;
- in der Art und Weise der Betrachtung der Gegenstände und Bereiche;
- in Bewertungen und Gewichtungen ermittelter Forschungsergebnisse;
- in Entscheidungen darüber, zu wessen Nutzen bzw. Kosten Wissenschaft vorangetrieben wird;
- in der Art und Weise, wie Wissenschaft umgesetzt, angewandt und verwendet wird (Hausen/Nowotny 1986).

Auch für Soziologie und Politikwissenschaft gilt, daß Wissenschaftsproduktion unter bestimmbaren gesellschaftlichen Bedingungen stattfindet: Die Bedingungen für die Wissensproduktion von Männern ist in der Regel deren Entlastung vom »Kleinkram des Alltags«. Das ermöglicht ihnen volle Konzentration auf wissenschaftliche Aufgaben. Historisch hat das nicht nur einen bestimmten Typus des Wissenschaftlers (Beispiel:

Ehepaar Weber in Wobbe 1995) hervorgebracht, sondern auch einen bestimmten Typus von wissenschaftlicher Theorie, einer Theorie, die durch die Ausblendung von Privatheit, Reproduktionsarbeit und Gefühl (Sauer 1997) den strukturellen Vorteil von Männern tendenziell begünstigt.

Forschungszugänge in den genuszentrierten bzw. geschlechtssensibilisierten Sozialwissenschaften

Stark vereinfacht sind es drei Forschungszugänge, die sich in den genuszentrierten Sozialwissenschaften Geltung verschafft haben (Dietzen 1993):

1. Die mikroanalytische Analyse des »doing gender«, des individuellen, subjektiven Handelns von Menschen als Frauen oder Männer, Jungen oder Mädchen. Dabei zeigte sich in auf Garfinkel (1967) zurückgehenden ethnomethodologischen Forschungen (Hagemann-White 1988, Gildemeister 1992), in Interaktionsanalysen (Goffman 1994), in Analysen zur Geschlechtersozialisation (Bilden 1991) etc., daß Geschlechtsidentität immer ›unvollständig‹ ist: Individuen weichen immer von gesellschaftlichen Normalitätsvorstellungen über Weiblichkeit und Männlichkeit mehr oder weniger weit ab. Männer und Frauen, Jungen und Mädchen übernehmen nicht einfach die normativen Definitionen dessen, was als passend, angemessen, wünschenswert oder ideal für ihr Geschlecht gesehen wird, und füllen diese Definitionen aus; vielmehr ist individuelle Geschlechtsidentität und Sexualität auch in Widerständen, im Zurückweisen von geschlechtstypischen Anforderungen, in der Neuinterpretation und in der immer nur partiellen Akzeptanz vorgeschriebener ›Rollen‹ verstehbar (Becker-Schmidt/Knapp 1995).

Mit *doing gender* ist das individuelle Machen, Herstellen von Geschlecht gemeint. Dieser Forschungszugang ist wichtig, weil damit gezeigt werden kann, daß es keine vollständige, deterministische Zuschreibung von Geschlechtsidentitäten durch gesellschaftliche Rollen und Normen gibt. Im Gegenteil, es besteht immer eine Spannung zwischen normativ bestimmten Handlungserwartungen, die sich durch strukturelle Kontexte ergeben einerseits und dem flexiblen Veränderungsdruck und Gestaltungswillen durch die Handelnden andererseits. Mit diesem Ansatz, der sich dezidiert von struktur-funktionalistischen Rollentheorien, wie sie lange Zeit in der Soziologie vertreten wurden (Dietzen 1993), abhebt, geht es um die Analyse von Selbsttätigkeit und Selbstsozialisation bei der Herstellung von Geschlecht und um den interaktiven Prozeß von Selbst- und Fremdbestimmung (Bilden 1991).

2. Es geht auch um die Analyse des *gender system*, d. h. um die Analyse der gesellschaftlichen Strukturbedingungen sozialer Formung von Geschlechterhandeln (Geschlecht als Strukturkategorie). Hierbei rücken die gesellschaftlichen Konstitutionsbedingungen für Geschlechterpraxen in den Mittelpunkt, Strukturen, die mit bestimmten Anforderungen an die Geschlechter verbunden sind. Es geht um historische, sozial-kulturell variierende Geschlechterordnungen, die Frauen und Männern über das System der

gesellschaftlichen Arbeitsteilung soziale Positionen, Ressourcen und Tätigkeitsbereiche zuweisen. Mit der Industrialisierung ist beispielsweise nicht nur die geschlechtstypische Trennung von Erwerbs- und Privatbereich verbunden, sondern auch die Hierarchisierung zwischen (männlicher) Berufswelt und (weiblicher) Sorgearbeit in der Familie. In dieser Forschungsperspektive kommen vor allem makrostrukturelle Fragen der Machtverteilung zwischen den Geschlechtern in den Blick, aber auch geschlechtstypischen Konsequenzen von Politik und Recht.

3. Weiterhin ist die symbolische Ebene von Geschlechtsunterschieden, die soziokulturelle Konstruktion von Männlichkeit und Weiblichkeit, von Interesse. In der Industriegesellschaft beispielsweise wurden die Handlungs- und Lebensbereiche von Männern und Fıauen auch symbolisch deutlich voneinander getrennt, z. B. durch die Öffnung oder Schließung von Räumen. Dagegen sind die geschlechtlichen Distinktionen in modernen Gesellschaften wie der Bundesrepublik weniger offensichtlich (Bilden 1991). Geschlechtergrenzen sind zunehmend fließend und veränderbar und werden über verbale und nonverbale Kommunikation, über Gruppenstile, Moden, Schönheitsideale, aber auch über bestimmte Situationen und Handlungskontexte ›dargestellt‹ und normativ ›erneuert‹ oder durchbrochen. Dabei sind entsprechende Verhaltensregeln und Codes nicht immer explizit formuliert, sondern sie sind kontextualisierte, vorreflexive Orientierungen. Sie wirken als implizite Handlungsregeln im Alltag und in Interaktionen zwischen geschlechtlichen Individuen. Auf dieser sozialwissenschaftlichen Analyseebene geht es also um die (De)Konstruktion der Inszenierungen von Geschlecht, um das Aufdecken des performativen Charakters von Identität und Geschlecht.

Wenn man sich die historische Entwicklung der Frauen- und Geschlechterforschung in der Bundesrepublik ansieht, zeigt sich, daß ihr erkenntnistheoretischer Ausgangspunkt vor rund 20 bis 25 Jahren zunächst eine ›vorwissenschaftliche‹, spontane Definition des Forschungsgegenstandes war: Sie übersetzte eine (benachteiligte) Geschlechtergruppe, die Frauen, relativ umstandslos und ›naiv‹ in eine wissenschaftliche Fragestellung. Unter der Hand schrieb sie – als unreflektiertes Nebenprodukt – die Sozialordnung der Zweigeschlechtlichkeit wie ein ›quasi Naturgesetz‹ fest. Die Annahme von der Gleichursprünglichkeit von (Geschlechter)Differenz und (Geschlechter)Hierarchie (Simmel 1985) beispielsweise legte sich wie ein ›Panzer‹ um die bundesdeutsche Debatte, und es bedurfte des US-amerikanischen Streites um Differenz (Benhabib/Butler/Cornell/Fraser 1993), daß dieser Panzer sichtbar, partiell auch durchlöchert wurde. Waren zunächst Fragen zur sozialen Lage von Frauen selbstverständlicher Anlaß von politisch- und sozial-engagierter feministischer ›parteilicher‹ Forschung, so hat sich in der zweiten Hälfte der 80er Jahre ein Perspektivenwechsel durchgesetzt: Der Schwerpunkt verlagerte sich von der empirischen, an der benachteiligten Situation von Frauen orientierten Forschung auf Fragen des Geschlechterverhältnisses. Sukzessive haben sich kultur- bzw. geisteswissenschaftliche Forschungsperspektiven (Konstruktion/Dekonstruktion von Geschlecht etc.) gegenüber makrooziologischen und empirisch-beschreibenden sozialwissenschaftlichen Ansätzen durchgesetzt.

Gemeinsamer Nenner der sozialwissenschaftlichen Frauen- und Geschlechterforschung in der Bundesrepublik ist seit Mitte der 80er Jahre (Milz 1994): Akzeptanz eines potentiellen Andersseins der Geschlechter (Differenz), der anderen kulturellen Verortung, Sozialisation, Orientierung, Identität und Lebensweise von Frauen gegenüber Männern. Aber auch Differenzen in der Gruppe, die das Anderssein für sich reklamieren, werden thematisiert: differenzierte Differenz, Vielgestaltigkeit des Andersseins, egalitäre Differenz sind Stichworte. Seit Mitte der 90er Jahre wird allerdings zunehmend auch wieder eingeklagt, die gesellschaftlichen Konstitutionsbedingungen für die sozio-kulturelle Konstruktion von Geschlecht im Auge zu behalten, also die makrosoziologische, strukturanalytische und gesellschaftstheoretische Perspektive der Frauen- und Geschlechterforschung, die feministische Gesellschaftskritik, nicht zugunsten von mikrosozialen Fragestellungen zu vernachlässigen oder gar aufzugeben (Gottschall 1998, Knapp 1998, Nickel 1996).

Differenz und Gleichheit

Die Debatte, die auch die Frauenbewegung in ihrer Geschichte mal mehr, mal weniger gespalten hat, kreist bis heute um zwei gesellschaftspolitische und -theoretische Konzepte: Geschlechterdifferenz und/oder soziale Gleichheit der Geschlechter.

Differenz

Differenz ist (wie Gleichheit) ein Verhältnisbegriff. Im Vergleich zu einer anderen Person, Personengruppe, einem Sachverhalt wird die Unterschiedlichkeit, Andersartigkeit hervorgehoben. In der feministischen Debatte in der Bundesrepublik ist zwar eine naturalisierende Bestimmung der *Geschlechterdifferenz* auf großen Widerstand (Becker-Schmidt/Knapp 1995) gestoßen, gleichwohl gibt es hier wie vor allem in Italien, Frankreich und den USA Strömungen in der Frauenbewegung, die ›Weiblichkeit‹ auf die im Vergleich zu Männern besondere körperliche und biologische Verfaßtheit von Frauen (Menstruationszyklus, Gebärfähigkeit usw.) zurückführen. Es wird davon ausgegangen, daß Weiblichkeit im Patriarchat nicht nur abgewertet worden ist, sondern Männer die Definitionsmacht im Geschlechterverhältnis erobert hätten, d. h. auch vorgeben, was unter Weiblichkeit zu verstehen ist und wie sie sich in der Mode, in den Medien und im Alltag darstellen soll. Frauen, so Vertreterinnen dieses Ansatzes, müssen erst wieder entdecken, wer sie sind und was sie wollen. Dazu sind Frauennetzwerke, Frauenräume usw. notwendig. Weiblichkeit als Differenz und Alternative zur männlich geprägten Kultur muß neu hergestellt werden (Irigaray 1991; Rossanda 1997).

Andere betonen vor allem die sozio-kulturelle Konstruktion der Geschlechterdifferenz, d. h. die Tatsache, daß ›Weiblichkeit‹ und ›Männlichkeit‹ Zuschreibungen sind. Das Geschlechterverhältnis der Moderne wird als ein Symbolsystem hierarchisierter und polarisierter Zweigeschlechtlichkeit begriffen, das als normatives Regulativ für alle Lebens- und Tätigkeitsbereiche gilt. Die Entschlüsselung (Dekonstruktion) des Symbolsystems ist die Voraussetzung dafür, daß Frauen (und Männer) lernen, sich den Zumutungen und Zuschreibungen, die das System der Zweigeschlechtlichkeit für sie bereithält, zu entziehen (Wetterer 1995).

Gleichheit

Gleichheit bedeutet auf der Basis von Naturrecht und Aufklärung zunächst, daß alle Menschen – unabhängig von ihren biologischen und sozialen Unterschieden – gleiche Rechte haben (sollten) und vor dem Gesetz gleich sind. Gleichheit steht für ein allgemeines Gerechtigkeitsprinzip, wobei es in der dem Gleichheitsansatz verpflichteten Frauenbewegung um den Abbau sozialer Ungleichheit zwischen den Geschlechtern ging und geht. Die Benachteiligungen von Frauen in allen gesellschaftlichen Bereichen sollen offengelegt werden, mit dem Ziel, für die soziale Gleichstellung von Frauen und Männern zu wirken.

Gleichheit ist kein absolutes Prinzip und kein feststehendes Maß, sondern ein Verhältnisbegriff (Gerhard 1990, 13). Er drückt eine Beziehung zwischen Personen, Personengruppen oder Sachverhalten aus und bestimmt, in welcher Hinsicht sie als gleich zu betrachten sind. D. h. Gleichheit muß immer erst gesucht, gefordert und hergestellt werden, und sie setzt voraus, daß das zu Vergleichende verschieden ist; sonst wäre das Gleichheitsgebot unnötig.

In der proletarischen und gewerkschaftsnahen Frauenbewegung wurde die Gleichstellung der Geschlechter vor allem auf die Frage der gleichen Teilhabe an (Erwerbs)Arbeit zugespitzt. Im Zuge der Industrialisierung ist der Arbeitsmarkt zur zentralen Instanz geworden, die über Lebenschancen entscheidet. Materieller Status, gesellschaftliches Prestige und ein nicht geringer Teil von Gestaltungsmacht hängen von Erwerbspositionen ab. Wer außerhalb des Erwerbssystems steht oder an seine Peripherie gedrängt ist, hat geringere soziale Rechte, da das System sozialer Sicherung erwerbsorientiert ist. Der Gleichheitsansatz rückt vor allem auch Fragen der Verteilungsgerechtigkeit zwischen den Geschlechtern ins Blickfeld, d. h. der Verteilung von produktiver (Erwerbsarbeit) und reproduktiver Arbeit (Haushalt und private Erziehungs- und Versorgungsleistungen) zwischen Frauen und Männern.

Der »Geschlechterkampf« um (Erwerbs-)Arbeit

Die soziologische Beschäftigung mit dem Verhältnis der Geschlechter zueinander unter den Bedingungen moderner westlicher Industriegesellschaften hat – aus gutem Grund – die gesellschaftliche Organisation der Sphäre der Erwerbsarbeit als zentralen Bezugspunkt.

Die Beteiligung an gesellschaftlichem Reichtum, die Gestaltungspotentiale für den eigenen Lebenszusammenhang und für die eigene Biographie hängen mit dem Maß und der Art und Weise der Eingebundenheit in das Erwerbsleben zusammen. Nicht nur für die ökonomische Unabhängigkeit von Frauen, auch für ihren persönlichen Gestaltungsraum zur Durchsetzung eigenständiger Lebensentwürfe und für ihren

Konnex zum öffentlichen Leben macht es einen gravierenden Unterschied, ob sie in einem Erwerbszusammenhang stehen, der eine eigenständige (ökonomische) Existenz ermöglicht, oder ob sie über Transferleistungen (durch Ehepartner, Exgatten oder staatliche Institutionen) ihren Lebensunterhalt zum Teil oder in Gänze absichern müssen.

Die feministische Analyse des modernen westlichen Geschlechterverhältnisses als ein durch Segregation und Hierarchie gekennzeichnetes Ungleichheitsverhältnis hat nicht nur die (hierarchische) Trennung von privatem und öffentlichen Raum, die Spaltung der gesellschaftlichen Arbeit in den gesellschaftlich anerkannten Bereich der Produktion und in die niedrig bewertete ›private‹, unentgeltliche, oft familial organisierte Reproduktionssphäre im Visier, sie zielt vielmehr auch auf die widersprüchliche Integration von Frauen in den Bereich der Erwerbsarbeit. Nach wie vor ist die berufliche Integration durch geschlechtsspezifische Segregations- und Segmentationslinien gekennzeichnet: je anerkannter, lukrativer und mächtiger Erwerbspositionen sind, desto geringer ist der Anteil der weiblichen Beschäftigten in ihnen und umgekehrt. Doch wird hiermit nur eine, wenn auch quer zu allen Problemstellungen liegende, allzu bekannte Facette von Erwerbsarbeit in ihrer ›geschlechtlichen‹ Dimension erfaßt.

Denn der ›Geschlechterkampf‹ um das strategische Feld der Erwerbsarbeit findet auf dem Hintergrund von Erosionsprozessen statt, die längst auch das männlich geprägte Normalarbeitsverhältnis betreffen. Innerhalb der aktuellen soziologischen (und politischen) Diskussionen geht es denn auch um die Verteilung und (Neu-)Organisation von Erwerbsarbeit, etwa in Formen selektiver und prekärer Integration über Teilzeitarbeit und Niedriglohnjobs) bis hin zur Favorisierung von Erwerbsarbeitsersatz-Modellen).

Ein weiteres Moment scheint die ›geordneten‹ hierarchischen Geschlechterverhältnisse im Erwerbsbereich zu labilisieren: Entlang der Linien geschlechtsspezifischer Segregation wurden Frauen zum beträchtlichen Teil in den sogenannten tertiären Sektor, insbesondere der sozialen Dienste und personenbezogenen Tätigkeiten verwiesen. Damit scheinen sich gegenwärtig – trotz aller hiermit verbundenen geschlechtshierarchischen Benachteiligungen wie niedriges Lohnniveau, weibliche Stereotypien, z.T. niedrig qualifizierte Tätigkeiten – Modernisierungsoptionen zu verbinden. Während der industrielle Arbeitsmarkt aufgrund von Rationalisierungen und neuen Produktionskonzepten weiterhin schrumpfen wird (Meyer 1997), eröffnen sich neue Chancen in von Frauen dominierten Erwerbsfeldern, und Grenzen von ›Privat‹ und ›Öffentlich‹ werden – ohne, daß schon ganz klar ist, mit welchen Konsequenzen auf die Geschlechterverhältnisse – fließend (Sauer 1999).

Ausblick: Was haben gesellschaftliche Transformationsprozesse und die feministische sozialwissenschaftliche Debatte miteinander zu tun?

Die feministische Gender-Forschung hat sichtbar gemacht, daß die Dualismen von Männlichkeit und Weiblichkeit eine enorme Persistenz und Flexibilität haben. Das führt immer wieder zu der Frage, ob der gesellschaftliche Transformationsprozeß am

Anfang dieses Jahrtausends lediglich zu einer neuerlichen ›Modernisierung‹ der alten Bipolarität beiträgt, bei der die impliziten Asymmetrien und Hierarchien auf höherer Stufe fortgeschrieben werden, oder ob fundamentalere Veränderungen anstehen, weil von einem grundsätzlichen Strukturwandel der gesamten Wirtschafts-, Arbeits- und Lebenswelt auszugehen ist. Kommt es also zu Erosionen im Geschlechterverhältnis, die es in seiner Polarität und Hierarchie grundsätzlich erschüttern, ja auflösen? Eine Reihe von empirischen Belegen – vor allem aus der Transformationsforschung – zeigt, daß die alten Dualismen tendenziell ihre Gültigkeit zu verlieren scheinen, und zwar durch »Überlappungen und Grenzüberschreitungen, die nicht mehr nur individuell sind« (Bilden 1991, 299) und die nicht mehr nur in der Angleichung weiblicher Biographien an männliche, sondern umgekehrt, auch in einer strukturbedingten ›Feminisierung‹ männlicher (Erwerbs-)Biographien zu finden sind.

Neben dem tiefsitzenden Symbolsystem der Zweigeschlechtlichkeit greift anscheinend auch das zivilgesellschaftliche »Deutungsmuster der Gleichheit« (Bilden 1991). Beide Deutungsmuster – Differenz und Gleichheit – scheinen gegenwärtig in allen gesellschaftlichen Bereichen zu kollidieren und sich – in einem sehr ambivalenten Verweis aufeinander – neu zu formieren. Die Wandlungsprozesse sind längst nicht abgeschlossen, im Gegenteil, sie dynamisieren sich in einem atemlosen Tempo. Eine Rückkehr zu einer einfachen Auflage des bekannten Musters der Zweigeschlechtlichkeit der Industriegesellschaft wird es wohl kaum mehr geben, was aber kommen wird und ob Frauen davon grundsätzlich profitieren werden, ist noch ungewiß.

Wie offen – so ist abschließend zu fragen – ist die Frauen- und Geschlechterforschung selbst für das Re-Thinking des Geschlechterverhältnisses? Gibt es (sozialwissenschaftliche) Ansätze, die neue Optionen für die feministische Debatte eröffnen und die in der Lage sind, die ›quasi Naturhaftigkeit‹ der Geschlechterdifferenz und -hierarchie konsequent in Frage zu stellen? Gender-Studien werden sich das zur permanenten Aufgabe machen müssen und durch Selbstreflexion und Wissenschaftskritik die eigenen Ansätze und Erklärungen immer wieder prüfen und in Frage stellen müssen.

Literatur

Becker-Schmidt, Regina/Knapp, Gudrun-Axeli: *Das Geschlechterverhältnis in den Sozialwissenschaften.* Frankfurt a. M./New York 1995, Glossar, 15–18.

Benhabib, Seyla/Butler, Judith/Cornell, Drucilla/Fraser, Nancy: *Der Streit um Differenz.* Frankfurt a. M. 1993.

Bilden, Helga: »Geschlechtsspezifische Sozialisation.« In: Hurrelmann, Klaus/Ulich, Dieter (Hg.): *Neues Handbuch der Sozialisationsforschung.* Weinheim/Basel 1991, 279–301.

Bublitz, Hannelore: »Geschlecht.« In: Korte, Herrmann/Schäfers, Bernhard (Hg.): *Einführung in Hauptbegriffe der Soziologie.* Opladen 1993.

Dietzen, Agnes: *Soziales Geschlecht, Dimensionen des Gender-Konzeptes.* Opladen 1993.
Diezinger, Angelika/Kitzer, Hedwig/Anker, Ingrid/Bingel, Irma/Haas, Erika/Odierna, Simone (Hg.): *Erfahrung mit Methode, Forum Frauenforschung.* Bd. 8. Schriftenreihe der Sektion Frauenforschung in der Deutschen Gesellschaft für Soziologie. Freiburg 1994.
Garfinkel, Harold: *Passing and the managed achievement of sex status in a ›intersexed‹ person.* Studies in Ethomethodology. Englewood Cliffs 1967.
Gerhard, Ute: *Gleichheit ohne Angleichung.* München 1990.
Gildemeister, Regine: »Die soziale Konstruktion von Geschlechtlichkeit«. In: Ostner, Ilona/Lichtblau, Klaus: *Feministische Vernunftkritik.* Frankfurt a. M. / New York 1992.
Goffman, Erving: *Interaktion und Geschlecht.* Hg. und eingel. von Hubert A. Knoblauch. Frankfurt a. M. / New York 1994.
Gottschall, Karin: »Doing Gender While Doing Work? Erkenntnispotentiale konstruktivistischer Perspektiven«. In: Geissler, Birgit/Maier/Pfau-Effinger, Birgit (Hg.): *FrauenArbeitsMarkt.* Berlin 1998.
Hagemann-White, Carol: »Wir werden nicht zweigeschlechtlich geboren«. In: Hagemann-White, Carol/Rerrich, Maria: *Frauen Männer Bilder.* Bielefeld 1988.
Hausen, Karin/Nowotny, Helga: *Wie männlich ist die Wissenschaft?* Frankfurt a. M. 1986.
Honegger, Claudia: *Die Ordnung der Geschlechter.* Frankfurt a. M./New York 1991.
Irigaray, Luce: *Die Zeit der Differenz.* Frankfurt a. M./New York 1991.
Knapp, Gudrun-Axeli/Wetterer, Angelika (Hg.): *Tradition und Brüche. Entwicklung feministischer Theorie.* Forum Frauenforschung Bd. 6. Schriftenreihe der Sektion Frauenforschung in der Deutschen Gesellschaft für Soziologie. Freiburg 1995.
– : »Hunting the dodo«: Anmerkungen zum Diskurs der Postmoderne. In: Hornscheidt, Astrid/Jähnert, Gabi/Schlichter, Annette (Hg.): *Kritische Differenzen – geteilte Perspektiven.* Opladen/Wiesbaden 1998.
Kreckel, Reinhard: *Soziologie an den ostdeutschen Universitäten: Abbau und Neubeginn.* Der Hallesche Graureiher 94–3. Martin-Luther-Universität Halle-Wittenberg 1994.
Kreisky, Eva: »Gegen ›geschlechtshalbierte‹ Wahrheiten, Feministische Kritik an der Politikwissenschaft im deutschsprachigen Raum«. In: Kreisky, Eva/Sauer, Birgit (Hg.): *Feministische Standpunkte in der Politikwissenschaft.* Frankfurt a. M./New York 1995.
Lucke, Doris: »Männer, Frauen und die Soziologie. Zur halbierten Emanzipation einer aufklärerischen Disziplin«. In: *Soziologie* 2 (1999), 23–45.
Metz-Göckel, Sigrid: »Frauenkarrieren an Hochschulen. Barrieren für Frauen auf dem Weg zur Hochschullehrerin in den Sozialwissenschaften«. In: *Neue Impulse* 2 (1996), 11–13.
Meyer, Traute: »Im Schatten der Krise, über das ›Ende der Arbeitsgesellschaft‹ und die öffentliche Dienstleistung von Frauen«. In: Kerchner, Birgit/Wilde, Gabriele (Hg.): *Staat und Privatheit.* Opladen 1997.
Milz, Helga: *Frauenbewußtsein und Soziologie.* Opladen 1994.
Nickel, Hildegard Maria: Feministische Gesellschaftskritik oder selbstreferentielle Debatte? In: *Berliner Journal für Soziologie* 3 (1996).
Ostner, Ilona: »Auf der Suche nach der einen Stimme«. In: *Soziologische Revue.* Sonderheft 2 Jg. 10 (1987), 1–9.
Rossanda, Rossana: »Differenz und Gleichheit«. In: Gerhard, Ute/Jansen, Mechthild/Maihofer, Andrea/Schmidt, Pia/Schulz, Irmgard (Hg): *Differenz und Gleichheit.* Frankfurt a. M. 1997.
Sauer, Birgit: »Die Magd der Industriegesellschaft«. Anmerkungen zur Geschlechtsblindheit von Staats- und Institutionentheorie. In: Kerchner, Brigitte/Wilde, Gabriele (Hg.): *Staat und Privatheit.* Opladen 1997.

– : »›Es rettet uns (k)ein höhr'es Wesen …‹. Neoliberale Geschlechterkonstrukte in der Ära der Globalisierung«. In: Stolz-Willig, Brigitte/Veil, Mechthild (Hg.): *Es rettet usd kein höhr'es Wesen … Feministische Perspektiven der Arbeitsgesellschaft.* Hamburg 1999.
– : Politologie der Gefühle? In: *Forschungsjournal MSB*, Jg. 10, Heft 3 (1997), 52–65.
Simmel, Georg: *Schriften zur Philosophie und Soziologie der Geschlechter.* Frankfurt a. M. 1985.
Treibel, Annette: *Einführung in soziologische Theorien der Gegenwart.* Opladen 1993.
Wetterer, Angelika: »Die soziale Konstruktion von Geschlecht in Professionalisierungsprozessen«. In: Wetterer, Angelika (Hg.): *Die soziale Konstruktion von Geschlecht in Professionalisierungsprozessen.* Frankfurt a. M./New York 1995, 11–28.
Wobbe, Theresa: *Wahlverwandtschaft, Die Soziologie und die Frauen auf dem Weg zur Wissenschaft.* Frankfurt a. M./New York 1995.

3. Wirtschaftswissenschaft

Friederike Maier

Geschlecht als Kategorie der Wirtschaftswissenschaften

Die Wirtschaftswissenschaften, insbesondere die Volkswirtschaftslehre und die Betriebswirtschaftslehre, aber auch die Politische Ökonomie, gelten heute vielfach als die Teilbereiche der Sozialwissenschaften, in denen wenige bis gar keine Anstrengungen unternommen wurden, geschlechtsspezifische Fragestellungen aufzugreifen bzw. das Geschlechterverhältnis selbst zu analysieren. Diese Feststellung ist einerseits richtig – gemessen an der Verankerung geschlechtsspezifischer und gender-orientierter Fragestellungen in der Soziologie und Politologie hat sich in den Wirtschaftswissenschaften eine vergleichsweise bescheidene Lehre und Forschung entwickelt, die insbesondere im deutschsprachigen Raum noch sehr unentwickelt und wenig verbreitet ist. Andererseits liegen eine Fülle theoretischer wie empirischer Forschungsarbeiten zu den unterschiedlichsten Teilaspekten wirtschaftswissenschaftlicher Fragestellungen vor, die jedoch kaum als zusammenhängender Beitrag »der Wirtschaftswissenschaften« zur Geschlechter- und/oder Frauenforschung rezipiert werden – dazu sind die Fragestellungen, die disziplinäre Zuordnung und die methodisch-theoretische Einordnung zu heterogen und untereinander durchaus umstritten.

Schon die Kommunikation zwischen Betriebswirtinnen und Volkswirtinnen erscheint oft als mühsamer Versuch »multidisziplinärer« Verständigung, liegen doch Erkenntnisgegenstand, Erkenntnisinteresse und Methoden beider Teildisziplinen inzwischen weit auseinander. Orientiert sich die Betriebswirtschaftslehre, mit all ihren Spezialgebieten wie Rechnungswesen, Bilanzierung, Marketing, Organisation, Personal, Investition und Finanzierung oder Strategisches Management, an der konkreten Unternehmenspraxis und versucht, neben der Erarbeitung allgemeiner funktioneller und struktureller Zusammenhänge auch konkrete Handlungsempfehlungen auf betrieblicher Ebene zu geben, liegt der Anspruch der Volkswirtschaftslehre auf einer viel abstrakteren Ebene.

Gegenstand der Volkswirtschaftslehre, sowohl der Mikroökonomie wie auch der Makroökonomie, sind die gesamtwirtschaftlichen Abläufe, wobei sich die Mikroökonomie dem Angebots- und Nachfrageverhalten von Wirtschaftssubjekten aus der Perspektive einzelner Individuen, Haushalte oder Unternehmen nähert, während die makroökonomische Perspektive auf das Zusammenwirken gesamtwirtschaftlicher Aggregate gerichtet ist: Konjunktur und Beschäftigung, Geld und Lohn, Steuern und Staatsausgaben etc. Innerhalb der Volkswirtschaftslehre gibt es – wie in der Betriebswirtschaftslehre auch – eine Vielzahl von Spezialdisziplinen, die meist auch wirtschaftspolitisch orientiert sind, d. h. sich zu wirtschaftspolitischen Fragestellungen äußern, wie z. B. Finanztheorie und -politik, Geldtheorie und -politik, Außenwirtschaftstheorie und -politik, Arbeitsmarktökonomik, Konjunkturtheorie und -politik, Verteilung und Sozialpolitik.

Neben der Aufspaltung in Spezialdisziplinen zeichnet sich insbesondere die Volkswirtschaftslehre durch einen ausgeprägten und lang andauernden Theorie- und Methodenstreit aus: neben ökonomischen Schulen, die sich der klassischen Theorie und ihrer Weiterentwicklung in Form der Politischen Ökonomie verpflichtet fühlen (basierend auf Ricardo und/oder Marx), hat sich als weithin dominierende Theorierichtung die Neoklassik herausgebildet, der in einigen zentralen Punkten keynesianisch fundierte Ansätze kontrovers gegenüberstehen. Innerhalb der beiden großen Theorierichtungen (Neoklassik/Keynesianismus) gibt es wiederum eine Vielzahl von Unterströmungen, Schulen, Traditionen und Methoden wie z. B. neoklassische Institutionalisten oder Monetär-Keynesianer. Zudem ist ein Teil insbesondere der mikroökonomischen Ansätze stark mathematisiert und verlangt ausgeprägte Kenntnisse in mathematischer Modellierung.

Die modelltheoretischen Ansätze haben oft ein Nichtökonominnen abschreckendes formales Niveau, Modellannahmen und Nebenbedingungen sind vielfach so restriktiv formuliert, daß die Relevanz der Modelle hinsichtlich der Erklärung konkreter ökonomischer Zusammenhänge schwer erkennbar ist. Zudem sind sie oft einseitig monokausal angelegt und erlauben keine Integration der Erkenntnisse anderer Disziplinen. Allerdings hat das Denken in ökonomischen Modellen im Sinne eines »Methodenimperialismus« auch andere Disziplinen beeinflußt, insbesondere in der Soziologie und Politologie, so daß sich in begrenztem Umfang wieder Kooperationen ergeben, so z. B. in der Arbeitsmarktforschung, in der Sozialpolitikforschung, aber auch in der Marktforschung.

Wenn also davon gesprochen werden kann, daß es keine feministische Wirtschaftswissenschaft gibt, so soll im folgenden dargestellt werden, in welchen Teilbereichen, mit welchen inhaltlichen und methodischen Schwerpunkten feministische oder Gender-orientierte Ansätze in der Volkswirtschaftslehre und der Betriebswirtschaftslehre entwickelt wurden. Gleichzeitig soll mit der beigefügten Bibliographie der Versuch unternommen werden, einige ›Standardwerke‹ der feministischen Ansätze zu präsentieren. Diese Auswahl ist dennoch selektiv und spiegelt auch die Schwerpunkte meiner Aufmerksamkeit in Lehre und Forschung wieder.

Volkswirtschaftliche Schwerpunkte

In der Geschichte der Herausbildung der modernen ökonomischen Theorien finden sich viele Beispiele für die schrittweise Verdrängung und Marginalisierung der Frauen bzw. des Geschlechterverhältnisses. Diese Verdrängung hat mit drei zentralen Paradigmen der ökonomischen Theorien zu tun: erstens mit der Konzentration der Ökonomie auf die Analyse von Marktprozessen, und zwar ausschließlich auf diese (die Trennung des Wirtschaftens in den marktvermittelten Teil und in die Hausarbeit schlägt sich in allen theoretischen Ansätzen wie auch in ganz praktischen Erhebungen nieder, wie z. B. der Messung des Sozialprodukts einer Gesellschaft). Die Herausbildung zweier getrennter Sphären der Ökonomie und ihre geschlechtsspezifische Zuordnung (Frauen –

Hausarbeit, Männer – Erwerbsarbeit) hat die Frauenarbeit nicht nur aus dem Blickfeld der Ökonomie herausbefördert, sondern die Beteiligung der Frauen an der Marktwirtschaft als Ausnahme erscheinen lassen (vgl. dazu Pujol 1992, Schweitzer 1991).

Zweitens spielt eine Rolle, daß sich viele Ökonomen (und die wenigen Ökonominnen) lange von der Vorstellung leiten ließen, ökonomisches Handeln von ›Wirtschaftssubjekten‹ sei unabhängig von Merkmalen wie Geschlecht, Region oder Zeit – gefragt wird nach dem rationalen Verhalten des homo oeconomicus, der als abstrakter und stilisierter »economic man« (so die englische Bezeichnung) Nutzenmaximierung bzw. Gewinnmaximierung betreibt. Daß dieser »economic man« natürlich implizit ein Geschlecht hat, nämlich ein Mann ist, haben viele neuere Arbeiten eindrucksvoll belegt (vgl. dazu die Arbeiten von Ferber/Nelson 1993, Maier 1994, Pujol 1992). Die dritte Annahme, die die Marginalisierung der Geschlechterverhältnisse rechtfertigt, ist die Verbannung der Frauen in den Haushalt – und als Haushaltsführende sind sie immer nur ein Anhängsel des ökonomisch aktiven Erwerbstätigen. Natürlich haben Volkswirte und Volkswirtinnen schon immer die negativen Seiten des Marktprozesses thematisiert, z. B. daß der Markt nicht in der Lage ist, eine angemessene Versorgung aller Menschen mit Lebensmitteln, Bildung oder öffentlichen Straßen zu gewährleisten, sie haben kritisiert, daß es eine ungleiche Verteilung der materiellen Güter, der Einkommen etc. gibt. Die Frage nach der Produktion und Verteilung des gesellschaftlichen Reichtums, der Wohlfahrt einer Gesellschaft hat eine lange Tradition in der VWL. Frauen tauchten dabei allerdings nicht als ›eigenständige Kategorie‹ auf, waren sie doch Teil des Arbeiterhaushaltes, oder des Unternehmerhaushaltes und ihre unbezahlte Arbeit leistete keinen Beitrag zum Wohlstand der Gesellschaft (gemessen im Sozialprodukt). Die Verhältnisse innerhalb des Haushaltes der betreffenden Gruppen waren nicht Gegenstand der volkswirtschaftlichen Fragestellungen (vgl. dazu Pujol 1992, Humphries/Rubery 1984). Auch die in der Tradition von Marx bzw. Ricardo stehenden Ansätze, die durchaus einen analytischen Blick für die »Reproduktionsseite« der Gesellschaft haben, sahen das Geschlechterverhältnis allenfalls als »Nebenwiderspruch« bzw. trugen zur »Verhausfrauung« der Frauen bei, in dem sie in den Auseinandersetzungen um die Löhne einen »Ernährerlohn« als ökonomisch sinnvolle Forderung begründeten (vgl. Pujol 1992, Picchio 1992).

Die Marginalisierung und Ausklammerung des Geschlechterverhältnisses hält im ›mainstream‹ volkswirtschaftlicher Theorie und Empirie bis heute an. Obwohl es eine etablierte Diskussion feministischer Ökonominnen gibt, können wir heute immer noch mehr ›blinde Flecken‹ als bearbeitete Felder entdecken. Insbesondere in den makroökonomischen Feldern wie Konjunktur und Wachstum, Inflation und Geldpolitik, Außenhandel sowie Steuer- und Fiskalpolitik sind geschlechtsdifferenzierende Analysen kaum verbreitet, und in vielen wirtschaftspolitischen Analysen werden die notwendigen Daten nicht nach Geschlecht differenziert (vgl. dazu auch Jacobsen 1994, Pfaff 1994, Schäfer 1997). Dabei ist es doch schon von Relevanz zu wissen, ob eine Stärkung der kaufkräftigen Nachfrage eher durch Steuererleichterungen für kinderlose Ehepaare oder durch Erhöhung des Kindergeldes, unabhängig vom Familienstatus der Eltern, erreicht werden kann. Es ist auch interessant zu wissen, welche Verteilungswirkungen steuerliche Entscheidungen oder Inflationsprozesse für Männer und Frauen haben. Obwohl aus der Entwicklungspolitik bekannt ist, daß Frauen aus öffentlichen Förderprogrammen höhere gesamtwirtschaftliche und individuelle Nutzen ziehen können, hat sich kaum ein Ökonom oder eine Ökonomin damit befaßt, was diese Erkenntnis für die Vergabe öffentlicher Subventionen in der Bundesrepublik bedeuten könnte. Die Analysen der wirtschaftswissenschaftlichen Forschungsinstitute sowie des Sachverständigenrates zur Begutachtung der gesamtwirtschaftlichen Lage weisen denn auch bis heute eine bemerkenswerte Geschlechtsblindheit auf – auch an Punkten, an denen Frauen kaum noch zu ignorieren sind wie auf dem Arbeitsmarkt. Dieses Phänomen, die steigende Beteiligung der Frauen an der Erwerbsarbeit (und damit an der offiziellen volkswirtschaftlichen Wertschöpfung) zu ignorieren, ist weit verbreitet.

Die nahezu vollständige Ausklammerung und Marginalisierung der ›Frauenfrage‹ durch alle Strömungen der ökonomischen Theorien hielt gut ein Jahrhundert lang an. Erst seit Mitte der 60er Jahre wird die ›Frauenfrage‹ wieder als Herausforderung für Teilgebiete der wirtschaftswissenschaftlichen Theorie und Empirie begriffen. Zunächst nur angesiedelt in Teilgebieten wie der Bevölkerungsökonomie, der Familienökonomie oder der Arbeitsmarktökonomie hat sich inzwischen eine breitere Diskussion entwickelt. Diese *feminist economics* oder *economics of gender* genannten Ansätze entwickeln sich langsam zu einem ernst genommenen Gebiet. Feministische Ökonominnen haben mit der International Association of Feminist Economics (IAFFE) und der Etablierung einer wissenschaftlichen Zeitschrift *Feminist Economics* erste professionelle Strukturen geschaffen – diese sind immer noch stark US-amerikanisch geprägt, bieten jedoch einen lebhaften, anregenden und zum Teil streitbaren Austausch zwischen feministischen Ökonominnen unterschiedlicher theoretischer und methodischer Provenienz. Eine vergleichbare deutschsprachige Zeitschrift oder Organisation existiert nicht.

Auf die inhaltlichen Schwerpunkte der feministischen Ökonomie soll nun anhand der beiden Standardwerke eingegangen werden: dem Buch *The Economics of Gender* von Joyce Jacobsen (Jacobsen 1994) und dem inzwischen in dritter Auflage erschienen Klassiker von Francine Blau, Marianne Ferber und Anne Winkler: *The Economics of Women, Men and Work* (Blau/Ferber/Winkler 1998). Beide Bücher sind als traditionelle Lehrbücher gedacht: sie bieten den Studierenden einen Einstieg in die Fragestellungen, entwickeln die theoretischen Ansätze und bringen empirische Beispiele, wo sie möglich sind. Weiterführende Literatur wird genauso angegeben wie Querverweise auf den »male stream« oder andere Disziplinen.

Beide Bücher sind zentriert um das Thema Frauenarbeit, Frauenerwerbsarbeit, ökonomische Diskriminierung von Frauen (in der Marktsphäre), Privathaushalt und Frauen; sie behandeln somit die »Frauenfrage« als Teil der ökonomischen Realität der Marktgesellschaften. Auch Aspekte wie Arbeitsangebot der Frauen, Eheschließung und Kinder, Lohndiskriminierung und veränderte gesellschaftliche Rollen von Frauen und Männern werden ausführlich behandelt. Sie zeichnen sich dadurch aus, daß sie ausführlich die wirtschaftspolitischen Konsequenzen einer feministischen Analyse herausarbeiten und darauf eingehen, welche Politiken als frauenförderlich anzusehen sind und welche nicht (vgl. dazu auch Humphries 1995).

Beide Lehrbücher setzen sich ausführlich mit den Standardwerken zum Geschlechterverhältnis, den Arbeiten von Gary S. Becker und seiner neoklassischen Schule, auseinander. In nahezu allen Bereichen ökonomischer Theorien, die sich mit dem Geschlechterverhältnis beschäftigen, stößt man auf seine Arbeiten und die kritische Auseinandersetzung mit seinem Werk und den dazugehörigen neoklassischen Grundannahmen (z. B. Gary S. Becker 1964, 1965, 1971). Die New-Home Economics und die Theorie der Zeitallokation zur systematischen Analyse des Arbeitsangebots von (verheirateten) Frauen, die Humankapitaltheorie zur Analyse von u. a. geschlechtsspezifischen Lohnunterschieden und die Diskriminierungstheorien, mit denen die Persistenz von Ungleichheiten auf dem Arbeitsmarkt erklärt werden soll, sind Ansätze, die der neoklassischen Mikroökonomik eng verbunden sind. Daß Becker und ein Teil seiner Nachfolger selbst ein biologistisches und die Ungleichbehandlung von Frauen rechtfertigendes Szenario entwickelten, ist dabei unter Feministinnen unbestritten (vgl. neben der Darstellung und Diskussion in den Lehrbüchern auch Ferber/Nelson 1993, Folbre 1994, Maier 1994, Maier 1998, Ott/Rinne 1994, Kuiper/Sap 1995, Woolley 1993).

Ob und in welcher Weise es sinnvoll ist, diese neoklassischen Ansätze weiterzuentwickeln, ist Gegenstand recht ausgeprägter Kontroversen. Feministische Ökonominnen bewerten die Nützlichkeit der Neoklassik ausgesprochen kontrovers. Die schwedische Ökonomin Siv Gustafsson, die einen der (europaweit) wenigen Lehrstühle für »Gender and Economics« inne hat, vertritt vehement die These, daß die neoklassische Theorie an sich das geeignete konzeptionelle und methodische Werkzeug biete, allerdings müßten Feministinnen andere Fragen stellen als dies Becker und andere »male stream«-Ökonomen taten und tun. Gustafsson weist zu Recht darauf hin, daß die Verwendung des Begriffs ›feministisch‹ im anglo-amerikanischen wissenschaftlichen Kontext viel weniger negativ konnotiert ist als im deutschen Kontext: während die amerikanischen Ökonominnen den Begriff zur Abgrenzung gegen sexistische und androzentrische Ansätze benutzen und feministisch als *gender awareness* beschreiben, wird der Begriff in der deutschsprachigen Diskussion eher als abwertend empfunden, so daß sich auch viele kritische Ökonominnen nicht als feministische Ökonominnen bezeichnen würden (Gustafsson 1997, 37).

Als zentrale Bestandteile einer neoklassischen Theorie werden von ihr genannt: die Anerkennung der Grenznutzentheorie und der Theorie des allgemeinen Gleichgewichts, damit verbunden die allgemeine Preistheorie und die zentrale Rolle des Marktmodells bei der Formulierung der Effizienzbedingungen: »Neo-classical economics is about marginal changes in prices and incomes, and it can not give us a long-term vision. But using the tools of neo-classical economics with a gender awareness can give us arguments for reforms leading to a society which is at the same time more economically efficient and closer to the vision of a feminist« (Gustafsson 1997, 39).

Indem sie die Frage nach den Mechanismen zur Herstellung einer effizienten Allokation knapper Ressourcen und einer gerechten Verteilung der Einkommen (der monetären wie der nicht-monetären) als zentrales Problem sowohl neoklassischer wie auch feministischer Analysen identifiziert, erhofft sie sich von der feministischen Neoklassik

Hinweise darauf, wie »equality and efficiency« gleichzeitig verbessert werden können. Zur Untermauerung ihrer These, daß es möglich ist, im Rahmen der neoklassischen Grundannahmen Analysen zu entwickeln, die diesen beiden Zielvorstellungen nahe kommen, verweist sie u. a. auf die neueren Arbeiten im Rahmen der Spiel- und Verhandlungstheorie von Ott (1993). Mit diesen Analysen kann gezeigt werden, daß die Spezialisierung der Frauen auf Hausarbeit nicht – wie von Becker angenommen – zu Effizienzgewinnen führt, sondern zu Verlusten und daß Gleichstellungspolitik auf dem Arbeitsmarkt inklusive der Quotierung von Stellen nicht Effizienzverluste bedeutet, sondern Herstellung größerer Effizienz (Gustafsson 1997, 50). Otts Analyse liegt in einer Linie mit zahlreichen Arbeiten feministischer ›institutionalistischer‹ Neoklassikerinnen, die sich durch die engen Annahmen der alten Neoklassik und die sexistischen Schlußfolgerungen einiger Vertreter herausgefordert fühlen, eine bessere neoklassische Theorie zu entwickeln.

Zahlreiche Arbeiten, u. a. von Seiz (1995), Woolley (1993), Nelson (1995), Pujol (1995) und Humphries (1995), weisen darauf hin, daß diese Ansätze zwar die Integration institutioneller Rahmenbedingungen erlauben und damit auch kulturelle Faktoren wie soziale Normen in die Kalküle der Individuen einfließen können und dies als Fortschritt gegenüber den einfachen neoklassischen Modellen zu werten sei, werfen aber die Frage auf, ob der Ausgangspunkt der Analysen, die Annahme unabhängiger Individuen, die mit gleicher Verhandlungsmacht ausgestattet sind, nicht schon an sich falsch ist und zu falschen Schlußfolgerungen führt: »A bigger question for feminist is whether the way forward is to pursue analysis of power relations within the household using models of this kind, or to use structural models in which men as a socio-economic group oppress women.« (Humphries 1995, 68).

Auch Ulla Knapp wirft, in Anlehnung an weitergehende Kritiken an der Übertragbarkeit neoklassischer Modelle auf jedes menschliche Verhalten, die Frage auf, ob die neoklassischen Theorien als Methode nicht ohnehin beschränkt sind auf die Erklärung eng begrenzter Aspekte des Angebots- und Nachfrageverhaltens am Gütermarkt. Sie entwickelt dann weiter, daß auch institutionalistische Neoklassikerinnen dem Dilemma nicht entkommen, daß einer leeren Nutzenfunktion (da die jeweilige Nutzenfunktion vom Individuum individuell auf Basis seiner Präferenzordnung bestimmt wird, ist sie inhaltlich nicht gefüllt) ein prall gefüllter Datenkranz institutioneller Rahmenbedingungen gegenübersteht:

> Diese Rahmenbedingungen sind irgendwann einmal von kollektiv handelnden Individuen, die sich aufgrund ihrer sozialen Lage miteinander auf gemeinsames politisches Handeln verständigt haben, geschaffen worden. Was das Geschlechterverhältnis angeht, so beeinflussen diese institutionellen Bedingungen – je nach Ausgestaltung – die den Haushalten übermittelten Preissignale und auch die Einstellungen (›Präferenzen‹) der Individuen ganz erheblich. Familienleitbilder, Frauenleitbilder, Vorstellungen darüber, ob und wie Kinder zu erziehen und wie ältere Menschen zu betreuen sind, sind Ergebnisse gesellschaftlicher Aushandlungsprozesse, in denen sich die (aus Interessen begründbaren) Ideale der Mächtigeren als herrschende durchsetzen und schließlich, geronnen in Traditionen und politischen Institutionen, individuelle Präferenzen und Preisstrukturen formen (Knapp 1997, 13).

Die Ausklammerung der gesellschaftlichen und ökonomischen Dominanz der Männer als soziale Gruppe begrenzt die analytische Reichweite auch der neueren neoklassischen Ansätze. In dem Moment nämlich, in dem die geschlechtsspezifische Ungleichheit als immanenter Bestandteil der Präferenzen und der individuellen Entscheidungen, der Institutionen und der Normen begriffen wird, muß die Neutralität der Neoklassik gegenüber dem Geschlechterverhältnis in Frage gestellt werden (vgl. Maier 1994, Pujol 1995, Nelson 1995). Anders als in den herrschenden Theorien zur geschlechtsspezifischen Arbeitsteilung muß davon ausgegangen werden, daß die Ursachen für geschlechtsspezifische Diskriminierung und Arbeitsteilung nicht im Bereich der unterschiedlichen Erziehung und Sozialisation oder gar in der Gebärfähigkeit der Frauen liegen. Frauendiskriminierung ist dann kein dem eigentlichen Markt vorgelagertes Phänomen mehr und keinesfalls als Marktversagen zu bezeichnen. Im Gegenteil: die geschlechtsspezifische Diskriminierung müßte als ein fundamentaler Bestandteil des Marktsystems und insofern ein dem Marktsystem immanenter Bestandteil begriffen werden (vgl. Maier 1994). So wie das Marktsystem generell immanente Widersprüche zwischen Allokation und Verteilung gesellschaftlicher Ressourcen produziert, sind dann die ökonomischen und sozialen Beziehungen zwischen den Geschlechtern Teil des Systems. Und so wie die Produktionsmittel-Besitzenden Interessen artikulieren und sich Institutionen gebildet haben, die diesen Interessen dienen, so haben verschiedene soziale Gruppen eine mächtigere und weniger mächtige Position im ökonomischen und gesellschaftlichen System und den jeweiligen Institutionen. Eine Trennungslinie verläuft entlang der Geschlechtertrennung, und solange es Gewinner gibt, wird Diskriminierung weiter anhalten (vgl. dazu aus institutionalistischer Perspektive Krug 1997).

Der Hierarchie der gesellschaftlichen Sektoren und Märkte entspricht eine Hierarchie der Geschlechter, und nicht zufällig ist der Markt dem männlichen Geschlecht zugeordnet und der zunächst nur konsumierende, in jedem Fall aber nachgeordnete Sektor Haushalt den Frauen. Eine Theorie, die dieses nicht berücksichtigt, muß zu kurz greifen, da die wechselseitigen Beziehungen zwischen »gesellschaftlichen Wertvorstellungen, Institutionen und individuellen Wahlhandlungen nicht thematisiert werden« (Allgoewer/Peter 1997, 233).

Die Erkenntnisfortschritte, die die feministische Neoklassik gegenüber der traditionellen Neoklassik produziert, sind nicht unerheblich – allerdings leiden sie unter den gleichen Begrenzungen wie die traditionellen Ansätze. Während die Arbeiten von Becker noch zu dem Ergebnis kommen, daß Ungleichheiten von Männern und Frauen das Ergebnis rationalen Verhaltens seien, versuchen die neueren neoklassischen Arbeiten von Gustafsson (1997) und Schubert (1993) zu zeigen, daß stabile Diskriminierung von Frauen ökonomische Effizienzverluste mit sich bringt. Humphries (1995) resümiert deswegen:

> Economists read economic inequality between men and women firstly as an opaque manifestation of efficient coordination, and only secondly as an indication of discrimination and injustice. This is not because economists are male chauvinists. Discrimination entails inefficiency, and inefficiency as a permanent and serious feature of an economy suggests that there are problems with economists' way of modelling the world. Circular

> reasoning strikes again. Discrimination equals inefficiency, inefficiency will be eliminated by individuals rationally pursuing their self-interest in markets and other social institutions, so discrimination must be a minor and temporary problem (Humphries 1995, 79).

Neben dem Streit um den Stellenwert neoklassischer Ansätze hat sich eine reiche empirische Forschung etabliert, die sich ebenfalls inhaltlich vor allem auf die Bereiche Arbeitsmarkt und Sozialpolitik bezieht. In diesen Themenfeldern gibt es viele Überschneidungen und kooperative Arbeitsbeziehungen zwischen Ökonominnen und Soziologinnen bzw. Politologinnen – auf diesen Feldern ist die interdisziplinäre Zusammenarbeit durchaus entwickelt (vgl. dazu auch Pfaff 1994, Maier 1998). Ein relativ großer und durchaus etablierter Zweig beschäftigt sich dabei mit der Persistenz geschlechtsspezifischer Lohnunterschiede (vgl. dazu Walch 1980, Jochmann-Döll 1990, Regenhard/Fiedler 1994 sowie Polachek 1995) – dies und die Überlegungen zum Arbeitsangebot verheirateter Frauen sind auch die einzigen Fragestellungen, die in den deutschsprachigen Standardlehrbüchern zur Arbeitsmarktökonomik auftauchen (vgl. dazu Franz 1996). Wieviel einflußreicher die feministische Neoklassik in den USA ist, zeigt ein Vergleich des Lehrbuchs von Franz mit dem US-amerikanischen Standardwerk *Modern Labour Economics* von Ehrenberg und Smith (1991): diese beiden Autoren kommen nicht umhin, an verschiedenen Stellen intensiv und durchaus ernsthaft feministische Analysen zu präsentieren und zu kommentieren.

In deutschen Einführungslehrbüchern in die Volkswirtschaftslehre kommen dagegen geschlechtsspezifische Aspekte auch dort nicht vor, wo es etablierte neoklassische Ansätze gibt: weder bei der Analyse des privaten Haushaltes wird thematisiert, daß dieser ja aus mehreren Personen besteht und sich eine interne Arbeitsteilung nicht Gott gewollt herstellt, noch wird beim Faktormarkt für Arbeit auf die unterschiedliche Arbeitsmarktposition von Frauen und Männern eingegangen, und in den Kapiteln zur Einkommensverteilung werden geschlechtsspezifische Lohnunterschiede höchst selten erwähnt. Daß die Erkenntnisse der feministischen Ökonomie in die Standardlehre an deutschen Hochschulen eingegangen sei, kann niemand ernsthaft behaupten.

Betriebswirtschaftliche Schwerpunkte

Mit geschlechtsdifferenzierenden oder gar feministischen Ansätzen in der BWL ist es ähnlich, wenn nicht sogar noch schlechter bestellt: nur wenige Betriebswirtinnen (und wenige Betriebswirte) beschäftigen sich überhaupt mit dieser Dimension. Ähnlich wie in der Volkswirtschaftslehre sind diese Ansätze auf wenige Gebiete begrenzt: auf die Personalwirtschaft, die Organisationslehre und – relativ vereinzelt – das Marketing bzw. die Marktforschung. Während es bei letzterem vor allem um Fragen des Konsumverhaltens bzw. der Frauenbilder in der Werbung/in den Medien geht, berühren die personalwirtschaftlichen und organisationsbezogenen Arbeiten zentrale Fragen der Erwerbschancen von Frauen. Sie beschäftigen sich mit Personalauswahlprozessen, der betrieblichen Aus- und Weiterbildung, der Arbeitsbewertung und Entlohnung, der

Förderung der Vereinbarkeit von Familie und Beruf, der Umsetzung der betrieblichen Gleichstellungs- oder Frauenförderungspolitik sowie mit Fragen der geschlechtsspezifischen Effekte neuer Organisationskonzepte und -modelle. Einen umfassenden Überblick über die theoretischen und empirischen Arbeiten gibt der Sammelband von Gertraude Krell: *Chancengleichheit durch Personalpolitik*, der 1998 in zweiter Auflage erschienen ist. Die Beiträge dieses Bandes versammeln die Ansatzpunkte feministischer Personalforschung und -praxis in einer beeindruckenden Breite, und sie dokumentieren Fortschritte und Rückschläge bei der Entwicklung einer frauenfördernden Personalpolitik. Das Buch enthält darüber hinaus eine ausführliche Literaturliste, die die wesentlichen Beiträge in diesem Themenkomplex aufführt, und es ist auf dem besten Weg, sich als Standardwerk für Wissenschaft und Praxis zu etablieren.

Einen relativ großen Raum nimmt in der gender-spezifischen Literatur das Thema »Frauen in Führungspositionen« ein: die Resistenz der Unternehmen und Verwaltungen gegen Frauen in leitenden Positionen stellt nicht nur eines der bemerkenswertesten Phänomene geschlechtsbezogener Diskriminierung dar, sondern dieses Verhalten erscheint vor dem Hintergrund einer effizienten und rationalen Personalpolitik besonders fragwürdig. Viele empirische Studien und theoretische Arbeiten haben sich ausführlich mit dem Thema beschäftigt, aufbauend auf den Arbeiten von Rosabeth Moss Kanter (1977) sind im deutschsprachigen Raum zu nennen z. B. Demmer (1988), Domsch/Regnet (1990), Hadler (1994). Neben dem Anliegen, die Unterrepräsentanz von Frauen zu erklären und zu untersuchen, mit welchen Instrumenten sie zu beseitigen wäre, spielt in allen Untersuchungen das Thema »Führungsverhalten« eine große Rolle. Ausgehend von US-amerikanischen Arbeiten (Helgesen 1991) wird gefragt, ob Frauen nicht nur ›anders‹, sondern vielleicht auch ›besser‹ führen und ob der Wandel in Organisation und Führung nicht eine Feminisierung des Managements nach sich zieht. Krell, aber auch andere Autorinnen, verweisen darauf, daß die Pauschalisierung von ›weiblichem‹ und ›männlichem‹ Führungsverhalten erneute Geschlechtsstereotype schafft, die der Komplexität des Problems nicht gerecht werden (Krell 1998, 339). In der umfangreichen Literatur zu »Führung und Management« wird die Geschlechterdimension zumindest angesprochen und analysiert, eine Aussage, die nur für wenige Bereiche der BWL gilt.

Ein weiterer Schwerpunkt betriebsbezogener theoretischer und empirischer Arbeiten liegt in der Untersuchung von Arbeitsbewertung und Entlohnung, von Arbeitsorganisation und Geschlechtertrennung, betrieblicher Interessenvertretung und Mitbestimmung, sexueller Belästigung am Arbeitsplatz sowie im Bereich der Arbeitszeitgestaltung. Vor allem diese Untersuchungsfelder weisen zahlreiche Überschneidungen zu den Arbeiten von Industrie-, Betriebs- oder Arbeitssoziologinnen und -psychologinnen auf. Hier sind anregende und fruchtbare Kooperationen entstanden (vgl. zu allen Punkten Krell 1998). In anderen Bereichen betrieblicher Personalpolitik spielen rechtliche Regelungen und Rahmenbedingungen eine große Rolle, so daß auch hier zahlreiche Gemeinschaftsarbeiten von Betriebswirtinnen und Juristinnen vorliegen, in denen die rechtlichen Handlungsmöglichkeiten betrieblicher Frauenförderung dargestellt und im Lichte neuer Rechtsprechung kommentiert werden (Beispiele bei Krell 1998).

Wie weit andere Standardwerke der Personal- und Organisationslehre von einer geschlechtsdifferenzierenden Analyse entfernt sind, zeigt ein anderer Sammelband (Krell/Osterloh 1992), in dem die beiden Herausgeberinnen die Ergebnisse einer Untersuchung personalwirtschaftlicher Lehrbücher präsentieren. Ähnlich wie in anderen Wissenschaftszweigen sind die Ergebnisse der Frauen- oder Gender-Forschung kaum oder gar nicht in die Standardlehrbücher des Faches eingeflossen. Wie an den dokumentierten Kommentaren männlicher Fachkollegen in diesem Band abzulesen, finden viele Fachvertreter gender-bezogene Ansätze immer noch höchst problematisch oder ablehnenswert.

Zwischenfazit

Wenn einleitend festgestellt worden ist, daß es eine feministische Wirtschaftswissenschaft nicht gibt, so hat der Beitrag hoffentlich deutlich machen können, daß es viele Arbeiten von Frauen (und einigen Männern) gibt, die sich mit dem Gender-Aspekt ihrer jeweiligen Fachdisziplin intensiv beschäftigen. Die vorliegenden Arbeiten haben dabei unterschiedliche Schwerpunkte: in vielen Studien und Ansätzen geht es darum, überhaupt die Geschlechterdimension als empirisch und theoretisch relevante Dimension zu ›entdecken‹ und so zu erkunden, inwieweit die Integration einer solchen Sichtweise zu ›besserer‹, ›reicherer‹ und ›konkreterer‹ Analyse beiträgt. In den meisten Fachdisziplinen sowohl der VWL wie auch der BWL fehlt selbst diese Dimension vollständig, d. h. wir stehen ganz am Anfang mit der Entwicklung einer »gender-awareness«. Die ›blinden Flecken‹ sind weitaus größer als das erforschte Terrain.

In wenigen Teilbereichen, und hier sind sowohl in der VWL wie in der BWL die Disziplinen zu nennen, die sich mit Frauen als Arbeitskräften, als ökonomisch Aktiven im Arbeitsmarkt, als Mitarbeiterinnen, als Fach- und Führungskräfte, beschäftigen, liegen eine Reihe von Ansätzen vor. Die Frage nach dem Verhalten der Frauen als Arbeitskräfte, ihrer beruflichen Entwicklung, ihren beruflichen Positionen, den Problemen der Vereinbarkeit von Familie und Beruf beschäftigt viele Ökonominnen. Weitere Schwerpunkte der theoretischen und empirischen Arbeiten, und damit auch Anknüpfungspunkte zwischen Betriebs- und Volkswirtinnen liegen in den Themen: Entlohnung von Frauen und Männern, Mechanismen und Strukturen zur Arbeitsbewertung und Entlohnung, zur Schaffung und Verfestigung geschlechtssegregierter Arbeitsmärkte (im Betrieb und gesamtwirtschaftlich). Viele Verbindungen bestehen zu den Organisationsuntersuchungen der Soziologinnen, Überschneidungen und Kooperationen ergeben sich vor allem im Bereich betrieblicher Frauenförderung mit den Juristinnen. Aufgrund dieser vielfältigen Überschneidungen ist der disziplinäre Zuschnitt mancher Untersuchungen gar nicht mehr zu erkennen – vor allem in der empirischen Arbeitsmarkt- und Betriebsforschung haben sich längst disziplinenübergreifende Zusammenhänge entwickelt.

Wenig gelungen ist dagegen bisher die Integration der Gender-Studien in den mainstream wirtschaftswissenschaftlicher Forschung und Lehre. Auch die institutionelle Verankerung der Frauenforschung in den Wirtschaftswissenschaften ist eher schwach: der Anteil der Frauen an den Professor/innen allgemein ist unter dem Durchschnitt aller Disziplinen geblieben (obwohl der Studentinnenanteil bei fast 40 % liegt, sind nur 6 % aller Professuren an Fachhochschulen und Universitäten im Bereich Wirtschaftswissenschaften mit Frauen besetzt), und die Mehrheit der Professorinnen arbeitet keinesfalls zu geschlechtsspezifischen Fragestellungen. Viele Studierende der Wirtschaftswissenschaften absolvieren ihr Studium ohne jemals explizit mit geschlechtsspezifischen Fragestellungen konfrontiert zu werden. Dies ist um so bedauerlicher, als die Ökonominnen durchaus etwas beizutragen haben zur Untersuchung und Erklärung der ökonomischen und sozialen Situation von Frauen und Männern. Andererseits: ohne wirtschaftswissenschaftliche Gender-Studien ist auch ein Studium »Gender-Studien« unvollständig und klammert wichtige Fragen, Methoden und Analysen aus.

Literatur

Allgoewer, Elisabeth/Peter, Fabienne: »Mikroökonomisches Handlungsmodell, gesellschaftliche Institutionen und Wertvorstellungen«. In: Diskussionskreis »Frau und Wissenschaft« (Hg.): *Ökonomie weiterdenken! Beiträge von Frauen zu einer Erweiterung von Gegenstand und Methode.* Frankfurt a. M./New York 1997, 228–236.

Becker, Gary: *Human Capital.* New York: National Bureau of Economic Research 1964.

– : »A Theory of the Allocation of Time«. In: *Economic Journal* 75 (1965), 493–517.

– : *The Economics of Discrimination.* Chicago/London [2]1971.

Blau, Francine/Ferber, Marianne/Winkler, Anne: *The Economics of Women, Men and Work.* Upper Saddle River, New Jersey [3]1998.

Demmer, Christine (Hg.): *Frauen ins Management. Von der Reservearmee zur Begabungsreserve.* Wiesbaden 1988.

Dijkstra, Anne/Plantenga, Janneke (Hg.): *Gender and Economics – A European Perspective.* London/New York 1997, 36–53.

Domsch, Michel/Regnet, Erika: *Weibliche Fach- und Führungskräfte. Wege zur Chancengleichheit.* Stuttgart 1990.

Ehrenberg, Ronald G./Smith, Robert S.: *Modern Labor Economics, Theory and Public Policy.* New York [4]1991.

Ferber, Marianne/Nelson, Julie (Hg.): *Beyond Economic Men – Feminist Theory and Economics.* Chicago 1993.

Folbre, Nancy: *Who pays for the kids? Gender and the structures of constraint.* London/New York 1994.

Franz, Wolfgang: *Arbeitsmarktökonomik.* Berlin u. a. [3]1996.

Grözinger, Gerd/Schubert, Renate/Backhaus, Jürgen (Hg.): *Jenseits von Diskriminierung – Zu den Bedingungen weiblicher Arbeit in Beruf und Familie.* Marburg 1993.

Gustafsson, Siv: »Feminist Neo-Classical Econmics: Some Examples«. In: Dijkstra, A./Plantenga, J. (Hg.): *Gender and Economics – A European Persepctive.* London/New York 1997, 36–53.

Hadler, Antje: *Frauen & Führungspositionen: Prognosen bis zum Jahr 2000. Eine empirische Untersuchung betrieblicher Voraussetzungen und Entwicklungen in Großunternehmen.* Frankfurt a. M. u. a. 1994.

Helgesen, Sally: *Frauen führen anders. Vorteile eines neuen Führungsstils.* Frankfurt a. M./New York 1991.

Humphries, Jane: »Economics, Gender and Equal Opportunities«. In: Humphries, J./Rubery, J. (Hg.): *The Economics of Equal Opportunities, Equal Opportunity Commission.* Manchester 1995, 55–86.

– : /Rubery, Jill: »The Reconstitution of the Supply Side of the Labour Market: the Relative Autonomy of Social Reproduction«. In: *Cambridge Journal of Economics* (1984), 331–346.

Jacobson, Joyce: *The Economics of Gender.* Cambridge Mass. 1994.

Jochmann-Döll, Andrea: *Gleicher Lohn für gleichwertige Arbeit. Ausländische und deutsche Konzepte und Erfahrungen.* München/Mering 1990.

Kanter, Rosabeth Moss: *Men and Women of the Corporation.* New York 1977.

Knapp, Ulla: »Wirtschaft für Frauen – eine ethische Frage? Eine kritische Auseinandersetzung mit einigen ökofeministischen Positionen«. In: Evangelische Akademie Iserlohn: *Tagungsprotokolle,* 6/1997. Iserlohn 1997, 5–32.

Krell, Gertraude: *Das Bild der Frau in der Arbeitswissenschaft.* Frankfurt a. M./New York 1984.

– : (Hg.): *Chancengleichheit durch Personalpolitik – Gleichstellung von Frauen und Männern in Unternehmen und Verwaltungen.* Wiesbaden ^{2}1998.

– : /Osterloh, Margit (Hg.): *Personalpolitik aus der Sicht von Frauen – Frauen aus der Sicht der Personalpolitik.* Sonderband 1992 der Zeitschrift für Personalforschung. München/Mehring 1992.

Krug, Barbara: »Discrimination Against Women: A Neoinstitutionalist Perspective«. In: Dijkstra, A./ Plantenga, J. (Hg.): *Gender and Economics – A European Perspective,* London/New York 1997, 54–72.

Kuiper, Edith/Sap Jolande (Hg.): *Out of the Margin – Feminist Perspectives on Economics.* London/New York 1995.

Maier, Friederike: »Das Wirtschaftssubjekt hat (k)ein Geschlecht – Oder: Bemerkungen zum gesicherten Wissen der Ökonomen zur Geschlechterfrage«. In: Regenhard, U./Maier, F./Carl, A.-H. (Hg.): *Ökonomische Theorien und Geschlechterverhältnis – Der männliche Blick der Wirtschaftswissenschaften.* fhw Forschung 23/24. Berlin 1994, 15–39.

– : »Ökonomische Arbeitsmarktforschung und Frauenerwerbstätigkeit – Versuch einer kritischen Bilanz«. In: Birgit Geissler/Friederike Maier/Birgit Pfau-Effinger (Hg.): *FrauenArbeitsMarkt – Der Beitrag der Frauenforschung zur sozioökonomischen Theorieentwicklung.* edition sigma, Reihe Sozialwissenschaftliche Arbeitsmarktforschung Neue Folge 6. SAMF. Berlin 1998, 17–35.

Nelson, Julie A.: »Economic Theory and Feminist Theory – Comments on chapters by Polachek, Ott and Levin«. In: Kuiper, Edith/Sap Jolande (Hg.): *Out of the Margin – Feminist Perspectives on Economics.* London/New York 1995, 120–125.

Ott, Notburga: »Die Rationalität innerfamilialer Entscheidungen als Beitrag zur Diskriminierung weiblicher Arbeit«. In: Grözinger, G. u. a. (Hg.): *Jenseits von Diskriminierung – Zu den Bedingungen weiblicher Arbeit in Beruf und Familie.* Marburg 1993, 113–146.

– : /Rinne, Karin: »Was können ökonomische Theorien zur Erklärung der geschlechtsspezifischen Arbeitsteilung beitragen?« In: Karin Donhauser u. a.: *Frauen-fragen, Frauen-perspektiven, Forum für interdisziplinäre Forschung.* Band 12. Dettelbach 1994, 141–182.

Pfaff, Anita: »Frauenforschungsansätze in der Volkswirtschaftslehre«. In: *Deutsche Forschungsgemeinschaft, Sozialwissenschaftliche Frauenforschung in der Bundesrepublik Deutschland. Bestandsaufnahme und forschungspolitische Konsequenzen.* Berlin 1994, 190–220.

Picchio, Antonella: *Social Reproduction – The Political Economy of the Labour Market.* Cambridge 1992.

Polachek, Solomon W.: »Human Capital and the Gender Earnings Gap«. In: Kuiper, Edith/Sap Jolande (Hg.): *Out of the Margin – Feminist Perspectives on Economics.* London/New York 1995, 61–79.

Pujol, Michèle: »Into the Margin!« In: Kuiper, Edith/Sap Jolande (Hg.): *Out of the Margin – Feminist Perspectives on Economics.* London/New York 1995, 17–34.

– : *Feminism and Anti-Feminism in Early Economic Thought.* Worcester 1992.

Regenhard, Ulla/Fiedler, Angela: »Frauenlöhne: Resultat rationalen Optimierungsverhaltens?« In: Maier Friederike/Carl, Andrea-Hilla (Hg.): *Ökonomische Theorien und Geschlechterverhältnis – Der männliche Blick der Wirtschaftswissenschaften.* (fhw Forschung 23/24). Berlin 1994, 41–66.

Schäfer, Gabriele : »Die Schwestern des homo oeconomicus. Ansatzpunkte und Perspektiven für eine volkswirtschaftliche Frauenforschung«. In: Mey, Dorothea (Hg.): *Frauenforschung als Herausforderung der traditionellen Wissenschaften.* Göttingen 1997.

Schubert, Renate: *Ökonomische Diskriminierung von Frauen. Eine volkswirtschaftliche Verschwendung.* Frankfurt a.M. 1993.

Schweitzer, Renate v.: *Einführung in die Wirtschaftslehre des privaten Haushalts.* Stuttgart 1991.

Seiz, Janet A.: »Epistemology and the Tasks of Feminist Economics«. In: *Feminist Economics* 1 (1995), 110–118.

Walch, Jutta: *Ökonomie der Frauendiskriminierung.* Freiburg 1980.

Woolley, Frances R.: »The Feminist Challenge to Neo-classical Economics«. In: *Cambridge Journal of Economics* 17 (1993), 485–500.

4. Rechtswissenschaft

Susanne Baer

Was macht das Geschlecht im Recht? Die Jurisprudenz, die deutlicher noch als viele andere Disziplinen mit dem Anspruch auftritt, Neutralität und Objektivität an den Tag zu legen, tut sich mit dieser Frage besonders schwer. Weiblichkeit und Männlichkeit in der Rechtsordnung stünden in zu deutlichem Widerspruch zum allgemeinen Geltungsanspruch juristischer Regeln. Um in letztlich kritischer Absicht dennoch zu verstehen, wie das Geschlecht im Recht zu finden ist und was es dort vielleicht nicht zu suchen hat, sind feministische Ansätze der Rechtskritik entwickelt worden. Sie agieren rechtspolitisch, rechtstheoretisch oder rechtsdogmatisch, arbeiten also im politischen Bereich mit oder gegen Recht, im wissenschaftlichen Raum über Recht oder in Wissenschaft und Praxis mit der Rechtsanwendung durch Gerichte und Verwaltungen.

Feministische Ansätze der Rechtskritik sind als Versuche, Geschlechterfragen im Zusammenhang mit Recht zu stellen, Teil der Geschlechterstudien. Der folgende Beitrag gibt nach einer kurzen historischen Skizze zur Entwicklung dieser Ansätze einen Überblick über bislang wichtige Themen und Fragestellungen. Dabei sollen auch die Zusammenhänge von feministischer Rechtswissenschaft mit anderen Disziplinen und mit politischen Praxen der Frauenbewegungen aufgezeigt werden. Des weiteren lassen sich einige Hinweise darauf geben, wie sich die Entwicklung von Frauen- zu Geschlechterstudien auf die Wende von Frauen- zu Geschlechterfragen im Recht in der sozialen Lebenswirklichkeit auswirken kann. Von Bedeutung ist hier insbesondere, daß theoretische Fragestellungen über den Moment des juristischen Entscheidens regelmäßig unmittelbar mit ganz praktischen, sozialen und politischen Wirklichkeiten verknüpft werden. Das macht die geschlechtssensible Auseinandersetzung mit Recht so schwierig, aber auch so notwendig und, hoffentlich, lohnend.

Die historische Entwicklung: Frauen im Recht und Geschlecht in der Jurisprudenz

Die Frage nach Geschlecht im Recht ist, wird sie in kritischer Absicht gestellt, eine junge Frage. Die Rechtsgeschichte ist zwar in erster Linie eine Geschichte der Männerrechte oder der ausschließlich auf Männer bezogenen Rechtsfragen, doch werden Historikerinnen mittlerweile auch bei Auseinandersetzungen mit der Stellung von Frauen im Recht fündig, die weit zurückreichen (Gerhard 1997, Gerhard 1990). Prominente Beispiele sind die im Zuge der französischen Revolution verfaßte Erklärung der Rechte der Frau als Bürgerin von Olympe de Gouges oder die Frauenrechtserklärung der US-amerikanischen Frauenbewegung von Seneca Falls; zu den bekannteren Traktaten gehört auch Engels' Arbeit über den Ursprung der Familie, doch fragt sich schon an dieser Stelle, ob sie die Frage nach dem Geschlecht im Recht zu beantworten suchte. Weniger prominent sind beispielsweise die Schriften von Karl Ferdinand Hommel, einem der bedeutendsten deutschen sogenannten »eleganten« Juristen der Aufklärung. Er listete die juristisch gebildeten Frauen – *De foeminis iuris notitia imbutis* – der Antike auf, um den Nachweis zu führen, daß sie Menschen seien (Knütel/Malmedier 1997, 861). Gleichzeitig versah er sie aber mit all jenen Attributen der Weiblichkeit, die seine Aufmerksamkeit für die Geschlechterfrage umschlagen lassen in einen paternalistischen, schlußendlich auch sexistisch sexualisierenden Gestus. Für die Präsenz von Frauen im Recht ist das typisch geblieben: Tauchen sie auf, werden sie bevormundet; werden sie verschwiegen oder ignoriert, bleiben sie rechtlos.

Rechtsgeschichte, die sich der Geschlechterfrage in kritischer Absicht nähert, fahndete zunächst nach den meist verschütteten Frauen im Recht. Dabei geht es um die Stellung von Frauen im Familienrecht, um Frauen als Angeschuldigte in Strafprozessen oder um Frauen als Gewerbetreibende in Zeiten, in denen sie regelmäßig nicht befähigt waren, sich selbständig ökonomisch zu betätigen. Mittlerweile befaßt sich die Frauenrechtsgeschichte eher mit den historischen Entwicklungen der Konstruktion von Frauen und Männern oder von Männlichkeit und Weiblichkeit in und durch Recht.

Die Entwicklung der rechtsgeschichtlichen Forschung verdeutlicht, daß die Weichen der Forschung bereits in der meist impliziten Bezugnahme auf ein bestimmtes Verständnis von Geschlecht gestellt werden. Anfänglich richtete sich die Frage auf eine biologisch bestimmbare, sozial eindeutig zu ortende ›Frau‹ im Recht oder in der Rechtlosigkeit. Dann wurde nach einer Konstruktion von Weiblichkeit gefahndet, die Raum für höchst unterschiedliche ›Frauen‹ läßt. Schließlich begaben sich Wissenschaftlerinnen auf die Suche nach Geschlechtern, die als sozial konstruierte in einem eher unklaren Verhältnis sowohl zum Recht als auch zu einer mittels anderer Diskurse hergestellten Wirklichkeit stehen. Weitere Unterschiede in Fragestellungen und Schwerpunktthemen ergeben sich zudem daraus, daß auch die geschlechtssensible Rechtsgeschichte zwischen den Disziplinen liegt; sie wird sowohl aus der Sicht der allgemeinen Geschichtswissenschaft wie auch aus der Sicht der Rechtswissenschaft behandelt.

Aktuelle Fragen zum Geschlecht im Recht werden heute in allen erdenklichen Zusammenhängen gestellt. Gemeinsamkeiten zeigen sich im methodischen Vorgehen, in der Bewertung der bislang üblichen juristischen Kategorisierungen des Feldes, in dem Augenmerk auf die aus feministischer Sicht eher im Mittelpunkt stehenden im Recht behandelten Lebenserfahrungen und -bereiche. Bevor diese kurz behandelt werden, ist noch zu klären, wo sich diese Fragen entwickelten und wie sie sich heute in der Disziplin und den transdisziplinären Geschlechterstudien verorten lassen. Auch feministische Ansätze in der Rechtswissenschaft entwickeln sich in Abhängigkeit von ihrem Umfeld, in der Einbettung in je unterschiedliche Diskurse.

Rechtskritik in Deutschland, Europa und in den USA

Recht ist in seiner Bedeutung für den Alltag der Menschen ein in erster Linie nationaler Code. Zwar gibt es die Menschenrechte als juristischen Bezugsrahmen mit globaler Geltung. Doch wirken Menschenrechte traditionell nur zwischen Staaten und müssen regelmäßig für den Alltagsgebrauch von nationalen Gesetzgebern, Verwaltungen und Justiz, aber auch von politischen Bewegungen oder Klägerinnen und Klägern vor nationalen Gerichten konkretisiert werden. Europäisches Recht, das gerade für die Entwicklung des auf Geschlechterverhältnisse in der Erwerbsarbeit bezogenen Rechts von erheblicher Bedeutung ist, wird ebenfalls primär von nationalen Gerichten umgesetzt; zudem läßt sich die Europäische Union ähnlich wie ›Amerika‹, womit regelmäßig Nordamerika gemeint ist, ›Afrika‹, womit oft nur auf Regionen und damit Rechtskreise Bezug genommen wird, oder ›Asien‹, womit meist nur einige Staaten gemeint sind, zumindest mit Blick auf die Regelung von Erwerbsarbeit auch als quasi-nationales Gebilde verstehen.

Nationales Recht unterscheidet sich zwar nicht selten im Detail, doch lassen sich auch große »Rechtsfamilien« finden, die strukturelle und traditionelle Gemeinsamkeiten aufweisen. Rechtsordnungen des ›common law‹, also des anglo-amerikanischen Rechtskreises, unterscheiden sich von denen des ›civil law‹, also der kontinentaleuropäischen Sphäre. Dennoch findet sich unter feministischen Juristinnen ein reger internationaler Austausch, der über das schlichte Vergleichen der jeweiligen nationalen Regelungen weit hinausgeht. Es zeigt sich, daß die Unterschiedlichkeit von Fragen und Antworten den Blick für das Verborgene im Selbstverständlichen, für das Fremde im Bekannten und gerade auch für das Geschlecht im so geschlechtsneutral scheinenden nationalen Recht schärft.

Feministische Rechtskritik fällt in verschiedenen Ländern aufgrund der ohnehin unterschiedlichen Rechtskulturen und der disparaten institutionellen Bedingungen sehr unterschiedlich aus. In den USA, aus denen immer noch wesentliche Anregungen bezogen werden, entwickelte sich die Frauenbewegung als Frauenrechtsbewegung in der Tradition der schwarzen Bürgerrechtspolitik. Aufgrund der relativ offenen Struktur des amerikanischen Hochschulwesens und der amerikanischen Rechtswissenschaft, die sich aus deutscher Sicht häufig als philosophische oder rechtspolitische Auseinandersetzung mit Recht darstellt, faßte sie auch in den Institutionen relativ schnell Fuß. In einer auf rechtliche Ansprüche orientierten politischen Kultur, die politische Forderungen sofort mit Rechtsforderungen verknüpft, setzen sich zudem andere Wissenschaften stärker mit dem Recht auseinander. Daher finden sich in den USA auch viele Arbeiten, die Recht aus der Sicht anderer Disziplinen thematisieren, was den transdisziplinären Austausch, der für die Geschlechterstudien typisch ist, fördert. Allerdings unterscheiden sich die Texte, in denen Geschlechterfragen und Normen thematisiert werden, oft stark von der immer auch auf Anwendung und Umsetzung orientierten wissenschaftlichen Disziplin wie der deutschen Rechtswissenschaft. Werden also nordamerikanische Texte in der feministischen Rechtswissenschaft genutzt, sind sie häufig als Anregung zum ›Querdenken‹, nicht aber als konkrete Auseinandersetzung mit juristischen Fragen zu verstehen.

In anderen europäischen Ländern stellt sich die Situation sehr unterschiedlich dar. In einigen südeuropäischen Ländern hat sich feministische Rechtskritik eher in autonomen Projekten der Frauenbewegung (Libreria delle Donne 1991) oder in der Philosophie und Gesellschaftstheorie (zu Irigaray vgl. Sommer 1998) entwickelt. Das mag eine Erklärung in den Rechtskulturen finden, die sich eher auf Gesetzgebung und nicht auf Fallrecht beziehen und damit auf institutionell trägere Durchsetzungsmechanismen angewiesen sind (Lucke 1989), weshalb mehr Energie in außerparlamentarische und theoretische Arbeit fließt. In Skandinavien konnte feministische Rechtskritik dagegen als – wenn auch kleiner – Ausbildungs- und Forschungsschwerpunkt im »Frauenrecht« verankert werden (Dahl 1992).

In der Bundesrepublik Deutschland hat sich die feministische Rechtskritik erst relativ spät in die Universitäten begeben, ist aber schon lange Teil einer kritischen juristischen Praxis. Das findet seine Erklärung zum einen in der institutionellen Struktur der deutschen Rechtswissenschaft. Sie ist wenig geeignet, derartige Themen zu integrieren, da in der juristischen Ausbildung und Forschung auf systematisierende oder ›dogmatische‹ Aspekte mehr Wert gelegt wird als auf das politische und kulturelle Umfeld von Recht, was es erlauben würde, Selbstverständlichkeiten in Frage zu stellen. Zum anderen haben sich im Kontext der Frauenbewegung viele Juristinnen dafür entschieden, ihr Handeln deutlich an den politischen Forderungen nach Emanzipation und Gleichberechtigung zu orientieren. Daraus erklärt sich beispielsweise auch, daß die einzige feministische Rechtszeitschrift *STREIT* überwiegend von Anwältinnen und vor allem für die Rechtspraxis, also Gleichstellungsbeauftragte, Anwältinnen und Richterinnen, und weniger für die – eben in Deutschland auf eigene Art betriebene – Wissenschaft gemacht wird.

In Deutschland finden sich heute aber auch rechtswissenschaftliche Texte, in denen Geschlechterfragen im Vordergrund stehen. Sie widmen sich häufig einzelnen Rechtsbereichen (Scheiwe 1993, Oberlies 1990, Pfarr u. a.), paradigmatischen Fallgestaltungen (Schiek 1992) oder übergeordneten Rechtsfragen (Sacksofsky 1997, Baer 1995), seltener aber rein theoretischen Aspekten. An den Universitäten werden übergreifende Themen ebenfalls eher selten behandelt, denn zum einen ist das deutsche rechtswissenschaftliche Studium ein stark verschulter Ausbildungsgang, in dem wenig Raum für Theorie vorhanden ist; zum anderen fehlt es nicht zuletzt aufgrund der Struktur der deutschen Hochschulkarriere an der personellen Präsenz derartiger Ansätze an juristischen Fakultäten (Rust 1997; s. a. Deutscher Juristinnenbund 1989). Zunehmend wird jedoch gesehen, welche Bedeutung der Geschlechterfrage im Recht aus theoretischer und aus praktischer Sicht zukommt. Daher finden in Berlin und auch Bremen regelmäßig, an anderen Universitäten ab und an Veranstaltungen statt, in denen der Frage nach Geschlecht im Recht nachgegangen wird. An der Berliner Humboldt Universität versucht das Curriculum Feministische Rechtswissenschaft, theoretische Grundfragen mit juristischen Einzelproblemen zu verknüpfen.

Rechtswissenschaft im Kontext der Geschlechterstudien

Kritische Auseinandersetzungen mit Recht sind auf Fragen und Erkenntnisse anderer Disziplinen angewiesen, die sich frei von der rechtswissenschaftlichen Disziplinierung bewegen. Daher kommt der transdisziplinäre Charakter der Geschlechterstudien den feministischen Auseinandersetzungen mit Recht sehr entgegen. Dabei geht es zum einen um die Frage nach der Kategorie ›Geschlecht‹, die disziplinenübergreifend thematisiert werden kann und muß. Zum anderen geht es um die konkrete Arbeit an Rechtsfragen.

Die geschlechtssensiblen Fragen in der Rechtsgeschichte leben davon, eine historische Wirklichkeit mit dem historisch geltenden Recht in Beziehung zu setzen. Aktuellere Untersuchungen stützen sich auf soziologische Studien, wenn sie Recht als einen Versuch der Ordnung sozialer Verhältnisse untersuchen. Rechtstheoretisches Denken muß nicht nur erkenntnistheoretische Aspekte der Philosophie berücksichtigen, sondern auch die Einsichten, die die politische Theorie für das Verständnis von Recht liefert (Baer/Berghahn 1996). Psychologisches Wissen wird gebraucht, um beispielsweise die Interaktionen zwischen Angeschuldigten und Richter/innen oder die Aussagen kindlicher Zeugen zu verstehen, oder um erkennen zu können, mit welchen ›Phantasmen‹ nationale Rechtsordnungen arbeiten (Salecl 1994). Und letztlich handelt es sich bei der Arbeit mit Recht – zumindest in verschriftlichten Kulturen – um die Arbeit mit Texten, weshalb literaturwissenschaftliche Ansätze zur Interpretation derselben aufgenommen werden können.

Umgekehrt ist aber auch die Rechtswissenschaft für die Geschlechterstudien von Bedeutung. Sie wird wichtig, wenn aus kulturwissenschaftlicher Sicht zunehmend Fragen nach den Codes, den Ordnungen, den Normen und Denkmustern gestellt werden, die Geschlechterverhältnisse prägen (beispielhaft Butler 1998). Neben den Codes der Medizin und der Theologie findet sich im Recht ein solcher Code, der allerdings mit besonderen Techniken und Mechanismen der Durchsetzung arbeitet (Smart 1989). Als eine Art, gesellschaftlichen Konsens und Dissens zu verarbeiten, ist Recht zudem für jede politikwissenschaftliche Fragestellung und für jede politische Position, die sich mit Geschlechterstudien verknüpft, unabdingbar Gegenstand der Auseinandersetzung. Recht greift auf alle Lebensbereiche zu, sei es durch Regelung oder ein Absehen von staatlichem Reglement. Insofern sind Recht und Rechtswissenschaft für jede Disziplin von Bedeutung.

In der Auseinandersetzung mit Recht fließen somit kulturwissenschaftlich und sozialwissenschaftlich geprägte Zugriffe auf Geschlechterverhältnisse zusammen. Wenn im Rahmen von Geschlechterstudien nach der Konstruktion der Geschlechter, nach geschlechtsspezifischer Lebenserfahrung und nach geschlechtsbezogener Organisation sozialer Wirklichkeit gefragt wird, hat die Rechtswissenschaft dort folglich einen Ort.

Merkmale feministischer Ansätze in der Rechtswissenschaft

Im Kanon der Disziplinen, die Geschlechterstudien ausmachen, läßt sich die Rechtswissenschaft in zweierlei Hinsicht kennzeichnen. Erstens arbeitet sie mit spezifischen Methoden, und zweitens behandelt sie bestimmte Themen oder Fragestellungen, die sich allerdings wieder sehr unterschiedlich fassen lassen.

Zur Methode

In methodischer Hinsicht arbeitet die Rechtswissenschaft in erster Linie dogmatisch, wobei über dieses Tun dann rechtstheoretisch nachgedacht wird. Unter Dogmatik läßt sich – auch wenn vieles im einzelnen ungeklärt ist – die Systembildung im Recht verstehen, die der Rechtsanwendung Hilfestellung leistet, indem sie zum Beispiel verstreute Rechtssätze zu Prinzipien bündelt, unklare Normen systematisierend konkretisiert oder Systeme bildet, die zur Prüfung bestimmter, häufig wiederkehrender Rechtsfragen geeignet sind. Dogmatik ist folglich immer auf eine Praxis orientiert, die sich innerhalb des rechtlichen Rahmens bewegt, diesen also akzeptieren muß. Allein deshalb kann feministische Rechtswissenschaft nicht nur dogmatisch arbeiten; sie setzt immer auch kritisch und damit meist auch rechtspolitisch an.

Zudem ist Dogmatik in erster Linie an den Normen, an Sollenssätzen, und weniger an der Wirklichkeit, am Sein, orientiert. Aus dogmatischer Perspektive betrachtet, ist das Sein auch eher vielfältig und unberechenbar. Wer aber nach Geschlecht im Recht fragt, kann ebensowenig wie die, die sich in anderer Hinsicht kritisch mit Recht auseinandersetzen, an dieser Stelle verharren.

In Erweiterung der traditionellen dogmatischen Perspektive sieht feministische Rechtswissenschaft »a different relationship between law and life«, eine andere Beziehung zwischen Leben und Recht (MacKinnon 1989, 249). Sie nimmt ihren Ausgangspunkt in der Lebensrealität, und zwar in geschlechtsspezifisch wahrgenommenen Lebenswirklichkeiten von Frauen und Männern, die sich subjektiv als Erfahrung, objektivierter vielleicht als Existenzweise darstellen (Maihofer 1994). Damit wird zum einen die Dominanz der männlichen als der allgemeinen Erfahrung verabschiedet, die häufig Grundlage rechtlicher Ordnung war und ist. Solange Frauen nicht auch Ausgangspunkt von Recht sind, wird beispielsweise Hausarbeit, also unbezahlte oder über den Ehegattenunterhalt nur mittelbar kompensierte Arbeit von Frauen, juristisch nie adäquat berücksichtigt werden.

Zum anderen wird damit aber auch die Dimension der Perspektiven in das Recht eingeführt, aus denen sich Wirklichkeit, auf die Recht dann reagiert, eher unterschiedlich darstellt (Baer 1995). So läßt sich mit dem Blick auf Perspektiven beispielsweise eine Kritik am Strafrecht gegen Vergewaltigung entwickeln. Die juristische Anforderung an die Verurteilung eines Täters, sich wissentlich über den Willen des Opfers hinweggesetzt zu haben, privilegiert danach seine Perspektive auf das Geschehen. Ihre Perspektive, daß ihm ihr Wille wohl egal war, kommt deshalb nicht gleichwertig zur Geltung. So prägt die rechtliche Struktur die richterliche Wahrnehmung.

Das Verhältnis zwischen Perspektiven und in den Blick genommener Erfahrung thematisieren allerdings auch andere Disziplinen. Jeder Blick wandert insofern zwischen Erfahrung und Konstruktion derselben hin und her. Die juristische Konstruktion ist allerdings eine besonders mächtige.

Der juristische Diskurs, der wie viele andere Diskurse Welt konstituiert, ist besonders mächtig, da er sich in einem Feld gefügter Macht bewegt. Das Gefüge der Institutionen Gericht, Verwaltung und Parlament, die ›den Staat‹ ausmachen, ist allein schon aufgrund des zwar relativen, aber doch nicht zu unterschätzenden staatlichen Gewaltmonopols wirkmächtiger als viele andere. Das juristische Wort wird nicht nur in den öffentlichen Raum gesprochen, sondern kann auch zwangsweise durchgesetzt werden. Das unterscheidet Recht sowohl von Theologie, in der ein »Wort zum Sonntag« eben nicht vollstreckt wird, oder von Medizin, in der Behandlungen zwar verabreicht, aber nicht gegen den Willen der Patientin aufgezwungen werden können. Das juristische Gefüge lebt zudem von Verfügungen. Es impliziert nicht nur die Verfügbarkeit von Gewalt zu seiner Durchsetzung, sondern auch den Anspruch, über Menschen und Dinge zu verfügen, den Geltungsanspruch des Rechts.

Mit der Bezugnahme der Rechtswissenschaft auf den juristischen Diskurs sind nicht nur einige Gesprächspartner des wissenschaftlichen Denkens vorherbestimmt. Damit ist auch ein archimedischer Punkt des juristischen Diskurses definiert, der ihn von anderen unterscheidet. Es ist der Moment des Entscheidens, des Urteils, der notwendiges Element des Rechts ist. Rechtswissenschaft ist die kommunikative Auseinandersetzung zwischen Wissenschaft und Gerichten, Verwaltung sowie Politik, die Entscheidungen fällen müssen. Die rechtswissenschaftliche Untersuchung kann daher zwar lange problematisieren, doch kann sie nicht endlos Komplexes aufzeigen – sie muß sich zu Entscheidungen verhalten und damit immer auch ein wenig mit-entscheiden. Die besondere Herausforderung der Rechtswissenschaft liegt denn auch in dem Zwang, zu einem Punkt zu kommen, auch wenn dieser meist nur als vorläufig beste Lösung begriffen werden kann (und muß). Deutlicher als andere Disziplinen zwingt die Rechtswissenschaft dazu, sich der Verantwortung zu stellen, die jedem Diskurs als Zugriff auf die Wirklichkeit innewohnt, im Recht nur eben eine besonders deutliche Form annimmt.

Zu den Themen

Die Frage nach Geschlecht im Recht läßt sich konkret auf sehr unterschiedliche Art und Weise stellen. Erstens kann sie sich an der traditionellen Einteilung der Rechtsgebiete orientieren, zweitens kann sie sich eingedenk der Methode feministischer Wissenschaft an Lebenserfahrungen orientieren, und drittens kann sie versuchen, übergeordnete Fragen mit Hilfe punktueller Bezugnahmen auf das Recht zu klären.

In der Rechtswissenschaft und in der juristischen Ausbildung wird gemeinhin zwischen privatem und öffentlichem Recht, also Zivilrecht sowie Verfassungs-, Verwaltungs- und Strafrecht, unterschieden. Diese Unterscheidung findet sich auch in der juristischen Praxis, da für die großen Rechtsgebiete besondere Gerichtsbarkeiten eingerichtet wurden. Nun besteht die Möglichkeit, im Hinblick auf diese einzelnen Rechtsgebiete zu untersuchen, inwieweit dort Männer und Frauen berücksichtigt werden, wie explizit oder implizit bestimmte Vorstellungen von Männlichkeit und Weiblichkeit konstruiert werden und wie sich bestimmte Regelungen auf Männer und Frauen auswirken.

Ergebnis derartiger Forschung ist beispielsweise die Erkenntnis, daß im Arbeitsrecht ebenso wie im Sozialrecht eine Vorstellung vom Normalarbeitnehmer dominiert, die mit (aus soziologischer Sicht) typisch männlichen Biographien und Lebenspraxen übereinstimmt (Kravaritou 1996). Das Arbeitsrecht geht davon aus, daß »Erwerbstätige« »vollzeitbeschäftigt« sind, geradlinig von der Schule in die Ausbildung und dann in die Berufstätigkeit wechseln und diese nicht unterbrechen. Diese Norm, die sich auch auf alle Systeme der sozialen Sicherung auswirkt (Gerhard/Schwarzer/Slupik 1987), wird von Frauen und einigen ›untypischen‹ Männern nicht verwirklicht. Es mag zwar sozial problematisch sein, doch stellt es noch keine Ungerechtigkeit per se dar, wenn bestimmte Gruppen von Menschen von einer Regelung aus legitimen Gründen nicht erfaßt werden. Die Ungerechtigkeit beginnt erst, wenn sich herausstellt, daß bestimmte Menschen von der Norm nicht freiwillig abweichen, sondern vielmehr die Norm selbst davon lebt, daß bestimmte Menschen sie nicht erfüllen. Dabei zeigt sich dann auch, daß die offizielle Norm davon lebt, daß diejenigen, die von ihr nicht erfaßt werden, eine andere, geheime Norm im Hintergrund des Rechts verwirklichen. So ist der Normalarbeitnehmer auf die Hausfrau angewiesen, die ihn und seine Kinder versorgt; das offizielle normative Bild des Erwerbstätigen lebt vom heimlichen Bild der abhängigen Versorgerin. Das hat zur Folge, daß die »Vereinbarkeit von Familie und Beruf«, die eigentlich eine primär für Frauen relevante Vereinbarkeit von Reproduktions- und Hausarbeit mit Erwerbsarbeit thematisiert, strukturell bedingte Schwierigkeiten aufwirft, die nicht durch kosmetische Veränderungen zu lösen sind.

Die Erkenntnis, daß Arbeitsrecht auf männliche Lebenserfahrungen zugeschnitten ist, wird durch Regelungen in anderen Rechtsbereichen bestätigt. So findet sich im Steuerrecht das Ehegattensplitting, mit dem die traditionelle Ehe zwischen Erwerbstätigem und nicht erwerbstätiger, abhängiger Ehefrau stabilisiert wird. Ebenso finden sich im Rentenrecht Regelungen, die verdeutlichen, welche Biographie als ›normaler‹ Lebensverlauf im Alter honoriert wird. Insofern kann die Untersuchung einzelner Rechtsbereiche zwar bestimmte Konstruktionen entdecken, die das Recht am Geschlecht vollbringt, doch läuft sie auch Gefahr, im Rahmen dieser Konstruktion gefangen zu bleiben. Daher haben sich andere rechtswissenschaftliche Untersuchungen, die auf der Suche nach dem Geschlecht im Recht sind, von dieser rein immanenten Vorgehensweise gelöst.

Der Normalarbeitnehmer und die heimliche Norm der abhängigen Ehefrau lassen sich schneller finden, wenn eine Auseinandersetzung mit Recht nicht die Regelungen, sondern die Lebenswirklichkeiten der Menschen zum Ausgangspunkt macht. Das Erkenntnispotential eines solchen Ansatzes ist im Hinblick auf die Frage, was das Geschlecht im Recht zu suchen hat, sogar wesentlich größer. In den Blick kommt nämlich nicht nur die Erwerbstätigkeit, sondern auch die Hausarbeit, die im Arbeitsrecht sonst nicht auftaucht; gesehen wird nicht nur der Arbeitslohn, sondern auch die versicherungs- und sozialrechtlichen Folgen der Erwerbsarbeit; und beachtet wird beispielsweise, daß Regeln über Arbeit unsere Wahrnehmung von Zeit dominieren, daß Entgeltrichtlinien unsere Vorstellungen vom Wert einer Tätigkeit beherrschen und daß soziale Bedürfnisse qua Arbeitsrecht den anonymisierenden und isolierenden Anforderungen der Dienstleistungsgesellschaft geopfert werden (Scheiwe 1993, Winter 1994).

Die Auseinandersetzung mit Recht, die in kritischer Absicht Geschlechterverhältnisse untersucht, muß in vielen Fällen die Lebenswirklichkeit zum Ausgangspunkt machen, da sie sonst Frauen überhaupt nicht berücksichtigen könnte. Beliebtes Argument gegen die feministische Herausforderung an das Recht und die Rechtswissenschaft ist daher auch, daß Rechtsgebiete wie das Baurecht oder das Umweltrecht, aber auch als alltagsnäher empfundene Bereiche wie das Krankenversicherungsrecht mit Geschlechterfragen nichts zu tun hätten, weil sie doch für alle dasselbe, »ohne Ansehen des Geschlechts« regelten. Daß die Planung von Städten, in denen sich ›Angsträume‹ wie Fußgängertunnels oder vom Wohnort weit entfernte Dienstleistungszentren befinden, für Frauen regelmäßig ganz andere Auswirkungen haben als für Männer oder daß die Schwangerschaft versicherungsrechtlich nicht nur als Krankheit, sondern auch als Frauensache behandelt wird, wird dabei übersehen. Gesehen werden kann es nur, wenn die Lebenswirklichkeit von Frauen jenseits der normativen Leitbilder mit berücksichtigt wird.

Schließlich ist ein methodisches Vorgehen feministischer Rechtswissenschaft, das bei geschlechtsspezifischen Lebenswirklichkeiten ansetzt, geeignet, die Fragmentierung aufzubrechen und in ihrer Problematik zu entlarven, die die traditionelle Einteilung der Rechtsgebiete mit sich bringt. Traditionell lernen Juristen beispielsweise, familienrechtliche Fragen von mietrechtlichen oder auch strafrechtlichen Fragen zu trennen. In der Praxis kann aber beispielsweise auf die Bedürfnisse von Frauen, die von ihren Ehemännern mißhandelt werden, nicht angemessen reagiert werden, wenn nicht sowohl die strafrechtliche Sanktion der Gewalt als auch die sorgerechtliche Entscheidung über die Kinder oder die miet- und sachenrechtliche Behandlung der Wohnung bedacht werden. Die traditionelle Zuordnung von Frauen zum Familien- und Eherecht, die impliziert, daß geschlechtsspezifische Aspekte in anderen Rechtsgebieten keine Rolle spielen, wirkt sich in der Praxis sonst potentiell diskriminierend aus.

Feministische Rechtskritik bezieht sich folglich auf alle Lebensbereiche und untersucht, wie rechtliche Regeln in diesen Bereichen wirken. Würde sie Recht so konzipieren, daß Lebenserfahrungen von Frauen zum Ausgangspunkt rechtlicher Regeln werden, würden ganz neue Rechtsgebiete entstehen. Vorstellbar ist beispielsweise, eingedenk der Bereiche, in und mit denen Frauen agieren, ein Körperrecht, ein Beziehungsrecht, ein Kinderrecht, ein Geldrecht und ein Umweltrecht zu konzipieren (vgl. Dahl 1992). Will sie sich nicht außerhalb des juristischen Diskurses stellen, der ja auch juristische Praxis darstellt, die dann ganz konkrete Auswirkungen hat, arbeitet feministische Rechtskritik zwar am geltenden Recht, fügt jedoch Bereiche zusammen, die traditionell nicht zusammengehören.

Übergreifende Fragestellungen

Recht läßt sich als normative Ordnung verstehen, die auf Wirklichkeiten reagiert. Nun ist damit keine Vorstellung simpler Kausalitäten verbunden, nach der eine Norm auf die Realität trifft und diese dann verändert. Vielmehr handelt es sich um ein komplexes Verhältnis zwischen Regelung und Erfahrung. Die Untersuchungen, die sich an traditionellen Rechtsgebieten orientieren, werden dem nicht gerecht; die Vorgehensweise feministischer Rechtswissenschaft, die Lebenswirklichkeiten in den Blick nimmt, kann dieses Verhältnis eher verstehen. In Ergänzung zu Untersuchungen, die sich mit Recht aus der Perspektive der von Recht betroffenen oder ignorierten Männer und Frauen auseinandersetzen, bedarf es allerdings auch noch der Auseinandersetzung mit übergreifenden Fragestellungen, die quer zu Rechtsgebieten, aber auch quer zu Lebenserfahrungen liegen, und die geeignet sind, den Blick auf beide zu schärfen.

In der feministischen Rechtskritik in Deutschland haben sich einige Fragestellungen herauskristallisiert, die für viele Rechtsgebiete und für die Regelung oder Nichtregelung vieler Lebensbereiche wichtig sind. Dazu gehören Fragen nach dem normativen Bezugspunkt feministischer Rechtswissenschaft, die sich auf verschiedene Interpretationen von Gleichheit und Freiheit richten. Des weiteren finden sich hier Fragen nach der Bedeutung der Trennung zwischen Öffentlichkeit und Privatheit, die im Recht ebenso wie im Geschlechterverhältnis eine besondere Rolle spielt. Schließlich wird übergreifend nach der Ambivalenz des Rechts gefragt, das sich immer zwischen Bevormundung und Befreiung bewegt.

Gleichheit und Freiheit

In der feministischen Theorie ist ebenso wie in der frauenpolitischen Praxis die Auseinandersetzung zwischen Gleichheit und Differenz in vielen Bereichen zum Kristallisationspunkt unterschiedlichster Fragen geworden. So wird darunter nicht nur die vergleichende These diskutiert, daß sich die deutsche Frauenbewegung gerade auch juristisch eher auf Autonomie, also ein Freiheitsrecht zur Selbstbestimmung bezogen habe, während die US-amerikanische Frauenbewegung das Gleichheitsrecht in den Vordergrund stelle (Marx Ferree in Gerhard u. a. 1990). Zudem wird in diesem Zusammenhang diskutiert, inwieweit es um eine Angleichung zwischen Frauen und Männern oder um eine Gleichwertigkeit der Differenz zwischen beiden ginge. Daneben finden sich auch Debatten um die Gleichheit unter Frauen, die als Voraussetzung dafür gedacht wird, gleiche Rechte für Frauen als Frauen fordern zu können, während im Gegenzug die Vielfalt von Frauen und Männern als eine Variante, Differenz zu betonen, juristisch zu der traditionellen liberalen Position führt, individuelle Rechte unabhängig vom Geschlecht zu konstruieren.

Mittlerweile ist allerdings mehrfach betont worden, daß es sich bei der Gegenüberstellung zwischen Gleichheit und Differenz um »die falsche Alternative im feministischen Diskurs« handelt (Prengel in Gerhard u.a. 1990). In Hinsicht auf das Recht bleibt aber entscheidend, ob Gleichheit oder Freiheit als primärer Bezugspunkt geschlechtssensibler Rechtspolitik in den Blick genommen wird. In jedem Rechts- und Lebensbereich stellt sich die Frage, ob Regelungen so konzipiert werden sollten, daß sie Geschlechterverhältnisse ausblenden – eine Position, die sich an Autonomie und Freiheit oder an Gleichheit im Sinne eines Differenzierungsverbotes orientiert –, oder so, daß Geschlechterdifferenz geregelt wird – eine Position, die auf Gleichheit als Differenzierungsgebot gerichtet ist, oder ob Recht so aussehen soll, daß es typisch geschlechtsspezifische Rollenzuweisungen berücksichtigt, aber demontiert – eine Position, die Gleichheit als Dominierungsverbot versteht (Sacksofsky 1997), oder Geschlecht berücksichtigt, aber als Modus der Hierarchisierung auf Kosten von Frauen dekonstruiert (Baer 1995).

Öffentlichkeit und Privatheit

Eine weitere Frage, die sich übergreifend in jedem Rechts- und Lebensbereich stellt, ist die nach Öffentlichkeit und Privatheit als prägenden Themen der Rechtsordnung. Das Verhältnis zwischen öffentlich und privat wird in vielen Disziplinen thematisiert, nimmt aber im Bereich des Rechts spezifische Formen an, die seine reale Bedeutung hervorheben. Im Rahmen feministischer Rechtskritik konnte herausgearbeitet werden, daß schon die Trennung zwischen beiden Sphären, die für liberale Rechtsordnungen konstitutive Bedeutung hat, ideologisch gefärbt ist. So herrscht zwar die Auffassung, das Private sei ein ungeregelter, das Öffentliche dagegen ein geregelter Bereich, die unter anderem genutzt wurde, um zu rechtfertigen, daß Gewalt gegenüber der Ehefrau nicht explizit strafbar war. Doch entpuppt sich diese Auffassung bei genauerer Untersuchung als Argumentationsfigur, die mit geltendem Recht nicht übereinstimmt. Es zeigt sich nämlich, daß sowohl die öffentliche wie auch die private Sphäre schon immer rechtlich geregelt, sogar rechtlich konstruiert waren. So lebt der ›öffentliche‹ Markt ebenso wie die ›private‹ Familie davon, daß bestimmte Regeln all das, was diese Bereiche ausmacht, überhaupt ermöglichen. Verträge und Unterhaltspflichten innerhalb bestimmter Beziehungen leben gleichermaßen davon, daß Recht sie herstellt (Olsen 1983).

Darüber hinaus ist die eine ohne die andere Sphäre nicht denkbar. Demokratietheoretisch kann gezeigt werden, daß die Erziehung und Bildung in der privaten Sphäre benötigt wird, um Bürgerinnen und Bürger für die öffentliche Sphäre zu gewinnen, auch wenn die Ausblendung der Familie aus der Demokratietheorie bislang dazu führte, sich dort nicht um die Bedingungen zu kümmern, die für die demokratische Öffentlichkeit gelten (Okin 1989). Eine geschlechtssensible Intervention entdeckt an dieser Stelle, daß ein egalitäres Familienrecht nicht nur für die Privatsphäre von Bedeutung ist, sondern Kernelement einer demokratischen Rechtsordnung darstellt.

Es ist nicht nur eine ideologische Konstruktion, Frauen dem privaten Bereich der Familie und des Hauses zuzuordnen, sondern auch ein mit rechtlichen Mitteln durchgesetzter oder zumindest verstärkter Ausschluß von Frauen aus der öffentlichen Sphäre, der ein hierarchisches Geschlechterverhältnis stabilisiert. Wird also Recht mit Blick auf die Unterscheidung von Öffentlichkeit und Privatheit und eingedenk der Wirkung derselben auf Geschlechterverhältnisse untersucht, lassen sich Regelungen zur Familie, zur Bildung, zur politischen Öffentlichkeit und zum Marktgeschehen kritisch hinterfragen.

Bevormundung und Befreiung

Geschlechtssensible Rechtswissenschaft stößt schon bei oberflächlicher Betrachtung rechtspolitischer Forderungen der Frauenbewegungen auf eine weitere übergreifende Fragestellung, die sich mittels unterschiedlichster juristischer Beispiele illustrieren läßt. Es ist die Frage danach, ob rechtliche Regeln Menschen bevormunden oder ihnen Chancen zur Selbstbestimmung, also zur Ausübung auch rechtlich garantierter Freiheit, geben. In der feministischen Rechtstheorie ist diese Frage als »feministisches Dilemma« (Cornell 1991) thematisiert worden. Besonders deutlich wird das Problem am Beispiel rechtlicher Regelungen zur Förderung von Frauen in der Erwerbsarbeit.

›Die Quote‹ hat in den letzten Jahren die Frage nach der Berücksichtigung von Geschlechterverhältnissen und geschlechtsbezogener Diskriminierung in der Rechtspolitik dominiert. Jenseits der Notwendigkeit, genau zu klären, was sich hinter dem nicht selten verfälschenden Stichwort ›Quote‹ verbirgt, zeigt das Beispiel, wie ambivalent rechtliche Regeln aus geschlechtssensibler Sicht sind. Zum einen dienen Regelungen, die Frauen den Zugang zur Erwerbsarbeit erleichtern sollen, der Gleichberechtigung und fördern die Selbstbestimmung. Ähnlich wie bei Regelungen zum Mutterschutz scheint auf den ersten Blick eindeutig, daß hier den Interessen von Frauen gedient wird. Andererseits verbirgt sich hinter der Quote aber auch eine Stigmatisierung, die kulturell und frauenpolitisch fatale Folgen hat. Mit Regelungen, die explizit Frauen fördern sollen, wird impliziert, daß Frauen förderungsbedürftig, Männer dagegen auch ohne rechtliche Unterstützung durchsetzungsfähig sind. Die Quote produziert somit auf der symbolischen Ebene ein Opferbild, das das Bild der privilegierten Frau ergänzt, die in den Genuß besonderer Förderung kommt und Männer folglich benachteiligt. Die Ambivalenz zwischen Opfer und Täterin (die geförderte Frau steht für die Frauen, die politisch für die Förderung und ›gegen‹ Männer eintraten) versinnbildlicht also die Ambivalenz solcher Regelungen.

Schwieriger wird die rechtswissenschaftliche Auseinandersetzung noch, wenn Regelungen untersucht werden, die Frauen Zugang zu Bereichen eröffnen sollen, die bislang Männern vorbehalten waren. Es läßt sich zeigen, daß beispielsweise die Wehrpflicht, die nur Männern den Dienst an der Waffe erlaubt, Bestandteil einer Konstruktion ist, die von problematischen Gleichsetzungen lebt. Nation verbindet sich mit Weiblichkeit und Krieg mit Männlichkeit, die Weiblichkeit beschützt. Eine in Teilen der Frauenbewegung unterstützte Forderung, Frauen den gleichen Zugang zum Militär zu verschaffen wie Männern, bricht dann einerseits mit traditionellen Geschlechterbildern, konsolidiert aber gleichzeitig ein System, das gerade auch die Dominanz von Männern im Geschlechterverhältnis stabilisiert.

Ausblick

Ganz grundlegend spielt für die Rechtswissenschaft im interdisziplinären Kontext der Geschlechterstudien eine Rolle, ob Recht überhaupt als Modus der demokratisch legitimierten Organisation sozialer Wirklichkeit akzeptiert wird. Aus der Sicht anderer

Wissenschaften wird das feministische Dilemma heute oft dahingehend erweitert, daß jede, nicht nur die geschlechtsbezogene Regelung, Menschen bevormunde, da sie normiere. Aus juristischer Sicht ließe sich darauf erwidern, daß Recht aber auch dazu dient, Menschen überhaupt ein Handeln zu ermöglichen, indem es beispielsweise Gewalt bekämpft, Zugang zu Kommunikation sichert oder Freiheiten zuschreibt. Beide Positionen haben viel für sich. Praktisch bleibt bei aller Kritik erforderlich, sich mit Recht auch konstruktiv auseinanderzusetzen, um nicht nur rechtsunterworfen zu sein. Theoretisch bedarf es der auch grundlegend dekonstruierenden Kritik, um sich dem Recht nicht vorschnell zu unterwerfen.

Literatur

Aichhorn, Ulrike (Hg.): *Frauen und Recht.* Wien 1997.

Althoff, Martina/Kappelt, Sibylle (Hg.): »*Geschlechterverhältnisse und Kriminologie*«. 5. Beiheft des Kriminologischen Journals 1995.

Baer, Susanne/Berghahn, Sabine: »Auf dem Weg zu einer feministischen Rechtskultur? Deutsche und US-amerikanische Ansätze.« In: Kulawik, Teresa/Sauer, Birgit (Hg.): *Der halbierte Staat. Grundlagen feministischer Politikwissenschaft.* Frankfurt a. M. 1996, 223.

Baer, Susanne: *Würde oder Gleichheit? Zur angemessenen grundrechtlichen Konzeption von Recht gegen Diskriminierung am Beispiel sexueller Belästigung am Arbeitsplatz in der Bundesrepublik Deutschland und den USA.* Baden-Baden 1995.

Bartlett, Katharine T./Kennedy, Rosanne (Hg.): *Feminist Legal Theory: Readings in Law and Gender.* Boulder 1991.

Battis, Ulrich/Schultz, Ulrike (Hg.): *Frauen im Recht.* Heidelberg 1990.

Benhabib, Seyla/Butler, Judith/Cornell, Drucilla/Fraser, Nancy: *Streit um Differenz. Feminismus und Postmoderne in der Gegenwart.* Frankfurt a. M. 1993.

Böttger, Barbara: *Das Recht auf Gleichheit und Differenz. Elisabeth Selbert und der Kampf um Art. 3 Abs. 2 Grundgesetz.* Münster 1990.

Butler, Judith: *Haß spricht. Berlin 1998.* (Orig.: *Excitable Speech. A Politics of the Performative.* New York/London 1997).

Cornell, Drucilla: *Beyond Accomodation. Ethical Feminism, Deconstruction and the Law.* New York/London 1991.

Dahl, Tove Stang: *Frauen-Recht: eine Einführung in feministisches Recht.* Bielefeld 1992.

Deutscher Juristinnenbund (Hg.): *Juristinnen in Deutschland. Eine Dokumentation (1900–1984).* München [2]1989.

Fineman, Martha Albertson/Thomadsen, Nancy Sweet (Hg.): *At the Boundaries of Law: Feminism and Legal Theory.* New York 1991.

Gerhard, Ute (Hg.): *Frauen in der Geschichte des Rechts.* München 1997.

Gerhard, Ute/Limbach, Jutta (Hg.): *Rechtsalltag von Frauen.* Frankfurt a. M. 1988.

Gerhard, Ute/Maihofer, Andrea/Schmid, Pia/Schultz, Irmgard (Hg.): *Menschenrechte haben (k)ein Geschlecht. Differenz und Gleichheit.* Frankfurt a. M. 1990.

Gerhard, Ute/Schwarzer, Alice/Slupik, Vera (Hg.): *Auf Kosten der Frauen. Frauenrechte im Sozialstaat.* Weinheim/Basel 1987.

Gerhard, Ute: *Gleichheit ohne Angleichung. Frauen im Recht.* München 1990.

Gransee, Carmen/Stammermann, Ulla: *Kriminalität als Konstruktion von Wirklichkeit und die Kategorie Geschlecht.* Pfaffenweiler 1992.

Graycar, Regina/Morgan, Jenny: *The Hidden Gender of Law.* Eichhardt, Australia 1990.

Knütel, Rolf/Malmedier, Ulrike: »*Frauenforschung im 18. Jahrhundert: Karl Ferdinand Hommels Studie De Foeminis iuris notitia imbutis. – Über juristisch gebildete Frauen*«. In: Schön, Wolfgang (Hg.): Gedächtnisschrift für Brigitte Knobbe-Keuk. Köln 1997, 861.

Kravaritou, Yota (Hg.): *The Sex of Labour Law in Europe.* Den Haag u. a. 1996.

Libreria delle donne di Milano: *Wie weibliche Freiheit entsteht. Eine neue politische Praxis.* Berlin [3]1991.

List, Elisabeth/Studer, Herlinde (Hg.): *Denkverhältnisse – Feminismus und Kritik.* Frankfurt a. M. 1989.

Lucke, Doris: »Der Gesetzgeber und die Frauen. Durchsetzungschancen und -hindernisse gleichheitlicher Rechtsforderungen«. In: *Zeitschrift für Rechtssoziologie* 10 (1989), 236ff.

MacKinnon Catharine A.: »Auf dem Weg zu einer feministischen Jurisprudenz«. In: *STREIT* 11 (1993), 4. (Orig.: In: Dies: *Toward a Feminist Theory of the State.* Cambridge 1989).

MacKinnon, Catharine A.: »Gleichheit der Geschlechter: Über Differenz und Dominanz«. In: Appelt, Erna/Neyer, Gerda (Hg.): *Feministische Politikwissenschaft.* Wien 1994, 37. (Orig.: In: Dies: *Feminism Unmodified. Discourses in Life and Law.* Cambridge 1990).

Maihofer, Andrea: *Geschlecht als Existenzweise.* Frankfurt a. M. 1994.

Oberlies, Dagmar: »Der Versuch, das Ungleiche zu vergleichen. Tötungsdelikte zwischen Männern und Frauen und die rechtliche Reaktion«. In: *Kritische Justiz* 23 (1990), 318.

Okin, Susan Moller: *Justice, Gender and the Family.* New York 1989.

Olsen, Frances: »The Family and The Market: A Study of Ideology and Legal Reform«. In: *Harvard Law Review* 96 (1983), 1497ff.

Pfarr, Heide M./Bertelsmann, Klaus/Colneric, Ninon/Rust, Ursula: *Handbuch Frauenerwerbsarbeit* (Loseblattsammlung). Neuwied u. a.

Raasch, Sibylle: *Frauenquoten und Männerrechte.* Baden-Baden 1991.

Rhode, Deborah : *Justice and Gender. Sex Discrimination and the Law.* Cambridge 1989.

Rust, Ursula (Hg.): *Juristinnen an den Hochschulen – Frauenrecht in Forschung und Lehre.* Baden-Baden 1997.

Sacksofsky, Ute: *Das Grundrecht auf Gleichberechtigung. Eine rechtsdogmatische Untersuchung zu Art. 3 Abs. 2 des Grundgesetzes.* Baden-Baden [2]1997.

Salecl, Renata: *The Spoils of Freedom.* New York 1994.

Scheiwe, Kirsten: *Frauenzeiten – Männerzeiten.* Berlin 1993.

Schiek, Dagmar: *Nachtarbeitsverbot für Arbeiterinnen. Gleichberechtigung oder Deregulierung?* Baden-Baden 1992.

Schröder, Hannelore: *Die Rechtlosigkeit der Frau im Rechtsstaat.* Frankfurt a. M./New York 1979.

Smart, Carol: *Feminism and the Power of Law.* London 1989.

Sommer, Imke: *Zivile Rechte für Antigone. Zu den rechtstheoretischen Implikationen der Theorie von Luce Irigaray.* Baden-Baden 1998.

Williams, Patricia: *The Alchemy of Race and Rights. The Diary of a Law Professor.* Cambridge 1991.

Winter, Regine (Hg.): *Frauen verdienen mehr.* Berlin 1994.

5. Psychoanalyse

Karin Flaake

Charakteristika psychoanalytischen Denkens

Psychoanalytisches Denken unterscheidet sich von anderen wissenschaftlichen Analyserichtungen durch die Annahme eines Unbewußten, d. h. einer Dimension menschlichen Verhaltens und Handelns jenseits intentionaler und rationaler Erwägungen. Freud hat diese grundlegende Annahme der Psychoanalyse formuliert in dem Bild vom ›Ich‹, das nur begrenzt ›Herr ist im eigenen Haus‹. Das Unbewußte speist sich dabei aus Wünschen und Affekten, die im Lauf der lebensgeschichtlichen Entwicklung – meist sehr früh, d. h. in den ersten Lebensjahren – verdrängt, d. h. aus dem Bewußtsein ausgeschlossen wurden, weil sie als anstößig, nicht erwünscht, verboten und damit als stark beängstigend erlebt wurden. Unbewußte Phantasien, Wünsche, Ängste und Konflikte, die sich z. B. um libidinöse, d. h. erotisch-sinnliche Strebungen oder aggressive Regungen zentrieren, sind zwar verdrängt, d.h. aus dem Bewußtsein ausgeschlossen, aber dadurch nicht unwirksam gemacht – im Gegenteil: Unbewußtes drängt immer wieder in die Gestaltung der Realität, geht immer wieder ein in aktuelles Verhalten und Handeln und prägt es im Sinne einer ›Wiederkehr des Verdrängten‹. Dieses Verdrängte, unbewußt Gemachte aufzudecken, es dem Bewußtsein zugänglich zu machen und dadurch Verhaltens- und Handlungsmöglichkeiten zu erweitern, ist ein wesentliches Ziel psychoanalytischen Denkens und Arbeitens. Dabei kann Psychoanalyse auf zwei Ebenen produktiv sein:

- als Arbeit mit der psychoanalytischen Methode – insbesondere dem Nachspüren von Irritierendem und der Reflexion der eigenen subjektiven Reaktionen auf das zu Untersuchende – zum Entschlüsseln unbewußter Gehalte der Produkte menschlichen Handelns und Verhaltens, z. B. von wissenschaftlichen und literarischen Texten, künstlerischen Produktionen, institutionellen Strukturen, politischen Entscheidungen und Prozessen,
- als theoretische Konzeptualisierung von individuellen Entwicklungen unter der Perspektive auch unbewußter Wünsche, Phantasien, Ängste und Konflikte.

Beide Ebenen sind für eine Geschlechterperspektive in der Psychoanalyse von Bedeutung.

Kritik an Freuds Weiblichkeitstheorie und feministische Reformulierungen

Die theoretische Konzeptualisierung von individuellen Entwicklungsprozessen, wie sie – beginnend mit Freud – in der Psychoanalyse vorgenommen wurde, ist stark geprägt gewesen von für Männer spezifischen Phantasien, Wünschen und Ängsten. So hat

Christa Rohde-Dachser (1991) – die psychoanalytische Methode auf psychoanalytische Texte anwendend – die unbewußten Phantasien herausgearbeitet, die mit Freuds Theorie der Weiblichkeit verbunden sind und wesentlich die Funktion haben, die Vorstellung von männlicher Einzigartigkeit und Überlegenheit zu stützen.

Zwar war sich Freud seiner unzulänglichen Kenntnisse über die weibliche Sexualität bewußt – 1926 sprach er diesbezüglich von einem »dark continent« und 1933 von dem »Rätsel der Weiblichkeit« – dennoch formulierte er eine Theorie der weiblichen Entwicklung, die keinen Zweifel lassen sollte an der unabwendbaren, weil körperlich festgelegten »Minderwertigkeit« der Frau (Freud 1931, 522, 524). Normativer Bezugspunkt war für ihn der männliche Körper und die männliche Sexualität, Weiblichkeit wurde daran gemessen und dementsprechend definiert über ein Defizit, einen organischen »Defekt« (ebd., 526): über den fehlenden Penis, die »Tatsache der Kastration« (ebd., 522).

Schon in den 20er und 30er Jahren stießen Freuds Annahmen zur weiblichen Sexualität insbesondere bei Psychoanalytikerinnen – wie Karen Horney (1885–1952) und Melanie Klein (1882–1960) – auf Widerspruch, eine systematischere Neuformulierung von geschlechtsspezifischen Entwicklungsverläufen aus psychoanalytischer und zugleich frauenbezogener Sicht erfolgte jedoch erst im Kontext feministischer Diskussionen, die im Gefolge der neuen Frauenbewegung in der zweiten Hälfte der 70er und Anfang der 80er Jahre an Bedeutung gewannen. Entscheidende Anstöße dazu gaben in Deutschland insbesondere die Übersetzung des von der französischen Psychoanalytikerin Janine Chasseguet-Smirgel herausgegebenen Aufsatzbandes *Psychoanalyse der weiblichen Sexualität* (1974, frz. 1964), in dem vorsichtige Reformulierungen der Freudschen Weiblichkeitstheorie vorgenommen wurden, dann die sich ebenfalls kritisch mit psychoanalytischen Weiblichkeitsvorstellungen auseinandersetzenden Analysen von Psychoanalytikerinnen wie Margarete Mitscherlich (1975, 1978) und Marina Gambaroff (1984), insbesondere aber die Rezeption der von den amerikanischen Sozialwissenschaftlerinnen Nancy Chodorow (1978, dt. 1985) und Dorothy Dinnerstein (1976, dt. 1979) entwickelten theoretischen Ansätze zu geschlechtsspezifischen Entwicklungsverläufen. Ein anderer Diskussionsstrang bezog sich auf eine feministische Weiterentwicklung strukturalistischer Ansätze, der Lacanschen Psychoanalyse und der Semiotik durch französische Theoretikerinnen, z. B. Luce Irigaray, Hélène Cixous und Julia Kristeva.

Diese Reformulierungen psychoanalytischer theoretischer Ansätze aus frauenbezogener Perspektive hatten, trotz aller Unterschiede, wichtige Gemeinsamkeiten, die eine neue Sichtweise insbesondere auf für Frauen spezifische Entwicklungen ermöglichten:

- Differenz- statt Defizitperspektive: Es wurden Unterschiede zwischen den Geschlechtern herausgearbeitet, ohne dabei eine Seite als defizitär oder überlegen bewerten zu wollen. Für Frauen typische Entwicklungen und damit verbundene Orientierungs- und Verhaltensmuster wurden nicht mehr – wie es in vielen psychoanalytischen Studien der Fall war – an denen der Männer gemessen und vor diesem Hintergrund als abweichend charakterisiert, sondern in ihrer Andersartigkeit, ihren eigenen Bedeutungsgehalten und Regelhaftigkeiten beschrieben.

- Systematische Berücksichtigung früher Entwicklungen für beide Geschlechter: Die frühe Mutter-Kind-Beziehung rückte stärker in den Mittelpunkt psychoanalytischen Interesses. Bei der Untersuchung geschlechtsspezifischer Differenzen unter diesem Blick wurde deutlich, daß die von Freud und den in seiner Tradition sich verstehenden Theoretikerinnen und Theoretikern postulierte größere Stabilität und Kontinuität der männlichen Entwicklung und Identitätsbildung kaum aufrechtzuerhalten ist: die für sie spezifischen Probleme werden deutlich, wenn frühe Entwicklungen mit einbezogen werden.
- Komplementaritätsperspektive: Für Frauen und für Männer typische Orientierungs- und Verhaltensmuster wurden nicht als voneinander unabhängig gesehen, sondern als systematisch aufeinander bezogen und miteinander verwoben. Sie wurden verstanden als Ausdruck eines Geschlechterarrangements, in dem Zusammengehöriges auseinandergerissen und auf unterschiedliche Geschlechter verteilt wird und beide Geschlechter auf diese Weise aufeinander angewiesen und voneinander abhängig sind.
- Sozialer Bezug: Für Frauen und für Männer typische Entwicklungsverläufe und Muster von Identität wurden verstanden als Ergebnis konkreter gesellschaftlicher Verhältnisse, die Resultat historischer Entwicklungen und damit auch veränderbar sind.

Differenztheoretische Ansätze zu geschlechtsspezifischen Entwicklungsverläufen

In der zweiten Hälfte der 70er bis zum Beginn der 90er Jahre war die Beziehung zwischen Feminismus und Psychoanalyse geprägt von einem Verhältnis wechselseitiger Bereicherung. Sowohl in frauenbewegten universitären und wissenschaftlichen Diskussionen als auch in einer sich als feministisch verstehenden Psychoanalyse waren differenztheoretische Sichtweisen von Bedeutung: Ausgehend von der Notwendigkeit, Frauen und für Frauen Spezifisches innerhalb einer traditionell von männlichen Definitionen und Denkweisen geprägten wissenschaftlichen Forschung und Theoriebildung überhaupt erst einmal sichtbar und als nicht Defizitäres deutlich zu machen, galt das Erkenntnisinteresse vor allem den Differenzen zwischen Frauen und Männern, insbesondere auch den Unterschieden in den subjektiven Orientierungs- und Verhaltensmustern.

Grundlegend für viele differenztheoretisch orientierte Studien dieser Zeit war die Untersuchung von Nancy Chodorow *Das Erbe der Mütter* (1985, engl. 1978). Es war die erste und ausführlichste Studie zu geschlechtsspezifischen Entwicklungsverläufen sowie entsprechenden Mustern von Identität, und sie war zugleich psychoanalytisch orientiert. Ausgangspunkt ist eine frauenpolitische Frage: Die Frage nach den Ursachen der Stabilität einer Arbeitsteilung zwischen den Geschlechtern, in der Frauen zuständig sind für die Betreuung der Kinder und genereller für ›Gefühlsarbeit‹, also für emotionale Unterstützung und Zuwendung, während Männern vermeintlich von Rationalität dominierte Bereiche – wie der der öffentlich sichtbaren Einflußnahme – zugeordnet bleiben. Diese Arbeitsteilung zwischen den Geschlechtern ist – so die Annahme – deshalb sehr stabil, weil sie tief in den psychischen Strukturen von Frauen und Männern verankert ist. Im Zentrum des Interesses steht eine Analyse dieser psychischen Verankerung und der Möglichkeiten einer Veränderung. Die Argumentationslinie der Studie läßt sich vereinfachend so darstellen: Eine bestimmte Arbeitsteilung zwischen den Geschlechtern legt für Mädchen und Jungen differierende Entwicklungsprozesse nahe, die unterschiedliche psychische Strukturen zur Folge haben, die es wiederum wahrscheinlich machen, daß später beide – Frauen und Männer – die Aufgaben im Geschlechterarrangement übernehmen, die traditionell für sie vorgesehen sind. Als zentrales, die Sozialisationsprozesse von Mädchen und Jungen strukturierendes Prinzip wird die Tatsache gesehen, daß es unter gegenwärtigen gesellschaftlichen Bedingungen Frauen sind, die für die Betreuung ihrer Kinder in den ersten Lebensmonaten und -jahren zuständig sind: Die damit verbundene Gleichgeschlechtlichkeit zwischen Mutter und Tochter und unterschiedliche Geschlechtlichkeit zwischen Mutter und Sohn schafft – unabhängig von den Intentionen und Erziehungsvorstellungen der Mütter – strukturell unterschiedliche Bedingungen für die Entwicklungsprozesse von Mädchen und Jungen. Die dementsprechenden psychischen Strukturen – für Frauen spezifische, die auf Verbundenheit mit anderen beruhen und für Männer typische, die auf Trennung, Abgrenzung und Distanzierung basieren – sind dann wieder genau jene, die den traditionellen Aufgabenverteilungen zwischen den Geschlechtern entsprechen. Um diesen Kreisprozeß der Stabilisierung bestehender Verhältnisse aufzulösen, müssen sich – so die Veränderungsperspektive, die von vielen psychoanalytisch orientierten Studien dieser Zeit geteilt wurde – Männer und Frauen gleichermaßen an der frühen Betreuung und Versorgung ihrer Kinder beteiligen, so daß Mädchen und Jungen ihre ersten Beziehungserfahrungen ebenso mit Personen männlichen wie weiblichen Geschlechts machen. Erst dann wird die Möglichkeit als gegeben gesehen, die Polarisierung der Geschlechtscharaktere – die Verkörperung von Nähebedürfnissen und Abhängigkeitswünschen in den Frauen und die von Wünschen nach Distanz und Autonomie in den Männern – aufzuheben und beiden Geschlechtern weniger vereinseitigende Entwicklungen zu eröffnen (vgl. Dinnerstein 1979).

Während die Untersuchung von Nancy Chodorow in feministischen Diskussionen große Bedeutung hatte, wurde eine andere Studie, die ebenso – allerdings weniger umfassend und differenziert – auf eine Analyse der Reproduktion bestehender Geschlechterverhältnisse zielte und ähnliche Veränderungsperspektiven entwarf, außerhalb frauenbewegter Zusammenhänge populärer: die unter dem Titel *Jokastes Kinder* (1984, frz. 1980) veröffentlichte Untersuchung der französischen Psychoanalytikerin Christiane Olivier. Während Nancy Chodorow von einem prinzipiell positiven Verhältnis zwischen Mutter und Tochter ausgeht, ist diese Beziehung für Christiane Olivier geprägt durch einen Mangel: Die Kraft des sexuellen Begehrens – so die zentrale Annahme – läßt nur den Sohn für die Mutter zum narzißtisch hochgeschätzten Objekt werden, die Tochter dagegen erfährt keine entsprechende Wertschätzung. Die Mutter kann ihr kein Lustempfinden gegenüber ihrem Körper vermitteln, und vom Vater gehen ebenfalls keine entsprechenden Impulse aus, da er nicht an der frühen Versorgung und Betreuung seiner Tochter beteiligt ist, und sie deshalb ohne sein Begehren bleibt. Die Folge ist nach Christiane Olivier ein Gefühl der Leere und der unstillbare Hunger nach Liebe, der Frauen lebenslang davon abhängig macht, für Männer ein begehrenswertes Objekt zu sein.

Diese ganz unterschiedlichen Argumentationsrichtungen in den Studien von Nancy Chodorow und Christiane Olivier – die beide psychoanalytisch orientiert waren und ähnliche Ziele verfolgten – machten die Problematik von Analysen deutlich, die mit dem Anspruch auftreten, Aussagen für ›die Frauen‹ und ›die Männer‹ machen zu wollen. Die beiden Autorinnen scheinen in ihren Studien jeweils unterschiedliche Gruppen von Frauen vor Augen zu haben: Nancy Chodorow – entsprechend ihrem feministischen Engagement – Frauen, die ihr eigenes Geschlecht und damit auch ihre Töchter positiv besetzen können, Christiane Olivier dagegen Frauen, für die Weiblichkeit entwertet und Männlichkeit idealisiert ist.

Eine empirische Studie von Ulrike Schmauch (1987), in der Krabbelstubenkinder in ihren Entwicklungen und Beziehungen zu Mutter und Vater psychoanalytisch orientiert untersucht wurden, zeigte die Notwendigkeit differenzierterer Sichtweisen: Die Beziehungen zwischen Müttern und Töchtern erweisen sich in den ersten beiden Jahren als relativ harmonisch und – entgegen der Annahmen von Christiane Olivier – auch von erotisch-sinnlichen Qualitäten geprägt, deutlicher und differenzierter als in den Analysen von Nancy Chodorow werden jedoch auch die Probleme beschrieben, die insbesondere ab dem dritten Lebensjahr auftauchen, der Entwicklungsphase, in der sich die kleinen Töchter zunehmend von der Mutter lösen und die erotische Ausstrahlung ihres Körpers zu genießen beginnen. Die Mutter-Sohn-Beziehungen scheinen dagegen – anders als von Christiane Olivier vermutet – von Anbeginn an ambivalent und widersprüchlich zu sein und gekennzeichnet durch ein Nebeneinander von regressiver körperlicher Abhängigkeit des kleinen Jungen von der Mutter und demonstrierter Unabhängigkeit und Stärke.

Die Studie von Nancy Chodorow (1985) gibt – trotz der für differenztheoretische Untersuchungen typischen, die Polarisierung der Geschlechter festschreibenden Verallgemeinerung von Aussagen auf ›die Frauen‹ und ›die Männer‹ – wichtige Impulse für eine Analyse der strukturellen Bedingungen der Sozialisation der Geschlechter unter bestimmten gesellschaftlichen Verhältnissen. Zugleich wird jedoch die Notwendigkeit differenzierterer Perspektiven deutlich, insbesondere bezogen auf

- eine Sichtweise von ›Müttern‹, die konkrete Lebensbedingungen, Familienkonstellationen und mit dem Kind verbundene Phantasien, Wünsche und Ängste einbezieht und auf diese Weise Unterschiedlichkeiten stärker berücksichtigt,
- eine systematischere Einbeziehung auch der Väter – die für Nancy Chodorow lediglich ›emotional sekundär‹ waren – in die Analysen,
- eine Untersuchung auch sexueller Entwicklungen, die von Nancy Chodorow aufgrund des von ihr vertretenen, sich auf frühe Beziehungsmuster konzentrierenden ›objektbeziehungstheoretischen‹ Ansatzes kein Thema waren,
- eine stärkere Berücksichtigung von Widersprüchlichem und Ambivalentem in Entwicklungen von Mädchen und Jungen.

Diese eine Geschlechterperspektive in der Psychoanalyse differenzierenden Momente werden in späteren Arbeiten mit unterschiedlicher Schwerpunktsetzung wieder aufgegriffen.

Weibliches Begehren und verändertes Mutterbild

Zu Beginn der 90er Jahre erlangte die von der in den USA lebenden Psychoanalytikerin Jessica Benjamin verfaßte Studie *Die Fesseln der Liebe* (1990, engl. 1988) große Bedeutung in feministischen Diskussionen. Diese Analysen bieten insbesondere:
- eine Kritik an bisherigen theoretischen Positionen in der Psychoanalyse,
- eine Neuformulierung geschlechtsspezifischer Entwicklungen.

Jessica Benjamin zeigt auf überzeugende Weise, daß die bisher in psychoanalytischen Diskussionen vorherrschenden theoretischen Ansätze – und damit auch der von Nancy Chodorow – zu einer Verfestigung von Mutterbildern beitragen, in denen Idealisierung und zugleich Entwertung des Weiblichen angelegt sind. Die Konzeptualisierung von Entwicklungsverläufen über eine Entgegensetzung von Symbiose, einem Einssein mit der Mutter, dem potentiell paradiesische Qualitäten zugesprochen werden, einerseits und Autonomie als schmerzlichem Prozeß der Ablösung von der Mutter andererseits, beinhaltet Phantasien von Mütterlichem, in denen eine eigene Subjektivität der Frauen, ein eigenes Leben keinen Raum haben: Verfestigt wird ein Bild des Mütterlichen als potentieller Quelle alles Guten, und – als Kehrseite nach den notwendigerweise sich einstellenden Enttäuschungen – auch als Ort alles Schlechten und Bösen. Jessica Benjamin entwickelt – gestützt auf Ergebnisse der in den USA insbesondere mit dem Namen von Daniel Stern verbundenen neueren Säuglingsforschung – ein anderes Konzept von individuellen Entwicklungen: ein Konzept, in dem ein lustvolles In-die-Welt-Gehen ebenso wichtig ist wie Verschmelzungserlebnisse mit der Mutter, in dem das Weggehen von der Mutter ebenso lustvoll sein kann wie die Nähe zu ihr. Eine solche Sichtweise auf Entwicklungen ermöglicht einen anderen Blick auf Mütter: In einem solchen Konzept dürfen Mütter nicht nur ein eigenes Leben außerhalb des Kindes haben, es ist für geglückte kindliche Entwicklungen sogar erforderlich, daß Mütter sich als ›andere‹, als Frauen mit einem ›eigenen Begehren‹, mit eigenen, vom Kind unabhängigen Wünschen und Interessen zeigen, denn nur so können Kinder das Glück genießen, mit einer äußeren, von ihnen unabhängigen Realität in Kontakt zu treten.

Von einer solchen neuen Sicht auf Mütter erhofft Jessica Benjamin sich auch eine Veränderung geschlechtsspezifischer Entwicklungsverläufe. Damit richtet sie ihre Veränderungsperspektive nicht mehr nur – wie es bei den meisten der differenztheoretisch orientierten Autorinnen der Fall war – auf eine Neuorganisation der Elternschaft, insbesondere die Beteiligung der Väter an der frühen Betreuung und Versorgung der Kinder, sondern auf eine Reformulierung des ›Mütterlichen‹. So zeigt Jessica Benjamin in ihren Analysen zu geschlechtsspezifischen Entwicklungsverläufen, daß kulturelle Bilder von Weiblichkeit und Männlichkeit und die ihnen entsprechende auch innerpsychisch verankerte Arbeitsteilung zwischen den Geschlechtern in individuellen Entwicklungsprozessen immer wieder eine Polarität der Geschlechter schaffen, in der die Spannung zwischen Autonomie und zugleich Angewiesensein auf andere nicht in jeder und jedem einzelnen ausbalanciert werden muß, sondern – indem beide Pole auf unterschiedliche Geschlechter übertragen werden – Männer weiterhin für ›Autonomie‹, aktive Handlungsfähigkeit und ›Begehren‹ stehen und Frauen dementsprechend für ›Abhängigkeit‹ und mangelnde Subjektivität. Es ist das Verdienst dieser Studie, für zentrale frühe lebensgeschichtliche Phasen – z.B. die von der Psychoanalytikerin Margaret Mahler so genannte ›Wiederannäherungsphase‹ im Alter von 18 Monaten – gezeigt zu haben, wie die Entfaltung eines ›eigenen Begehrens‹ bei Mädchen schon früh gebremst und die Entwicklung illusionärer Autonomie bei Jungen gefördert wird. Ähnlich wie bei anderen differenztheoretisch orientierten Autorinnen wird allerdings auch hier eine Reproduktion bestehender Geschlechterverhältnisse beschrieben, die wenig Differenzierungen innerhalb der Geschlechter zuläßt.

Dekonstruktivistische Sichtweisen und Psychoanalyse

Eine solche Strategie der Analyse, die die Geschlechter schon im Ansatz der Untersuchung immer wieder polarisiert, wurde in feministischen Diskussionen der 90er Jahre zunehmend kritisiert. An Bedeutung gewann eine Perspektive, die die Annahme einer Zweigeschlechtlichkeit, von zwei und nur zwei Geschlechtern, selbst als soziale Konstruktion, als Ergebnis gesellschaftlicher und kultureller Definitionen und Konventionen sieht. In bundesrepublikanischen feministischen wissenschaftlichen Arbeiten stehen zwei unterschiedliche theoretische Ansätze im Zentrum dieser als ›dekonstruktivistisch‹ bezeichneten, weil auf die Dekonstruktion der Zweigeschlechtlichkeit zielenden, Debatten:

– eine interaktionstheoretisch fundierte Sichtweise, die die Zweigeschlechtlichkeit als Ergebnis sozialer Zuschreibungs- und Darstellungsprozesse, eines *doing gender* in sozialen Interaktionen begreift (Gildemeister/Wetterer 1992),
– ein diskurstheoretisch orientierter Ansatz, der mit dem Namen von Judith Butler (1995, engl. 1993) verbunden ist und von der Annahme ausgeht, daß ›Geschlecht‹ und ›Zweigeschlechtlichkeit‹ allein das Ergebnis entsprechender gesellschaftlicher Diskurse, d. h. vornehmlich sprachlich organisierter Formen des Wissens sind.

Beide Ansätze verfolgen eine radikal auf die Bedeutung sozialer und kultureller Deutungen und Definitionen zielende Sichtweise: die Dimension innerer Entwicklungen, psychischer Strukturen und Prozesse sowie geschlechtlicher Körperlichkeit mit den an sie geknüpften unbewußten Wünschen, Phantasien und Ängsten – zentrale Themen psychoanalytisch orientierter Forschungen – haben darin wenig Raum. So haben sich im Lauf der 90er Jahre feministische Diskussionen und psychoanalytische Theoriebildungsprozesse auseinanderentwickelt. Es gibt weiterhin wichtige psychoanalytische Forschungen unter einer Geschlechterperspektive, aber diese sind kaum mehr – wie noch bis zum Beginn der 90er Jahre – von Bedeutung für feministische und Gender-

Debatten. Dabei gibt es bisher auch von psychoanalytischer Seite wenig Auseinandersetzungen mit dekonstruktivistischen Positionen und damit kaum Versuche, sich von ihnen anregen zu lassen, um eigene Sichtweisen kritisch zu überdenken, zu reformulieren oder zu behaupten. Einen Schritt in diese Richtung gehen die Beiträge des von Jessica Benjamin (1995) herausgegebenen Sammelbandes, die die Möglichkeiten einer flexiblen Geschlechtsidentität jenseits polarisierter Entgegensetzungen zum Thema haben (vgl. Liebsch 1997). Ebenfalls einen Bezug zu dekonstruktivistischen Debatten stellt Nancy Chodorow (1999) in einer bisher nicht übersetzten Studie her, in der sie die Bedeutung kultureller Definitionen und Konstruktionen für die Ausgestaltung unbewußter Dynamiken hervorhebt, in der sie umgekehrt aber auch auf die Relevanz der Dimension des Innerpsychischen für kulturelle und gesellschaftliche Prozesse hinweist.

Aktuelle Forschungsschwerpunkte

Psychoanalytische Forschungen unter einer Geschlechterperspektive wurden auch in den 90er Jahren überwiegend von Frauen und bezogen auf Probleme und Themen der Entwicklung von Mädchen durchgeführt. Nur vereinzelt haben Männer über Prozesse der Entwicklung von Jungen gearbeitet (vgl. dazu die zusammenfassende Darstellung in Mertens 1992/1993, zudem Benz 1989, Bosse 1994).

In den 90er Jahren erschienen eine Reihe von wichtigen Studien, die sich mit bisher vernachlässigten Aspekten der Entwicklung von Mädchen beschäftigten. Sexualität und Körperlichkeit – in früheren Untersuchungen wie denen von Nancy Chodorow (1985) und Jessica Benjamin (1990) durch die für sie spezifische theoretische Orientierung ausgespart – wurden zu wichtigen Themen. Dabei ist eine Dimension in der Mutter-Tochter-Beziehung wiederentdeckt worden, die schon in den 20er Jahren Bedeutung hatte, die dann aber aus psychoanalytischen Diskussionen verschwand: die Erotik in der Mutter-Tochter-Beziehung. Sexuelle Entwicklungen werden nicht mehr nur als von heterosexuellen Wünschen und Phantasien geprägt gesehen: In der Entwicklung von Mädchen sind auf das eigene und das andere Geschlecht bezogene Wünsche und Phantasien gleichermaßen von Bedeutung. Dabei werden Entwicklungsprozesse mitbeeinflußt von Tabuisierungen homosexueller Wünsche und Phantasien. Karin Bell spricht vom »erotischen Glanz im Auge der Mutter«, der die frühe Lust der Tochter an ihrem Körper bestätigen könnte, der oft aber fehlt, weil Schamgefühle und homosexuelle Ängste dominieren (Bell 1991, 120).

Unter dem Stichwort ›lesbischer Komplex‹ untersuchte Eva Poluda-Korte (1993) für die ödipale Phase – deren Beginn sie sehr früh, ab dem dritten Lebensjahr ansetzt – das Schicksal des auf die Mutter gerichteten aktiven erotischen Werbens von kleinen Mädchen. Da nur wenige Mütter – wieder wesentlich aufgrund homoerotischer Tabus – bestätigend und liebevoll mit dem aktiven Werben ihrer kleinen Tochter umgehen können, erhalten die Reaktionen der Väter auf das sich entfaltende Begehren der Tochter eine große Bedeutung. Damit ist es primär der fremde Blick, der

Blick des anderen Geschlechts, der Weiblichem seine Bedeutung verleiht und nicht der mit dem eigenen Geschlecht geteilte Stolz auf den Körper. Eva Poluda-Korte vermutet, daß ein Mädchen die ›heterosexuelle Verkehrsordnung‹, mit der sie in der ödipalen Phase konfrontiert wird – die Mutter wehrt das erotische Werben ihrer kleinen Tochter ab und bezieht sich erotisch und sexuell nur auf den Mann –, als starke Kränkung von seiten der Mutter erlebt, als eine entwertende Zurückweisung, die auch Folgen für das Selbstbewußtsein hat (vgl. dazu auch Heigl-Evers/Weidenhammer 1988). Eine alle Entwicklungsphasen umfassende Darstellung der homoerotischen Wünsche, Phantasien und Ängste in der Mutter-Tochter-Beziehung wurde von Johanna Schäfer (1999) vorgelegt.

Eine andere in bisherigen Studien vernachlässigte Dimension in der Entwicklung von Mädchen ist die der Aggression. Formulierte Margarete Mitscherlich (1985) noch ihre These von der ›friedfertigen Frau‹, so standen in den 90er Jahren auch die bedrohlichen, zerstörerischen Potentiale weiblicher Aggressivität im Zentrum (*Evas Biß*, 1995). In einer umfassenden Studie zum Thema zeigt Tamara Musfeld (1997) die aus der Mutter-Tochter-Beziehung stammenden unbewußten Phantasien auf, die Aggression mit archaischen vernichtenden Qualitäten ausstatten und verhindern, daß sie produktiv genutzt werden kann als Kraft für ein eigenes Wünschen und Wollen, für eine aktive Handlungsfähigkeit.

Verbunden mit der Wiederentdeckung von Körperlichkeit, Sexualität und Erotik in der Entwicklung von Mädchen rückte in den letzten Jahren eine lebensgeschichtliche Phase ins Zentrum des Interesses, die für entsprechende Entwicklungen eine große Bedeutung hat: die Adoleszenz, die Zeit des Übergangs von der Kindheit zum Erwachsensein, zum Frausein, in der Geschlechtlichkeit, Sexualität und weibliche Körperlichkeit zu zentralen Themen werden. Es erschienen einige Studien, die sowohl die mit den körperlichen Veränderungen, z.B. der ersten Menstruation, verbundenen Wünsche, Phantasien und Ängste untersuchen als auch die Einbindungen dieser Entwicklungen in bestimmte soziale Definitionen und Bewertungen darstellen, durch die gesellschaftliche Weiblichkeitsbilder die Körperwahrnehmung und das Körpererleben prägen und auf diese Weise in der Adoleszenz ›in den Leib geschrieben‹ werden (vgl. die Beiträge in Flaake/King 1992, zudem Dalsimer 1993, Waldeck 1988). Mit den Möglichkeiten der Aneignung des ›inneren Geschlechts‹, des ›genitalen Innenraums‹ mit seinen schöpferischen Potenzen setzte sich Vera King (1995) in einer umfassenden Studie auseinander.

Auch die neueren psychoanalytischen Studien zu Themen der Geschlechtlichkeit beziehen sich im wesentlichen auf die Mutter-Tochter-Beziehung, kaum untersucht wurde die Vater-Tochter-Beziehung, insbesondere ihre erotisch-sinnlichen und sexuellen Qualitäten – sowohl von seiten des Vaters als auch von der der Tochter – wurden nur vereinzelt thematisiert (Berger 1996). Auf diesen noch vergleichsweise ›dunklen‹ Bereich der Entwicklung von Mädchen und Frauen könnten sich zukünftige Studien stärker richten, auch mit dem Interesse, unbewußte Bindungen an Geschlechterverhältnisse aufzuzeigen, in denen Männer noch immer das dominierende Geschlecht sind.

Institutionalisierung der Genderforschung in der Psychoanalyse

Psychoanalyse hat an bundesdeutschen Universitäten eine randständige Position: Es gibt nur wenige Professuren für Psychoanalyse, darunter keine, die explizit auch über das Aufgabengebiet »Genderforschung« definiert ist. Insofern hängt es von den Interessen und Schwerpunkten der jeweiligen Stelleninhaber/innen ab, ob eine Genderperspektive in der Psychoanalyse vertreten wird oder nicht. Sie ist bisher kein selbstverständlicher Bestandteil psychoanalytischer Theoriebildung.

Die Ausbildung zur Psychoanalytikerin und zum Psychoanalytiker findet außerhalb der Universitäten in entsprechenden Instituten statt. An vielen Ausbildungsinstituten wird die Kategorie ›Geschlecht‹ in der theoretischen Reflexion individueller Entwicklungsprozesse berücksichtigt, in nur wenigen Instituten wird sie jedoch als alle Facetten psychoanalytischen Arbeitens betreffende Dimension gesehen.

Diskussionen über eine Geschlechterperspektive in der Psychoanalyse finden wesentlich auch in informellen Arbeitskreisen statt. So trifft sich seit zehn Jahren jährlich ein ›Arbeitskreis für feministische Psychoanalyse‹, in dem Psychoanalytikerinnen und psychoanalytisch orientierte Sozialwissenschaftlerinnen an der Reflexion und Weiterentwicklung psychoanalytischer Theoriebildung und Praxis unter einer Geschlechterperspektive arbeiten.

Literatur

Bell, Karin: »Aspekte weiblicher Entwicklung«. In: *Forum der Psychoanalyse* 7 (1991), 111–126.

Benjamin, Jessica: *Die Fesseln der Liebe. Psychoanalyse, Feminismus und das Problem der Macht.* Basel/Frankfurt a.M. 1990. (Orig.: *The Bonds of Love. Psychoanalysis, Feminism, and the Problem of Domination.* New York 1988).

– : (Hg.): Unbestimmte Grenzen. Beiträge zur Psychoanalyse der Geschlechter. Frankfurt a.M. 1995.

Benz, Andreas: »Weibliche Unerschöpflichkeit und männliche Erschöpfbarkeit: Gebärneid der Männer und der Myelos-Mythos«. In: Rotter, Lillian: *Sex-Appeal und männliche Ohnmacht.* Hg. von Andreas Benz. Freiburg i.Br. 1989.

Berger, Margarete: »Durch diese schöne Anstrengung mit sich selbst bekannt gemacht ...«. Über Texte zu Töchtern und Vätern. In: Berger, M./Wiesse J. (Hg.): *Geschlecht und Gewalt.* Psychoanalytische Blätter. Bd. 4. Göttingen/Zürich 1996, 120–160.

Bosse, Hans: *Der fremde Mann. Jugend, Männlichkeit, Macht. Eine Ethnoanalyse.* Unter Mitarbeit von Werner Knauss. Frankfurt a.M. 1994.

Butler, Judith: *Körper von Gewicht. Die diskursiven Grenzen des Geschlechts.* Frankfurt a.M. 1995. (Orig.: *Bodies that Matter: On the discursive Limits of »Sex«.* New York 1993).

Chasseguet-Smirgel, Janine (Hg.): *Psychoanalyse der weiblichen Sexualität.* Frankfurt a.M. 1974. (Orig.: *La sexualité feminine.* Paris 1964).

Chodorow, Nancy J.: *Das Erbe der Mütter. Psychoanalyse und Soziologie der Geschlechter.* München 1985. (Orig.: *The reproduction of mothering. Psychoanalysis, and Sociology of Gender.* Berkeley 1978).

– : *The Power of Feelings. Personal Meaning in Psychoanalysis, Gender and Culture.* New Haven/London 1999.

Dalsimer, Katherine: *Vom Mädchen zur Frau. Literarische Darstellungen – psychoanalytisch betrachtet.* Berlin/Heidelberg 1993. (Orig.: Female Adolescence: Psychoanalytic Reflections. Yale 1986).

Dinnerstein, Dorothy: *Das Arrangement der Geschlechter.* Stuttgart 1979. (Orig.: *The Mermaid and the Minotaur. Sexual Arrangements and Human Malaise.* New York 1976).

Evas Biß. Weibliche Aggressivität und ihre Wirklichkeiten. Hg. vom Hamburger Arbeitskreis für Psychoanalyse und Feminismus. Freiburg 1995.

Flaake, Karin/King, Vera (Hg.): *Weibliche Adoleszenz. Zur Sozialisation junger Frauen.* Frankfurt a.M./New York 1992.

Freud, Sigmund: »Über die weibliche Sexualität«. In: *Gesammelte Werke.* Bd. 14. London 1931, 515ff.

Gambaroff, Marina: *Utopie der Treue.* Reinbek 1984.

Gildemeister, Regine/Wetterer, Angelika: »Wie Geschlechter gemacht werden. Die soziale Konstruktion der Zweigeschlechtlichkeit und ihre Reifizierung in der Frauenforschung«. In: Knapp, Gudrun-Axeli/Wetterer, Angelika (Hg.): *TraditionenBrüche. Entwicklungen feministischer Theorie.* Freiburg 1992, 201–254.

Heigl-Evers, Annelise/Weidenhammer, Brigitte: *Der Körper als Bedeutungslandschaft. Die unbewußte Organisation der weiblichen Geschlechtsidentität.* Bern/Stuttgart/Toronto 1988.

King, Vera: *Die Urszene der Psychoanalyse. Adoleszenz und Geschlechterspannung im Fall Dora.* Stuttgart 1995.

Liebsch, Katharina: »Wie werden Geschlechtidentitäten konstruiert? Überlegungen zum Verschwinden der Psychoanalyse aus der Geschlechterforschung«. In: *Zeitschrift für Frauenforschung* Jg. 15, H. 1 (1997), 6–16

Mertens, Wolfgang: *Entwicklung der Psychosexualität und der Geschlechtsidentität.* Bd. 1 und 2, Stuttgart 1992/1993.

Mitscherlich-Nielsen, Margarete: »Psychoanalyse und weibliche Sexualität«. In: *Psyche* 29 (1975), 769–788.

– : »Zur Psychoanalyse der Weiblichkeit«. In: *Psyche* 32 (1978), 669–440.

– : *Die friedfertige Frau.* Frankfurt a.M. 1985.

Musfeld, Tamara: *Im Schatten der Weiblichkeit. Über die Fesselung weiblicher Kraft und Potenz durch das Tabu der Aggression.* Tübingen 1997.

Olivier, Christiane: *Jokastes Kinder. Die Psyche der Frau im Schatten der Mutter.* München 1984. (Orig.: *Les enfants de Jocaste.* Paris 1980).

Poluda-Korte, Eva S.: »Der ›lesbische Komplex‹. Das homosexuelle Tabu und die Weiblichkeit«. In: Alves, E.M.: *Stumme Liebe. Der ›lesbische Komplex‹ in der Psychoanalyse.* Freiburg 1993, 73–132.

Rohde-Dachser, Christa: *Expedition in den dunklen Kontinent. Weiblichkeit im Diskurs der Psychoanalyse.* Berlin/Heidelberg/New York 1991.

Schäfer, Johanna: *Vergessene Sehnsucht. Der negative weibliche Ödipuskomplex in der Psychoanalyse.* Göttingen 1999.

Schmauch, Ulrike: *Anatomie und Schicksal. Zur Psychoanalyse der frühen Geschlechtersozialisation.* Frankfurt a.M. 1987.

Waldeck, Ruth: »Der rote Fleck im dunklen Kontinent«. In: *Zeitschrift für Sexualforschung* 1 und 2 (1988), 189–205; 337–350.

6. Sexualwissenschaft

Gunter Schmidt

Das von Alfred C. Kinsey gegründete »Institute for Sex Research« an der Indiana University in Bloomington, USA, wurde 1982 von der ersten Direktor*in* dieser Einrichtung, June M. Reinisch, in »The Kinsey Institute for Research in Sex Gender, and Reproduction« umbenannt. Mochte man Sex nicht mehr beim Wort nehmen und verknüpfte ihn mit Themen, die dem Zeitgeist und der Forschungsförderung gewichtiger erschienen? Ich glaube, daß die Namensänderung – was den Gender-Teil betrifft – zum Ausdruck bringt, was Sexualforschung immer schon – oft allerdings, ohne es zu merken – gewesen ist: Geschlechterforschung. Kein Thema konnte sie anpacken, das nicht von der Geschlechterfrage durchzogen war. An vier prominenten Themen der Sexualwissenschaft möchte ich aufweisen, daß Sexualforschung immer auch Geschlechterforschung (gewesen) ist, paradoxerweise auch dort, ja ganz besonders deutlich dort, wo in der Sexualität nur ein Geschlecht vorkommt: die Homosexualität.

Homosexualität

Karl-Heinrich Ulrichs, Jurist, Sexualforscher und einer der ersten Kämpfer für die Rechte Homosexueller, verfaßte zwischen 1864 und 1879 zwölf Schriften über das »Räthsel der mannmännlichen Liebe«, in der er männliche Homosexualität als eine geschlechtliche Besonderheit konzipierte, aus der dann in *Folge*, eine sexuelle Besonderheit resultierte. Der Kern seiner Lehre ist im dem Satz formuliert »Anima muliebris virili corpore inclusa« (eine weibliche Seele, gefangen im männlichen Körper). Die weibliche Homosexualität faßte er ganz analog auf (»anima virilis muliebri corpore inclusa«), ohne sich aber allzusehr für sie zu interessieren.

Die Geschlechtsbesonderheit des Homosexuellen ist von der Natur geschaffen, das homosexuelle Verlangen tief in der Seele des Individuums verankert. So ist es dem Homosexuellen unmöglich, seine ›weiblichen‹ Triebe in ›männliche‹ umzuwandeln. Deshalb sei es ungerecht, ja gegen die Natur, sie zu verfolgen und zu diskriminieren. Mutiger als Magnus Hirschfeld Jahrzehnte später, rief Ulrichs homosexuelle Männer ausdrücklich dazu auf, auch die Weiblichkeit ihres Charakters – nicht nur ihre mannmännliche Liebe – zu bejahen, ihre »Feminität« als Teil ihrer Natur stolz zu leben. Er war vermutlich der erste vehemente Befürworter dessen, was wir heute »gender nonconfomity«, »cross gender identification« oder auch »gender variance« nennen.

Ulrichs sammelte in seinen Schriften Beobachtungen und Berichte von homosexuellen Männern, um seine Theorie zu belegen. Dabei dokumentierte er das Leben und die Not homosexueller Männer des 19. Jahrhunderts. Er differenzierte seine Theorie von Schrift zu Schrift. In seinen frühen Arbeiten formulierte er noch das einfache Schema des »Dritten Geschlechts«, das die Natur neben den heterosexuellen Männern und Frauen geschaffen habe. Diese einfache Ausgangsposition radikalisierte er zu einer allgemeinen Geschlechtertheorie: Männlichkeit und Weiblichkeit sind die idealtypischen Extreme oder Pole eines Kontinuums. Da diese Idealformen in der Realität nicht vorkommen, ist jeder Mensch, Mann wie Frau, mehr oder weniger ein zwittriges oder Übergangswesen. Die ›männlichen‹ Männer und ›weiblichen‹ Frauen haben wenig gegengeschlechtliche Anteile, die ›sanften‹ heterosexuellen Männer bzw. ›wilden‹ heterosexuellen Frauen schon mehr, die homosexuellen Männer (»Urninge«) und lesbischen Frauen (»Urnindinnen«) sind besonders gemischt. Aber auch bei ihnen gibt es vielfältige Unterschiede, etwa den »Mannling«, der mit weiblichem Trieb aber männlichem Charakter ausgestaltet ist, oder den »Weibling«, dessen Seele und Trieb vom männlichen Körpergeschlecht abweichen, sowie »Zwischenurninge« in ›tausend Abstufungen‹.

Ulrichs hob die traditionelle Geschlechterdichotomie auf und entwickelte ein naturalistisches Konzept unzähliger, variationsreicher Zwischenformen. Die Mischung männlicher und weiblicher Anteile eines Individuums ist angeboren, ›natürlich‹, also nicht veränderbar. Ulrichs beschwor die Vielfalt des Geschlechts und rief damit die Geschlechterunordnung aus – um sie (die Unordnung) durch die Fixierung der Vielfalt durch die Natur gleich wieder zu kassieren.

Doch das traditionelle, polare Zweigeschlechtermodell wankte. Otto Weininger (1903) hat gut 30 Jahre später ein ganz ähnliches Geschlechtermodell wie Ulrichs entwickelt, offenbar ohne dessen Arbeiten zu kennen. Auch er geht von einer unbegrenzten Zahl von Mischformen der Geschlechter aus. Die jedem und jeder eigene Doppelgeschlechtlichkeit variiert dem Ausmaß nach und ist auch für Weininger bei homosexuellen Männern und Frauen besonders ausgeprägt. Auch er faßt die Gemischtgeschlechtlichkeit taxonomisch und nicht pathologisch auf und bewertet die Diskriminierung homosexueller Menschen als ungerecht und gegen die Geschlechtsnatur gerichtet. Darüber hinaus entwirft Weininger ein arithmetisches, naturalistisches Gesetz sexueller Anziehung, demzufolge in jedem Paar ein ganzer Mann oder ein ganzes Weib zusammenzukommen trachten, also der Mann, der 3/4 männlich und 1/4 weiblich ist, wird sich durch eine Frau besonders angezogen fühlen (und sie sich durch ihn), die 1/4 maskulin und 3/4 feminin ist. Bei homosexuellen Männern und Frauen suchen sich besonders stark gemischt geschlechtliche Partner, wodurch auch homosexuelle Paare – in der arithmetischen Summe – einen ganzen Mann und eine ganze Frau umfassen, letztlich also auch heterosexuell sind.

Ulrichs schrieb den Urtext zur Konzeption des homosexuellen Mannes als androgynen Typus und er hatte bald viele Koautoren, die sein Thema variierten und weiterschrieben, bis heute. Psychiater des 19. Jahrhunderts griffen seine Idee der »weiblichen Seele« im männlichen Körper auf, zogen daraus nur ganz andere Schlüsse: Sie nahmen Homosexualität als Signum schwächlicher und weibisch entarteter Männlichkeit und machten sie zu einem medizinischen Problem. Magnus Hirschfeld etablierte zu Beginn des 20. Jahrhunderts Sexualwissenschaft als Zwischenstufen – und damit als Geschlechterforschung, nannte das erste sexualwissenschaftliche Periodikum *Jahrbuch für sexuelle Zwischenstufen* (1899 bis 1923), suchte zeitlebens nach neusten naturwissenschaftlichen Belegen für Ulrichs Theorie und führte die erste Homosexuellenbewegung bis zu ihrer Zerschlagung durch die Nationalsozialisten letztlich mit dem Argument des naturgegebenen, »unausrottbaren« Dritten Geschlechts. Moderne naturwissenschaftliche Theorien zur Ätiologie der Homosexualität fassen sie auf als Folge einer verweiblichenden pränatalen Hormongeschichte oder als Folge einer Verweiblichung bestimmter Regionen des Zwischenhirns (vgl. DeCecco/Parker 1995). Und schließlich befaßten sich seit Ulrichs zahlreiche Studien mit der ›Mädchenhaftigkeit‹ prähomosexueller Jungen (vgl. Übersicht von Bailey/Zucker 1995), die mal neuroendokrin, mal psychogenetisch erklärt wurde, z. B. als eine spezifische, in einem Feminisierungsschub endende Lösung der ödipalen Situation (Dannecker 1996). Unabhängig von den vermuteten Ursachen ist unstrittig, daß viele, aber keineswegs alle, späteren homosexuellen Männer auf vielfältige Weise geschlechts-unkonventionelle Jungen sind. Sie sind zuerst Geschlechtsabweichler und erst später *auch* Sexualabweichler, zeitlebens aber Provokateure der traditionellen binären Geschlechterordnung. Viele von ihnen haben Sanktionen ihrer »Mädchenhaftigkeit« oder »Unmännlichkeit« erlebt – Hohn und Spott der Umwelt, elterliche Zurückweisung, oder Pathologisierung mit der Diagnose »GID« (Gender Identity Disorder) durch Psychiatrie und Psychotherapie (vgl. Corbett 1998).

Für Lesben wurden, wie schon bei Ulrichs eher beiläufig, analoge Vorstellungen entwickelt, die ›Männlichkeit‹ der Frauen aber faszinierte die Forscher weit weniger als die ›Weiblichkeit‹ der Männer.

Intersexualität

Lange bevor Sozialwissenschafler/innen daran dachten, schufen Intersexforscher/innen eine konstruktivistische Theorie des Geschlechts. ›Intersexuell‹ nennt man Menschen, deren somatische Geschlechtsmerkmale nicht eindeutig oder einheitlich männlich oder weiblich ausgeprägt sind, sie haben beispielsweise einen ungewöhnlichen Geschlechtschromosomensatz oder uneindeutige äußere Geschlechtsorgane. In den 50er Jahren kamen Money, Hampson und Hampson (1955; vgl. zusammenfassend Money/Ehrhardt 1972) zu dem Schluß, daß die Entwicklung der Geschlechtsidentität (oder bescheidener formuliert des Geschlechtsgefühls, des Geschlechtserlebens, der Überzeugung, ein Mann oder eine Frau zu sein) intersexueller Menschen vor allem ein Ergebnis der nachgeburtlichen psychosozialen Entwicklung ist. Vergleichende Fallgeschichten von Intersexuellen mit derselben Diagnose, also mit gleichem somatischen Befund, die aber unterschiedlich dem weiblichen bzw. männlichen Geschlecht zugewiesen und entsprechend erzogen worden waren, zeigten, daß intersexuelle Kinder in der Regel eine Geschlechtsidentität entwickelten, die der nachgeburtlichen Lebensgeschichte, also dem Erziehungsgeschlecht, entsprach. Die aus diesen Beobachtungen resultierende radikale geschlechtertheoretische Position, die die Entwicklung der Geschlechtsidentität an die Sozialisation, nicht aber an das Körpergeschlecht bindet, führte zu folgenreichen

Veränderungen der medizinischen und psychosozialen Behandlung von intersexuellen Kindern und der Betreuung ihrer Eltern (vgl. Meyer-Bahlburg 1998). Hatte man vorher nach der Maxime gehandelt, die Kinder immer nach Maßgabe des biologischen Geschlechts – sofern es bestimmt werden konnte – zuzuweisen und aufzuziehen, so sollte Geschlechtszuweisung und -aufzucht nun unabhängig vom Körpergeschlecht allein unter dem Gesichtspunkt erfolgen, was unter den gegebenen somatischen Umständen zu einer *optimalen* Entwicklung der Geschlechtsidentität führen könnte – optimal im Hinblick auf eine günstige Prognose für die sexuelle Funktion, für eine geschlechtsangemessene äußere Erscheinung, ein zeitlich stabiles Geschlechtsgefühl, ein glückliches Leben als Geschlechtswesen und im Hinblick auf eine mögliche Begrenzung medizinischer Eingriffe.

Wie weitgehend diese Strategie traditionelle Geschlechtskonzepte außer Kraft setzte und zugleich an der Vorstellung der Dichotomie der Geschlechter und der Übereinstimmung von Sex und Gender – soweit wie möglich – festhält, zeigt der von Money und Ehrhardt (1972) mitgeteilte Fall eines Jungen, der im Alter von sieben Monaten durch einen Operationsunfall bei der Beschneidung seinen Penis verlor. Entsprechend der beschriebenen Vorstellung über die Geschlechtsidentitätsentwicklung, glaubten die Behandelnden, daß dieser Junge einfacher als Mädchen/ Frau leben könnte als als penisloser Junge/ Mann. Sie besprachen mit den Eltern, ihn als Mädchen groß zu ziehen, kastrierten ihn im Alter von 17 Monaten und legt im Alter von 21 Monaten eine Neovagina an. Das Kind wuchs als Mädchen heran. wurde von Money und Ehrhardt als Tomboy (»wildes Mädchen«, mit Vergnügen an den »rauhen und Wettkampfspielen der Jungen«) beschrieben. Money sah in der Entwicklung dieses Kindes einen Beleg für seine These, daß die Geschlechtsidentität bei kleinen Kindern, etwa bis zum 18. Lebensmonat, noch so unentwickelt ist, daß ein genetischer Junge erfolgreich als Mädchen aufgezogen werden könne, wenn dies *früh genug* und *eindeutig* geschehe. Der weitere Verlauf stellte diese Schlußfolgerung in Frage: In der Pubertät, die durch weibliche Hormongaben zu Brustwachstum und femininen Äußeren führte, begann der Patient seine weibliche Identität abzulehnen und als Mann zu leben (vgl. Bradley u. a. 1998). Die Brüste wurden operativ entfernt, er bekam nun eine Substitutionstherapie mit männlichen Hormonen, die operative Rekonstruktion eines Penoids wurde versucht. Als Erwachsener heiratete er eine Frau und adoptierte deren Kinder. (Zu den ethischen Dilemmata solcher Eingriffe vgl. Bödeker 1998, Meyer-Bahlburg 1998).

Moneys Position wurde weiterhin durch die Beobachtungen an einer besonderen Intersexform erschüttert, die in bestimmten Regionen der Dominikanischen Republik gehäuft auftritt (Imperato-McGinley u. a. 1974). Hier werden genetisch männliche Babys mit weiblich aussehenden Genitalien geboren, dem weiblichen Geschlecht zugewiesen und als Mädchen aufgezogen. In der Pubertät vermännlicht ihr Körper durch die nun ausgeschütteten männlichen Hormone (Peniswachstum, Abstieg der Hoden aus den Leisten in den Hodensack, männliche Körperbehaarung, tiefe Stimme) und die Jugendlichen geben – meistens im Zuge eines längeren Prozesses – die weibliche Identität auf und entwickeln eine männliche Identität. Die Annahme Moneys, daß die Geschlechtsidentität nach dem Alter von zwei Jahren in der Regel nicht mehr gewechselt werden kann, stand damit ebenso in Frage wie sein Postulat einer »Gender – Neutralität« des Körpers zur Zeit der Geburt und in den ersten Lebensmonaten. Seiner Theorie wurde eine »biased interaction theory« (Diamond/Sigmundson 1997) entgegengestellt, der zufolge körperliche, vor allem pränatale hormonelle Bedingungen, die Entwicklung der Geschlechtsidentität prädisponieren und die Interaktion mit psychosozialen Faktoren (Zuweisungs- und Erziehungsgeschlecht) nur eine begrenzte (»biased«) Wirkung haben.

Doch die Evidenz von Kasuistiken für theoretische Grundannahmen ist begrenzt. So wurde kürzlich eine Fallgeschichte mitgeteilt (Bradley u. a. 1998), die eher Moneys Position unterstützt. Wie in dem oben beschriebenen Fall wurde bei einem Babyjungen nach der Zerstörung des Penis bei der Beschneidung Penisstumpf und Hoden abgetragen und der Junge als Mädchen aufgezogen. Operation und Zuweisung zum anderen Geschlecht geschahen hier allerdings früher als im oben erwähnten Fall, nämlich im Alter von sieben Monaten. In Kindheit, Jugend und Erwachsenenalter – die letzte Nachuntersuchung wurde im Alter von 26 Jahren durchgeführt – erlebte sich die Patientin eindeutig als Frau, bezeichnete sich als bisexuell und hatte entsprechend sexuelle und Liebesbeziehungen zu Männern und Frauen; sie arbeitete in einem männertypischen Beruf und war Zeit ihres Lebens ein ›Tomboy‹ gewesen. Bradley und Mitarbeiter folgern vorsichtig, daß zumindest unter bestimmten Umständen genetisch männliche und als biologisch normale Jungen geborene Kinder eine weibliche Geschlechtsidentität entwickeln können, was für die These Moneys spräche, daß das Sozialisationsgeschlecht die wichtigste Determinante der Geschlechtsidentität sei. Die tomboyhaften Züge übrigens, die auffällig oft bei Mädchen gefunden wurden, die in Utero einem ungewöhnlichen, für männliche Föten typischen Spiegel männlicher Hormone ausgesetzt waren, wird seit Money und Ehrhardt (1972) damit erklärt, daß die pränatalen Hormone bestimmte Aspekte geschlechtstypischen Verhaltens und damit die *Version* der Geschlechtsidentität eines Mädchens/einer Frau und auch die Geschlechtsoffenheit der sexuellen Anziehung beeinflussen können, nicht aber die Geschlechtsidentität.

Ob konstruktivistisch oder ›biased-interaktiv‹, die Lehren, die die Sexualwissenschaft zunächst aus der Intersexforschung zog, tangierten nicht die Grundüberzeugung einer dichotomen Geschlechterwelt, in die sich jeder und jede einzuschreiben habe, und zwar eindeutig und dauerhaft. Die Behandlung der Intersexualität, so das geheime Postulat, soll diese Einschreibung gewährleisten. Diese Auffassung stößt zunehmend auf massive Kritik durch Betroffenen – Organisationen intersexueller Menschen. So fordern z. B. die »Intersex Sociey of North America« (ISNA) in den USA oder die »Arbeitsgruppe gegen Gewalt in der Pädiatrie und Gynäkologie« (AGPPG) in Deutschland (vgl. Garrels 1998; Reiter 1998) mit Nachdruck, die Vielfalt der Geschlechtlichkeit anzuerkennen, diese Vielfalt nicht durch die heute übliche Behandlung der Ver-Eindeutigung zu eliminieren, und intersexuelle Menschen als Erwachsene selbst darüber entscheiden zu lassen, ob und welche medizinischen Eingriffe sie wollen. Akzeptanz von Vielfalt und Durchsetzung von Selbstbestimmung für intersexuelle Menschen sind die Ziele, und diese stehen im Einklang mit der aufkommenden sexualpolitischen Vision der »intimate citizenship« (s. u.). Ob aber Kindern in einer Gesellschaft, in der der

Zwang zur Eindeutigkeit des Geschlechts noch so groß ist, unter Berufung auf ihre spätere Selbstbestimmung zugemutet werden kann, eine intersexuelle Identität zu entwickeln und zu behaupten, ist fraglich. Denn *noch* bedeuten Genitalien ›Gender‹. Doch ein anderer Umgang mit der Intersexualität im Sinne einer größeren Akzeptanz genitaler Variationen könnte nach Kessler (1998) auch dazu führen, körperliches Geschlecht und Gender zu ›entfesseln‹. Dann wäre die Macht der Genitalien, Gender zu ›machen‹, ebenso geschwächt wie die Macht des Gender, das Leben zu bestimmen.

Transsexualität

Die Unabhängigkeit von Körper- und seelischem Geschlecht scheint die Transsexualität zunächst zu bestätigen. Körperlich »normale« Männer fühlen sich als Frauen und wollen als Frauen leben; körperlich »normale« Frauen fühlen sich als Männer und wollen entsprechend leben. Unter geschlechtertheoretischen Gesichtspunkten haben Transsexuelle schnell ein großes Interesse bei Sozialwissenschaftler/innen gefunden (vgl. u. a. Garfinkel 1967; Kessler/ McKenna 1978; Sigusch 1992; Hirschauer 1993; Lindemann 1993). Diese Studien sind im Zusammenhang mit unserer Fragestellung von größerer Bedeutung als die Flut klinischer Untersuchungen über Ätiologie oder medizinische und psychotherapeutische Behandlungen und Behandlungsergebnisse von Transsexuellen, die hier nicht erörtert werden sollen.

In unserer Gesellschaft gibt es eine fixe und normative Alltagsvorstellung vom Geschlecht, die sich mit Garfinkel (1967) so umreißen läßt: (1) Es gibt nur zwei Geschlechter; (2) jeder/jede hat *ein* Geschlecht; (3) das Geschlecht ist unveränderbar, man hat zeitlebens das gleiche; (4) Körpergeschlecht und Geschlechtsgefühl stimmen überein; (5) Geschlechtswechsel ist nur als temporäres Ritual (z. B. Maskerade) akzeptabel, andere Formen sind wissenschaftlich erklärungsbedürftig, krank und heilwürdig.

Die Selbstverständlichkeit dieser Behauptungen zeigt, wie tief sie in unserem Denken verwurzelt sind. Transsexuelle stören diese Ordnung gleich im Hinblick auf mehrere Punkte, zugleich brennen sie (wie die medizinischen und juristischen Komplexe, denen sie begegnen) darauf, die Ordnung wieder herzustellen. Sie tun das in einem Prozeß, den Garfinkel »passing« nannte und der für das Verständnis der sozialen Konstruktion des Geschlechts große Bedeutung hat, wie die drei folgenden Beispiele zeigen sollen (vgl. dazu auch Kessler/McKenna 1978):

1. Im Prozeß des Übergangs konstituieren sich Transsexuelle in allen Alltagssituationen als das Geschlecht, das sie sein möchten, indem sie *willkürlich, bewußt steuernd* Techniken anwenden, die gewährleisten, daß sie von anderen Personen dem gewünschten Geschlecht zugerechnet werden. Dabei machen sie explizit das, was Nicht-Transsexuelle quasi-natürlich, unwillkürlich machen: ›doing gender‹ oder ›working at gender‹, Frau-Sein und Mann-Sein als Resultat von Darstellungsleistungen. Die ›Omnirelevanz‹ des Geschlechts, die der oder die »Normale« mühsam reflektieren muß, erlebt der Transsexuelle im ›passing‹ hautnah und plastisch. Das Publikum, die Empfänger der Geschlechtsdarstellung affirmieren diese in der Regel zuverlässig, wenn

sie sie einmal akzeptiert haben: Ihre Überzeugung, daß man das Geschlecht nicht wechseln kann, erlaubt dem Gegenüber, also auch dem oder der Transsexuellen, breite Abweichungen und ›Schnitzer‹ in der Geschlechtskonformität der Darstellung.

2. Die Invarianz ihres Geschlechts konstituieren Transsexuelle durch die Rekonstruktion ihrer Biographie, in der die Evidenz ihrer ›ursprünglichen‹ Weiblichkeit/Männlichkeit optimiert und die Zugehörigkeit zum Wunschgeschlecht maximal plausibel gemacht wird. Dadurch entstehen oft überdeterminierte und stereotype Geschlechtsbiographien, in denen beispielsweise transsexuelle Männer ›immer schon‹ mit Jungen tobten, Kämpfen und Fußballspielen wollten, Puppen und Kochen haßten, Mädchen in der Kindheit ›doof‹ fanden, sich aber in der Jugend früh in sie verliebten. Die Erinnerung an das Herumlaufen in den Pumps der Mutter im Alter von drei Jahren nimmt die Mann-zu-Frau Transsexuelle als Beginn des ›cross – dressing‹ und als frühes Zeichen ihrer Weiblichkeit, der ›normale‹ Mann hingegen als einen waghalsigen Akt des Stelzenlaufens und frühen Test seiner Männlichkeit. Die retrospektive Bearbeitung der Erinnerung im Sinne einer geschlechtskohärenten Biographie nehmen beide vor, bei Transsexuellen ist sie lediglich besser erkenn- und studierbar.

3. Die Einheit von körperlichem und seelischem Geschlecht wollen (viele) Transsexuelle durch die Angleichung des körperlichen Erscheinungsbildes an das Geschlechtsgefühl erreichen, und zwar durch medizinische Eingriffe (Hormonbehandlung, geschlechtsangleichende Operationen an primären und sekundären Geschlechtsmerkmalen). Vagina und Penis haben, genau wie bei den Nicht-Transsexuellen, die Bedeutung prominenter Geschlechtsausweise. Penil-vaginaler Geschlechtsverkehr dient nicht nur der sexuellen Befriedigung (was immer das ist), sondern auch der Befriedigung des Geschlechtsgefühls, ist symbolische Bestätigung und Aufführung von Männlichkeit/Weiblichkeit. Dies ist bei den »Normalen« nicht anders, nur ist ihnen auch dies schwerer faßbar als den Transsexuellen.

Hirschauer wirft die Frage auf, weshalb die Transsexualität erst seit den 50er Jahren zunehmend ein bedeutendes Thema für Medizin, Sexualwissenschaft und Medien geworden ist. Das Heraustreten der Transsexuellen aus der Anonymität hängt für ihn damit zusammen, »daß ein großer Teil der Angehörigen der westlichen Kultur selbst zu Geschlechtsemigranten geworden ist« (Hirschauer 1993, 351). In einer Zeit des kulturellen Wandels der Zweigeschlechtlichkeit gewährt das Zurückholen der transsexuellen Geschlechtsabweichler in das alte zweigeschlechtliche Schema die Möglichkeit, »sich trotz allen Aufbruchs noch als problemlose Bewohner der alten Geschlechtskategorien zu wähnen und von ihnen aus die soziale Welt zu betrachten« (ebd.). Das transsexuelle Phänomen, die medizinischen Normalisierungsversuche (Geschlechtsangleichung), aber auch die medizinischen psychopathologisierenden Sanktionen (z. B. die Definition der Transsexualität als eine besonders schwere Form der Geschlechtsidentitätsstörung in den internationalen Diagnosesystemen, als wüßten die Transsexuellen nicht ganz genau, wes Geschlechts sie sind) affirmieren die alte Geschlechterordnung und zeigen zugleich auch deren Brüchigkeit.

Hirschauer plädiert für die Entmedikalisierung der Transsexualität um aus der medizinisch verschriebenen Uniformität der Lösungen für Geschlechtswechsler herauszukommen. In der Tat zeigen Beobachtungen in den USA (Bolin 1994), daß der Verzicht der Universitätskliniken auf ihre strikten und ausgefalteten Behandlungsprogramme in den 80er Jahren zu einer größeren Vielfalt der Lösungswege transsexueller Menschen führte, daß das transsexuelle zum transgender Phänomen mutierte. Bolin beschreibt eine entstehende »transgender community«, deren Geschlechtervielfalt die alte Dichotomie viel stärker in Frage stellt als die herkömmliche Transsexualität. Die Mitglieder dieser ›community‹ lassen sich nicht mehr eindeutig als männlich oder weiblich, er oder sie einordnen, sie haben gemischte oder doppelte Geschlechtscharakteristika (»gender bending«, »gender blending«, »pan-gender«), uneindeutige oder fehlende (»non gender«) oder periodisch wechselnde und unstete (»ambi-gender«) oder situationsbezogene Geschlechtszuschreibungen und -empfindungen – und alle zusammen sind »gender queer«. Man ist wieder bei Ulrichs' Geschlechtervielfalt angekommen, sie wird nun nur nicht mehr biologisch gedacht (übrigens auch nicht radikal antibiologisch, die Ätiologie verschwindet hinter der Erscheinung) und nicht mehr vorrangig über die sexuelle Orientierung definiert. Das Geschlechtliche ist in den Vordergrund gerückt, das Sexuelle in den Hintergrund getreten.

Heterosexualität

Anders als bei den bisher betrachteten Sexual- und Geschlechterformen führt das Thema »Heterosexualität« unausweichlich zu der Frage des gesellschaftlichen Status der Geschlechter und zur Auswirkung dieses Status auf die Sexualität von oder besser zwischen Mann und Frau, also unmittelbar zu Geschlechtsauseinandersetzung, -unterdrückung und -Arrangement.

Das gesellschaftlich bestimmte Geschlechterverhältnis bestimmt die Erscheinungsformen gegengeschlechtlicher Sexualität, Beziehungen und Liebe. Kultureller Wandel des Geschlechterverhältnisses hat Veränderungen der heterosexuellen Verhältnisse unausweichlich zur Folge. Die allgemeine Geschlechtsmigration, von der Hirschauer (1993, 351) spricht, also die Nivellierung der Geschlechtsrollen, die Auflösung oder Milderung der geschlechtsgebundenen Verteilung von Ausbildung, Arbeit, Aufgaben (in Familie und Haushalt) und Macht ist während der letzten 100 Jahre, vor allem aber während der letzten drei Jahrzehnte, unaufhaltsam vorangeschritten – zäh, langsam und holperig für viele Zeitgenoss/innen, in historischer Perspektive jedoch atemberaubend schnell. Dieser kulturelle Wandel der Zweigeschlechtlichkeit hat die Heterosexualität entscheidend verändert – und vieles beim alten belassen. Drei Tendenzen lassen sich ausmachen:

1. Sexuelle Gewalt und Herrschaft in all ihren Gestalten, Verkleidungen und Verdünnungen wurden zu einem Thema, das Männer nicht mehr von der Tagesordnung setzen konnten. Zum Tanzen gebracht wurden Verhältnisse durch den feministischen Diskurs, der der Sexualwissenschaft in den letzten 25 Jahren entscheidende Impulse gab: Gewalt, Zwang, Machtausübung durch Sexualität wurden öffentlich gemacht wie nie zuvor. Feministische Wissenschaftlerinnen eröffneten ein Thema nach

dem anderen: Vergewaltigung (Brownmiller 1975), Prostitution und Frauenhandel (Barry 1979), Kindesmißbrauch (Rush 1980), Pornographie (Dworkin 1981), sexuelle Belästigung und selbstverständlich auch herkömmliche Sexualität im Alltag (Schwarzer 1975) oder in der Literatur (Millett 1971). Mißstände, Skandale, die lange tot geschwiegen, heruntergespielt, ›übersehen‹ wurden, wurden benannt, ihre Verharmlosung und Verleugnung entlarvt, für ihre Verfolgung und Abschaffung gekämpft. Zugleich brachte die feministisch inspirierte und durchgesetzte Debatte, die in letzter Konsequenz eine Debatte der sexuellen Selbstbestimmung war, einen Sensibilisierungsschub bei Frauen aber auch bei Männern gegenüber Zwang und Herrschaftsausübung in der Sexualität hervor.

2. So hatte die Gewaltdebatte, deren Vehemenz und Durchsetzungskraft sich den real verändernden Geschlechtsverhältnissen (mit)verdankt, weit über ihr ursprüngliches Ziel hinaus Auswirkungen auf die alltäglichen sexuellen Umgangsformen. Sie schuf unversehens und quasi nebenbei einen neuen Sexualkodex, einen Kodex, der nicht alte Verbote neu installieren, sondern den sexuellen Umgang friedlicher, kommunikativer, berechenbarer, rationaler verhandelbarer, herrschaftsfreier machen oder regeln soll. An die Stelle der alten Sexualmoral trat eine Verhandlungs- oder Interaktionsmoral der Partner (Schmidt 1998).

Die alte Sexualmoral war essentialistisch oder fundamentalistisch und qualifizierte bestimmte sexuelle Handlungen – z. B. voreheliche oder außereheliche Sexualität, Masturbation, Homosexualität, Oralverkehr, Verhütung – *prinzipiell* als Böse, weitgehend unabhängig von ihrem Kontext. Zentrale Kategorie der Verhandlungsmoral dagegen ist die Forderung nach vereinbartem, ratifiziertem Sexualverhalten, der ausdrückliche Konsens. Da sie nicht sexuelle Handlungen oder Praktiken bewertet, sondern die Art und Weise ihres Zustandekommens, eben Interaktionen, hat die Verhandlungsmoral durchaus liberale Züge. Ob hetero-, homo- oder bisexuell, ehelich oder außerehelich, genital, anal oder oral, zart oder ruppig usw. – all das ist moralisch ohne Belang; von Belang ist, daß es ausgehandelt wird. Die Konsequenz ist ebenso radikal wie bemerkenswert: »Normale« Sexualität, Heterosexualität, wird zu einem von vielen Lebensstilen, zu einer von vielen (wenn auch nach wie vor besonders verbreiteten) Arten, sexuell zu sein. Perversionen verschwinden und tauchen als eben solche Lebensstile wieder auf. Und nur noch solche sexuellen Besonderheiten, die die Verhandlungsmoral inhärent verfehlen, z. B. die Pädophilie wegen des Machtungleichgewichtes der Partner, bleiben als Perversion erhalten und werden heute unnachsichtiger ausgespäht und verfolgt als früher.

Den neuen Moralverhältnissen entspricht eine moderne Beziehungsform, die der britische Soziologe Anthony Giddens (1992) als »reine Beziehung« beschreibt. Die reine Beziehung – das Adjektiv ist im Sinne von pur oder unvermischt zu verstehen – wird nicht durch materiale Grundlagen, Institutionen oder Traditionen gestützt, sie wird nur um ihrer selbst willen eingegangen, hat nur sich selbst und besteht nur, solange sich beide darin wohl fühlen. Dadurch ist ihre Stabilität riskiert, ja es gehört zu ihrer Reinheit, prinzipiell instabil zu sein. Die zunehmende Anzahl der Scheidungen, die zunehmende Zahl nicht ehelicher Beziehungen und Familien, die kürzer werdenden Beziehungen, die Tatsache, daß heute 30jährige durchschnittlich schon mehr feste oder Liebesbeziehungen hinter sich haben als 70jährige in ihrem viel längeren Leben, sind Folge der reinen Beziehung – Folgen einer neuen Beziehungskonzeption, nicht eines Werteverfalls. Aus dem Paar, das durch basale Aufgaben, Institutionen und lebenswichtige wechselseitige Abhängigkeiten zusammengehalten wurde, wird ein rekreatives und Erlebnisteam.

Das Aushandeln von Interessenunterschieden von unterschiedlichen Meinungen und Wünschen ist eine wichtige Tätigkeit in der reinen Beziehung. »Frei« ausgehandelte Vereinbarungen und Abmachungen treten an die Stelle von (vielen) Geschlechtsrollenvorschriften. Die reine Beziehung ist nicht notwendig monogam, da auch hierüber eine Vereinbarung zu treffen ist. Die meisten heterosexuellen Paare entscheiden sich allerdings heute für Treue, so daß serielle Monogamie zur vorherrschenden Erscheinungsform der reinen Beziehung wird. Die große Schwester der reinen Beziehung ist die postfamiliale Familie, die Elisabeth Beck-Gernsheim (1994) beschrieben hat, mit ihrer neuen Vielfalt, familiär zu sein, mit ihrer Buntheit familiärer und quasi familiärer Verhältnisse, mit ihren neuen Formen der Mütterlichkeit, der Väterlichkeit und der Geschwisterlichkeit und mit ihrer familialen Verhandlungskultur, die den alten Befehlshaushalt einmottet und dazu führt, daß auch Eltern mit Kindern und Kindern mit Eltern immer häufiger alles mögliche miteinander aushandeln.

Erst der kulturelle Wandel der Zweigeschlechtlichkeit konnte Verhandlungsmoral, reine Beziehung und postfamiliale Familien hervorbringen; denn so wie die Verhandlungsmoral nur ›moralisch‹, also erst möglich ist, solange gleich starke – also ökonomisch, emotional oder sonstwie *nicht* erpressbare – Partner beteiligt sind, so ist die reine Beziehung nur bei solchen Paaren ›rein‹, die an Macht sich gleich sind. Da lesbische und schwule Partnerschaften durch das gesellschaftliche Mann-Frau-Ungleichgewicht nicht behelligt sind, ist bei ihnen die reine Beziehung heute schon klarer ausgeprägt (Giddens 1993). Bei heterosexuellen Partnern wird sich diese Beziehungsform in dem Maße etablieren und ihrem Idealtyp annähern, in dem die geschlechtsgebundene Verteilung von Arbeit, Aufgaben und Macht weiterhin abnimmt. Sie ist heute in solchen Gruppen am häufigsten anzutreffen, in denen diese Bedingungen am weitesten erfüllt sind, zumindest temporär, z. B. bei studentischen Paaren ohne Kinder (Schmidt u. a. 1998).

Das Verschwinden der Sexualmoral, allgemeiner gesprochen, die fortgeschrittene Enttraditionalisierung von Sexual-, Beziehungs- und Familienverhältnissen, hat britische Soziologen dazu bewegt, eine sexualpolitische Vision zu entwickeln, die die Vielfalt der Wahlmöglichkeiten zugleich gewährleisten, aber wohl auch ein wenig ordnen soll: »intimate citizenship« (Plummer 1997). Dieser Begriff, der kaum ins Deutsche zu übersetzen ist, beschreibt eine auch im Sexuellen zivile und demokratische, radikal pluralistische Gesellschaft, in der gleichberechtigte Individuen ›Intimität‹ – also: sexuelle Präferenzen und Orientierungen, Beziehungsformen, Formen der Kinderaufzucht und des Zusammenlebens, Versionen von Männlichkeit und Weiblichkeit – selbstbestimmt, aber die Grenzen anderer achtend, leben und regeln. Vielfalt und Differenz der Lebensformen und Auffassungen werden betont, die Verantwortung gegenüber der Autonomie des anderen hoch bewertet. »Intimate citizenship« ist der ethisch-politische Überbau der ›von unten‹ entstandenen, von den Leuten gemachten Verhandlungsmoral und so etwas wie eine ›Verfassung‹ der reinen Beziehung. Daß sich heute Soziologen für diesen Überbau zuständig fühlen, zeigt noch einmal, wie bedeutungslos die traditionellen normativen Institutionen geworden sind, zumindest im Bereich des Sexuellen.

3. Natürlich verläuft der skizzierte Wandel heterosexueller Verhältnisse voller Widersprüche, und er wird durch viele Ereignisse bis zur Unkenntlichkeit entstellt. Wir stehen vor einem scheinbaren Paradoxon: Neukodifizierung und Demokratisierung heterosexueller Beziehungen und Interaktionen – oder noch zugespitzter: ›Pazifizierung‹ der männlichen Sexualität – einerseits; andererseits unübersehbare sexuelle Aggression, Machtausübung und Gewalt von Männern gegenüber Frauen. Unsere Interviewuntersuchungen an 16- und 17jährigen Jungen und Mädchen aus Großstädten (Schmidt 1993) zeigen beide Seiten deutlich: Zum einen erleben Jungen ihre Sexualität heute seltener als vor 20 Jahren als impulshaft und drängend; die Grenzen und Wünsche, die Mädchen selbstbewußter setzen und äußern, wollen und können sie besser respektieren, ohne sich ›unmännlich‹ zu fühlen. Zum anderen haben viele Mädchen, kaum 16 oder 17 Jahre alt, traumatische sexuelle Erfahrungen gemacht, Erfahrungen mit sexuellem Zwang bis zur Gewaltandrohung und Gewaltausübung – auch, allerdings selten, mit Gleichaltrigen.

Es ist vermutlich sinnvoll, beides als Erscheinungsformen der gegenwärtigen Entwicklung zu begreifen. Die Geschlechter- und Gewaltdebatte sowie die tatsächlichen Veränderungen des Geschlechterverhältnisses sensibilisieren die Wahrnehmung für Übergriffe und Machtausübungen im Sexuellen, »verfeinern« und rationalisieren die sexuellen Umgangsformen im Sinne der Verhandlungsmoral und der reinen Beziehung; Gewalt besteht weiter, als Relikt der längst nicht überwundenen alten Geschlechterformation und möglicherweise sogar auch als Reaktion auf die Veränderungen: Der Verlust alter Privilegien, Rollen und Selbstverständlichkeiten, die Aufkündigung der weiblichen Komplizenschaft bei der Aufrechterhaltung der alten Geschlechterordnung, kurz: der schleichend revolutionäre Wandel der kulturellen Form der Zweigeschlechtlichkeit verstärkt möglicherweise bei manchen Männern die Tendenz zu machistischen Reaktionen, sexueller Aggression – und sexueller wie geschlechtlicher Verwirrtheit. Die tief verwurzelten Phantasmata vom eigenen und anderen Geschlecht lassen sich offenbar nicht mal so eben »dekonstruieren«; der Umbruch alter, früh und vorbewußt sozialisierter Selbstverständlichkeiten ist für viele oft mühsam zu ertragen.

Die Verschränkung von Sexual- und Geschlechterforschung habe ich an vier Fragestellungen aufzuweisen versucht. Sie ließe sich ebenso an anderen Themen der Sexualwissenschaft deutlich machen, z. B. den Perversionen, der ›männlichen‹ und ›weiblichen‹ Sexualität, der psychosexuellen Entwicklung von Jungen und Mädchen usw. Im Gegensatz zu kulturwissenschaftlichen und soziologischen Ansätzen hat sich die Sexualwissenschaft dem Thema eher beiläufig und implizit, eher konkret-empirisch und theoretisch eher robust zugewandt. Vermutlich ist die Sexualwissenschaft der älteste Zweig der modernen Geschlechterforschung.

Literatur

Bailey, J. Michael/Zucker, Kenneth J.: »Childhood sex-typed behavior and sexual orientation: A conceptual analysis and quantitative review«. In: *Developmental Psychology* (1995), 43–55.

Barry, Kathleen: *SexuelleVersklavung von Frauen.* Berlin 1983. (Orig.: *Female sexual slavery.* Englewood Cliffs: Prentice Hall 1979).

Beck-Gernsheim, Elisabeth: »Auf dem Weg in die postfamiliale Familie. Von der Notgemeinschaft zur Wahlverwandtschaft«. In: Ulrich Beck und Elisabeth Beck-Gernsheim (Hg.): *Riskante Freiheiten. Individualisierung in modernen Gesellschaften.* Frankfurt a. M. 1994, 115–138.

Bödeker, Heike: »Intersexualität (Hermaphroditismus). Eine Fingerübung in Compliance? »Dazwischen«, »beides« oder »weder noch«?« In: *Beiträge zur feministischen Theorie und Praxis* Heft 49/50 (1998), 99–107.

Bolin, Anne: »Transcending and transgendering: Male – to -female transsexuals, dichothomy and diversity«. In: Herdt, Gilbert (Hg.): *Third sex, third gender. Beyond sexual dimorphism in culture and history.* New York 1994, 447–486.

Bradley, Susan J. u. a.: »Experiment of nurture: Ablatio penis at two months, sex reassignment at 7 months, and a psychosexual follow – up in young adulthood«. In: *Pediatrics* 102 (1998), 1–5.

Brownmiller, Susan: *Gegen unseren Willen. Vergewaltigung und Männerherrschaft.* Frankfurt a. M. 1978. (Orig.: *Against our will. Men, women and rape.* New York 1975.

Corbett, Ken: »Cross – gendered identifications and homosexual boyhood: Toward a more complex theory of gender«. In: *American Journal of Orthopsychiatry* 68 (1998), 352–360.

Dannecker, Martin: »Probleme der männlichen homosexuellen Entwicklung«. In: Sigusch, Volkmar (Hg.): *Sexuelle Störungen und ihre Behandlung.* Stuttgart 1996, 77–91.

DeCecco, John P./Parker, David A. (Hg.): *Sex, cells and same sex desire. The biology of sexual preference.* New York 1995.

Diamond, Milton/Sigmundson, H.Keith.: »Sex reassignment at birth. Long – term review and clinical implications«. In: *Archives of Pediatrics and Adolescent Medicine* 151 (1997), 298–304.

Dworkin, Andrea: *Pornography. Men possessing women.* Putnam, New York 1981.

Garfinkel, Harold: *Studies in Ethnomethodology.* Englewood Cliffs 1967.

Garrels, Lutz: »Das Geschlechtserleben Intersexueller im Diskurs«. In: *Zeitschrift für Sexualforschung* 11 (1998), 197–211.

Giddens, Anthony: *Modernity and self identity. Self and society in the late modern age.* Cambridge 1992.

– : *Wandel der Intimität. Sexualität, Liebe und Erotik in modernen Gesellschaften.* Frankfurt a. M. 1993.

Hirschauer, Stefan: *Die soziale Konstruktion der Transsexualität. Über die Medizin und den Geschlechtswechsel.* Frankfurt a. M. 1993.

Hirschfeld, Magnus: *Jahrbuch für Sexuelle Zwischenstufen.* 23 Bände. Leipzig 1899–1923.

Imperato-McGinley, Julianne et al.: »Steroid 5a – reductase deficiency in man: An inherited form of male pseudohermaphroditism«. In: *Science* 186 (1974), 1213–1215.

Kessler, Suzanne J.: *Lessons from the intersexed.* New Brunswick 1998.

– : /McKenna, Wendy: *Gender. An ethnomethodological approach.* New York 1978.

Lindemann, Gesa: *Das paradoxe Geschlecht. Transsexualität im Spannungsfeld von Körper, Leib und Gefühl.* Frankfurt a. M. 1993.

Meyer-Bahlburg, Heino F.L.: »Gender assignment and intersexuality«. In: *Journal of Psychology and Human Sexuality* 10 (1998), 1–21.

Millett, Kate: *Sexus und Herrschaft.* Reinbek 1985. (Orig.: *Sexual politics.* New York 1971).

Money, John, Hampson/Joan G./Hampson, John L.: »Hermaphroditism: Recommendation concerning assignment of sex, change of sex, and psychological management«. In: *Bulletin of the Johns Hopkins Hospital* 97 (1955), 284–300.

– : /Ehrhardt, Anke A.: *Männlich – weiblich. Die Entstehung der Geschlechtsunterschiede.* Reinbek 1975. (Orig.: *Man and woman, boy and girl. Differentiation and dimorphism of gender identity from conception to maturity.* Baltimore 1972).

Plummer, Ken: »Telling sexual stories«. *Zeitschrift für Sexualforschung* 10 (1997), 69–81.

Reiter, Michel (Hg.): *Hermaphroditen im 20. Jahrhundert. Zwischen Elimination und Widerstand.* Bremen 1998 (hektographiert).

Rush, Florence: *Das bestgehütete Geheimnis.* Berlin 1982. (Orig.: *The best kept secret.* Englewood Cliffs 1980)

Schmidt, Gunter (Hg.): *Jugendsexualität. Sozialer Wandel, Gruppenunterschiede, Konfliktfelder.* Stuttgart 1993.

– : *Sexuelle Verhältnisse. Über das Verschwinden der Sexualmoral.* Reinbek 1998.

– : /u. a.: »Veränderungen des Sexualverhaltens von Studentinnen und Studenten 1966–1981–1996«. In: Schmidt, Gunter/Strauß, Bernhard (Hg.): *Sexualität und Spätmoderne. Über den kulturellen Wandel der Sexualität.* Stuttgart 1998, 118–136.

Schwarzer, Alice: *Der »kleine Unterschied« und seine großen Folgen.* Frankfurt a. M. 1975.

Sigusch, Volkmar: *Geschlechtswechsel.* Hamburg 1992 (TB Hamburg 1995).

Ulrichs, Karl Heinrich. *Forschungen über das Räthsel der mannmännlichen Liebe.* 4 Bände. Berlin 1994. (Ersterscheinen 1864–1879).

Weininger, Otto: *Geschlecht und Charakter.* München 1980 (Ersterscheinen 1903).

7. Naturwissenschaften

Elvira Scheich

Naturalisierung und Verwissenschaftlichung

Die Rolle der Naturwissenschaft in der Frauen- und Geschlechterforschung ist eng mit der Unterscheidung von biologischem und sozialem Geschlecht verbunden. Die begriffliche Differenzierung zwischen *sex* und *gender* zielt auf die Kritik der sozialen Ungleichheit zwischen den Geschlechtern und deren Legitimation durch die Biologisierung der Geschlechterdifferenz. In Donna Haraways Worten: »*Gender* ist ein Konzept, das entwickelt wurde, um die Naturalisierung des Geschlechtsunterschiedes aufzuheben« (nach Orland/Scheich 1995, 65). Das schien zunächst sehr einleuchtend, das Geschlecht war einerseits *gender* und damit als kultur-, geistes- und sozialwissenschaftlicher Forschungsgegenstand bestimmt. Andererseits war da eine Restkategorie, *sex*, geblieben, ein Gegenstand biologischer und medizinischer Teildisziplinen, dessen Rolle in den feministischen Debatten rein negativ blieb. Komplizierter wurden die Verhältnisse mit dem unbehaglichen Verdacht, daß schon jede Unterscheidung von biologisch und sozial unvermeidlich mit Definitionen von Natur und Natürlichkeit einhergehe und deshalb die normativen Weiblichkeitszuschreibungen, die sich um Generativität, Zweigeschlechtlichkeit und Heterosexualität gruppieren, durch die Kategorien der feministischen Kritik noch einmal bestätigt würden, nur noch undurchschaubarer geworden wären.

Die Diskussionen über *sex* und *gender* eröffneten einen Komplex von Fragen, in dessen Horizont die Naturwissenschaften eine erhebliche Rolle spielen, und zwar um so mehr, je genauer der Blick wird. Denn zum einen wird unter den modernen Lebensbedingungen in entscheidendem Maße durch naturwissenschaftliche Definitionen entschieden und in naturwissenschaftlichen Prozeduren festgelegt, wie die Grenzverläufe zwischen Biologie und Gesellschaft, Kultur und Natur konkret aussehen. Deshalb stehen die Diskussionen über Geschlechterdifferenz in einem direkten Bezug zur Verwissenschaftlichung von Natur, Materie und Körpern und ihrer Konstruktion als Wissensobjekte. Zum anderen sind die Wissenschaften, die sich die Erforschung der Natur jenseits gesellschaftlicher und kultureller Bestimmungen zur Aufgabe gemacht haben, ein machtvolles soziales System, Teil einer Gesellschaft, die durch ein asymmetrisches Geschlechterverhältnis geprägt ist, und sie besitzen eine festgefügte männliche Dominanz innerhalb der eigenen Reihen. Wenn die Naturwissenschaften speziell aus der Perspektive der Frauen- und Geschlechterforschung untersucht werden sollen, so wird man dabei die Verflechtungen von Erkenntnis und Interesse im Auge behalten und stets darauf gefaßt sein müssen, sich mit Dualismen, Widersprüchen, Anomalien und Paradoxien verschiedenster Art und Herkunft auseinanderzusetzen.

Den komplizierten und verzweigten Wechselwirkungen von Wissensformen und Wissensproduktion soll im folgenden weiter nachgegangen werden. Standpunkte und Diskussionen in der bisherigen Forschung zum Zusammenhang von Geschlecht und Naturwissenschaft werden entlang der Leitthemen ›Körper‹, ›Objektivität‹ und ›Natur‹ umrissen. Sie bilden zugleich die Markierungspunkte, an denen sich erste Ansätze zur Institutionalisierung und disziplinären Verankerung der neuen Forschungsrichtungen aufzeigen lassen.

Historische Körper – Biologie und Geschichte

Was die Biologie zur Geschlechterdifferenz zu sagen hatte, wurde 1979 von einer Gruppe amerikanischer Biologinnen und Feministinnen in einem Sammelband mit dem Titel *Women look at Biology looking at Women* (Hubbard u. a. 1979) einer kritischen Revision unterzogen. Die Autorinnen setzten sich insbesondere mit dem rassistischen und sexistischen Determinismus der Soziobiologie auseinander und gingen darüber hinaus auch auf die Geschlechterstereotypisierungen in den Modellen der Verhaltensforschung, der Endokrinologie, der Hirnforschung; und Evolutionsbiologie ein. Das Buch bildete den Auftakt für zahlreiche kritische Studien zur Biologie der Geschlechterdifferenz, die seither von den beteiligten Autorinnen und anderen, die sich ihrem Projekt anschlossen, durchgeführt wurden, um die *gender*-Mythen (so Fausto-Sterling 1985; siehe auch Bleier 1984; Birke 1986; Oudshoorn 1994; Spanier 1995) ihrer Wissenschaft zu entschlüsseln, die zu verzerrten wissenschaftlichen Befunden und Theorien führten.

In der Vielzahl von Beschreibungen, Modellen und Beobachtungen der biologischen Geschlechterunterschiede fällt die Monotonie auf, mit der sich einige Grundmuster wiederholen. Die Zuordnung von aktiv gleich männlich und passiv gleich weiblich durchzieht das gesamte Reich des Lebendigen und wird genau wie ihr Vorbild, die Aristotelische Zeugungstheorie, herangezogen, um eine universale Suprematie des Männlichen plausibel machen. Mit ihrer Hilfe wurde die Geschlechterhierarchie in die Grundlagen der Disziplin eingearbeitet, wie die Entstehungsgeschichte der taxonomischen Ordnung (Schiebinger 1993) und der Evolutionstheorie (Scheich 1993, anders Beer 1983) zeigt. Selbst gegen einen bereits etablierten Wissensbestand der Biologie wurde oft noch lange am Männlichen als universalem Entwicklungsprinzip festgehalten, etwa in der Vererbungslehre oder Populationsgenetik. ›Männer machen Geschichte‹ – das sollte eben auch für Tiere und Pflanzen gelten.

In diesem Vorstellungshorizont repräsentiert das Weibliche das Besondere und die Besonderheit des weiblichen Geschlechts besteht im Natursein der Frau, nämlich in der Reduktion ihrer Natur auf ihre Rolle in der Fortpflanzung. Aufgrund ihrer ›Gattungsaufgabe‹ bleibe die Frau ganz und gar der Natur verbunden, wie die traulichen Familienszenen und die ganz traditionelle Arbeitsteilung zwischen den Geschlechtern in den Primatengesellschaften, die in den Dioramen des Museums of Natural History in New York dargestellt sind (beschrieben bei Haraway 1989), zu verstehen geben. In diesen Bildern konzentrieren sich die patriarchalen Vorurteile, die in den Rekonstruktionen der menschlichen Evolution dann allein dem – selbstverständlich männlichen – Jäger-Krieger einen nennenswerten Part zuspielen, was Ruth Hubbard zu der Frage veranlaßte »Have only Men evolved?« (1979).

Weil das weibliche Dasein aller Spezies durch seine Reproduktionsfunktionen vollständig bestimmt sei, konnte naturwissenschaftlich begründet werden, was gesellschaftlich erwünscht war. Die Aneignung der weiblichen Generativität in einer männlichen Genealogie, die Abhängigkeit und Unterordnung der Frauen in der Ehe, ihre normative Festlegung auf Hausfrauentum und Mütterlichkeit wurden zu ihrer Naturbestimmung umgedeutet. Dennoch waren gewisse Beunruhigungen, die von der weiblichen Biologie ausgingen, nicht auszuräumen. Denn das Thema Sexualität, um das es bei den Bestimmungen der Geschlechterdifferenz immer auch geht, bildet einen unkontrollierbaren Untergrund. Sowohl die in wiederkehrenden Vorstellungen von einer unregulierten weiblichen Triebhaftigkeit als auch umgekehrt die Leugnung weiblicher Sexualität in weiten Abschnitten der Biologiegeschichte bekunden etwas von der Zwiespältigkeit, mit der die ›Naturnähe‹ der Frau immer verbunden blieb, und von der langen Tradition dieser Ambivalenz.

In der kritischen Revision der Biologie wurde deutlich, daß die Projektionen einer bürgerlichen Wirklichkeit – sowie der in ihr eingelagerten Wünsche und Ängste – auf die Tier- und Pflanzenwelt eine Vielzahl von biologischen Modellen und Beobachtungen beeinflußten. Dabei werden die Geschlechterdifferenz und die Kultur-Natur-Differenz so ineinander geschoben, daß eine Hierarchisierung auf beiden Seiten abgesichert wird: die naturgegebene Inferiorität des Weiblichen dient dazu, auf symbolische Weise die Kultur über die Natur zu stellen. Die Schlußfolgerungen, die von Biologinnen daraus gezogen wurden, setzten auf mehr Genauigkeit, auf bessere Beobachtungsmethoden und eine gründliche Überprüfung der theoretischen Vorannahmen. Ein Forschungsgebiet, in dem solche Korrekturen besonders erfolgreich zu neuen Fragen und komplexeren Erklärungen weiterentwickelt wurden, ist die Primatologie (Gowaty 1997; Hager 1997; Morbeck/Galloway/Zihlman 1997; Hrdy 1999). Hier gelang es, die Erkenntnisse der Frauen- und Geschlechterforschung, v.a. der Kulturanthropologie, in biologische Fragestellungen und die Feldforschung einzubeziehen. Was sowohl die Untersuchung von Primatengesellschaften als auch die Rekonstruktion der menschlichen Evolution eindrucksvoll veränderte, so daß ›Woman the Gatherer‹ längst keine Randfigur der Geschichte mehr darstellt »und jedes Kind, daß es wissen will, heute im Fernsehen von schwulen Gorillas und transsexuellen Schimpansen erfährt.« (Schultz 1999, persönlich)

Die Biologiekritik geht den Widersprüchlichkeiten nach, in die sich Befunde und Erklärungen zur Geschlechterdifferenz verwirren, weil sich historische Sichtweisen oder aktuelle politische Auseinandersetzungen in empirisches Tatsachenwissen hineinmischen, und sie zielt darauf, diese kenntlich zu machen. Die neuen Entwicklungen in den biologischen Disziplinen zeigen nun weiterhin, daß es sich dabei um untrennbare Aspekte in den sozialen Konstruktionen dessen, was jeweils ›Biologie‹, und besonders die ›menschliche Biologie‹, und ›Geschlecht‹ sei, handelt. In der Primatologie wie auch in der Verhaltensforschung oder Endokrinologie ist unverkennbar geworden, daß biologische Theorien und Vorstellungen gerade durch ein politisches Erkenntnisinteresse, das ganz neue Impulse einbrachte und frauenzentrierte Forschungen anregte, weiterentwickelt wurden. Entsprechend sind die neuen Forschungsrichtungen, wo es bisher möglich war, institutionell doppelt orientiert, nämlich sowohl disziplinär als auch im Rahmen der *gender* bzw. *women's studies programs.* Die Veränderungen der Forschungslandschaft wurden im *mainstream* wahrgenommen (z. B. in *Science*) und resultieren in einer Überarbeitung von Lehrinhalten und Lehrbüchern (The Open University 1982, 1983; Strum/Lindburg/Hamburg 1999). Denn statt Differenzierungen und Unterschiede für alle Ewigkeit in einem biologischen Ursprungsmythos festzulegen, können sie auch dazu dienen, eine nicht instrumentalisierbare, komplexe und lebendige Vielfältigkeit ausdrücken: »In more ways than one, one story is not as good as another« (Haraway 1989, 348).

Besonders kompliziert und besonders brisant stellt sich der Zusammenhang von Erkenntnis und Interesse dar, wenn es um die Gesundheit und Generativität von Frauen geht. Unter dem Stichwort *body politics* wurde eine kritische Auseinandersetzung über die aktuellen Entwicklungen der Medizin geführt. Insbesondere die technologische und professionelle Dominanz der medikalisierten Geburt, verschärft durch den Einsatz neuer Fortpflanzungstechnologien in der Reproduktionsmedizin, sowie die Versprechen und Risiken von Humangenetik und Gentechnologie wurden thematisiert. Dabei kamen wesentliche Einsichten in dieser Debatte aus der Körpergeschichte und ihrer Demystifizierung des weiblichen Körpers als einer wissenschaftlichen Tatsache, zu der die Frauen selbst eigentlich nichts mehr zu sagen haben. Die Untersuchungen von Historikerinnen zur Genese des modernen Verständnisses von Körper und Geschlecht wenden sich gegen die Fiktionen eines Frauenkörpers, der durch die Geschichte hindurch derselbe bleibe. Diese Idee verdankt sich vielmehr den Prozessen, in denen speziell der weibliche Körper zum Wissensobjekt umgestaltet und seine wissenschaftliche biologisch-medizinische Beschreibung ausgearbeitet wurde, zunächst als Teil einer umfassenden Konstruktion der physiologischen und moralischen Andersartigkeit der Frau. Institutionen wie Identitäten umgreifend, etablierte sich eine *Geschichte unter der Haut* (Duden 1991; auch Laqueur 1990; Jordanova 1989), die von der Regulierung der Bevölkerung und Disziplinierung der Körper handelt. Dabei erweisen sich die Praktiken und Routinen der Kontrolle, mit denen die Ausrichtung der Körper zur *Ordnung der Geschlechter* (Honegger 1991) vollzogen wird, beständiger noch als die begrifflichen Vorstellungen.

Durch eine Historisierung des Körperwissens und der Körpererfahrung können Sexualität, Geschlechterverhältnis und Medizin als zentrale Schauplätze im Entstehen von ›Bio-Macht‹ (Foucault) erfaßt werden, deren Effekt darin besteht, die Verwissenschaftlichung von Objekten und Körpern und ihre Wahrnehmungen auf der Alltagsebene einander anzugleichen (Martin 1989; Squier 1994; Rosser 1994). Gegentendenzen zu diesen Formen der Enteignung und Entfremdung artikulierten sich in der Gründung feministischer Gesundheitszentren und durch Initiativen wie *The Boston Women's Health Book Collective* (1971; 1987), gefolgt sind Fachorganisationen und

Fachzeitschriften (z. B. *Clio – Die Zeitschrift zur Frauengesundheit; JAMWA – Journal of American Medical Women's Association*). Im Rahmen der politischen und praktischen Impulse zur Selbstbestimmung entstand ein breites Spektrum sozial- und gesundheitswissenschaftlicher Forschungsthemen (z. B. Fee/Krieger 1994; Haseltine/Jacobson 1997; Maschewsky-Schneider 1997), die inzwischen im universitären Bereich bei der Gestaltung von Studiengängen zu Gesundheitswissenschaften/*public health* Berücksichtigung fanden.

Die bisherigen Forschungen in und zu den biologischen und medizinischen Wissenschaften stellen auf prononcierte Weise die Gesellschaftlichkeit der Naturbegriffe und die Historizität der Wissensobjekte heraus. Geschlecht und Körper sind als Gegenstände der Naturwissenschaften veränderlich und formen sich im Kontext gesellschaftlicher Normen und Interessen. *Science as Social Knowledge* (Longino 1990) – das bedeutet wissenschaftliche Erkenntnis als soziale Prozesse zu betrachten, in denen sich Macht und Wissen überkreuzen, in denen sich repressive und produktive Wirkungen wechselseitig bedingen. Ist demnach in der Biologie alles sozial konstruiert und *sex* eine Erweiterung von *gender*? Die radikale Umkehrung ist jedoch auch nur eine Variante, jene ›reinen‹ Kategorien zu fordern, wenn auch nicht wie üblicherweise, z. B. in der Soziobiologie, um das Soziale aus der Biologie zu entfernen. Die Biologinnen haben in vieler Hinsicht deutlich gemacht, wie durch ein ›Entweder-Oder‹ Probleme verkürzt und Einsichten unterbunden werden; sie stellen eine Perspektive des *Reinventing Biology* (Birke/Hubbard 1995) dagegen. Für die weitere Diskussion geht hier insbesondere verloren, daß es genau die überhistorische Begrifflichkeit der Geschlechterdifferenz ist, die im Unterschied zu *gender* eine naturwissenschaftliche Kategorie auszeichnet. Die soziale Konstruktion von *sex* als biologischer Kategorie ist deshalb im Rahmen dieser allgemeineren Problemstellung noch weiter zu analysieren.

Dynamische Objektivität und partiale Erkenntnis

Von Geschlechtern und Geschlechterdifferenzen ist nicht mehr die Rede, wenn man von den biologisch-medizinischen zu den Naturwissenschaften im allgemeinen übergeht. *Sex* gehört nicht zum Gegenstandsbereich der mathematisch-abstrakten Wissenschaften. Vor allem aber lieferten diese Wissenschaften die Vorbilder und Standards für eine ›richtige‹ naturwissenschaftliche Erkenntnis: Universalismus und Wertneutralität. Die Frage, unter der die *gender*-Aspekte in diesen Wissenschaften angegangen wurden, richtete sich direkt auf den Widerspruch zwischen diesen Ansprüchen und dem Fehlen von Wissenschaftlerinnen: Was hat die offenkundige Diskriminierung von Frauen in den Naturwissenschaften mit dem Denken der Naturwissenschaften, mit der Art ihrer Begriffsbildung und Theorien über die Natur zu tun? Weitere Fragen schlossen sich an: Wie haben die Geschlechtermetaphorik und die ihr verbundenen kulturellen Normen die kognitiven, institutionellen und materiellen Entwicklungen von Wissenschaft beeinflußt? Wie greifen Geschlechterverhältnis und Wissenschaft als soziale Formationen ineinander? Um diese Fragen zu beantworten, war es notwendig, sich mit grundlegenden erkenntnistheoretischen und wissenssoziologischen Themen auseinanderzusetzen.

Die Analyse der Naturwissenschaften, ihrer Denkweisen und ihrer Methoden wurde zum Teil eines interdisziplinären Projekts, in dem das Ganze einer Kultur zum Thema gemacht und die Vielschichtigkeit von *gender* herausgearbeitet wurde, die »sogar jene[n] Welten, die Frauen niemals betreten« (Keller in Orland/Scheich 1995, 66) ihre spezifische Gestalt geben. Ansatzpunkte waren die rigorosen Dichotomien von Verstand und Gefühl, Geist und Natur, Subjekt und Objekt, die für die erkenntnisleitenden Prinzipien, die Wertvorstellungen, die Zielsetzungen sowie das Selbstverständnis von Wissenschaft bezeichnend waren und die in der Verflechtung mit dem Gegensatz von männlich und weiblich ein weitverzweigtes dualistisches und hierarchisches Bedeutungsgefüge bilden (Harding 1990 und 1991). Auf diese Weise ist der wissenschaftlichen Erkenntnis von Natur ein geschlechtsspezifischer Subtext unterlegt, der das Verständnis von Objektivität, Rationalität und Universalität entscheidend verkürzt. Distanzierung vom Objekt und dessen experimentelle Kontrolle werden ausgedrückt in einer Rhetorik der Unterwerfung weiblicher Natur durch sich in ihrer Männlichkeit bestätigende Wissenschaftler (Keller 1985; Merchant 1980). Der technisch-experimentellen Naturbeherrschung entspricht ein Reduktionismus in der Theorie und die Bevorzugung von mathematischen Modellen in der Physik, deren Abstraktionsformen die Standards von Wissenschaftlichkeit vorgeben. Feministische Wissenschaftskritik richtete sich auf die Dominanz des identitätslogischen Denkens und die Abspaltungen des Sinnlichen, Lebendigen, Mehrdeutigen in der naturwissenschaftlichen Erkenntnis. Denn dies impliziert die Herabsetzung und Negation jener speziellen Erfahrungen und Werte, die in den kulturellen Repräsentationen des Weiblichen zur Darstellung gebracht (Bovenschen 1979), die gesellschaftlich den Frauen zugeschrieben und abverlangt werden.

In der gesellschaftstheoretischen Perspektive wird speziell die »Verwobenheit von externalisiertem Naturverständnis und einem moralisierten Verständnis von der geschlechtlichen Natur des Menschen, die normativ-generativ, bipolar-zweigeschlechtlich und heterosexuell definiert ist« (Schultz 1998, 8), genauer betrachtet. Dabei soll Natur als Dimension gesellschaftlicher Verhältnisse kenntlich werden, die die Sphären der geschlechtsspezifischen Arbeitsteilung, Produktion und Reproduktion, das allgemein Politische und das nur Private, Rationalitäten wie Lebensformen, Erkenntnis und Erotik durchzieht. In diesem Zusammenhang ist die Funktion eines herrschaftsförmigen Geschlechterverhältnisses für das gesellschaftliche Naturverhältnis und für die Entwicklung von Wissenschaft zu bestimmen. Dabei gilt die kritische Aufmerksamkeit insbesondere den Verdinglichungen, die den Projektionen von Natur und Weiblichkeit als dem ganz Anderen für die Aufrechterhaltung des Paradigmas der Naturbeherrschung sowie der Unbewußtmachung von Ambivalenzen und Alternativen zukommen. Weder eine bloße Umkehrung der Werte, die die geschlechterspezifischen Zuschreibungen wiederholt, noch die Verkleinerung zu lästigen Paradoxien und logischen Verwirrungen wird der Bedeutung der hierarchischen Dichotomien gerecht. Sie bilden vielmehr konstitutive Elemente eines Denkens und Daseins, von dessen systematischen Leerstellen und Phantasmen auch die eigenen Positionen betroffen sind. Vom kulturellen und historischen Kontext hängt ab, was als rational und was als irrational angesehen wird, wie Wahrheit und Unwahrheit aufeinander bezogen werden und warum (Scheich 1993; Schultz 1994).

In der Rekonstruktion der Standpunkte und Blickwinkel, die als weiblich diskriminiert, ausgesondert und in ihrer Legitimität bestritten wurden, wurde der Anteil sichtbar, den unkontrollierte Elemente der Erkenntnis wie Spontaneität, Begehren, Einfühlung gerade auch in der Wissenschaft und bei der Produktion von Wissen spielen. Sowohl im Hinblick auf die alltägliche Arbeit des Experimentierens, Beobachtens und Interpretierens der Ergebnisse als auch in bezug auf die Uneinheitlichkeit kognitiver Perspektiven und methodologischer Präferenzen, des Nebeneinanders von Erklärungsmodellen und Forschungsstilen, die eine Disziplin bilden, wurde die Erweiterung zu einem dynamischen Begriff von Objektivität nötig, um kreative Erkenntnisprozesse zu verstehen (Keller 1983; 1985). Diese Blickrichtung bestimmt den Grundriß des spezifisch feministischen Projekts innerhalb einer Wissenschaftsforschung, die Wissenschaft als kollektive gesellschaftliche Praxis betrachtet und als *»Science in Action«* (Latour), statt sich nur mit den Resultaten, den logischen Strukturen der Naturgesetze und den experimentellen Entdeckungen, zu beschäftigen. In der Wissenschaftsentwicklung vermitteln sich soziale und politische Kräfte, psychologische Prädispositionen, experimentelle Zwänge und kognitive Anforderungen immer wieder aufs Neue, und beeinflussen das, was als wissenschaftliche Wahrheit gelten kann. In diesen je fein abgestimmten Konstellationen begründen sich die Macht von Wissenschaft, ihre Leistungsfähigkeit und ihr Erfolg und bilden sich die Machtstrukturen innerhalb der Disziplinen heraus. Entsprechend vielschichtig gestaltet sich eine Analyse, in der die Funktion und Wirkung des Geschlechts in den Netzwerken der gesellschaftlichen und technischen Interaktionen zwischen Wissenschaftlern und Öffentlichkeit, Fakten, Institutionen, Bedürfnissen und Ängsten, Instrumenten, Organismen und Dingen kenntlich werden soll (z. B. Traweek 1988; Abir-Am/Outram 1987; Sime 1996; Satzinger 1998). Schon eine Spurenlese entlang von Einzelbiographien läßt die Irritationen im Wissenschaftsbetrieb deutlich werden, wenn die Stelle des Wissenschaftler-Subjekts weiblich besetzt ist, und wirft eine Licht auf die Dissonanzen in der Rhetorik des Universalismus, die dann erzeugt werden. »Doing Science is Doing Gender« (Haraway in Scheich 1996).

Aufgrund der interdisziplinären Fragestellungen der ›neueren‹ Wissenschaftsforschung, die erkenntnistheoretische mit historischen, soziologischen und kulturwissenschaftlichen Aspekten verbindet, bietet sich hier ein institutioneller Rahmen für *gender studies* in bzw. zu den Naturwissenschaften. Dies gilt vor allem für den englischsprachigen Raum, in dem sich sowohl die Wissenschaftsforschung als auch die Frauen- und Geschlechterforschung an vielen Universitäten etablieren konnten. Es liegen zahlreiche Einzelstudien und Sammelbände sowie eine kontinuierliche Präsenz von Beiträgen in den relevanten Fachzeitschriften vor (siehe die Sonderbände von *Osiris* 1997 und *Isis* 1999, beide hrsg. von Kohlstedt; für einen Überblick siehe Biagioli 1999 und Schiebinger 1999; für das deutschsprachige Feld siehe Bleker 1998 und Meinel/Renneberg 1996).

Das vorläufige Ergebnis der erkenntnistheoretischen und wissenssoziologischen Diskussionen besteht in einer Reformulierung von Objektivität verbunden mit einem grundlegenden Vorbehalt gegenüber allen Universalitätsansprüchen, seien sie auch aus einer weiblichen Perspektive formuliert. Ausgehend von der Erfahrung der Differenz und die Notwendigkeit von Interpretationen und Übersetzungen anerkennend, wird eine radikale Kritik an den epistemologischen Grundlagen der wissenschaftlichen Naturerkenntnis zum Ausdruck gebracht. Dabei entsteht ein mehrdimensionales Bild von Wissenschaft, ihrer Arbeitsweise, ihres Gegenstandes, ihrer Voraussetzungen und ihrer Aufgaben, das die politische Begründung für eine Pluralität von Perspektiven und deshalb für die Anwesenheit von Frauen in der Wissenschaft untermauert. Betont werden die Partialität jeder Erkenntnis und die Eigenschaften, die »situiertes Wissen« (Haraway 1991) charakterisieren: lokal, begrenzt, körperlich, unvollständig, inhomogen. Sie stellen die Bedingungen für Objektivität dar und zwar speziell in den Naturwissenschaften, weil – hierin liegt die entscheidende Wendung – Erkenntnis als Aktivität zu sehen ist, in der Positionierungen vorgenommen und Verantwortungen verhandelt werden.

Natur: Konstruktionen, Komplexitäten und Kontextualisierungen

Partialität und Positionierung der Wahrheitsansprüche sind erkenntnistheoretische Prinzipien, die die materielle Veränderung der Natur durch Wissenschaft explizit ins Zentrum der Überlegungen stellen. Der Fokus verschiebt sich dabei von Abstraktion zu Konstruktion, von der theoretischen Darstellung der Wissensobjekte zur experimentellen Herstellung von Natureffekten durch den Aufbau von Apparaturen oder Beobachtungssituationen. Wobei das Ineinandergreifen von Sprache und Technik an den jeweiligen Orten, Laboratorien und Industrien, mit besonderem Interesse betrachtet wird.

Es ist ein Blick auf die enge Verbindung von Wissenschaft und Gesellschaft, wie er der Welt der *TechnoScience* angemessen ist, die von einer Verwissenschaftlichung der Lebenswelten geprägt ist, von technologischen Systemen aller Größenordnungen zusammengehalten und von biokybernetischen Wissenschaftsproduktionen bevölkert wird. Die »Wirklichkeitswahrnehmung, die unsere *Erfahrung* von Gesellschaft und Natur bestimmt« (Schultz siehe Scheich 1996, 195), wird ausgedrückt und zusammengefaßt in der Metapher vom »Raumschiff Erde«. Die systemisch-abstrakte Ganzheitlichkeit des biophysikalischen Funktionszusammenhangs integriert die sozialen und natürlichen Aspekte des gesellschaftlichen Naturverhältnisses, und sie ist charakteristisch für die neuen Bilder von Natur, für wissenschaftliche Theorien ebenso wie für gesellschaftliche und technologische Leitbilder.

In den vielschichtigen Vorgängen macht sich ein Verschwinden der Geschlechterdifferenz, jedenfalls als ein am ganzen Organismus orientiertes Modell physiologischer und moralischer Differenz, bemerkbar. Quer zu den traditionellen Disziplinen sind neue Theorien und Begrifflichkeiten entwickelt worden, die auf einer metasprachlichen, formalen oder modelltheoretischen Ebene operieren und die Nachbildung und

Beherrschung von Komplexität ermöglichen, wie z. B. in der Übertragung lebendiger Organismen auf die Zeichenrealität genetischer Codes. Es ist der Zusammenschluß von *High-Tech* und den formalen Modellen der modernen Molekularbiologie und -genetik, der die Entstehungsorte der Cyborgs prägt, jener eigenartigen Hybridwesen, mit denen sich die neuere Wissenschaftsforschung intensiv beschäftigt und in deren Existenz sich Natur und Kultur, Natur und Technik untrennbar vermischen. An ihnen gleitet jede Referenz auf Natur als etwas unmittelbar Gegebenes ab; sie verweisen statt dessen auf das Artefaktische, das die wissenschaftlichen wie die ethischen Wahrheiten der Techno-Wissenschaftswelt bestimmt und bedingt.

Die Bewertungen dieser Situation fallen sehr unterschiedlich aus. Donna Haraway sieht in den Grenzüberschreitungen der *TechnoScience* die Materialität der Cyborgs als Chance einer »Neuerfindung der Natur« (Haraway 1991, auch 1997). Trotz der Ambivalenz der neuen Technologien, in deren Genese militärische Zwecke, Enteignungsstrategien und Kapitalverwertungsinteressen eingegangen sind, begrüßt sie die offenkundige Künstlichkeit der von ihnen produzierten Wissensobjekte und die Implosionen der Dualismen wie Maschine-Organismus, Subjekt-Objekt, Mensch-Tier, technisch-sozial, männlich-weiblich, die davon ausgelöst werden. Das Fortfallen der Festschreibungen, die in einer Essentialisierung und Romantisierung der Natur nur immerzu wiederholt werden, erschließt den wissenschaftlichen Diskurs als eine Vermittlung von Körpern und Bedeutungen, an dem ein dekonstruktivistisches Denken der Differenz teilhaben kann. Weil ›Natur‹ in der Narration existiere und nicht außerhalb davon, weil das Interpretieren zum Bestandteil der Phänomene zu zählen ist, können die naturwissenschaftlichen Grenzbestimmungen einer Ironisierung und feministischen Projekten der Umschreibung zugänglich gemacht werden, in denen auch deutlich wird, daß die Wissensobjekte nicht passiv sind, sondern ›Aktanten‹, und die menschlichen Akteure nicht alles unter Kontrolle haben.

Die Erosion von Institutionen, Mentalitäten und Verhaltensweisen, die mit der Geschlechter-Metaphorik verbunden sind, wird von Evelyn Fox Keller (in Scheich 1996) mit Skepsis betrachtet. Der Verweis auf die soziale und wissenschaftliche Konstruiertheit des weiblichen Körpers und der Mutterschaft allein vermag z. B. im Hinblick auf die Reproduktionsmedizin einer feministischen Politik keine Orientierung zu geben. Fraglich ist Keller zufolge, welche Bedeutungen den nun nicht mehr reduktionslogischen sondern komplex-abstrakten Um-Schreibungen der Natur zukommen, die mit einer Virtualisierung von Realität durch Simulation einhergehen. Regina Becker-Schmidt (in Scheich 1996) betrachtet die Prozesse der Entkörperlichung und Entmaterialisierung, in denen durch Abstraktionen und Substitutionen Differentes anschlußfähig gemacht wird, als eine Fortschreibung der Identitätslogik und der Verdinglichungen instrumenteller Vernunft. Indem sich die projektive Andersartigkeit der Frauen erübrigt, werde die Geschlechterdifferenz zugleich versteckt und verschärft. Denn das Vorhaben einer Verwandlung von Wirklichkeit in Information beruhe auf der Leugnung von Substanz, Materie, Gegenständlichkeit und auf Größenphantasien, die sich verraten, wenn Wissenschaftler ihre Tätigkeit in der Sprache von Schöpfungsmythen verklären.

In der feministischen Wissenschafts- und Gesellschaftstheorie ist die Grenze zwischen der Biologie und dem Sozialen zu einer komplizierten Topographie geworden. Zur Debatte steht, ob und inwieweit die Auflösung von Materialitätsbezügen, jeglicher Naturkategorien und ihre vollständige Übertragung in *gender*-Kategorien sinnvoll ist. Wer der Frage nachgeht, wird darauf reflektieren müssen, daß die Kategorien von *sex* und *gender* dem Kontext einer sehr spezifischen US-amerikanischen Wissenschaftskultur entstammen, die sie wirkungsvoll kritisierten, während andere Verhältnisse verfehlt wurden. Dieser Gesichtspunkt gewinnt an Bedeutung für einen Begriff von ›Natur‹, der mehr als bloß eine Agglomeration von Wissensobjekten und Konstruktionen innerhalb eines Begriffssystems darstellt. Eine Kontextualisierung aber, die der die Gleichzeitigkeit von Repräsentation und Intervention in der naturwissenschaftlichen Praxis gerecht wird, beinhaltet wesentlich die Vorgänge, in denen darüber entschieden wird, welche Wissensinhalte relevant sind und welche Wissensformen weiterentwickelt werden. Daß sich die gesellschaftlichen Naturverhältnisse auch und gerade in der *TechnoScience* nicht mehr auf wissenschaftliche Vorgänge einschränken lassen, wird deutlich an der Art der Konflikte in der ›Risikogesellschaft‹ (Beck), in denen die Gestaltung der Natur und die Folgen davon im Mittelpunkt stehen. Die biotechnologischen Umstrukturierungen gegenwärtiger Naturverhältnisse sind vermittelt mit gesellschaftlichen Machtstrukturen, die mitbestimmen, welche Rolle die Cyborgs in den Auseinandersetzungen um die Zukunftsmärkte einer biotechnisierten Landwirtschaft, der Pharmakogenetik, einer industrialisierten Gesundheit und Fortpflanzung spielen werden.

Die Politisierung der Natur in der technischen Vergesellschaftung erfordert es, die wissenschaftlich-technische Gestaltung von Dingen, Produkten und Wissensobjekten, als eine Form der politischen Machtausübung zu analysieren, was der fundamentalen Trennung von Natur und Politik in der abendländischen Tradition zuwiderläuft. Zugleich ist Machtausübung durch Technikproduktion und Natur-Gestaltung grundsätzlich mit den Strukturen geschlechtsspezifischer Asymmetrien und der Ungleichheit zwischen Männern und Frauen verbunden (Ginsburg/Rapp 1995; Shiva 1988, 1997). Deshalb ist *technological citizenship*, die Verwirklichung einer sowohl politischen als auch ökonomisch-technischen Partizipation, eine Frage der Geschlechterdemokratie und steht in direkter Verbindung mit dem Konzept eines *empowerment* von Frauen, unter dem sich die verschiedenen feministischen Perspektiven versammeln. Es ist ein zentraler Ausgangspunkt, von dem sich der Horizont weiterführender Forschungsansätze abstecken läßt.

In der Perspektive von *empowerment* und Politisierung der Natur wird eine Verbindung von kritischen naturwissenschaftlichen und gesellschaftsstheoretischen bzw. sozialstrukturellen Analysen notwendig, um die gegenseitige Bedingtheit von symbolischen Zuschreibungen und materiellen Erzeugungen in ihren historischen Transformationsprozessen zu erfassen. Die Herstellung von Wissen und Technologien vollzieht sich in einer Kombination von Körpern, Dingen, Identitäten, Märkten, Infrastrukturen und Institutionen. Die Art der Probleme läßt sich immer weniger disziplinär definieren, und in ihrer fachüberschreitenden Bearbeitung bilden sich neuartige Untersuchungsgegenstände und Forschungsfelder sowie neue *scientific communities* heraus.

Dabei ist es entscheidend, daß konzeptionelle Unvereinbarkeiten und die je fachspezifische Konstitution von Gegenständen, Methoden und Begriffen der Sozial- und Naturwissenschaften anerkannt werden. Die Paradigmen der Natur- und der Sozialwissenschaften sind nicht ein und derselben universalen Dekonstruktion zugänglich. Problemorientierte Interdisziplinarität in diesem Sinne bedeutet auch eine Erweiterung der Interdisziplinarität in der Frauen- und Geschlechterforschung, und im kritischen Selbstverständnis, das die eigenen Grenzen und Bedingtheiten mitbedenkt, wäre Natur als Dimension zu integrieren. Im wesentlichen bedeutet das, die entwickelte Aufmerksamkeit für Formen von Gewalt, Deklassierung, Diskriminierung und Identitätszwang, die mit der Geschlechtszugehörigkeit verbunden sind, auf die Gestaltung der stofflich-materiellen und körperlichen Verfaßtheit menschlicher Verhältnisse und Naturverhältnisse zu beziehen.

Die »Vision eines Empowerment der Frauen [...] ist auf die Zukunft und auf Individuen gerichtet, die nicht über ihre geschlechtliche oder sexuelle Identität, sondern durch Überwindung dominierender Identitätspolitiken definiert sind und bietet sich deshalb für ein politisches Verständnis von Frauen als Gestaltende einer zukunftsfähigen Entwicklung an« (Schultz 1998, 24). Vorbilder für Wissensproduktionen in dieser Perspektive sind weniger in den ›reinen‹ Wissenschaften sondern eher in den pragmatischen Grenzüberschreitungen von Anwendungen, Gestaltungen, Planungen, in umwelt- und körperbezogenen Kontexten anzutreffen (z. B. Bauhardt 1996, 1997; Weller/Hoffmann/Hofmeister 1999; ein Überblick hrsg. vom Niedersächsischen Ministerium für Wissenschaft und Kultur 1997). Es zeichnet sich ein Wissenschaftsideal ab, das anspruchsvolle Theorieformen erfordert, die bezogen sind auf Praxis und Intervention, auf die Herstellung und Gestaltung von Natur – die daher passend sind für die Naturwissenschaften, weil sie Ambivalenz, Begehren, Andersartigkeit, Durcheinander und Komplexität akzeptieren und ein soziales, partiales und kontextuelles Wissen schaffen.

Literatur

Abir-Am, Pnina G./Dorinda Outram (Hg.): *Uneasy Careers and Intimate Lives: Women in Science, 1789–1979.* New Brunswik 1987.

Bauhardt, Christine (Hg.): *Ortswechsel – Blickwechsel. Frauenräume in der Migration.* Bielefeld 1996.

– : (Hg.): *Durch die Wand! Feministische Konzepte zur Raumentwicklung.* Pfaffenweiler 1997.

Beer, Gillian: *Darwin's Plots: Evolutionary Narrative in Darwin, George Eliot and Nineteenth Century Fiction.* London 1983.

Biagioli, Mario (Hg.): *The Science Studies Reader.* New York 1999.

Birke, Linda: *Women, Feminism, and Biology: The Feminist Challenge.* New York 1986.

– : /Ruth Hubbard (Hg.): *Reinventing Biology. Respect for Life and the Creation of Knowledge.* Bloomington 1995.

Bleier, Ruth: *Science and Gender. A Critique of Biology and its Theories on Women.* Oxford/New York 1984.
–: *Feminist Approaches to Science.* New York 1986.
Bleker, Johanna (Hg.): *Der Eintritt der Frauen in die Gelehrtenrepublik.* Husum 1998.
The Boston Women's Health Book Collective: *Our Bodies – Ourselves.* New York 1971. (Dt.: Unser Körper – Unser Leben. Ein Handbuch von Frauen für Frauen, 2 Bde. Hamburg 1981).
–: *Ourselves Growing Older. Women Aging with Knowledge and Power.* New York 1987.
Bovenschen, Silvia: *Die imaginierte Weiblichkeit. Exemplarische Untersuchungen zu kulturgeschichtlichen und literarischen Präsentationsformen des Weiblichen.* Frankfurt a. M. 1979.
Buchen, Judith u. a. (Hg.): *Das Umweltproblem ist nicht geschlechtsneutral: feministische Perspektiven.* Bielefeld 1994.
Corea, Gena: *Muttermaschine. Reproduktionstechnologien – Von der künstlichen Befruchtung zur künstlichen Gebärmutter.* Berlin 1985.
Dörhöfer, Kerstin/Ulla Terlinden: *Verortungen. Geschlechterverhältnisse und Raumstrukturen.* Basel/Boston/Berlin 1998.
Duden, Barbara: *Geschichte unter der Haut. Ein Eisenacher Arzt und seine Patientinnen um 1730.* Stuttgart 1991.
Fausto-Sterling, Anne: *Gefangene im Geschlecht? Was biologische Theorien über Mann und Frau sagen.* München 1988. (Orig: *Myths of Gender: Biological Theories about Women and Men.* New York 1985).
Fee, Elizabeth/Nancy Krieger (Hg.): *Women's Health, Politics, and Power: Essays on Sex/Gender, Medicine and Public Health.* Amityville 1994.
Fischer-Homberger, Esther: *Hunger – Herz – Schmerz – Geschlecht. Brüche und Fugen im Bild von Leib und Seele.* Bern 1997.
Gartner, Carol B.: *Rachel Carsson.* New York 1983.
Ginsburg, Faye/Rayna Rapp (Hg.): *Conceiving the New World Order: The Global Politics of Reproduction.* Berkeley 1995.
Gowaty, Patricia (Hg.): *Feminism and Evolutionary Biology: Boundaries, Intersections, and Frontiers.* New York 1997.
Hager, Lori (Hg.): *Women in Human Evolution.* New York 1997.
Haraway, Donna: *Primate Visions: Gender, Race, and Nature in the World of Modern Science.* New York 1989.
–: *Die Neuerfindung der Natur. Primaten, Cyborgs und Frauen.* Frankfurt a. M. 1995.
– *Simians, Cyborgs, and Women: The Reinvention of Nature.* New York 1991.
–: *Monströse Versprechen. Coyote-Geschichten zu Feminismus und Technowissenschaft.* Hamburg 1995.
–: *Modest_Witness@Second_Millenium.FemaleMan ©_Meets_OncoMouse™: Feminism and Technoscience.* New York 1997.
Harding, Sandra: *Feministische Wissenschaftstheorie. Zum Verhältnis von Wissenschaft und sozialem Geschlecht.* Hamburg 1990. (Orig.: *The Science Question in Feminism.* Ithaca 1986).
–: *Whose Science? Whose Knowledge? Thinking from Women's Lives.* Milton Keynes 1991.
Haseltine, Florence/Beverly Jacobson (Hg.): *Women's Health Research: A Medical and Policy Primer.* Washington 1997.
Honegger, Claudia: *Die Ordnung der Geschlechter. Die Wissenschaften vom Menschen und das Weib 1750–1850.* Frankfurt a. M. 1991.
Hrdy, Sarah Blaffer: *The Woman That Never Evolved.* Cambridge/Mass. 1981.
–: *Mother Nature. Natural Selection & The Female of the Species.* London 1999.
Hubbard, Ruth: *The Politics of Women's Biology.* London 1990.

– : u. a.: *Women Look at Biology Looking at Women: A Collection of Feminist Critiques.* Boston 1979.
– : /Birke, Linda (Hg.): Reinventing Biology. Respect for Live and the Creation of Knowledge – Race, Gender and Science. 1995.
Jacobus, Mary, Evelyn Fox Keller/Sally Shuttleworth (Hg.): *Body/Politics: Women and the Discourses of Science.* New York 1990.
Jordanova, Ludmilla: *Sexual Visions: Images of Gender in Science and Medicine between the Eighteenth and Twentieth Centuries.* Madison 1989.
Keller, Evelyn Fox: *A Feeling for the Organism: The Life and Work of Barbara McClintock.* New York 1983.
– : Liebe, Macht und Erkenntnis. Männliche und weibliche Wissenschaft. München 1986. (Orig.: *Reflections on Science and Gender.* New Haven 1985).
– : *Secrets of Life, Secrets of Death: Essays on Language, Gender and Science.* NewYork 1992.
– : *Refiguring Life: Metaphors of Twentieth-Century Biology.* New York 1995.
Keller, Evelyn Fox/Helen E. Longino (Hg.): *Feminism and Science.* Oxford 1996.
Kohlstedt, Sally Gregory/Helen E. Longino (Hg.): *Women, Gender, and Science. New Directions. Osiris* 2nd series 12 1997.
– : (Hg.): *History of Women in the Sciences.* An Isis Reader. Chicago 1999.
Laqueur, Thomas: *Making Sex: Body and Gender from the Greeks to Freud.* Cambridge, Mass. 1990.
Laslett, Barbara/Sally Gregory Kohlstedt/Helen E. Longino/Evelynn Hammonds (Hg.): *Gender and Scientific Authority.* Chicago 1996.
Longino, Helen E.: *Science as Social Knowledge: Values and Objectivity in Scientific Inquiry.* Princeton 1990.
Martin, Emily: *The Woman in the Body: A Cultural Analysis of Reproduction.* Boston 1989.
Maschewsky-Scheider, Ulrike: *Frauen sind anders krank. Zur gesundheitlichen Lage der Frauen in Deutschland.* Weinheim/München 1997.
Meinel, Christoph/Monika Renneberg (Hg.): *Geschlechterverhältnisse in Medizin, Naturwissenschaft und Technik.* Bassum 1996.
Merchant, Carolyn: Der Tod der Natur. Ökologie, Frauen und neuzeitliche Naturwissenschaften. München 1987. (Orig.: *The Death of Nature: Women, Ecology, and the Scientific Revolution.* San Francisco 1980).
Morbeck, Mary/Alison Galloway/Adrienne Zihlman (Hg.): *The Evolving Female: A Life-History Perspective.* Princeton 1997.
Niedersächsisches Ministerium für Wissenschaft und Kultur: *Berichte aus der Frauenforschung: Perspektiven für Naturwissenschaften, Technik und Medizin.* Hannover 1997.
The Open University U221 Course Unit (Hg.): *The Changing Experience of Women.* Milton Keynes 1982, 1983.
Orland, Barbara/Elvira Scheich (Hg.): *Das Geschlecht der Natur. Feministische Beiträge zur Geschichte und Theorie der Naturwissenschaften.* Frankfurt a. M. 1995.
Oudshoorn, Nelly: *Beyond the Natural Body: An Archeology of Sex Hormones.* London 1994.
Outram, Dorinda: *The Body and the French Revolution: Sex, Class and Political Culture.* New Haven 1989.
Ritter, Martina (Hg.): *Bits and Bytes vom Apfel der Erkenntnis. Frauen – Technik – Männer.* Münster 1999.
Rose, Hilary: *Love, Power and Knowledge: Towards a Feminist Transformation of the Sciences.* Bloomington 1994.
Rosser, Sue: *Women's Health: Missing from U.S. Medicine.* Bloomington 1994.
Rossiter, Margaret W.: *Women Scientists in America: Struggles and Strategies to 1940.* Baltimore 1984.
– : *Women Scientists in America: Before Affirmative Action, 1940–1972.* Baltimore 1995.

Satzinger, Helga: *Die Geschichte der genetisch orientierten Hirnforschung von Cécile und Oskar Vogt (1875–1962, 1870–1959) in der Zeit von 1895 bis ca. 1927.* Stuttgart 1998.
Sayre, Anne: *Rosalind Franklin & DNA.* New York 1975.
Scheich, Elvira (Hg.): *Vermittelte Weiblichkeit. Feministische Wissenschafts- und Gesellschaftstheorie.* Hamburg 1996.
– : *Naturbeherrschung und Weiblichkeit. Denkformen und Phantasmen der modernen Naturwissenschaften.* Pfaffenweiler 1993.
Schiebinger, Londa: *The Mind Has No Sex? Women in the Origins of Modern Science.* Cambridge/Mass. 1989.
– : *Nature's Body: Gender in the Making of Modern Science.* Boston 1993.
– : *Has Feminism Changed Science?* Cambridge/Mass. 1999.
Schultz, Irmgard: *Der erregende Mythos vom Geld. Die neue Verbindung von Zeit, Geld und Geschlecht im Ökologiezeitalter.* Frankfurt a. M. 1994.
– : (Hg.): *GlobalHaushalt. Globalisierung von Stoffströmen – Feminisierung von Verantwortung.* Frankfurt a. M. 1993.
– : /Ines Weller (Hg.): *Gender & Environment: Ökologie und die Gestaltungsmacht der Frauen.* Frankfurt a. M. 1995.
– : *Umwelt- und Geschlechterforschung – eine notwendige Allianz.* ISOE-DiskussionsPapiere. Frankfurt a. M. 1998.
Shiva, Vandana: Das Geschlecht des Lebens. Frauen, Ökologie und Dritte Welt. Berlin 1989. (Orig.: *Staying Alive: Women Ecology and Development.* London 1988).
– : *Monocultures of the Mind. Perspectives on Biodiversity and Biotechnology.* London 1997.
Sime, Ruth Lewin: *Lise Meitner: A Life in Physics.* Berkeley 1996.
Spanier, Bonnie: *Im/partial Science: Gender Ideology in Molecular Biology.* Bloomington 1995.
Squier, Susan: *Babies in Bottles: Twentieth-Century Visions of Reproductive Technology.* New Brunswik 1994.
Strum, Shirley/Donald Lindburg/David Hamburg (Hg.): *The New Physical Anthropology.* Upper Saddle River 1999.
Tobies, Renate (Hg.): *»Aller Männerkultur zum Trotz«. Frauen in Mathematik und Naturwissenschaften.* Frankfurt a. M. 1997.
Traweek, Sharon: *Beamtimes and Lifetimes. The World of High Energy Physics.* Cambridge, Mass. 1988.
Trettin, Käthe: *Die Logik und das Schweigen. Zur antiken und modernen Epistemotechnik.* Weinheim 1991.
Tuana, Nancy (Hg.): *Feminism and Science.* Bloomington 1989.
Vogt, Annette: *Nicht nur Lise Meitner… Frauen an Kaiser-Wilhelm-Instituten zwischen 1910 und 1945.* Berlin 1994.
Wajcman, Judy: *Feminism Confronts Technology.* Cambridge 1991.
Weller, Ines/Esther Hoffmann/Sabine Hofmeister (Hg.): *Nachhaltigkeit und Feminismus: Neue Perspektiven – Alte Blockaden.* Bielefeld 1999.
Winterfeld, Uta v. u. a. (Hg.): *Vom Zwischenruf zum Kontrapunkt. Frauen – Wissenschaft – Natur.* Bielefeld 1997.

8. Informatik

Heidi Schelhowe

Technologie als Männersache?

Außer dem Militär gibt es kaum einen Bereich unserer Gesellschaft, der so eng mit Männlichkeit verknüpft wird wie Technologie. (Diese Aussage bezieht sich auf die Situation in der (alten) Bundesrepublik. Beim Blick auf süd- oder osteuropäische Länder ergibt sich teilweise ein anderes Bild.) Trotz aller Veränderungen, die die Bilder von ›Mann‹ und ›Frau‹ erfahren haben, hat sich an dieser Zuordnung nur wenig geändert. Mann und Technik scheinen eine ›natürliche‹ Verbindung auszudrücken, während die Nennung des Zusammenhangs ›Frau und Technik‹ eher Schmunzeln hervorruft und anscheinend einen Widerspruch zum Ausdruck bringt.

Dabei ist die Beziehung zwischen Geschlecht und Technik in der Tat recht kompliziert, wenn wir die Verhältnisse genauer betrachten. Es ist keineswegs so, daß Frauen nicht im Kontext mit Technik auftauchen. In den 80er Jahren z. B., als die Computer ihren Platz in der Arbeitswelt eroberten, waren es überproportional viele Frauen, deren Arbeitsplätze mit Computern ausgestattet waren. Schon in der Frühzeit des Computers waren es zu einem großen Teil Frauen gewesen, die diese Maschinen »bedienten«. Der ENIAC, der erste elektronische Computer in den USA, wurde von Frauen, ausgebildeten Mathematikerinnen, programmiert. So scheint es also weniger eine Unvereinbarkeit von Frau und Technik, sondern eher die Vorstellung hochbewerteter und hochbezahlter technologischer Kompetenz zu sein, die eine Zuordnung zum männlichen Geschlecht hervorruft.

Frauen in der Informatik

Als in den 60er Jahren die ersten Informatikstudiengänge in der Bundesrepublik gegründet wurden, etablierte sich dieses Fach als eine der typischen Männerdomänen. Der Frauenanteil lag nur knapp über dem typischer Ingenieurdisziplinen wie Maschinenbau und Elektrotechnik. Dann aber begann bis Mitte der 80er Jahre das Interesse von Frauen an diesem Fach zu steigen.

Endlich, so schien es, konnte das männliche Monopol auf eine akademische Qualifikation, die mit hoher technologischer Kompetenz assoziiert wird, gebrochen werden. Diese Aussage bezieht sich auf die Situation in der alten BRD, die sofort nach 1989 auch zum ›Vorbild‹ für die Entwicklung der vereinigten Republik wurde. Davor, in der DDR, waren die weiblichen Studierenden nahezu in gleicher Anzahl in der Informatik vertreten. Das änderte sich schlagartig mit dem Studienjahr 1990 auch für die neuen Bundesländer.

Die für ein technisches Studium ungewöhnlich hohe Präsenz von Frauen (Studienanfängerinnen 1978/79: 20,8 Prozent), gepaart mit der dennoch bestehenden Minderheitensituation, die ein Bewußtsein schuf, so etwas wie Pionierinnen zu sein, begünstigte eine Stimmung des Aufbruchs, der Stärke, der Zusammengehörigkeit. Informatikerinnen waren in den 80er Jahren nicht nur ein beliebtes Objekt sozialwissenschaftlicher Frauenforschung, sie begannen auch, in ihrer eigenen Disziplin sichtbar zu werden und Einfluß geltend zu machen. 1986 wurde in der »Gesellschaft für Informatik« (GI), der wissenschaftlichen Organisation für Informatiker/innen in Forschung, Entwicklung und Anwendungen der Informationstechnologie, der Arbeitskreis, später Fachgruppe »Frauenarbeit und Informatik« gegründet (siehe auch die von der Fachgruppe herausgegebene Zeitschrift »Frauenarbeit und Informatik«), der rasch auf 500 Mitglieder anwuchs und bis heute zu den aktivsten Untergliederungen der GI zählt. 1998 und 1999 wurde unter dem Titel »Informatica Feminale« jeweils eine Informatik-Sommeruniversität für Frauen in Bremen veranstaltet. An den Hochschulen, auf verschiedenen Tagungen (z. B. »Frauenwelt – Computerräume« 1989 in Bremen, Tagungsband (Schelhowe 1989)), in wissenschaftlichen Diskussionszirkeln wurden nicht nur Frauenförderung und ein gleichberechtigter Zugang von Frauen zur Informatik thematisiert, sondern auch die Informatik als Wissenschaft unter einem kritischen feministischen Blick betrachtet. Frauenforschung wurde in der Informatik zum Thema; seit Beginn des Wintersemesters 1998/99 gibt es am Fachbereich Informatik/Mathematik an der Universität Bremen als Ergebnis dieser Diskussionen einen Forschungsschwerpunkt und eine Informatikprofessur »Frau und Technik«.

Zugang von Mädchen und Frauen zum Computer und zur Informatik

Anfang/Mitte der 80er Jahre begann der Frauenanteil im Informatikstudium wieder deutlich zu sinken. Einer der zentralen Ausgangspunkte für die Geschlechterforschung war und ist bis heute die Frage nach den Gründen für den schwierigen Zugang von Frauen und Ursachen für die enge und sich immer wieder herstellende Verbindung von technologischem Know How und Männlichkeit.

Noch bis Ende der 70er Jahre war das gängige Erklärungsmuster das vom weiblichen ›Defizit‹: Mädchen würden in der frühkindlichen Erziehung von technischem Spielzeug ferngehalten und – anders als Jungen – nicht entsprechend motiviert. So würde den Mädchen eine Technikdistanz anerzogen. Diese gelte es zu korrigieren, indem Mädchen verstärkt Angebote an technologischer Bildung gemacht werden, damit sie ihre Defizite ausgleichen können.

In den 80er Jahren wurde diese These relativiert: Es zeigte sich, daß Mädchen – z. B. durch außerschulische geschlechtshomogene Angebote – großes Interesse am Umgang mit Computern zeigten und im Umgang mit dieser Technologie sehr rasch mit den Jungen gleichziehen konnten, wenn sie die Gelegenheit dazu bekamen. Eine über Jahre anerzogene und langfristig wirksame Technikdistanz ließ sich nicht ausmachen. Gleichzeitig aber – und dies war der Hauptgrund für die Verwerfung der These vom Technikdefizit – gewann eine grundlegende Kritik an den Anwendungen und Wirkungen der gegenwärtigen Technologie auch in der Frauenbewegung und Frauenforschung zunehmend an Bedeutung. Auch Technologie selbst gilt heute nicht mehr als neutral, in ihre Theoriebildung, in die Konzepte, in die Konstruktion fließen soziale Wertsetzungen ein. Der herrschende, von Männern dominierte Umgang mit der Technik selbst wurde von Frauenbewegung und Frauenforschung kritisiert, und es wurde gleichzeitig ein neuer, umwelt- und sozialverträglicherer Umgang mit Technik eingefordert. Es sollte nicht einfach um den Ausgleich von Defiziten bei Mädchen und Frauen und eine Anpassung an die herrschende Technik gehen, sondern um eine Veränderung der Technologie selbst und ihrer Anwendungen.

Auf der Grundlage einer Theorie der Differenz zwischen männlicher und weiblicher Persönlichkeitsstruktur wurden schließlich unterschiedliche Verhaltensweisen im Zugang und Umgang mit Technologie postuliert. Die Thesen lauteten z. B.: »Pragmatisches, realistisches und gebrauchswertorientiertes Handeln bewahrt die Frauen davor, sich blindlings einer Sache anheimzugeben, mit der Gefahr, ihr zu verfallen; es befähigt sie von Anfang an zur Kritik und der Insistenz, in gesellschaftsbezogenen Konstellationen zu denken.« (Brandes 1985, 43). Selbst für das Programmieren wurde vermutet, daß Frauen anders vorgingen, ihr Stil sei ›weich‹, während Männer einen eher ›harten‹ Stil bevorzugten. Diese Vermutung entstand in der Folge der Ergebnisse von Sherry Turkle, die zwischen zwei unterschiedlichen, aber im Ergebnis gleich erfolgreichen Programmierstilen unterschied: Sie hatte einerseits »bricoleurs« (»soft«), andererseits »planners« (»hard«) beobachtet; die einen gehen beim Programmieren eher spielerisch, künstlerisch vor, die anderen eher strukturiert, regel-orientiert (Turkle 1984).

Empirische Untersuchungen, die zur Verifizierung geschlechtsspezifischer Unterschiede unternommen wurden, ergaben meist jedoch nur sehr geringe Unterschiede zwischen Frauen und Männern in ihrem Zugang und Umgang mit Computern oder in der Softwareentwicklung. Ein wichtiger Effekt dieser Diskussionen war jedoch, daß der Blick für die Neuartigkeit dieser Technologie, der Computertechnologie, und ihrer Möglichkeiten geöffnet wurde, daß überhaupt das gängige Bild vom streng deterministischen, objektiven, streng sach- und regelorientierten Umgang mit Technik und vom Vorgehen in der Technikkonstruktion erschüttert wurde.

Im Verlauf dieser empirischen Untersuchungen zeigte sich ebenfalls, daß sich eine hartnäckige kulturelle Zuordnung von Männlichkeit und Technik und ein Ausschluß von Weiblichkeit und Technik immer wieder zu reproduzieren und im (Selbst-)Bewußtsein festzuschreiben scheinen, ganz unabhängig von tatsächlich erforderlichen Fähigkeiten und Kompetenzen. So gelten Informatikstudierende und Informatiker/innen in Deutschland nach wie vor als technikbesessene Computerfreaks, die keinen sozialen Aktivitäten nachgehen. Ein Bild, das insbesondere Mädchen und Frauen oft aufs heftigste ablehnen. An der Verfestigung dieses Bildes scheint nicht zuletzt auch der Informatikunterricht an den Schulen mitgewirkt zu haben, wo oft an die Interessen (eines kleinen Teils) von Jungen, das Innere der Maschine im Detail zu beherrschen, angeknüpft und zur Voraussetzung des Zugangs gemacht wurde.

Informatik und Technologie

Die Erfindung des ersten Computers steht in der Tradition klassischer Ingenieurerfindungen. Konrad Zuse stellte 1941 in Deutschland die erste programmgesteuerte Rechenmaschine (»Z3«) fertig. Sie sollte, so Zuse, eine Maschine sein, die dem Ingenieur das sture Wiederholen von Rechenvorgängen abnimmt. Eine Besonderheit kennzeichnet diese Maschine jedoch gegenüber den bisherigen klassischen Maschinen: Sie ist, so argumentiert Zuse bei der Anmeldung seines Patents, »fleischgewordene Mathematik« (Zuse 1993).

Mathematik prägt Informatik mindestens ebenso stark wie die Erfindung der konkreten, der physikalischen Maschine. Schon im Jahr 1936 hatte Alan Turing den mathematischen Begriff der Berechenbarkeit definiert durch eine Maschine: Berechenbar sei alles, was von dieser von ihm erdachten Maschine bearbeitet werden könne (Turing 1987). Damit brachte er – zunächst auf bloß gedanklicher Ebene – Dinge in Verbindung, die bis dahin getrennt gesehen wurden: Die »ideale« Welt der Mathematik und der abstrakten Symbole einerseits und die physikalische Welt der Maschinen andererseits. Rechnen wird als ein mechanisches Handeln nach Regeln verstanden, und Maschinen, die bislang zur Ersetzung körperlicher Arbeit gedacht waren, werden jetzt auch vorstellbar für geistige Tätigkeiten (siehe dazu auch Heintz 1993).

So ist die Informatik als eine neuartige Verbindung von Ingenieurwissenschaft und Mathematik (Logik) entstanden. Während sie sich einerseits auf eine physikalische Maschine bezieht, geht es andererseits darum, Informationen, Zeichen, die für Menschen Bedeutung haben, in eine solche Form zu bringen, daß sie von einer Maschine, die keine Bedeutung kennt, verarbeitet werden können und daß diese Daten nach der Verarbeitung wieder sinnvoll in menschliches Handeln integriert werden können.

Die Informatik bezieht sich zwar einerseits bis heute auf eine Maschine in ihrer Hardware. Auf der anderen Seite jedoch gewinnt mit der zunehmenden ›Abnabelung‹ der Software von der Hardware der Zeichenaspekt eine wichtigere Rolle. Die Tätigkeit von Informatiker/innen verlagert sich mit der Höherentwicklung der Programmiersprachen mehr und mehr auf die informationelle Seite. So geht es weniger darum, ein schon in formalisierter Form vorliegendes Problem einer Maschine ›verständlich‹ zu machen, es zu codieren, es in eine Maschinensprache zu übersetzen. Vielmehr ist heute mehr und mehr entscheidend, in der sozialen Wirklichkeit agieren zu können und dort in einem ›diffusen‹ Problemfeld das Formalisierbare erst auszumachen. So erfordert Informatikkompetenz weit mehr als die klassische Ingenieurkompetenz die Fähigkeit, sich in einem sozialen Umfeld orientieren, Probleme dort erfassen zu können und Entwürfe für die Neu-Organisation von Arbeit und Lebenswelt zu machen.

Das heute so erfolgreiche Konzept von Interaktivität, in dem Mensch und Maschine miteinander gekoppelt und Aktionen der Maschine in sehr kurzen Abständen an menschliches Handeln zurückgebunden werden, bedeutet, daß Daten, die in der Maschine verarbeitet werden und dort keinerlei ›Bedeutung‹ tragen, der Interpretation durch Menschen bedürfen, um zu Informationen zu werden. Menschen, ›Benutzer/innen‹, müssen die Verarbeitungsvorgänge auf ihre Richtigkeit und Relevanz in der Welt menschlichen Handelns überprüfen und auf dieser Grundlage weitere Verarbeitungsschritte anstoßen in der Form, daß sie mit der Maschine ›kommunizieren‹.

Auch für den Prozeß der Entwicklung von Software und die dabei verwendeten Methoden des »Softwareengineering« oder der »Softwaretechnik« werden die klassischen, aus den Ingenieurwissenschaften entlehnten Modelle in Frage gestellt. Das logische Durchdenken und das physikalische Funktionieren reichen weniger denn je aus als Kriterium für »gute« Technik. Vielmehr ist ein Verständnis für Arbeits- und Lebensprozesse gefordert, damit Menschen die Datenverarbeitungen durch die Maschine als sinnvoll anerkennen und sie in ihre Handlungen einbetten können. Erst dann, wenn Menschen Software in ihre Tätigkeit einbinden können, ist der Konstruktionsprozeß gelungen. Neue Modelle und Methoden für ein evolutionäres, zyklisches und die Benutzer/innen einbeziehendes (partizipatorisches) Vorgehen sind vor allem auch von Frauen in der Informatik entwickelt worden. (Einen Einblick in die Diskussionen um partizipative Systementwicklung (auch in ihrer philosophischen Dimension) gibt z. B. Floyd 1992).

In verschiedenen Teilgebieten der Informatik wird deutlich, daß diese Disziplin nicht ohne Rückgriffe auf Geistes- und Sozialwissenschaften auskommen kann. Große Entwicklungsteams sind fast immer interdisziplinär zusammengesetzt. Auch für die Informatiker/innen selbst sind Kenntnisse aus den Sprachwissenschaften, der Philosophie, der Soziologie, Psychologie, der Betriebswirtschaft und aus vielen anderen Disziplinen erforderlich. Die Informatik hat auch in ihrem Inneren neue Teildisziplinen wie »Softwareergonomie« oder »Künstliche Intelligenz« und anderes mehr hervorgebracht, in denen klare disziplinäre Grenzen nicht mehr auszumachen sind, sondern ein Bewegen zwischen Fächergrenzen gefordert ist.

An der Informatik zeigt sich ganz besonders, daß die klassischen Einteilungen der Wissenschaften etwa nach exakten oder diskursiven oder nach Natur-, Ingenieur-, Sozial- und Geisteswissenschaften, nach analytischen oder konstruktiven nicht haltbar sind. Solche Bewegungen im Gebäude der Wissenschaft und zwischen den klassischen Dichotomien sind für die Geschlechterforschung von besonderem Interesse. Die Widersprüche können dafür genutzt werden, die klassischen Zuordnungen von Geschlecht zu bestimmten Arten des Denkens, der Methodik, der Fachdisziplinen zu durchbrechen. So wird heute deutlich, daß auch die sogenannten exakten Wissenschaften auf dem Diskurs aufbauen, und in der Informatik ist dies aus ihren inneren Widersprüchen und aus ihren Anwendungen heraus besonders offensichtlich geworden.

Im Informatikstudium drückt sich dies auch darin aus, daß etliche Curricula einen Pflichtbestandteil »Informatik und Gesellschaft« vorsehen. In einigen Studiengängen der Informatik wird auch die Geschlechterfrage reflektiert. Seit 1998 gibt es eine »Sommeruniversität« für Informatikstudentinnen und Informatikerinnen im Beruf, auf der hochqualifizierte und innovative Lehrangebote von Dozentinnen der Informatik gemacht werden. Gleichzeitig wird dabei auch deutlich, daß ein Lehrangebot aus anderen Disziplinen, z. B. Psychologie, Soziologie, Philosophie oder Medizin, Naturwissenschaften und anderes mehr für Informatikerinnen von großem Interesse und von hohem Wert ist. Für die Informatik ist ein Studiengang Gender-Studien, in dem interdisziplinär gearbeitet wird, von großer Bedeutung, weil nur so die notwendige fachübergreifende Sicht auf das Geschlechterverhältnis erforscht und gelehrt werden kann.

Computer in der Erwerbsarbeit: Neuorganisation der Arbeitsverhältnisse

Die Veränderungen, die durch Informationstechnologie bewirkt werden, zeigen sich zu einem Teil in der Erwerbsarbeit. Dort hat der Computer als Organisationstechnologie gewirkt, tayloristische Arbeitsstrukturen und klassische Arbeitsteilungen sind (auch) durch die Wirkungen des Computers in Frage gestellt worden. In und mit Software kann festgeschrieben werden, wie Menschen arbeiten, ob sie zu bloßen Bediener/innen werden oder ob ihre Qualifikation gefragt ist, ob Zusammenarbeit erschwert wird oder erforderlich ist, ob hierarchische Strukturen erwünscht sind oder nivelliert werden. Insgesamt zeigen soziologische Untersuchungen, daß viele der gewachsenen betrieblichen Strukturen heute zur Disposition stehen und daß dies auch mit dem Charakter der Informationstechnologie und der Gestaltung der Software zu tun hat.

In der Frauenforschung Informatik ist und war die Gestaltung von Arbeit und von Software mit Blick auf Frauenarbeitsplätze ein zentrales Anliegen. Die Neuorganisation betrieblicher Strukturen soll und muß dafür genutzt werden, geschlechtsspezifische Arbeitsteilungen zu reduzieren, Frauen eine Höherqualifizierung zu ermöglichen und ihre Spielräume in der Arbeit zu vergrößern. Vor allem in Skandinavien sind einige solcher Projekte unter Beteiligung von Informatikerinnen angestoßen worden, diese sind z. B. in den Tagungsbänden der internationalen Konferenz »Women, Work and Computerization« dokumentiert (vgl. *Women, Work and Computerization* 1987–1997). Aber auch in der Bundesrepublik gibt es interessante Ansätze (z. B. Winker 1995).

Informationsgesellschaft: Krise patriarchaler Übereinkünfte

Wurde der Computer bis in die 90er Jahre hinein vor allen Dingen als eine Maschine zur Rationalisierung von geistiger Arbeit betrachtet, so gewinnt er seine Bedeutung heute sehr viel stärker als Medium zur Speicherung, Darstellung und Vermittlung von Information und Kommunikation. Die Neustrukturierung, Veränderung und Ausweitung von Kooperations- und Kommunikationsbeziehungen, die mit der weltweiten

Vernetzung und mit der Digitalisierung aller bisherigen technischen Medien einhergehen, sind auch die Fragen, die heute den Diskurs der Genderforschung um Informationstechnologie und um Informationsgesellschaft beherrschen. Mit Strukturen der Industriegesellschaft verändern sich auch eine Reihe von geschlechtsspezifischen Mustern, die bisher Grundpfeiler des Patriarchats in der bürgerlichen Gesellschaft bildeten:

Die patriarchale Rolle des Familienernährers, die Frauen als Hausfrauen und höchstens als ›Zu‹verdienerinnen definierte, beruhte auf dem Modell einer lebenslangen, kontuierlichen Vollzeit-Erwerbsarbeit für Männer. Mit den Bedingungen für Erwerbsarbeit in der Informationsgesellschaft wird dies jedoch nicht nur in der Praxis, sondern auch als Modell fragwürdig. Rationalisierung der Produktion und Flexibilisierung von Arbeitszeit und Arbeitsort, die durch Computernetze ermöglicht werden, tragen ihren Teil zu seiner Erosion bei. Ein bis zur Verrentung gültiges Normalarbeitsverhältnis und der Normalarbeitstag werden auch in den Industrienationen nicht mehr das zentrale Orientierungsmuster für männliche Arbeiter sein können.

Die zentrale Rolle des (männlichen) Staatsbürgers, die die Teilnahme an einer Öffentlichkeit und damit Einfluß auf staatliche Politik vermittelt, hat innerhalb der bürgerlichen Gesellschaft vielfältige Änderungen erfahren. Vor allem die Rolle der Massenmedien hat das Verständnis von bürgerlicher Öffentlichkeit grundlegend verändert. Mit dem neuen Medium Computer aber kann sich das, was wir heute unter Öffentlichkeit verstehen, noch einmal wandeln.

Mit den Computernetzen scheint sich eine neue Art von Öffentlichkeit zu konstituieren. Einerseits halten dort zwar die Formen, die wir kennen und die sich in den klassischen Massenmedien formiert haben, zunehmend Einzug (zunehmende Kommerzialisierung des World Wide Web). Andererseits aber gibt es auch neue Arten von Netzwerken, auch Frauennetzwerke, in denen sich Menschen aus verschiedenen Nationen unter bestimmten Interessen und Kommunikationsbedürfnissen zusammenfinden. Datennetze determinieren nicht die Art des sozialen Gebrauchs und der sozialen Wirkungen. Vielmehr öffnen sie zu bestimmten Zeitpunkten Nutzungsmöglichkeiten, die aber auch vertan werden können und sich dann wieder schließen.

Das neue Medium ist allerdings kein (bzw. nicht bloß ein) Medium in der Art bisher bekannter Medien, die nur der Speicherung und dem Transport von Signalen dienen. Das Medium Computer ist gleichzeitig auch die Maschine Computer, die Daten verarbeitet. Ihr Zweck ist gerade die Erzeugung neuer Information durch die mittels Algorithmen veränderten Daten. So ist der Computer ein Medium, das die Maschine zur Grundlage hat, ein »Medium aus der Maschine« (Schelhowe 1997).

Dies ist auch der Grund, warum die Metapher von der ›Datenautobahn‹ irreführend ist. Sie verbirgt etwas Wesentliches, daß nämlich die Informationsgesellschaft mit der Informationstechnologie nicht nur einen ›Kanal‹ für die Kommunikation zur Verfügung stellt, sondern daß mit dem Netz auch eine künstlich geschaffene Welt, eine ›Virtual Reality‹ entsteht. Die Technologie selbst hat in der Form von Software, von Computerprogrammen, ihren Anteil an der Produktion von Medieninhalten. Der Cyberspace ist nicht wie Radiotechnik, Fernsehtechnik oder Telefon der leere

Raum, den Produzenten, Anbieter und Nutzer auszufüllen haben. Der Cyberraum ist immer schon bevölkert mit Texten, Tönen, Bildern, vor allem aber mit kleinen und großen Maschinen, Programmen, die die Illusion von Interaktivität erzeugen, die Texte verarbeiten, mit Suchmaschinen und Agenten, manchmal auch mit ›Viren‹ und ›Trojanischen Pferden‹.

Vor allem amerikanische Feministinnen propagieren heute den spielerischen Umgang mit den neuen Möglichkeiten. Donna Haraway ist vielleicht die bekannteste Forscherin, die darauf hinweist, daß die mit dem neuen Medium entstehende Kultur, alte Identitäten in Frage zu stellen, in neue Rollen zu schlüpfen, sie virtuell auszuprobieren, von den Frauen ge- und benutzt werden soll, um alte Übereinkünfte über die Geschlechterrollen in Frage zu stellen. Ihr Bild ist das des Cyborgs als eines »verdichteten Bildes unserer imaginären und materiellen Realität«. Sie plädiert dafür, die Verwischung der Grenzen zwischen Organismus und Maschine, zwischen Tier und Mensch, zwischen Körper und Geist zu genießen und Verantwortung bei der Konstruktion zu übernehmen. Sie weist auf die beiden Entwicklungsrichtungen hin, die die Schaffung künstlicher Welten nehmen kann, die deshalb aber auch als politische Aufgabe begriffen werden muß: Einerseits kann Herrschaft besiegelt und verstärkt werden, andererseits bieten sich auch neue Möglichkeiten zur Überwindung der Dichotomien (Haraway 1995).

Sandy Stone (1995), Sherry Turkle (1995) und andere konkretisieren die Möglichkeiten eines spielerischen Umgangs mit der Geschlechtsidentität in Internet und Cyberspace, wo ein spielerischer Umgang mit der Geschlechterrolle, ein Wechsel der Identität möglich ist und die Starrheit und Wirksamkeit von Stereotypen, die die körperliche Präsenz dem Umgang miteinander auferlegt, gesprengt werden kann. Im Cyberspace können Ort, Geschlecht, Hierarchie, Aussehen und Stimme nicht unmittelbar zum Tragen kommen. Manchmal benutzen Frauen Männernamen und Männer Frauennamen. Dies ermögliche ihnen, so die Autorinnen, ihre und die Identität anderer besser zu verstehen und verschiedene Identitäten, die uns möglich wären und sind, auszuprobieren. Auch im Cybersex sehen manche Feministinnen eine Möglichkeit, ohne Schaden mit ganz unterschiedlichen, auch gesellschaftlich diskriminierten Formen von Sexualität zu spielen und zu experimentieren.

Zusammenfassung

Geschlechterforschung in der Informatik konzentriert sich gegenwärtig also vor allem auf die folgenden Punkte:

1. Die Ursachen für den schwierigen Zugang von Mädchen und Frauen zu technologischer Kompetenz und für die exklusive Männlichkeit, die Computer-Know-How umgibt, gehören zu den zentralen Fragestellungen.

2. Die Neuartigkeit des Computers und der Informatik sind ein interessanter und wichtiger Ansatzpunkt, um das Verständnis von Technologie und ihrer Verbindung mit dem Geschlecht in Frage zu stellen und Grenzziehungen zu hinterfragen.

3. Die Tätigkeit von Informatiker/innen zielt zu einem großen Teil auf die Entwicklung von Software. Geschlechterforschung untersucht, inwiefern sich in Konzepten von Software geschlechtsspezifische Sichtweisen festschreiben und versucht durch konstruktive Vorschläge Software so zu gestalten, daß sie beiden Geschlechtern in gleicher Weise nützen kann.

4. Die gesellschaftlichen Entwicklungen, die unter dem Stichwort »Informationsgesellschaft« diskutiert werden, sind für die Geschlechterforschung von Bedeutung. Grundlegende Muster, die das Geschlechterverhältnis der bürgerlichen Gesellschaft geprägt haben, scheinen in Auflösung begriffen: die Rolle des Familienernährers, das Verhältnis von Öffentlichkeit und Privatheit, die Vorstellung von der einen persönlichen Identität.

Literatur

Bath, Corinna/Kleinen, Barbara (Hg.): *Frauen in der Informationsgesellschaft: Fliegen oder Spinnen im Netz?* Mössingen-Talheim 1997.

Brandes, Uta/Riechelmann, Doris/Valentin-Pralat, Ilona: »Workshop im IFG. Computer-Bildung für Frauen – Didaktisch-methodische Ansätze«. In: *Frauenforschung*. Hg. vom Institut Frau und Gesellschaft, Heft 4, Hannover 1985.

Cockburn, Cynthia: *Die Herrschaftsmaschine: Geschlechterverhältnis und technisches Know-how*. Berlin/Hamburg 1988.

Coy, Wolfgang u. a. (Hg.): *Sichtweisen der Informatik*. Braunschweig 1992.

Erb, Ulrike: *Frauenperspektiven auf die Informatik. Infomatikerinnen im Spannungsfeld zwischen Distanz und Nähe zur Technik*. Münster 1996.

Floyd, Christiane u. a. (Hg.): *Software-Development and Reality Construction*. Berlin 1992.

Haraway, Donna: *Die Neuerfindung der Natur. Primaten, Cyborgs und Frauen*. Frankfurt a. M. 1995.

Heintz, Bettina: *Die Herrschaft der Regel. Zur Grundlagengeschichte des Computers*. Frankfurt a. M. 1993.

Knapp, Gudrun Axeli: »Männliche Technik – weibliche Frau? Zur Analyse einer problematischen Beziehung«. In: Becker, Dietmar et al*: Zeitbilder der Technik. Essays zur Geschichte von Arbeit und Technologie*. Bonn 1989, 193–253.

Heidi Schelhowe (Hg.): *Frauenwelt – Computerräume. Proceedings der GI-Fachtagung*. 21.-24. Sept. 1989. Berlin/Heidelberg/New York 1999.

– : *Das Medium aus der Maschine. Zur Metamorphose des Computers*. Frankfurt a. M. 1997.

Stone, Allucquere Rosanne*: The War of Desire and Technology at the Close of the Mechanical Age*. Cambridge, Mass., London, England 1995.

Turing, Alan: *Intelligence Service*. Hg. von Bernhard Dotzler und Friedrich Kittler. Berlin 1987.

Turkle, Sherry: *Die Wunschmaschine. Vom Entstehen der Computerkultur*. Reinbek 1984.

– : *Leben im Netz*. Reinbek 1998. (Orig.: *Life on the Screen: Identity in the Age of the Internet*. New York: Simon & Schuster 1995).

Winker, Gabriele: *Büro. Computer. Geschlechterhierarchie. Frauenförderliche Arbeitsgestaltung im Schreibbereich.* Opladen 1995.

– : /Oechtering, Veronika (Hg.): *Frauennetze – Frauenplätze. Frauen in der Informationsgesellschaft.* Opladen 1998 (i.E.).

Women, Work and Computerization. Proceedings of the IFIP TC9/WG9. 1 Conference. North-Holland und Springer 1987–1997.

Zuse, Konrad: *Der Computer – Mein Lebenswerk.* Berlin ³1993 (1. Aufl. 1984).

9. Agrarwissenschaften

Parto Teherani-Krönner

Sowohl in der Vergangenheit, der Gegenwart als auch mit Blick auf die Zukunft ist die Untersuchung der Geschlechterverhältnisse im ländlich agrarischen Raum aufschlußreich, um Fragen der Existenzsicherung, der Bevölkerungsentwicklung, der Beziehung zur Umwelt, der wirtschaftlichen und politischen Herrschaftsverhältnisse lokal als auch international zu behandeln. Geschlechteranalysen können ferner dazu beitragen, Asymmetrien und Machtstrukturen, aber auch Potentiale und Handlungsspielräume für Prozesse des sozialen Wandels zu erkennen. Mit diesen Aufgaben und Fragestellungen befaßt sich die Frauen- und Geschlechterforschung des ländlichen Raums. Dazu bedarf es einer Neuorientierung in den Agrarwissenschaften, aber auch der Anerkennung von empirisch ausgerichteten Forschungszweigen innerhalb der Gender-Studien. Denn stärker als in anderen Fachgebieten, konzentriert sich die Rurale Frauenforschung auf den Alltag und die Lebenswelt von Frauen in ländlichen Regionen, ergründet an Fallbeispielen und in historisch und kulturvergleichender Perspektive den Wandel in der geschlechtlichen Arbeitsteilung, den Zuständigkeiten und Entscheidungsprozessen, die das Zusammenspiel der Geschlechter in ländlichen Gesellschaften prägen (Teherani-Krönner 1997). Die empirisch und praktische Ausrichtung ist nicht nur für den wissenschaftsinternen Erkenntnisgewinn von großer Bedeutung, sondern ermöglicht Studierenden den Einstieg in ein agrarplanerisches und entwicklungspraktisches Berufsfeld im In- und Ausland.

Untersuchungen zur Lebenssituation von Frauen in ländlichen Regionen und Geschlechteranalysen sind bislang nur in geringem Umfang aus einer agrarwissenschaftlichen Perspektive durchgeführt worden. Im Fächerkanon deutschsprachiger Agraruniversitäten stellt die Rurale Frauenforschung an der Landwirtschaftlich- Gärtnerischen Fakultät der Humboldt-Universität zu Berlin und die Einrichtung eines Studienschwerpunkts ›Frauen in der Ländlichen Entwicklung‹ (FLE) eine Innovation dar. Auch im internationalen Kontext gibt es – abgesehen von wenigen Ausnahmen, wie den Agraruniversitäten Wageningen oder Michigan – noch keine etablierte Rurale Frauen- und Geschlechterforschung in der Lehre. Diese unzureichende Berücksichtigung der Geschlechterdimensionen resultiert aus der Geschichte und der Struktur der wissenschaftlichen Disziplin mit einer starken technisch-naturwissenschaftlichen und wirtschaftlichen Orientierung.

›Male bias‹ in den Agrarwissenschaften

Der Beitrag von Frauen zur agrarischen Produktion, zur Nahrungsmittelherstellung und Vermarktung wurde lange Zeit übersehen und von den Agrarwissenschaften kaum beachtet. Diese Ignoranz ist nicht zuletzt auf das fachintern bislang nur unzureichend reflektierte Bild vom ›Bauer‹, ›Farmer‹ und auch ›Gärtner‹ zurückzuführen, das ein eurozentrisches Geschlechterkonstrukt geprägt hat. Damit einhergehende Paradigmen wurden bis in die jüngste Entwicklung der Disziplin auf frühere Zeiten und außereuropäische Gesellschaften übertragen. Indem die ›klassischen‹ Agrarwissenschaften, wie die Pflanzen- und Tierproduktion, Frauen auf die Rolle mithelfender Familienangehöriger reduzierten, wurde ihre Eigenständigkeit sowie ihr vielfältiges agrarökologisches Wissen verkannt. Der *male bias* in der Agrarforschung gelangt von der Wissenschaft in die Agrarberatung, die sich wiederum an ›Bauern, Farm- und Haushaltsleiter‹ richtet, um neue technische Kenntnisse zu vermitteln und Innovationen durchzusetzen. Ausgeblendet blieben haushaltsinterne Strukturen und Dynamiken ebenso wie Konflikte zwischen den Geschlechtern bezüglich der Ressourcenkontrolle. Ökologische Probleme und ein gravierender ländlicher Strukturwandel in europäischen Regionen sowie fehlgeschlagene Entwicklungsprojekte in Ländern des Südens forderten ab Mitte der 1970er Jahre ein Umdenken. Jedoch halten Neuorientierungen erst allmählich in Agrarplanungen und im Wissenschaftskanon ihren Einzug (Safilios-Rothschild 1994). So können wir erst seit zwei bis drei Dekaden einen Prozeß von der ›unsichtbaren Frau‹ zur ›Sichtbarwerdung von Bäuerinnen‹ beobachten. Diese Tendenz ist Verdienst der sich allmählich formierenden Frauenforschung im ländlichen Raum. Wir sind jedoch noch weit davon entfernt, die verschiedenen agrarwissenschaftlichen Disziplinen in Richtung auf *engendering* zu bewegen. Daher geht es zunächst einmal um Anerkennung der praxisorientierten Bedeutung der Frauen- und Geschlechterforschung innerhalb der Agrarwissenschaften.

Relevanz der Frauenforschung in den Agrarwissenschaften

Das Sichtbarwerden der Bäuerin

Neuere archäologische Funde belegen, daß Frauen seit Beginn der historischen Entwicklung von Agrarkulturen eine entscheidende Rolle gespielt haben. Sie ermöglichten im Zeitraum zwischen 10 000 und 6 000 v. u. Z. im fruchtbaren Halbmond – in einem Gebiet, das sich im Vorderen Orient befindet: Iran, Türkei, Irak, Syrien – die Seßhaftwerdung der Jäger und Sammlerinnen (Ehrenberg 1992), denn die ersten ›Bauern‹ waren mit größter Wahrscheinlichkeit ›Bäuerinnen‹.

Bis in die Gegenwart sind weltweit Frauen die eigentlichen Produzentinnen von Grundnahrungsmitteln. Nach UNO-Angaben leisten Frauen $^{3}/_{4}$ der Arbeit, um die Ernährung in Afrika sicherzustellen (Lele 1991). Für die Ernährungssicherung der Weltbevölkerung werden Frauen auch in Zukunft eine Schlüsselrolle einnehmen, denn weltweit – so die Meldung des Worldwatch Instituts in Washington 1992 – sind sie Haupternährerinnen der Familie (Jacobson 1992).

Wichtig für die Sicherung der Lebensgrundlagen in Ländern des Südens ist die agrarische Subsistenzproduktion (Selbstversorgung). Sofern es sich um die Erzeugung von Nahrungsmitteln für den Eigenbedarf – also um *food-crop* – handelt, liegt diese weitgehend in der Verantwortung und in den Händen von Frauen. Der Ausdruck *food-crop* wurde z. B. bei Ester Boserup (1982) als Gegenbegriff zum *cash-crop*, das überwiegend als Marktprodukt bestimmt ist, verwendet. Mittlerweile sind Frauen auch maßgeblich an der *cash-crop* Produktion beteiligt (Davidson/Dankelmann 1990). Auch neuere FAO-Daten bestätigen, daß die Feldarbeit in Afrika zu 80 %, in Asien zu 60 % (in Bangladesch sogar bis zu 90 %, Davidson/Dankelman 1990), in Lateinamerika zu 40 % von Frauen verrichtet wird (von Braunmühl 1992). Dabei gilt es, nach Kulturpflanze und regionalen Besonderheiten die je geschlechtsspezifischen Produktionsformen zu untersuchen. Im Bereich der Pflanzenproduktion werden 3/4 der bestehenden Reisflächen von Frauen bearbeitet. In den Reisanbaugebieten Irans übernehmen Frauen 70 – 77 % der anfallenden Arbeiten im Reisanbau (Sarhaddi 1993).

In der Tierproduktion, insbesondere der bäuerlichen Kleintierhaltung, kann der Anteil von Frauen bis zu 90 % liegen. Frauen sollten daher die eigentlichen Adressaten und Nutznießerinnen agrarischer Innovationen sein (Waters-Bayer 1989). Ähnliches gilt für die Vermarktung: Wenn es sich um die Förderung der Milchvermarktung handelt und die Milch ausschließlich von Frauen weiterverarbeitet und verkauft wird, dann sind Frauen unmittelbar von Veränderungen im Vermarktungssystem betroffen. Solche Angaben sollten die agrarwissenschaftlichen Disziplinen nicht übersehen. Auch in der entwicklungspolitischen Planung und Praxis gilt es darauf zu achten, daß es sich bei der Bestimmung von Zielgruppen z. B. ›Kleinbauern‹ meist um ›Kleinbäuerinnen‹ handelt.

Ferner obliegen den Frauen alle Arbeiten, die im Zusammenhang mit einer sehr aufwendigen Nahrungsmittelherstellung und der Zubereitung von Mahlzeiten zu bewerkstelligen sind, so das Stampfen von Hirse, das Mahlen von Maismehl, das Holen von Wasser, die Besorgung von Brennholz, das Sammeln von Früchten und Kräutern sowie die Herstellung von Öl. Daneben fallen handwerkliche Tätigkeiten zur Produktion von Töpfen und Matten an und zum Teil auch deren Vermarktung. Das ländliche Handwerk kann ein enormer ökonomischer Faktor sein, so z. B. im Iran, wo in kargen Regionen 90 % des Haushaltsbudgets durch das Knüpfen von Teppichen und das Weben von Kelims abgedeckt wird. Diese kunstvolle Arbeit wird wiederum fast zu 90 % von Frauen auf dem Land geleistet (Teherani-Krönner 1999). Dabei sind ihre Fähigkeiten im Knüpfen des sozialen Netzwerks als mindestens genauso, wenn nicht gar wertvoller für die soziale Sicherheit, die Existenzsicherung und als Rückhalt der Bevölkerung in Notzeiten anzusehen (ebd.).

Statistischen Angaben und Daten müssen wir mit großer Skepsis begegnen, denn gerade Agrarstatistiken zeichnen sich durch einen starken *male bias* aus (Safilios-Rothschild 1994). Dennoch führen uns Angaben, wie sie von der UNO im Rahmen der Dekade der Frau 1975–1980 veröffentlicht wurden, die grundlegende Ungleichheit unter den Geschlechtern vor Augen: Frauen sind die Hälfte der Weltbevölkerung, leisten weltweit 75 % aller Arbeit, erhalten jedoch nur 10 % des Lohnes und besitzen nur 1 % des Eigentums.

Von diesen ungleichen Lebenschancen sind gerade Frauen in ländlichen Räumen des Südens – wo ein Großteil der von Armut betroffenen Bevölkerungsgruppen lebt –

betroffen. Dieser Beitrag bezieht sich daher überwiegend auf die Situation ›der Frau‹ in nicht industrialisierten Ländern. Die Diskussion über die Situation der Landfrauen in Europa, insbesondere ihre Lebenslage in den Neuen Bundesländern, bedarf einer gesonderten Betrachtung (Altmann/Teherani-Krönner 1995 und Teherani-Krönner/Altmann 1997). Hierbei wird eine Geschlechterforschung im ländlich agrarischen Raum nicht ohne besonderen Fokus auf Landfrauen und Bäuerinnen zu bewerkstelligen sein.

Wenn es den Agrarwissenschaften wirklich um die weltweite Ernährungssicherung geht, dann wird die agrarische Fragestellung eine geschlechterbezogene Aufgabe, die ohne Berücksichtigung der Arbeits- und Lebensbedingungen von Landfrauen nicht zu lösen sein wird. Verbesserungen der agrarischen Produktion zur Ernährung der Bevölkerung werden zu einer Aufgabe der Ruralen Frauenforschung – sofern wir die Subjekte und ihre Handlungsspielräume beachten und in den wissenschaftlichen Diskurs aufnehmen wollen.

So stehen wir erst am Anfang eines neuen Fachgebietes, das sich nicht an Disziplingrenzen festmachen läßt. Es ist ein Suchprozeß, in dem wir die Interaktionen der Menschen – Frauen und Männer mit ihrer Umwelt zur Produktion und Herstellung von Nahrungsmitteln sowie zur Gestaltung und Erhaltung des Lebensraums – in den Vordergrund stellen wollen.

Bisherige Ansätze

Für die Frauenforschung in den Agrarwissenschaften – also einer Ruralen Frauenforschung – können bereits vorliegende Untersuchungen anderer Wissenschaftsdisziplinen aufgegriffen werden, wobei insbesondere Recherchen im Themenfeld Frauen und Entwicklung (WID = Women in Development) oder Geschlechter und Entwicklung (GAD = Gender and Development) der ländlichen Räume des Südens richtungsweisende Impulse für die internationale Relevanz und den wissenschaftlichen Diskurs bieten. Auch wenn hier bereits die Tendenz von der Frauen- zur Geschlechterforschung angedeutet wird, in der konkreten Umsetzung bedeutet es zunächst eine Berücksichtigung von Frauen bei den wirtschaftlichen Projekten und ihre Einbeziehung in den entwicklungspolitischen *Mainstream.*

Ansätze, die für die Rurale Frauenforschung nutzbar zu machen sind, können sowohl in theoretischen Reflexionen und wissenschaftlichen Arbeiten als auch in Konzepten und Projekten der Frauenförderung gefunden werden. Wir können unter den wissenschaftlichen Arbeiten auf bedeutende Werke zurückgreifen. Zum einen auf die vergleichende Untersuchung der dänischen Agrarökonomin Ester Boserup zur Situation von Landfrauen in Asien, Afrika und Lateinamerika, die erstmals 1970 in englischer Sprache erschien, zum anderen die Arbeit der indischen Physikerin, Vandana Shiva (1989), die sich mit den Auswirkungen der *Grünen Revolution* auf Lebens- und Arbeitsbedingungen von Frauen in den Ländern des Südens am Beispiel Indiens befaßt. Mit der *Grünen Revolution* wurde die Absicht verfolgt, durch Einsatz von Hybridsaatgut, Maschinen und Chemikalien zur Produktionssteigerung in der Landwirtschaft zu gelangen. Ökologische Folgen und Auswirkungen auf die Sozialstruktur dieser kapitalintensiven Maßnahmen auf die ärmere Landbevölkerung, Bäuerinnen und Bauern, wurden und werden zum Teil entweder übersehen oder in Kauf genommen.

Das Thema Frauen und Umwelt steht im Mittelpunkt der gemeinsamen Veröffentlichung »Ökofeminismus« von Maria Mies und Vandana Shiva (1995), die als Umweltschutzaktivistinnen auch zum Nord-Süd-Dialog beitragen wollen. Im Ansatz von Bina Agarwal (1998) begegnen wir einer kritischen Position zum Thema Geschlechterfragen, Umwelt und Entwicklung mit einem differenzierenden Blick zum feministischen Diskurs in Indien.

In der dazwischen liegenden Zeit – den 70er und 80er Jahren – gab die Analyse von Frauen, Entwicklung und Dritte Welt der Bielefelder Schule der Entwicklungssoziologie mit Arbeiten von Werlhof, Mies und Bennholdt-Thomsen (1983) »Frauen, die letzte Kolonie« auch für die Feminismusdiskussion in der BRD wichtige Anstöße. Es findet demnach durchaus ein fruchtbarer Austausch zwischen entwicklungstheoretischen Ansätzen und der Frauenforschung statt. Für eine Rurale Frauenforschung können wir uns daher auf mehrere Quellen beziehen:

- auf agrarwissenschaftliche Untersuchungen der Arbeits- und Lebensbedingungen von Frauen auf dem Land,
- auf entwicklungstheoretische und praktische Arbeiten der WID, GAD und Feminismusforschung
- auf die Ökologiediskussion bzw. auf ökofeministische Ansätze, die unter der Bezeichnung WED (Women and Sustainable Environmental Development) Eingang in internationale Programme gefunden haben (Braidotti u.a 1994). Zum Thema: »Frauen und nachhaltige ländliche Entwicklung« wurde im Sommer 1998 eine dritte Internationale Konferenz mit dem Schwerpunkt FLE ausgerichtet (Teherani-Krönner u. a. 1999).
- Ferner sehe ich die Möglichkeit, bestehende human- und kulturökologische Ansätze durch eine Geschlechter-Analyse weiterzuentwickeln und mit feministischen Umweltkonzepten zu bereichern (Teherani-Krönner 1996, 1997).

Die entwicklungspolitische Frauenförderung der vergangenen Dekaden werden von Caroline Moser in einer Überblickstabelle mit fünf Phasen in Abständen von ca. 5 Jahren zusammengefaßt (Moser 1989, 1808; Tekülve 1993, 311). Die jeweiligen Abschnitte stehen unter einem Leitmotiv: Wohlfahrt, Gleichheit, Armutsbekämpfung, Effizienzsteigerung und ›Empowerment‹ (Erstarkung bzw. Ermächtigung von Frauen). Die zeitlichen Intervalle sind nicht strikt aufzufassen, da z. B. der Wohlfahrtsansatz bis in die heutige Zeit eine wichtige Zielformulierung von Frauenprojekten geblieben ist. Deutlich wird jedoch die Trendwende auf der politischen Agenda zum Empowerment. Frauen gelingt der Wechsel von passiven Objekten der staatlichen Fürsorge zu aktiven und eigenständigen Subjekten, die ihre Selbstbestimmung fordern. Dieser Prozeß geht einher mit einer stärkeren Betonung der Rolle von NGOs (Non Governmental Organizations), nicht staatlichen Organisationen. Wesentlich dazu beigetragen hat die Nord-Süd-Kontroverse unter Feministinnen, die Differenzen verdeutlicht und schließlich auch eine stärkere Betonung des Gender-Ansatzes hervorgebracht hat.

Moser unterscheidet zwischen strategischen und praktischen Bedürfnissen, die der konkreten Projektkonzeption auf lokaler Ebene dienen sollen. Jedoch befürchtet Naila Kabeer (1992), daß durch die starke Orientierung Mosers auf entwicklungspolitische Projektplanung eine Fremdbestimmung vorprogrammiert sei. Mit einer solchen Projektkonzeption fehlen die gesamtgesellschaftliche Einbettung und der Bezug zu den nationalen und internationalen Politiken.

Neben den fünf erwähnten Phasen läßt sich mittlerweile eine weitere sechste Etappe der 90er Jahre hinzufügen: »Frauen im Umweltschutz«, bzw. WED. Ökologische Probleme sind zu einer wichtigen Aufgabe in der Praxis und Theorie von WID und GAD geworden, die auch im UNESCO-Kurier 1992 ein Echo gefunden haben. Seit der Umweltkonferenz in Rio kommt es immer wieder zur Konfrontation der Argumente »Bevölkerungsentwicklung« in der Dritten Welt auf der einen und Konsumverhalten sowie Energieverbrauch der Industrienationen auf der anderen Seite als Ursachen für die weltweite Umweltbelastung. Diese Kontroverse ist wichtiger Bestandteil feministischer Umweltdiskussion, die lokale als auch globale Perspektiven zu verbinden sucht. Denn mit dem ökologisch orientierten *Empowerment*-Ansatz und einem Dritte-Welt-Feminismus handelt es sich nicht mehr nur um ›Frauenförderung‹, sondern um das Geschlechterverhältnis in einer nachhaltigen Entwicklung.

Es geht dabei um mehr als ›praktische‹ oder ›strategische Frauenbedürfnisse‹, sondern um globale Notwendigkeiten: Bedürfnisse von Frauen und Männern zum Erhalt der Natur zum Überleben. In diesen Ansätzen kommt es nicht nur auf die Selbstbestimmung auf lokaler Ebene an, sondern es handelt sich auch um eine Infragestellung der globalen Machtverhältnisse, die eine fundamentale Kritik am Wissenschaftskonzept der Moderne einschließt.

Rurale Frauenforschung und Geschlechterstudien

Die folgenden vier Untersuchungsbereiche sind zur Analyse der Geschlechterbeziehungen im ländlichen Raum aufschlußreich, denn sie verdeutlichen, wie ökologische, ökonomische und sozio-kulturelle Konstellationen zusammengreifen und Herrschaftsverhältnisse wie auch die Konstruktion der Kategorie ›Geschlecht‹ prägen:

1. Beziehung zum Naturraum: Eigentumsverhältnisse und Nutzungsformen von Ressourcen

Eine Reihe von Studien ergründen die Auswirkungen der Landreformen und Umwandlungen von Land- in Privatbesitz auf die Geschlechterarrangements. In historischer und regional vergleichender Perspektive werden die Veränderungen der Zugangsrechte und Nutzungsformen von Ackerland, Weideland, Wäldern und somit Ressourcen, die als *common property* gerade den ärmeren Bevölkerungsgruppen, insbesondere auch Frauen zur Verfügung standen, untersucht. Denn es besteht eine enorme Diskrepanz zwischen den tatsächlich geleisteten Arbeiten zur Ernährungssicherung und den Zugangschancen von Frauen zu den Ressourcen (Lachenmann 1992). Unter Ressourcen können sowohl Land (auch Wasser, Wald und Energie), ökonomische Ressourcen wie Kredite, technische Produktionsmittel als auch Möglichkeiten zur Aneignung und zum Einsatz von (tradiertem und neuerworbenem) Wissen verstanden werden.

Ein kurzer Rückblick auf die historische Entwicklung vieler afrikanischer Länder zeigt, welche Spuren die koloniale Geschichte hinterlassen hat, aber auch, wie immer noch eine ehemals starke Frauenökonomie lebendig geblieben ist. Der Pionierarbeit von Ester Boserup ist zu entnehmen, daß die Europäer während der Kolonialzeit in Afrika, auf Strukturen der Landbewirtschaftung durch Frauen gestoßen sind, die ihnen völlig unbekannt waren. »Im Kongo ist die weibliche Vorherrschaft in der Landbestellung sehr offensichtlich; in einer Region wurden 38.000 weibliche Landbebauer gezählt, aber nur 18.000 männliche.« (Boserup 1982, 55). Zugangsrechte von Frauen wurden durch Landreformen nach europäischem Muster ausgeschaltet, und das Land ging an ihre Ehemänner, obwohl die Frauen vor den Reformen unabhängige Ackerbäuerinnen gewesen waren (ebd.). In vielen dieser Gesellschaften – auch im islamischen Kulturraum – hatten Frauen nicht nur Zugang zu Land, sondern waren auch im Besitz von Vieh und Nutztieren, über die Männer z.T. bis heute nicht verfügen können. »Als jedoch die britische Verwaltung eine Volkszählung durchführte, in der nur die Männer befragt wurden, ließen sie den Tierbestand, der den Frauen gehörte, außer Acht.« (Boserup 1982, 55).

Der Zugang von Frauen zu produktiven Ressourcen spielt auch eine entscheidende Rolle in Fragen der Bevölkerungspolitik (Jacobson 1992). Festzustellen ist, daß nach einer Reihe von Quellen, die Übertragung des europäischen ›Eigentums-Modells‹ sich für Frauen in vielen ländlichen Regionen des Südens nicht als Vorteil erwiesen hat. Solche Erkenntnisse sind sowohl für agrarpolitische Entscheidungen in diesen Ländern, aber auch für ausländische Beratung bzw. internationale Entwicklungsprojekte wichtig.

2. Techniken in der Landnutzung

Die unterschiedlichen Auswirkungen neuer Technologien auf die Ökonomie sowie die Ökologie des ländlichen Raums sind besonders sorgfältig zu untersuchen. Gefragt wird, inwieweit neue Technologien zur Arbeitsentlastung oder Arbeitsbelastung von Frauen und Männern führen und mit welchen Folgen für das Geschlechterverhältnis durch die Umstellung der Agrarproduktion auf *cash-crop* (für den Export) bei gleichzeitiger Vernachlässigung der *food-crop* (für den Eigenbedarf) zu rechnen ist. Wenn der Einsatz moderner Techniken in den Arbeitsbereichen der Männer (z.B. Pflug, Traktor oder Motorsäge) erfolgt, ist zu prüfen, welche Konsequenzen dies für die Arbeitsfelder der Frauen hat. Beim Einsatz von Traktoren in Sierra Leone war festzustellen, daß zwar die Arbeit der Männer reduziert und erleichtert wurde, der Arbeitsaufwand der Frauen aber um 50 % gestiegen ist (Davidson/Dankelman 1990). Solche Fallbeispiele veranschaulichen gravierende Veränderungen der Arbeitsteilung unter den Geschlechtern, die mit Innovationen in der Landwirtschaft verbunden sind. Wie sehr Technologien in das ländliche Gesellschaftssystem eingreifen und welche gravierenden Auswirkungen sie auf die Arbeits- und Lebensbedingungen von Frauen und Männern haben, untersuchte bereits Ester Boserup: »Mit der Einführung verbesserter landwirtschaftlicher Geräte ist weniger männliche Muskelkraft notwendig; trotzdem verstärkt sich tendenziell der Produktivitätsunterschied, weil die Männer den Gebrauch der neuen Geräte und die modernen landwirtschaftlichen Methoden monopolisieren.« (Boserup 1982, 48).

Im Verlauf der landwirtschaftlichen Entwicklung stellt sich eine auffällige Tendenz ein: die männliche Arbeitsproduktivität steigt, während die der Frauen mehr oder weniger statisch bleibt. Schlußfolgernd stellt Boserup beim relativen Rückgang weiblicher Arbeitsproduktivität eine Verschlechterung ihres relativen Status in der Landwirtschaft fest, der sich m.E. auch in der Gesellschaft und in der kulturellen Wertschätzung von Frauen widerspiegelt.

Die Diskrepanz zwischen den Arbeitsfeldern und Arbeitsbelastungen von Männern und Frauen wird größer, sofern die produktivitätssteigernden Techniken nur vom männlichen Geschlecht vereinnahmt werden. Dies sind nicht nur Episoden aus der Kolonialgeschichte. Auch die späteren Modernisierungsmaßnahmen und die »Grüne Revolution« stehen einem derartigen Vorgehen nicht nach. Zwar sind die Einführung neuer Technologien und die Verschiebung der Arbeitsdomänen nicht immer protestlos verlaufen, doch waren meist betroffene Frauen die schwächeren Akteure in diesem Interessenkonflikt (vgl. Boserup 1982; Zdunnek 1987). Somit haben agrarische Innovationen und Modernisierungsmaßnahmen nicht selten ihre eigentlichen Adressaten verfehlt. Technologiefolgeabschätzungen müssen daher in ihren Auswirkungen auf Männer und Frauen gesondert erfolgen.

3. Soziale Institutionen und geschlechtliche Arbeitsteilung

Hier widmet sich die Forschung den Veränderungen in der Arbeitsorganisation und der geschlechtlichen Arbeitsteilung. Im Mittelpunkt steht die Frage, inwieweit Konkurrenz, Kooperation oder Komplementarität die Arbeitsteilung zwischen Frauen und Männern bestimmen und welche Rahmenbedingungen (sozioökonomische, technologische und soziokulturelle) das Geschlechterarrangement beeinflussen. Der Blick richtet sich auch auf wirtschaftspolitische Veränderungen der Sozialstruktur, Zuständigkeiten, Verantwortung und Kontrolle über Ressourcen. Die Bedingungen, unter denen Frauen mehr Eigenständigkeit erhalten oder aus dem Handel und den Märkten verdrängt werden, sind Thema von Untersuchungen in Afrika und Lateinamerika geworden. Wenn sich der Fokus auf die Frauenökonomie richtet, wird beachtet, wie und mit welcher Absicht Frauen sich organisieren und ihre Interessen durchsetzen, welches ihre Forderungen sind und an welche Instanzen sie diese richten.

Mit der Erweiterung von Anbauflächen für die Marktproduktion, die durch technische Geräte zur Bodenbearbeitung erleichtert wird, verschiebt sich das soziale Gefüge zwischen den Geschlechtern. »Zum einen wird die Nahrungsmittelproduktion auf Böden mit schlechterer Qualität verdrängt. Zum zweiten steigt die Arbeitsbelastung der Frauen auf den ›Männerfeldern‹, da die traditionelle Arbeitsteilung zunächst nicht verändert wird und arbeitsparende Geräte nur für männerspezifische Tätigkeiten eingeführt werden.« (Geier 1990, 377f.). Dabei bleiben das Jäten und Hacken auf den größeren Anbauflächen der Männer Aufgabe der Frauen.

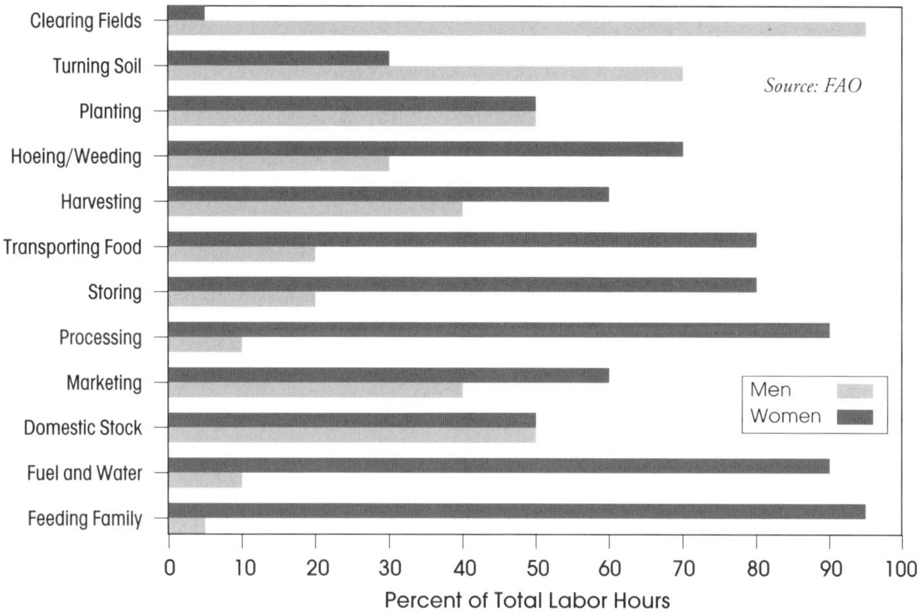

FAO-Tabelle zur Arbeitsteilung zwischen den Geschlechtern in Afrika
(Quelle: Jacobson 1992, 21)

Es ist auffallend, wie wenig arbeitserleichternde Maßnahmen für typischerweise von Frauen verrichtete Tätigkeiten und von ihnen angebaute Nahrungsmittel entwickelt sind, z. B. für Hirse oder Knollenfrüchte. Eine Aufgabe, die in der bisherigen Agrarwissenschaft wenig Aufmerksamkeit erfahren hat und zwar weder im Bereich der Forschung des Pflanzenanbaus noch in der Entwicklung von Agrartechniken.

4. Normen und Symbole: Stellung von Frauen in der Gesellschaft

Im Zusammenhang mit dem Wandel von Normen und Werten stellt sich die Frage, inwieweit sie mit Veränderungen in den Tätigkeitsfeldern von Frauen und Männern in ruralen Gesellschaften einhergehen und welche Vorstellungen, Definitionen und kulturellen Tabus die gesellschaftliche Konstruktion von Geschlecht, aber auch die Wahrnehmung von Natur und Kultur bestimmen. Detailstudien versuchen herauszufinden, wodurch die unterschiedlichen Tätigkeiten und Stellungen von Mann und Frau in der Gesellschaft legitimiert werden. Auch die Definitionsmacht von Frauen sollte in diesem

Rahmen Beachtung finden. Zu fragen ist, wie Frauen als Akteurinnen den sozialen Wandel wie auch den Normenwandel mitgestalten.

Für die internationale Ausrichtung der Agrarwissenschaften bieten regional- und kulturspezifische – sogar kulturpflanzenspezifische – Untersuchungen aus der Perspektive der Geschlechterforschung eine Brücke, um ökologische, sozioökonomische und soziokulturelle Zusammenhänge zu erfassen (Teherani-Krönner 1994, 1997).

Anhand der Entwicklung z. B. der Kulturpflanze ›Reis‹ läßt sich der Wandel in der Frauenökonomie und die veränderte Stellung von Frauen bis hin zu ihren Mitbestimmungsmöglichkeiten in den bäuerlichen Betriebs-Haushalts-Einheiten verdeutlichen. Aus einer Studie des IRRI (International Rice Research Institut 1972) geht hervor, daß vor dem Einzug technischer Innovationen in den Produktionsprozeß Frauen auf den Philippinen zu 91 % allein das Haushaltsbudget verwalteten. Einige Jahre nach der ›Grünen Revolution‹ reduzierte sich ihr Einfluß in diesem Lebensbereich erheblich (Castillo 1972). Ähnliches berichtet Vandana Shiva über eine Untersuchung in Nepal. Für die Auswahl des Saatguts verantwortlich sind in ca. 70 % der Fälle allein Frauen. Entschließt sich eine Familie, eigenes Saatgut zu verwenden, wird diese Wahl in über 80 % der Fälle nur von der Frau getroffen. »Viele tausend Jahre lang haben indische Bäuerinnen das genetische Fundament der Nahrungsproduktion sorgfältig erhalten.« (Shiva 1989, 133f.). Dieses Wissen wird aber nunmehr durch Expertenwissen und Patentrechte auf Saatgut verdrängt. Im Zusammenhang mit gentechnologischen Entwicklungen erfährt die Rurale Frauen- und Geschlechterforschung eine besondere Brisanz, die uns voraussichtlich in das kommende Jahrzehnt und Jahrhundert begleiten wird. Diese Technologie hat bereits einen entscheidenden Einfluß auf das Alltagsleben der Landbevölkerung und vor allem auf Stellung und Autonomiebereiche von Frauen – als Saatgutverwalterinnen.

Anzumerken ist die Verwobenheit der vier zuvor behandelten Bereiche, denn die gesellschaftliche Konstruktion von Geschlecht genauso wie die kulturelle Perzeption von Natur sind in unserer jeweiligen Lebenswelt verankert und im Alltagshandeln auf der Ebene der materiellen wie die der immateriellen Kultur präsent. Mit den vier Untersuchungsbereichen, die in Anlehnung an human- und kulturökologische Ansätze entwickelt worden sind, lassen sich analytische Ebenen zur Ermittlung von Handlungsspielräumen konstruieren, die zum Verstehen des gesellschaftlichen Handelns und des sozialen Wandels beitragen. Sowohl Potentiale zur eigenständigen Entwicklung als auch Restriktionen innerhalb der einzelnen Bereiche gilt es zu erfassen (Teherani-Krönner 1989, 1992a und 1997). Dabei geht es auch um den Stellenwert des lokalen Wissens, was allerdings keineswegs auf ein agrartechnisches ›know how‹ zu reduzieren ist (Schäfer 1998). Vielmehr bieten alle vier erwähnten Bereiche einschließlich der Weltanschauungen wichtige Informationen zur Aufschlüsselung und Deutung der Geschlechtersymbolik und Geschlechtsidentitäten. Entscheidend für Veränderungsprozesse und für den sozialen Wandel sind schließlich jene Handlungsspielräume, die von den betroffenen Menschen selbst erkannt und wahrgenommen werden. Diese zu ergründen stellt eine Herausforderung in methodischer wie methodologischer Hinsicht dar.

Welche Zukunftsperspektiven bestehen für eine Rurale Frauen- und Geschlechterforschung?

Trotz einer Vielzahl von Anregungen und Anstößen, die aus bestehenden Arbeiten zur Frauen- und Geschlechterforschung aufgenommen werden können, fehlt es noch an stärker in den Agrarwissenschaften selbst verankerten Ansätzen. Zur Etablierung des Fachgebiets Rurale Frauenforschung in Lehre und Forschung sind Kontakte und Austausch zu anderen Fachgebieten und Disziplinen zu suchen. Als besonders fruchtbar haben sich die seit 1994 im zweijährigen Rhythmus gemeinsam mit dem Schwerpunkt ›Frauen in der Ländlichen Entwicklung‹ ausgerichteten Internationalen Konferenzen erwiesen (Altmann/Teherani-Krönner 1995; Teherani-Krönner/Altmann 1997; Teherani-Krönner u. a. 1999).

Welternährungsfragen verpflichten zum Nord-Süd-Dialog, dabei ist der begonnene Diskurs durch Ost-West Kontakte zu erweitern und zu vertiefen. Zu beachten bleibt, daß eine »Nachholende-Entwicklung« auf vorgeschriebenen Bahnen, wie sie den Entwicklungskonzepten zugrunde liegt, für den Großteil der Erdbevölkerung und die Mehrheit der Frauen nicht möglich sein wird (Shiva 1989, Leach 1993, Mies/Shiva 1995, Agarwal 1998). Notwendig sind nicht nur eine kritische Auseinandersetzung mit den entwicklungstheoretischen Zielen und Modernisierungskonzepten, sondern auch sehr konkret mit den wissenschaftstheoretischen Annahmen (Paradigmen) in den Agrarwissenschaften aus der Perspektive der Geschlechterforschung. Dies umfaßt eine kritische Analyse der Konstruktion von Geschlecht aber auch von Natur als Ressourcenlager, wie es von den Naturwissenschaften nach Bacon konzipiert wurde (Merchant 1987).

Ein spezifischer Beitrag der Ruralen Frauenforschung bzw. der Geschlechteranalyse im Agrarbereich könnte sich ergeben, wenn nach alternativen Konzepten von Agrarkulturen gesucht wird. Als langfristige Aufgaben benötigen wir daher neue Forschungskonzepte, die bisherige Grenzen der Agrardisziplinen sprengen. Es geht vor allem um andere Entwicklungskonzepte: Paradigmen, Theorien und Modelle sowie um eine Überprüfung von Begriffen, Kategorien und Instrumenten der Forschung und Praxis. Bei einer solchen Grundsatzdiskussion lassen sich stärkere Bezüge zu anderen Gebieten der Gender-Studien aufnehmen, möglicherweise gemeinsame wissenschaftstheoretische Fragen aufgreifen, die es in die Agrarwissenschaften einzubinden gilt.

So stehen z. B. eine Klassifikation von Tätigkeitsfeldern ländlicher Haushalte in produktive und reproduktive Arbeit oder eine Dichotomisierung in private und öffentliche Räume, die aus einem spezifischen historischen Kontext – nämlich der industriellen Entwicklung in Europa – entstanden sind, wie andere Begrifflichkeiten und Konstrukte immer wieder auf dem Prüfstand einer kulturvergleichenden Ruralen Frauen- und Geschlechterforschung (Teherani-Krönner 1996, Hegland 1991).

Der bisherigen Frauenforschung wurde eine Nische durch ein additives ergänzendes Fachgebiet im Rahmen der Agrarsoziologie eingeräumt. Eine substantielle Veränderung kann sich jedoch einstellen, wenn die Genderdebatte wirklich Einzug in agrarwissenschaftliche Konzepte hält und ihre Modelle konkret nach dem *male-* bzw.

gender bias oder auch einem *urban bias* geprüft und revidiert werden. Dies ist zugestandenermaßen ein schwieriger Weg, da das Fach in seiner bisherigen Ausrichtung wenig Anzeichen für eine Öffnung oder gar einen Paradigmenwechsel aufweist. Das klassische Repertoire der Agrarwissenschaften allerdings ist bereits durch ökologische und kritische Gentechnologiedebatten herausgefordert. Ob in diesem Zuge auch eine Option zum *engendering* der Agrarwissenschaften zu erzielen ist, bleibt abzuwarten. Noch ist nicht damit zu rechnen, daß mit der tatsächlichen »Feminisierung der Landwirtschaft« (Safilios-Rothschild 1991) wirklich eine Feminisierung der agrarischen Wissenschaften einhergehen wird. Dies erscheint vorerst utopisch, nicht weil es an guten Argumenten fehlt, wohl aber weil die bestehenden, disziplininternen Strukturen einen solchen Handlungsspielraum nicht aufweisen. Dennoch sind sie als langfristige Ziele und Anliegen der Frauen- und Geschlechterforschung im Agrarbereich auszuweisen, da sie sich auch auf eine starke materielle Notwendigkeit stützen können. Dabei wird eine Fokussierung auf Frauenforschung auch im Rahmen von Gender-Studien nicht zu vernachlässigen sein. Frauenbelange werden mittlerweile durch UN-Organisationen, Umwelt- und Weltfrauenkonferenzen oder auch durch NGOs thematisiert, darüber hinaus von entwicklungspolitischen Organisationen auf nationaler und internationaler Ebene, wie der GTZ bis hin zu Weltbank und FAO, eingefordert. *Mainstreaming Gender*, womit eine Integration der Geschlechterperspektive in alle Politikbereiche zum Ausdruck kommen soll, gehört zur Programmatik fast aller UN-Organisationen. Einen Widerhall innerhalb der Agrarwissenschaften an Universitäten hat es jedoch – wie eingangs erwähnt, von Ausnahmen abgesehen – noch nicht gefunden. Es ist zu hoffen, daß in Zukunft in der entwicklungspolitischen Praxis unter *Mainstreaming Gender* mehr als ein paar Frauenprojekte auf dem Land zustande kommen (Teherani-Krönner/Altmann 1997). Der stark instrumentelle Charakter solcher Projekttypen läßt viel Raum für Kritik, kann jedoch auch als eine Herausforderung an die Geschlechterforschung und an die Agrarwissenschaften thematisiert werden.

Damit sind neue Visionen für eine gerechtere und nachhaltige Entwicklung gefordert. Zur Verbesserung der Lebensbedingungen im ländlichen Raum kommt es darauf an, Freiräume und Handlungsspielräume von Frauen zu erweitern. Es geht nicht nur darum, Engpässe und Restriktionen, sondern auch Autonomiebereiche und positive Potentiale von Frauen für zukünftige Entwicklungen zu erkennen (Teherani-Krönner 1997).

Landwirtschaft als Quelle zur Selbstversorgung und Ernährungssicherung in Ländern des Südens ist und bleibt voraussichtlich auch in absehbarer Zukunft eine bedeutende Arbeitsdomäne von Frauen. Wichtig ist nicht nur eine Berücksichtigung von Frauen als Adressatengruppe, sondern auch ihre aktive Einbeziehung in die Entwicklung und Anwendung von Wissen, das auf lokale und globale Wissenssysteme aufbauen kann. Ihre Teilnahme ebenso wie ihre Teilhabe an entwicklungspolitischer Planung und Praxis wird einen Weg zu mehr Selbstbestimmung ebnen. Damit werden Frauen in die Lage versetzt, ihre eigenen Interessen zu artikulieren und wahrzunehmen (Kabeer 1992). Für international und interdisziplinär ausgerichtete Gender-Studies heißt dies, auch Landfrauen als Subjekte des sozialen Wandels und als Gestalterinnen der Transformation von Geschlechterbeziehungen weltweit anzuerkennen. Hierzu können Agrarwissenschaftler/innen, die mit Studien zur Ruralen Frauen- und Geschlechterforschung vertraut sind, wesentliche Beiträge leisten.

Literatur

Agarwal, Bina: »Geschlechterfragen und Umwelt. Anregungen aus Indien«. In: Klingebiel, Ruth/Randeria, Shalini (Hg.): *Globalisierung aus Frauensicht.* Bonn 1998, 239–291.

Altmann, Uta/Teherani-Krönner, Parto (Hg.): *Frauen in der Ländlichen Entwicklung,* Band 1. Konferenzbericht. Berlin 1995.

Boserup, Ester: *Die ökonomische Rolle der Frau in Afrika, Asien, Lateinamerika,* Stuttgart 1982. (Orig.: *Women's Role in Economic Development.* London 1970).

Braunmühl, Claudia von: »Einkommensschaffende Projekte von Frauen. Ein Vergleich« In: Rott, Renate (Hg.): *Entwicklungsprozesse und Geschlechterverhältnisse.* Saarbrücken/Fort Lauderdale 1992, 149–174.

Braidotti, Rosi/Charkiewicz,Eva/Hausler, Sabine/Wieringa, Saskia: *Women, the Environment and Sustainable Development.* London 1994.

Castillo, Gelia T.: »The new rice technology and patterns of rural life in the Philippines«. In: IRRI (International Rice Research Institute): *Rice, Science & Man.* Philippine 1972, 105–114.

Davidson, Joan/Dankelman, Irene: *Frauen und Umwelt in den südlichen Kontinenten.* Wuppertal 1990.

Ehrenberg, Margarete: *Die Frau in der Vorgeschichte.* München 1992.

Geier, Gabriele: »Ernährungssicherheit in Afrika: Muß die Arbeit der Frauen effizienter werden – oder müssen die Männer lernen, wie man sich bückt? Ein Fallbeispiel aus Tansania.« In: *Nord-Süd aktuell* 3 (1990), 376–382.

Hegland, Mary E.: »Political Roles of Aliabad Women: The Public-Private Dichotomy Transcended«. In: Keddie, Nikki R./Baron, Beth (Hg.): *Women in Middle Eastern History, Shifting Boundaries.* New Haven and London 1991, 215–230.

Jacobson, Jodi L.: *Gender Bias: Roadblock to Sustainable Development.* Washington 1992.

Kabeer, Naila: *Triple Roles, Gender Roles, Social Relations: The Political Sub-Text of Gender Training.* Institute of Development Studies, Discussion Paper 313. University of Sussex, Brighton 1992.

Lachenmann, Gudrun: »Frauen als gesellschaftliche Kraft im sozialen Wandel in Afrika.« In: *Peripherie* 12 (Juli 1992) 47/48, 74–93.

Leach, Melissa: »Women's Use of Forest Resources in Sierra Leone«. In: Rodda, Annabel (Hg.): *Women and the Environment.* London 1993, 125–129.

Lele, Uma: »Women, Structural Adjustment and Transformation: Some Lessons and Questions From the African Experience.« In: Gladwin, Christina (Hg.): *Structural Adjustment and African Women Farmers.* Gainsville 1991, 46–80.

Merchant, Carolyn: *Der Tod der Natur. Ökologie, Frauen und neuzeitliche Wissenschaft.* München 1987.

Mies, Maria/Shiva, Vandana: *Ökofeminismus.* Zürich 1995. (Orig.: *Ecofeminism.* London 1993).

Moser, Caroline O.N.: »Gender Planning in the Third World: Meeting Practical and Strategic Gender Needs«. In: *World Development* 17 (1989) 11, 1799–1825.

Safilios-Rothschild, Constantina: »Policy, Theoretical and Methodological Issues regarding Statistics on Women in Agriculture«. In: Holzner, Brigitte (Hg.): *Gender Methodology in Agricultural Projects.* Agricultural University of Wageningen. Wageningen 1994, 132–152 .

– : »Women as a Motor in Agricultural Development ...« In: *Gender Methodology in Agricultural Projects.* Wageningen 1991, 53–64.

Sarhaddi, Farideh: *Die Rolle der Frau in der Landwirtschaft.* Landwirtschaftsministerium. Teheran 1993 (auf Persisch).

Schäfer, Rita: *Guter Rat ist wie die Glut des Feuers.* Pfaffenweiler 1998.

Shiva, Vandana: *Das Geschlecht des Lebens. Frauen, Ökologie und Dritte Welt.* Berlin 1989. (Orig.: *Staying Alive. Women, Ecology and Development.* London 1989).

Teherani-Krönner, Parto: »Humanökologisch orientierte Entwicklungsprojekte«. In: Glaeser, Bernhard (Hg.): *Humanökologie. Grundlagen präventiver Umweltpolitik.* Opladen 1989, 194–208.

– : *Human- und Kulturökologische Ansätze zur Umweltforschung. Ein Beitrag zur Umweltsoziologie.* Opladen 1992a

– : »Von der Humanökologie der Chicagoer Schule zur Kulturökologie«. In: Glaeser/Teherani-Krönner (Hg.): *Humanökologie und Kulturökologie.* Opladen 1992b, 15–43.

– : »Frauen in der Ernährungssicherung und Bevölkerungsentwicklung«. In: Josef Schmid (Hg.): *Bevölkerung, Umwelt, Entwicklung. Eine humanökologische Perspektive.* Opladen 1994, 179–193.

– : »Ökofeministische Positionen zur Naturaneignung«. In: Lorenzl, Günter (Hg.): *Urbane Naturaneignung als agrarische Marktchance?* Berlin 1996, 123–150.

– : »Veränderung von Handlungsspielräumen von Frauen in Agrarkulturen«. In: Steiner, Dieter (Hg.): *Mensch und Lebensraum. Fragen zu Identität und Wissen.* Opladen 1997, 267–289.

– : »Women in Rural Production, Houshold and Food Security: An Iranian Perspective«. In: Kracht, Uwe/Schulz, Manfred (Hg.): *Food Secutity and Nutrition – The Global Challenge.* Münster/New York 1999, 189–218.

– : /Altmann, Uta (Hg.) *What Have Women's Projects Accomplished so far?* Konferenzbericht. Berlin 1997.

– : /Hoffmann-Altmann, Uta/Schultz, Ulrike (Hg.): *Frauen und nachhaltige ländliche Entwicklung.* III. Internationaler Workshop: Women in Rural Development. Pfaffenweiler 1999.

Tekülve, Maria: »Die Sichtbarwerdung der Frauen«. In: GR 45 (1993) 5, 308–312.

UNESCO *Kurier*: Frauen für die Umwelt 23 (1992) 3.

Waters-Bayer, Ann: »Zusammenarbeit mit Zielgruppen unter besonderer Berücksichtigung der Frauen.« MS., Agrecol-Seminare. Marburg 1989.

Werlhof, Claudia v./Mies, Maria/Bennholdt-Thomsen, Veronika: *Frauen, die letzte Kolonie.* Technologie und Politik 20. Reinbek 1983.

Zdunnek, Gabriele: *Marktfrauen in Nigeria. Ökonomie und Politik im Leben der Yoruba-Händlerinnen.* Hamburg 1987.

10. Philosophie

Hilge Landweer

Interesse, Motiv und Adressierung

Feministische Philosophie unterscheidet sich von den Gender-Studien anderer Disziplinen dadurch, daß Theoriebildung und Begriffsklärungen ihren Gegenstandsbereich ausmachen, während Aspekte hiervon in anderen Disziplinen zwar vorkommen können, aber an die spezifischen Inhalte der jeweiligen Disziplin gebunden und nicht mit philosophischen Instrumentarien auf die Fachdebatten in der Philosophie bezogen sind. Feministische Philosophie – auf diese Bezeichnung wird zurückzukommen sein – ist in erster Linie in den jeweiligen philosophischen Fachdiskussionen situiert, richtet sich aber sekundär auch an die interdisziplinäre Diskussion in den Gender-Studien.

Den Ausgangspunkt feministischer Philosophie bildet das Faktum, daß Frauen in fast allen Lebensbereichen diskriminiert sind (vgl. Nagl-Docekal 1992). Dies ist vor allem im Sinne einer Motivation und eines Interesses zu verstehen; das sozialphilosophisch zu analysierende Problem von Diskriminierung und Macht ist weder notwendiger noch einziger Gegenstand feministischer Philosophie. Alle Gebiete der Philosophie sollen am Leitfaden des Interesses, Diskriminierungen und Vereinseitigungen innerhalb der Theorie aufzuheben, neu durchdacht werden (vgl. Nagl-Docekal 1990). Dies bedeutet erstens kritisch zu fragen, in welcher Weise die Philosophie Anteil hat an der anhaltenden Diskriminierung von Frauen, und zweitens zu untersuchen, welche Mittel die Philosophie bereitstellt, um problematischen Geschlechterverhältnissen auf der Ebene theoretischer Konzeptualisierungen entgegenzuwirken. Mit diesen von Herta Nagl-Docekal (1990) formulierten Bestimmungen dürfte ein gängiges Mißverständnis aufgelöst werden können, wonach es in der feministischen Philosophie um ein direktes Verhältnis von ›empirischen‹ Frauen zur Philosophie gehe.

Das Projekt »feministische Philosophie« ist an Männer ebenso wie an Frauen gerichtet, da es innerhalb der Philosophie nicht um Selbstverständigung von Frauen, sondern um Transformationen einer Wissenschaft geht. Zwar ist feministische Philosophie u. a. auch politisch *motiviert*, aber damit ist sie weder in bezug auf die forschenden Individuen, noch auf die Adressaten und auch nicht auf politische Ziele beschränkt. Diese Selbstverständlichkeit zu betonen scheint immer noch notwendig, da gegenüber der Bezeichnung »feministische Philosophie« wie auch gegenüber dem Forschungsfeld selbst oft der Verdacht geäußert wird, mit der Orientierung an einer politischen Bewegung werde die in sich neutrale Philosophie zu ideologischen Zwecken mißbraucht. Stärker noch ist die Behauptung, es handle sich um eine *contradictio in adiecto.*

Nun ist das im Ideologievorwurf (vgl. dazu Nagl-Docekal 1992) unterstellte Postulat der Wertfreiheit schon lange obsolet geworden; es kann als Konsens innerhalb der Humanwissenschaften bezeichnet werden, daß es nicht einlösbar ist. Allerdings unterstellen alle, die sich überhaupt im Feld der Philosophie oder Wissenschaften äußern, eine intersubjektive Nachprüfbarkeit ihrer Aussagen, und das gilt selbstverständlich auch für feministische Philosophie. Der Ideologievorwurf gegen sie muß deshalb zurückgewiesen werden, zumal feministische Philosophie selbst ideologiekritisch die falschen, da androzentrischen Universalisierungen – dieser Begriff wird im übernächsten Abschnitt geklärt – in Begriffen und Theoremen etablierter Philosophie aufdeckt.

Aus- und Eingrenzung von ›Geschlecht‹ in der Philosophie

›Geschlecht‹ als Phänomen oder Begriff wurde in der Philosophie lange ignoriert; traditionell gibt sich Philosophie geschlechtsneutral. Inzwischen dokumentieren zahlreiche Forschungen im Bereich der feministischen Philosophie, daß die geleugneten Verbindungen von Philosophie und Geschlecht vielfältig und grundlegend sind. Die ignorierende Neutralität läßt sich am leichtesten von der Anthropologie her problematisieren. Kant beispielsweise faßt die »weltbürgerliche Bedeutung« der Philosophie in seiner Logikvorlesung in vier Fragen zusammen: 1. »Was kann ich wissen?« 2. »Was soll ich tun?« 3. »Was darf ich hoffen?« 4. »Was ist der Mensch?« Die erste Frage beantworte die Metaphysik, die zweite die Moral, die dritte die Religion und die vierte die Anthropologie. Diese letzte Frage umfasse die anderen drei. Letztlich sind damit alle philosophischen Fragen auf das Selbst- und Weltverhältnis des Menschen bezogen.

Zweifelsohne war Kant mit der Privilegierung von transzendentalen Fragen innerhalb seines eigenen Philosophierens von einer systematischen Berücksichtigung von ›Geschlecht‹ weit entfernt. Seine Konzeption von Philosophie war aber mit diesem umfassenden Anthropologieverständnis recht unmittelbar fundiert in Orientierungsinteressen und damit noch verhältnismäßig empirienah, eine Ausrichtung, die großen Teilen der aktuellen institutionalisierten Philosophie verlorengegangen ist. Dies nicht zuletzt deshalb, weil mit der zunehmenden Differenzierung des Wissenschaftssystems viele Bereiche, die zu Kants Zeiten noch der Philosophie zugerechnet wurden, inzwischen einzelwissenschaftlich organisiert und aus der Philosophie ausgegrenzt sind. Dies führt innerhalb einflußreicher Teile der etablierten Philosophie zu einer Abwertung von allem, was auf Empirie und Erfahrung bezogen ist, und insbesondere feministische Philosophie sieht sich immer wieder dem Verdacht ausgesetzt, mit ihrer Thematisierung von Machtverhältnissen eher zur Soziologie oder zu anderen Disziplinen zu gehören.

Dieser Eindruck täuscht jedoch. Weder sind die thematisch und methodisch sehr heterogenen feministisch-philosophischen Untersuchungen ausschließlich auf Machtverhältnisse konzentriert, noch sind sie mit empirischer Forschung zu verwechseln. Im folgenden soll vielmehr argumentiert werden, daß die unterschiedlichen Bereiche feministischer Philosophie der Anthropologie in dem weiten Verständnis, das in Kants vierter Frage angesprochen ist, zugeordnet werden können.

Philosophische Anthropologie scheint es in der aktuellen Fachdiskussion kaum noch zu geben. Die älteren Versuche, ›das‹ Wesen ›des‹ Menschen kultur*un*abhängig zu bestimmen, wurden abgelöst durch die »Historische Anthropologie«, die in geschichtlicher Perspektive danach fragt, in welcher Weise Menschen sich selbst historisch wechselnd thematisiert haben, was ihr jeweiliges Selbstverständnis war und wie die hierfür zentralen Texte in den dominanten Diskursen situiert waren.

Ein beträchtlicher Teil der Geschlechterforschung kann dieser Art der Thematisierung zugerechnet werden, insofern nach der Konstruktion von Geschlecht in den dominanten Diskursen und kulturellen Praktiken gefragt wird und Einzeluntersuchungen auf diese Frage bezogen sind. Feministische Philosophie versucht, die Kernfrage der philosophischen Anthropologie, was der Mensch sei, unter veränderten Diskursbedingungen feministisch umzuformulieren. Zwar wurde in den Anfängen feministischer Theoriebildung zuweilen recht unbefangen danach gefragt, was es bedeute, daß der Mensch geschlechtlich sei, so als gäbe es eine zeit- und kulturunabhängige Antwort auf die Frage, welches Gewicht seine Geschlechtlichkeit in seinem Selbstverhältnis ›wirklich‹ habe und haben solle. Heute dagegen muß sie anders gestellt werden: Welches Gewicht haben Menschen ihrer Geschlechtlichkeit in ihrer je spezifischen, immer auch geschlechtlichen Situiertheit gegeben, welches gestehen sie ihm aktuell zu, und welches kann und soll sie haben?

Diese letzte Frage ist eine normative und berührt den Bereich der Politischen Philosophie wie den der Ethik und der Rechtsphilosophie. Damit ist ein spezifischer Erfahrungsgehalt angesprochen, dessen Bedeutung ebenso für die übrigen kantischen Fragen untersucht werden kann. Denn auch die anderen drei Fragen – Was kann ich wissen? Was soll ich tun? Was darf ich hoffen? –, die von der anthropologischen umfaßt werden, lassen sich darauf beziehen, welche Rolle die Geschlechtszugehörigkeit der Fragenden für ihre Beantwortung spielt.

Dies wirft das Problem auf, ob die Erfahrung der eigenen Geschlechtlichkeit *vollständig* kontingent ist, abhängig einzig von kulturell beliebig variierbaren Zuschreibungen, oder ob *jede* denkbare Kultur »Geschlecht« in irgendeiner Weise interpretieren muß. Wäre Geschlechtlichkeit demnach doch etwas für Menschen Wesentliches? Lassen sich Kriterien dafür angeben, in welchem Maße die geschlechtliche Situiertheit in welchen Kontexten berücksichtigt werden kann und soll?

Feministische Philosophie untersucht, so läßt sich jetzt sagen, die Bedeutung der Geschlechtlichkeit für das menschliche Selbst- und Weltverhältnis, nicht aber *empirisch* die jeweils *spezifische* Situiertheit, und auch nicht die *faktischen* Auswirkungen der jeweils *individuellen* männlichen oder weiblichen Identität auf vorliegende philosophische Untersuchungen. Ersteres wäre ein eher wissenssoziologisches, letzteres ein eher psychologisches Unternehmen. Feministische Philosophie – und damit auch die Philosophie in den Geschlechterstudien – analysiert dagegen, ob die jeweiligen Aussagen über ›den‹ Menschen und alle auf dieser Grundlage gewonnenen Abstraktionen tatsächlich so geschlechtsneutral sind, wie sie beanspruchen. Genauer handelt es sich um die Frage, wo in den verschiedenen philosophischen Systemen und systematischen Erörterungen die Kategorie »Geschlecht« auf welche Weise verortet oder ausgegrenzt worden ist und wird und wie sie systematisch eingeholt werden kann und soll.

Ausgangspunkt hierfür ist, daß ›Geschlecht‹ nicht nur biologisch die Zugehörigkeit zum männlichen oder weiblichen Geschlecht, sondern gleichzeitig auch eine fundamentale *soziale* Unterscheidung in allen historischen und gegenwärtigen Gesellschaften in höchst unterschiedlichen Formen und Funktionen bezeichnet. Mit der Geschlechtszugehörigkeit wurden und werden nicht nur soziale Rollenzuweisungen und ungleiche Zugangsmöglichkeiten zu gesellschaftlichen Ressourcen legitimiert, sondern auch bestimmte Eigenschaften Männern und Frauen als geschlechtsspezifische zugeschrieben. Damit wird ›Geschlecht‹ zum normativen Modell, dem Personen gemäß ihrer physischen Ausstattung psychisch und sozial entsprechen *sollen.*

Geschlecht spielt in den meisten philosophischen Entwürfen bis ins 20. Jahrhundert hinein eine systematische, bisher noch unzureichend untersuchte Rolle. Dabei ist der Geschlechts*begriff* insofern asymmetrisch konstruiert, als er sehr viel häufiger auf Frauen als auf Männer bezogen wird. Bezeichnenderweise wird die ›allgemeine‹ Kategorie ›Geschlecht‹ – wenn sie überhaupt in der Philosophie thematisch wird – fast ausschließlich anhand der ›Besonderheit‹ ›Frau‹ oder ›Weiblichkeit‹ erörtert, seltener anhand von ›Mann‹ oder ›Männlichkeit‹. Neben dieser Asymmetrie muß aber auch offene Frauenverachtung oder -abwertung konstatiert werden, etwa wenn Hegel im Zusatz zum § 166 seiner *Rechtsphilosophie* schreibt: »Frauen können wohl gebildet sein, aber für die höheren Wissenschaften, die Philosophie und für gewisse Produktionen der Kunst, die ein Allgemeines fordern, sind sie nicht gemacht.« Darüber hinaus kritisiert feministische Philosophie geschlechtliche Metaphern, die hierarchische Geschlechterverhältnisse als naturgegeben behandeln und dadurch stabilisieren. Denn geschlechtliche Metaphern organisieren oft nicht nur in der Praktischen, sondern auch in der Theoretischen Philosophie die jeweiligen Entwürfe. Sie dienen in *allen* Wissenschaften zumeist der Veranschaulichung – und oft auch der Legitimation – komplementärer und zugleich hierarchischer Verhältnisse. Ebenso wie die Unterscheidung von ›harten‹ und ›weichen‹ Methoden, ›harten‹ und ›weichen‹ Disziplinen ist auch die von Natur und Kultur, Leib und Seele, Immanenz und Transzendenz geschlechtlich *und gleichzeitig hierarchisch* konnotiert.

Insofern Philosophie lebensweltliche Erfahrungen reflektiert, macht sie mindestens implizit Annahmen in bezug auf das Geschlechterverhältnis. Deshalb fragt feministische Kritik, in welcher Weise Philosophie einerseits das Geschlechterverhältnis thematisiert und konzeptualisiert, und mit Hilfe welcher Mechanismen sie andererseits die Kategorie ›Geschlecht‹ übergeht, vermeidet, ausläßt und gezielt verschweigt. Deshalb besteht die *Aufgabe* feministischer Philosophie zum einen darin, die Geschichte der expliziten Thematisierungen des Geschlechterverhältnisses in der Philosophie zu rekonstruieren und kritisch zu analysieren. Dabei wird von der inzwischen hinreichend belegten Voraussetzung ausgegangen, daß sich, wie Nagl-Docekal (1990) betont, in allen Perioden der Philosophiegeschichte patriarchale Perspektiven auf die Geschlechterdifferenz in großer Explizitheit und an zentraler Stelle artikulierten, und nicht etwa nur in Randbereichen des Fachs. Bisher werde dieses Faktum in der Rezeption der philosophischen Klassiker aber »mit großer Verschämtheit« behandelt, wobei allerdings kaum zu übersehen sei, »daß sich die Wirkungsgeschichte der besagten Theorien gerade in der Latenz in unangefochtener Weise fortsetzen« könne (ebd., 13).

Zum anderen besteht die Aufgabe von feministischer Philosophie darin, Aussagen, die Geschlechtsneutralität beanspruchen, jeweils neu auf latente androzentrische oder gar misogyne Gehalte hin zu überprüfen. Ein weiterer zentraler Bereich feministischer Philosophie reflektiert die Kategorie ›Geschlecht‹ systematisch (›systematisch‹ bezeichnet hier den Unterschied zu ›historisch‹). Dies impliziert, nach Alternativen zu patriarchaler Philosophie und ihren Geschlechterkonstruktionen zu suchen. Dabei ist selbstverständlich das Entwerfen von Alternativen, wie auch Herta Nagl-Docekal betont (1990, S. 14), stets per negationem durch dasjenige mitkonstituiert, wovon es sich absetzt.

Androzentrismuskritik, Egalität und Differenz

Als ›androzentrisch‹ werden falsche Universalisierungen von Mann zu Mensch in Begriffen, Theoremen oder ganzen Theorien bezeichnet. Grundlage dafür ist ein asymmetrischer Begriff von Geschlecht, der nicht beide Geschlechter, sondern ausschließlich oder vor allem das ›Weibliche‹ als Besonderes gegenüber einem Allgemein-Menschlichen konstruiert. Luce Irigaray spricht in diesem Zusammenhang davon, daß die Differenzierung nach zwei Geschlechtern aus dem »A priori des Selben« hervorgehe, nämlich aus dem Mann als Paradigma für beide Geschlechter (Irigaray 1980, 30). Die Kritik am Androzentrismus läßt sich auf alle Abstrakta übertragen, die Wahrnehmungen und Erfahrungen von Frauen und deren Interpretation ausblenden und/oder implizit entwerten.

Exemplarisch sei auf den rechtsphilosophischen Begriff der Gleichheit verwiesen, der wie kaum ein anderer Geschlechtsneutralität beansprucht (im folgenden nach Nagl-Docekal 1992, dort auch weiterführende Literatur). Feministische Kritik machte darauf aufmerksam, daß die politische Anwendung dieses in der Aufklärung konzipierten Begriffs die Trennung von öffentlicher und privater Sphäre und eine entsprechende geschlechtliche Arbeitsteilung voraussetzt, wobei der öffentliche Raum Männern vorbehalten blieb, Frauen aber die Alleinverantwortung für die Familiensphäre zugewiesen wurde. Die Folge davon war, daß Frauen weitgehend in einem rechtsfreien Raum lebten, der Privatsphäre, die dem staatlichen Zugriff per definitionem entzogen ist.

Die feministische Kritik am Androzentrismus braucht nicht vorauszusetzen, daß die Differenz der Geschlechter notwendig, das heißt kulturunabhängig – und damit im alten Sinne von »Anthropologie« als etwas dem Menschen Wesentliches – zu berücksichtigen sei. Ihr Geltungsanspruch ist bescheidener: Sie weist lediglich darauf hin, daß so lange sozial keine Geschlechtergleichheit realisiert ist, philosophische Begriffsbildung unter dem Verdacht steht, die sozial ungleichen Verhältnisse zu ignorieren und auf dieser Basis zu falschen Verallgemeinerungen zu kommen, die wiederum jene gesellschaftlichen Bedingungen verdecken und dadurch Ungleichheit stabilisieren.

Feministische Philosophie wurde seit ihrem Beginn in den frühen 70er Jahren durch Debatten um Egalität und Differenz der Geschlechter bestimmt. Die meisten Positionen gingen anthropologisch von einer Egalität der Geschlechter aus, die kulturell u. a. durch Zuschreibungspraktiken, an denen die Philosophie vor allem im 18. und 19. Jahrhundert einen dominanten Anteil hatte, überformt worden sei. Im Kontext einer sozialgeschichtlichen Analyse wurde Ideologiekritik als ein zentrales Mittel angesehen, um die Egalität der Geschlechter zu ermöglichen. Andere betonten dagegen die Differenz als das, was den Geschlechtern wesentlich zukomme, u.a. mit dem Argument, daß die Philosophie durch ein weitgehendes Ignorieren der Geschlechterdifferenz gekennzeichnet sei. Empirische und anthropologische Differenz, Faktisches und Ontologisches, Deskriptives und Normatives wurden in diesen Debatten nicht immer klar voneinander getrennt.

Von egalitätstheoretischen Positionen aus wurde den Differenztheoretikerinnen oft zum Vorwurf gemacht, daß sie empirische Unterschiede von Männern und Frauen, die lediglich Ergebnis variierbarer kultureller Praktiken sind oder waren, als *wesentliche* setzten (»essentialistisch«) oder ihnen ein *Sein* jenseits von Kultur und Geschichte (»ontologisch«) unterstellten. Von differenztheoretischen Perspektiven aus wurde problematisiert, daß dann, wenn anthropologisch die Egalität der Geschlechter vorausgesetzt werde, eine Kritik am Androzentrismus erschwert, wenn nicht unmöglich werde. Denn jene egalitären philosophischen Modelle behandelten die Erfahrungen von Frauen als irrelevant, da sie allenfalls sehr indirekt auf lebensweltliche Zusammenhänge Bezug nähmen. Es könne gar nicht mehr sichtbar gemacht werden, welche Art von Erfahrung Voraussetzung für die dominante, aus ihrer Sicht problematische Art des Philosophierens ist, nämlich eine ›männliche‹, die sich zu Unrecht als geschlechtsneutrale Norm geriere.

Die Debatten um Egalität und Differenz setzten sich in verschiedenen Teilbereichen feministischer Philosophie fort. Sie wurden ergänzt und durchkreuzt durch die verschiedenen Auseinandersetzungen um Macht (insbesondere Diskursmacht) und Herrschaft im Geschlechterverhältnis, bis sie von denen um die Welterschließungsfunktion der Sprache bei der Konstruktion der Geschlechter abgelöst wurden. Für diese Auseinandersetzungen über ›sex‹ und ›gender‹ war die Rezeption von Judith Butlers *Gender Trouble* (1990) zentral.

›Sex‹ bezeichnet in der angloamerikanisch orientierten theoretischen Diskussion das biologische Geschlecht, ›gender‹ dagegen kulturell produzierte Geschlechterdifferenzen. Je nachdem, wo man die Grenze zwischen Biologie und Kultur zieht, ist damit auch die Zuständigkeit von Sozialwissenschaften und Philosophie abgesteckt: »Sex« wird als naturwissenschaftlich zu untersuchende anthropologische Konstante angesehen, die kulturell überformt wird, und nur die Überformung kann Gegenstand sozialtheoretischer und philosophischer Reflexion sein. Diese disziplinäre Arbeitsteilung wird jedoch neuerdings bestritten mit dem Argument, auch biologisch-medizinische Geschlechtsbestimmungsmethoden seien soziale Praktiken, die in Rechtssysteme eingebunden seien: Uneindeutige Fälle würden künstlich vereindeutigt, um dem sozialen Zwang zur Exklusivität der Geschlechtskategorien nachzukommen. Danach darf man nur entweder Frau oder Mann, aber weder beides noch keines von beidem sein (vgl. Gildemeister/Wetterer 1992, Tyrell 1986). Diese Argumentation behandelt ›sex‹, d.h. die biologische Geschlechtszugehörigkeit selbst, als ein *soziales* Konstrukt, das Bestandteil des euro-amerikanischen Geschlechtsbegriffs sei, der mit der Unterscheidung von ›sex‹ und ›gender‹ eine Biologie oder Natur jenseits von Kultur und Sprache unterstelle.

In dieser Debatte wird den dominanten Diskursen in Kulturen zumeist ein Vorrang vor nicht-diskursiven Praktiken oder ökonomischen Verhältnissen eingeräumt; ein Vorrang, der als ontologischer interpretierbar ist. Zwar sind die entsprechenden Autorinnen weit entfernt von ontologischen Thematisierungen; im Gegenteil wollen sie »Ontologisierungen« prinzipiell zurückweisen. Dennoch werden mindestens negativ starke Bezüge zur Ontologie deutlich, etwa wenn ›Geschlecht‹ ausschließlich als Diskursprodukt angesehen wird, dem auf der Ebene des Seins nichts entspricht; nach dieser Position ›gibt‹ es in einem ontologischen Sinn keine Männer und Frauen, sondern nur Diskurse und die ihnen entsprechenden Selbstzuschreibungspraktiken und Identitätskonstruktionen (vgl. Butler 1990). Wenn aber Aussagen darüber gemacht werden, daß etwas *nicht existiert*, so widerspricht dies der in diesen Theoriekontexten verbreiteten sprachphilosophischen Annahme, daß über das Sein nicht sinnvoll gesprochen werden könne. Es handelt sich hierbei um eine Verwechslung der *erkenntnistheoretischen* These, daß wir zu Außersprachlichem, dem Sein, nur *in* der Sprache *Zugang* haben, mit der *ontologischen*, wonach nur sprachliches Sein *existiert*.

Einige Autorinnen streben, von der skizzierten sprachphilosophischen Position ausgehend, politisch eine Vervielfältigung der Geschlechter an, um den Hierarchisierungen, die ihrer Meinung nach mit der Zweigeschlechtlichkeit notwendig verbunden sind, eine Politik des Changierens zwischen verschiedenen Geschlechtern und sexuellen Orientierungen sowie wechselnde Identitäten entgegenzusetzen (z. B. Hark 1993; mit Einschränkungen: Wetterer 1995). Ähnliches versuchen die *queer politics*, Politiken, die gegen vereindeutigende Geschlechtsidentitäten und Festlegungen auf bestimmte sexuelle Orientierungen alle Abweichungen von der heterosexuellen Norm als widerständig und insbesondere als gegen die Zweigeschlechtlichkeit gerichtet auffassen, da sie diese als im Heterosexismus fundiert ansehen. Ob dies argumentativ haltbar oder eine solche Politik realisierbar ist und ob ihr Effekt tatsächlich das Aushebeln der Zweigeschlechtlichkeit sein könnte, kann man bestreiten (vgl. Landweer 1999).

Deutlich ist aber, daß eine solche Position anthropologisch die Egalität aller Menschen unterstellen muß, auch wenn sie empirische Differenzen (z. B. sexuelle Orientierung oder »race«) hoch bewertet. Denn ihre hypothetische Gegenposition, die darin bestünde, anthropologisch von Differenz auszugehen, ist ausgeschlossen: Sie müßte in diesem Fall mehr als nur zwei Geschlechter mit einem kulturunabhängigen Sein voraussetzen – andernfalls handelte es sich nicht um *anthropologische* Differenz, sondern um Differenz als Ergebnis beispielsweise von diskursabhängigen Praktiken. Denn die Annahme, daß anthropologisch von mehr als zwei Geschlechtern auszugehen sei, müßte auch deren Anzahl enthalten. Diese aber ist in der Perspektive solcher sprachphilosophischer Positionen abhängig von kulturellen Praktiken und damit nichts Anthropologisches. Aber müssen sie wirklich Egalität der (zahlreichen) Geschlechter anthropologisch unterstellen? Ist nicht vielmehr eine Position prinzipieller Anthropologie-Kritik ihr erklärtes Ziel und auch sachlich ihre einzig mögliche Konsequenz?

Anthropologie ist allerdings nicht identisch mit Kulturunabhängigkeit; sie ist in diesem Jahrhundert gerade zur gegenteiligen Auffassung gelangt. Die Kritik essentialistischer anthropologischer Modelle hat gezeigt, daß *der* Mensch als »animal symbolicum« (Susanne Langer; Ernst Cassirer) eben *wesentlich als Kultur ist*; es ist keine Abstraktion von Kultur möglich. Die Frage, welche die philosophische Anthropologie zu beantworten sucht, ist die nach dem ›Material‹, an dem jede Kultur sich abarbeiten muß, das, was sie zwar transformieren, aber nicht übergehen kann. Damit ›existiert‹ dieses ›Material‹ aber nicht unabhängig von der jeweils spezifischen Kultur, sondern ist selbst nur aus Kulturphänomenen zu erschließen, in anderen Worten: es ist nur kulturell transformiert zugänglich, eine Grenze, die man unterstellen muß, um überhaupt zu einem sinnvollen Kulturbegriff – d. h. einem, der sich von Nicht-Kultur abhebt – gelangen zu können.

Wenn eine sprachphilosophische Position ein von der Sprache unterschiedenes Sein zugesteht – auch wenn es wahrscheinlich nicht erkennbar ist –, so muß sie Egalität der Geschlechter unterstellen. Denn Geschlecht ist in dieser Perspektive dem Menschen zwar *empirisch*, nämlich über die entsprechende Konstruktion von Geschlechtsbedeutungen im Diskurs, wesentlich, nicht aber *anthropologisch*. Deshalb kann diese Position Geschlechtlichkeit auch nicht als eine wesentliche Herausforderung ansehen, die in kulturellen Praktiken bearbeitet wird, sondern lediglich als eine Art Appendix, der durch Diskurse allererst in die Welt gebracht wird. Wird dagegen ein Sein außerhalb der Sprache bestritten, und nicht nur der mögliche erkenntnistheoretische Zugang zu ihm, so löst sich nicht nur die Ontologie, sondern auch die Anthropologie in Diskurs auf. Die Rede von Differenz meint dann nichts anderes als unterschiedliche (und eben nicht mehr auch unterscheidende) Zeichen, da es in einem ontologischen Sinne buchstäblich nichts ›gibt‹, was bezeichnet werden könnte.

Bezeichnung

Die Benennung »feministische Philosophie« hat sich gegenüber anderen möglichen Bezeichnungen dieses Forschungsfeldes wie etwa »philosophische Frauen- oder Geschlechterforschung« oder »philosophische Gender Studies« durchgesetzt. Diese anderen Bezeichnungen legen das Mißverständnis nahe, als würden sie mit ›Frau‹, ›Geschlecht‹ oder ›gender‹ jeweils den *Gegenstand* feministischer Philosophie benennen. Oft geht es aber um die Analyse des *Fehlens* einer Perspektive, die nach Geschlecht fragt oder – wie zumeist in der Androzentrismus-Kritik – um Kritik an partikularistischen (in diesem Fall: ›männlichen‹) Denkweisen und damit um das Einfordern von ›echter‹ Universalität. Da die Thematisierung von Geschlecht nicht in jedem Fall normativ angestrebt wird, kann der Gegenstand feministischer Philosophie nicht auf Geschlecht festgelegt werden, und ihre Benennung sollte dies berücksichtigen.

Im Ausdruck ›Feminismus‹ ist zwar von der Etymologie her ein Bezug auf Frauen enthalten, aber dieser Ismus und das zugehörige Adjektiv ›feministisch‹ dürften nach der politischen Geschichte dieser Begriffe wohl kaum mehr mit ›Weiblichkeit‹ und ›weiblich‹ identifiziert werden. Zudem erscheint es zur Kennzeichnung dieses Forschungsfeldes sinnvoll, die Philosophie als Substantiv zu belassen und die Art des Zugriffs durch das Adjektiv zu kennzeichnen. Um aber ganz das Mißverständnis zu vermeiden, es handele sich um eine spezielle oder gar doktrinär betriebene Philosophie, müßte man sagen: »Philosophie in Perspektiven feministischer Kritik«. Damit hätte man zudem der Vielfalt und der Heterogenität feministischer Perspektiven Rechnung getragen.

Klärungsbedürftig ist auch, was als ›Philosophie‹ aufgefaßt werden soll. Es gibt keinen in der institutionalisierten Philosophie allgemein anerkannten Philosophiebegriff, aber viel vordergründigen Konsens darüber, was jedenfalls keine Philosophie sei. Der Ausschluß von ›Nicht-Philosophischem‹ aus der Philosophie kann immer auch als ein strategischer Akt im Fachdiskurs der Philosophie betrachtet werden, der begründungsbedürftig, kritisierbar und manchmal auch gerechtfertigt ist. Auch in den Gender-Studien ist es sicherlich sinnvoll, den einzelwissenschaftlichen Differenzierungen zu folgen, solange sie die Forschung nicht als Schrebergartenordnung einengen, sondern zum Zwecke von Arbeitsteilung und zur Kompetenzsteigerung genutzt werden.

In der Konkurrenz wissenschaftlicher Disziplinen um Ressourcen und Prestige stellt Philosophie, die ihre früher führende Position längst eingebüßt hat, in hilfloser Anmaßung oft Machtansprüche gegenüber den anderen Wissenschaften, insbesondere den Human- und Sozialwissenschaften. Feministische Philosophie sollte diese Geste nicht opportunistisch nachahmen, da sie mit solchen Bornierungen gerade die Möglichkeit verfehlt, daß Philosophie und empirische Wissenschaften sich in gemeinsamen Sachfragen wechselseitig Orientierung geben könnten. Diese Argumente gelten entsprechend gegen die – bei manchen Philosophieauffassungen übliche – starre Hierarchisierung der philosophischen Teilbereiche, so als sei beispielsweise Erkenntnistheorie ›mehr‹ oder ›bessere‹ Philosophie als Sozialphilosophie. Philosophie ist nicht über irgendeinen Gegenstand bestimmt. Welche Fragen und welche Art der Bearbeitung philosophisch ist und welche nicht, läßt sich nicht mit Autorität, Tradition oder Konsens beantworten, sondern sollte sich argumentativ ausweisen. Wenn die Bedingung einer relativen Akzeptanz im Fach darin besteht, sich an den main stream vorgegebener Themen und dominanter Methoden zu halten, so wäre wissenschaftsgeschichtlich zu untersuchen, ob der Ausschluß von Frauen sich signifikant unterscheidet von der Abwehr gegen durch Männer eingebrachte ›unorthodoxe‹ Themen, die in allen Disziplinen beobachtet werden kann.

Zur Geschichte feministischer Fragestellungen in der Philosophie

Im Kontext der Frauenbewegungen des 19. und frühen 20. Jahrhunderts gab es bereits wissenschaftliche Analysen der Lage von Frauen und Männern, aber keine im engeren Sinne philosophischen feministischen Untersuchungen. Auch die Philosophinnen vergangener Jahrhunderte, die auf das Geschlecht der Philosophierenden Bezug nahmen, verbanden dies nicht mit ihren (im engeren Sinne) philosophischen Fragestellungen. Es waren überhaupt wenige Frauen, die sich als Philosophinnen verstanden und von ihren Zeitgenossen als Philosophinnen anerkannt wurden. Darüber hinaus hat sich das Verständnis dessen, was Philosophie ist, so verändert – und zwar im wesentlichen verengt –, daß nicht alle, die beispielsweise im 16. oder 17. Jahrhundert ›Philosophen‹ und ›Philosophinnen‹ genannt wurden, auch heute noch so bezeichnet würden; denn die Philosophie umfaßte damals Wissenschaften, die inzwischen eigene Disziplinen bilden. Erst in diesem Jahrhundert wurde es möglich, feministische Theorie anhand der Auseinandersetzung mit der philosophischen Tradition zu entwickeln, wie etwa bei Simone de Beauvoir (1949). Ein breiteres feministisches Interesse an Theorie und Philosophie entstand erst im Kontext der Neuen Frauenbewegung seit ca. 1968 in den USA und in Europa.

Der feministische Blick auf die Geschichte der Philosophie suchte nach einer verdrängten Tradition von Philosophinnen und hat dabei Beachtliches geleistet. So wurden im englisch-, aber inzwischen auch im deutschsprachigen Raum etliche Philosophinnen-Lexika herausgegeben (z. B. Rullmann 1993; Meyer/Bennent-Vahle 1994). Die allerersten Anfänge dessen, was man von heute aus in einem sehr weiten Sinne ›feministische Philosophie‹ nennen kann, reichen aber mindestens bis ins 17. Jahrhundert zurück. Sie waren geprägt von Empörung über die misogyne Darstellung von Frauen in der Wissenschaft, so z. B. bei Anna Maria von Schurmann (1607–1678), Margaret Cavendish (1623–1673), Dorothea Erxleben-Leporin (1715–1762) und Charlotte Unzer-Ziegler (1725–1782).

Im Zuge der theoretischen Reflexionen im Kontext der Neuen Frauenbewegung seit Beginn der 70er Jahre wurde diese Kritik ergänzt und erweitert durch die Frage nach dem Verhältnis von der Unsichtbarkeit von Frauen in philosophischen Entwürfen zu der mindestens partiellen Misogynie, so etwa, wenn danach gefragt wurde, wie sich Kants geschlechtsneutral formulierte Freiheitstheorie zu seinen misogynen Äußerungen in der Anthropologie verhält. Damit wurden nicht nur Analysen der Geschichte der Philosophie vorgelegt, sondern auch eine systematische Perspektive auf das Fach Philosophie als Ganzes eingenommen, die sich in den letzten 25 Jahren immer stärker ausdifferenziert hat.

Die Kritik an der expliziten Misogynie großer Teile der philosophischen Tradition wie auch an der Ignoranz der Geschlechtsspezifizität bestimmter Erfahrungen, die für die Praktische Philosophie von Belang sind, führte zu einem in systematischer Hinsicht höchst aufschlußreichen Befund: Fast alle philosophischen Systeme werden durch polare, hierarchisch organisierte Gegensatzpaare bestimmt, die geschlechtlich konnotiert sind (Hausen 1978, Bovenschen 1979). Die Bewertung beispielsweise von ›Gefühl‹ und ›Verstand‹, ›Konkretem‹ und ›Abstraktem‹ usw. schien unmittelbar verknüpft mit den Metaphern des ›Weiblichen‹ (und indirekt: des ›Männlichen‹). Ein enger Bezug zu praktischen Fragen war für die Anfänge feministischer Theoriebildung kennzeichnend. Insbesondere in den 70er Jahren strebten Teile der Frauenbewegung eine Neubewertung des Weiblichen an, wie etwa in der Kampagne »Lohn für Hausarbeit« (Bock/Duden 1977).

Innerhalb der feministischen *Philosophie* aber schien anders als in jenen im engeren Sinne politischen Kontexten angesichts der starren Verteilungen der begrifflichen Ordnungsschemata eine einfache Umwertung von ›männlich‹ und ›weiblich‹ nicht möglich. Denn die Bewertung derselben Eigenschaften, die in den traditionellen Geschlechterstereotypien weiblich und negativ besetzt sind, als nunmehr positiv behält die Praxis essentialistischer Zuschreibungen bei, nur unter veränderten Vorzeichen. Auch wenn ›das Weibliche‹, beispielsweise Gefühlsbetontheit und Sorge für Andere, als moralisch besseres Prinzip gesetzt würde, bliebe hierbei Geschlecht eine Norm, an der sich Frauen – und Männer – zu orientieren haben. Angestrebt wird aber seitens feministischer Theorie und Philosophie, sofern sie auf die Praxis bezogen sind, eine Erweiterung der Handlungsspielräume für beide Geschlechter. Weder Männern noch Frauen sollen bestimmte Arbeiten, Verhaltens- oder gar Denkweisen als geschlechtstypische, d. h. als substantiell mit ihrem Geschlecht verbundene Eigenschaften zugeschrieben werden.

Zwar war feministische Philosophie von ihren Anfängen an von großer Heterogenität und Methodenvielfalt gekennzeichnet, aber dennoch lassen sich Schwerpunktverschiebungen bei der Bezugnahme auf unterschiedliche ›Schulen‹ in den letzten 25 bis 30 Jahren konstatieren. Während in den Anfängen im deutschsprachigen Raum noch die Kritische Theorie und im anglo-amerikanischen und romanischen Raum andere Varianten der Verbindung von Marxismus und Psychoanalyse dominierten, wurde diese Orientierung bald abgelöst von einer Konjunktur poststrukturalistischer Theorien, die aber in die Fachdiskussion der Philosophie nach wie vor kaum Eingang gefunden haben. Während in der angloamerikanischen feministischen Philosophie seit Jahrzehnten Vertreterinnen der Analytischen Philosophie großen Einfluß haben (z. B. O'Neill 1996), begannen im deutschsprachigen Raum erst in den letzten ca. zehn Jahren immer mehr feministische Philosophinnen, sich des Instrumentariums der Analytischen Philosophie zu bedienen (z. B. Krebs 1995, Pauer-Studer 1996). Die neueste Entwicklung ist durch eine verstärkte Bezugnahme auf die Traditionen der Phänomenologie zu charakterisieren (z. B. Stoller/Vetter 1997).

Zusammenfassend läßt sich sagen, daß die Kanalisierung dessen, was als feministische Philosophie thematisiert wird, durch die stärkere fachliche Anbindung sich einerseits als ein Zugewinn an Differenzierungsfähigkeit beschreiben läßt, andererseits aber auch als ein Verlust an außerinstitutionellen Adressatinnen. Ob dieser Prozeß auch als ein politischer Verlust zu werten ist, hängt von der jeweiligen Vorstellung von sozialer Bewegung und von Veränderung generell ab.

Schwerpunkte in philosophischen Teilbereichen

Von den vielfältigen und hoch differenzierten feministischen philosophischen Diskussionen können hier nur einige exemplarisch genannt werden. Die für die feministische Philosophie zentrale Frage nach Macht, Herrschaft und Hierarchie in den Geschlechterverhältnissen wird üblicherweise in der *Politischen Philosophie* und *Sozialphilosophie* thematisiert; sie hat aber Auswirkungen auf viele andere philosophische Themen und Teilbereiche. Einer ihrer Ausgangspunkte war die kritische Auseinandersetzung mit Michel Foucaults Machttheorie und seiner Theorie der Einkörperung verschiedener Sexualitäten durch Diskurse und Praktiken. Durch die Rezeption des sozialen Konstruktivismus (vgl. Beitrag über Soziologie in diesem Band) wurde den neuesten Kontroversen um die Rolle der Sprache bei der Herstellung von Geschlechterhierarchien der Boden bereitet.

Die *feministische Erkenntnistheorie* ging von der Frage nach dem Verhältnis von Subjekt und Objekt der Wissenschaft aus: Gibt es einen systematischen Zusammenhang zwischen Erkennender (Subjekt) und Erkanntem (Objekt)? Hintergrund dieser Frage war ein allgemeiner Androzentrismus-Verdacht. Dieser begründete sich u. a. in dem Befund, daß auch nach dem Verschwinden explizit misogyner philosophischer Systeme und nachdem Frauen überhaupt – und damit auch Philosophie – studieren durften, sie trotzdem aus der Philosophie immer noch weitgehend ausgeschlossen sind, und zwar in weit stärkerem Maße als in anderen geistes- oder sozialwissenschaftlichen Disziplinen. Es wurde untersucht, inwieweit sich ein Bezug zwischen der ›Männlichkeit‹ der Gegenstände der Philosphie und dem Frauenausschluß herstellen läßt. Dabei wurde vor allem psychoanalytisch mit der Psychogenese von Männern und der entsprechenden Themenwahl argumentiert, aber auch marxistisch, insofern unterstellt wurde, daß die gesellschaftliche Stellung einer Person notwendig ihre möglichen Erkenntnisinteressen bestimmt. Über Erkenntnistheorie hinausgehend wurde das Verhältnis von *sex* und *gender* zu anderen Kategorien, die als soziale Distinktionsmechanismen wirken, wie *race* und *class*, diskutiert. Heute steht die Frage zur Debatte, ob überhaupt von einer feministischen Erkenntnistheorie im engeren Sinne gesprochen werden kann und ob die Thematisierung der Situierung des Erkennenden nicht eher der historischen Epistemologie oder Wissenssoziologie zuzurechnen ist.

Seit die Psychologin Carol Gilligan (1982) in ihren empirischen Untersuchungen die Kohlbergschen Kategorien zur Beschreibung der kindlichen Moralentwicklung überprüfte und deren Androzentrismus kritisierte, hat sich die *feministische Moralphilosophie*, davon angeregt und herausgefordert, immer stärker ausdifferenziert. Auch in diesen Kontroversen finden die alten Auseinandersetzungen um Egalität und Differenz der Geschlechter eine Fortsetzung. So ist ein weiterer Strang der feministischen Ethikdiskussion stärker differenztheoretisch motiviert – durch Luce Irigaray einerseits und eine feministische Lektüre des Philosophen Lévinas andererseits. Auch von einer an David Hume anschließenden feministischen Ethik aus wurde gegen die immer noch weitgehend kantianisch ausgerichteten zeitgenössischen Moralphilosophie eingewandt, daß die Rolle der Vernunft in der Moral nicht überschätzt werden dürfe und die Kantische Gesetzesethik rein formal sei. Diese Auseinandersetzungen sind stärker als die in den meisten anderen Feldern feministischer Philosophie in die Fachdiskussionen eingebunden.

Dies gilt allenfalls noch für die feministische *Politischen Philosophie*, aber nur insofern, als sie auf ethisch-normative Fragestellungen bezogen ist. Ihr Ausgangspunkt ist, daß die neue Frauenbewegung das Verhältnis von Privatheit und Öffentlichkeit vom Geschlechterverhältnis aus problematisiert. Sie stellt die gesamte Organisation von Arbeit und Staat in Frage, indem sie darauf hinweist, daß die bezahlte Arbeit auf der unbezahlten Arbeit von Frauen, auf Kindererziehung, Pflege und Hausarbeit, beruht und daß die Verteilung der Güter entsprechend ungerecht sei. Diese Perspektive eröffnete der politischen Theorie neue Felder. Sie stellte den Begriff des Politischen ebenso in

Frage wie das, was als Öffentlichkeit galt, Frauen aber nicht repräsentierte. Das Verhältnis von Privatem und Politischem, von privater Fürsorge und öffentlicher Wohlfahrt, von privaten Freiräumen und politischer Verregelung steht im Zentrum der Diskussionen um Liberalismus und Kommunitarismus sowie um Autonomie und Freiheit, an denen sich feministische Theoretikerinnen in den letzten zehn Jahren stark beteiligten (vgl. Klinger 1998). Auch die neuesten Diskussionen um Gerechtigkeit und Menschenrechte werden seit langem unter dem Gesichtspunkt der Geschlechterverhältnisse thematisiert.

Institutioneller Rahmen

Während in den USA, Kanada, England und Australien *Feminist Philosophy* nicht nur genuiner Bestandteil von *Women's studies*-Programmen, sondern wenigstens in einigen philosophischen Departments institutionalisiert ist, gibt es in Deutschland bisher lediglich eine Professur für Feministische Philosophie. Innerhalb der deutschen akademischen Philosophie sind feministische Fragestellungen weniger selbstverständlich als in allen anderen geistes- und sozialwissenschaftlichen Fächern und unterliegen annähernd dem gleichen Legitimationsdruck wie vor dreißig Jahren, als die feministische Theoriebildung begann. Obwohl seitdem im Bereich feministische Philosophie rege publiziert wurde und diese Inhalte auch Einzug in die Lehre hielten, vor allem durch Mitarbeiterinnen und Lehrbeauftragte, verschließt sich das Fach nach wie vor der Rezeption und Anerkennung feministischer Kritik.

Da die Frage nach der Kategorie ›Geschlecht‹ innerhalb der institutionalisierten Philosophie keinen Ort hatte, entstanden viele der ersten philosophischen feministischen Texte nicht in der Philosophie selbst, sondern in Nachbardisziplinen, vor allem in der Literaturwissenschaft (z. B. Bovenschen 1979) und Soziologie (z. B. Prokop 1977). Dies hat sich nur insofern geändert, als inzwischen zwar ausgebildete Philosophinnen als Autorinnen von entsprechenden theoretischen Entwürfen auftreten, institutionell verankert sind sie aber oft in anderen Fächern, wie etwa Butler in *Cultural Studies*.

Der Status quo des Fachs läßt sich daran ermessen, daß auch wohlwollende Kollegen feministische Philosophie noch im Jahre 1998 mit großer Selbstverständlichkeit als ›Frauenphilosophie‹ bezeichneten, so als handele es sich um eine spezielle Philosophie von Frauen für Frauen. Wer hier von ›Frauenphilosophie‹ spricht, müßte die gesamte bisherige philosophische Tradition als ›Männerphilosophie‹ bezeichnen, weil sie fast ausschließlich von Männern betrieben wurde. Wenn Frauen sich in solchen angeblich neutralen Kontexten wie der Philosophie artikulieren, müssen sie anscheinend sofort in ihrer vermeintlichen ›Besonderheit‹, als Geschlecht, markiert werden, als ob nur sie geschlechtlich sind und die übrigen Philosophen ungeschlechtlich.

Nicht nur an solchen Entgleisungen drückt sich aus, daß bereits die schlichte Teilnahme von Frauen an der Philosophie, unabhängig von feministischen Fragestellungen, immer noch alles andere als selbstverständlich ist. Wenn etwa Seminare zur »Philosophie der Gefühle«, ein nicht nur in der Phänomenologie, sondern auch in der angelsächsischen analytischen Philosophie längst etabliertes Thema, als ›Frauenseminare‹ bezeichnet werden, nur weil die Dozentin zufällig eine Feministin ist, so macht dies deutlich, daß immer noch philosophische Inhalte, die zunächst nicht mit Fragen des Geschlechts verbunden sein müssen, auf Geschlecht abgebildet werden – und zwar nicht von Feministinnen, sondern von männlichen – und ich betone: von wohlwollenden! – Fachvertretern. Richtiger müßte man sagen: Sie beziehen diese Inhalte nicht auf Geschlecht im allgemeinen, sondern auf Frauen, indem sie Frauen erstens für zuständig für alle Fragen des Geschlechts erklären und zweitens Themen wie Gefühle geschlechtlich konnotieren, die von ihrem Begriff und von ihrer aktuellen Behandlung im Fach her gerade nicht mit Geschlecht verbunden sind (wohl aber werden Gefühle in jener Tradition der Geschlechtermetaphysik, die angeblich längst überholt und in der aktuellen Philosophie durch Aufgeklärtheit und Geschlechtsneutralität abgelöst worden ist, der Zuständigkeit von Frauen zugeschrieben).

Diese Beispiele aus dem institutionellen Alltag zeigen, daß eine aktuelle Form von Androzentrismus in der Philosophie heute die Geschlechtszuständigkeit von Philosophinnen ist. In der institutionalisierten Philosophie haben sich noch nicht einmal schlichte Grundkenntnisse feministischer Philosophie durchgesetzt, geschweige denn, daß deren inzwischen weit gefächerter Forschungsstand wenigstens in dem Maße rezipiert würde, mit dem Philosophen und Philosophinnen auch sonst Forschungsfelder zur Kenntnis nehmen, die nicht ihre eigenen sind. Dagegen orientiert sich die philosophische feministische Debatte zunehmend an denen im Fach selbst; die außerinstitutionelle Aufbruchstimmung wurde abgelöst von einer starken institutionellen Orientierung. Die Auseinandersetzung mit der etablierten Philosophie hat die feministische Philosophie stark modifiziert. Umgekehrt gilt dies – noch (?) – nicht.

Dies hängt neben der spezifisch frauen-abweisenden Gestimmtheit innerhalb der institutionalisierten Philosophie auch damit zusammen, daß die Neue Frauenbewegung in ihren Anfängen ein zwiespältiges Verhältnis zu Theorie hatte. Einerseits stand Philosophie mehr noch als Theorie unter dem Verdacht der Lebens- und Praxisferne, andererseits erhofften sich nicht wenige Feministinnen von philosophischer Reflexion eine Theorie der Befreiung. Die Spannung zwischen der Skepsis gegenüber den disziplinierenden Effekten akademischer Philosophie einerseits und überzogenen Erwartungen an die politischen Auswirkungen von Theorie andererseits setzt sich in wenig modifizierter Form bis in die heutigen feministischen Debatten um ›sex‹ und ›gender‹ fort.

Angestrebt wird seitens der feministischen Philosophie eine selbstverständliche Integration der Frage nach der Kategorie ›Geschlecht‹ in die skizzierten Teilbereiche der Philosophie. Obwohl immer mehr Frauen im Fach Philosophie promoviert werden und immerhin inzwischen einige wenige sich auch habilitieren, ist der Anteil derjenigen Qualifikationsarbeiten, die sich in irgendeiner Weise auf Geschlecht beziehen, noch gering. Solange es nicht auch in der Philosophie eine offizielle Anerkennung dieses Bereichs durch die Berufung von feministischen Philosophinnen auf ›ganz normale‹ Professuren gibt, wird sich diese Situation kaum ändern.

Literatur

Beauvoir, Simone de: *Das andere Geschlecht.* Reinbek 1968. (Orig.: *Le Deuxième Sexe.* Paris 1949).

Bock, Gisela/Duden, Barbara: »Arbeit aus Liebe – Liebe als Arbeit. Zur Entstehung der Hausarbeit im Kapitalismus«. In: *Frauen und Wissenschaft. Beiträge zur Berliner Sommeruniversität 1976.* Berlin 1977.

Bovenschen, Silvia: *Die imaginierte Weiblichkeit. Exemplarische Untersuchungen zu literarischen Präsentationsformen des Weiblichen.* Frankfurt a. M. 1979.

Butler, Judith: *Das Unbehagen der Geschlechter.* Frankfurt a. M. 1991. (Orig.: *Gender Trouble.* New York 1990).

Gildemeister, Regine/Wetterer, Angelika: »Wie Geschlechter gemacht werden. Die soziale Konstruktion der Zweigeschlechtlichkeit und ihre Reifizierung in der Frauenforschung«. In: Wetterer, Angelika/Knapp, Gudrun-Axeli (Hg.): *Traditionen – Brüche. Entwicklungen feministischer Theorie.* Freiburg 1992, 201–254.

Gilligan, Carol: *In a Different Voice.* Cambridge 1982.

Hark, Sabine: Queer Interventionen. In: *Feministische Studien* 11. Jg. Nr. 2 (1993), 103–109

Hausen, Karin: »Die Polarisierung der Geschlechtscharaktere. Eine Spiegelung der Dissoziation von Erwerbs- und Familienleben«. In: Rosenbaum, Heidi (Hg.): *Familie und Gesellschaftsstruktur.* Frankfurt a. M. 1978, 161–194.

Irigaray, Luce: *Speculum. Spiegel des anderen Geschlechts.* Frankfurt a. M. 1980. (Orig.: *Speculum de l' autre femme.* Paris 1974).

Jaggar, Alison M./Iris Marion Young (Hg.): *A Companion to Feminist Philosophy.* Blackwell Publishers Inc. 1998.

Klinger, Cornelia: »Feministische Philosophie«. In: Pieper, Annemarie (Hg.): *Philosophische Disziplinen. Ein Handbuch.* Leipzig 1998, 115–138.

Krebs, Angelika: Feministische Ethik. Eine Kritik der Diskursrationalität. In: Demmerling, Christoph/Gabriel, Gottfried/Rentsch, Thomas (Hg.): *Vernunft und Lebenspraxis.* Frankfurt a. M. 1995, 309–328.

Landweer, Hilge: »Anthropologische, soziale und moralische Grenzen der Vervielfältigung der Geschlechter«. In: *Cross-dressing und Maskerade.* Freiburger Frauenstudien. Freiburg 1999, 123–140.

Meyer, Ursula: *Einführung in die feministische Philosophie.* Aachen 1992.

– : /Bennent-Vahle, Heidemarie (Hg.): *Philosophinnenlexikon.* Aachen 1994.

Nagl-Docekal, Herta: »Feministische Philosophie«. In: *Ethik und Sozialwissenschaften* 3 (1992).

– : »Was ist feministische Philosophie?«. In: Nagl-Docekal, Herta (Hg.): *Feministische Philosophie.* Wien/München 1990, S. 7–39.

– : /Pauer-Studer, Herlinde (Hg.): *Politische Theorie. Differenz und Lebensqualität.* Frankfurt a. M. 1996.

O'Neill, Onora: *Tugend und Gerechtigkeit. Eine konstruktive Darstellung des praktischen Denkens.* Berlin 1996.

Pauer-Studer, Herlinde: *Das Andere der Gerechtigkeit. Moraltheorie im Kontext der Geschlechterdifferenz.* Berlin 1996.

Pieper, Annemarie: *Aufstand des stillgelegten Geschlechts. Einführung in die feministische Ethik.* Freiburg 1993.

Prokop, Ulrike: *Weiblicher Lebenszusammenhang. Von der Beschränktheit der Strategien und der Unangemessenheit der Wünsche.* Frankfurt a. M. 1977.

Rauschenbach, Brigitte: *Politische Philosophie und Geschlechterordnung. Eine Einführung.* Frankfurt a. M./New York 1998.

Rullmann, Marit: *Philosophinnen. Von der Antike bis zur Aufklärung.* Zürich/Dortmund 1993.

Stoller, Silvia/Vetter, Helmuth (Hg.): *Phänomenologie und Geschlechterdifferenz.* Wien 1997.

Tuana, N. (Ed.): *Re-Reading the Canon.* Penn State Press. In dieser Reihe sind erschienen: *Feminist Interpretations of Plato* (ed. by N. Tuana 1994); *Feminist Interpretations of Beauvoir* (ed. by M. Simons 1995); *Feminist Interpretations of Hannah Arendt* (ed. by B. Honig 1995); *Feminist Interpretations of G. W. F. Hegel* (ed. by P. Mills 1996); *Feminist Interpretations of Mary Wolllstonecraft* (ed. by M. Falco 1996); *Feminist Interpretations of Michel Foucault* (ed. by S. Hekman 1996); *Feminist Interpretations of Jacques Derrida* (ed. by N. Holland 1997); *Feminist Interpretations of Immanuel Kant* (ed. by R. Schott 1997); *Feminist Interpretations of Sören Kierkegaard* (ed. by C. Leon/S. Walsh 1997). Weitere Bände u. a. zu Aristoteles, Gadamer, Nietzsche und Marx sind in Vorbereitung.

Tyrell, Hartmann: »Geschlechtliche Differenzierung und Geschlechterklassifikation«. In: *Kölner Zeitschrift für Soziologie und Sozialpsychologie* 38 (1986), 450–489.

Wetterer, Angelika: Dekonstruktion und Alltagshandeln. Die (möglichen) Grenzen der Vergeschlechtlichung von Berufsarbeit. In: Haas, Erika (Hg.): *»Verwirrung der Geschlechter«. Dekonstruktion und Femnismus.* München/Wien 1995.

Für Anregungen und Kritik danke ich Sidonia Blättler, Jürgen Frese, Sabrina Dittus und Stefanie Soine.

11. Theologie

Christl Maier

In den säkularen Gesellschaften Mitteleuropas des ausgehenden 20. Jahrhunderts scheint die Religion in den Hintergrund gedrängt, werden gesellschaftliche Strukturen nicht mehr mit Verweis auf ein göttliches Gesetz begründet. Bei der Analyse von Geschlechterverhältnissen zeigt sich jedoch, wie tief und nachhaltig christliche Vorstellungen von Sexualität und Askese, Ehe und Fortpflanzung immer noch wirken. Wie sonst ist es zu erklären, daß in der Werbung mit Hilfe nackter, verführerischer Frauenkörper und Assoziationen aus der biblischen Paradieserzählung für alle Arten von Produkten geworben wird? Die nackte Frau ist Symbol für das Begehren schlechthin, das in männlichen Käufern geweckt werden soll. Ein Zusammenhang von Frau und Sünde wird zwar in christlichen Theologien heute nicht mehr vertreten, er scheint jedoch immer noch implizit im Bild der verführerischen Frau auf. Stammt die Abwertung der Leiblichkeit aus der griechischen Philosophie, so wurde sie vor allem durch das Christentum verbreitet. Der Körper wird bis heute in der modernen und werbewirksamen Körperkultur dem Geist unterworfen und nach Belieben geformt, durch Diäten, Bodybuilding und Schönheitsoperationen. Schließlich trägt die christliche Vorstellung einer gottgegebenen Rolle der Frau als Mutter und Magd, symbolisiert in der Gottesgebärerin Maria, bis heute zur Legitimation hierarchischer Geschlechterverhältnisse bei, die sich in säkularisierter Form als geschlechtsspezifische Arbeitsteilung äußern.

Im folgenden wird der Beitrag der Theologie der römisch-katholischen und evangelischen Kirchen zur Hierarchisierung des Geschlechterverhältnisses beleuchtet sowie Kritik und Neuentwürfe, die im Rahmen der Gender-Forschung innerhalb der Theologie erarbeitet wurden, nachgezeichnet. Auf Darstellungen zu deren Ort in der Theologie (1) und zur christlichen Tradition der Unterordnung der Frau (2) folgen einführende Bemerkungen zum Verständnis der Bibel (3) und Ergebnisse der feministischen Bibelkritik in unterschiedlichen Modellen (4). Den Abschluß bilden systematisch-theologische Perspektiven zum Geschlechterverhältnis (5).

Der Ort der Gender-Forschung innerhalb der Theologie

Die christliche Theologie ist eine Wissenschaft, die auf einem Kanon von Schriften basiert, in deren zweitem Teil jüdisches und griechisches Denken eine Verbindung eingehen. Sie integrierte die griechische Philosophie in ihr eigenes Denksystem und vermittelte diese gleichzeitig in die abendländische Welt. Als äußerst traditionsverbundene Wissenschaft entwickelte sie ein beträchtliches Beharrungsvermögen gegenüber gesellschaftlichen Neuerungen und Zeitströmungen. Ihre praktische Seite, die christliche Religion, verhalf der Theologie zur notwendigen Bodenhaftung, insofern sie als Texte auslegende und systematisierende Wissenschaft auf die Praxis der Kirchen ausgerichtet war. Der Theorie-Praxisbezug ist so komplex, daß er je nach Fragestellung gesondert untersucht werden muß. Christliche Theologie wird am Ende des 20. Jahrhunderts getrennt nach Konfessionen gelehrt. Orthodoxe, römisch-katholische, evangelische und freikirchliche Ausbildungsstätten vermitteln relativ unabhängig voneinander ihr Wissen an Menschen, die später meist als Pfarrer/innen, Gemeindekatechet/innen und Religionslehrer/innen arbeiten. Das ökumenische Gespräch ist im Bereich der Lehre weniger weit entwickelt als auf der Ebene der Kirchengemeinden, wo es um konkrete Lebensvollzüge geht. Alle diese Kirchen haben als Institutionen eine Hierarchie ausgebildet, die meist nur Männer in Führungspositionen gelangen läßt, was besonders drastisch in dem nur Männern vorbehaltenen Priesteramt der römisch-katholischen Kirche zum Ausdruck kommt.

Wie in den Sozial- und Kulturwissenschaften ist die Frage nach dem Geschlechterverhältnis, seinen Konstrukten und Entstehungsbedingungen auch in der Theologie ein Produkt der Frauenbewegung, die zu feministischer Theoriebildung führte. Die Wurzeln von Frauenforschung und feministischer Theologie in Deutschland liegen in den um die Jahrhundertwende gegründeten konfessionellen Frauenverbänden, in der überwiegend protestantischen, ökumenischen Bewegung, der römisch-katholischen Lai/innenbewegung nach dem Zweiten Vatikanischen Konzil (1962–65) und in der Neuen Frauenbewegung (Meyer-Willmes 1990, 19–41 und ausführlich Siegele-Wenschkewitz 1995, 69–86). Ihren Ort fanden sie zunächst in Akademien, auf Kirchen- und Katholik/innentagen und in autonomen Frauengruppen. In der akademischen Theologie im deutschsprachigen Raum spielen feministische Fragestellungen erst seit Mitte der 70er Jahre, meist in enger Anlehnung an die US-amerikanische Diskussion, eine größere Rolle. Sie wurden zunächst in von Studentinnen organisierten Seminaren thematisiert. Feministisch-theologische Entwürfe waren von Beginn an vielfältig und inhomogen, so daß sie keine einheitliche Tradition ausbildeten, man also strenggenommen gar nicht von *der* feministischen Theologie sprechen kann. Gegenüber einem verbreiteten Verständnis von feministischer Forschung als ideologische Engführung einer ›objektiveren‹ Frauenforschung ist zu betonen, daß beide dieselben Wurzeln und im Grundsatz ähnliche Ziele haben, auch wenn sie unterschiedlich radikal auf einer Veränderung des sozialen und politischen Status von Frauen insistieren (vgl. Siegele-Wenschkewitz 1995, 67–71). Anders als in den USA steckt die Institutionalisierung feministisch-theologischer Forschung in Deutschland noch in den Anfängen. Feministische Optionen sind jedoch unter den sog. Lai/innen der beiden hierzulande großen christlichen Konfessionen so stark, daß eine vom Rat der Evangelischen Kirche in Deutschland eingesetzte Studienkommission sich 1996 für eine stärkere institutionelle Verankerung feministischer Theologie in der theologischen Ausbildung und Studienarbeit der Kirche ausgesprochen hat. Diese Bemühungen stehen im Kontext der vom Ökumenischen Rat der Kirchen 1988 ausgerufenen Dekade »Kirchen in Solidarität mit den Frauen«, die eine Umgestaltung der Gemeinschaft von Frauen und Männern fördern soll. In Deutschland wurden jüngst an römisch-katholischen Fakultäten zwei Lehrstühle, an evangelischen eine Dozentur und eine Gastprofessur für Feministische Theologie (in Berlin) eingerichtet. Diese ersten Instutionalisierungserfolge können aber nicht darüber hinwegtäuschen, daß feministische Theologien nach wie vor umstritten sind und vielerorts nicht als ›salonfähig‹ gelten.

Feministische Theologinnen wenden sich gegen das Postulat einer ›objektiven‹ Wissenschaft und gegen eine angeblich normative Textauslegung, die von Männern einer gebildeten Schicht gemacht wurde und deren Interessen fortschreibt. Sie hinterfragen die in der Bibel und in der christlichen Tradition beschriebenen Geschlechterverhältnisse und benutzen die Kategorie ›Gender‹ als Instrument einer patriarchatskritischen Analyse. Die Unterscheidung von *sex* und *gender* hilft zunächst, die soziale Konstruktion von Geschlechterrollen sichtbar zu machen, so daß einzelne biblische Aussagen über Frauen nicht mehr als unhinterfragbare Wesensaussagen und göttlich legitimierte Bestimmungen mißverstanden werden können. Grundlegend für feministisch-theologische Forschung ist eine befreiungstheologische Perspektive, die bei der Erfahrung von Frauen einsetzt und die biblische Botschaft im Licht dieser Erfahrung auslegt. Dabei sind Anleihen an die lateinamerikanische Theologie der Befreiung, die sich ihrerseits auf die Exodustradition des Alten Testaments und die als Befreiung interpretierte Botschaft Jesu für die Armen stützt, deutlich und gewollt (Jost/Kubera 1991). Erst in jüngster Zeit treten im Zuge des allgemeinen feministischen Differenzdiskurses frauenpolitische Optionen in den Hintergrund zugunsten einer stärker theoretisch-philosophischen Diskussion.

Der Beitrag der christlichen Theologie zu einer Hierarchisierung des Geschlechterverhältnisses

Grundlage für die Formulierung des Geschlechterverhältnisses in Kirchen und Theologien der westlichen Tradition – nur sie ist Gegenstand der folgenden Erörterungen – war eine sehr einseitige Auslegung der Schöpfungserzählungen am Anfang der Bibel sowie neutestamentlicher Unterweisungen (zur differierenden orthodoxen Tradition vgl. Gössmann/Bader 1987, 26–72; Adamziloglu in: Günter/Wagener 1996, 18–27).

Die Bibel beginnt mit einer Erzählung über Gottes Erschaffung der Welt in sieben Tagen. Die Menschen sind nach 1. Mose 1,27–28 gottebenbildlich, sie werden wie die Tiere männlich und weiblich erschaffen und zur Fortpflanzung aufgefordert. Ihnen wird die Inbesitznahme der Erde und die Herrschaft über die Tiere zugesprochen. Die Gottebenbildlichkeit der Menschen wird im Text eng mit ihrer Funktion als Verwalter Gottes auf Erden verknüpft. Viel stärker als die gleichrangige Bestimmung der Geschlechter hat jedoch die sich in 1. Mose 2–3 anschließende Paradieserzählung gewirkt. Sie beschreibt im Stil einer Sage die Erschaffung eines Gartens voller Früchte inmitten einer kargen Landschaft. Gott schafft ein Wesen, »Erdling« genannt (hebräisch ’adam von ’adamah /Ackerboden), danach aus dessen Rippe – genauer aus einer seiner Seiten – ein weiteres Wesen, das dem ersten ein Gegenüber sein soll. Der Erdling erkennt sich beim Anblick des neuen Wesens als Mann und nennt sein Gegenüber »Frau«. Die Frau übertritt, angeregt durch die Schlange, in der Suche nach Erkenntnis das göttliche Verbot, vom Baum der Erkenntnis zu essen und gibt auch dem Mann von der Frucht, was beide ihre Nacktheit erkennen läßt. Die Schlange und der Ackerboden werden daraufhin von Gott verflucht, das Paar des Paradieses verwiesen, so daß der Mann im Schweiße seines Angesichts kargen Ackerboden bebauen muß. Zur Frau spricht Gott den folgenschweren Satz: »Viel Mühsal bereite ich dir, sooft du schwanger wirst. Unter Schmerzen gebierst du Kinder. Du hast Verlangen nach deinem Mann, er aber wird über dich herrschen.« (1. Mose 3,16)

Die beiden Texte wurden in der christlichen Auslegungstradition als gottgewollte ›Schöpfungsordnung‹ gelesen und somit Geschlecht als eine von Gott bestimmte, unveränderliche Größe angesehen. Die Gleichrangigkeit von Mann und Frau nach 1. Mose 1 wurde als durch 1. Mose 2–3 eingeschränkt verstanden, so daß die Frau als dem Mann nach- und untergeordnetes Wesen erschien. Wie Helen Schüngel-Straumann aufgezeigt hat (1997, 16–59), entwickelte sich die für Frauen verheerende Wirkungsgeschichte der Paradieserzählung unter dem Einfluß der griechischen Philosophie, die mit ihrer Unterscheidung von Leib und Seele zu einer Abwertung des Körpers führt. Seit dem 2. Jahrhundert v.Chr. ist in jüdischen Schriften eine Dämonisierung von Eros und Schönheit und Erotisierung der alten Paradieserzählung festzustellen. Die Frau gilt fortan als zweiterschaffen und als erste Sünderin bzw. Verführerin des Mannes, was ihre Unterordnung nach dem »Fall« rechtfertigt.

In der Folge dieser abwertenden Darstellung der Frau unterscheidet die christliche Auslegungstradition sogar die Gottebenbildlichkeit geschlechtsspezifisch. Mit der Aufnahme des griechischen Seele-Leib-Dualismus wird Gottebenbildlichkeit auf die Seele reduziert, von der man glaubte, sie habe Anteil am ewigen geistigen Sein Gottes. So behauptet der Kirchenvater Augustin (354–430 n. Chr.), die gottebenbildliche Seele der Menschen stelle die Herrschaft Gottes über die Natur dar. Da aber nur der Mann die Fähigkeit zur Herrschaftsausübung besitze, die Frau dagegen die Natur oder den Körper repräsentiere, müsse die Frau notwendig unter der Herrschaft des Mannes stehen. Für den einflußreichsten Theologen des Hochmittelalters, Thomas von Aquin (1225–1274 n.Chr.), der die aristotelische Anthropologie übernimmt, ist die Frau nur ein abgeleiteter, letztlich defizitärer Mensch. Die einzige dem Mann von weiblicher Seite notwendige Hilfeleistung, der einzige Sinn weiblichen Daseins ist gemäß Augustin und Thomas von Aquin die Hervorbringung von Nachwuchs und dessen Aufzucht (vgl. Artikel »Anthropologie« in: Gössmann 1991, 16–21).

Die erste Gebotsübertretung im Paradies wird in der christlichen Auslegungsgeschichte zum Inbegriff der Sünde. Viele Auslegungen bis ins 19. Jahrhundert betonen, daß Frauen von Natur aus eher zur Sünde neigen. Übernommen wird hier die neuplatonische Verknüpfung von Frausein, Körper, Sterblichkeit und dem Bösen. Sexualität gilt dieser Tradition zufolge als extremer Ausdruck für die Neigungen des Körpers zu Sünde und Tod, der Körper als Quelle von Begierden, die die unsterbliche Seele in Sünde und Tod hinabziehen und sie ihre ursprünglich reine Natur vergessen lassen. Die sexuelle Enthaltsamkeit wird zum Ideal der frühen christlichen Kirche (Brown 1991).

Das in 1. Mose 3,16 genannte »Verlangen« der Frau wird als Indiz für die größere Sündhaftigkeit des weiblichen Körpers gewertet.

Einige neutestamentliche Stellen greifen auf diese negative Bestimmung der Frau zurück und sind zudem geprägt von der römischen Kultur und Gesellschaftsordnung, die als Patriarchat beschrieben werden kann. Das bekannteste Beispiel ist das sog. Schweigegebot für Frauen, das deren öffentliches Reden in Gemeindeversammlungen verbietet (1. Korinther 14,33b-35). In der zeitgenössischen jüdischen Tradition findet sich kein explizites Schweigegebot für Frauen, wohl aber bei griechischen und römischen Schriftstellern wie Sophokles, Livius und Plutarch (Marlene Crüsemann in: Schottroff/Wacker 1996, 210–212). Wahrscheinlich will der Verfasser des 1. Korintherbriefs, der Apostel Paulus, mit dieser Anweisung eine Annäherung an die allgemeine Sitte erreichen und verhindern, daß die christliche Gemeinde in Korinth als einer der zeitgenössischen orgiastischen Geheimkulte angesehen wird. Das Stichwort »Unterordnung« wird im Bezug auf Frauen (und Sklav/innen) noch Jahrzehnte nach Paulus aufgegriffen in Verhaltensregeln für die Mitglieder eines christlichen Haushalts, die seit Martin Luther »Haustafeln« genannt werden (Kolosser 3,18–4,1; Epheser 5,21–6,9; 1. Petrusbrief 3,1–7). Die christlichen Haustafeln basieren auf der antiken Oikonomiaphilosophie, die im Anschluß an Aristoteles und Xenophon das Haus (griech. oikos) als Keimzelle des Staates versteht. Wohlstand, Frieden und Sicherheit werden durch das geregelte Haus garantiert, das im Modell einer gestuften Herrschaft Ausdruck findet: Der Haushaltsvorstand, der *pater familias*, herrscht mit Strenge und Zucht über die Ehefrau, Kinder, Sklav/innen, über abhängige Verwandte und Klienten: Patriarchat – »Vaterherrschaft« im reinsten Wortsinn. Diese auch in zeitgenössischen jüdischen und griechischen Schriften anzutreffenden Mahnungen zur Ordnung (Schüssler Fiorenza 1988, 305–316) werden in den Haustafeln durch den Bezug auf Christus theologisch legitimiert. Die patriarchalisch-hierarchische oikos-Struktur wird schließlich zum thematischen Leitmodell für die Kirche (Ulrike Wagener in: Schottroff/Wacker 1998, 663–672). Die Bischöfe übernehmen, obwohl nur Verwalter des »Hauses Gottes«, die autoritativen Funktionen des Hausvaters. In der Folge steht das Bischofsamt nur Männern offen. Die Ermahnungen an Sklav/innen und Ehefrauen gebieten deren widerspruchslose Einfügung in diese ›gute‹ Ordnung. So argumentiert etwa 1. Timotheus 2,8–15 zu Beginn des 2. Jahrhunderts n.Chr. im Rückgriff auf die Paradieserzählung und die Begründungen »zweiterschaffen« sowie »erste Übertreterin eines Gebots«: Die Frau darf nicht lehren und soll sich unterordnen. Ihre Rettung aus der Schuld Evas kann sie durch Kindergebären und durch ein Leben in Glaube, Liebe und Heiligkeit erwirken.

Problematisch an der christlichen Auslegungsgeschichte dieser Stellen ist, daß ihre Abhängigkeit vom herrschenden Patriarchat und damit ihre zeitliche Bedingtheit nicht ausreichend erkannt wurden. Noch im 20. Jahrhundert ist in katholischer und protestantischer Anthropologie das Modell der Gleichheit der Geschlechter bei grundsätzlicher Verschiedenheit leitend. Letztere wird für die Frau biologistisch über ihre Mutterschaft begründet und führt zur unterordnenden Abgrenzung vom Mann (Claudia Rehberger in: Günter 1996, 41–49).

Verstärkung erfährt diese sexistische Systematisierung durch ein weitgehend männliches Gottesbild. Der biblischen Gottheit kann zwar kein biologisches Geschlecht zugeordnet werden, denn weder Gestalt noch Aussehen werden in den Texten beschrieben. Sie repräsentiert jedoch häufig ein *male gender*, indem sie gegenüber dem erwählten Volk die Rolle eines Königs, Hirten oder Richters einnimmt. Die neutestamentlichen Schriften verwenden an zentraler Stelle die Metapher Gottes als des *Vaters* Jesu Christi. Die Rettergestalt selbst, Jesus Christus, ist schon in ihrem biologischen Geschlecht männlich (zu feministischen Anfragen an die Christologie vgl. Jost/Valtink 1996; Schüssler Fiorenza 1997). Zwar betonte die Theologie stets, daß die Gottesmetaphorik nur Analogien und Annäherungen an eine letztlich nicht darstellbare Entität beinhalte. Gleichzeitig aber wird in römisch-katholischer Tradition den Frauen das Priesteramt verweigert, u. a. mit dem Argument, sie könnten qua Geschlecht Christus nicht repräsentieren (Gössmann/Bader 1987, 102f). Zudem ist die symbolische Kraft eines monotheistischen und weitgehend männlichen Gottesbildes für die Vorstellung einer Höherwertigkeit des männlichen Geschlechts kaum zu unterschätzen. Mary Daly, eine Feministin der ersten Stunde, hat dieses Phänomen in den programmatischen und polemischen Satz gefaßt: »Wenn Gott männlich ist, muß das Männliche Gott sein.« (Daly 1982, 33).

Die Bibel – ein heiliger Text?

Unübersehbar ist, daß sich die Bibelinterpretation gegenüber den dargestellten Auslegungen inzwischen stark verändert hat. Die derzeit gängige Hermeneutik versteht die biblischen Texte als kontingente, von Menschen verfaßte Dokumente von Glaubenserfahrung und hat sich insofern weit von der Kirchenväterexegese eines Augustin oder Thomas von Aquin entfernt. Die weithin angewandte historisch-kritische Auslegung ist ein Kind des Humanismus und der Aufklärung. Sie entwickelte ihr methodisches Instrumentarium im 18.-20. Jahrhundert in Analogie zur allgemeinen Sprachwissenschaft. Die Kategorie »heilige« Schrift ist daher differenziert zu betrachten. Hier hilft die von Jan und Aleida Assmann im Rahmen der Funktionsbestimmung von Schriftlichkeit und Schrift erarbeitete methodologische Unterscheidung zwischen ›klassischen‹, ›heiligen‹ und ›kanonischen‹ Texten weiter (Assmann/Assmann 1987, 7–27).

›Klassische‹ Texte begründen die kulturelle Identität einer Gruppe oder Epoche. Sie normieren Bildung und werden nach ästhetischen oder ethischen Kriterien ausgewählt, wobei unterschiedliche Gruppen eine differierende Auswahl von Texten treffen können. Entscheidend ist die Vorbildfunktion klassischer Texte, da sie öfter als andere gelesen, zitiert und imitiert werden.

›Heilige‹ Texte sind, so Jan Assmann, »eine Art sprachlicher Tempel, eine Vergegenwärtigung des Heiligen im Medium der Stimme. Der heilige Text verlangt keine Deutung, sondern rituell geschützte Rezitation unter sorgfältiger Beachtung der Vorschriften hinsichtlich Ort, Zeit, Reinheit usw.« (Assmann 1992, 94). Die Wörtlichkeit dieser Texte ist entscheidend, nicht der Sinn. Im Grunde können heilige Texte nicht übersetzt werden – weder in eine andere Sprache noch in eine andere Zeit.

›Kanonische‹ Texte schließlich formulieren allgemeinverbindlich die normativen Werte einer Gemeinschaft. Kanonisierung von Texten geht stets einher mit einer Zensur, d. h. dem Ausschluß anderer, eben nicht verbindlicher Texte. Durch Kanonisierung wird der *Wortlaut* des Textes zwar festgelegt, normiert wird jedoch der als verbindlich verstandene Sinn des Textes. Deshalb bedarf der kanonische Text notwendig des Kommentars, der seinen unveränderbaren Wortlaut je neu erschließt und aktualisiert. Diese bei wachsendem zeitlichen, kulturellen und gesellschaftlichen Abstand schwierige Vermittlung des normativen Textsinns in die gelebte Wirklichkeit tritt als »Sinnpflege« neben die Institution der »Textpflege«, die einer wortlautgetreuen Überlieferung der Textgestalt verpflichtet ist (Assmann/Assmann 1987, 12–15). Pointiert formuliert Jürgen Ebach: »*Klassische* Texte bedürfen des gebildeten Publikums, *heilige* des Priesters bzw. vergleichbarer RezitatorInnen, die ihn zu Gehör bringen, kanonische der Schriftgelehrten bzw. der Interpretationen, die ihn auslegen.« (Ebach 1997, 102).

Die Bibel wird heute unterschiedlich wahrgenommen. Eine Diskussionsreihe in der Wochenzeitschrift *Die Zeit* von 1997 zeigt, daß viele die Bibel als ›klassischen‹ Text, als Bildungsgut verstehen, daß allerdings die Bibel diese Stellung zu verlieren beginnt. Gleichzeitig ist die Bibel immer noch mehr als jede andere Literatur ›abrufbar‹. Dies wird z. B. in der Werbung deutlich, die mit Anspielungen auf biblische Worte und Bilder arbeitet, weil auf deren Verständlichkeit gesetzt werden kann, auch wenn deren Herkunft nicht jedem bzw. jeder bekannt ist. Als ein im engeren Sinn ›heiliger‹ Text, bei dem es auf die Zitation mehr ankommt als auf das Verstehen, gilt die Bibel im abwertenden Urteil mancher kirchenferner Menschen und in positivem Sinn bei sog. ›Fundamentalist/innen‹. Beide Gruppen bemerken eine große Spannung zwischen Aussagen der Bibel und ihrer Lebenswirklichkeit. Die Kirchenfernen ziehen daraus die Konsequenz, daß die Bibel veraltet, für heutige Diskussionen unbrauchbar sei. Fundamentalistische Gruppen dagegen halten an biblischen Aussagen fest, um sich nicht in der Vielfalt der Meinungen zu verlieren. Für sie hat die Zitation der heiligen Schrift die Funktion der Identitäts*sicherung*. In gewissem Sinn verwenden auch die christlichen Gemeinden die Bibel als eine identitäts*stiftende*, heilige Schrift, wenn die Texte im Gottesdienst verlesen werden. In kirchlicher Predigtpraxis und theologischer Wissenschaft wird die Bibel aber vor allem als ›kanonischer‹ Text aufgefaßt und damit betont, daß kein biblischer Text für sich selbst spricht, sondern erläutert, in die heutige Lebens- und Vorstellungswelt übersetzt werden muß. Dabei spielt der Horizont der Auslegenden, ihre Weltsicht eine entscheidende Rolle. Daß solche Auslegung ein angemessener Gebrauch der biblischen Aussagen ist, zeigt die Beobachtung, daß Texte bereits innerhalb der Bibel in einem jahrhundertelangen Prozeß der Änderung, Fortschreibung und Kommentierung entstanden sind, bevor sie kanonisiert wurden.

An der generischen Sprache der Übersetzungen wird freilich deutlich, daß seit früher Zeit androzentrische Perspektiven in die Überlieferung der biblischen Texte Eingang fanden: Frauen werden nur genannt, wenn ihre Existenz problematisch ist oder sie eine Ausnahme darstellen (Schüssler Fiorenza 1988, 74–82). Obwohl die Texte selbst zeit- und situationsgebunden sind, wurde aus ihnen ein theologisches System von Lehrsätzen abgeleitet, das die Bedingungen von Zeit und Raum überwinden sollte. Die Normierung von Sinn in der Auslegung kanonischer Texte trägt immer noch ein systematisierendes, einer zeitübergreifenden Wahrheit verpflichtetes Interesse in sich. Das bedeutet, daß trotz eines veränderten Verständnisses der Bibel die dogmatische und kirchliche Tradition die einmal festgestellten Werte konservierte und sich erst allmählich neuen Einsichten öffnete. Im Blick auf das Geschlechterverhältnis geschah dies erst durch den Druck der Frauenbewegungen dieses Jahrhunderts.

Kritik und Neuinterpretation der Geschlechterverhältnisse in der feministischen Bibelauslegung

Ein Basismodell für feministische Bibelinterpretation ist die Hermeneutik der Neutestamentlerin Elisabeth Schüssler Fiorenza, die in den USA lehrt. Sie unterteilt ihre Verstehenslehre in fünf aufeinanderfolgende Schritte (Schüssler Fiorenza in: Russell 1989, 154–161). Eine »Hermeneutik des Verdachts« erkennt, daß die Bibel fast ausschließlich von Männern in androzentrischer Sprache geschrieben und bearbeitet wurde, und entlarvt die patriarchalische Ideologie von Texten und Auslegungen. Eine »Hermeneutik der kritischen Bewertung« gewinnt Kriterien und Prinzipien aus einer systematischen Erforschung weiblicher Erfahrung von Unterdrückung und Befreiung und wendet sie auf biblische Texte und Traditionen an. Daraufhin prüft eine »Hermeneutik der Verkündigung«, welche Bibeltexte als befreiende Botschaft ausgelegt werden können. Solche Texte stehen dann in inklusiver Sprache im Mittelpunkt von Liturgie und Predigt. Gegenüber dieser selektiven Wahrnehmung von Texten gewährleistet eine »Hermeneutik der Erinnerung« die Aufnahme aller Texte und Traditionen durch eine feministisch-historische Rekonstruktion. Diese spürt sowohl den Unterdrückungs- und Verdrängungserfahrungen der Frauen Israels und der frühen Christenheit nach, als auch deren Aufbrüchen im patriarchalischen Rahmen. Sie geht zugleich über die Kanongrenzen hinaus und bezieht auch außerbiblische Texte mit ein. Schließlich erzählt eine »Hermeneutik der kreativen Aktualisierung« die biblische Geschichte aus der Perspektive von Frauen neu und eignet sie sich kreativ in Ritualen, Liedern und Tänzen an.

Gegenüber einer Definition von Patriarchat als »Vaterherrschaft« betont Schüssler Fiorenza, daß schon die Herrschaftsstruktur der klassischen griechischen Demokratie mehrfache Unterdrückungsmechanismen entlang der Grenzen von Geschlecht, Ethnie und Klasse spiegele. Sie spricht aufgrund des dieser Struktur zugrundeliegenden Herr-Knecht-Verhältnisses von »Kyriarchat« (*kyrios*/Herr; Schüssler Fiorenza 1992, 8;17). Die Aufbrüche feministischer Theologinnen werden im folgenden in drei verschiedenen hermeneutischen Modellen bzw. Zugängen dargestellt, die sich aufeinanderfolgend entwickelten, bis heute jedoch auch parallel nebeneinander praktiziert werden (vgl. die Sammelbände von Brenner/Fontaine 1997; Schottroff/Wacker 1998). Sie basieren auf Elementen der Hermeneutik Schüssler Fiorenzas und werden hier bezüglich ihres funktionalen Schwerpunkts differenziert.

Das revisionistische Modell der Bibelauslegung

Dieser Ansatz beschreibt eine gegen die bisherige Auslegungsgeschichte gerichtete und diese korrigierende Interpretation. Bereits 1895 hat die amerikanische Frauenrechtlerin Elizabeth Cady Stanton mit der Herausgabe einer *Woman's Bible* deutlich gemacht, daß die gängigen Auslegungen der biblischen Texte eine Hierarchisierung der Geschlechter in den Text eintragen. Die Frauen um Stanton – Theologinnen fanden sich nicht zur Mitarbeit – kommentierten diejenigen Stellen der Bibel, die ihres Erachtens am häufigsten gegen die Frauenemanzipation herangezogen wurden. Die Frauenbibel geriet schnell in Vergessenheit und wurde erst 1974 wieder ›entdeckt‹ (vgl. Marie-Theres Wacker in: Schottroff/Schroer/Wacker 1995, 3–7).

Phyllis Trible und Helen Schüngel-Straumann kritisieren die gängigen Bibelübersetzungen und Auslegungen der Schöpfungserzählungen als androzentrisch und stellen ihnen andere biblische Texte entgegen. Trible verweist auf das sog. Hohe Lied, eine Sammlung von Liebesliedern, in denen Körperlichkeit und Sexualität einer Frau und eines Mannes positiv dargestellt werden, ganz unabhängig von Ehe und Familie (Trible 1993, 169–187). Schüngel-Straumann führt als positives Gegenbeispiel zu 1. Mose 2–3 u. a. die Gleichwertigkeit beider Geschlechter nach 1. Mose 1 an (1997, 101–109). Sie zeigt außerdem auf, daß das Alte Testament auch weibliche Metaphern für das Gottesbild verwendet (Schüngel-Straumannn 1996). Rosemary Radford Ruether benennt den Sexismus in Bibel und Tradition als die zentrale »Sünde« des Patriarchats (Radford Ruether 1985, 208–220). Sie erkennt in der Gesellschaftskritik der alttestamentlichen Propheten ein Prinzip gegen die Hierarchisierung von Reichen und Armen, von Einheimischen und Fremden sowie von Männern und Frauen.

Das befreiungstheologisch-sozialgeschichtliche Modell der Bibelauslegung

Dieser historisch orientierte Ansatz spürt der fast vergessenen Geschichte der Frauen im frühen Christentum nach, wobei neben den biblischen auch antike Quellen in die Analyse einbezogen werden. Schüssler Fiorenza etwa versteht die frühchristliche Bewegung als eine egalitäre »Nachfolgegemeinschaft von Gleichgestellten« (1988, 189), die Frauen und Männern, Sklav/innen und Freien, Juden/Jüdinnen und Griech/innen eine neue Perspektive bot und sich gegen die patriarchalischen Strukturen des römischen Reiches richtete. Schlüsseltext ist für Schüssler Fiorenza das im Brief an die galatischen Gemeinden enthaltene frühchristliche Taufbekenntnis:

> Ihr seid alle durch den Glauben Kinder Gottes durch Christus Jesus. Denn ihr alle, die ihr auf Christus getauft seid, habt Christus (als Gewand) angelegt. Es gibt nicht mehr Jude und Grieche, nicht Sklave und Freier, nicht männlich und weiblich; denn ihr alle seid ›einer‹ in Christus Jesus. (Galater 3,26–28)

Durch die Taufe als Initiationsritus ins Christentum werden dieser Tradition zufolge die gesellschaftlichen und sozialen Gegensätze aufgehoben. Angesichts der sozialen Sprengkraft dieser Zeilen wurde der Abschnitt bisher häufig als eschatologische, d. h. sich erst im Jenseits realisierende Vision verstanden (zur differierenden Bewertung des gesamten Briefes vgl. Brigitte Kahl in: Schottroff/Wacker 1998, 603–611). Schüssler Fiorenza ist jedoch der Ansicht, daß dieses Bekenntnis von Frauen und Männern ganz konkret verstanden wurde. Für Frauen habe das »weder männlich noch weiblich in Christus« die Befreiung aus patriarchalischen Ehestrukturen und die gleichberechtigte Teilhabe an allen Gemeindeaktivitäten bedeutet: Tatsächlich nennt der Brief des Paulus an die römische Gemeinde Leitungsfunktionen von Frauen, eine Diakonin der Kirche in Kenchreä namens Phoebe und und eine Apostelin namens Junia (Römer 16,1.7).

Luise Schottroff versteht die an Frauen adressierten Gebote des Schweigens und der Unterordnung als Hinweis darauf, daß Frauen in den christlichen Gemeinden tatsächlich öffentlich redeten und sich nicht auf die Rolle der sittsamen Kindergebärerin im Haus oder der asketisch lebenden Witwe einengen ließen (1994, 111f). Sie erkennt in Texten des Lukasevangeliums wie dem Gleichnis der verlorenen Drachme (Lukas 15,8–10), dem Gleichnis der bittenden Witwe (Lukas 18,1–8) und der Seligpreisung der Armen (Lukas 6,20) einen Widerstand von Frauen gegen die im Römischen Reich herrschende patriarchalische Ordnung, den sie »Widerstand im Alltag« nennt (1994, 179).

Anders als in der neutestamentlichen Forschung besteht eine feministisch-sozialgeschichtliche Interpretation des Alten Testaments und Rekonstruktion der Geschichte des Volkes Israel erst in Ansätzen (Silvia Schroer in: Schottroff/Schroer/Wacker 1995, 83–143). Sie ist aufgrund mangelnder außerbiblischer Quellen und einer Textentwicklung, die sich über mehrere Jahrhunderte erstreckt, ungleich schwieriger. Ein wichtiger Gesichtspunkt ist hierbei die Rekonstruktion einer Göttinnenverehrung, die in vielen alttestamentlichen Texten polemisch abgelehnt wird, auf deren Existenz jedoch archäologische Funde wie Inschriften, Bildzeugnisse und Kultgegenstände hinweisen (vgl. Schroer in: Schottroff/Schroer/Wacker 1995, 160–166).

Dieses historisch orientierte Modell ist auch auf die Kirchengeschichtsforschung anwendbar, die Frauen als Subjekte und Objekte ihrer Forschung bis vor einigen Jahrzehnten faktisch ausgeschlossen hat (vgl. dazu Siegele-Wenschkewitz 1995, 101f). Der betont sozialgeschichtliche Ansatz macht dabei Leben und Spiritualität von Frauen sichtbar, die bisher nicht als der Untersuchung wert erachtet wurden.

Das dekonstruktivistische Modell der Bibelauslegung

Der die theologische Tradition am stärksten herausfordernde Ansatz untersucht die in den Texten dargestellten Geschlechterrollen auf ihren symbolischen Gehalt hin. Er basiert auf postmoderner Theoriebildung und wendet sich gegen die traditionellen Dichotomien wie ›weiblich/männlich‹, ›Natur/Kultur‹. Dieses Modell sucht nicht nach einer Realität hinter dem Text, ja steht in Opposition zum Ziel einer historischen Rekonstruktion. Der Leseprozeß als solcher wird als Konstruktion des Textes begriffen, so daß sich eine Fülle von möglichen Interpretationen ergibt, deren Gültigkeit sich ›nur‹ auf den jeweils aktuellen Lesekontext erstreckt. Im Blick auf den gewählten Focus *gender* ist auffällig, daß die feministische Orientierung im Sinne einer frauenbefreienden

Perspektive additiv hinzutritt bzw. aufgelöst wird aufgrund der Dekonstruktion binärer Geschlechterrollen (zur Einführung vgl. Malbon/Anderson in: Schüssler Fiorenza 1994 Bd.I, 241–254).

Cheryl Exum untersucht weibliche Charaktere der Bibel und deren Rezeption in Literatur, darstellender Kunst und im Film. In der Erzählung von David und Batsheba (2. Samuel 11) beispielsweise ist der nackte Frauenkörper Auslöser von männlicher sexueller Begierde, die bis zum Mord am Ehemann Batshebas führt. Die meisten Auslegungen dieses Textes repräsentieren nach Exum Männerphantasien, die die Frauengestalt zum Objekt männlicher Interessen und Begierden machen. Das Motiv der nackten, eben dem Bad entstiegenen Batsheba in Bildern Rembrandts, van Haarlems und anderer Maler wiederholt den männlichen, voyeuristischen Blick. In modernen Kinofilmen entschuldigt die Figur der verführerischen Frau gewissermaßen die Begierde der männlichen Helden sowie mehr oder minder gewaltsame Übergriffe auf den weiblichen Körper (Exum 1996, 19–53).

Fokkelien van Dijk-Hemmes und Athalya Brenner haben einen feministischen, rezeptionsorientierten Ansatz entwickelt, den sie »gendering texts« nennen. Sie untersuchen die in biblischen Texten wahrnehmbaren Stimmen, wobei eine Stimme definiert ist als Summe der Sprechakte, die einer fiktiven Person oder dem Erzähler zugeschrieben werden (Brenner/van Dijk-Hemmes 1993, 7). Repräsentationen androzentrischer, patriarchalischer Interessen nennen sie M-voice/male voice, Repräsentationen der Erfahrung von Frauen und einer Perspektive, die einer Androzentrik widerspricht, nennen sie F-voice/female voice. In den Texten sind Überlagerungen möglich. So spricht eine weibliche Figur nicht immer mit F-voice; inhaltlich kann ihre Stimme wie die ihr zugeschriebenen Handlungen M-voice repräsentieren, also die herrschende Ordnung stabilisieren. Manche Texte sind schillernde Gebilde und können als M-voice und als F-voice (double-voiced) gelesen werden, je nachdem, mit welcher *gender*-Perspektive die Lesenden den Text wahrnehmen. Die Anwendung dieses Ansatzes führt beispielsweise zur Dekonstruktion einer in prophetischen Texten beliebten Metapher der Ehe zwischen dem Gott Israels als Ehemann und dem Volk als seiner untreuen Frau (Hosea 1–3; Jeremia 3; 13; Ezechiel 16; 23). Die Beschreibung des eifersüchtigen Ehemannes, der seine ›hurende‹ Ehefrau vor aller Augen bestraft und demütigt, wird von Brenner und van Dijk-Hemmes als »prophetische Pornographie« bezeichnet und als ein Element der Kontrolle weiblicher Sexualität entlarvt (1993, 175;193–195, so auch Exum 1996, 101–128).

Den Ansatz von Brenner/van Dijk-Hemmes aufnehmend, sucht Ulrike Bail die in Klagepsalmen der einzelnen zu Wort kommende Stimme für frauenspezifische Erfahrung sexueller Gewalt zu öffnen und mittels intertextueller Bezüge mit Erzählungen zu verbinden. Psalm 6 und 55 bringen so gelesen die Klage einer Frau über erlittene sexuelle Gewalt zu Gehör und richten sich gegen den dominanten Diskurs der Täter, der solche Gewalt verschweigt und der beispielsweise die Erzählung über die Vergewaltigung Tamars in 2. Samuel 13 bestimmt (Bail 1998).

Zur Dekonstruktion christlicher Traditionen über das Geschlechterverhältnis trägt auch die Neuformulierung eines biblischen Menschenbildes bei, das die Symbolik des Körpers neu zur Geltung bringt und die dem Menschen wesentliche Beziehung zum Göttlichen ohne geschlechtliche Hierarchisierung beschreibt (Schroer/Staubli 1998).

Systematisch-theologische Perspektiven zum Geschlechterverhältnis

Die genannten hermeneutischen Modelle tragen unterschiedlich radikalen Positionen in der Lai/innenbewegung und der akademischen Diskussion Rechnung und haben daher gleichermaßen ihre Berechtigung. Insgesamt läßt sich in der feministisch-theologischen Forschung eine Verschiebung der Fragestellungen aufzeigen (zur Entwicklung in den USA vgl. Pamela J. Milne in: Brenner/Fontaine 1997, 40–48): Zunächst wurden Frauen vor allem unter der Opfer-Perspektive wahrgenommen, so daß die befreiungstheologische Perspektive und eine Revision der biblischen Wurzeln im Vordergrund standen. In der Diskussion um vielschichtige Unterdrückungsmechanismen und die Wahrnehmung differierender Lebenssituationen von Frauen in den 80er Jahren entwickelte sich die Einsicht über die Verstricktheit von Frauen in die Geschichte des Patriarchats. Fortan rückte die Dekonstruktion von Text und Tradition in den Vordergrund. Daß feministische Theologinnen zu Selbstkritik fähig sind, zeigt die Mitte der 80er Jahre geführte Debatte um antijudaistische Argumentationsmuster in christlich-feministischen Studien, angestoßen durch die kritischen Fragen jüdischer Feministinnen (Siegele-Wenschkewitz 1988; Schottroff/Wacker 1996). Mit dem von der Soziologin Christina Thürmer-Rohr geprägten Begriff der »Mittäterschaft« wurde die Beteiligung von Frauen an Antijudaismus und Rassismus benannt und die Sensibilität für antijudaistische Argumentationsmuster gefördert.

Die Ergebnisse aller beschriebenen Modelle der Bibelinterpretation erweisen die Notwendigkeit einer Neuformulierung der christlichen Anthropologie und Gotteslehre, also entscheidender Bereiche der christlichen Dogmatik. Feministische Theologinnen haben hierzu bisher wichtige Ansätze eingebracht, ohne jedoch ihrerseits universalistische Konzepte zu formulieren. Beispielsweise ist das Menschenbild feministisch-theologischer Studien nicht länger am männlichen Ideal orientiert (Isherwood/Stuart 1998). Feministische Theologinnen setzen sich mit der postmodernen Kritik am Subjekt auseinander, indem sie Autonomie und Autorität neu definieren. Andrea Günter etwa bestimmt im Anschluß an die italienischen Differenzphilosophinnen Autorität als (Selbst)ermächtigung von Frauen untereinander und hält am Subjektbegriff in seiner Funktion als Vermittlungsinstanz zur symbolischen Ordnung fest (Günter 1996, 91–104). Sie betont, daß weibliche Autorisierung durch andere Frauen und göttliche Autorisierung durch den Glauben miteinander verknüpfbar seien und gerade die Bezugnahme auf Gott einer Frau Freiheit im Blick auf die weltliche Geschlechterordnung ermögliche (Günter 1998, 79–96).

In der Gotteslehre werden zunehmend Bilder verwendet, die inklusiv menschliche Gotteserfahrung zum Ausdruck bringen oder die Gottheit unpersönlich, beispielsweise als »Macht in Beziehung« (Heyward 1986; Günter 1998, 53–67), beschreiben.

Die feministische Kritik an traditionellen Christologien entzündet sich an deren patriarchalem und exklusivem Charakter. Luise Schottroff etwa hält die christologische Isolierung Jesu für die »allerschlimmste Entstellung der Kreuzespredigt des Neuen Testaments« (in: Jost/Valtink 1996, 115). Sie plädiert statt dessen in Anlehnung an womanistische Theologinnen dafür, Jesus als göttlichen Mitleidenden zu erkennen, der in Situationen der Unterdrückung Macht gibt. Nach Manuela Kalsky eröffnet das Gespräch von Frauen unterschiedlicher Kulturen und Religionen über partikulare Heilserfahrung die Möglichkeit einer interaktiven Universalität: »Es ist der Versuch mit den Augen der Anderen zu sehen, die Rollen zu tauschen – ein Spiel mit unterschiedlichen Identitäten, das einen Perspektivenwechsel ermöglicht und dadurch den kontextuell begrenzten Blick erweitert. Dies alles geschieht in der Hoffnung, letztendlich nur dasjenige als messianisch zu erkennen, was der ethischen Anforderung als gutes Leben für alle entspricht.« (in: Jost/Valtink 1996, 143)

Aus der Perspektive der in den Sozial- und Kulturwissenschaften fortgeschrittenen Diskussion um und Kritik am Begriff ›Gender‹ mag die dargestellte Neuorientierung innerhalb der Theologie als noch zu sehr einer Geschlechterdichotomie und einem feministischen Kampf um politische Handlungsfähigkeit verhaftet erscheinen. Aus der Perspektive der christlichen Theologie aber sind die Aufbrüche feministischer Entwürfe enorm. Hier gilt es, im Diskurs der fächerübergreifenden Gender-Forschung und in Auseinandersetzung mit der theologischen Tradition die Bedeutung der Konstruktionen von Geschlecht weiterzuverfolgen. Die Vision feministischer Bibelwissenschaftlerinnen wie Heather McKay und Adele Reinhartz für das 21. Jahrhundert ist ein nichthierarchischer Diskurs über die Bibel mittels unterschiedlichster Perspektiven und Zugänge, der inklusiv im Blick auf alle menschliche Erfahrung ist (in: Brenner/Fontaine 1997, 37f; 81). Hinsichtlich dieses Ziels haben die in der Bibel kanonisierten Texte keinesfalls ausgedient. Ihre Vielfalt und Unterschiedlichkeit, ihre grundlegende Option für marginalisierte Gruppen, die Erinnerung an eine Befreiung und die Beschreibung einer gerechten Gesellschaft, in der Geschlechter-, Klassen- und ethnische Unterschiede zwischen Menschen aufgehoben sind (Galater 3,28), enthalten Potentiale, die Theolog/innen heute im Rahmen jener von Assmann beschriebenen »Sinnpflege« konsequent nutzen sollten.

Literatur

Assmann, Aleida/Assmann, Jan: »Kanon und Zensur«. In: dies. (Hg.): *Kanon und Zensur. Beiträge zur Archäologie der literarischen Kommunikation II.* München 1987, 7–27.

Assmann, Jan: *Das kulturelle Gedächtnis. Schrift, Erinnerung und politische Identität in frühen Hochkulturen.* München 1992.

Bail, Ulrike: *Gegen das Schweigen klagen. Eine intertextuelle Studie zu den Klagepsalmen Ps 6 und Ps 55 und der Erzählung von der Vergewaltigung Tamars.* Gütersloh 1998.

Brenner, Athalya/van Dijk-Hemmes, Fokkelien: *On Gendering Texts. Female and Male Voices in the Hebrew Bible.* Leiden u. a. 1993.

– : /Fontaine, Carole R. (Hg.): *A Feminist Companion to Reading the Bible. Approaches, Methods and Strategies.* Sheffield 1997.

Brown, Peter: *Die Keuschheit der Engel. Sexuelle Entsagung, Askese und Körperlichkeit am Anfang des Christentums.* München/Wien 1991. (Orig. 1988).

Daly, Mary: *Jenseits von Gottvater Sohn & Co. Aufbruch zu einer Philosophie der Frauenbefreiung.* München 1978, [2]1982. (Orig. 1973).

Ebach, Jürgen: *Gott im Wort. Drei Studien zur biblischen Exegese und Hermeneutik.* Neukirchen-Vluyn 1997.

Exum, J. Cheryl: *Plotted, Shot, and Painted. Cultural Representations of Biblical Women.* Sheffield 1996.

Gössmann, Elisabeth/Bader, Dietmar (Hg.): *Warum keine Ordination der Frau? Unterschiedliche Einstellungen in den christlichen Kirchen.* Freiburg i.Br. 1987.

– : / u. a. (Hg.): *Wörterbuch der Feministischen Theologie.* Gütersloh 1991.

Günter, Andrea (Hg.): *Feministische Theologie und postmodernes Denken. Zur theologischen Relevanz der Geschlechterdifferenz.* Stuttgart u. a. 1996.

– : *Politische Theorie und sexuelle Differenz. Feministische Praxis und die symbolische Ordnung der Mutter.* Königstein 1998.

– : /Wagener, Ulrike (Hg.): *Was bedeutet es heute, feministische Theologin zu sein?* (Jahrbuch der Europäischen Gesellschaft für theologische Forschung von Frauen 4). Kampen/Mainz 1996.

Heyward, Carter: *Und sie rührte sein Kleid an. Eine feministische Theologie der Beziehung.* Stuttgart 1986. (Orig. 1982).

Isherwood, Lisa/Stuart, Elisabeth: *Introducing Body Theology.* Sheffield 1998.

Jost, Renate/Kubera, Ursula (Hg.): *Befreiung hat viele Farben. Feministische Theologie als kontextuelle Befreiungstheologie.* Gütersloh 1991.

– : /Valtink, Eveline (Hg.): *Ihr aber, für wen haltet ihr mich? Auf dem Weg zu einer feministisch-befreiungstheologischen Revision von Christologie.* Gütersloh 1996.

Meyer-Willmes, Hedwig: *Rebellion auf der Grenze. Ortsbestimmung feministischer Theologie.* Freiburg u. a. 1990.

Radford Ruether, Rosemary: *Sexismus und die Rede von Gott. Schritte zu einer anderen Theologie.* Gütersloh 1985. (Orig. 1983).

Russell, Letty M. (Hg.): *Befreien wir das Wort. Feministische Bibelauslegung.* München 1989 (Orig. 1985).

Schottroff, Luise: *Lydias ungeduldige Schwestern. Feministische Sozialgeschichte des frühen Christentums.* Gütersloh 1994.

– : /Schroer, Silvia/Wacker, Marie-Theres: *Feministische Exegese. Forschungserträge zur Bibel aus der Perspektive von Frauen.* Darmstadt 1995.

– : /Wacker, Marie-Theres (Hg.): *Von der Wurzel getragen. Christlich-feministische Exegese in Auseinandersetzung mit Antijudaismus.* Leiden u. a. 1996.

– : /Wacker, Marie-Theres (Hg.): *Kompendium Feministische Bibelauslegung.* Gütersloh 1998.

Schroer, Silvia/Staubli, Thomas: *Die Körpersymbolik der Bibel.* Darmstadt 1998.

Schüngel-Straumann, Helen: *Die Frau am Anfang. Eva und die Folgen.* Münster [2]1997.

– : *Denn Gott bin ich, und kein Mann. Gottesbilder im Ersten Testament – feministisch betrachtet.* Mainz 1996.

Schüssler Fiorenza, Elisabeth: *But she said. Feminist Practices of Interpretation.* Boston 1992.

– : *Jesus – Miriams Kind, Sophias Prophet. Kritische Anfragen feministischer Christologie.* Gütersloh 1997 (Orig. 1995).

– : (Hg.): *Searching the Scriptures.* 2 Bde. London 1994.
– : *Zu ihrem Gedächtnis. Eine feministisch-theologische Rekonstruktion der christlichen Ursprünge.* München 1988 (Orig. 1983).
Siegele-Wenschkewitz, Leonore: »Die Rezeption und Diskussion der Genus-Kategorie in der theologischen Wissenschaft«. In: Bußmann, Hadumod/Hof, Renate (Hg.): *Genus – zur Geschlechterdifferenz in den Kulturwissenschaften.* Stuttgart 1995, 60–112.
– : (Hg.): *Verdrängte Vergangenheit, die uns bedrängt. Feministische Theologie in der Verantwortung für die Geschichte.* München 1988.
Trible, Phyllis: *Gott und Sexualität im Alten Testament.* Gütersloh 1993. (Orig. 1978).

12. Kunstgeschichte

Hildegard Frübis

Anfänge: Die 68er Bewegung und die Frauenfrage

Der Weg, den die geschlechtsspezifische Fragestellung in der Kunstgeschichte genommen hat, läßt sich am deutlichsten an den Kunsthistorikerinnen Tagungen sowie den daraus hervorgegangenen Veröffentlichungen aufzeigen (Bischoff u. a. 1984, Barta u. a. 1987, Lindner u. a. 1989, Baumgart u. a. 1993, Friedrich u. a. 1997, Hoffmann-Curtius/Wenk 1997). Diese Publikationen bieten nach wie vor die umfassendste Dokumentation feministischer Positionen in Kunst- und Kulturwissenschaft im deutschsprachigen Raum und repräsentieren zugleich den Diskussions- und Veränderungsprozeß. Seit 1982 fanden diese Tagungen in regelmäßigen Abständen und mit stetig steigenden Teilnehmerinnenzahlen in den deutschsprachigen Ländern statt: Marburg 1982, Zürich 1984, Wien 1986, Berlin 1988, Hamburg 1991. Symptomatisch für die gesellschaftspolitische Realität des neu geeinten Deutschlands bzw. die wissenschaftspolitische Stellung einer Kunstgeschichte, die die Geschlechterverhältnisse in den Künsten und ihren Institutionen hinterfragt, gelang es erst 1995/96 die 6. Kunsthistorikerinnentagung zu veranstalten, die sich nicht zuletzt durch finanzielle und organisatorische Schwierigkeiten in drei Schwerpunktthemen (›Ethnozentrismus und Geschlechterdifferenz‹, ›Mythen von Autorschaft und Weiblichkeit‹, ›Marginalisierung und Geschlechterkonstruktion in den Angewandten Künsten‹) untergliederte, die an zwei verschiedenen Orten, in Trier und Tübingen, organisiert wurden.

Doch zurück zu den Anfängen. Wie wohl allgemein für den Entstehungskontext feministischer Fragestellungen in den verschiedenen wissenschaftlichen Disziplinen festgestellt werden kann, stand dieser auch für die Kunstgeschichte in enger Verbindung mit der in den frühen 60er Jahren einsetzenden Frauenbewegung. Die Kritik an den sozialen, politischen und kulturellen Bedingungen, welche die Anerkennung der Gleichwertigkeit von Frauen und Männern verhinderten, bildete die gemeinsame Plattform der Frauenbewegungen, die sich im Kontext der politischen Aufbruchstimmung der Studentenbewegung seit 1968 gebildet hatten. »Die antiautoritäre Studentenbewegung ebnete sozusagen den Weg zur Kritik am autoritären Gehabe der männlichen Kommilitonen und späteren Lebenspartner oder Ehemänner. [...] Bloße ökonomistische Erklärungsmuster reichten ihnen nicht mehr aus, um das System der Ausbeutung zu erklären. Die Analyse und Kritik der Herrschaftsverhältnisse in ihren alltäglichen und für Frauen spezifischen Ausprägungen sollten entwickelt werden« (Hagel/Schuhmann 1994, 69). Für das Fach Kunstgeschichte spielte in dieser gesellschaftspolitisch bewegten Zeit um 1968 die Aufspaltung der Wissenschaftsszene in ein akzeptiertes konservatives Establishment um den Verein deutscher Kunsthistoriker (VDK) und in veränderungswillige, linke Gruppierungen um den Ulmer Verein eine zentrale Rolle. »Denn Frauen, die aus der konservativen

Zeit der späten Adenauer- und Erhard-Ära auszubrechen suchten, konnten sich erstmals stark fühlen im Bündnis mit den als progressiv angesehenen Gruppierungen rund um den neu gegründeten Ulmer Verein. [...] Akzeptiert waren die Frauen in diesem Bündnis mit den männlichen Kollegen, wenn sie ihre Unterprivilegierung als Randproblem, als Nebenwiderspruch behandelten« (Hoffmann-Curtius 1991, 10).

In der Folgezeit hieß es sich auch von diesem kurzfristigen Bündnispartner wieder zu verabschieden, der auf dem ›Marsch durch die Institutionen‹ seine Anpassungsleistungen vollbrachte und der die ›Frauenfrage‹ in autoritärer Weise beiseite schob, die nichts mehr von den aufklärerischen Zielen der 68er Zeit erkennen ließ bzw. von diesen vielleicht auch nie wirklich angegangen worden war. Aus der Rückschau besehen, führte die Enttäuschung über die Autoritäten von 68 für die feministisch engagierten Frauen in der Kunstgeschichte zu einem Prozeß, der ihre eigene politische wie wissenschaftliche Emanzipation auf den Weg brachte. Hier wurde das wirksam, was die ›Frauenforschung‹ in ihrem Entstehungskontext insgesamt auszeichnete: Ein Beitrag zu sein zur Bewußtseinsbildung von Frauen mit dem Ziel der Abschaffung ihrer gesellschaftlichen Unterordnung. »Die Forschungsperspektiven richteten sich dazu zum einen auf die Formen und Funktionsweisen geschlechtsspezifischer Hierarchisierungen, zum anderen mit dem Programm »Frauen sichtbar zu machen« auf die Frauen selber, kurz: einerseits auf die Strukturen, andererseits auf die Subjekte« (Braun 1995, 107).

So konzentrierten sich die Kunsthistorikerinnen auf ihrer ersten Tagung 1982 in Marburg ganz auf die, aus ihrer bisherigen Negierung gewonnene, Verortung ihrer eigenen psychischen Realität; auf die, wie Kathrin Hoffmann-Curtius es beschreibt, sogenannte ›Neue Subjektivität‹ (Hoffmann-Curtius 1991, 10). Ganz im Mittelpunkt ihrer Auseinandersetzung mit der männlich dominierten Kunstgeschichte stand die ›Korrektur des herrschenden Blicks‹, die Konzentration

> auf die ›ganz anderen Fragen‹ an die Kunstgeschichte, die der bewußt subjektiv und provozierend emotional inszenierte Zugriff auf das Fach hergab. Es kam ihnen primär darauf an, in der sich so aufgeklärt und distanziert gebenden Wissenschaft das bisher von den Männern verschwiegene und Verdrängte offenzulegen, stereotype Frauenbilder und ihre pauschalierende Verurteilung oder Verklärung erst einmal aufzuzeigen und die künstlerische Tätigkeit der vielen vergessenen Frauen zu erforschen. Sie setzten sich der bekannten Gefahr aus, des Irrationalismus geziehen zu werden und, auf der Suche nach Identifikationen in der Geschichte, ihre Subjektbestimmung wieder zu fixieren, der sie gerade entkommen wollten (ebd.).

Fazit dieser Erfahrungen war, daß der Prozeß der Emanzipation sowohl als ein Kampf um die politische Gleichberechtigung im Berufsleben, in der Ausbildungspraxis, in den Institutionen und ihrer Stellenpolitik geführt werden mußte als auch um die Ziele und Fragestellungen der wissenschaftlichen Praxis der Disziplin Kunstgeschichte selbst. »Der Widerspruch zwischen vorherrschender Repräsentation der Frauen im Bild und ihrer Ausgrenzung, sei es als Künstlerin in der Geschichte oder als Kollegin im Berufsalltag, fordert die wissenschaftliche Arbeit heraus, die nicht bei einer Rekonstruktion des Frauenanteils in der Geschichte stehen bleibt« (ebd., 10f.).

Im Rahmen der Institution Kunstgeschichte war eine Feministische Forschung nicht vorgesehen. Seit Anfang der 70er bis Ende der 80er Jahre wurden kunsthistorische feministische Forschungen fast ausschließlich außerhalb der Institution oder an ihren Rändern organisiert (Spickernagel 1985, Below 1990, 1991). Eine Vielzahl der dabei entstandenen Veröffentlichungen widmete sich der Dokumentation einer Künstlerinnen-Geschichte, ihrer Marginalisierung, den institutionellen Ausschlußmechanismen sowie den gesellschaftlichen Barrieren, die der Profession als Künstlerin im Wege standen (Künstlerinnen International 1977, Berger 1982, Das verborgene Museum 1987, Kunst mit Eigen-Sinn 1985, Profession ohne Tradition 1992). »Als eine Strategie gegen die ›Unterschlagung‹ der Kunst von Frauen lassen sich darin Versuche erkennen, ein ›weibliches Erbe‹ und eine ›Ahnenreihe‹ von Künstlerinnen zu rekonstruieren, die im Zeichen der Gleichberechtigung die männliche Ahnenreihe komplementär vervollständigen und Vorbild und Legitimation für zeitgenössische Künstlerinnen abgeben sollten« (Wenk 1996, 350). In diesen Ansätzen zu einer feministischen Kunstgeschichte lassen sich all die Themen finden, die die Frauenforschung dieser Jahre im allgemeinen kennzeichneten und die von einem deutlich politischen Anspruch getragen wurden. »Die Entdeckung der verschütteten Geschichte von Frauen, die Überwindung der Sprachlosigkeit in bezug auf die eigenen Erfahrungen von Gewalt, Ausbeutung, Abwertung und Ausgrenzung bildeten einen unverzichtbaren Beitrag zur Selbstkonstitution der Frauenbewegung als politisches Subjekt, und mit »Patriarchat« hatte das bis dahin namenlose Unterdrückungsverhältnis eine Bezeichnung erhalten.« (Braun 1995, 108).

»Why Have There Been No Great Women Artists?«

Für diese erste Phase einer feministischen Kunstgeschichte wurden (anglo-)amerikanische Wissenschaftlerinnen wegbereitend. Mit ihrer Frage »Why Have There Been No Great Women Artists?« ging Linda Nochlin 1971 das Problem weiblicher Kunst und Kreativität an. Indem sie feststellte, daß »keine weiblichen Entsprechungen zu Michelangelo oder Rembrandt, Delacroix oder Cézanne, Picasso oder Matisse, nicht einmal – in jüngster Zeit – zu de Kooning oder Warhol, ebensowenig wie ihre afro-amerikanischen Entsprechungen existieren« (Nochlin 1996, 31), wandte sie sich gegen die Fallstricke einer nur nach-tragenden, die Kunstgeschichte um die weiblichen Künstlerinnen ergänzenden feministischen Kunstwissenschaft. Mit ihrer nach allen Seiten gewendeten Frage ›Warum hat es keine großen Künstlerinnen gegeben‹ kommt sie auf das ›Wie‹ zu sprechen, auf die Funktionen und Strukturen der Institutionen und der Erziehungssysteme, die den Ausschluß bedingen, auf die Welt der »bedeutungsvollen Symbole, Zeichen und Signale« (Nochlin 1996, 32) von der aus die Hindernisse aufgebaut werden. Für ihre materialistisch orientierte Analyse sind die Kritik des bürgerlichen Kunstbegriffs sowie der Mythos vom Künstler als Genie zentral. Sie arbeitet dieser traditionsreichen Setzung der Kunstgeschichte vom individuellen, autonomen Schöpferheros entgegen, indem sie in materialreichen Analysen auf die Gesamtsituation der Kunstproduktion verweist, wie z. B. Werkstatt- und Akademieorganisation, welche die Entwicklung des Künstlers und das von ihm geschaffene Kunstwerk in den Kontext einer gesellschaftlichen Situation stellt, die zum konstituierenden Faktor von Kunst und Künstler wird. Wie sie selbst bemerkt, berührt ihre Frage ›Warum hat es keine großen Künstlerinnen gegeben‹ »die Spitze eines Eisberges aus falschen Interpretationen und falschen Begriffen: darunter liegt eine gigantische, unsichtbare Ansammlung zweifelhafter *idées reçues* über das Wesen der Kunst und ihre Begleitumstände, über die Natur menschlicher Fähigkeiten im allgemeinen und menschlicher Vortrefflichkeit im besonderen, sowie über die Rolle, die die soziale Ordnung in all dem spielt« (Nochlin 1996, 34).

Von dieser theoretischen Basis aus entwarfen Ann Sutherland Harris und Linda Nochlin den Katalog der Ausstellung *Women Artists: 1550–1950*, die 1976/77 in vier Nordamerikanischen Städten gezeigt wurde. Im Vorwort skizzieren sie eine Sozialgeschichte weiblichen Kunstschaffens. Untersucht werden die jeweiligen institutionellen Gegebenheiten, Ausbildung und gesellschaftliche Stellung von Künstlern, Auftraggebern, Mäzenen und Publikum vor dem Hintergrund männlicher Vorherrschaft und geringer weiblicher Beteiligung. Es gelingt ihnen hierbei z. B. eine Neubewertung des Kunstschaffens im Mittelalter, die den Mangel an namentlich bekannten Malerinnen und Bildhauerinnen als einen Ausschlußmechanismus der Kunstgeschichte erklärt. Basierend auf der Hierarchie der Kunstgattungen die eine Zuordnung nach männlichen und weiblichen Künsten einschloß, fielen die kreativen Bereiche, die traditionell zu den weiblichen Künsten zählen, dem Verdikt der Nicht-Kunst anheim und blieben von daher anonym. Andererseits konnte man hier auf die Frauen stoßen, die ihre manuellen und visuellen Fähigkeiten in den traditionell weiblichen Künsten, wie beispielsweise den Textilkünsten ausbildeten, um sie dann – in wenigen Einzelfällen wie z. B. von Rosalba Carriera – in Bereichen der anerkannten Hochkunst auszuüben.

Mit ihrer kritischen Hinterfragung des Mythos vom Großen Künstler und seiner genialischen Verfaßtheit machte Nochlin die institutionellen Praktiken und Taktiken sichtbar, die ›den‹ Künstler erst produzieren und gleichzeitig den Ausschluß der Frauen aus der Kunstgeschichte vornehmen. Dabei geriet auch die Rolle der Kunsthistoriker und Kritiker in den Blick, die als Produzenten einer ›Substruktur‹ von zahllosen Monographien diese Mythen befördern. Wie zentral die von ihr angesprochenen Themen für die Verfaßtheit des Faches Kunstgeschichte sind, zeigen die bis heute zu diesem Thema anhaltenden Diskussionen von feministischer Seite, die eine Revision der Kunstgeschichte einklagen (z. B. Hoffmann-Curtius/Wenk 1997, Einleitung).

Die Kunstgeschichtsschreibung als ideologische Praxis

Einen wichtigen Schritt bei der Verschiebung der Fragestellung von einer Geschichte der Kunst von Frauen hin zu der Frage danach, ›warum‹ Künstlerinnen systematisch ausgeblendet wurden, taten Parker und Pollock mit ihrer 1981 publizierten Aufsatzsammlung unter dem Titel *Old Mistresses. Women, Art and Ideology.* An die Stelle der Frage nach den Lebens- und Arbeitsbedingungen von Künstlerinnen unter den wechselnden historischen Bedingungen tritt hier die Befragung der Kategorien, Kriterien und Werte, welche der Kunstgeschichtsschreibung, als einem werte- und normenvermittelnden Diskurs, zugrunde liegen. Damit griffen sie die Disziplin an der Wurzel ihres Selbstverständnisses an. Mit dem Hinweis auf die Kunst als Teil eines größeren Systems kultureller und ideologischer Praktiken, »in denen sich der Diskurs eines gesellschaftlichen Systems und seiner Machtmechanismen herausbildet« (Parker/Pollock 1996, 72), machten sie auf die Kunstgeschichtsschreibung *als einer ideologischen Praxis* aufmerksam. Innerhalb dieser ideologischen Praxis bildet die stereotype Rede über ›das Weibliche‹ ein zentrales Bedeutungsmuster, das die Themen der ästhetischen Produktion strukturiert. Aufbauend auf einer Differenzierung der Geschlechter nach biologischen Merkmalen und Funktionen wird die künstlerische Tätigkeit nur den männlichen Vertretern der Gattung zugesprochen. Seit der Renaissance ist der Diskurs über den Künstler bzw. die Ausdifferenzierung der künstlerischen Fähigkeiten zu beobachten, die erst den wahren Künstler, der in der romantischen Figur des Genies gipfelt, konstituiert. Die Scheidelinie läuft entlang einer eher handwerklichen, die Natur lediglich nachahmenden Fähigkeit (vgl. die Bedeutung der ›maniera‹), und einer, die Natur transzendierenden, aus der höheren Sphäre der ›Idee‹ heraus operierenden Leistung, die einzig den wahren Künstler auszeichnet (vgl. die Bedeutung des ›disegno‹). Frauen sind schon aufgrund ihrer biologischen Funktion der Gebärfähigkeit, ein in unzähligen Wiederholungen auftauchendes Stereotyp, welches der kulturellen Schöpferkraft des Mannes entgegengesetzt wird und bis in die zeitgenössischen Künstlerbiographien zu verfolgen ist, als ein der Natur zugehöriges Wesen ausgewiesen, das von diesen höheren Sphären künstlerischer Leistungen in der Regel ausgeschlossen ist. Parker und Pollock machen hier deutlich, wie seit der Renaissance die ästhetische Produktion von Frauen von den dominanten Definitionen getrennt wird, die ›Kunst‹ konstituieren. Wenn künstlerisch tätige Frauen in der Kunstgeschichtsschreibung auftauchen, dann wird die Berufsbezeichnung zu einem Stereotyp, das weibliche Künstler und ihre Fähigkeiten auf Eigenschaften und Qualitäten festlegt, die aus ihrer Biologie abgeleitet werden und sie als immer gleiche erscheinen lassen, die einzig durch ihre Differenz zum Mann gekennzeichnet sind.

Dies ist nur ein Beispiel dafür, wie das binäre Begriffspaar von ›Männlichkeit‹ und ›Weiblichkeit‹, oder anders gesagt, der Diskurs der Geschlechter, die Kunstgeschichte als künstlerische Praxis und als ideologische Geschichtsschreibung strukturiert. Weitere von Parker und Pollock bearbeitete Bereiche, in denen diese Mechanismen beobachtet werden können, sind z. B. die Geschichte des Aktstudiums im Zusammenhang mit dem Ausbildungssystem der Akademien und Kunsthochschulen im 18. Jahrhundert, das den Frauen den Zutritt zu diesem Ausbildungsteil verwehrte und damit auch die Betätigung in einem der in der Gattungshierarchie am höchsten stehenden Bereich, der Historienmalerei. All diese Untersuchungen legen offen, daß die Konstruktion einer Hierarchie zwischen den ›höheren Künsten‹ (Malerei und Bildhauerei) gegenüber den ›niederen‹ oder ›angewandten‹ Künsten, die sich mit Gründung der Akademien im 17./18. Jahrhundert verfestigt, nur in ihrer Verknüpfung mit den Wertungshierarchien von ›männlichen‹ und ›weiblichen‹ Künsten ihre volle Bedeutung innerhalb der kulturellen Produktions- und Machtverhältnisse gewinnen.

Sprache und Bild werden von den Autorinnen als Machtverhältnisse bestimmt, »die die Welt von einem bestimmten Blickwinkel präsentieren und gleichermaßen Machtpositionen und -verhältnisse der Geschlechter und Klassen repräsentieren« (Parker/Pollock 1996, 72).

Neben der Kategorie des ›Geschlechts‹ beharren die Autorinnen auf der Kategorie der ›Klasse‹, die in einer bestimmten sozialen und ideologischen Konstellation zu einem bestimmenden Faktor werden kann. In diesem, an der Ideologiekritik geschulten Untersuchungsverfahren und in seiner Verbindung mit Methoden der Dekonstruktion und der Psychoanalyse lösen sich die individuellen Identitäten entlang den gesellschaftlichen und historischen Ordnungskategorien von Klasse und Geschlecht auf. Die hier schon angedeutete Relativierung der Kategorie ›Geschlecht‹ sollte sich Anfang der 90er Jahre – angeregt durch die US-amerikanische Frauenforschung (Braun 1995, 111) – noch erweitern und intensivieren durch die theoretische und politische Bezugnahme auf andere soziale Kategorien wie ›sexuelle Orientierung‹, ›race‹ und ›Ethnie‹.

Mythen von Männlichkeit und Weiblichkeit: Frauenforschung als Geschlechterforschung

Die Diversifizierung der Forschungsgegenstände und Methoden (wie sie auf theoretischer Basis durch die oben besprochenen Abhandlungen angeregt wurden) im Bereich der deutschsprachigen kunsthistorischen Forschung zeigten sich insbesondere auf der 3. Kunsthistorikerinnentagung 1986 in Wien. Wie der Tagungsband in seinem Vorwort vermerkt, »gehen die vorliegenden Beiträge nicht von *einem* ›Ansatz‹ aus, sondern umfassen eine Vielzahl von Methoden« (Barta 1987, 8). Kunsthistorische Frauenforschung wird hier definiert als die »Einbeziehung und kritische Reflexion des Begriffs ›Geschlecht‹ als historisch-soziale Kategorie« (ebd.). Von dieser methodenübergreifenden Prämisse ist die Gemeinsamkeit der Beiträge bestimmt. Der Übergang von der Frauenforschung zur Geschlechterforschung in der Kunstgeschichte oder auch das binäre Verhältnis genauer bezeichnend, der Frauenforschung ›als‹ Geschlechterforschung ist mit dieser Definition und den zwei Themenschwerpunkten des Bandes, die historische Mythenbildung in den Darstellungen von Männern *und* Frauen, markiert. Männlichkeit als Konstruktion eines Ideals wurde damit ebenso zum Gegenstand wie die Konstruktionen des Weiblichen. Wichtig wird hier zum einen das ›relationale Moment‹, das den Diskurs der Geschlechter bestimmt, der nur in seiner Bezogenheit aufeinander den ideologischen Gehalt der traditionellen kunsthistorischen Setzungen in seiner ganzen Bandbreite deutlich werden läßt. Zum anderen lenkte das Thema des Mythos bzw. die Offenlegung der Mythisierungen, die die Bilder des Weiblichen und Männlichen durchziehen und historisch gewordenes als Natur vorstellen, den Blick auf den Problemhorizont der Konstruiertheit von Bildern.

Symptomatisch hierfür steht der Aufsatz von Sigrid Schade »Der Mythos des ›Ganzen Körpers‹« (In: Barta 1987, 239–260) und daran anschließende Arbeiten (Schade 1989, Schade/Wenk 1995, 370ff.), in denen die tradierten Vorstellungen über die Aktkunst und besonders die darin enthaltenen Implikationen einer befreiten Sinnlichkeit angegriffen werden. Die gängige Kunstgeschichtsschreibung feiert in dem Begriff der Renaissance die Wiedergeburt einer neuen, von überlieferten religiösen Zwängen befreiten Kunst aus dem Geist der Antike. Paradigmatisch hierfür steht die Deutung der Aktkunst als der Darstellung des autonomen, von der Sinnenfeindlichkeit des Mittelalters befreiten Körpers. Schade macht darauf aufmerksam, daß die Rede von der Zerstörung der ›sexuellen Integrität‹ von Frauen durch die Kunst der Avantgarde (Berger 1985) oder die Kritiken an Darstellungen zerstückelter Körper von Frauen in Bildern der Moderne (Walters 1979) zeige, wie auch von Teilen der feministischen Kunstgeschichtsschreibung tradierte Vorstellungen übernommen werden, die von dem humanistischen Versprechen einer befreiten Subjektivität im Bild geleitet sind. Schade gibt zu bedenken, »daß der Akt als Bild eines Idealkörpers selbst eine Konstruktion ist, die jedoch den Charakter ihrer Konstruiertheit leugnet« (Schade/Wenk 1995, 373f.). Sie verweist auf Gründungsmythen der Kunst, wie z. B. die Erzählung vom antiken Maler Zeuxis, der – in Ermangelung eines von der Natur gegebenen idealen Körpers – die schönsten Teile vieler verschiedener Modelle zu einem idealen Ganzen zusammensetzt. Dem Bild des idealen, ganzen Körpers ist also seine Zerlegung in einzelne Teile vorgängig, die geleitet wird von dem imaginären Bild der Vollständigkeit.

Die damit eröffneten Fragen nach dem Zusammenhang von neuzeitlichem Aktbild und der Konstituierung des bürgerlichen Individuums führten zu der Einbeziehung psychoanalytischer Forschungen. Die Schriften Freuds und besonders die von Jacques Lacan richteten die Aufmerksamkeit auf den Status des Bildes – seine Funktion im Kontext der Genese des Subjekts als Ausdruck von Begehren, von Phantasmen und Ängsten. Vorläufer war hier die feministische Filmtheorie, die schon Mitte der 70er Jahre auf die Schriften Lacans Bezug nahm. Immer wieder wird Laura Mulvey (1980) zitiert mit dem Aufsatz »Visuelle Lust und narratives Kino«, in dem sie das Verhältnis von repräsentierter weiblicher Gestalt und betrachtendem männlichen Blick analysiert. Der illusionäre Charakter des Films und sein Angebot an Identifikationsmöglichkeiten führten zu Lacans Aufsatz zum Spiegelstadium (Lacan 1973), in dem er die Identifikation des Kleinkindes mit einem (Spiegel-)Bild als konstituierenden Faktor der Ich-Bildung bestimmt. Ein anderes Phänomen des Films (das auch auf Bilder übertragbar ist), die Allgegenwärtigkeit der Frauen, die im Kontrast zu ihrer Bedeutungslosigkeit als konkrete, individuelle Gestalt steht, eröffnete das theoretische Feld der Repräsentation. In ihm existiert die Frau nur als ein stellvertretendes Zeichen, das der Kontrolle des männlichen Blicks unterworfen ist und zum Ausdruck männlichen Begehrens wird.

Diskurstheorie, Psychoanalyse und Poststrukturalismus

Die Debatten der dritten Kunsthistorikerinnentagung aufnehmend, zeigte die vierte Tagung 1988 in Berlin in ihren Beiträgen (Lindner u. a. 1989) und in den nach vier verschiedenen Themenstellungen gegliederten Sektionen deutlich die Bezugnahme auf Methoden der Diskurstheorie, der Psychoanalyse und auf Verfahren der Dekonstruktion wie sie im Poststrukturalismus entwickelt wurden. Die Hinwendung zur Psychoanalyse, wie überhaupt die intensive Beschäftigung mit Linguistik und Semiotik lassen sich letztlich auch als Auswirkungen der Enttäuschungen über die 68er Bewegung begreifen. Gewachsen waren die Zweifel daran, daß marxistische bzw. überhaupt politische Theorien allein eine befriedigende Erklärung für die immer deutlicher erkennbare androzentrische und sexistische Strukturierung der Welt geben könnten. Die Aufmerksamkeit richtete sich nun weniger auf die politische bzw. ökonomische Ebene, sondern primär wurde die symbolische Ebene zum Objekt von Analyse und Kritik. Im Zentrum standen hierbei die Theorien von Lacan, Foucault, Barthes und Derrida. In Abgrenzung zu einer lediglich nach-tragenden, die Wissenschaft und Politik um die Frauenfrage ergänzenden Praxis, konstatierten die Organisatorinnen der Tagung und Herausgeberinnen der Tagungspublikation: »Es geht vielmehr darum, wie in und über Bilder, in und über Kunstgeschichte und deren Institutionen Macht- und Herrschaftsverhältnisse hergestellt und stabilisiert werden, in denen all das, was als nicht-männlich gilt, untergeordnet und ausgegrenzt wird.« (Lindner u. a. 1989, 11). Die Figur des Künstlers, als Konstruktion unhinterfragter Annahmen über Kunst und Männlichkeit, sein Produkt, ›das Kunstwerk‹, sowie die Kunstgeschichte als ›disziplinäre Gemeinschaft‹, welche als Produzentin und Multiplikatorin der Mythen über Kunst und Künstler einen regen Anteil an diesem Prozeß nimmt, gerieten dabei immer stärker in die Kritik.

Die Kunstgeschichte als eine Erzählung von Vätern und Söhnen, in deren Erbschaft sich die Kunsthistoriker in ihrer Identifikation mit dem Künstler immer wieder einreihten; die männliche Dominanzstruktur in diesen Erzählungen, die bis zur Schaffung nationaler Mythen reicht, in denen der Künstler den Status eines nationalen Stellvertreter-Heros einnimmt, waren Themen der Sektion I (vgl. Wenk 1989, 59–82). Die Kunstgeschichte wurde in ihren normativen Setzungen, die durch den kunsthistorischen Kanon vertreten werden, sowie in ihren Klassifikationssystemen von Epoche, Nationalität, Stil und Gattung immer stärker als ›disziplinäre Gemeinschaft‹ und ›soziales System‹ hinterfragbar (vgl. auch Salomon 1993, 27–41). Mit der Bezugnahme auf Foucault wurden die Formen der Macht im Verhältnis von Kunst und Geschlecht spezifiziert. Gerade weil die Kunst der bürgerlichen Gesellschaft als Ort der Produktion allgemeiner, verbindlicher Wahrheiten dient und der Künstler, als Repräsentant dieser Wahrheiten, in seinen Werken von ihr gefeiert wird, waren/sind die Foucaultschen Analysen der Macht so zentral für eine feministische Kunstgeschichte, die ihren eigenen, sich so neutral gebenden Gegenstandsbereich ideologiekritisch untersuchen will. Macht operiert nach Foucault im 19. Jahrhundert nicht mehr mit den Instanzen des Rechts und der herrschaftlichen Repräsentation, sondern mit Strategien und rationalen Techniken, die ein Netz von vielfältigen Beziehungen unterhalten und die Ausübung der Mächte artikulieren. Gegen die Vorstellung von Macht als einer nur unterdrückenden, Bedürfnisse untersagenden Institution zeigt Foucault auch ihre Produktivität auf; wie sie in ihren vielfältigen ›Wahrheitsspielen‹ zum Produzenten von Wissen wird. Für die Thematisierung von Gewaltverhältnissen in Bildern sowie ihrer ästhetischen Organisation von Macht, Sexualität und Gewalt wurden seine Arbeiten zu einem wichtigen Bezugspunkt (vgl. Lindner u. a. 1989, IV).

Die Einbeziehung von Kulturtheorien aus dem Bereich der Psychoanalyse und der Semiotik machte auf die Gewaltsamkeit der Repräsentationssysteme selbst aufmerksam, innerhalb derer sich Frauen in einer patriarchal organisierten symbolischen Ordnung zu bewegen haben. Von diesen Erkenntnissen ausgehend, wurden Begriffe wie Kunst und Pornographie sowie die durch die Zeitschrift *Emma* ausgelöste PorNo-Debatte (vgl. die Hefte 11 und 12, 1987, Nr. 6 1988) – z. B. in den Beiträgen von Eiblmayr und Meyer-Knees – neu zur Disposition gestellt. Gewalt stellte sich nicht mehr nur als Thema der visuellen Darstellung dar, sondern die Analyse erweiterte sich auf den Funktionszusammenhang der Medien selbst. Auf die Gewaltsamkeit als Struktur der Repräsentation verwiesen Künstlerinnen der Moderne in Bildern, Photoarbeiten, Performances und Videoarbeiten. Dabei thematisieren sie ihre ›symbolische Gefangenschaft‹ und die Schwierigkeiten eines Positionswechsels innerhalb der geschlechtsspezifisch organisierten Wahrnehmungszusammenhänge (vgl. Eiblmayer 1989, 337–357).

Die 90er Jahre und die ›Verflüssigung der Kategorie Geschlecht‹

Die Diskussionen um die Kategorie ›Geschlecht‹, wie sie in den letzten fünfzehn Jahren geführt wurde, hat vor allem den konstruktivistischen Charakter dieser Kategorie deutlich gemacht. Judith Butlers *Gender Trouble* (1990) ist die wohl radikalste Infragestellung einer substantiellen Identität von ›Geschlecht‹. In der Gegenüberstellung von biologischem Geschlecht (sex) und sozialem Geschlecht bzw. Geschlechtsidentität (gender) sieht sie die bipolare Begriffsordnung abendländischen Denkens weiter am Werk, mit der an einer dichotomischen Ordnung festgehalten wird, in der das biologische Geschlecht der Natur und das soziale Geschlecht der Kultur zugeordnet wird. Den einzig richtigen Schritt zur Überwindung der sex/gender Dichotomie sieht Butler in einer radikalen »Ent-Naturalisierung der Geschlechtsidentität« (Butler 1991, 218) und damit ganz generell des Körpers. In ihrem dekonstruktivistisch-diskurstheoretischen Vorgehen macht sie deutlich, daß es keine dem Diskurs vorgängige Materialität gibt; daß einzig der Prozeß der kulturellen Produktion und das System der Repräsentation die angeblich natürlichen Sachverhalte des Geschlechts ebenso produziert wie die Natur/Kultur-Dichotomie des abendländischen Diskurses. Die damit eingeleitete »Verflüssigung der Kategorie Geschlecht« (Braun 1995, 112) stellt das System der Zweigeschlechtlichkeit, das kein Drittes kennt und in dem das Gesetz der Zwangsheterosexualität herrscht, grundsätzlich in Frage. Auf kunsthistorischer Ebene haben die Arbeiten zu den Mythen der Zweigeschlechtlichkeit und deren visuelle Produktion gerade erst begonnen (vgl. Schade/Wenk 1995, 376ff.).

Zu der Herausforderung der Frauenforschung durch Butlers Zurückweisung der sex/gender Unterscheidung und dem darin sich einschleichenden Biologismus gesellte sich eine weitere in Form der »Relativierung der Kategorie ›Geschlecht‹ durch die theoretische und politische Bezugnahme auf andere soziale Kategorien wie Klasse, sexuelle Orientierung, ›race‹ und ›Ethnie‹ (Braun 1995, 111). Angeregt wurde diese Relativierung durch die Kritik schwarzer Feministinnen an der weißen Frauenforschung in den

USA, die ihre Ergebnisse fälschlicherweise universalisierte, ohne zu berücksichtigen, daß Frauen (wie Männer) durch eine Reihe weiterer sozialer Kategorien voneinander unterschieden sind, die sich aus ihrer Zugehörigkeit zu sozial ungleich positionierten Gruppen ergeben.

In der jüngsten kunsthistorischen Frauenforschung ist die Reflexion dieser Veränderungen in Theorie und Begriff der Kategorie ›Geschlecht‹ in die Erweiterung der Themenstellungen und in die Radikalisierung der theoretischen Reflexion eingegangen. Die Publikationen zur 6. Kunsthistorikerinnentagung mit den Schwerpunkten *Mythen von Autorschaft und Weiblichkeit im 20. Jahrhundert* (Hoffmann-Curtius/Wenk 1997) und *Projektionen. Rassismus und Sexismus in der visuellen Kultur* (Friedrich u. a. 1997) zeigen deutlich, daß der Bezug auf ›Frauen‹ als Subjekte und Objekte der Forschung nicht mehr den grundsätzlichen Bezugsrahmen dessen bilden, was kunsthistorische Frauenforschung ausmacht. Braun hat diesen veränderten Kontext präzise gefaßt, wenn sie schreibt: »Die Kategorie ›Frau‹ wird theoretisch eingebunden in die Relation der Geschlechter, in Frage gestellt und verflüssigt durch die Problematisierung der Zweigeschlechtlichkeit und schließlich relativiert, indem die soziale Kategorie Geschlecht als eine in einem Geflecht von mehreren begriffen wird« (Braun 1995, 114). Die Herausforderung der feministischen Forschung durch die kritische Reflexion des Begriffs ›Geschlecht‹ hat die Themen und Gegenstände der Kunstgeschichte so weit verändert, daß sie neue theoretische Felder benennt, von denen aus die kunsthistorischen Gegenstände und ihre Bearbeitung herausgefordert werden. In den beiden vorliegenden Publikationen der 6. Kunsthistorikerinnentagung geschieht dies beispielsweise durch die Befragung der Wirkungsmechanismen des Mythischen, der Funktion des Autors oder der Überschneidungen von Rassismen und Sexismen in bildnerischen Darstellungen.

Sicher stellen sich mit den durch die kunsthistorische Geschlechterforschung thematisierten ›Ideologien‹ der Kunstgeschichtsschreibung und den durch sie angeregten theoretischen und methodischen Debatten Verunsicherungen darüber ein, was den zentralen Gegenstandsbereich der Kunstgeschichte auszeichnet. Doch mit einem Blick auf die Geschichte des Faches Kunstgeschichte, der Museen, der Institutionen von Kunstkritik und -pädagogik und nicht zuletzt auf die ›neueren‹ visuellen Medien (Film, Video, Internet) wird deutlich, daß dies ein Definitionsprozeß war und ist, der in seinen Grenzziehungen ständigen Veränderungen unterlag. Wenn es heute darum geht, daß Frauen ihre Teilhabe an diesem Prozeß einfordern oder ihn in seinen grenzziehenden Prämissen grundsätzlich hinterfragen, verbalisieren sie sich als politische Subjekte, die das einfordern, was die Basis einer demokratischen Gesellschaft darstellt: Partizipation. Vermeintliche Gewißheiten werden sowohl inner- wie außerhalb der feministischen Geschlechterforschung dekonstruiert, wenn die Reflexion der Kategorie ›Geschlecht‹ ihre eigene Relativierung hervorbringt, indem sie die soziale Kategorie ›Geschlecht‹ als eine in einem Geflecht von mehreren (Klasse, Nation, Ethnie, sexuelle Orientierung) begreift. Der damit erreichte Reflexionszuwachs wäre jedoch nur dann nicht gewinnbringend, wenn sich der Feminismus dem Konzept der Identitätssicherung verschrieben hätte. Doch gerade die Zuschreibung ›einer‹ weiblichen Identität war der Ausgangspunkt der Kritik der feministischen Bewegungen, die sie in Theorie und Praxis immer wieder angegangen sind. Das aufmerksame Registrieren der Geschlechterordnung als eines Systems von Differenzen und Differenzierungen kann als Erfolg des Projektes gewertet werden und macht auf die weiteren Entwicklungen gespannt.

Von Beginn an wurden alle Tagungen von Kunsthistorikerinnenteams organisiert, deren Mitglieder keine gesicherten Positionen an der Universität bekleideten, Vertreter/innen der etablierten Institutionen waren weder beteiligt noch gab es eine nennenswerte Unterstützung von dieser Seite. Daran hat sich bis heute wenig geändert. Professuren, die feministische Fragestellungen in Lehre und Forschung vertreten, lassen sich in der Bundesrepublik Deutschland noch immer an einer Hand abzählen. Auch bleibt festzuhalten, daß Forschungen mit dem Blick auf die Geschlechterproblematik von seiten der ›offiziellen‹ Kunstgeschichte weiterhin als ein Randphänomen abgetan und in der akademischen Forschung und Lehre wenig beachtet oder einfach übergangen werden. In den etablierten Fachzeitschriften existiert das Thema nicht, lediglich die Zeitschriften, die Kunst im Kontext eines kulturgeschichtlichen und gesellschaftspolitischen Wirkungszusammenhangs betrachten, wie die *Kritischen Berichte* und die *Texte zur Kunst*, haben dem Thema der Geschlechterdifferenz vor allem durch Themenhefte Aufmerksamkeit geschenkt. Ein dezidiert ›feministisches Programm‹ vertreten die Veröffentlichungen der Reihe *Frauen. Kunst. Wissenschaft*, die sich als Halbjahreszeitschrift etabliert hat und ein Informations- und Diskussionsforum im Bereich der kunsthistorischen Geschlechterforschung bietet.

Obwohl die feministische Geschlechterforschung immer wieder gezeigt hat, daß ihre Fragestellungen und Ergebnisse das Fach Kunstgeschichte im Kern treffen und eine breite Debatte vonnöten wäre, wird die wissenschaftliche Auseinandersetzung auf diesem Gebiet vor allem von Frauen betrieben. Weiter als bis in eine »Einführung in die Kunstgeschichte« (Spickernagel 1985, 332–350) und die Gestaltung eines (Frauen)-Plenums über feministische Kunstgeschichte auf dem 22. Deutschen Kunsthistorikertag 1990 in Aachen hat es der ›feministische Ansatz‹ in der etablierten Kunstgeschichte bis heute nicht gebracht. In eine Reihe mit anderen kunstgeschichtlichen Methoden gestellt, erscheint er reduziert auf einen ›der Frau‹ gewidmeten Ansatz und beschränkt auf die Funktion der Ergänzung im kunstwissenschaftlichen Methodenspektrum. Unkritischer Methodenpluralismus – auf diesen Nenner kann man die gegenwärtige Situation bringen. Das zeigt jedoch auch deutlich den dadurch in Kauf genommenen Stillstand der kunsthistorischen Forschung überhaupt. Wenn aus der Einreihung der kunsthistorischen Geschlechterforschung in die Konzeption der Gender-Studien keine weiteren wissenschaftspolitischen Forderungen abgeleitet werden, könnte sich dieser Zustand noch verschlimmern. Der wissenschaftlichen Debatte über und mit den feministischen Ansätzen würde einmal mehr ausgewichen und die Verantwortung an das Fach der Gender-Studien delegiert.

Literatur

Barta, Ilsebill/Breu, Zita/Hammer-Tugendhat, Daniela u. a. (Hg.): *Frauen Bilder, Männer Mythen. Kunsthistorische Beiträge.* Berlin 1987.

Baumgart, Silvia/Birkle, Gotlind/Fend, Mechthild u. a. (Hg.): *Denkräume zwischen Kunst und Wissenschaft. 5. Kunsthistorikerinnentagung in Hamburg.* Berlin 1993.

Below, Irene: »Die Utopie der neuen Frau setzt die Archäologie der alten voraus«. Frauenforschung in kunstwissenschaftlichen und künstlerischen Disziplinen. In: Schlüter, Anne/Stahr, Ingeborg (Hg.): *Wohin geht die Frauenforschung?* Köln/Wien 1990, 102 ff.

– : »Frauen, die malen, drücken sich vor der Arbeit«. Geschlechtliche Arbeitsteilung und ästhetische Produktivität von Frauen. In: Staudte, Adelheid (Hg.): *FrauenKunstPädagogik.* Frankfurt a. M. 1991, 129–150.

Berger, Renate: *Malerinnen auf dem Weg ins 20. Jahrhundert. Kunstgeschichte als Sozialgeschichte.* Köln 1982.

– : »Pars pro Toto. Zum Verhältnis von künstlerischer Freiheit und sexueller Integrität«. In: dies./ Hammer-Tugendhat, Daniela (Hg.): *Der Garten der Lüste. Zur Deutung des Erotischen und Sexuellen bei Künstlern und ihren Interpreten.* Köln 1985, 150–199.

Bischoff, Cordula/Dinger, B./Ewinkel, E./Merle U. (Hg.): *Frauenkunstgeschichte. Zur Korrektur des herrschenden Blicks.* Gießen 1984.

Braun, Kathrin: »Frauenforschung, Geschlechterforschung und feministische Politik«. In: *Feministische Studien,* 2 (November 1995), 107–117.

Butler, Judith: *Das Unbehagen der Geschlechter.* Frankfurt a. M. 1991. (Orig.: *Gender Trouble : Feminism and Subversion of Identity.* New York 1990).

Das verborgene Museum. Dokumentation der Kunst von Frauen in Berliner öffentlichen Sammlungen. 2 Bde. Katalog der Ausstellung. Berlin 1987.

Eiblmayr, Silvia: »Gewalt am Bild – Gewalt im Bild. Zur Inszenierung des weiblichen Körpers in der Kunst des 20. Jahrhunderts«. In: Lindner u. a. 1989, 337–357.

Foucault, Michel: *Der Wille zum Wissen. Sexualität und Wahrheit I.* Frankfurt a. M. 1977. (Orig.: *Histoire de la sexualité, I: La volonté de savoir.* Paris 1976).

– : *Überwachen und Strafen. Die Geburt des Gefängnisses.* Frankfurt a. M. 1976. (Orig.: *Surveiller et punir. La naissance de la prison.* Paris 1975).

Friedrich, Annegret u. a. (Hg.): *Projektionen. Rassismus und Sexismus in der visuellen Kultur.* Marburg 1997.

Hagel, Antje/Schuhmann, Antje: »Aufstieg und Fall der Frauenbewegung«. In: Eichhorn, Cornelia/Grimm, Sabine, (Hg.): *Gender Killer. Texte zu Feminismus und Politik.* Berlin 1994, 69–76.

– : »Frauen in der deutschen Kunstgeschichte«. In: *Frauen. Kunst. Wissenschaft* 11 (April 1991), 6–13.

Hoffmann-Curtius, Kathrin/Wenk, Silke (Hg.): *Mythen von Autorschaft und Weiblichkeit im 20. Jahrhundert.* Marburg 1997.

Künstlerinnen International. Katalog der Ausstellung. Hg. Neue Gesellschaft für Bildende Kunst. Berlin 1977.

Kunst mit Eigen-Sinn. Aktuelle Kunst von Frauen. Katalog der Ausstellung. Hg. Silvia Eiblmayer/Export, Valie/Prischl-Maier, Monika. Wien/München 1985.

Lacan, Jacques: »Das Spiegelstadium als Bildner der Ichfunktion«. In: Ders. Schriften I. Hg. Haas, N./Metzger, H.-J. Olten/Freiburg i. Br. 1973, 61–70. (Orig.: »La stade du miroir comme formateur de la fonction de Je«. (1949), Ecrits. Paris 1966, 93–100).

Lindner, Ines/Schade, Sigrid/Wenk, Silke/Werner, Gabriele (Hg.): *Blick-Wechsel. Konstruktionen von Männlichkeit und Weiblichkeit in Kunst und Kunstgeschichte.* Berlin 1989.

Meyer-Knees, Anke: »Gewalt als Definitionsproblem. Zur Debatte über die Möglichkeit der Notzucht im gerichtsmedizinischen Diskurs des 18. Jahrhunderts«. In: Lindner u. a. 1989, 429–436.

Mulvey, Laura: »Visuelle Lust und narratives Kino«. In: Nabakowski, Gislind/Sander, Helke/Gorsen, Peter (Hg.): *Frauen in der Kunst.* Bd. 1. Frankfurt a. M. 1980, 33–45. (Orig.: »Visual Pleasure and Narrative Cinema«. In: *Screen* 1975).

Nochlin, Linda: »Warum hat es keine bedeutenden Künstlerinnen gegeben«. In: Söntgen, Beate (Hg.): *Rahmenwechsel: Kunstgeschichte als Kulturwissenschaft in feministischer Perspektive.* Berlin 1996, 27–56. (Orig.: »Why Have There Been No Great Women Artists?« In: Gornick, Vivian/ Moran, Barbara (Hg.): Women in Sexist Society. Studies in Power and Powerlessness. New York 1971, 480–510).

Parker, Roszika/Pollock, Griselda: *Old Mistresses: Women Art and Ideology.* 1981.

Parker, Roszika/Pollock, Griselda: »Dame im Bild«. In: Söntgen, Beate (Hg.): *Rahmenwechsel: Kunstgeschichte als Kulturwissenschaft in feministischer Perspektive.* Berlin 1996, 71–93.

Profession ohne Tradition. 125 Jahre Verein der Berliner Künstlerinnen. Katalog der Ausstellung. Hg. v.d. Berlinischen Galerie. Berlin 1992.

Salomon, Nanette: »Der kunsthistorische Kanon – Unterlassungssünden«. In: *Kritische Berichte* 4 (1993), 27–41.

Schade, Sigrid/Wenk, Silke: »Inszenierungen des Sehens: Kunst. Geschichte und Geschlechterdifferenz«. In: Bußmann, Hadumod/Hof, Renate (Hg.): *Genus: Zur Geschlechterdifferenz in den Kulturwissenschaften.* Stuttgart 1995, 340–408.

Schade, Sigrid: »Das Fest der Martern. Zur Ikonographie von Pornographie in der bildenden Kunst«. In: Rick, K./Treudl, S. (Hg.): *Frauen-Gewalt-Pornographie.* Berlin 1989.

Spickernagel, Ellen: »Geschichte und Geschlecht: Der feministische Ansatz«. In: Belting, Hans (Hg.): *Kunstgeschichte. Eine Einführung.* Berlin 1985, 332–350.

Walters, Margaret: *Der männliche Akt. Ideal und Verdrängung in der europäischen Kunstgeschichte.* Berlin 1979.

Wenk, Silke: »Pygmalions Wahlverwandschaften. Die Rekonstruktion des Schöpfermythos im nachfaschistischen Deutschland«. In: Lindner u. a. 1989, 59–82.

Weiterführende Literatur:

Adler, Kathleen/Pointon, Marcia (Hg.): *The body imaged. The human form and visual culture since the Renaissance.* Cambridge 1993.

Barthes, Roland: *Mythen des Alltags.* Frankfurt a. M. 1964.

Benhabib, Seyla/Butler, Judith/Cornell, Drucilla/Fraser, Nancy (Hg.): *Der Streit um Differenz. Feminismus und Postmoderne in der Gegenwart.* Frankfurt a. M. 1993.

Bovenschen, Silvia: *Die imaginierte Weiblichkeit: exemplarische Untersuchungen zur kulturgeschichtlichen und literarischen Präsentationsform des Weiblichen.* Frankfurt a. M. 1979.

Braun, Christina von: *Die schamlose Schönheit des Vergangenen. Zum Verhältnis von Geschlecht und Geschichte.* Frankfurt a. M. 1989.

Bronfen, Elisabeth: *Nur über ihre Leiche: Tod, Weiblichkeit und Ästhetik.* München 1994.

Broude, Norma/Garrard, Mary D. (Hg.): *Feminism and Art History: Questioning the Litany.* New York 1982.

Bryson, Norman/Holly, Michael Ann/Moxey, Keith (Hg.): *Visual Culture. Images and Interpretations.* Hannover/London 1994.

Bußmann, Hadumod/Hof, Renate (Hg.): *Genus. Zur Geschlechterdifferenz in den Kulturwissenschaften.* Stuttgart 1995.

Gallas, Helga: »Der Blick aus der Ferne. Die mythische Ordnung der Welt und der Strukturalismus«. In: Kemper, Peter (Hg.): *Macht des Mythos – Ohnmacht der Vernunft?* Frankfurt a. M. 1989, 267–288.

Laqueur, Thomas: *Auf den Leib geschrieben. Die Inszenierung der Geschlechter von der Antike bis Freud.* Frankfurt a. M./New York 1992 (*Making Sex, Body and Gender from the Greeks to Freud.* Cambridge 1990).

De Lauretis, Teresa: *Technologies of Gender. Essays on Theory, Film and Fiction.* Bloomington 1987.

Nabakowski, Gislind/ Sander, Helke/ Gorsen, Peter: *Frauen in der Kunst.* 2 Bde. Frankfurt a. M. 1980.

Nochlin, Linda (Hg.): *Woman, Art, Power and other Essays.* New York 1988.

Owens, Craig: »Der Diskurs der Anderen – Feministinnen und Postmoderne«. In: Huyssen, Andreas/Scherpe, Klaus R. (Hg.): *Postmoderne. Zeichen eines kulturellen Wandels.* Reinbek 1989, 172–195.

Parker, Roszika/Pollock, Griselda (Hg.): *Framing Feminism: Art and the Women's Movement, 1970–1985.* London et al. 1987.

Pointon, Marcia: *Naked Authority. The body in Western Painting 1830–1900.* Cambridge 1990.

Pollock, Griselda: *Vision and Difference – Feminity, Feminism and Histories of Art.* London 1988.

Rose, Jacqueline: *Sexuality in the Field of Vision.* London 1986.

Schade-Tholen, Sigrid/ Wagner, Monika (Hg.): *Allegorie und Geschlechterdifferenz.* Köln/Weimar/Wien 1994.

Silverman, Kaja: *The Accoustic Mirror. The Female Voice in Psychoanalysis and Cinema.* Bloomington et al. 1988.

Stafford, Barbara Maria: *Body Criticism. Imaging the Unseen in Enlightenment, Art and Medicine.* Cambridge MIT Press. 1991.

Weigel, Sigrid: *Topographien der Geschlechter. Kulturgeschichtliche Studien zur Literatur.* Reinbek 1990.

Wenk, Silke: *Versteinerte Weiblichkeit. Allegorien in der Skulptur der Moderne.* Köln/Weimar/Wien 1996.

13. Linguistik

Antje Hornscheidt

Linguistik beschäftigt sich mit Sprache in ihren verschiedenen Dimensionen. Sie analysiert Sprache u. a. auf der Laut-, Wort-, Satz-, Text- und Diskursebene. Sprache kann in der Linguistik von zwei grundsätzlich verschiedenen Perspektiven aus betrachtet werden, zum einen als System und zum anderen als Handlung.

Der systematische bzw. strukturalistische Ansatz geht auf den Schweizer Linguisten Ferdinand de Saussure (1857–1913) zurück. Mehrere seiner Theorien und Vorstellungen haben die Linguistik bis heute nachhaltig geprägt, die nachfolgenden sprachwissenschaftlichen Schulen haben sich auf seine strukturalistischen Thesen bezogen und vor allem sein Modell von Sprache als System, in dem alles sich gegenseitig bedingt, übernommen. Dies findet sich u. a. in dem Begriffspaar von *langue* und *parole* wieder. *Langue* ist das überindividuelle Sprachsystem, ist die Form, *parole* der Sprachgebrauch, das tatsächliche und individuelle Sprechen. Die Unterscheidung von Sprachsystem und Sprachgebrauch ist bis heute grundlegend für die modernen Sprachwissenschaften. Nach de Saussure kann ein Individuum sich *langue* nur passiv aneignen und diese weder schaffen noch verändern, Sprache als System von Zeichen wird als relativ unabhängig von seinen Gründen und Zwecken angesehen. Entsprechend dieser Auffassung gilt das Sprachsystem bis heute als jenseits gesellschaftlicher Einflüsse vorhanden, als ›naturgegeben‹, objektiv feststell- und beschreibbar, was in diesem Jahrhundert zu einer der selbstgestellten Hauptaufgaben der Linguistik avanciert ist. Sprache ist innerhalb der strukturalistischen Beschreibung abstrakte Struktur, die in verschiedenen Realisierungen auftritt, wie zum Beispiel bei regional, schichtenmäßig und individuell verschiedenen Aussprachevarianten desselben Wortes. Aufgabe linguistischer Forschung ist es, aus den konkreten Vorkommen das abstrakte System herauszuziehen. Die Voraussetzung dieser Aufgabenstellung, der Grundgedanke eines festell- und beschreibbaren Systems, wird dabei als vorgegeben genommen und nicht hinterfragt, es finden sich nur vereinzelte kritische Ansätze dazu (vgl. vor allem verschiedene Veröffentlichungen von Harris (z. B. 1987) sowie einzelne Erwähnungen bei Cameron (1985), die sie jedoch nicht weiter ausführt oder untersucht). Strukturalistische Fragestellungen sind: Was sind die elementaren Einheiten einer Sprache? Wie läßt sie sich in ihre kleinsten Einheiten zerlegen? Wie ist das Verhältnis der minimalen Einheiten zueinander?

Diesem strukturalistischen Ansatz steht der pragmatische bzw. handlungsbezogene gegenüber. Zurückgehend auf die Sprechakttheorie nach Austin (1962) ist hier das Verhältnis von Zeichen und deren Verwender/innen sowie das von ›Welt‹ und ›Sprache‹ im Zentrum des Interesses. Pragmatische Forschungen gehen von konkreten Sprechsituationen und individuellen Sprecher/innen aus und versuchen, zu Erkenntnissen über überindividuelle, gruppenspezifische Kommunikation beizutragen.

Zentrale Fragestellungen sind, wie Sprache in bezug darauf funktioniert, daß Menschen sich miteinander verständigen, und welche Handlungen durch Sprachverwendungen vollzogen werden. Zentral ist in der Pragmatik der Aspekt der Handlung, sprachliche Manifestationen wie Texte und Diskurse werden nicht als Abbild oder Reflexionen einer außersprachlichen Wirklichkeit angesehen, sondern als konstituierender Teil derselben.

Innerhalb dieser beiden Hauptrichtungen der Linguistik gibt es in verschiedenen Bereichen Geschlechterforschung.

›Berührungspunkte‹ von Linguistik und Gender-Studien

Forschungen zu Geschlecht und Sprache finden sich schon seit mehreren Jahrhunderten. So gibt es aus dem 17. Jahrhundert Darstellungen von Missionaren, die das Sprechen ›der Frau‹ in einigen exotischen Kulturen gesondert beschreiben und das Sprechen des Mannes in eben diesen Kulturen damit zur Norm erheben. Auch um die Jahrhundertwende waren Darstellungen über das Sprechen der Frauen (bzw. ›des Weibes‹) nicht selten, die die männliche Vormachtstellung bestätigen sollten (vgl. Jespersen 1922). Im folgenden werden jedoch ausschließlich feministische Ansätze zur Kategorie ›Geschlecht‹ in der Linguistik berücksichtigt, die als ›Feministische Linguistik‹ zusammengefaßt werden. Allen diesen Forschungen ist gemeinsam, daß sie sich aktiv gegen eine Diskriminierung von Frauen als ›Untersuchungsobjekte‹ wenden und sich aus ihnen sowohl eine Gesellschaftskritik als auch der Wunsch nach Veränderungen ableiten läßt, womit sie den traditionellen linguistischen Rahmen sprengen.

Doch auch die feministischen Forschungen innerhalb der Linguistik selbst sind ebenso wie auch feministische Theoriebildung sehr heterogen, wie in der Darstellung der einzelnen Teilbereiche im folgenden noch deutlich wird.

> Die Linguistik hat sich als ihren Gegenstand ›Sprache‹ gesetzt und nicht etwa ›Sprecherinnen und Sprecher‹, ›Sprechsituationen‹ oder ›Sprechen als soziales Handeln‹. Mit dieser Reduzierung des Gegenstands wurde auf fatale Weise das soziale, kulturelle und historische Umfeld ausgeblendet. Kontextbezogenheit wurde von den ›hard linguistics‹ in die ›softeren‹ Bereiche der ›Bindestrichdisziplinen‹ (beispielsweise die ›Sozio-Linguistik‹) verlagert. Den struktur- und systemorientierten Ansätzen auf der einen und logikorientierten Sprachanalysen auf der anderen Seite geht es um Grammatikbildung, um stringentere Grammatiktheorien, um das Formulieren von Gesetzmäßigkeiten, die den Bezug zu realen gesellschaftlichen Begebenheiten nicht anstreben. Sprache wurde nicht in ihrer gesellschaftlichen Einbettung und damit als soziales Zeichensystem betrachtet, mittels dessen Angehörige einer Kulturgruppe soziale Handlungen ausführen, sondern als Grammatiksystem, dessen Regeln kontextfrei formuliert und formalisiert werden sollten. […] Eine sozialwissenschaftliche Position ist innerhalb der Linguistik schon exotisch, bevor sie überhaupt feministisch wird. So kommt es nicht von ungefähr, daß feministische Linguistinnen mit vielen Fragen tatsächlich Neuland betreten. (Günthner/Kotthoff 1991, 16)

Es können verschiedene Teilbereiche ausgemacht werden, die mit ihren Fragestellungen zur linguistischen Geschlechterforschung gerechnet werden können. Sie sollen im folgenden im einzelnen dargestellt werden.

Das ›System‹ der Personenreferenzen: das Verhältnis von Genus und Sexus

Unter sprachsystematischer Perspektive wird vor allem das Verhältnis zwischen Genus, dem grammatikalischen Geschlecht, und dem in der Linguistik sogenanntem Sexus betrachtet. ›Sexus‹ wird dabei durchgängig sowohl in fachspezifischer linguistischer Literatur wie auch in Grammatiken als »natürliches« oder »biologisches« Geschlecht definiert (für eine Kritik hierzu, siehe Hornscheidt 1998 und Kommentare im letzten Teil dieses Artikels). Genera dienen der Einteilung von Substantiven in verschiedene Klassen. Dabei kann die Anzahl von Genera, die es in einer Sprache gibt, zwischen einem und über 20 verschiedenen variieren. Per se kann es also keinen Zusammenhang zwischen Genus und Sexus geben, da allein schon die Anzahl der Kategorien in beiden Systemen nicht übereinstimmen muß. Doch schon auf der begriffsmäßigen Ebene findet sich eine Verbindung der beiden Kategorisierungssysteme: So wird im Deutschen beispielsweise zwischen den Genera *feminin, maskulin* und *neutrum* unterschieden, die in vielen Grammatiken auch als *weiblich, männlich* und *sächlich* bezeichnet werden. Hier sind also Überschneidungen in den Benennungen der Genuskategorisierung und der Sexuskategorisierung, die auch zwischen *weiblich* und *männlich* unterscheidet. Im Englischen wird grammatisches Genus durch das Wort *gender* wiedergegeben, welches ebenfalls eine Überschneidung zu der Terminologie des ebenso bezeichneten ›sozialen Geschlechts‹ in Abgrenzung zum ›natürlichen Geschlecht‹ *sex* ist. Die assoziative und terminologische Vermischung der beiden Systeme begann vermutlich mit Protagoras Darstellung im 5. Jahrhundert vor unserer Zeitrechnung (vgl. Penelope 1990). Hier läßt sich zum ersten Mal die Auffassung nachweisen, daß Sexus und Genus miteinander gekoppelt sind bzw. sein sollten. Die Grammatikschreibung hat in der Nachfolge von Protagoras dazu beigetragen, die inhaltliche Verbindung dieser beiden Systeme weiter zu verfestigen, so daß heute die Frage, ob Genus und Sexus miteinander verbunden sind, zumindest für den Bereich der Personenreferenzen in der Regel nicht mehr gestellt wird (vgl. Bußmann 1995, Hornscheidt 1998).

Untersucht wird der Zusammenhang zwischen Genus und Sexus also vornehmlich für Personenreferenzformen, das heißt im Deutschen für z. B. Substantive und Pronomen, die sich auf Menschen beziehen. Hier stellen sich aus linguistischer Sicht die Fragen, ob es einen Zusammenhang zwischen dem Genus eines Substantivs und seiner Sexus-Referenz gibt und ob es eine symmetrische Verteilung zwischen Genus und Sexus gibt, das heißt Frauen und Männer die gleichen Chancen des Gemeintseins haben. Sind Frauen z. B. im Deutschen ebenso wie Männer bei Verwendung maskuliner Personenreferenzen wie *Lehrer, Student/en, Professor/en* angesprochen? Forschungen zu diesen Fragen begannen Ende der 60er Jahre, so daß heute für eine Vielzahl von Sprachen Darstellungen über das Verhältnis von Genus und Sexus vorhanden sind. Noch immer gibt es aber auch hier größere Lücken, vor allem in bezug auf außereuropäische und kleinere Sprachen. 2000 wird ein Handbuch erscheinen (Hellinger/Bußmann 2000), in dem über 30 Sprachen entsprechend vorgestellt und analysiert werden, wodurch einige dieser Lücken – vor allem für bestimmte asiatische Sprachen – geschlossen werden. Dies wird zugleich die erste sprachen-übergreifende Einführung in die Thematik sein, welche sprachvergleichende Analysen zum Verhältnis von Genus und Sexus entscheidend vereinfachen und vorantreiben wird.

Für viele Sprachen sind in entsprechenden Analysen Asymmetrien im Verhältnis der Verbindung zwischen Genus und Sexus festgestellt worden. Generische Referenznahmen, das heißt Referenzen ohne Geschlechtsspezifikation, werden in verschiedenen Sprachen häufig von den Formen übernommen, die auch für die Referenz auf Männer benutzt werden und zu denen die entsprechenden Formen zur Referenz auf Frauen in Opposition stehen. Gleichzeitig übernehmen diese auf Frauen referierenden Formen nur in Ausnahmefällen generische Referenzfunktionen. Daneben wurden semantische Differenzen zwischen den Formen, die sich auf Frauen beziehen, und denen, die sich auf Männer beziehen, festgestellt, wobei die auf Frauen referierenden Ausdrücke häufig abwertende oder statusniedrigere Bedeutungen haben als die auf Männer referierenden. Die Sprachsysteme verschiedener Sprachen sind von Linguist/innen entsprechend – in unterschiedlichem Umfang – als Frauen einseitig diskriminierend analysiert und als sexistisch kritisiert worden. Diese Analysen bleiben also nicht bei einer Beschreibung stehen, ein Anspruch, wie die strukturalistische Linguistik ihn hat, sondern haben auch einen sprachkritischen und damit sprachverändernden Ansatz (vgl. Cameron 1985, Schoenthal 1989). Gerade dieses explizite Bekenntnis zur sog. Sprachpflege und Sprachpolitik hat innerhalb der Linguistik zu Debatten geführt. Praktisches Ergebnis entsprechender Sprachanalysen ist die Erstellung von Richtlinien für einen nicht-diskriminierenden bzw. nicht-sexistischen Sprachgebrauch. Ihre Erstellung, Verbreitung und Akzeptanz ist dabei nicht nur von dem Grad des Zusammenhangs zwischen Genus und Sexus in der jeweiligen Sprache abhängig, sondern zusätzlich auch von sozio-kulturellen und politischen Faktoren sowie sprachwissenschaftlichen und -pflegerischen Traditionen in den einzelnen Länder und Sprachen (vgl. Pauwels 1998 für eine ausführliche Darstellung sowie Hornscheidt 1999 für einen Vergleich Schweden – Deutschland).

Doch nicht nur in bezug auf ihren sprachkritischen Ansatz überschreitet die Feministische Linguistik hier Grenzen der traditionellen strukturalistischen Linguistik. Auch seit besonders in den 90er Jahren verstärkt das Verhältnis von Sprache zu den Sprachbenutzenden ins Zentrum des Interesses rückt, wird das Konzept der strukturalistischen Linguistik, die nur eine/n ideale/n Sprecher/in bzw. Hörer/in kennt, modifiziert. Während besonders die 80er Jahre als eine Phase bezeichnet werden können, in der vielfach Richtlinien für einen nicht-sexistischen Sprachgebrauch als Resultat der linguistischen Kritik am Verhältnis zwischen Genus und Sexus entstanden sind, ist der Fokus des Interesses in den 90er Jahren mehr auf die Frage gerichtet, welchen Einfluß das Lesen und Hören von verschiedenen Personenreferenzformen auf die Wahrnehmung von Individuen hat und welche Wirkungen infolge dessen entsprechende Richtlinien haben und haben können. Diese Fragen sind Teil einer sprachphilosophischen

Beschäftigung damit, inwiefern Sprache, Wahrnehmung und Denken in Abhängigkeit voneinander sind. Nahezu ausschließlich haben diese Untersuchungen am Randgebiet zwischen Linguistik und Kognitionspsychologie im US-amerikanischen Raum stattgefunden, wo es auch die umfassendste Tradition von Richtlinien für einen nicht-sexistischen Sprachgebrauch gibt, und diese weitgehend institutionalisiert sind.

Untersucht worden sind vor allem sogenannte generische Referenzformen, wie zum Beispiel für das Englische die generisch verwendete Form des Personalpronomens 3. Person Singular *he*. Es wurde getestet, wie diese Formen von Sprachbenutzenden verstanden werden. In allen Tests ist relativ einheitlich festgestellt worden, daß Menschen entsprechende Sprachformen nicht neutral wahrnehmen, das heißt, daß sie sich bei einer Verwendung entsprechender Formen weder eine Person ohne Geschlechtsspezifizierung vorstellen noch daß die geschlechtlichen Assoziationen zu entsprechenden Referenzformen quantitativ ausgeglichen waren: die Anzahl der männlichen Assoziationen ist in allen Fällen der Verwendung maskuliner generischer Referenzformen, was die Regel ist, weitaus größer als die Assoziation von weiblichen Referenzpersonen (für entsprechende Tests vgl. z. B. Martyna (1983) und MacKay (1983); einen guten Überblick bietet Henley (1989); eine sehr gute neuere Untersuchung zum Deutschen ist Braun/Gottburgsen u. a. 1998). Neben der genusmarkierten Sprachform gibt es jedoch offensichtlich weitere Faktoren, die die Assoziationen mitbestimmen, wie z. B. das eigene Geschlecht und Alter (Rubin/Greene 1991) und die feministische ›Vorbildung‹ (Khosroshahi 1989).

Das Verhältnis zwischen Sprache und Wahrnehmung ist damit auf jeden Fall ein kompliziertes Wechselverhältnis mehrerer beteiligter Faktoren. Es bedarf methodisch fundierterer und größerer Testreihen, um zu verallgemeinerbaren Ergebnissen hinsichtlich der Relevanz verschiedener Einflußfaktoren zu kommen und daraus Schlußfolgerungen für die Effektivität von Sprachveränderungsstrategien sowie die Art und Weise ihrer effektiven Durchführung ableiten zu können. Zusätzlich besteht die dringende Notwendigkeit, entsprechende Untersuchungen auf verschiedene Sprachen und Kulturen auszuweiten, um so sowohl sprachtypologische Unterschiede als auch den Einfluß gesellschaftlicher und politischer Prozesse mitberücksichtigen zu können. Schließlich müssen auch größere Testreihen dazu gemacht werden, inwiefern durchgeführte bzw. verordnete Sprachveränderungen Wirkungen zeitigen oder ob sie von herrschenden Geschlechtervorstellungen überlagert und in diese inkorporiert werden, wie es beispielsweise für die englische Anredeform ›Ms.‹ als Ersatz für die Formen ›Miss‹ und ›Mrs.‹ der Fall zu sein scheint (vgl. Ehrlich/King 1994).

Zusammenfassend kann zu der Forschung bis zum Beginn der 90er Jahre zum Verhältnis von Genus und Sexus gesagt werden: In den 70er Jahren erwachte in vielen westlichen Ländern mit der neuen Frauenbewegung das Interesse an Sprache als einem Medium geschlechtlicher Diskriminierung. Stand und Ausrichtung der Forschung ist selbst innerhalb dieser spezifischen Ländergruppe sehr disparat. Während in den 70er Jahren der Schwerpunkt der Forschung zum Verhältnis von Genus und Sexus zunächst auf einer Darstellung desselben mit sich daran anschließender Kritik lag, die in den späten 70er Jahren und zu Beginn der 80er Jahre vor allem in den USA in Richtlinien für einen nicht-sexistischen Sprachgebrauch umgesetzt wurden, hat sich der Schwerpunkt in den 90er Jahren auf die Frage verlagert, welchen Einfluß Sprachformen auf die Geschlechtswahrnehmung haben. Es ist zum Beispiel die Frage, ob sich Sprachwahrnehmende bei der Verwendung generischer Referenzformen Frauen, Männer oder Personen ohne Geschlechtsspezifizierung vorstellen. Ergebnisse dieser Forschungen beeinflussen sowohl Sprachveränderungsstrategien als auch Argumentationsstrukturen. Durch ihren Anspruch der Sprachkritik zum Verhältnis von Genus und Sexus überschreitet die Feministische Linguistik den traditionellen Rahmen strukturalistischer Linguistik, die sich als ausschließlich beschreibend versteht. Nicht zuletzt auch deshalb hatte und hat sie mit starken Widerständen innerhalb der eigenen Disziplin zu tun.

Weitestgehend ausgeklammert bleibt bei sämtlichen Forschungen zum Verhältnis von Genus und Sexus – und dies länder- und sprachübergreifend – die Infragestellung bzw. Problematisierung der Kategorie ›Geschlecht‹ innerhalb der entsprechenden linguistischen Forschungen. Sie wird als der Analyse vorgängig genommen, was seinerseits auch zu kritisieren ist.

Die vom Sprachsystem ausgehenden Forschungen sind eines der beiden Untersuchungsfelder der Feministischen Linguistik. Daneben gibt es vom Sprachgebrauch ausgehende Untersuchungen. Diese lassen sich in zwei Teilgebiete untergliedern, zum einen textlinguistische Analysen zu Geschlechterbildern, zum anderen Untersuchungen zum Gesprächsverhalten der Geschlechter.

Textlinguistische Analysen zu Geschlechterbildern

Den geringsten Raum innerhalb der Geschlechterforschung in der Linguistik nehmen textlinguistische Analysen ein, die hier verstanden werden als alle die Forschungen, die ausgehend von einer linguistischen Methode verschriftlichte Geschlechterbilder analysieren und kritisieren. Traditionelle Analysegebiete sind die Darstellungen von Frauen und Männern in Lexika (z. B. Breiner 1996) und in Lehr- (z. B. Bokemeyer 1996) und Wörterbüchern (z. B. Pusch 1984). Sie bedienen sich neben rein quantitativen Verfahren häufig der Methodik der traditionellen Textlinguistik und versuchen festzustellen, wo und in welchen Rollen Vertreter/innen der Geschlechter vorkommen und welche Bilder von den Geschlechtern vermittelt werden, um dies dann einer kritischen Analyse zu unterziehen. In den 90er Jahren sind entsprechende Analysen verstärkt in die Theorie der *Critical Discourse Analysis* (vgl. die Einführungen von Fairclough 1992 und Fowler 1996) eingebunden worden, die versucht, Texte in ihrer gesellschaftspolitischen Kontextualisierung zu analysieren und zu kritisieren, und dabei einen sozialwissenschaftlich geprägten Diskursbegriff unterlegt. ›Geschlecht‹ ist in den Analysen der *Critical Discourse Analysis* eine Kategorie neben Ethnie, Alter, politischer und sexueller Orientierung, die es alle gleichermaßen zu berücksichtigen gilt und die eng miteinander verwoben sind (vgl. den Sammelband von Caldas-Coulthard/Coulthard 1996 und Mills 1999 für gute Analysebeispiele sowie Talbot 1998 Kap. 8 und Mills 1995 Kap. 6 für gute Einführungen). Den weitaus größten Teil der Forschungen der Feministischen Linguistik insgesamt nehmen Untersuchungen zum Gesprächsverhalten der Geschlechter ein, welche im folgenden dargestellt werden.

Das Gesprächsverhalten der Geschlechter

Auch dieses linguistische Forschungsgebiet ist im Kontext der neuen Frauenbewegung Anfang der 70er Jahre entstanden. Ähnlich wie in der Frage nach dem Verhältnis zwischen Genus und Sexus war auch hier die Ausgangsfrage, inwiefern in Gesprächen Geschlecht eine Rolle spielt und in ihnen Diskriminierungen vollzogen werden. Entsprechende linguistische Untersuchungen analysieren diesbezüglich den Sprachgebrauch in seinen verschiedenen Dimensionen wie zum Beispiel Stimmqualität, Aussprache, Intonation, Wortwahl und Stil, Argumentationsstrukturen, syntaktische Charakteristika und interaktionelle Aspekte sowohl auf der verbalen als auch der nonverbalen Ebene.

Es können verschiedene Ansätze unterschieden werden, die zwar zeitlich gesehen nacheinander entstanden sind, sich aber nicht gegenseitig ›abgelöst‹ haben, sondern heute alle noch, wenn auch in verschiedenem Ausmaß und mit Modifizierungen, in der Forschung vertreten sind.

Lakoff (1975) ist eine der ersten Linguistinnen, die speziell weibliches Kommunikationsverhalten mit einem feministischen Hintergrund analysiert haben. Der von ihr so benannte »weibliche Stil« beinhaltet Merkmale, die in Gesprächen hauptsächlich von Frauen angewendet werden, wie z. B. die häufige Verwendung von Höflichkeitsfloskeln und angehängten Kurzfragen (sog. *tag questions*). Sie signalisieren nach Lakoff relative Machtlosigkeit und verstärken diese gleichzeitig, festigen damit die untergeordnete Stellung von Frauen. Darüber hinaus stellte Lakoff (1975) fest, daß Frauen häufiger als Männer unterbrochen werden, kürzere Redebeiträge liefern und sich Indirektheitsstrategien bedienen. Diesen kommunikativen Phänomenen wurde eine feste, vom Kontext losgelöste Bedeutung zugeordnet – sie drücken Unterlegenheit und Machtlosigkeit aus –, und als solche werden sie einem Geschlecht zugeschrieben, als weibliches Gesprächsverhalten definiert, welches in Folge als defizitär charakterisiert wird (die sog. Defizit-Hypothese).

In Abgrenzung dazu ist danach die Differenz-Hypothese aufgestellt worden, die auch an einer geschlechtsspezifischen Unterschiedlichkeit des Gesprächsverhaltens festhält, die weibliche Art des Sprechens aber nunmehr positiv bewertet: Die Frau leiste durch die Art und Weise ihres Sprechens mehr Gesprächsarbeit als der Mann, gehe mehr auf diesen ein, weiblicher Stil sei somit nicht als defizitär, sondern als positiv zu bezeichnen (vgl. Zimmerman/West 1975, Trömel-Plötz 1982 für erste Analysen innerhalb der Differenz-Hypothese, aber auch noch Trömel-Plötz 1996, 368: »Trotz dieser Variationsmöglichkeit bei Frauen und Männern, die ja auch die Möglichkeit der Änderung in sich birgt, bleibe ich bei der Unterscheidung von weiblichem und männlichem Stil. In meinem Verständnis hat weibliche Sprache den Status eines Idealkonzepts.«). Männlicher Stil wird hier als dominant, gesprächsbestimmend verstanden, dem weiblichen Stil werden jedoch – im Gegensatz zu der Charakterisierung mit der Defizit-Hypothese – positive Attribute gegeben: Frauen ermöglichen durch ihre Art des Sprechens überhaupt erst konstruktive Gespräche. Während also zum Beispiel indirekter Stil im Sprechen von Frauen im Rahmen der Defizit-Hypothese als Zeichen von Unsicherheit negativ bewertet wurde, wird er im Rahmen der Differenz-Hypothese als Zeichen für aktive Gesprächsarbeit positiv bewertet,.

In den 80er Jahren bildete sich als linguistische Reaktion auf die Thesen der sozialen Konstruktion von Geschlecht die sog. Zwei-Kulturen-Theorie heraus: Frauen und Männer bekommen ein unterschiedliches Gesprächsverhalten anerzogen, so daß ihre Unterschiede mit denen zwischen verschiedenen Kulturen verglichen werden können (Maltz/Borker 1982). Diese Thesen sind von Tannen (1990) und Gray (1992) in ihren Büchern zum Gesprächsverhalten der Geschlechter aufgegriffen worden, die ihnen durch ihren anekdotenhaften Stil und ihren Charakter von Selbsthilfe-Büchern zu einer weit über linguistische Fachkreise hinausgehenden Popularität verholfen haben. Sie problematisieren nicht nur weibliches, sondern auch männliches Sprechen und betonen die Situationsabhängigkeit der Funktion spezifischer Gesprächsverhalten. Frauen und Männer sind in dieser Theorie grundlegend verschieden voneinander, haben als Kinder verschiedene Gesprächsarten gelernt, da sie nur mit Gleichaltrigen des eigenen Geschlechts zusammen waren. Diese durch Sozialisation in der Kindheit entstandene Differenz führt zu ständigen Kommunikationsproblemen zwischen den Geschlechtern. Gesprächsverhalten wird geschlechtsbezogen analysiert, ohne aber Machtaspekte mit zu berücksichtigen.

Selbsthilfe-Bücher wie die von Tannen und Gray sollen, so ihr selbsternannter Anspruch, die Kommunikation zwischen den Geschlechtern (wieder) möglich machen, ohne zu einer geschlechtlichen Angleichung zu führen. Die Zwei-Kulturen-Theorie ist von den Differenz-Linguistinnen vor allem für ihre Nicht-Beachtung von Machtunterschieden kritisiert worden (die berühmteste und vehementeste Kritik stammt von Trömel-Plötz 1991 mit dem bezeichnenden Titel »Selling the apolitical«).

> By ignoring feminist scholarship that could provide a sociocultural context for gendered behavior, it [das Zwei-Kulturen-Modell; Anm. der Verfasserin] obscures and erases the structural inequalities that define gender. Interactional processes are treated neutrally, as though they did not involve differential power. With sociocultural context obscured, the ›cross-cultural differences‹ between women and men readily collapse into essential differences. [...] One of the most striking effects achieved in these books [Selbsthilfebücher von Tannen und Gray; Anm. der Verfasserin] is to reassure women that their lot in heterosexual relationships is normal. Again and again, it is stressed that no one is to blame, that miscommunication is inevitable, that unsatisfactory results may stem from the best of intentions. (Crawford 1995, 101f.)

In den 90er Jahren ist es zu einer weiteren Ausdifferenzierung der Forschung gekommen: Geschlecht gilt in vielen Untersuchungen als ein das Gesprächsverhalten beeinflussender Faktor neben anderen wie z. B. Gesprächssituation, Status und Alter der am Gespräch Beteiligten, oder Thema des Gesprächs. Eine weitere wichtige Variable ist die kulturelle Identität der Sprechenden.

> Wie sich gezeigt hat, ist es jedoch bei der Ermittlung geschlechtsspezifischer Differenzen in der kommunikativen Praxis notwendig, globale Verallgemeinerungen und stereotype Zuschreibungen, die kultur- und kontextübergreifend Frauen und Männer einbeziehen

> wollen, zu überwinden, denn solche Verallgemeinerungen, die davon ausgehen, daß das Geschlecht einer Person stets den zentralen Identitätsparameter darstellt, ignorieren die Komplexität des Zusammentreffens verschiedener sozialer Phänomene (z. B. verschiedene soziokulturelle Erwartungen, der kommunikative Rahmen, der institutionelle Kontext, das Sprechereignis, etc.) und deren interaktive Konstruktion. (Günthner 1997, 143)

Der von Eckert/McConnell-Ginet (1992) entworfene Ansatz zu ›communities of practice‹ greift diese Ideen auf und entwickelt ein Analysekonzept für die Gesprächsanalyse, welches extrem kontextsensibel möglichst viele, eine Gesprächssituation konstituierende Faktoren in ihrer Interdependenz berücksichtigen will. Geschlecht ist in diesem Ansatz einer davon, der allerdings selber auch nicht in sich feststehende Bedeutungen hat, sondern immer bezogen auf die geschlechtlich konnotierten Erwartungen in der aktuellen Situation betrachtet werden muß. Geschlecht konstituiert sich in verschiedenen Situationen durch divergierende Ansprüche an Geschlechterrollen jeweils verschieden.

Ähnlich wie in der Forschung zum Verhältnis von Genus und Sexus ist auch innerhalb der Gesprächsforschung in den 90er Jahren zusätzlich zu der zuvor beschriebenen Ausdifferenzierung das Thema Wahrnehmung stärker ins Zentrum des Interesses gerückt. Für die deutschsprachige Forschung hat Frank (1992) überzeugend gezeigt, daß häufig weniger das konkrete Gesprächsverhalten zwischen den Geschlechtern in Gesprächssituationen variiert, als vielmehr die Wahrnehmung, mit dem das – in linguistischer Analyse identische – Verhalten von den Teilnehmenden geschlechtsspezifisch unterschiedlich aufgefaßt wird. Das gleiche Gesprächsverhalten, so ihre Analyse, ist häufig verschieden geschlechtskonnotiert, so daß bestimmte Gesprächsverhalten entweder nicht wahrgenommen – wenn sie nicht zum internalisierten Geschlechterbild passen – oder entsprechend dem Geschlecht verschieden interpretiert werden.

> Die Wahrnehmungsmuster scheinen zum einen auf die Negation weiblicher Diskriminierung und männlicher Privilegierung abzuzielen und zum anderen auf die Bestätigung der Geschlechtsstereotypen. In Interaktionen werden Benachteiligung der Frauen und Bevorzugung der Männer nicht wahrgenommen [...] bzw. sogar in ihr Gegenteil verkehrt [...]. Entsprechend scheinen Frauen bereits im Vorteil zu sein, wenn die männlichen Privilegien bloß abgeschwächt werden [...] oder tatsächlich Gleichheit besteht [...]. (Frank 1992, 90f.)

Umgekehrt hat sich ebenfalls die Erkenntnis durchgesetzt, daß durch das Kommunikationsverhalten immer auch das eigene Geschlecht auch immer mit kommuniziert und bestätigt wird. Diese Richtung innerhalb der Geschlechterforschung in der Linguistik wird durch den Begriff *doing gender* charakterisiert und geht auf Goffmans (1977) Idee zurück, daß das soziale Geschlecht durch Sozialisation erworben wird.

> [...] ›doing gender‹ regards membership of a gender not as a pool of attributes ›possessed‹ by a person, but as something a person ›does‹. In this sense, membership of a gender constitutes a performative act and not a fact. Gender is continually realized in interactional form. Gender is created not only in the everyday activities which characterize ›doing gen-

> der›, but also in the asymmetry of the relationship between the sexes, the dominance of the ›male‹ and its normativeness. Patriarchal inequality is produced and reproduced in every interaction [...]. This concept of ›doing gender‹ stresses the creative potential and the embedding of gender-typical behaviour in a social context. (Wodak 1997, 13)

Seit Mitte der 90er Jahre finden sich auch erste Ansätze, die bisherige Vorstellungen innerhalb der feministischen Gesprächsforschung grundsätzlicher kritisieren, da – so die Kritik – sie gleichermaßen Geschlecht als eine auch natürlich gegebene Kategorie nicht in Frage stellen, wenn sie z. B. untersuchen, wie die Geschlechter reden bzw. wie sie erzogen worden sind zu reden, oder wenn sie *doing gender* auf dem Hintergrund eines unhinterfragten natürlichen *sexes* sehen und somit fortwährend an einer Naturalisierung von Geschlecht mitwirken.

> These beliefs [die Tannen in ihrem Buch vertritt; Anm. d. Verf.] contain elements of both gender egalitarianism and gender conservatism, and as such they reflect the preoccupations of the main target audience for self-help books about relationships, i. e. educated white middle-class heterosexual women aged 25–45. These women have been influenced by liberal feminist ideas and do not want to return to traditional gender roles, but they are extremely threatened by the more radical notion of gender difference itself becoming blurred or irrelevant. (Cameron 1996, 51)

Diese Kritik betrifft aber nicht nur bestimmte Richtungen der Gesprächsanalyse, sondern ist eine grundsätzlichere Reflexion auf die bisherige Feministische Linguistik.

Forschungsstand und Evaluation

Gemeinsam ist den zuvor genannten Gender-Forschungsschwerpunkten innerhalb der Linguistik, daß sie relativ gesehen nur wenig Raum in der Linguistik einnehmen. Besonders in Deutschland, im Vergleich zu den USA, ist die Forschung zu Gender-Themen innerhalb der Linguistik verhältnismäßig gering. Es gibt keine Geschlechterforschungs-Professur innerhalb der Linguistik und die professoralen Forschungsaktivitäten auf diesem Gebiet sind innerhalb des deutschsprachigen Raumes auf wenige Personen begrenzt, die dieses Themengebiet meist zusätzlich zu ihren sonstigen Lehr- und Forschungsaufgaben übernommen haben (vgl. Zusammenfassung bei Frank 1995). Entsprechend der nur geringen professoralen Versorgung gibt es auch nur wenig wissenschaftlichen Nachwuchs, so daß heute nicht nur von einem weitgehenden Ausbleiben neuerer Forschungen im deutschsprachigen Raum, sondern gleichzeitig auch von einer Stagnation in der Rezeption vor allem US-amerikanischer Ansätze gesprochen werden muß.

Zum einen nimmt die Geschlechterforschung damit innerhalb der Linguistik nur einen sehr geringen Raum ein, zum anderen ist die linguistische Geschlechterforschung auch innerhalb feministischer Forschungen insgesamt im internationalen Vergleich ohne große Bedeutung. Sie hat nicht mit der allgemeinen Entwicklung feministischer Theorie Schritt gehalten, wie sich an den Forschungen zu Gesprächsverhalten und Geschlecht exemplarisch ablesen läßt: Noch immer finden sich Ansätze, die Geschlecht bzw. Sexus als unhinterfragt und undifferenziert ›natürlich‹ ansehen und Sprache entsprechend nur als angemessene, diskriminierende oder verzerrende Reflexion und Widerspiegelung einer natürlichen Geschlechtlichkeit. Neben dieser Gruppe gibt es Ansätze, die die Idee eines sozial konstruierten Geschlechts antizipieren, wie dies beispielsweise für die Forschung zu Genus und Sexus ansatzweise in Hellingers Modell des sozialen Geschlechts bei den Personenreferenzen zu finden ist (Hellinger 1990) oder für Forschungen zum Gesprächsverhalten, die vom Konzept des »doing gender« ausgehen.

Die Geschlechterforschung der Feministischen Linguistik hat bis heute nur geringe Auswirkungen auf eine Problematisierung des Gegenstands Geschlecht aus einer Disziplinen übergreifenden Perspektive gehabt (zur Kritik an der weitgehenden Ignorierung linguistischer Ansätze innerhalb von Gender Studies-Studiengängen in den USA vgl. Bucholtz 1999). Dies zeigt sich u. a. an der aktuellen Situation: Interdisziplinäre Herangehensweisen und Fragestellungen, die durch den sogenannten ›linguistic turn‹ in den Sozialwissenschaften von einer u. a. sprachlichen Konstruktion von Geschlecht ausgehen, sowie postmoderne philosophische Theorien zur grundlegenden Konstruktion von Geschlecht, die in der Dichotomie *sex* und *gender* auch *sex* als nicht natürlich und vorgegeben dekonstruieren, wie es vor allem von Butler (1990, 1993, 1997) vertreten wird, sind bisher von der Feministischen Linguistik nicht adäquat rezipiert, umgesetzt und weiterentwickelt worden. In der Linguistik sind diese in den übrigen geistes- und sozialwissenschaftlichen Disziplinen stark aufgegriffenen Konzepte bisher weitestgehend ignoriert worden, so daß hier ein doppelter Ausschluß stattfindet: Die Kategorie Geschlecht wird in der linguistischen Forschung insgesamt relativ wenig berücksichtigt. Innerhalb dieser Forschungen gibt es eine weitgehende Ignoranz gegenüber neueren feministischen Theorien – bis hin zu einer expliziten und affektiv geladenen Verweigerung der Auseinandersetzung mit selbigen (vgl. z. B. Pusch 1997). Nur wenige Ausnahmen können hier bisher genannt werden: Cameron (1995, 1996) vor allem für linguistische Theoriebildung, Hornscheidt (1998) für eine Kritik an systemlinguistischen Ansätzen und die Forderung nach einer Neuorientierung Feministischer Linguistik in diesem Teilbereich und Bergvall/Bing (1996) für die Forderung nach einer veränderten Analyse innerhalb der Gesprächsforschung. Die Sammelbände von Bergvall/Bing/Freed (1996) und Bucholtz/Liang/Sutton (1999) können in diesem Zusammenhang als der Versuch einer programmatischen Neuorientierung gesprächsanalytischer Geschlechterforschung verstanden werden, wie Bergvall/Bing in ihrem einleitenden Artikel formulieren: die Art der Fragestellung in der mit Geschlecht befaßten Linguistik muß sich ändern. Statt zu fragen, wie Frauen und Männer reden oder wie sie gelernt haben, verschieden zu reden, fordern sie eine stärkere Einbeziehung von Fragen wie:

> Why are questions that strengthen the female-male dichotomy so frequently asked, while those that explore other types of variation evoke much less interest?. […] How much of this apparent dichotomy is imposed by the questions themselves? (Bergvall/Bing 1996, 3)

Gefordert ist eine neue Selbstreflexivität der linguistischen Geschlechterforschung. Der größte Teil dieser Forschungsrichtung linguistischer Geschlechterforschung wirkt aus postmoderner feministischer Perspektive, wenn auch je nach Ansatz unterschiedlich, Geschlechterkonstruktionen festschreibend. Ihnen allen ist gemeinsam, daß sie Geschlecht durch Sprache ausgedrückt sehen und den Faktor ›Geschlecht‹ dabei bis zu einem gewissen Grad als gegeben und unverrückbar präsupponieren.

> What we cannot so easily do is ask more searching questions about these crucial constructs ›women‹ and ›men‹. Gender has been taken as a given, an attribute that exists prior to the behaviour we are interested in. Thus our work gets used to validate a worldview that treats gender difference as a ›natural‹ phenomenon, where feminism would want to deconstruct it. (Cameron 1996, 42)

Ausgehend von dieser Kritik befindet sich die mit Geschlechterforschung befaßte Linguistik am Beginn des 21. Jahrhunderts sozusagen an der Schwelle zu neuen Ufern: Zum einen muß sie aus einer historiographischen Perspektive ihren eigenen Gegenstand selbstreflexiv kritisch beleuchten und sich zum anderen damit einhergehend neueren Strömungen innerhalb der feministischen Theoriebildung öffnen. Dies kann ihr zu neuen Fragestellungen und zu einer neuen Stellung im disziplinären Verbund der Geschlechterforschung verhelfen, so daß sie ihre disziplinäre Relevanz neu konstituieren kann.

Literatur

Austin, J.L.: *How to do things with words.* Cambridge 1962.

Bergvall, Victoria L./Janet M. Bing: »The question of questions: beyond binary thinking«. In: Bergvall, Victoria L./Janet M. Bing/Alice F. Freed (Hg.): *Rethinking language and gender research. Theory and practice.* London/N.Y. 1996, 1–30.

Bokemeyer, Christa: »Sprachbücher als Leitmedien für gleichstellungspolitische Zielsetzungen?« In: *Der Deutschunterricht* 1 (1996), 27–41.

Braun, Friederike/Anja Gottburgsen/Sabine Sczesny/Dagmar Stahlberg: »Können *Geophysiker* Frauen sein? Generische Personenbezeichnungen im Deutschen«. In: *Zeitschrift für Germanistische Linguistik* 26.3 (1998), 265–283.

Breiner, Ingeborg: *Die Frau im deutschen Lexikon. Eine sprachpragmatische Untersuchung.* Wien 1996.

Bucholtz, Mary: »Bad Examples: Transgression and progress in language and gender studies«. In: Bucholtz, Mary/A.C. Liang/Laurel A. Sutton (Hg.): *Reinventing identities. The gendered self in discourse.* New York/Oxford 1999, 3–24.

– : /A.C. Liang/Laurel A. Sutton (Hg.): *Reinventing identities. The gendered self in discourse.* New York/Oxford 1999.

Bußmann, Hadumod: »*Das* Genus, *die* Grammatik und – *der* Mensch: Geschlechterdifferenz in der Sprachwissenschaft«. In: Bußmann, Hadumod/Renate Hof (Hg.): *Genus. Zur Geschlechterdifferenz in den Kulturwissenschaften.* Stuttgart 1995, 114–160.

Butler, Judith: *Excitable speech. A politics of the performative.* N.Y./London 1997.

– : *Bodies that matter. On the discoursive limits of »sex«.* N.Y./London 1993.

– : *Gender trouble. Feminism and the subversion of identity.* N.Y./London 1990.

Caldas-Coulthard, Carmen Rosa/Malcolm Coulthard (Hg.): *Text and Practices. Readings in Critical Discourse Analysis.* London/N.Y 1996.

Cameron, Deborah (Hg.): *The feminist critique of language. A reader.* London/N.Y. [2]1998.

– : »The language-gender interface: challenging co-optation«. In: Bergvall, Victoria L./Janet M. Bing/Alice F. Freed (Hg.): *Rethinking language and gender research. Theory and practice.* London/N.Y. 1996, S. 31–53.

Cameron, Deborah: *Verbal Hygiene.* London/N.Y. 1995.

Cameron, Deborah: *Feminism and linguistic theory.* London 1985.

Crawford, Mary: *Talking difference. On gender and language.* London/Thousands Oaks/New Delhi 1995.

Eckert, Penelope/Sally McConnell-Ginet: »Communities of practice: where language, gender and power all live«. In: Hall, Kira/Buchholtz, Mary/Birch Moonwomon (Hg.): *Locating power: papers from the second Berkeley women and language conference.* Berkeley 1992, 89–99.

Ehrlich, Susan/Ruth King: »Feminist meanings and the (de)politicization of the lexicon«. In: *Language in Society* 23 (1994), 59–76.

Fairclough, Norman: *Discourse and social change.* Cambridge 1992.

Fowler, Roger: »On critical linguistics«. In: Carmen Rosa Caldas-Coulthard and Malcolm Coulthard (Hg.): *Text and Practices. Readings in Critical Discourse Analysis.* London/N.Y 1996, 3–14.

Frank, Karsta: »F-R-A-U buchstabieren. Die Kategorie ›Geschlecht‹ in der feministischen Linguistik«. In: Pasero, Ursula/Friederike Braun (Hg.): *Konstruktionen von Geschlecht.* Pfaffenweiler 1995, 153–181.

Frank, Karsta: *Sprachgewalt: Die sprachliche Reproduktion der Geschlechterhierarchie. Elemente einer feministischen Linguistik im Kontext sozialwissenschaftlicher Frauenforschung.* Tübingen 1992.

Gray, John: *Men are from Mars, women are from Venus.* N.Y. 1992.

Goffman, Erving: »The arrangement between the sexes«. In: *Theory and Society* 4 (1977), 301–331.

Günthner, Susanne: »Zur kommunikativen Konstruktion von Geschlechterdifferenzen im Gespräch«. In: Friederike Braun/Ursula Pasero (Hg.): *Kommunikation von Geschlecht.* Pfaffenweiler 1997, 122–146.

– : /Helga Kotthoff (Hg.): *Von fremden Stimmen. Weibliches und männliches Sprechen im Kulturvergleich.* Frankfurt a. M. 1991.

Harris, Roy: *Reading Saussure. A critical commentary on the* Cours de linguistique générale. London 1987.

Hellinger, Marlis: *Kontrastive feministische Linguistik: Mechanismen sprachlicher Diskriminierung im Englischen und Deutschen.* Ismaning 1990.

– : /Hadumod Bußmann (Hg.) [im Druck]: *Gender across languages. The de/construction of gender through language variation and change.* Amsterdam 2000.

Henley, Nancy M.: »Molehill or Mountain? What we know and don't know about sex bias in language«. In Crawford, M./M. Gentry (Hg.): *Gender and thought.* N.Y 1989, 59–78.

Hornscheidt, Antje: »Der ›linguistic turn‹ aus der Sicht der Linguistik«. In: Henningsen, Bernd/Stephan Michael Schröder (Hg.): *Vom Ende der Humboldt-Kosmen. Konturen von Kulturwissenschaft.* Baden-Baden 1996, 175–206.

– : »Grammatik als Ort von Geschlechterkonstruktionen. Eine kritische Analyse«. In: Dies./Gabi Jähnert/Annette Schlichter (Hg.): *Kritische Differenzen – geteilte Perspektiven. Zum Verhältnis von Feminismus und Postmoderne.* Opladen 1998, 140–173.

– : »The im/possibility of feminist language change within a postmodern feminist perspective. A comparison of Swedish and German »generic pronouns«. In: *Working papers on Language, Gender and Sexism* 1 (1999). [im Druck]

Jespersen, Otto: *Language: Its nature, development and origins.* London 1922.

Khosroshahi, Fatemeh: »Penguins don't care but women do: A social identity analysis of a Whorfian problem«. In: *Language in Society* 18 (1989), 505–525.

Lakoff, Robin: *Language and woman's place.* N.Y 1975.

MacKay, Donald G.: »Prescriptive grammar and the pronoun problem«. In: Thorne, Barrie, Cheris Kramarae und Nancy Henley (Hg.): *Language, Gender and Society.* Rowley/London/Tokyo 1983, 38–53.

Maltz, Daniel/Ruth Borker: »A cultural approach to male-female miscommunication«. In: Gumperz, John J. (Hg.): *Language and social identity.* Cambridge 1982, 196–216.

Martyna, Wendy: »Beyond the he / man approach: the case for nonsexist language«. In: Thorne, Barrie /Cheris Kramarae / Nancy Henley (Hg.): *Language, Gender and Society.* Rowley/London/ Tokyo 1983, 25–37.

Mills, Sara: *Feminist stylistics.* London/New York 1995.

– : »Was heißt ›(post)feministische‹ Textanalyse?« In: *Das Argument* 229/1 (1999), 9–23.

Pauwels, Anne: *Women changing language.* London/N.Y. 1998.

Penelope, Julia: *Speaking freely. Unlearning the lies of the fathers' tongues.* N.Y./Oxford 1990.

Pusch, Luise F.: »Homophobische Diskurse. Dekonstruktion. Queer Theory. Eine feministisch-linguistische Kritik«. In: *beiträge zur feministischen theorie und praxis* 46 (1997), 95–106.

– : »Sie sah zu ihm auf wie zu einem Gott«. Das DUDEN-Bedeutungswörterbuch als Trivialroman«. In: Pusch, Luise F.: *Das Deutsche als Männersprache.* Frankfurt a. M. 1984, 135–144.

Rubin, Donald L./Kathryn L. Greene: »Effects of biological and psychological gender, age cohort, and interviewer gender on attitudes toward gender-inclusive/exclusive language«. In: *Sex Roles* 1 (1991), 391–411.

Schoenthal, Gisela: »Personenbezeichnungen im Deutschen als Gegenstand feministischer Sprachkritik«. In: *Zeitschrift für Germanistische Linguistik* 17 (1989), 296–314.

Talbot, Mary M.: *Language and Gender. An introduction.* Cambridge/Oxford/Malden 1998.

Tannen, Deborah: *You just don't understand.* N.Y 1990.

Trömel-Plötz, Senta: »Frauengespräche – Idealgespräche«. In: Senta Trömel-Plötz (Hg.): *Frauengespräche: Sprache der Verständigung.* Frankfurt a. M. 1996, 365–377.

– : »Selling the apolitical«. In: *Discourse & Society* 2.4 (1991), 489–502.

– : *Frauensprache. Sprache der Veränderung.* Frankfurt a. M. 1982.

Wodak, Ruth: »Introduction: Some important issues in the research of gender and discourse«. In: Dies. (Hg.): *Gender and discourse.* London/Thousand Oaks/New Delhi 1997, 1–20.

Zimmerman, Don/Candace West: »Sex roles, interruptions and silences in conversation«. In: Thorne, Barrie und Nancy Henley (Hg.)*: Language and sex: difference and dominance.* Rowley 1975, 105–129.

14. Literaturwissenschaft

Inge Stephan

Lesen und Schreiben sind keine geschlechtsneutralen Tätigkeiten. Das ist keine neue Einsicht der aktuellen Gender-Forschung, sondern eine Auffassung, die eine lange Tradition im ästhetischen Diskurs der Moderne hat. Bereits in den Debatten um 1800, in denen um Kunstautonomie und die Bedeutung von Autorschaft gestritten wurde, spielte die Frage des Geschlechts offen oder verdeckt eine zentrale Rolle (Schabert/Schaff 1994). Schillers große Abhandlungen *Über Anmut und Würde* oder *Vom Erhabenen* (1793) basierten ebenso wie Wilhelm von Humboldts programmatische Aufsätze *Über den Geschlechtsunterschied und dessen Einfluß auf die organische Natur* und *Über männliche und weibliche Form* (1795) auf festen Geschlechterkategorien. Auch die »blaue Blume« der Romantiker funktionalisierte das ›Weibliche‹ für die ›männliche‹ Kunstproduktion (Fankhauser 1997). ›Männlich‹ und ›Weiblich‹ wurden zu Variablen des ästhetischen Diskurses, wobei Autorschaft ›männlich‹ konnotiert war (vgl. Kittler 1985) und Frauen als Autorinnen in eine »mittlere Sphäre« abgedrängt wurden (vgl. Bürger 1990). Die von Goethe und Schiller gemeinsam geführte Klage über den »Dilettantism der Weiber« (»Ich muß mich doch wirklich darüber wundern, wie unsere Weiber jetzt, auf bloß dilettantischem Wege, eine gewisse Schreibgeschicklichkeit sich zu verschaffen wissen, die der Kunst nahekommt«, Bürger 1990, 28) arbeitete einer Abwertung der literarischen Produktion von Frauen zu, die für die Folgezeit fatale Konsequenzen hatte: Qua Geschlecht wurden Frauen aus dem Bereich der Kunstproduktion ausgegrenzt und auf den Status der bloßen Dilettantinnen verwiesen. Als inspirierende Musen, einfühlsame Leserinnen und Käuferinnen waren sie allerdings hoch willkommen, ja sogar unverzichtbar, um das Konzept genialer ›Autorschaft‹ ideell und finanziell abzusichern.

An dem Geschwisterpaar Johann Wolfgang und Cornelia Goethe lassen sich die Mechanismen von Ausgrenzung und Marginalisierung des ›Weiblichen‹ einerseits und vom Aufstieg und von der Heroisierung des ›Männlichen‹ andererseits sehr eindrücklich studieren (Prokop 1991). Cornelia Goethes melancholisches Verstummen angesichts der eigenen eingeschränkten Lebenssituation und des kometenhaften Aufstiegs ihres Bruders liest sich wie die Bestätigung eines Klischees, das Virginia Woolf in ihrem Essay *Ein Zimmer für sich allein* (1928) ironisch aufgespießt hatte: »Katzen kommen nicht in den Himmel. Frauen können nicht Shakespeares Stücke schreiben.« (Woolf 1981, 14).

Nicht die reale Cornelia Goethe, sondern die fiktive Judith Shakespeare, dient Woolf für ein interessantes Gedankenexperiment: Was wäre gewesen, »wenn Shakespeare eine wunderbar begabte Schwester gehabt hätte« (ebd., 14)? Judith Shakespeares schmähliches Ende (»sie starb jung – ach, sie schrieb nie ein Wort«, ebd., 129) spricht dabei nicht gegen die Möglichkeit weiblicher Autorschaft an sich, sondern macht auf die gesellschaftlichen Bedingungen und die materiellen Umstände aufmerksam, die notwendig sind, damit »geniale Werke« (ebd., 19) entstehen können. Zum Schreiben gehören Geld, Muße, das berühmte »Zimmer für sich allein« und der Mut, den »angel in the house«, das traditionelle Bild von Weiblichkeit, das nach Woolfs Auffassung auch noch eine Belastung für schreibende Frauen in unserem Jahrhundert darstellt, zu töten.

Die Vorstellung, daß Schreiben ein Tötungsvorgang ganz eigener Art ist (vgl. Berger/Stephan: *Weiblichkeit und Tod*, 1987) rührt an die Grundvoraussetzungen kultureller Produktion in der Moderne: Die kulturelle Ordnung konstituiert sich über die ›Tötung‹ des ›Weiblichen‹ (vgl. Bronfen 1994), das gleichzeitig seine grandiose ›Wiederauferstehung‹ im Text des männlichen Autors erlebt. Als »killing women into art« ist dieser Vorgang von Gubar und Gilbert (*The Madwoman in the Attic*, 1979) bezeichnet worden. Daß Autorinnen mit einem solchen aggressiven Schreibverfahren, das sich entweder gegen das eigene Geschlecht oder aber gegen das imaginierte Gegengeschlecht richtet, angesichts des »angel in the house«, der ihnen vorwurfsvoll über die Schulter blickt, ihre Schwierigkeiten haben, ist nicht verwunderlich. Die Suche nach einer eigenen »weiblichen Ästhetik« hat aber ebenso wie die Suche nach der »Weiblichkeit in der Schrift« (Cixous 1980) mit der programmatischen Loslösung von ›Männlichkeit‹ und ›Weiblichkeit‹ vom jeweiligen biologischen Geschlecht in neue Dilemmata geführt: ›Weiblichkeit‹ und ›Männlichkeit‹ erscheinen als zwei unterschiedliche »Systeme«, denen letztlich nicht zu entkommen ist (Moi 1989).

Solchen zugespitzten Thesen über den engen Zusammenhang von Geschlecht und Literatur stehen Auffassungen von der absoluten Geschlechtsneutralität der Kunst gegenüber. Dabei ist die These, daß das Geschlecht für die Kunstproduktion keine Rolle spiele bzw. spielen dürfe, gerade von Autorinnen angeführt worden, um sich gegen eine ihrer Meinung nach falsche Einordnung in die Rubrik ›Frauenliteratur‹ zu wenden. In einer Besprechung der Werke von Annette von Droste-Hülshoff hat Ricarda Huch emphatisch formuliert: »[...] der einzige Maßstab für einen Künstler ist die Kunst, nicht Nationalität oder Geschlecht oder Konfession oder Stand. Geschlecht kann es deswegen nicht sein, weil jeder Dichter androgyn ist, es gibt keinen, der nicht Männliches oder Weibliches in sich vereinigte [...]« (Stephan 1986, 119). Eine solche Auffassung vom androgynen Charakter des Künstlers und der Kunstproduktion hat eine lange Tradition und ist nicht nur in der Romantik auch von männlichen Künstlern vertreten worden (Friedrichsmeyer 1983), wie Flauberts berühmter Satz »Madame Bovary, c'est moi« zeigt. Letztlich verweisen solche Androgynitätskonzepte, gerade weil sie die Geschlechtergrenzen im Bereich der Kunst aufzuheben versprechen, auf die Bedeutung der Geschlechterdifferenz zurück (Bock: *Androgynie und Feminismus*, 1988). Das gilt auch für die gegenwärtigen Debatten über Bisexualität (Garber 1996) und Transsexualität (Lindemann 1993), die letztlich ebenfalls auf die Bedeutung des Geschlechts für die Selbstwahrnehmung und für die Kreativität rekurrieren. Sie führen nicht aus dem »gender-trouble« (Butler 1991) heraus, sondern geradewegs in ihn hinein.

Entwicklung der feministischen Literaturwissenschaft

Wie auch in anderen Wissenschaftsdisziplinen geht die aktuelle literaturwissenschaftliche Geschlechter-Forschung auf die feministischen Aufbrüche der 68er Generation zurück. Die neue Frauenbewegung der 70er Jahre lenkte mit spektakulären Aktionen die öffentliche Aufmerksamkeit nicht nur auf die allgemeine Benachteiligung der Frauen in der Gesellschaft, sondern sie deckte auch die subtilen Unterdrückungsmechanismen auf, durch die – trotz offizieller Gleichberechtigungspolitik – Frauen nach wie vor auf die Position des ›zweiten Geschlechts‹ verwiesen wurden. Die skandalöse Unterrepräsentanz von Frauen an den Universitäten war dabei ebenso ein Kritikpunkt wie der Wissenschaftsbetrieb selbst, der sich in seinem Selbstverständnis, seinen Forschungsinteressen, Methoden und Theorien stillschweigend am ›männlichen Modell‹ orientierte. Eine emphatische ›Frauenliteratur‹, die sich im Kontext der neuen Frauenbewegung konstituierte und sich bewußt und kritisch mit den Erfahrungen von Frauen auseinandersetzte (vgl. z. B. die Reihen *Die Frau in der Gesellschaft*, *Die Frau in der Literatur*, *Neue Frau*), die Gründungen von alternativen Frauenzeitschriften (z. B. *Die schwarze Botin*, *Courage*, *Mamas Pfirsiche*) und Verlagen (z. B. *Frauenbuchverlag*, *Frauenoffensive*, *Medusa*) schufen ein Klima, das nicht ohne Auswirkungen auf den Wissenschaftsbetrieb blieb: Vereinzelte ›Frauenliteratur‹-Seminare an den Universitäten, Ringvorlesungen zu ›Frauenthemen‹ und eine Vielzahl von studentischen Initiativen, vor allem aber die Debatte »Über die Frage: Gibt es eine weibliche Ästhetik?« (*Ästhetik und Kommunikation*, 1976) zeigten, daß die neue Frauenbewegung vor den Toren der Akademien nicht halt machte. Die Anfang der 80er Jahre gegründete und 1985 offiziell institutionalisierte *Arbeitsstelle für feministische Literaturwissenschaft* in Hamburg wurde dabei – neben anderen Institutionen, wie zum Beispiel der *Zentraleinrichtung zur Förderung von Frauenstudien und Frauenforschung* (Berlin) – zum Motor einer Vielzahl von Aktivitäten. Mehrere große internationale Tagungen (*Feministische Literaturwissenschaft*, 1983; *Frauen – Weiblichkeit – Schrift*, 1984; *Frauen – Literatur – Politik*, 1986), vor allem aber der *Rundbrief: Frauen in der Literaturwissenschaft* (Folge 1–50, 1983–1997) gaben wichtige Anstöße für die Entwicklung der feministischen Literaturwissenschaft in Deutschland.

Dabei war die feministische Literaturwissenschaft, die vor allem in der Gründungsphase Anfeindungen und Verdächtigungen von den verschiedensten Seiten ausgesetzt war, schon in ihren Anfängen keine einheitliche Bewegung, sondern eher ein Sammelbecken unterschiedlichster Forschungspositionen, die sich jedoch – ungeachtet aller Differenzen – in ihrer Kritik am herrschenden Wissenschaftsbetrieb und in ihrer Parteilichkeit für Frauen einig waren (vgl. Osinski 1998). So unterschiedlich wie die theoretischen Positionen waren auch die Forschungsinteressen und -schwerpunkte. Neben die ›Frauenbild-Forschung‹, die sich für die »imaginierte Weiblichkeit« (Bovenschen 1979) und die »verborgene Frau« (Stephan/Weigel 1983) interessierte, trat die ›Frauenliteratur-Forschung‹, die sich mit der literarischen Produktion von Frauen auseinandersetzt (Weigel 1989, 1990). Auch wenn der Begriff ›Frauenliteratur‹ umstritten blieb und von manchen Wissenschaftlerinnen bewußt vermieden wird, so dient er doch bis heute als Orientierungsvokabel für eine Vielzahl von literaturgeschichtlichen und lexikalischen Projekten (*Frauen – Literatur – Geschichte*, 1985; *Der lange Weg zur Mündigkeit. Frauenliteratur*, 1987; *Deutsche Literatur von Frauen*, 1988; *Lexikon deutschsprachiger Schriftstellerinnen*, 1986; *Deutsche Dichterinnen vom 16. Jahrhundert bis zur Gegenwart*, 1980; *Die deutschsprachigen Schriftstellerinnen des 18. und 19. Jahrhunderts*, 1981; *Autorinnen-Lexikon*, 1998). Dabei unterscheidet sich die aktuelle Erforschung der ›Frauenliteratur‹ grundlegend von älteren Untersuchungen zur ›Frauendichtung‹, wie sie bis 1945 üblich war. Die Suche nach verschollenen Autorinnen und verschütteten Traditionslinien weiblicher Kulturgeschichte hat eine Fülle von Materialien zutage gefördert. Im Rahmen der Wiederentdeckung und Neubewertung von Autorinnen und ihren Werken kam es zu einer Korrektur des herrschenden Kanons (Heydebrand 1998), zur Erweiterung des Literaturbegriffs und zu einer Auseinandersetzung mit den Voraussetzungen und Methoden der Literaturwissenschaft. Nach eher tastenden Anfängen, die sich in Titelformulierungen wie *Gestaltet und gestaltend* (1979) und *Heldin und Autorin* (1980) niederschlugen, steuerte die Diskussion sehr schnell auf die Frage zu, ob und, wenn ja, wie sich die literarische Praxis von Frauen von der von Männern unterscheidet bzw. unterscheiden lasse. Auch Arbeiten, die dem Konzept der feministischen Literaturwissenschaft skeptisch gegenüberstanden, betonten die »schwierige Autorschaft« von Frauen (Hahn: *Unter falschem Namen*, 1991) oder hoben die spezifischen Schreibbedingungen von Autorinnen hervor (Bürger: *Leben Schreiben*, 1990).

Durch die Rezeption angloamerikanischer Arbeiten (Showalter 1977; Gilbert/Gubar 1979) und französischer Ansätze zur »écriture féminine« (Irigaray, Cixous, Kristeva), durch die Auseinandersetzung mit Psychoanalyse und Poststrukturalismus (Freud, Lacan, Foucault, Derrida) und durch die interdisziplinäre Öffnung der Literaturwissenschaft differenzierte sich die ursprüngliche Ausgangsfrage nach einer »weiblichen Ästhetik« und die feministische Literaturwissenschaft gewann ein immer stärker theoretisches Profil (Lindhoff 1995). Neben eher konstruktivistischen Arbeiten, die dem Projekt einer Frauen-Literatur-Geschichte emphatisch zuarbeiten, entwickelten sich dekonstruktivistisch verfahrende Ansätze, die durch die Infragestellung autonomer Subjektkonzeptionen die festen Vorstellungen von ›Weiblichkeit‹ und ›Männlichkeit‹ unterlaufen (Vinken 1992)

Die Anregungen, die seit Ende der 80er Jahre von den US-amerikanischen Gender-Debatten (Butler, Benhabib, de Lauretis, Fraser u. a.) auf den deutschen Wissenschaftsdiskurs ausgingen, wurden von der feministischen Literaturwissenschaft in Deutschland mit besonderem Interesse aufgenommen. Es scheint, als ob die feministische Literaturwissenschaft, die die Kategorie des Geschlechts (wenn auch zunächst in bezug auf Frauen und Weiblichkeit) theoriefähig gemacht hat, den Boden für eine schnelle und produktive Aufnahme der US-amerikanischen Debatten entscheidend mit vorbereitet hat, wie umgekehrt die internationalen Gender-Debatten der feministischen Literaturwissenschaft in Deutschland eine Kategorie anboten, mit deren Hilfe essentialistische Weiblichkeitsvorstellungen überwunden und eine Brücke zu der sich seit Mitte der 90er Jahre langsam etablierenden ›Männerforschung‹ (Erhart/Herrmann 1997) geschlagen werden konnten.

Zentrale Arbeitsfelder der Geschlechterforschung

Für die Literaturwissenschaft ist die Gender-Kategorie als analytische Kategorie besonders produktiv, weil sie zentrale Arbeitsfelder der traditionellen Literaturwissenschaft neu perspektivieren bzw. neue Forschungsfelder eröffnen kann.

1. Die Frage, was ein Autor ist, eröffnet eines der zentralen Arbeitsfelder der Literaturwissenschaft. Ein Blick in die Literaturgeschichte zeigt, daß Autorschaft im allgemeinen männlich konnotiert ist. Das wußten auch die Frauen, die im literarischen Feld als Autorinnen Fuß zu fassen suchten. Nicht zuletzt aus Selbstschutz publizierten sie daher häufig anonym, unter dem Namen des Ehemannes oder unter männlichem Pseudonym, weil ein weiblicher Name und die Behauptung von Autorschaft einen kaum auflösbaren Widerspruch in der öffentlichen Wahrnehmung bildeten. Der Eintritt der Frauen ins literarische Feld war dementsprechend mühselig und von Rückschlägen begleitet. Entweder wurde Frauen qua Geschlecht die Fähigkeit zur Autorschaft ganz abgesprochen, oder aber sie wurden auf spezifische Gattungen und Schreibweisen festgelegt. Geduldet wurden sie nur als Ausnahmefiguren. Als »Amazonen der Feder« waren sie Zielscheibe von Angriffen und als »schreibende Weiber« wurden sie des Dilettantismus bezichtigt und ihre Werke wohlwollend-überheblich als »Frauendichtung« abgetan. Von hier aus erklärt sich auch die Abneigung von vielen Autorinnen, mit ihren Werken unter der Rubrik »Frauenliteratur« – eine Bezeichnung, die heutzutage ja eher ein verkaufsförderndes Markenzeichen ist – subsumiert zu werden. Solange es den parallelen Begriff ›Männerliteratur‹ nicht gibt, ist die Bezeichnung ›Frauenliteratur‹ diskriminierend.

Der Vorwurf der Unoriginalität, der Mittelmäßigkeit, der Unprofessionalität und der Trivialität, der den Werken von Autorinnen gegenüber immer wieder erhoben worden ist, ist ein bloßes misogynes Vorurteil, solange nicht die besonderen Ausgangsbedingungen für schreibende Frauen berücksichtigt werden. Erforderlich ist eine unvoreingenommene Rekonstruktionsarbeit der Leistungen von Autorinnen im literarischen Feld, ohne einer erneuten Ghettoisierung oder kritiklosen Heroisierung zuzuarbeiten.

2. Ein Blick auf den literarischen Kanon zeigt, daß darin die Werke von Autorinnen nur in Ausnahmefällen einen Platz gefunden haben. Zwar haben die Frauenforschung und die feministische Literaturwissenschaft eine Fülle von vergessenen, verdrängten und marginalisierten Autorinnen neu entdeckt und zum Teil in neuen Ausgaben zugänglich gemacht. So wichtig solche Entdeckungen auch sind, so problematisch sind sie, wenn sie nur als Ergänzung oder schlichte Umkehrung oder Umwertung des gängigen Kanons konzipiert sind. *Gender*-Forschung ergänzt nicht den bestehenden Kanon, sondern sie stellt den Kanon prinzipiell zur Disposition. Sie fragt danach, inwiefern die Wertmaßstäbe und Auswahlkriterien geschlechtsspezifisch geprägt sind, ob Geschmack eine geschlechtsneutrale Kategorie ist und welche Rolle das *sex-gender*-System bei der Kanonbildung insgesamt spielt. Literarische Institutionen, Literaturpolitik und Literaturkritik sind dabei ebenso kritisch zu hinterfragen wie die Verlagspolitik, die Literaturgeschichtsschreibung und die Wissenschaftsorganisation.

3. Zu fragen ist des weiteren, welche Rolle die *sex-gender*-Relation bei der Ausbildung der Gattung hat (Caduff/Weigel 1996). Warum zum Beispiel gelten der Brief,

das Tagebuch oder die Lyrik als *weibliche* Gattungen, das Drama jedoch als *männliches* Genre? Ein Blick auf die Literaturgeschichte zeigt, daß Männer Briefe, Tagebücher und Lyrik ebenso zahlreich geschrieben wie Frauen erfolgreich Dramen verfaßt haben. Handelt es sich also bei der Zuordnung von Gattungen zu einem bestimmten Geschlecht nur um Vorurteile oder korrespondieren solchen Zuordnungen gewisse Dispositionen, die zwar nicht biologisch determiniert sind, die aber soziale Ursachen haben?

4. Kritisch zu untersuchen ist die Bedeutung von *sex* und *gender* auch bei der Wahl von Themen und Motiven in der Literatur. Gibt es geschlechtsspezifische Affinitäten zu bestimmten Themen und Motiven, wie immer wieder behauptet worden ist? Warum hat das Judith-, Salomé- und Medea-Thema zum Beispiel eine so große Faszinationskraft für Autoren? Warum schrecken Autorinnen vor diesen Themen und Figuren eher zurück? Ist es richtig, daß Autorinnen eher als Autoren dazu neigen, ihr Leben in relativ unverhüllter Form zum Thema zu machen? Auch hier belehrt uns ein Blick in die Literaturgeschichten, daß solche Fragen eigentlich absurd sind. Warum werden sie trotzdem immer wieder gestellt? Kann man einen Katalog von sogenannten »Frauenthemen« und »Männerthemen« auch für die Literatur aufstellen – auf dem Zeitschriftenmarkt hat sich eine solche Aufteilung längst etabliert – und wenn ja, was beweist das anderes als die Wirksamkeit des *sex-gender*-Systems?

5. Relativ gut erforscht durch die ältere Frauenforschung und die jüngere feministische Literaturwissenschaft ist der Bereich der Imagines, die vor allem in der Literatur von Männern entworfen sind. Silvia Bovenschens Studie zur *Imaginierten Weiblichkeit* (1979) war hier ebenso bahnbrechend wie Klaus Theweleits *Männerphantasien* (1977). Weitgehend in den Anfängen dagegen steht noch die Erforschung der männlichen Selbstbilder und der Männlichkeitsbilder, die Frauen in ihren Texten ausphantasieren sowie der Bilder, die Frauen von sich selbst und ihren Beziehungen zu Frauen entwerfen. Wichtig in diesem Zusammenhang ist auch das Problem, inwiefern die *Männerphantasien* zu einer belastenden Vorgabe werden, denen sich Autor/innen nur mit Mühe entziehen können. Ebenfalls in diesen Kontext gehört die Frage, warum Autorinnen die Bilder von Autoren häufig unkritisch wiederholen. Auch die Frage, ob die Leitbilder der lesbischen und homosexuellen Subkultur die gängigen Männer- und Frauenphantasien nur reproduzieren oder sie karnevalistisch unterlaufen, gehört in diesen Zusammenhang (Härle 1997). Trotz der vielen Arbeiten in diesem Bereich können die Forschungen noch keineswegs als abgeschlossen gelten. Nach wie vor gehört die Frage nach der Macht der Geschlechterbilder für die Selbstdefinition, für die Wahrnehmung des Anderen, für die literarische Praxis und für den ästhetischen Diskurs zu den zentralen Forschungsfeldern der *gender*-Studien in der Literaturwissenschaft (Stephan: *Musen & Medusen*, 1997).

6. Durch die Rezeption der US-amerikanischen Gender-Debatten hat sich eine Reihe von neuen Forschungsfeldern eröffnet. Das von Butler in Anknüpfung an Arbeiten von Rivière und Lacan in die Diskussion eingeführte Maskerade-Konzept brachte vielfältige Anregungen für literatur- und kulturwissenschaftliche Arbeiten (Bettinger/Funk 1995). Geschlechtertausch, Verkleidung, Mode, Fetischismus etc. erscheinen als Inszenierungsformen eines Geschlechterverhältnisses, in welchem *sex* und *gender* weni-

ger stabil sind, als die bisherige Forschung angenommen hat (Lehnert 1997). Die zugespitzte und in Butlers Folgebuch *Körper von Gewicht* (1995) differenzierte These von der Konstruiertheit auch des biologischen Geschlechts führte zu einer grundlegenden Problematisierung bislang unhinterfragter Körper- und Leib-Konzepte (Öhlschläger/Wien 1997). Das Interesse am Körper konzentrierte sich dabei nicht nur auf historische Erscheinungsformen (Bynum 1996) oder auf dessen Modellierung und Theatralisierung z. B. im Tanz (Brandstetter 1995), sondern erstreckte sich auch auf die Veränderung von Körper und Körperempfindungen in und durch die neuen elektronischen Medien (Angerer 1999). Parallel dazu gewinnt die Untersuchung von Gesten, Gefühlen und Wahrnehmungsweisen eine neue Relevanz für die literaturwissenschaftliche Forschung, wobei die kulturwissenschaftliche Neuorientierung in den 90er Jahren eine wichtige unterstützende Funktion bei der Hinwendung zu neuen Themen und Forschungsmethoden spielt (Gedächtnis, Erinnerung, kulturelle Praktiken, Liebesdiskurs, Mimesis, Alterität, Ethnizität etc.).

7. Auch methodisch sind von den Gender-Debatten wichtige Impulse für die Literaturwissenschaft ausgegangen. Psychoanalytische Deutungsverfahren und eine am Dekonstruktivismus geschulte Lektürepraxis haben alte ideologiekritische und hermeneutische Interpretationsverfahren verändert und differenziert und haben – gemeinsam mit der sogenannten, ›anthropologischen Wende‹ in der Literaturwissenschaft – einem neuen Verständnis von Text, Körper und Geschlecht zugearbeitet, wobei die Dimensionen des Historischen und Politischen nach wie vor umstritten sind.

8. Am mächtigsten ist das *sex-gender*-System zweifellos für den ästhetischen Diskurs und die Theoriebildung. Fragen nach einer »weiblichen Ästhetik« spielen hier ebenso eine Rolle wie Androgynitätskonzepte und die Auffassung von der Bisexualität des Autors bzw. der Autorin. Die ästhetischen Diskurse der Vergangenheit und Gegenwart sind daraufhin zu befragen, in welcher Weise sich in ihnen die *sex-gender*-Relation offen manifestiert oder verdeckt zum Ausdruck kommt und wie angeblich übergeschlechtliche ästhetische Normen in subtiler Weise die Diskurse steuern, die Schreibweisen beeinflussen und die Erfolgschancen von Autoren und Autorinnen im literarischen Feld in unterschiedlicher Weise vorprogrammieren. Lesen Frauen tatsächlich anders als Männer (Klüger 1996) oder gehört eine solche Auffassung in den Bereich der Mythen, die sich schon immer um die Geschlechter gebildet haben?

Ausblick

Die *gender*-Forschung ist ideologisch nicht von vornherein auf eine bestimmte Position festgelegt, sondern sie stellt sich all diesen Fragen unvoreingenommen, engagiert, neugierig, offen und in der Hoffnung, daß sie aufgrund ihres interdisziplinären Ansatzes wenigstens einen Teil dieser Fragen beantworten kann. Bezogen auf die Literaturwissenschaft kann die *gender*-Kategorie die kritischen Impulse stärken, die seit dem Ende der 70er Jahre von der Frauenforschung und der Feministischen Literaturwissenschaft ausgegangen sind. Ihre Verbindung mit den Schlüsselkategorien *race* und *class* lenkt den

Blick auf die Zusammenhänge zwischen den Geschlechterverhältnissen und den Phänomenen des Fremden und des Rassismus einerseits und der Konstituierung von Macht und Gewalt andererseits, die der Geschichte und den Texten gleichermaßen als Blutspuren eingeschrieben sind.

Der Zusammenhang von Eros, Tod und Gewalt, der so viele Texte des Kanons prägt, erscheint aus dieser Perspektive nicht als zufällig oder rein biographisch, sondern wird lesbar als kulturelles Konstrukt, in das individuelle und kollektive Erfahrungen ebenso eingegangen sind wie das Begehren nach Lust, Ewigkeit und Macht. Hinter dem oft tödlichen bzw. mörderischen Verhältnis von ›Eigenem‹ und ›Fremdem‹ scheint die Subjekt-Objekt-Relation als ungelöste philosophische und gesellschaftliche Problematik auf.

Körper und Leib sind in dieser Problematik Größen, die zwar definitorisch beseitigt werden können und durch die rasante Entwicklung von Gentechnologie und Reproduktionstechnik auch zunehmend in ihrer selbstverständlichen Geltung in Frage gestellt werden. Für den Bereich der Literatur sind sie aber nach wie vor Ausgangs- und Bezugspunkt für das Schreiben. Die Thematisierung von Ekel, Schmerz und Gewalt gerade in der Gegenwartsliteratur weist darauf hin, daß die Bedeutung des Subjekts, des Körpers und der Geschlechterdifferenz nach wie vor in den Texten verhandelt wird.

Die Inszenierung der Geschlechter ist auch im Medium der Literatur nicht frei, sondern historisch, kulturell und individuell beeinflußt und an den Körper als phantasmatischen Raum gebunden. Trotzdem bietet gerade die Literatur noch am ehesten die Chance, durch utopische Entwürfe, parodistische Verfremdung, Karnevalisierung und Maskerade, aber auch durch dramatische Zuspitzung, epische Verdichtung und lyrische Konzentration der Konfliktlinien zwischen den Geschlechtern die *sex-gender*-Relation in ihrer Geltung spielerisch zu unterlaufen und die zerstörerischen Wirkungen aufzuzeigen, die das *sex-gender*-System nicht nur im Medium der Literatur hat.

Literatur

Angerer, Marie-Luise (Hg.): *The Body of Gender. Körper/Geschlechter/Identitäten.* Wien 1995.

– : *Body Options – Körper. Spuren. Medien. Bilder.* Wien 1999.

Ästhetik und Kommunikation 25. Jahrgang 7 (1976): Über die Frage: Gibt es eine weibliche Ästhetik?

Becker-Cantarino, Barbara: *Der lange Weg zur Mündigkeit. Frau und Literatur in Deutschland von 1500–1800.* Stuttgart 1987.

Berger, Renate/Stephan, Inge (Hg.): *Weiblichkeit und Tod in der Literatur.* Köln/Wien 1987.

Bettinger, Elfi/Funk, Julika (Hg.): *Maskeraden. Geschlechterdifferenz in der literarischen Inszenierung.* Berlin 1995.

Bock, Ulla: *Androgynie und Feminismus. Frauenbewegung zwischen Institution und Utopie.* Weinheim/Basel 1988.

Bovenschen, Silvia: *Die imaginierte Weiblichkeit. Exemplarische Untersuchungen zu kulturgeschichtlichen und literarischen Präsentationsformen des Weiblichen.* Frankfurt a. M. 1979.

Brandstetter, Gabriele: *Tanz-Lektüren. Körperbilder und Raumfiguren der Avantgarde.* Frankfurt a. M. 1995.
Brinker-Gabler, Gisela: *Deutsche Dichterinnen vom 16. Jahrhundert bis zur Gegenwart. Gedichte und Lebensläufe.* Frankfurt a. M. 1978.
– : u. a. (Hg.): *Lexikon deutschsprachiger Schriftstellerinnen 1800–1945.* München 1986.
– : (Hg.): *Deutsche Literatur von Frauen.* 2 Bde. München 1988.
Bronfen, Elisabeth: *Nur über ihre Leiche. Tod, Weiblichkeit und Ästhetik.* München 1994.
Bürger, Christa: *Leben Schreiben. Die Klassik, die Romantik und der Ort der Frauen.* Stuttgart 1990.
Burkhard, Marianne (Hg.): *Gestaltet und gestaltend. Frauen in der deutschen Literatur.* Amsterdam 1980.
Butler, Judith: *Das Unbehagen der Geschlechter.* Frankfurt a. M. 1991.
– : *Körper von Gewicht. Die diskursiven Grenzen des Geschlechts.* Berlin 1995.
Bynum, Caroline Walker: *Fragmentierung und Erlösung. Geschlecht und Körper im Glauben des Mittelalters.* Frankfurt a. M. 1996.
Caduff, Corina/Weigel, Sigrid (Hg.): *Das Geschlecht der Künste.* Köln u. a. 1996.
Cixous, Elaine: *Weiblichkeit in der Schrift.* Berlin 1980.
Erhart, Walter/Herrmann, Britta (Hg.): *Wann ist der Mann ein Mann? Zur Geschichte der Männlichkeit.* Stuttgart/Weimar 1997.
Fankhauser, Regula: *Des Dichters Sophia. Weiblichkeitsentwürfe im Werk von Novalis.* Köln u. a. 1997.
Feministische Studien. 11. Jahrgang (November 1993), Nr. 2: Kritik der Kategorie Geschlecht.
Frauen in der Literaturwissenschaft. Rundbrief. Hamburg 1–50 (1983–1997).
Friedrichs, Elisabeth: *Die deutschsprachigen Schriftstellerinnen des 18. und 19. Jahrhunderts. Ein Lexikon.* Stuttgart 1981.
Friedrichsmeyer, Sara: *The Androgyne in Early German Romanticism.* Bern u. a. 1983.
Garber, Marjorie: *Vice Versa. Bisexuality and the Eroticism of Everyday Life.* New York u. a. 1996.
Gilbert, Sandra M./Gubar, Susan: *The Madwoman in the Attic. The Woman Writer and the Nineteenth-Century Literary Imagination.* New Haven/London 1979.
Gnüg, Hiltrud/Möhrmann, Renate (Hg.): *Frauen Literatur Geschichte. Schreibende Frauen vom Mittelalter bis zur Gegenwart.* (1. Aufl. 1985). Stuttgart ^{2}1998.
Hahn, Barbara: Unter falschem Namen. *Von der schwierigen Autorschaft der Frauen.* Frankfurt a. M. 1991.
Härle, Gerhard u. a. (Hg.): *Ikonen des Begehrens. Bildsprachen der männlichen und weiblichen Homosexualität in Literatur und Kunst.* Stuttgart 1997.
Hechtfischer, Ute u. a. (Hg.): *Metzler Autorinnen Lexikon.* Stuttgart/Weimar 1998.
Heydebrand, Renate von/Winko, Simone: »Geschlechterdifferenz und literarischer Kanon. Historische Beobachtungen und systematische Überlegungen«. In: *Internationales Archiv für Sozialgeschichte der deutschen Literatur* Bd. 19 (1994), Heft 2, 96–172.
Heydebrand, Renate von (Hg.): *Kanon Macht Kultur. Theoretische, historische und soziale Aspekte ästhetischer Kanonbildung.* Stuttgart/Weimar 1998.
Kittler, Friedrich A.: *Aufschreibesysteme* 1800/1900. München 1985.
Klüger, Ruth: *Frauen lesen anders.* München 1996.
Lehnert, Gertrud: *Wenn Frauen Männerkleider tragen. Geschlecht und Maskeraden in Literatur und Geschichte.* München 1997.
Lindemann, Gesa: *Das paradoxe Geschlecht. Transsexualität im Spannungsfeld von Körper, Leib und Gefühl.* Frankfurt a. M. 1993.
Lindhoff, Lena: *Einführung in die feministische Literaturtheorie.* Stuttgart/Weimar 1995.
Moi, Toril: *Sexus – Text – Herrschaft. Feministische Literaturtheorie.* Bremen 1989.

Öhlschläger, Claudia/Wiens, Birgit (Hg.): *Körper – Gedächtnis – Schrift. Der Körper als Medium kultureller Erinnerung.* Berlin 1997.
Osinski, Jutta: *Einführung in die feministische Literaturwissenschaft.* Berlin 1998.
Paulsen, Wolfgang: *Die Frau als Heldin und Autorin. Neue kritische Ansätze zur deutschen Literatur.* Bern, München 1979.
Prokop, Ulrike: *Die Illusion vom großen Paar.* 2 Bde. Frankfurt a. M. 1991.
Schabert, Ina/Schaff, Barbara (Hg.): *Autorschaft. Genus und Genie in der Zeit um 1800.* Berlin 1994.
Showalter, Elaine (Hg.): *Speaking of Gender.* New York 1989.
– : *A Literature of Their Own. British Women Novelists from Brontë to Lessing.* Princeton, New Jersey 1977.
– : *The New Feminist Criticism. Essays on Women, Literature, and Theory.* New York 1985.
Stephan, Inge/Weigel, Sigrid: *Die verborgene Frau. Sechs Beiträge zu einer feministischen Literaturwissenschaft.* Berlin 1983.
Stephan, Inge (Hg.): *Frauensprache – Frauenliteratur?* Tübingen 1986 (= Akten des VII. Internationalen Germanisten-Kongresses, Göttingen 1985, Bd. 6).
– : *Musen & Medusen. Mythos und Geschlecht in der Literatur des 20. Jahrhunderts.* Köln u. a. 1997.
Theweleit, Klaus: *Männerphantasien.* 2 Bde. Frankfurt a. M. 1977.
Vinken, Barbara: *Dekonstruktiver Feminismus. Literaturwissenschaft in Amerika.* Frankfurt a. M. 1992.
Weigel, Sigrid: *Die Stimme der Medusa. Schreibweisen in der Gegenwartsliteratur von Frauen.* Reinbek 1989.
– : *Topographien der Geschlechter. Kulturgeschichtliche Studien zur Literatur.* Reinbek 1990.
Woolf, Virginia: *Ein Zimmer für sich allein.* Frankfurt a. M. 1981.

15. Medienwissenschaft

Christina von Braun

Keine andere Disziplin hat soviel Gemeinsamkeiten mit den Gender-Studien wie die Medienwissenschaften. Das hängt u. a. damit zusammen, daß beide nicht die Charakteristika einer ›Fachdisziplin‹ mit festem Wissenskanon und eigener Methodik aufweisen, sondern eher die einer transdisziplinär angelegten Wissenschafts*kritik*, die sowohl mit verschiedenen theoretischen Ansätzen als auch unter historischer Perspektive vorgeht. Wie die Geschlechterstudien, werden auch medienwissenschaftliche Themen in sehr vielen unterschiedlichen Disziplinen behandelt: von der Literatur- und Musikwissenschaft über die Archäologie, Geschichte, Religionswissenschaft, Kunstgeschichte bis zur Informatik, um nur die wichtigsten Beispiele zu nennen. Aber nicht nur deshalb bilden die Schnittstellen, an denen sich medienwissenschaftliche Fragen mit Genderfragen kreuzen, einen wichtigen Bereich der Gender-Studien.

Obgleich der Zusammenhang von Medien und Geschlecht bzw. Gender eine lange Geschichte hat, ist er erst seit kurzem ins Zentrum wissenschaftlichen Interesses gerückt. Über viele Jahrhunderte galt die symbolische Ordnung, die vor rund 2500 Jahren durch die Alphabetschrift entstand und die symbolischen Rollen der Geschlechter zutiefst prägte, nicht als symbolisch, sondern als Spiegelbild einer ›natürlichen‹ Ordnung. Das behinderte eine genauere Betrachtung des Zusammenhangs, der letztlich erst durch die Filmtheorie des späten 20. Jahrhunderts hergestellt und dann auf andere mediale Bereiche übertragen wurde. Da die Medientheorie die medialen Bedingungen einer Strukturierung (man könnte auch sagen: ›Formatierung‹) der Wahrnehmung, des Denkens und der Gefühle untersucht, lassen sich im Bereich der Medienwissenschaft auch am ehesten die ›ungeschriebenen‹ Gesetze entziffern, nach denen symbolische Ordnungen entstehen und ihre Wirkungsmacht entfalten. Darunter auch die symbolische Ordnung der Geschlechter.

Im folgenden wird der Begriff ›Medium‹ im weitesten Sinne benutzt. Er bezieht sich auf die Schrift, den Buchdruck ebenso wie auf Bild- und Tonträger, Zahlen- und Notationssysteme, digitale Techniken etc. Er bezieht sich darüber hinaus auch auf Riten, religiöse Praxis, Gesetze (geschriebener und ungeschriebener Art) etwa des höfischen Verhaltens, soziale Codes. Da die medialen Rahmenbedingungen einer Gemeinschaft darüber bestimmen, wie der Gemeinschaftszusammenhalt hergestellt und das Individuum in die Gemeinschaft eingebunden wird, werden auch die Körpersprache und die Muster, nach denen die Geschlechter sich begegnen, von diesen geprägt. So sprach der französische Soziologe Marcel Mauss schon 1935 von »Techniken des Körpers«: Dieser sei »des Menschen erstes und natürlichstes technisches Objekt und zugleich technisches Mittel« (Mauss 1979, 104). Er benutzte den Begriff des ›habitus‹, um die kulturellen Prägungen der Körpersprache zu beschreiben, die sich von einer Gesellschaft zur nächsten unterscheide. Während sich Mauss bei diesen kulturellen Prägungen weitgehend auf kollektive Erscheinungen wie Religion, Bildung etc. bezog, geht die Medienwissenschaft heute zunehmend von einer Prägung durch die Medien selbst aus (Innis 1972, McLuhan 1964). Obgleich die Medientheorie den Zusammenhang von Körper, Gemeinschaft und Medien durchaus sieht, ist die Genderfrage bisher weitgehend ausgeklammert geblieben und erst von feministischen Autorinnen und später in der *queer theory* aufgegriffen worden.

Bei den feministischen Medientheorien kamen die wichtigsten Anstöße aus der Filmtheorie, die sich zum Teil auf psychoanalytische Denkmuster beziehen. Hier entstanden völlig neue Rezeptionsanalysen, und vergleichbare Fragen stellen sich auch auf dem Gebiet der Popmusik, bei deren Definition weniger nach dem ›Urheber‹ gefragt wird als nach den Rezipienten, die diesen Urheber ›erschaffen‹ oder konstruieren. Ganz aktuell ist schließlich die Frage nach dem Wandel der Geschlechterbilder im Zusammenhang mit der Entwicklung der elektronischen Datenverarbeitung, der Datenspeicherung, der Telekommunikationsnetze, des Internet, der simulierten und virtuellen Räume (vgl. den Beitrag zur Informatik in diesem Band). In den USA beschäftigen sich schon seit einigen Jahren Wissenschaftler/innen mit diesen Fragen, in der Bundesrepublik ist dieser Forschungszweig noch relativ wenig ausgeprägt. Es gibt zwar ein breites Interesse an Medienfragen und auch eine breite Forschung auf dem Gebiet. Aber diese Forschung klammert im allgemeinen den Bereich ›Gender‹ aus. Dabei liegt es auf der Hand, daß der Wandel des Subjektbegriffs, der mit dem Wandel der Medien einhergeht, auch notwendigerweise Rückwirkungen auf die Konzeption von Geschlecht haben muß.

Warum war die Filmtheorie für dieses Gebiet so wichtig? Weil eines der zentralen Themen der Filmtheorie die Frage nach der Subjektkonstitution ist. Also die Frage: Was passiert eigentlich mit den Zuschauer/innen im Kinosaal? Welchen Einfluß hat das Bild auf ihre Wahrnehmung etwa von Zeit? Welche Rolle spielen die akustischen Anteile am Film? Daß diese Frage ausgerechnet in der Filmtheorie eine zentrale Rolle spielte, hing mit mehreren Faktoren zusammen. Erstens hatte seit der Entstehung der Zentralperspektive in der Renaissance das Sehen eine neue Bedeutung erlangt, laut der das Subjekt die Welt durch die Augen definiert und ›den Anderen‹ – den ›Wilden‹, ›die Natur‹, ›die Frau‹ – zum ›Objekt‹ der eigenen Betrachtungsmacht erklärt. Diese Vorstellung vom ›betrachtenden Ich‹ hatte Rückwirkungen auf die Geschlechterwahrnehmung, indem Männlichkeit mit Sehen und Weiblichkeit mit Gesehen-Werden gleichgesetzt wurde. Über diese Gender-Aspekte des zentralperspektivischen Sehens haben vor allem Kunsthistorikerinnen geschrieben (Schade/Wenk 1995). Diese Wahrnehmung von Subjekt und Objekt prägte die Geschlechterrollen bis in die Rechtsauffassung hinein, sie definierte die sozialen Rollen der Geschlechter, und sie beeinflußte die medizinische/biologische Wahrnehmung des männlichen und des weiblichen Körpers.

Der zweite Grund, weshalb die Filmtheorie eine führende Rolle übernahm, hing mit der ›Multimedialität‹ des Kinos zusammen. Neben der Oper, die im 16. Jahrhundert zum ersten Mal Text, Musik und visuellen Eindruck zu verbinden suchte, gab es keine kulturelle Einrichtung, die so vielseitig und ›multimedial‹ war wie das Kino. Und im Gegensatz zur Oper, die einer kleinen Gruppe von Menschen vorbehalten blieb, war das Kino ein ›Massenmedium‹, das alle sozialen Schichten anzog. Wayne Koestenbaum hat dargestellt, wie wichtig die Einrichtung der ›multimedialen‹ Oper für die ›multimediale‹ Selbstwahrnehmung des Homosexuellen war und ist (Koestenbaum 1996). Das gilt in noch gesteigertem Maße für das Kino, das zu völlig neuen Formen der Selbst- und Fremdwahrnehmung führte. Deshalb war es auch kein Zufall, daß der Film fast zeitgleich mit den Sexualwissenschaften entstand. Die Gemeinsamkeiten der beiden Bereiche liegen in der Entwicklung eines neuen ›fließenden‹ Subjektbegriffs. Die Sexualwissenschaften betrachteten den Sexualtrieb als einen eigenen Trieb, der sich weitgehend vom Reproduktionstrieb getrennt hatte und deshalb auch nicht biologisch bedingt war. Eine ähnliche Vorstellung davon, daß der Körper und sein Geschlecht kulturellen und nicht biologischen Bedingungen unterliegt, vermittelte auch das Kino. Im Kino identifiziert sich der Zuschauer/die Zuschauerin sowohl mit dem betrachtenden Auge der Kamera als auch mit den Akteuren auf der Leinwand, die jedoch als *Objekt* des Blicks (von Kamera und Zuschauer/innen) wahrgenommen werden. Es entstand also auch im Kino ein ›fließender‹ Subjektbegriff: eine doppelte Form von Subjektbildung, in der sich der Zuschauer und Betrachter sowohl mit dem Sehen als auch dem Gesehen-Werden identifiziert. Damit waren die traditionellen Geschlechterrollen, die in der Renaissance entstanden waren und die von der Fotografie noch aufrecht erhalten wurden, in Frage gestellt. Das heißt, es entstand um 1900 sowohl auf dem Gebiet des Sehens als auch im Bereich der Sexualwissenschaften eine Verwischung der Grenzen zwischen den beiden Geschlechtern. Und diese Erkenntnis sollte in der Filmtheorie des späten 20. Jahrhunderts eine wichtige Rolle spielen und später auch auf andere mediale Bereiche übertragen werden.

Kurz: Auf keinem anderen Gebiet ist der Begriff ›Gender‹ so sinnvoll wie auf dem der Medienwissenschaften. Da ›Gender‹ impliziert, daß es eine kulturelle Kodierung des Geschlechts gibt, bietet es sich an, nach den Formen der Kodierung zu fragen – und diese sind weitgehend medial bedingt. Die ›Kultur‹, das ›Kulturelle‹ und die ›symbolische Ordnung‹ sind also schwer von den medialen Bedingungen ihrer Entstehung zu trennen.

Auf das Beispiel der Alphabetschrift, das als Ausgangsbeispiel für die Rolle der Medien bei der Konstitution von Gemeinschaft sowie der Entstehung der symbolischen Geschlechterordnung zu betrachten ist, wurde schon im Einführungskapitel eingegangen. Es ist allerdings wichtig, sich diese Bedingungen immer wieder vor Augen zu führen, um die späteren Entwicklungen der Geschlechterordnung im Abendland zu begreifen und sehen zu können, warum jede Veränderung der Geschlechterordnung auch immer in engem Zusammenhang mit den medialen Rahmenbedingungen der verschiedenen Zeitalter steht (v. Braun 1989, 1996). Die medialen Veränderungen prägen sowohl das religiöse Denken als auch die soziale Wirklichkeit und wirken damit zurück auf Subjektbildung und die symbolische Ordnung der Geschlechter.

Zu den einzelnen Bereichen der Medienwissenschaft

Wie ist die Analysekategorie ›Gender‹ in die bisherige Medienwissenschaft und Theorie eingegangen? Zu unterscheiden sind grundsätzlich zwei Methoden der Forschung zum Thema Medien, die (außer der Nichtbeachtung der Kategorie Gender) wenig gemeinsam haben: die empirisch orientierte Medienforschung und die materialistisch orientierte Medientheorie. Allerdings zeigt sich bei näherer Betrachtung, daß beide unter dem Aspekt der Gender-Studien produktiv zusammenzuführen sind.

Empirische Medienforschung

Die empirische Medienwissenschaft geht – von einigen Ausnahmen abgesehen – von einem Repräsentationsmodell aus, nach dem die Medienrealität mit der ›wirklichen‹ Realität in einem Abbildungsverhältnis steht. Das heißt, die Repräsentationskritik nimmt einen direkten Einfluß des medial Gezeigten auf die Zuschauer an. Die feministisch orientierte Medienwissenschaft untersucht dementsprechend die patriarchalen und sexistischen Darstellungen, die durch die Medien transportiert werden. Sie versucht, die Stereotypisierungen offenzulegen und ggf. durch die Forderung nach anderen Darstellungsformen zu unterminieren. Dahinter steht der Gedanke, daß die Zuschauer/innen die ›Sendungen‹ der Medien nicht als »ritualisierte Form von Kommunikation« (Angerer/Dorer 1994, 20) begreifen können, sondern in ihrem Selbstbild verstört werden. Das Konzept ›Gender‹ stellt die Idee einer solchen direkten Einflußnahme einer gezeigten Botschaft (z. B. der sexistischen Darstellung einer Frau) auf das Selbstbild der Zuschauer/innen in Frage und untersucht statt dessen, »welcher Zusammenhang zwischen den geschlechtsspezifischen Identifikationsstrategien, die dem Text (TV-Inhalte, Programme, Bilder) eingeschrieben werden, und der Herstellung einer Geschlechteridentität im Prozeß der medialen Konsumption besteht« (Angerer 1994, 10). Denn die Realität ist durch die Repräsentationen erst erzeugt, d. h. es kann kein Außerhalb der kulturellen Bilder geben. Die *Cultural Studies*, die sich an angloamerikanischen Fakultäten schon länger als in Deutschland als Studienfach etabliert haben, haben ihren Forschungsschwerpunkt auf das Zuschauersubjekt verrückt. Die Betonung der »Zuschauerschaft« (*spectatorship*) meint ein aktives Interpretieren von medial vermittelten Botschaften, die von den Zuschauer/innen auch ›gegen den Strich‹ gelesen werden können. Das heißt auch mit einer sexistischen oder gewalttätigen Darstellung kann ein visueller Lustgewinn verbunden sein.

Medientheorie: Das Medium ist die Botschaft

Von den *Cultural Studies* und der *Visual Theory* (vgl. die Debatte in: *October* No. 77, 1996) wurde auf diese Weise eine neue Definition des Begriffs ›Medium‹ ins Spiel gebracht, die weit über die klassische Medientheorie hinausgeht. Laut dieser Theorie übertragen sich Botschaften der Medien auf die Rezipient/innen – aber es geht dabei nicht um die Vermittlung von Inhalten, sondern um die mediale Form selbst. In der auf Marshall McLuhan fußenden Theoriebildung ist das Medium die Botschaft (McLuhan 1964, s.a. Kittler 1986, Flusser 1990, 1991, 1992 u.a.). Mit dem Begriff ›Medium‹ ist hier mehr gemeint als ein Instrument oder Werkzeug, das hilft, eine Handlung zu verrichten oder eine Verbindung herzustellen. Ein Medium steht in keiner eindeutigen Zweck-Mittel-Relation, sondern stellt selbst einen Beitrag zur Sinnproduktion des vermeintlich nur transportierten Inhalts dar. Damit wird wiederum deutlich, wie sehr sich die beiden Begriffs- und Analysefelder Gender und Medium ähneln, da sie beide erstens auf einem interdisziplinären Forschungsansatz und zweitens auf einer quer zu der traditionellen Wissenschaft verlaufenden Argumentationsstrategie bestehen. Allerdings wird diese Parallelität in der Theoriebildung bisher größtenteils ausgeklammert.

Bisher ist allerdings schon in mehreren Bereichen – vor allem in der Schrifttheorie, der Kunstgeschichte und der Filmtheorie – der Bogen zwischen Medien- und Geschlechtertheorie geschlagen worden. Diese Forschungen haben es ermöglicht, Produkten der Unterhaltungsindustrie, dem Popularfilm wie dem Video- oder Computerspiel bzw. der Popmusik, ebenso vorurteilslos gegenüberzutreten, wie sie es vermocht haben, die in die Technologien eingelassenen Konstruktionen und Repräsentationen des Geschlechts zu verdeutlichen (Mulvey 1975, Studlar 1985, De Lauretis 1980, 1984, 1987, Kuhn 1982, Williams 1995). Auch auf diesem Gebiet kommen die wichtigsten Forschungsimpulse aus den USA, aber auch im deutschsprachigen Raum ist die Diskussion aufgegriffen worden, vor allem von der 1974 von der Filmemacherin Helke Sander und anderen gegründeten Zeitschrift *Frauen und Film* sowie von einzelnen Autorinnen (u.a. Lindner 1989, Brauerhoch 1990, 1996, Koch 1978, 1988, von Braun 1985, 1996, 1998, Angerer/Dorer 1994).

Weiblichkeit und Repräsentation

Die Bedeutung der Filmtheorie im Bereich der Theorie und Geschichte der Medien begründet sich einerseits aus deren früher Auseinandersetzung mit poststrukturalistischen, semiotischen und psychoanalytischen Theorien (Metz 1972, 1977; Baudry 1974/75, 1986). Andererseits ist sie der Omnipräsenz filmischer Botschaften gedankt, die eine Auseinandersetzung mit Weiblichkeit und Repräsentation geradezu provozierte. In diesem Zusammenhang wurde der Begriff der ›Repräsentation‹ sehr wichtig. Die Filmtheoretikerin Teresa de Lauretis hat das Geschlecht als Repräsentation und die Repräsentation des Geschlechts als Konstruktion beschrieben. Das Geschlecht sei, »sowohl als Repräsentation als auch als Selbstrepräsentation, ebenfalls ein Produkt verschiedener sozialer Technologien wie Kino und institutionalisierter Diskurse, Erkenntnistheorien, kritischer Praxisformen und auch von Alltagspraxis« (de Lauretis 1996, 59).

Wie die Medien ihrerseits Geschlechterbilder produzieren und inwieweit sie sich auf die realen Körper übertragen, ist wiederum ein zentrales Thema dieses Forschungsgebietes. Ein anderes Thema ist die Frage nach der Einschreibung der Genderpositionen im Text bzw. im Bild- oder Tonträger sowie deren Interpretation und Übertragung auf die Lebensverhältnisse durch die Rezipient/innen. Weiter wird danach gefragt, wie die Rezeption das individuelle Selbstverständnis und auch die kollektive Geschlechterasymmetrie bzw. das »kollektive Imaginäre« (von Braun 1994) beeinflußt.

Die Entwicklung der feministischen Filmtheorie

Laura Mulvey hat mit ihrem Aufsatz »Visual Pleasure and Narrative Cinema« (1975) die sich auf psychoanalytische (Jacques Lacan) und poststrukturalistische Theorien (Christian Metz) stützende Filmtheorie um eine feministische Perspektive erweitert. Sie hat im Anschluß an Christian Metz das Zuschauersubjekt als der filmischen Botschaft unterworfen theoretisiert (sie bedient sich dabei eines Subjektbegriffs, der sich von subiectum = ›unterlegen, unterstellen, darreichen‹ ableitet). Der narrative Film als Manifestation der patriarchalen Gesellschaft und männlichen Herrschaft vermöge die Frau nur als Objekt, als Bild zu repräsentieren, womit keine Möglichkeit der Identifikation einer weiblichen Zuschauerin mit der Filmhandlung bzw. mit dem ›Auge‹ des (männlichen) Filmherstellers bestehe. Mulveys Hoffnung und ihre Praxis als Filmemacherin galten dem Avantgardefilm, der neue Darstellungsmodi des Weiblichen entwickeln und eine weibliche Zuschauerschaft ermöglichen sollte. Mulveys Überlegungen beruhen auf der Setzung des Films als Apparatur, die die geltende Ideologie affirmiert. Gertrud Koch (1978) stellte als Antwort auf Mulvey die Frage, warum Frauen dennoch ins ›Männerkino‹ gehen. Damit bezweifelte sie Mulveys Setzung, nach der Zuschauerinnen sich im narrativen Film nicht identifizieren könnten und brachte einen interpretatorischen Freiraum ins Spiel, der auch von der Visual Theory beansprucht wird und der von Autorinnen wie etwa Gaylin Studlar auch auf den Film übertragen wurde (Studlar 1985).

Es scheint, als ob sich die Diskussion im Bereich feministischer Medientheorie auf folgende Opposition zusammenführen läßt: Entweder entwirft (oder formt) die Allgemeingültigkeit des medialen Apparatus die Zuschauersubjekte, indem sie sie in ihrer anthropologischen Schaulust an das Filmische und den Raum der Projektion bindet (Apparatustheorie); oder es besteht für das Zuschauersubjekt die Möglichkeit zum subversiven Genuß. Während die mehr auf eine politische und kulturelle Praxis hin orientierten *Cultural Studies* die Handlungsfähigkeit eines aktiven, selbstbewußten Zuschauersubjekts einräumen, ist diese in der Apparatustheorie, die sich auf die Theorien des französischen Psychoanalytikers Jacques Lacan stützt, schwer denkbar. Lacan geht von einer Unterscheidung zwischen dem (vorsprachlichen) Stadium des Imaginären und dem Stadium des Symbolischen aus, in den das Individuum durch die Sprache, die Symbolisierungsfähigkeit eingeführt wird (Lacan 1949). Im Kino jedoch würde das Subjekt durch die Identifizierung mit den von der Technik vorgegebenen Bildern in das Stadium des Imaginären, also in einen vorsprachlichen Zustand versetzt. Das heißt, hier entsteht eine Paradoxie: Vergleichbar der Schrift, gehört auch das Kino, als Technik wie als ästhetische Form, dem Bereich des Symbolischen an. Doch überführt es, anders als die Schrift, das Individuum nicht in das Stadium des Symbolischen, sondern es leitet seine Rückführung in den (vorsprachlichen) Zustand des Imaginären ein. In diesem Kontext ist das Kino auch als Ort des Symbolischen umschrieben worden, der die

Rückkehr in die Ordnung des Imaginären (also des Unbewußten) eröffne und damit in einen Raum, der als ›mütterlich‹ umschließend oder vorsprachlich gedacht wird (Brauerhoch 1996, Baudry 1986).

Kunst und Medien

Das Denken über Weiblichkeit und Repräsentation hat außer in der Filmtheorie auch in der feministischen Kunsttheorie einen wichtigen Ort gefunden. Hier spielt inzwischen ebenfalls die Kategorie ›Gender‹ eine große Rolle (vgl. Schade/Wenk 1995). Eine Initialzündung für die neuere kunstwissenschaftliche Theoriebildung war die Arbeit der amerikanischen Künstlerin Cindy Sherman, die sich in den 80er Jahren im fotografischen Bild in verschiedenen Frauenrollen selbst inszeniert hat. Für die Entwicklung der Gendertheorie ist zum einen die von Sherman vorgeführte Konstruktion des Weiblichen als Bild zentral gewesen, zum anderen spielt die Verwendung des Mediums Fotografie eine wichtige Rolle. Mit dieser hat sich Sherman nicht nur in die Nähe der Unterhaltungsindustrie gestellt (Filmstandbilder, Magazinfotografie), sondern auch auf eine spezifische Eigenschaft des Fotografischen, nämlich das Mediale, hingewiesen: Sie führt immer wieder die Kopie eines nicht vorhandenen Originals vor (vgl. Schade 1986, Krauss 1993). Auf die Vergangenheit bezogen, ist der Authentizitätsanspruch einer Fotografie dennoch absolut: so ist es gewesen, sie ist es gewesen (Barthes 1985).

Nicht zufällig entstand die Fotografie parallel zur Institutionalisierung der Kunstgeschichte im 19. Jahrhundert: Die ›bildende Kunst‹ (vor allem die Malerei und die Kunst des Zeichnens) hat sich als eine vom Medium der Fotografie verschiedene – bessere – Disziplin verstanden, denn die Fotografie verzichtete auf die schaffende Hand eines Künstlers, um sich, so die Theorie, auf einen neutralen, objektiven, technischen Apparat zu stützen. Seit ihrer Erfindung im Jahre 1839 hat sie sich profanen Themen zugewandt, die entweder im Zeichen der Dokumentation und Registrierung standen (Kriminalfotografie, Anthropometrie, medizinische Fotografie u. a.), oder sie schlug sich direkt auf die Seite der Unterhaltung. Der Streit um die Fotografie als Kunst ist also paradigmatisch zu verstehen, denn er zeigt auch die Entstehungsbedingungen einer Unterscheidung zwischen hohen und niederen Künsten auf.

Schon sehr früh spielte die Pornografie in der Fotografie eine wichtige Rolle. Die Pornografie steht nicht nur historisch am Schnittpunkt der Grenzziehung zwischen Künsten und Medien – ist doch unsere Vorstellung von Pornografie gleichzeitig die eines fotografischen Bildes –, sondern auch für die Kontroverse um die Repräsentation von Weiblichkeit und Sexualität. Denn die Existenz pornografischer Bilder und ihrer Betrachter führt vor, wie eng Skopophilie (Schaulust) und Voyeurismus mit der technischen Bildoberfläche verknüpft sind. Vom Standpunkt der poststrukturalistischen Medientheorie aus ist es unsinnig, eine Darstellungsform aufgrund eines vermuteten Übertritts der Medienrealität zu zensieren, weil gerade dieser Übertritt nicht angenommen wird. Die Gendertheorie argumentiert ähnlich, indem sie die eindeutige Identifikation der Zuschauerin mit der dargestellten, eventuell erniedrigten Frau nicht voraussetzt, also in der Repräsentation sexueller Gewalt nicht notwendigerweise eine tatsächliche sexuelle Gewalt sieht. Weiterhin wurde die Forderung formuliert, die verschiedenen Genres, die unter Pornografie subsumiert werden (z. B. schwul-lesbische Pornografie), zu differenzieren und nicht von einem vorgeblich übergeordneten und letztlich moralischen Standpunkt aus zu verurteilen (Williams 1995).

Rückblick auf die »alten Medien«

Die Aktualität der Medientheorie hat sich aus der Omnipräsenz medialer Botschaften und technischer Bilder in unserem alltäglichen Leben entwickelt. Diese neuen Medien weisen ein verändertes Verhältnis zur Schrift auf und scheinen der Bildlichkeit verpflichtet zu sein (vgl. Mitchell 1986, 1994). Sie haben gerade deshalb einen neuen Blick zurück auf die Tradition der Schriftkultur ermöglicht (Ong 1987, Goody 1990, Flusser 1992). Einige der kulturgeschichtlich-theoretischen Folgerungen wurden im Einführungskapitel zu diesem Band beschrieben. Die Medientheorie hatte auch Rückwirkungen auf Felder wie das der Mediävistik und der Altertumsforschung, die in ihren Untersuchungsmaterialien das Verhältnis von Mündlichkeit und Schriftlichkeit neu untersuchten (Assmann 1983, Wenzel 1995). Die Texte wurden nicht mehr nur auf ihre Sinnhaftigkeit (ihre Inhalte) gelesen, sondern auch auf ihre Performativität. Die Schrift wurde als Oberfläche, als Textur und Gewebe wichtig. Sie wurde aber auch begriffen als Voraussetzung für die Entstehung eines imaginären Raums, in dem sich das Subjekt bewegt und verändert. Indem die Schrift als Oberfläche und Zeichen eine Bedeutung gewinnt, wurde sie überhaupt erst in diesem Sinne als ›Medium‹ denkbar. Insofern hatte die Forschung auf dem Gebiet der visuellen Techniken einen großen Einfluß auf die Erforschung der Alphabetschrift, die Phoneme in visuelle Zeichen überführt. Wichtig sind auf diesem Gebiet vor allem die Arbeiten von Jacques Derrida (1974).

Die Stimme

Wie oben beschrieben, umfaßt der Begriff ›Medien‹ nicht nur jene technischen Apparate, die das moderne Leben ausmachen, sondern auch die anthropologischen Übertragungs- und Äußerungstechniken, wie z. B. die Körpersprache oder die Stimme. Diese vermittelt immer mehr als das Intendierte, sie gibt mehr zu verstehen und trägt ein Anderes mit sich. Die Stimme verrät nicht nur das Geschlecht des oder der Sprechenden, sie offenbart auch etwas über das Verhältnis zum Angesprochenen. So werden auch die ›Empfindungslaute‹ des Alphabets (vor allem die Vokale) und das Verhältnis von Frauenstimme und Männerstimme zu diesen Lauten zu einem Forschungsgebiet, das wiederum in enger Beziehung zur allgemeinen Alphabetisierung um 1800 steht. Mit dem Notationssystem und der allgemeinen Fähigkeit zu lesen und zu schreiben wurden Stimme und Schrift miteinander ›verschaltet‹. In der Musik haben sich mit der Erfindung der Notenschrift Stimme und Gesang (ungeschlechtlich und technisch) encodieren lassen, und seit der ersten Sprechmaschine, dem Phonographen, ist die Stimme nicht mehr an den Körper gebunden, sondern als Aufzeichnung verfügbar und technisch manipulierbar (Kittler 1986, Koestenbaum 1996).

Der weibliche Körper als Medium

Es besteht eine enge Beziehung zwischen Massenmedien und Suggestion, bzw. zwischen Medium und Körperlichkeit. Die Vorarbeiten zu diesem Gebiet sind vielfältig und zugleich sehr spezifisch, auf einzelne Teilbereiche beschränkt. Sie umfassen z. B. politische Untersuchungen über Radio und Film im Nationalsozialismus oder die Wirkung der Musik (seit ca. 1830) auf die Entstehung von ›Hörigkeit‹. Schon Ende des 19. Jahrhunderts beschreibt Max Nordau in seinem Buch *Entartung* die Wirkungsweise der Musik Richard Wagners in diesem Sinne; er benutzte dabei den Begriff der ›Hysterie‹, die gegen Ende des 19. Jahrhundert zunehmend die Bedeutung von Beeinflußbarkeit, ›lustvolle Auflösung des Ich in der Masse‹ u. ä. annimmt (v. Braun 1985, 420f).

In der Geschichte von Weiblichkeit und Medialität spielen die Hysterikerinnen eine zentrale Rolle. Sie rücken einerseits ins Zentrum eines wissenschaftlichen Blicks, der den Topos der ›Suggestibilität‹ untersuchen will. Andererseits ›inszenieren‹ sie aber auch diese Suggestibilität. Unter dem Blick der Kamera des Arztes Jean Martin Charcot, der Ende des 19. Jahrhunderts an der berühmten Pariser Heilanstalt Salpêtrière große Fotolabors einrichten ließ, um die hysterischen Symptome zu untersuchen und festzuhalten, reagierten die Patientinnen auf das Einschalten der Lampen, indem sie die ihnen zugeschriebenen Krankheitsbilder am eigenen Körper reproduzierten. Charcot hielt diese Inszenierungen für ein Abbild der Wirklichkeit (der Krankheit). Er sagte »man hält die Theorie in den Händen, wenn man über die Mittel verfügt, die Krankheit zu reproduzieren« (Charcot 1887/88, Bd. I., 136). Doch schon sehr bald vermuteten einige Ärzte, darunter Sigmund Freud, daß die vorgeführten hysterischen Anfälle eine Folge von Suggestion waren: durch den Arzt und die fotografische Installation, die Technik der Reproduktion schlechthin. Damit eröffneten die Hysterischen (es gab in der Salpêtrière nicht nur Patientinnen, sondern auch hysterische Männer) für die Psychiatrie nicht nur einen Zugang zum Unbewußten (Freud erkannte die hysterischen Symptome als ›Körper gewordene Sprache‹), sondern auch zum Einfluß der Medien auf die Psyche. Die Psychoanalyse, die aus diesem Interesse hervorging, ist die Wissenschaft, die sich der Medialität in besonderem Maße gestellt hat. Sie hat nach den ›verborgenen Bildern‹ und der vielschichtigen Bedeutung von Worten gefragt. In der Analyse gilt es, die ›Nachrichten‹ sowie die Wege, die sie zurücklegen, zu entziffern: nicht über den bewußten Sinn, sondern eher über die unbewußten Fehlleistungen, d. h. über die Schaltstellen, an denen das Unbewußte zutage tritt. Nicht durch Zufall ist die Niederschrift von Sigmund Freuds »Traumdeutung« auch das Erfindungsjahr des Filmes, 1895.

Insgesamt taucht der weibliche Körper (in der Werbung, in der politischen Propaganda, im öffentlichen Diskurs) immer wieder als Allegorie für das Kommunikationsnetz selbst auf, das die einzelnen Teile der modernen Gesellschaft miteinander verbindet und zu einer Einheit verschmelzen läßt. Diese Allegorisierung des weiblichen Körpers, der in der Moderne zum Repräsentanten des medialen ›Nervensystems‹ wird, das den Gemeinschaftskörper zusammenhält, zieht sich durch die gesamte Geschichte des Abendlandes: von der griechischen Polis bis zu den modernen Industrienationen (v. Braun/Dietze 1999). In der Geschlechterforschung geht es auch darum, die geistesgeschichtlichen Hintergründe für diese Vorstellung zu analysieren, die dem weiblichen Körper auf visueller wie anderer medialer Ebene eine sowohl ›verbindende‹ Rolle als auch die Funktion einer Repräsentationsfigur für die Gemeinschaft zuweist. Diese Frage geht weit über die Frage der reinen Allegorie hinaus. Denn für fast jede Epoche läßt sich feststellen, daß das Konzept des als ›weiblich‹ imaginierten Kollektivkörpers Rückwirkungen auf die kulturelle und soziale Rolle von Frauen hat. Da das Konzept des Kollektivkörpers wiederum eng mit den medialen Bedingungen zusammenhängt, die ihm eigen sind, beeinflussen die Medien also indirekt die Definitionen etwa von ›Mütterlichkeit‹, ebenso wie sie sich auf die Entstehung bestimmter ›Frauenberufe‹ auswirken. So war z. B. der Beruf der Telefonistin von Anfang an als ›Frauenberuf‹ konzipiert, ohne daß es dafür eine logische oder biologische Rechtfertigung gab. Es ist interessant, in diesem Zusammenhang zu sehen, daß sich auf dem Gebiet der technischen Medien eine ganz ähnliche Vorstellung durchgesetzt hat wie auf dem (zeitgleich sich verbreitenden) Gebiet der Parapsychologie. Auch im Kontext der Parapsychologie ist das ›Medium‹ fast immer weiblich: Die Frau als Artefakt ist offenbar besonders geeignet, sich in ein ›Sprachrohr‹ zu verwandeln (Sykora 1993, Eiblmayr 1995).

Körper und Geschlecht im Zusammenhang mit den elektronischen Medien

Um die neuen, d.h. digitalen Medien ist eine breite Diskussion entstanden, die bisher besonders in den USA geführt wird. Wie verändert sich die Wahrnehmung des eigenen Körpers, wie die anderer Körper durch die digitale Vernetzung und durch die Wanderung, die das Ich im ›virtuellen‹ Raum unternimmt? Welche ›Identitäten‹ werden dabei gefunden, erfunden, konstruiert? Was bedeutet überhaupt der Begriff der ›Identität‹, wenn das ›Surfen‹ im Internet die Möglichkeit eröffnet, die eigenen körperlichen Vorgaben – Alter, Rasse, Geschlecht – zu verleugnen oder zu verändern? Mit den Fragen, die die moderne Elektronik und das elektronische Netz aufwirft, wiederholen und verschärfen sich die Fragen, die mit dem Kino aufkamen. Mit dem Internet, mit Cyberspace erweitert sich der imaginäre Raum, in den sich das Individuum hineinbewegen kann, weit über die Grenzen eines Kinosaals hinaus: Es entsteht ein Raum ohne Begrenzung, in dem freilich der biologische Körper außen vor bleibt. Die zeitgenössische Gendertheorie, die die Idee einer eindeutigen Geschlechtsidentität als Produkt historischer Zuschreibungen betrachtet, ist vor dem Hintergrund dieser medialen Veränderungen zu sehen. Judith Butlers (1990, 1995) Hinweis auf die Durchlässigkeit von Identitätskonstruktionen offenbart die Probleme einer zeitgenössischen Definition von Geschlecht und stellt zweifellos ein zentrales Paradigma der aktuellen Gendertheorie dar. Dieses Paradigma ist eng verbunden mit den medialen Bedingungen, unter denen die Industrieländer heute stehen und durch die bestimmte Konstrukte von ›Männlichkeit‹ und ›Weiblichkeit‹ zustande kommen. Unter diesem Blickwinkel offenbaren sich auch die ideologischen Aspekte eines Teils der naturwissenschaftlichen Forschung: das gilt sowohl für die Naturwissenschaften der Vergangenheit (Laqueur 1992) als auch für die Moderne. Insbesondere in der Gentechnologie ist eine enge Beziehung zu den medialen Bedingungen der Informatik zu beobachten, bei der letztere nicht nur als ›Instrument‹ der Forschung, sondern auch als deren Richtschnur in Erscheinung tritt (Haraway 1991, Nelkin/Lindee 1995, Fox Keller 1995).

Literatur

Angerer, Marie Luise/Dorer, Johanna (Hg.): *Gender und Medien. Theoretische Ansätze, empirische Befunde und Praxis der Massenkommunikation.* Ein Textbuch zur Einführung. Wien 1994.

Assmann, Aleida/Assmann, Jan/Hardmeier, Christoph (Hg.): *Schrift und Gedächtnis. Beiträge zur Archäologie der literarischen Kommunikation* 1. München1983.

Barthes Roland: *Die helle Kammer.* Frankfurt a. M. 1985.

–: *Der entgegenkommende und der stumpfe Sinn.* Frankfurt a. M. 1990.

Baudry, Jean-Louis: »Ideological Effects of the Basic Cinematographic Apparatus«. In: *Film Quarterly* 28,2 (1974/75), 39–47.

–: »The Apparatus: Metapsychological Approaches to the Impression of Realism in Cinema«. In: Rosen, Philip (Hg.): *Narrative, Apparatus, Ideology*: A Film Theory Reader. New York 1986.

Brauerhoch, Annette: *Alice in Wonderland. Feministische Filmtheorie – der Blick, die Schaulust und die weibliche Zuschauerin.* In: *Filmwahrnehmung.* Dokumentation der GFF Tagung 1989. Hg. v. Knut Hickethier/Hartmut Winkler. Berlin 1990.

–: *Die gute und die böse Mutter. Kino zwischen Melodrama und Horror.* Marburg 1996.

Braun, Christina von: *Nicht ich. Logik Lüge Libido.* Frankfurt a. M. 1985.

–: *Die schamlose Schönheit des Vergangenen. Zum Verhältnis von Geschlecht und Geschichte.* Frankfurt a. M. 1989.

–: »Kollektives Gedächtnis und individuelle Erinnerung. Selbst- und Fremdbilder unter der Einwirkung von Photographie und Film«. In: *Kunstforum international* 128: *Zwischen Erinnern und Vergessen 2.* Hg. v. Hans U. Reck. Ruppichteroth 1994.

–: »Frauenkörper und medialer Leib«. In: Reck, Hans U./W. Müller-Funk (Hg.): *Inszenierte Imagination.* Berlin, New York 1996.

–: »Symbol und Symptom. Das Geschlecht der Zeichen«. In: *Metis. Zeitschrift für Historische Frauenforschung* 7 (1998) 13, 7–16.

–: /Dietze, Gabriele (Hg.): *Die Multiple Persönlichkeit. Krankheit, Medium oder Metapher?* Frankfurt a. M. 1999.

Butler, Judith: *Gender Trouble: Feminism and the Subversion of Identity.* New York, London 1990.

–: *Körper von Gewicht. Die diskursiven Grenzen des Geschlechts.* Berlin 1995.

Charcot, Jean-Martin: *Leçons du mardi à la Salpêtrière.* Policlinique Paris 1887/1888.

Derrida, Jacques: *Grammatologie.* Frankfurt a. M. 1974.

Eiblmayr, Silvia: »Gewalt am Bild – Gewalt im Bild«. In: Lindner, I. (Hg.): *Blick-Wechsel.* Berlin 1989.

–: *Die Frau als Bild. Der weibliche Körper in der Kunst des 20. Jahrhunderts.* Berlin 1993.

–: »Automatismus und Medien: Die Frau als Symptom«. In: Angerer, Marie-Luise (Hg.): *The body of Gender.* Wien 1995.

Flusser, Vilém: *Ins Universum der technischen Bilder.* Göttingen 1990.

–: *Für eine Philosophie der Photographie.* Göttingen 1991.

–: *Die Schrift.* Frankfurt a. M. 1992.

Frauen und Film. Zeitschrift, erscheint halbjährlich. Frankfurt a. M. seit 1974.
Fox Keller, Evelyn: *Refiguring Life. Metaphors of Twentieth-Century Biology.* New York 1995.
Goody, Jack: *Die Logik der Schrift und die Organisation von Gesellschaft.* Frankfurt a. M. 1990.
– : /Watt, Ian/Gough, Kathleen: *Entstehung und Folgen der Schriftkultur.* Frankfurt a. M. 1986.
Haraway, Donna, J.: *Simians, Cyborgs and Women. The Reinvention of Nature.* New York/London 1991.
Innis, Harold Adam: *Empire and Communications.* Rev. by Mary Q. Innis, Foreword by Marshall McLuhan. Toronto 1972.
Kittler, Friedrich A.: *Grammophon Film Typewriter.* Berlin 1986.
– : *Draculas Vermächtnis. Technische Schriften.* Leipzig 1993.
Koch, Gertrud: »Warum Frauen ins Männerkino gehen. Weibliche Aneignungsweisen in der Filmrezeption und einige ihrer Voraussetzungen« (1978). In: Nabakowski, Gislind/Sander, Helke (Hg.): *Frauen in der Kunst.* Frankfurt a. M. 1980.
– : *»Was ich erbeute, sind Bilder«. Zur filmischen Repräsentation der Geschlechter im Film.* Basel 1988.
– : (Hg.): *Auge und Affekt. Wahrnehmung und Interaktion.* Frankfurt a. M. 1995.
Koestenbaum, Wayne: *Königin der Nacht. Oper, Homosexualität und Begehren.* Aus d. Amerikanischen von Joachim Kalka. Stuttgart 1996.
Krauss, Rosalind: *Cindy Sherman.* London, Paris 1993.
Kuhn, Annette: *Women's Pictures, Feminism and Cinema.* London/New York 1982.
Lacan, Jacques: »Das Spiegelstadium als Bildner der Ichfunktion, wie sie uns in der psychoanalytischen Erfahrung erscheint« (1949). In: J. Lacan: *Schriften* 1, Weinheim 1986.
Laqueur, Thomas: *Auf den Leib geschrieben. Die Inszenierung der Geschlechter von der Antike bis Freud.* Frankfurt a. M. 1992.
de Lauretis, Theresa, *Technologies of Gender. Essays on Theory, Film and Fiction*; Bloomington/ Indianapolis, 1987.
– : /Heath, Stephen (Hg.): *The Cinematic Apparatus.* London 1980.
– : *Alice Doesn't. Feminism, Semiotics, Cinema.* Indiana 1984.
– : »Die Technologie des Geschlechts«. In: Elvira Scheich (Hg.): *Vermittelte Weiblichkeit. Feministische Wissenschafts- und Gesellschaftstheorie.* Hamburg 1996.
Lindner, Ines (Hg.): *Blick-Wechsel.* Berlin 1989.
Mauss, Marcel: »Techniques of the Body« (1935): In: Ders.: *Sociology and Psychology.* Essays. Transl. by B. Brewster. London 1979, 199–220.
McLuhan, Marshall: *Understanding Media.* New York 1964.
Metz, Christian: *Semiologie des Films.* München 1972.
– : *Le Signifiant imaginaire. Psychanalyse et cinéma.* Paris 1977.
– : »Fotografie, Fetisch«. In: *Kairos* Nr. 1,2. Wien 1985.
Mitchell, W.J.T.: *Iconology.* Chicago 1986.
– : *Picture Theory.* Chicago 1994
Mulvey, Laura: »Visual Pleasure and Narrative Cinema«. In: *Screen* 16 (1975). Deutsch in: Nabakowski, Gislind/Sander, Helke (Hg.): *Frauen in der Kunst.* Frankfurt a.M. 1980.
Nelkin, Dorothy/Lindee, M. Susan: *The D.N.A. Mystique, The Gene as a Cultural Icon.* New York 1995.
October, »*Visual Culture*«, No. 77. Cambridge, Mass. 1996
Ong, Walter J.: *Oralität und Literalität. Die Technologisierung des Wortes.* Wiesbaden 1987.
Schade, Sigrid: »Cindy Sherman oder die Kunst der Verkleidung«. In: Conrad, /Konnertz, Dirk: *Weiblichkeit in der Moderne.* Tübingen 1986.
– : »Der Mythos des ›Ganzen Körpers‹«. In: Barta, Ilsebill (Hg.): *Frauen, Bilder, Männer, Mythen.* Berlin 1987, 239–260.

– : »Andere Körper. Kunst, Politik und Repräsentation in den 80er und 90er Jahren«. In: *Andere Körper.* Ausstellungskatalog. Hg. v. S. Schade. Offenes Kulturhaus Linz 1994.

– : /Wenk, Silke: »Inszenierung des Sehens: Kunst, Geschichte und Geschlechterdifferenz«. In: Bußmann, Hadumod/Hof, Renate (Hg.): *Genus. Zur Geschlechterdifferenz in den Kulturwissenschaften.* Stuttgart 1995.

Studlar, Gaylyn: »Schaulust und Masochistische Ästhetik«. In: *Frauen und Film,* Heft 39 1985, 15–35.

Sykora, Katharina: »Ver-Körperungen: Weiblichkeit-Natur-Artefakt«. In: *Raum und Verfahren. Interventionen.* Museum für Gestaltung Zürich. Basel, Frankfurt a. M. 1993.

Wenzel, Horst: *Hören und Sehen, Schrift und Bild. Kultur und Gedächtnis im Mittelalter.* München 1995.

Williams, Linda: *Hard Core. Macht, Lust und die Traditionen des pornographischen Films.* Basel, Frankfurt a. M. 1995.

16. Musikwissenschaft

Monika Bloß

Als Konsens all derjenigen, die die Auseinandersetzung mit Geschlecht und Geschlechterverhältnissen in Musik begonnen haben, läßt sich feststellen: Unter den musikwissenschaftlichen Forschungen lassen sich erst relativ spät feministische Untersuchungen finden; von allen mit Kunst und Kultur befaßten Fächern scheinen sich innerhalb der Musikwissenschaft Ressentiments gegenüber geschlechtsrelevanten Fragestellungen am längsten erhalten zu haben. Die Ursachen hierfür sind vielschichtig und ihre Erkundung ist selbst ein Teil feministischer Kritik. Immer wieder aber wird als Grund für diese Reserviertheit ein stark formalisiertes Selbstverständnis der Disziplin, ein ›rigider Kanon‹ angeführt (vgl. u. a. Bowers 1992, Citron 1994, Fauser/Plebuch 1998, McClary 1990, Rieger 1995a, Solie 1993).

Die Situation beschreibt Susan McClary, eine der prominenten US-amerikanischen Verfechterinnen feministischer Musikforschung, mit einem metaphorischen Verweis auf die Geschichte vom Ritter Blaubart. Sie benutzt die Erfahrungen seiner jungen Frau Judith, um die disziplinären Prämissen zu reflektieren, die McClary selbst viele Jahre an Geschlechterforschungen hinderten:

> Like Judith, I have been granted access by mentors to an astonishing cultural legacy: musical repertories from all of history and the entire globe, repertories of extraordinary beauty, power, and formal sophistication. It might be argued that I ought to be grateful, since there has really only been one stipulation in the bargain – namely, that I never ask what any of it means, that I content myself with structural analysis and empirical research. (McClary 1991, 4)

Was McClary hier zugespitzt formuliert, ist einerseits ihrem subjektiven Umgang mit den besonderen Traditionen US-amerikanischer Musikwissenschaft geschuldet. Selbstverständlich kann der Musikwissenschaft nicht generell die Suche nach Sinn- und Bedeutungszusammenhängen abgesprochen werden. Andererseits definieren die Geschichte und Rahmenbedingungen der ›Wissenschaft von Musik‹ auch und gerade in Deutschland, wo das heutige Verständnis von Musikwissenschaft begründet wurde, den ›Gegenstand‹ Musik auf eine spezifische Art und Weise, für die Analysen unter geschlechtsspezifischen Aspekten offenbar irrelevant waren. Insofern ist die Aussage McClarys mehr als nur ein individueller Befund, charakterisiert sie gleichermaßen die Situation in Deutschland. Denn hierzulande wirken die Ressentiments mit institutioneller Beharrlichkeit bis in die Gegenwart (vgl. Rieger 1998, Fauser/Plebuch 1998).

In Nordamerika dagegen hat sich infolge der *women's studies* seit etwa zehn Jahren eine breite Palette musikwissenschaftlich, musikpädagogisch oder musiktheoretisch orientierter Geschlechterstudien kontinuierlich entwickelt. Eine Einführung in den musikwissenschaftlichen Diskurs über geschlechtsrelevante Themen muß dem Ungleichgewicht zwischen anglo-amerikanischer und deutschsprachiger Musikforschungen zwangsläufig Rechnung tragen.

Von einigen Schwierigkeiten der Wissenschaft von Musik: Positionen und Positionierungen

Das Erkenntnisinteresse von Musikwissenschaftler/innen richtet sich traditionell auf die Beschaffenheit von Musik als ›Tonkunst‹ und die Individualität ihrer ›Schöpfer‹, weniger auf die Bedingungen ihrer Produktion, Verbreitung, Aneignung und des Umgangs mit Musik.

Zwar hat sich im Laufe der etwa 100jährigen Geschichte der Musikwissenschaft als universitäres Fach eine innere Struktur herausgebildet, die mit den Bereichen Historische Musikwissenschaft, Systematische Musikwissenschaft und Vergleichende Musikwissenschaft bzw. Musikethnologie ästhetische, soziologische, psychologische und naturwissenschaftliche Dimensionen erfaßt. Aber zum prestigeträchtigen Kern, zur ›Musikwissenschaft im eigentlichen Sinne‹, zählen bis dato die historischen Forschungen zu Musik. So problematisieren auch Helmut Rösing und Herbert Bruhn in ihrem kürzlich erschienenen ›Grundkurs Musikwissenschaft‹ das Verhältnis von Historischer und Systematischer Musikwissenschaft:

> Noch heute erforschen Physiologen das Gehör, Akustiker den musikalischen Raum, Psychologen die Wirkungen und Soziologen die Funktionen von Musik, ohne daß es zu einem wirklichen wissenschaftlichen Austausch oder zu einer Zusammenarbeit der Forschungsergebnisse käme. Im Gegenteil scheint sich ein immer größerer Teil der Historiker immer intensiver immer kleineren und spezielleren geschichtsbezogenen Fragestellungen zu widmen. [...] Das derzeitig zu registrierende Schwergewicht auf historischer Forschung wird dem Gegenstand Musik nicht gerecht. (Bruhn/Rösing 1998, 16–17).

Was zum ›Gegenstand‹ Musik gehört, ist noch immer von den Paradigmen, Wertvorstellungen und ästhetischen Konzepten der Aufklärung geprägt. Struktur und Kanon der Disziplin entfalteten sich aus einer musikalischen Tradition, die heute durchaus selbstkritisch als ›werk- und eurozentristisch‹ eingeschätzt wird. Nicht nur Frauen- und Geschlechterstudien, auch andere interdisziplinär orientierte Forschungen wie etwa zu populärer Musik stehen im Konflikt mit der institutionalisierten Erscheinung der Musikwissenschaft. Sie lassen sich offenkundig nur mühsam in die konventionalisierten strukturellen Teilbereiche einfügen. Die symptomatische Verkürzung von Musikgeschichte auf ›Kompositionsgeschichte‹ ist hierbei ein ebenso präsentes wie belastendes Erbe. So wird im Artikel »Musikwissenschaft« des 1997 überarbeiteten und erweiterten enzyklopädischen Standardwerks *MGG* (*Die Musik in Geschichte und Gegenwart*) »Frauen- und Geschlechtergeschichte« als eine jener »Facetten« der Musikgeschichtsschreibung akzeptiert, die unter dem Einfluß der *cultural studies* einen erweiterten Blick auch auf »politische, gesellschaftliche und psycho-soziale Phänomene« ermöglichen (Loesch 1997, 1812). Allerdings folgt sofort die Rechtfertigung, warum die Historische Musikwissenschaft (besonders in Deutschland) der ›gender critique‹ mit Skepsis begegnet, »sei es ihr doch ebensowenig wie der Geistesgeschichte und der marxistischen Historiographie gelungen, einen zwingenden Konnex zur *Kompositionsgeschichte* [Hv. d. A.] herzustellen.« (ebd.)

Der historisch gewachsene Systematisierungszwang der Disziplin steht inzwischen unübersehbar im Widerspruch zu der tatsächlichen Vielfalt musikkulturellen Lebens. Nicht zuletzt die Komplexität der Phänomene populärer Musik macht die Grenzen orthodoxer Musikauffassungen mehr als deutlich. Mit der Gegenstandsdebatte, die in den letzten Jahren zum Ausgangspunkt für neue methodische und inhaltliche Orientierungen der gesamten Disziplin geworden ist, wächst ein Musikverständnis, für das Musik nicht nur das im Werk oder einer fixierten Struktur geronnene klangliche Ereignis bedeutet. Musik wird kreiert, aufgeführt, interpretiert, konserviert, mit akustischen Instrumenten oder computertechnisch erzeugt; zu Hause oder auf der Straße, im Konzertsaal oder in einem Club gehört, aber durchaus auch gesehen, gelesen und gelehrt; sie wird gekauft, kopiert, vermarktet, gesungen, geschrien, gespielt, getanzt und vor allem gefühlt. Die vielschichtigen Zusammenhänge, die den musikalischen Gesamtprozeß (auch in historischen Kontexten) konstituieren, zu erfassen, ist am Ende des 20. Jahrhunderts zu einer zentralen Aufgabe der Disziplin geworden.

Die gegenwärtigen Veränderungen firmieren im nordamerikanischen Raum als ›New Musicology‹ oder ›Critical Musicology‹ und befassen sich mit der theoretischen Begründung eines dem Ästhetischen wie Sozialen, dem Kulturellen wie Politischen gegenüber offenen Musikverständnisses. Auch Frauenforschungen und Geschlechterstudien wirken an diesem Paradigmenwechsel mit. Zu einer Erweiterung des Musikbegriffs tragen ebenfalls Forschungen zu populärer Musik bei. In vielen Fragestellungen und Problemfeldern teilen sich Popmusik- und Geschlechterforschungen analoge, noch immer marginale Positionen im musikwissenschaftlichen Diskurs, aber ebenso auch ähnliche Probleme mit dem ›Gegenstand‹. Beiden Forschungsrichtungen wird latent unterstellt, sie befaßten sich eher mit ›außermusikalischen‹ als ›musikalischen‹ Fragen. Die Schwierigkeiten, gleichsam das Soziale wie das Spezifische an Musik zu fassen, sind bis heute eine Herausforderung der Disziplin. Sie prägten insbesondere die ersten musikalischen Frauenforschungen.

Frauen-Musik-Forschung: Zur Problematik von ›weiblicher‹ Sozialisation und ›weiblicher‹ Ästhetik

Bis heute konzentrieren sich geschlechtsrelevante Studien überwiegend auf Musikerinnen, vor allem auf Komponistinnen und ihre Werke, aber auch auf Interpretinnen und Pädagoginnen (u. a. Bowers/Tick 1986, Cook 1994, Hoffmann 1991, Hoffmann/Rieger 1992, Neuls-Bates 1982, Pendle 1991, Rieger 1980, Weissweiler 1981). In den traditionellen musikhistorischen Kontexten galt es zunächst, ein enormes Wissensdefizit aufzuarbeiten und die Existenz musikalischer Aktivitäten und Leistungen von Frauen überhaupt bekannt und bewußt zu machen. Abgesehen von wenigen exzeptionellen Studien (wie bspw. Drinker 1948) erscheinen seit etwa Mitte der 70er Jahre diverse Lexika, Bibliographien, Werksammlungen und Biographien (vgl. Rieger 1983). Sie konfrontieren die ›androzentrische‹ Musikgeschichtsschreibung mit vergessenen oder verschwiegenen, nunmehr sukzessive belegten Fakten, vor allem zum Leben und Werk von Komponistinnen sogenannter E-Musik. Die schwierige Quellenlage – ein bis heute keinesfalls überwundenes Problem – und das immense wissenschaftliche Brachland, das bearbeitet werden mußte, erklären den selektiven Charakter vieler dieser Arbeiten. ›Entdecken und aufdecken‹ ist das methodische Credo solcher expliziter Frauenforschungen, deren unverzichtbarer Wert insbesondere im Dokumentarischen und Kompensatorischen liegt.

Seit Mitte der 80er Jahre geht es in den musikalischen Frauenforschungen zunehmend um die historisch und kulturell jeweils spezifischen Bedingungen, über die Frauen aus diesem Kunst- und Lebensbereich weitestgehend ausgeschlossen oder in besonderer Weise involviert waren. Kausale Zusammenhänge für die ›Unsichtbarkeit‹, Abwesenheit oder typische Präsenz in verschiedenen historischen Epochen der europäischen Hochkultur, aber auch in außereuropäischen Musikkulturen ebenso wie in populären Musikpraktiken unseres Jahrhunderts stellen sich durch das Zusammenwirken bestimmter patriarchaler Sozialstrukturen und der ideologischen Postulate her, die hinter den Dichotomien ›(künstlerisch-kreativer) Produktion – (interpretierender) Reproduktion‹ sowie ›öffentlich – privat‹ stehen.

Bezogen auf artifizielle Musikbereiche galt es in erster Linie, dem Vorurteil entgegenzuwirken, Frauen mangele es an musikalischer Kreativität. Die soziale und kulturelle Inferiorität wie Benachteiligung ›der Frau‹ äußerte sich in musikalischen Zusammenhängen durch ihren Ausschluß aus (oder erschwerten Zugang zu) professioneller musikalischer Bildung und – in der Konsequenz – ihre seltene professionelle Musikausübung. Als Berufsmusikerin war sie dann überwiegend in Bereichen ›musikalischer Reproduktion‹, d. h. als Interpretin tätig – vor allem als Sängerin und auf bestimmte Instrumente beschränkte Virtuosin (siehe u. a. Hoffmann 1991). Und schließlich beschäftigte sie sich als Komponistin hauptsächlich mit kleineren musikalischen Formen, vor allem aus dem Vokalmusikbereich und selten der Instrumentalmusik. Rekonstruktion der musikkulturellen Partizipation von Frauen sowie musikalische Repräsentationen von Weiblichkeit einerseits und zum anderen ideologiekritische Auseinandersetzung mit den Formen der Wissensproduktion sind die Pole, zwischen denen sich *women's studies* bewegen.

Einige der historisch begründeten Reglementierungsmechanismen existieren als internalisiertes Musikverhalten bis in die Gegenwart, führen bei Mädchen und jungen Frauen sogar zum ›Lustverlust‹ an Musik bzw. am Musizieren (siehe Autorenkollektiv 1990). Allerdings haben bezüglich der Partizipation der Frauen an von Männern dominierten musikkulturellen Praktiken oder an der Ausbildung separater musikalischer

Sphären insbesondere musikethnologische (u.a. Koskoff 1987) und popmusikalische (McRobbie/Garber 1980, Bayton 1990 und 1998) Forschungen zu einem differenzierteren Bild beigetragen. Daß speziell beim Studium ›außereuropäischer‹ Kulturen die musikalischen Aktivitäten von Frauen nie so stark vernachlässigt werden wie in den sogenannten Hochkulturen, erklärt sich aus dem Untersuchungsfokus, der statt auf künstlerische Ausdrucksformen vielmehr auf kulturelle Praktiken wie soziale Kontexte gerichtet ist.

In den Forschungen zu musikalischen Hochkulturen entwickelte sich – herausgefordert durch die theoretische Prämisse, andere Sozialisationsbedingungen und unterschiedliche kulturelle Erfahrungshorizonte führten zwangsläufig auch zu anderen künstlerischen Ausdrucksweisen – eine heftig und kontrovers geführte Debatte zur ›weiblichen‹ Ästhetik. Die dahinter stehende und höchst komplizierte theoretische Frage ist die nach der Verifizierbarkeit von Geschlechtsidentität in Musik als klanglichem Ereignis, in der kompositorischen Struktur wie der interpretatorischen Realisierung. Was den Kompositionsvorgang selbst betrifft, ist er prinzipiell ›asexuell‹: Komponieren ist grundsätzlich ein technisches Verfahren, dessen Möglichkeiten Männern wie Frauen gleichermaßen verfügbar sind, d. h. es gibt, wie Marcia Citron feststellt, keine ›weibliche‹ (und auch keine ›männliche‹) Terz (Citron 1993, 159). Geschlechterforschungen betonen aber gerade den Einfluß gesellschaftlicher, sozialer, kultureller und ethnischer Bedingungen auf das künstlerische Schaffen. Wie jedoch die »Aspekte von Sozialisation, Subjektpositionen und Ideologie«, die nach Citron *indirekt* den Stil berühren, in der musikalischen Analyse nachgewiesen werden können, ohne auf ›wesenhaft Weibliches‹ zu rekurrieren, ist in den bisherigen, vor allem historisch orientierten Erkundungen einer ›spezifisch weiblichen‹ Ausdrucksweise kaum überzeugend gelungen.

Ernüchtert und in gewisser Hinsicht desillusioniert stellt Rieger fest: »Die Diskussion über weibliche Ästhetik gilt derzeit als nicht führbar, da jedes im voraus festgesetzte Bild von ›Weiblichkeit‹ als ideologisch gilt« (Rieger 1995b, 241). Sie selbst gehört dabei zu jenen Musikwissenschaftlerinnen, die dezidiert nach aus dem (weiblichen) Geschlecht ableitbaren Besonderheiten musikalischer Produktion respektive Kreativität suchen (Rieger 1992, siehe auch Cox 1991, Detels 1992). Die Schwierigkeiten hierfür liegen weniger in der schon angesprochenen komplizierten Quellenlage, aus der sich die Vermutung ableiten läßt, daß sich vergleichbare geschlechtsspezifische Merkmale verifizieren ließen, wenn mehr Werke von Komponistinnen dokumentarisch und analytisch erschlossen wären (Nieberle/Fröhlich 1995, 325). Feministisch motivierte Analyse wird aber problematisch, wenn die persönlichen Erfahrungen und autobiographischen Aspekte zu unvermittelt mit den Ergebnissen kreativer Arbeit in Verbindung gebracht werden, und wenn zum anderen die Intention der Autorin (wie des Autors) die adäquate, wahre Deutung des Werkes ›diktiert‹ (Higgins 1993). Es geht somit nicht um bloßes Aufarbeiten der Wissenslücken, sondern um eine genauere Lokalisierung der vielschichtigen Ebenen, in denen Geschlechterbedeutungen oder Geschlechterkonstruktionen in musikalischen Prozessen wirksam werden.

Wider das Erbe der ›patriarchalen‹ Musikwissenschaft: Kanonkritik und feministische Methodologie

Sich aus der Geschlechterperspektive kritisch äußernde Forschungen thematisieren seit ihren Anfängen nicht nur den historischen ›Ausschluß‹ und die Diskreditierung von Frauen im praktischen und kreativen Musikleben, sie beziehen sich auch auf die an artifiziellen Musikformen entwickelten Methoden und Forschungsinhalte, auf die Kanonformierung selbst. Eine ausgesprochene Pionierarbeit leistete im deutschsprachigen Raum Eva Rieger. In ihrem Buch *Frau, Musik und Männerherrschaft* (1981) skizziert sie wesentliche Aspekte, die später in detaillierter Kanonkritik aus feministischer Perspektive ausgearbeitet wurden. Für den ›Ausschluß‹ von Frauen sind vor allem institutionelle und paradigmatische Besonderheiten von Musikwissenschaft verantwortlich. Sie manifestieren sich nach Riegers Ansicht in einer »patriarchalen Grundstruktur«, die sich durch eine »statische Sichtweise auf Musik« vor allem in »musikwissenschaftlichen Analysen und musikhistorischen Darstellungen« auswirkt. Die »Ideologie vom Meisterwerk« und der »Geniekult« zählen ebenso dazu wie die ›Negierung historisch-ökonomischer Bedingtheit‹ von Musik und die »Vernachlässigung der Rezipientenseite«. Als entscheidenden Punkt ihrer – wenngleich eher deklarierenden denn argumentierenden – Kritik betrachtet Rieger die Tatsache, daß die Forschungsgrundlagen stets auf schriftlichen Quellen basierten. Dadurch blieb offenbar ein großer Bereich von Musikkultur/en (non-artifizielle oder mündlich überlieferte) ausgeklammert, während der bewahrte Teil von ›männlichem Bewußtsein‹ geprägt ist (Rieger 1988, 256–61). Mit der Verschriftlichung von Musik durch die Entwicklung von Notationssystemen, oder genereller: mit der Verlagerung oraler Traditionsführung auf das gedruckte und geschriebene Wort, entfaltete sich nach der Renaissance ein folgenreiches Musikverständnis, nämlich Musik »von den sozialen und materiellen Realitäten, die sie am Leben erhalten und konstituieren, konzeptionell zu lösen« (Shepherd 1992, 47). Einem solchen Musikverständnis entgegenzuwirken, ist auch Tenor kanonkritischer Geschlechterforschungen.

An den spezifischen Gegebenheiten europäischer Kunstmusik im 19. Jahrhundert (Kompositionsformen, Aufführungs- und Rezeptionsbedingungen) untersucht Marcia Citron in ihrem Buch *Gender and the Musical Canon* (1993) die Positionen und Möglichkeiten von Musikerinnen/Frauen. Ihre Kanonkritik versteht Citron jedoch nicht einfach als ›Hinzufügen‹ der musikalischen Geschichte, Aktivitäten und Werke von Frauen, sondern als Ausgangspunkt für die Analyse der Geschlechterbedingungen in musikalischen Repertoires und institutionellen Praktiken. Citron will die Kanonizität von (historischer) Musikwissenschaft nicht generell verwerfen. Sie verweist auf ihre ›soziale Konstruiertheit‹, d. h. geschichtliche Veränderbarkeit und damit auch die Möglichkeit, sie zur Repräsentation und Einflußnahme von Frauen zu nutzen.

In dem Spannungsfeld, einerseits die Grenzen der Disziplin überschreiten zu müssen und andererseits sich konsequent zur Musikwissenschaft zu bekennen, stehen auch die Arbeiten von McClary. Denn trotz manch provozierender Fragestellung bewegt sie sich großenteils innerhalb der gewohnten Grenzen, vor allem mit der zentralen

Stellung ihrer Analysen musikalischer Strukturen. Sie geht allerdings weit über ein orthodoxes Kanonverständnis hinaus, wenn sie sich (mit dem analytischen Anspruch einer Musikhistorikerin) mit aktuellen populären Phänomenen wie Madonna auseinandersetzt und gleichzeitig ein konsequent kulturell fundiertes Musikverständnis vorführt (McClary 1991). Als Grundlage für Geschlechterforschungen in Musik gilt ihre »Methodologie feministischer Musikkritik« (ebd., 7–19), in der sie (fünf) Forschungsdimensionen erörtert, die die Einführung der Kategorie ›Geschlecht‹ in den musikwissenschaftlichen Diskurs mit sich bringen müssen. Dazu gehören in erster Linie die historisch konkreten und variablen »musikalischen Konstruktionen von Geschlecht und Sexualität«, in denen es um klanglich-symbolische und narrative Codes von Weiblichkeit und Männlichkeit sowie um geschlechtsspezifische Rollenmodelle in diversen musikalischen Formen geht. Desweiteren betreffen sie den Sprachgebrauch in der traditionellen Formenlehre und Musiktheorie, der reich an wertenden Bezügen ist, die aus der Geschlechtermetaphorik abgeleitet sind. McClary betrachtet schließlich Musik selbst als geschlechtsspezifischen Diskurs und thematisiert nicht zuletzt diskursive Strategien von Musikerinnen. Generell eröffnet die Anwendung solcher Konzepte wie ›Geschlecht‹ und ›Sexualität‹ für McClary zwei prinzipielle und weite Problemfelder der Musikwissenschaft: die Angst vor der Frau bzw. dem Femininen und das Verschweigen der Körperlichkeit von Musik. Eine feministische Kritik von Musik darf sich aber nicht nur auf Geschlecht konzentrieren, sondern muß all jene Dimensionen aufdecken, die in solchen, auf die Geschlechterdualität bezogenen metaphysischen Dichotomien organisiert sind: »We cannot afford to focus solely on obvious instances of gender [...] but we must also be alert to the politics of race, of class, of subjectivity, of popular culture: those elements that traditionally have been relegated to the ›feminine‹ slagheap.« (McClary 1990, 15).

Körper, Geschlecht und Sexualität: Annäherungen an eine musikalische Semiotik

Die körperlich-sinnliche Seite von Musik wurde in den musikwissenschaftlichen Debatten lange Zeit vernachlässigt. Für Suzanne Cusick ist die Musikgeschichtsschreibung letztlich ein ›mind-mind‹-Unterfangen: Es werden Kompositionstechniken als Umsetzung der Gedanken des Komponisten analysiert, um damit anderes Denken (minds) bzw. das Denken anderer zu informieren. Das Verschweigen der Körperlichkeit von Musik geht nicht zuletzt einher mit dem Ignorieren des Femininen (Cusick 1994, 8ff.).

Eine stärkere Berücksichtigung der körperlichen Dimensionen von Musik wird inzwischen aus verschiedenen Perspektiven gefordert. Aus der Sicht von Gender-Studien kann der Entwurf einer »Semiotik des Begehrens, der Erregung und des sexuellen Vergnügens« (McClary 1991, 9) zu einer prinzipiellen Aufgabe feministischer Musikkritik werden. Erotisch-sinnlichem Vergnügen und sexuellem Begehren in den oft anstößigen Formen von Rockmusik nachzuspüren, würde wahrscheinlich wenig/e verwundern. Aber die ›seriöse Kunst‹ mit solchen Themen zu konfrontieren, kommt für manche/n einer unvertretbaren Entweihung nahe. Dabei ist selbst klassische (Instrumental-)Musik nicht frei von solchen »irdischen, fleischlichen Angelegenheiten« (McClary 1990, 13), wenngleich das idealistische Verständnis von Musik sie in letzter Instanz als rein ›geistiges‹ Produkt betrachtet.

Rock- und Popmusikkulturen leben dagegen von der physischen Unmittelbarkeit, demonstrieren nicht nur Körperpräsenz, sondern exponieren sexuelle Lust am Musizieren und Musikerleben. Den Zusammenhang von Rock und Sexualität haben erstmals Simon Frith und Angela McRobbie (1979) theoretisiert. In ihrem Artikel, der inzwischen zu einer Art Schlüsseltext der Popmusikforschung avancierte (siehe dazu auch Middleton 1990 und 1995, Negus 1996, Shepherd 1991, Whiteley 1997), thematisieren sie den in dieser musikkulturellen Praxis unübersehbaren Zusammenhang zwischen musikalischer und geschlechtsspezifischer Repräsentation und untersuchen die Bedeutung von Rock für Jugendliche beiderlei Geschlechts. Rock operiere simultan als »Form des sexuellen Ausdrucks« und als »Form der sexuellen Kontrolle«, so ihr Fazit. Rockmusik als kulturelle Praxis zu verstehen, bewahrt sie zum einen vor kurzschlüssigen Argumentationen, die ›sexuelle‹ Bedeutung von Rock lediglich aus den ›Botschaften‹ der Texte oder aus den von Männern kontrollierten Produktionsbedingungen ableiten. Zum anderen liegt ihren Beschreibungen von Männlichkeit und Weiblichkeit auch eine Simplifizierung zugrunde, die die widersprüchliche ideologische Gestaltung von ›sexueller Repräsentation‹ einschließlich der Konsequenzen für das jeweilige Geschlecht nicht in ihrer realen Komplexität erfaßt. Die (bis heute wirksamen) Charakterisierungen des mit Männlichkeit konnotierten, aggressiven, rauhen, prahlerischen, machtvollen, rhythmisch groben und mitunter animalischen ›Cock Rock‹ auf der einen Seite, und dem durch romantische, weichere, melodische und sensiblere Images feminisierten Teenybop auf der anderen, unterstützen dabei weiterhin bestimmte dualistische Geschlechterbedeutungen – insbesondere wenn man berücksichtigt, daß mit ›Cock Rock‹ die ›aktive‹ produzierende Seite der Musiker angesprochen wird, während Teenybop für die ›passiven‹ rezipierenden weiblichen Fans steht, deren Interesse und Begehren sich auf die ›feminisierten‹ männlichen Idole bezieht.

Die zentrale Stellung des Körpers ging in der jüngeren Popmusikgeschichte einher mit der Auflösung klarer Grenzen von Männlichkeit und Weiblichkeit. Wohl kaum ein/e Künstler/in hat das machtvolle Spiel mit Geschlecht und anderen Differenzen so konsequent perfektioniert wie Madonna. Sie löste zahlreiche und kontroverse akademische Debatten aus und avancierte zum ›populären Forschungsobjekt‹ in Medien- und Filmwissenschaften, *gender* und *cultural studies.* Die meisten Analysen zum Madonna-Phänomen beschäftigen sich mit ihren kulturellen De-/Konstruktionen von (Geschlechts-)Identität, Sexualität und Macht, vor allem in ihren Videoproduktionen und ihren selbst-inszenierten Images (siehe u. a. Schwichtenberg 1993). Nur selten werden dabei die klanglich-musikalische Qualität ihrer Songs und ihre Stimme berücksichtigt, was auf ein noch zu erschließendes Terrain für den spezifischen Beitrag von Musikwissenschaft an der (kultur-)theoretischen Konzeptualisierung von ›Geschlecht‹ verweist.

Die Betrachtung von Differenz als elementarer Grundlage der Bedeutungsproduktion ist der Ausgangspunkt für eine Reihe von Forschungsarbeiten. Die in dem von Ruth Solie herausgegebenen Band *Musicology and Difference* (1993) vereinten Aufsätze dokumentieren das breite methodische und inhaltliche Spektrum geschlechterorientierter Musikwissenschaft, eröffnen ein Bewußtsein für geschlechtlich vermittelte ›Differenzen‹ in Musik und darüber hinaus die notwendigen Relationen zu Klasse, Alter und Ethnizität. Dadurch wird (geschlechtsrelevante) Bedeutungsproduktion in Musik gleichermaßen in den sozialen, politischen und ökonomischen Machtinstanzen verankert.

Unter dem Aspekt der Differenz beginnen auch musikwissenschaftliche *lesbian and gay studies*, die von Sexualität geprägte Subjektivität zu diskutieren, nicht nur bezogen auf die sexuelle Disposition von Musikern/Musikerinnen und die möglichen Konsequenzen für ihr künstlerisches Schaffen, sondern ebenso als selbstreflexive Positionierung eines explizit subjektiven Forschungsstandpunktes (Brett/Thomas /Wood 1994).

Musik, Sprache und Geschlecht: Diskurstheoretische Implikationen

Das Verhältnis von Sprache und Musik ist auf verschiedenen Ebenen schon immer ein Untersuchungsfeld von Musikwissenschaft gewesen, insbesondere als Wort-Ton-Verhältnis in der Analyse des Vokalmusikbereiches. In den letzten Jahren haben musikwissenschaftliche Arbeiten auch verstärkt die poststrukturalistischen Diskurskonzepte aufgegriffen. Im Kontext der Geschlechterforschungen lassen sich folgende Schwerpunkte zusammenfassen:

Zunächst betreffen sie den Diskurs von Musiktheorie im engeren Sinne, was die pädagogisch-theoretische Bestimmung und Bezeichnung von musikalischen Elementen meint wie Melodik, Harmonik, Rhythmik und Form, aber auch einzelne Genres und Kompositionstechniken. Hier hat sich im Lauf der Geschichte eine tief von Geschlechtersymbolik durchdrungene Sprache entfaltet, die bis in unsere Gegenwart wirkt. Schon in der Antike wurden Rhythmus mit dem ›männlichen Prinzip‹ und melodische Strukturen mit dem ›weiblichen Prinzip‹ gleichgesetzt. Ähnliche Zuschreibungen erfuhren die Ton*geschlechter* Dur (als männlich) und Moll (als weiblich) oder ganze Genres (siehe u. a. McClary 1991, Nieberle/Fröhlich 1995). Bestimmte Schlußformen in klassischen Repertoires gelten ebenfalls als ›männlich‹ oder ›weiblich‹, je nachdem, ob sie auf einen metrischen Schwerpunkt enden oder nicht. Letztere, die sogenannten ›feminine endings‹, werden in der feministischen Deutung McClarys zu symbolträchtigen, ja »exzessiven Schlüssen, die sich der hegemonialen Kontrolle des Taktstriches verweigern« (McClary 1991, 11).

Zum zweiten ist die Sprache der Wissenschaft von Musik stark vergeschlechtlicht (Rieger 1995b); das gesamte Feld der Sprache, mit der über Musik geredet wird, ist noch ein weiterer Untersuchungsgegenstand für Geschlechterkonstruktionen in Musik. Bezogen auf die geschlechtsrelevanten Bedeutungen von popmusikalischen Phänomenen können Macht und Einfluß der Print- und audiovisuellen Medien kaum überschätzt werden, sind aber bisher nur punktuell theoretisch erfaßt. Auch literarische Texte/Dokumente bieten ein noch kaum erschlossenes Untersuchungsfeld für die historisch spezifischen kulturellen Repräsentationsformen von Geschlecht. Einen bemerkenswerten Anfang macht Sigrid Nieberle (1998) in ihren Untersuchungen zum Zusammenhang von *Musik, Geschlecht und Schrift* an Beispielen der Musikliteratur von Autorinnen des 19. Jahrhunderts, einem literarischen Bereich, den selbst die feministische Literaturwissenschaft noch nicht für sich entdeckt hat.

Drittens betrifft es die Vorgehensweise, wie *in* Musik ›geredet‹ wird, vor allem die Art und Weise der Einbeziehung, Bestätigung oder Dekonstruktion bestimmter Männlichkeits- respektive Weiblichkeitsdiskurse. Über die Zuordnung zu spezifischen Geschichts- oder Genrekontexten findet eine Auseinandersetzung mit Diskursen um Mutterschaft, Misogynie, Sexismus und am häufigsten mit den heterosexuellen, zumeist romantisierten Liebesbeziehungen statt (siehe u. a. Antelyes 1994, Banes 1992, Bradby 1990; 1992; 1993, Mockus 1994, Negus 1997, Palmer 1997, Rose 1994, Walser 1993, Whiteley 1997). Eine der jüngsten musikkulturellen Praktiken von Mädchen, die Riot-Grrrls-Bewegung, vereint in sich explizite sprachliche, aber auch klangliche und kulturelle Dekonstruktion von konventionellen Weiblichkeitsinhalten, verbindet somit ästhetische und diskursive Dimensionen der Bedeutungskonstruktionen um Geschlecht (Gottlieb/Wald 1994).

Damit ist bereits der vierte Aspekt angesprochen, bei dem Musik selbst als geschlechtlich bestimmter Diskurs (*gendered discourse*) definiert wird (u. a. Citron 1993, McClary 1991, Walser 1993). Diesem Verständnis liegen verschiedentlich akzentuierte Auffassungen von ›Musik als diskursiv konstituierte Kategorie‹ zugrunde. Robert Walser findet bspw. in seinen Studien zum Heavy Metal einen methodischen Zugang, indem er diese musikkulturelle Praxis nicht nur als ein ›Genre‹, sondern als musikalischen Diskurs definiert. Diskurs wird von ihm als »a system for the social production of meaning« gefaßt (Walser 1993, xiv und 27ff.). Geschlecht bildet innerhalb des Heavy-Metal-Diskurses in Form forcierter und exponierter Darstellung von Männlichkeitswerten ein Zentrum von Machtentfaltung, für das Walser eine Reihe von Belegen seiner ›prototypischen maskulinen Repräsentation‹ unterbreitet.

Die angedeuteten diskursiven Ebenen sind in den einzelnen Studien eng verschlungen. Und nicht immer ist bei der jeweiligen Verwendung des Begriffs klar erkennbar, ob mit ›diskursiven Praktiken‹ die Wissenschaftssprache, die ›Sprache‹ des/der Autor/in, bestimmte Kompositionsprinzipien oder die von Journalist/innen und Kritiker/innen geführten Diskurse gemeint sind.

Aber auch im Hinblick darauf, *was* an Bedeutungen ›diskursiv produziert‹ wird, sind die offenkundigen Unterschiede einer ›verbal-sprachlichen‹ und einer ›klanglich-musikalischen‹ Äußerung noch immer nicht hinreichend geklärt und ein ernsthaftes theoretisches Problem. Worin der klanglich-musikalisch verifizierbare geschlechts*spezifische* Unterschied zwischen einem gesprochenen und gesungenen Satz besteht, ist keinesfalls leicht zu begründen, zumindest, wenn man über die simple Erklärung hinausgehen will, daß er von einer Frau oder einem Mann realisiert wird (und damit auf die geschlechtlich konnotierten, kulturell produzierten Unterschiede in Stimmlage, Intensität oder Expressivität verweist). Shepherd wie auch Richard Middleton (1990, 7ff.) verweisen diesbezüglich auf die wichtige Unterscheidung zwischen Diskursen und (kulturellen) Praktiken, wenngleich es äußerst schwierig ist, diesen Unterschied zu lokalisieren, »because discursive formations render the world as ›natural‹ and unexceptional, given rather than constructed« (Shepherd 1993, 61).

Stile, Stimmen, Subjekte: Identitätskonstruktionen und Subjektpositionierungen – Forschungsperspektiven

Werden musikalische Stile als diskursiv determiniert begriffen, so repräsentieren sie dadurch auch ein ideologisches Feld, über das bestimmte, auch geschlechtsrelevante Subjektpositionen bereitgehalten werden. Middleton sieht in folgender Weise eine enge Verbindung zwischen einzelnen Stilen und ihren geschlechtlich konnotierten Bedeutungspotentialen:

> Musical styles often place us in specific historical and geographical moments, and offer specific ways of experiencing imagined place and felt time. [...] The conflict within Western culture between the notion that art, and especially music, are somehow ›feminine‹ and the simultaneous tendency to exploit art's location in the (Lacanian) symbolic order so as to align it with structures of patriarchal authority, leads to a gendered distribution of styles and genres, some being regarded as more ›masculine‹, others as more ›feminine‹. (Middleton 1995, 472/473).

Er unterbreitet daraufhin eine ›gender map‹ musikalischer Stile, in der sich auf einer vertikalen Bedeutungsachse einerseits Ballade (als in der ›weiblichen‹ Sphäre lokalisiert) und Blues (als Nexus zur ›männlichen‹ Sphäre) gegenüberstehen und dazwischen auf einer horizontalen Achse mit Rock/Pop und Soul jene Pole liegen, die zwischen der weiblichen und männlichen Sphäre liegen und diese Basispolarität vermitteln. Indem Middleton neben dieser ›gender map‹ noch weitere ›diskursive Pläne‹ wie Klasse und Ethnizität berücksichtigt, können sich für die musikalischen Stile vielgestaltige und interagierende Positionen entlang solcher Bedeutungsachsen entfalten. Wie sich aus den multiplen diskursiven Konstruktionen bezogen auf Geschlecht und Sexualität ein reiches wie widerspruchsvolles Terrain für Artikulationen durch musikalische Stile ergibt, ist in Middletons Analysen der Eurythmics-Songs detailliert nachzuvollziehen.

Die geschlechtsrelevanten Konnotationen von Rock als mehr ›männlich‹ und Pop als eher ›weiblich‹ sind vielfach untersucht. Als Moment der ideologischen Konstruktion von Rock spielen die Konzepte von ›Autorenschaft‹, verbunden mit denen von ›Authentizität‹ und ›Kreativität‹ traditionell eine zentrale Rolle. Da Musikerinnen überwiegend nicht als Komponistinnen oder Produzentinnen in Erscheinung traten, sondern als Interpretinnen respektive Sängerinnen, blieben sie auf den unterbewerteten ›reproduzierenden‹ Bereich begrenzt. Der Zusammenhang von Autorenschaft, Kreativität und Subjektivität führte gleichsam zu einer Ausgrenzung ›weiblicher Subjektivität‹, besonders in der Sphäre von Rockmusik. Aber auch in Popmusik galten die Sängerinnen lediglich als ›ausführendes Organ‹ der Kreationen von Komponisten und Produzenten. Zum einen ergibt sich daraus der Versuch, die Möglichkeiten, wie Musikerinnen ihren Belangen eine ›Stimme‹ geben, aufzudecken. Zum anderen stehen die ›postmodernen Verhältnisse‹, die fragmentierten Subjektivitäten und der ›Tod des Autors‹ im Konflikt zu jenen Bemühungen. Die daraus resultierenden Spannungen für feministisch inspirierte Forschung hat bspw. Bradby (1990 und 1993) in der Analyse zweier musikalischer Phänomene, den Girl Groups aus den 60er Jahren sowie der Dance Music der 90er Jahre, theoretisch aufgearbeitet. Bezogen auf das letztere Phänomen ist die durch digitale Technologien unterstützte Fragmentierung von Stimme und Körper, d. h. die mögliche Trennung von vokaler und visueller Repräsentation, auffällig. Vielleicht, schreibt Bradby, ist Feminismus hier mit einem postmodernen Widerspruch verbunden, nämlich mit dem Bedürfnis, das durch den männlichen Diskurs fragmentiert erscheinende weibliche Subjekt zusammenzusetzen und gleichzeitig die fließenden und inneren Differenzen dieses Subjektes (oder von Subjekten) anzuerkennen (Bradby 1993, 171).

Die Stimme wurde im Feminismus zur Metapher für politische, kulturelle und textuelle Autorität. Französische Poststrukturalist/innen (wie Kristeva und Barthes) haben auf die notwendige Unterscheidung von Stimme und Sprache verwiesen. Eine Stimme kann nicht nur als pheno-Song gehört werden, um in der Terminologie von Kristeva zu bleiben, also hinsichtlich ihres verbalen oder kulturellen Inhalts, sondern auch als geno-Song, dem rein klanglich-körperlichen Element vokalen Ausdrucks. Mit den Möglichkeiten und Notwendigkeiten, an diese Konzepte anzuknüpfen, bieten sich für musikwissenschaftliche Geschlechterforschungen weitreichende Perspektiven.

Ein großer Teil musikwissenschaftlicher Gender-Studien beschäftigt sich mit Opern, einem gattungsgeschichtlichen Zusammenhang, an dem sich nicht nur die Entwicklung der Geschlechterverhältnisse veranschaulichen, sondern auch die Veränderungen in den musikwissenschaftlichen Geschlechterforschungen nachvollziehen lassen. Opern bieten aufgrund der dramaturgischen, narrativen und in Szene gesetzten musikalischen Handlungen einen wahren historischen Fundus des Studiums von Geschlechterrollen, von männlichen und weiblichen Charakteren. Insbesondere an den Arbeiten über das ›Opernschaffen‹ lassen sich die Entwicklungen in den theoretischen Konzepten von Geschlecht verdeutlichen. Beschäftigt sich beispielsweise die Pionierarbeit von Catherine Clément *L'opéra ou la défaite des femmes* (1979, dt. *Die Frau in der Oper: Besiegt, verraten und verkauft*, 1992) vor allem mit den misogynen Gestaltungen, der symbolischen ›Vernichtung‹ der Frau und ihrer ausschließlichen Opferrolle in den musikalischen Narrativen, so wird die Oper in musikwissenschaftlichen *queer studies* mitunter zum subkulturellen Potential für den adäquaten spielerischen oder provozierenden Ausdruck von (›schwuler‹) Geschlechtsidentität (siehe u. a. Koestenbaum 1996, Abel 1996). Ein enormes Potential für geschlechtsrelevante Forschungen zu Opern liegt in der Bedeutung des Performativen für die Subjektkonstituierung, wodurch unter anderem das Autorschaftskonzept klassischer Kunstformen aufgebrochen wird. Ganz anders als Clément interpretiert bspw. Abbate (1993) die ›weibliche Stimme‹ als machtvoll und multipel, sie schaffe sich Autorität eben als ›weibliche‹ Stimme und nicht als

Autorenstimme des (männlichen) Komponisten. So ist die Diva in der Oper zwar visuell und narrativ vielfach ein Objekt, aural aber ist sie ein sehr starkes Subjekt und untergräbt die fixen Grenzen zwischen den Geschlechtern.

Androgynie und Rollenspiele, cross-dressing und technische Manipulationen bezüglich der Ungleichzeitigkeit oder Nicht-Identität von ›gesehenem Körper‹ und ›gehörter Stimme‹ denaturalisieren auch in anderen musikalischen Zusammenhängen, vor allem durch die medialen Gestaltungsmöglichkeiten des Musikvideos, die Kohärenz von Stimme, Körper und Geschlecht. Hier bieten sich komplexe Phänomene für einen besonderen Beitrag, den auch musikwissenschaftliche Forschungen am theoretischen Verständnis von Geschlechterkonstruktionen leisten können. Dabei werden die musikalischen Wirklichkeiten ein politisches Regulativ bleiben: Denn auch auf die kulturellen Phänomene des (pop)musikalischen Alltags trifft zu, was Ruth Solie für die Musikwerke der Hochkultur anmahnt: »It matter to whom they belong and who is empowered to speak about them. It matters about whom *they* speak, and what they say.« (Solie 1993, 20)

Literatur

Abbate, Carolyn: »Opera; or, the Envoicing of Women«. In: Solie, Ruth A. (Hg.): *Musicology and Difference. Gender and Sexuality in Music Scholarship.* Berkeley/Los Angeles/London 1993, 225–258.

Abel, Sam: *Opera in the Flesh. Sexuality in Operatic Performance.* Boulder 1996.

Antelyes, Peter: »Red Hot Mamas: Bessie Smith, Sophie Tucker, and the Ethnic Maternal Voice in American Popular Song«. In: Dunn, L. C./Jones, N.A. (Hg.): *Embodied Voices. Representing Female Vocality in Western Culture.* Cambridge/New York/Melbourne 1994, 212–229.

Autorenkollektiv: »Lust und Lustverlust von Frauen an der Musik«. In: Studienschwerpunkt ›Frauenforschung‹ am Institut für Sozialpädagogik der TU Berlin (Hg.): *Mittäterschaft und Entdeckungslust.* Berlin 1990, 155–172.

Banes, Ruth A.: »Dixie's Daughters: The Country Music Female«. In: McLaurin, M. A./Peterson, R. A. (Hg.): *You Wrote My Live. Lyrical Themes in Country Music.* Philadelphia 1992, 81–112.

Bayton, Mavis: *Frock Rock. Women Performing Popular Music.* Oxford/New York 1998.

– : »How Woman Become Musicians«. In: Frith, Simon/Goodwin, Andrew (Hg.): *On Records.* New York 1990, 238–257.

Bowers, Jane: »Feministische Forschung in der amerikanischen Musikwissenschaft«. In: Hoffmann, Freia/Rieger, Eva (Hg.): *Von der Spielfrau zur Performance-Künstlerin. Auf der Suche nach einer Musikgeschichte der Frauen.* Kassel 1992, 20–38.

– : /Tick, Judith (Hg.): *Women Making Music. The Western Art Tradition, 1150–1950.* Urbana/Chicago 1986.

Bradby, Barbara: »Do-Talk and Don't-Talk: The Division of the Subject in Girl-Group Music«. In: Frith, Simon/Goodwin, Andrew (Hg.): *On Record: Rock, Pop and the Written Word.* New York 1990, 341–368.

– : »Like a Virgin Mother? Materialism and Maternalism in the Songs of Madonna«. In: *Cultural Studies* 1 (1992) 6, 73–96.

– : »Sampling Sexuality: Gender, Technology and the Body of Music«. In: *Popular Music* 2 (1993) 12, 155–176.

Brett, Philip/Thomas, Gary /Wood, Elizabeth (Hg.): *Queering the Pitch: The New Gay and Lesbian Musicology.* London 1994.

Bruhn, Herbert/Rösing, Helmut (Hg.): *Musikwissenschaft. Ein Grundkurs.* Reinbek 1998.

Citron, Marcia J.: »Feminist Approaches to Musicology«. In: Cook, Susan C./Tsou, Judy S. (Hg.): *Cecilia Reclaimed. Feminist Perspectives on Gender and Music.* Urbana/Chicago 1994, 15–34.

– : *Gender and the Musical Canon.* Cambridge/New York/Melbourne 1993.

Clément, Catherine: *Die Frau in der Oper: Besiegt, verraten und verkauft.* Stuttgart 1992. (Orig.: *L'opéra ou la défaite des femmes.* Paris 1979.)

Cook, Susan C./Tsou, Judy S. (Hg.): *Cecilia Reclaimed. Feminist Perspectives on Gender and Music.* Urbana/Chicago 1994.

Cox, Renée: »Recovering *Jouissance*: An Introduction to Feminist Musical Aesthetics«. In: Pendle, Karin (Hg.): *Women & Music. A History.* Bloomington/Indianapolis 1991, 331–340.

Cusick, Suzanne: »Feminist Theory, Music Theory, and the Mind/Body Problem«. In: *Perspectives of New Music* 32, (Winter 1994) 1, 8–27.

Detels, Claire: »Soft Boundaries and Relatedness: Paradigm for a Postmodern Feminist Musical Aesthetics«. In: Ferguson, Margaret/Wicke, Jennifer (Hg.): *Feminism and Postmodernism. A Special Issue of Boundary* 2. Durham 1992, 184–204.

Drinker, Sophie: *Music and Women. The Story of Women in their Relation to Music.* New York 1948, Reprint 1977.

Fauser, Annegret/Plebuch, Tobias: »Gender Studies: Ein Streitgespräch«. In: Fragner, Stefan/Hemming, Jan/Kutschke, Beate (Hg.): *Gender Studies & Musik – Geschlechterrollen und ihre Bedeutung für die Musikwissenschaft.* Regensburg 1998, 19–40.

Fragner, Stefan/Hemming, Jan/Kutschke, Beate (Hg.): *Gender Studies & Musik – Geschlechterrollen und ihre Bedeutung für die Musikwissenschaft.* Regensburg 1998.

Frith, Simon/McRobbie, Angela: »Rock und Sexuality«. In: Frith, Simon/Goodwin, Andrew (Hg.): *On Records.* New York 1979/1990, 371–389.

Gottlieb, Joanne/Wald, Gayle: »Smells Like Teen Spirit. Riot Grrrls, Revolution and Women in Independent Rock«. In: Ross, Andrew/Rose, Tricia (Hg.): *Microphone Fiends. Youth Music & Youth Culture.* New York/London 1994, 250–274.

Higgins, Paula: »Women in Music, Feminist Criticism, and Guerilla Musicology: Reflections on Recent Polemics«. In: *19th Century Music* XVII (Fall 1993) 2, 174–192.

Hoffmann, Freia: *Instrument und Körper. Die musizierende Frau in der bürgerlichen Gesellschaft.* Frankfurt a. M./Leipzig 1991.

– : /Rieger, Eva (Hg.): *Von der Spielfrau zur Performance-Künstlerin. Auf der Suche nach einer Musikgeschichte der Frauen.* Kassel 1992.

Koestenbaum, Wayne: *Königin der Nacht. Oper, Homosexualität und Begehren.* Stuttgart 1996. (Orig.: *The Queen's Throat. Opera, Homosexuality and the Mystery of Desire.* New York 1993.)

Koskoff, Ellen (Hg.): *Women and Music in Cross-Cultural Perspective.* New York 1987.

Loesch, Heinz von: »Musikwissenschaft nach 1945«. In: Finscher, Ludwig (Hg.): *MGG – Die Musik in Geschichte und Gegenwart.* Sachteil Bd. 6. Kassel 1997, 1807–1827.

McClary, Susan: *Feminine Endings. Music, Gender, and Sexuality.* Minnesota/Oxford 1991.

– : »Towards a Feminist Criticism of Music«. In: *Canadian University Music Review* 10 (1990) 2, 9–18.

McRobbie, Angela/Garber, Jenny: »Girls and Subcultures«. In: *Screen Education* 34 (1980), 209–222.

Middleton, Richard: »Authorship, Gender and the Construction of Meaning in the Eurythmics' Hit Recordings«. In: *Cultural Studies* 9 (1995) 3, 465–485.

– : *Studying Popular Music.* Milton Keynes 1990.

Mockus, Martha: »Queer Thoughts on Country Music and k.d.lang«. In: Brett, Philip/Thomas, Gary/Wood, Elizabeth (Hg.): *Queering the Pitch: The New Gay and Lesbian Musicology.* London 1994, 257–271.

Negus, Keith: *Popular Music in Theory. An Introduction.* Cambridge 1996.

– : »Sinèad O'Connor – Musical Mother«. In: Whiteley, Sheila (Hg.): *Sexing the Groove*: Popular Music and Gender. London 1997, 178–189.

Neuls-Bates, Carol (Hg.): *Women in Music. An Anthology of Source Readings from the Middle Ages to the Present.* New York 1982.

Nieberle, Sigrid: »Musik, Geschlecht, Schrift: Methodologische Annäherungen an ›Musikschriftstellerinnen‹ des 19. Jahrhunderts«. In: Fragner, Stefan/Hemming, Jan/Kutschke, Beate (Hg.): *Gender Studies & Musik – Geschlechterrollen und ihre Bedeutung für die Musikwissenschaft.* Regensburg 1998, 119–138.

– : /Fröhlich, Sabine: »Auf der Suche nach den un-gehorsamen Töchtern: Genus in der Musikwissenschaft«. In: Bußmann, Hadumod/Hof, Renate (Hg.): *Genus – Zur Geschlechterdifferenz in den Kulturwissenschaften.* Stuttgart 1995, 292–339.

Palmer, Gareth: »Bruce Springsteen and Masculinity«. In: Whiteley, Sheila (Hg.): *Sexing the Groove: Popular Music and Gender.* London 1997, 100–117.

Pendle, Karin (Hg.): *Women & Music. A History.* Bloomington & Indianapolis 1991.

Rieger, Eva: »Musik und Gender Studies: Sechs Fragen«. In: Fragner, Stefan/Hemming, Jan/Kutschke, Beate (Hg.): *Gender Studies & Musik – Geschlechterrollen und ihre Bedeutung für die Musikwissenschaft.* Regensburg 1998, 222–230.

– : »Feministische Ansätze in der Musikwissenschaft«. In: Pusch, Luise F. (Hg.): *Feminismus. Inspektion der Herrenkultur.* Frankfurt a. M. 1983, 100–116.

– : *Frau, Musik & Männerherrschaft. Zum Ausschluß der Frau aus der deutschen Musikpädagogik, Musikwissenschaft und Musikausübung.* (1. Aufl. 1981). Kassel ²1988.

– : (Hg.): *Frau und Musik.* (1. Aufl. 1980). Kassel ²1990.

– : »›Gender Studies‹ und Musikwissenschaft – ein Forschungsbericht«. In: *Die Musikforschung* 48 (1995a) 3, 235–250.

– : »›Ich recycle Töne‹. Schreiben Frauen anders?«. In: *Die Philosophin* 3 (1995b) 5, 20–29.

Rose, Tricia: *Black Noise. Rap Music and Black Culture in Contemporary America.* Hanover/London 1994.

Schwichtenberg, Cathy (Hg.): *The Madonna Connection. Representational Politics, Subcultural Identities, And Cultural Theory.* Boulder/San Francisco/Oxford 1993.

Shepherd, John: »Difference and Power in Music«. In: Solie, Ruth A. (Hg.): *Musicology and Difference. Gender and Sexuality in Music Scholarship.* Berkeley/Los Angeles/London 1993, 46–65.

– : *Music as Social Text.* Cambridge 1991.

– : »Warum Popmusikforschung?« In: Forschungszentrum populäre Musik (Hg.): *PopScriptum* 1 (1992), 43–67.

Solie, Ruth A.: »Introduction: On ›Difference‹«. In: Solie, Ruth A. (Hg.): *Musicology and Difference. Gender and Sexuality in Music Scholarship.* Berkeley/Los Angeles/London 1993, 1–20.

Walser, Robert: *Running With the Devil. Power, Gender and Madness in Heavy Metal Music.* Hanover/London 1993.

Weissweiler, Eva: *Komponistinnen aus 500 Jahren. Eine Kultur- und Wirkungsgeschichte in Biographien und Werkbeispielen.* Frankfurt a. M. 1981.

Whiteley, Sheila (Hg.): *Sexing the Groove: Popular Music and Gender.* London 1997.

17. Erziehungswissenschaft

Wiltrud Gieseke

Erziehungswissenschaftlicher Forschungsgegenstand

Erziehung, Bildung, Ausbildung, Qualifizierung, Beratung, erfahrungsorientiertes und arbeitsplatzbezogenes Lernen in Schule und Erwachsenenbildung/Weiterbildung sind gesellschaftlich komplex organisierte Prozesse mit unterschiedlichen institutionellen Formen. Aber auch in durch Milieus geprägten Lebenszusammenhängen, in denen das Geschlechterverhältnis in seinen jeweiligen zeitgeschichtlichen Ausformungen und Deutungen gelebt wird, findet Lernen als informelles, alltägliches Lernen statt und schlägt sich in den Geschlechterbeziehungen nieder. Entwicklungsprozesse von Individuen, soweit diese unter Aneignung, Vermittlung, Sozialisation und dialogischem Aushandeln fokussiert sind, werden innerhalb gesellschaftlicher Zusammenhänge entwicklungssteuernd beeinflußt.

Dabei ist für erziehungswissenschaftliche Theoriebildung und Forschung von Bedeutung, daß entsprechend der verschiedenen Entwicklungs- und Lebensphasen mit unterschiedlichen Konstrukten gearbeitet wird. Dieses ist in nicht unerheblichem Maße durch die professionellen Anforderungen der jeweiligen Praxisfelder begründet. So entwickelt sich die Genderperspektive bezogen auf schulische Lernsituationen völlig anders als in bezug auf Lernsituationen in der Weiterbildung, in denen die unterschiedlichen biographischen Verläufe von Frauen und Männern stärker eine Rolle spielen. Erziehungswissenschaftliche Theoriebildung wird bemüht oder hat Brücken zu bauen, um den gesellschaftlich nicht eingelösten Gleichberechtigungsanforderungen über Bildung zu einer Realisierung zu verhelfen. Erziehungswissenschaft hat hier auch handlungstheoretische Grundlagen zu legen. Dieses geschieht u. a. über Modellvorhaben und Begleitforschung.

Historische Anknüpfungspunkte

Im 19. Jahrhundert prägte in den deutschen Ländern ein polarisiertes Geschlechtermodell die spezifischen Partizipationsmöglichkeiten an Bildung und deren Institutionalentwicklung. Dieses Modell wurde hauptsächlich von der Idee der »Geistigen Mütterlichkeit« getragen. Die Grundlegung erfolgte durch Johann Heinrich Pestalozzi (*Lienhard und Gertrud*, 1781–1787; *Wie Gertrud ihre Kinder lehrt*, 1801), weiter verarbeitet wurde sie von Friedrich Fröbel (*Menschenerziehung*, 1833) und der Kindergartenbewegung. Gerade Frauen aus dem Bürgertum sahen in diesem Konzept die Chance, ihren Bildungsanspruch und ein Recht auf Arbeit außerhalb der Familie zu legitimieren (vgl. z. B. Kleinau/Mayer 1996, Kleinau/Opitz 1996, Neghabian 1993, von Felden 1997, Blochmann 1966). Die bürgerliche Frauenbewegung schaltete sich in diesen Diskurs aktiv ein, gab ihm eine breite politische Öffentlichkeit und schuf alternative Institutionalformen (Mädchenschulen und Lehrerinnenvereine). So nutzte Helene Lange dieses Polaritätsmodell in paradoxer Weise, um gleichberechtigte höhere Bildung und den Zugang zur Universität für Mädchen zu sichern (vgl. z. B. »Gelbe Broschüre« 1887). Viele blieben im Strom des dominierenden Rollenbildes und unterliefen es gleichzeitig (siehe z. B. Brehmer 1990, Gerhard 1990).

So gesehen, bestimmte die Geschlechterperspektive in der Bildungsfrage die Schulentwicklung des 19. und 20. Jahrhunderts entscheidend. Allerdings ließen sich nicht alle Pädagogen und Frauen aus der bürgerlichen Frauenbewegung auf die Polaritätsidee ein, sondern knüpften auch an das Gleichheitsmodell aus der Französischen Revolution an. Hier wären z. B. Schleiermacher und Hedwig Dohm zu nennen. Während Dohm (*Der Frauen Natur und Recht*, 1876) auf eine zu verändernde Gegenwart zielt und Erziehung und Bildung fordernd einbezieht, nimmt Schleiermacher den Gedanken der Gleichheit als Utopie auf (*Vorlesungen von 1826*; *Katechismus der Vernunft für edle Frauen* 1798). Comenius hat dagegen bereits in seiner *Didactica magna* (17. Jahrhundert) darauf bestanden, daß es keinen Grund vor Gott gibt, denn auch die Frau sei Gottes Ebenbild, das weibliche Geschlecht von »den Studien der Weisheit« auszuschließen (Lion 1927).

Aktuelle Forschungs- und Theorieentwicklung

Die historischen Erfahrungen mit der höheren Mädchenschule und ihren gesonderten Bildungsansprüchen an Mädchen bzw. die Schwierigkeiten, sie als Gymnasialform durchzusetzen, sind im historischen Wissen der Frauenforscherinnen und vieler erziehungswissenschaftlich orientierter Feministinnen tief verankert, so daß Kritik an der Koedukation für viele wie ein Signal aus der Vergangenheit klingt.

Die Forschungslage auf diesem Gebiet ist noch sehr widersprüchlich, auch wenn niemand mehr die gleichberechtigte Entfaltung von Fähigkeiten und Fertigkeiten bei Mädchen und Jungen bestreitet (vgl. z. B. Valtin 1999, Ehrich 1996, Faulstich-Wieland 1995, Faulstich-Wieland/Horstkemper 1995, Tillman 1992, Pfister/Valtin 1993, Horstkemper 1988, Kreienbaum/Metz-Göckel 1992). Die schulischen Abschlüsse der Mädchen würden einen Zweifel daran auch nicht zulassen. Dennoch zeigen empirische Untersuchungen, daß gerade im schulischen Raum Differenzen in den Interessen und Lernmotiven, in den Selbsteinschätzungen und im Vorhandensein von bzw. im Umgang mit Aggressionen gegeben sind, die später in den Lebenswelten, bei der Berufswahl und bei der Karriereentwicklung, sogar bei gesellschaftspolitischen Entscheidungen den Ausschlag geben. Hier wirken aktuelle Überformungen sehr massiv weiter, sie haben aber eine andere Qualität, als die alte Diskussion über Differenz und Gleichheit. Diese Diskurse immer wieder zu beschwören heißt, die neuen Entwicklungen oder neuen »Durchblicksmöglichkeiten« nicht zu nutzen, weil sie vielleicht auch von Frauenforscherinnen nur mit den alten Interpretationsmustern beantwortet werden. Viele empirische Untersuchungen zu diesem Thema zementieren hier z. T. noch einmal den Status quo.

Bildungsfragen für Frauen haben sich inzwischen auf andere Lebensphasen verlagert. Berufliche und gesellschaftliche Anforderungen machen lebenslange Lernprozesse notwendig. Die Möglichkeiten und Chancen zur individuellen Entwicklung durch Bildung differenzieren sich im Lebenslauf aus, wobei an der einzelnen Bildungs- und Lernbiographie deutlich wird, wie sich Lernhaltungen und Deutungsmuster verfestigen können und wie die aufklärerische Absicht nicht nur durch die Institutionen, sondern auch durch die Individuen unterlaufen werden kann. Dieses Wissen ist unmittelbar für das Geschlechterverhältnis von Bedeutung, da die Qualifizierung und Bildung im Erwachsenenalter in den theoretischen Diskursen auf eine Unterstützung demokratischer Geschlechterstrukturen zielt (vgl. z. B. Dausien 1996, Dausien u. a. 1999, Schiersmann 1993, Meueler 1993, Derichs-Kunstmann/Rehbock 1995, Heuer 1993, Siebert 1985, Nittel 1991, Eberhardt/Weiher 1994, Kade 1992 und 1994, Arbeitsgruppe Kultur und Lebenswelt 1995).

Die immer noch nicht unter Frauen und Männern aufgeteilte Familienarbeit, die ungleichen beruflichen Aufstiegs- und Weiterbildungschancen und die ausstehenden gesetzlichen Regelungen und Strukturierungen der Arbeitsplatzbedingungen behindern die Entwicklung der Frauenfrage und damit die Demokratisierung des Geschlechterverhältnisses. Die Zuweisung der Familienarbeit an die Frauen macht sie durch die beruflichen Ausfallzeiten zu Adressaten der Weiterbildung. Fragen der Aus- und Weiterbildung sind in diesem Sinne Scharnierstellen für die biographische und geschlechtsspezifische Entwicklung.

Auf drei Ebenen klärt pädagogische Forschung, welche Rolle die Bildung bei der Verfestigung bzw. der Neubestimmung des Geschlechterverhältnisses spielt:

- Untersuchungen über die Einflüsse von Bildung und Qualifizierung auf die Auslegungen des Geschlechterverhältnisses,
- Untersuchungen über politische, ökonomische und bürokratische Einflüsse auf die Bildung als reformerische Intervention,
- Untersuchungen über Lernkulturen, Interaktionsstile, Fächer- und Themeneinordnungen, Lernmotive und -haltungen sowohl in schulischen als auch in Weiterbildungskontexten.

Die geschlechtsspezifischen Ausformungen sozialen Handelns und Interagierens sind bisher erst begrenzt untersucht worden und geraten kaum in einen wissenschaftlichen und öffentlichen Diskurs. Allerdings ist das Thema Geschlechterverhältnis als Frauenbildung in der Erwachsenenpädagogik und in der historischen Erziehungswissenschaft präsent.

Die berufliche Frauenbildung macht mit ihrer breiten Vielfalt an Modellversuchen zur Qualifizierung von Frauen nach der Familienphase die Bedeutung einer Nachqualifizierung für einen beruflichen Neubeginn auch öffentlich deutlich. Die Familienphase der Frauen, in der Regel gesellschaftlich aufgezwungen, wird nicht gratifiziert, sondern durch berufliche Dequalifizierung und Schwierigkeiten beim Wiedereinstieg in das Berufsleben bestraft. Sonderprojekte mit Qualifizierungsangeboten wollen hier Brücken bauen. Diese Kurse sind aber nicht wie das Schulsystem institutionalisiert, obwohl das Problem gesellschaftlich mittelfristig ein Dauerproblem ist. Erziehungswissenschaftliche Forschung leistet zu diesen Praxisprojekten Begleitforschung (z. B. Axhausen/Dorn 1995, Djafari/Kade 1989, Engelbrech/Gruber/Jungkunst 1997, Foster 1988, Klähn/Dinter 1994, Paluch 1992, Schroeder 1995, Herlyn/Vogel 1988, Niehuis/Hasselhorn 1986).

In Untersuchungen zum Bildungsverhalten wird die gesellschaftliche Position von Frauen deutlich (vgl. z. B. Schulenberg u. a. 1979, Ambos/Schiersmann 1996, Kuwan 1996). Die allgemeinbildenden Angebote in der Erwachsenenbildung haben nach Auskunft der Frauen vor allem eine das Selbstbewußtsein stabilisierende Bedeutung (vgl. Heuer 1999). Selbstbewußtsein scheint selbst bei sehr guten Schülerinnen nicht ausreichend vorhanden zu sein (vgl. z.B. Horstkemper 1988; Lehmann/Peek 1997). Vor allem macht sich dieses Problem bei den Frauen im späteren Alter deutlich bemerkbar und wird zu einem nachgefragten Bildungsinteresse. In den schulischen Bildungsinstitutionen sind Mädchen oft nicht mit sich selbst vertraut geworden. Auf ihre spezielle Entwicklung wird nicht ausreichend geachtet.

Im Bereich der Erwachsenenbildung liegt der Weiterbildungsnutzen für Frauen nicht allein in der Qualifizierung für Handlungsanforderungen des gesellschaftlichen Alltags, sondern im Moment der Bildung überhaupt (vgl. Meier/Böhmer u. a. 1998). Besonders die offenen Angebote aus der Erwachsenenbildungslandschaft, auch wenn sie sich im Sinne der Frauenbildung nicht direkt an Frauen wenden, sind Bildungsformen, die Frauen unter den jetzigen Lebensbedingungen am häufigsten ansprechen. Zu mehr als 70 % partizipieren sie an der ganzen Angebotsbreite dieser Institutionen (vgl. Volkshochschul-Statistik 1998). Die Erwachsenenbildungsinstitutionen sind der öffentliche Raum, den Frauen sich erobert haben, hier gehen sie, unbemerkt von der Öffentlichkeit und den großen Geschlechterdiskursen, ihren Erkenntnis- und Kontaktbedürfnissen nach. Empirische Untersuchungen über das Nutzungs- und Verwertungsverhalten von Bildungs- und Qualifizierungsangeboten sind ein wichtiger Indikator für die gesellschaftliche Plazierung der Geschlechter und die dabei wirksamen Problemlagen. Ebenfalls wird deutlich, wo Bildung als Interventionsstrategie für eine Demokratisierung im Geschlechterverhältnis genutzt wird (vgl. z. B. Eberhardt/Weiher 1994, Borst/Maul/Meueler 1995, Gieseke 1995, Schneider-Wohlfart/Vennemann 1994).

In diesem Sinne sind die Praxisfelder der Erziehungswissenschaft dem Forschungs- und Reflexionsstand der Theorie und der gesellschaftlichen Entwicklung zur Demokratisierung des Geschlechterverhältnisses ein Stück voraus: Die Bildungsvoraussetzungen sind bei beiden Geschlechtern gleich, und die Frauen bleiben trotz herber beruflicher Rückschläge aktiv in ihrem Weiterbildungsverhalten (Kuwan 1996). Aber selbst diese Aktivitäten reichen nicht aus, wenn die Ansprüche an ein demokratisiertes Geschlechterverhältnis nicht subjektiv verankert sind (vgl. Derichs-Kunstmann 1996,

Hovestadt 1996 und 1997). Frauen sorgen durch Eigenaktivität für ihre psychische Stabilisierung und ihre weitere Qualifizierung, sie nehmen an Umschulungen und Fortbildungen teil, die unter ihrer Erstqualifizierung liegen und deshalb mit einem Statusverlust verbunden sind. Hier bekommt Bildung praktisch zur Stabilisierung alter Geschlechterhierarchien in der Arbeitswelt eine restaurierte Aufgabe (vgl. z. B. Meier u. a. 1998, Gieseke/Siebers 1996, Ambos/Schiersmann 1996).

Andererseits spielen auch Formen weiblicher Selbstabwertung in Bildungsprozessen eine große Rolle. Besonders die Studie von Derichs-Kunstmann u. a. (1999) gibt darüber Aufschluß, wie beide Geschlechter fast durchgängig gewohnte hierachisierte Rollenmuster beibehalten (siehe z. B. auch Wolff/Ewert 1999, Stahr 1989). Hier besteht neuer Aufklärungsbedarf, denn die formelhafte Rückführung des hierarchischen Geschlechterverhältnisses auf historisch präformierte, kulturell geformte und politisch und ökonomisch bestimmte Bedingungen reicht nicht mehr aus. Die Zäsur, an der die aktuellen Entwicklungen am Ausgang dieses Jahrhunderts stehen, fordert zu einer theoretischen Neubestimmung heraus.

Neue theoretische Herausforderungen für eine erziehungswissenschaftliche Perspektive in der Genderforschung

Die Frau steht als Projektionsobjekt für abgelehnte männliche Eigenschaften – gerade auch in der Forschung – nicht mehr zur Verfügung. Die Mechanismen, die hier zu Hemmnissen oder zumindest zu einem sehr langsamen Wechsel führen, bedürfen genauerer Analysen. Auch feministische Theorieansätze, die die Gefahr noch in den groben Denkmustern einer biologisch determinierten weiblichen Rolle sehen, bieten zu kurz greifende Erklärungsmuster, da sie bereits von der gesellschaftlichen Wirklichkeit eingeholt sind. Abwertungen von Frauen erfolgen heute kaum noch über alte weibliche Klischees, sondern finden sich nach Praxisberichten aus der Frauenbildung in subtileren Strukturen wieder.

Wenn die Frauenforschung diesen Diskurs aber immer wieder neu aufnimmt und so tut, als ginge es noch darum, eine mütterzentrierte Frauensicht zu bekämpfen, dann bleibt sie damit in alten überholten Diskursen verfangen. Weil sie berechtigter Weise eine Festlegung der Frauen auf eine biologisch determinierte Mutterrolle nicht akzeptieren kann, leugnet sie oft im gleichen Zug ihre Gebärfähigkeit und entzieht den Frauen die Möglichkeit, auf ihren Körper und die damit verknüpften Möglichkeiten stolz zu sein und sich mit sich selbst identisch zu fühlen. Diese Sicht führt zu einer Ablehnung von neuer selbstdefinierter Weiblichkeit überhaupt und bleibt dadurch dem alten Diskurs verhaftet, ohne neue gesellschaftliche Möglichkeiten zu gestalten. Eher wird der Status quo verstärkt und der Gleichheitsdiskurs in der Weise kultiviert, daß das Geschlecht überhaupt keine Rolle mehr spielt. Das bedeutet insofern einen Fortschritt, als aus den unterschiedlichen biologischen Gegebenheiten nicht mehr auf unterschiedliche Fähigkeiten von Männern und Frauen geschlossen werden kann. Es gibt in diesem Verständnis keine Defizithypothesen mehr.

In den feministischen Diskursen wird aber übersehen, daß die Gebärfähigkeit von Frauen und die Kinderfrage in den neuen gesellschaftlichen Auseinandersetzungen ausgeblendet wird, als gäbe es auch keine biologische Differenz, und damit blendet die Frau sich selber aus. Dieses wird von den Frauen stillschweigend in ihrem Bildungsverhalten unterlaufen. Gerade die Angebote der Frauenbildung und die Suche der Frauen auf dem allgemeinen Bildungsmarkt nach geeigneten Lebensentwürfen machen eine aufmerksame erziehungswissenschaftliche Geschlechterperspektive nötig. Ein Diskurs, der Zweigeschlechtlichkeit mit hierarchischer Geschlechterordnung gleichsetzt, richtet sich gegen jede Frau individuell, mit ihm können Familienaufgaben für beide Geschlechter schwerlich gesellschaftlich organisiert werden. Auch die notwendige Achtung und Anerkennung für schwangere Frauen, die berufstätig sind, wird auf diese Weise nicht thematisiert. Das Nichtbeachten der biologischen Möglichkeiten der Frau ist aus erziehungswissenschaftlicher Sicht für die weibliche Entwicklung ein Fehler, gerade, wenn man eine Modernisierung und Demokratisierung des Geschlechterverhältnisses anmahnt. Es wird sich gegen die Frauen wenden und die selbsterzeugte moderne Form der Diskriminierung sein. In dieser Weise wird eine stärkere Positionierung der Frauen in der Öffentlichkeit behindert.

Eine neue Lebenskonzeption, die Berufstätigkeit, Familienleben und Öffentlichkeit für beide Geschlechter zugänglich macht, wäre dagegen zu schreiben (Gieseke u. a. 1995).

Viele Frauen in den Bildungsveranstaltungen wollen ihr Geschlecht nicht verleugnen, sondern in diesem vorgegebenen Rahmen an neuen Interpretationen arbeiten. Sie wollen die Bedeutung der Gebärfähigkeit für den weiblichen Lebenslauf neu definieren und entsprechende gesellschaftliche Organisationsformen entstehen lassen. Die Frauenbildungsforschung macht diese Widersprüchlichkeiten, Unsicherheiten, Neufindungen transparent und dokumentiert, was soziales und gesellschaftliches Lernen zur Transformation von Situationen beiträgt.

Es würde eine Modernisierungsblockade, auch in der Frauenforschung, bedeuten, wenn Frauen sich als ungeschlechtlich oder übergeschlechtlich empfänden und in späteren Lebensphasen nur im negativen Sinn mit ihrer Gebärfähigkeit konfrontiert werden würden. In einer Gesellschaft, in der das berufliche Fortkommen von Frauen durch ihre Gebärfähigkeit behindert wird und die Familienaufgaben nicht gleichmäßig auf beide Partner verteilt sind, gibt es keine demokratische Geschlechterkultur, und der Bildungsbereich ist oft der Ort, wo hierfür Kompensationen bereitgestellt werden. Gerade die Erwachsenenbildungsinstitutionen stellen direkt und indirekt Möglichkeiten zur Verfügung, um die nicht ausreichend vollzogene gesellschaftliche Integration auszugleichen (siehe dazu z. B. Derichs-Kunstmann 1998, Ellerbrock 1999, Giese/Tesch 1999, Voss-Goldstein, 1999, Strichau 1999, Gottschalk 1998).

Bildungsprozesse im mittleren Alter machen deutlich, daß Veränderungen im Geschlechterverhältnis nur über ein weibliches Selbstbewußtsein erfolgen können, das sich von alten Klischees verabschiedet. Die eingeschlechtlich strukturierte Gesellschaft benötigt deregulierende Diskurse, aber diese werden nicht zu demokratischeren Verhaltensweisen führen, wenn die Frauen keine Kraft haben, eine Vielfalt neuer Frauenbilder zu erarbeiten. Es gibt keinen Schritt zurück hinter die Gleichberechtigung, aber eine neue politische und soziale Ausrichtung in der Frauenbildung steht noch aus.

Erziehungswissenschaft innerhalb der Gender-Studien kann eine neue zweigeschlechtliche Perspektive einbringen, die die Beziehung zwischen den Geschlechtern demokratisiert und gleichberechtigte Lebensentwürfe und Ansprüche auf Arbeit und Familie erkennen läßt.

Gleichzeitig geht es um die Ausbildung für eine innovative Praxis, die auf ein Konfliktmanagement zwischen den Geschlechtern vorbereitet, ohne vor Auseinandersetzungen zurückzuschrecken. Es gibt kaum kulturelle Milieus, die eine solche Sozialisation bieten. Im Studium werden Sozialisationseffekte und vielschichtige Wissensstrukturen vermittelt, damit die Studentinnen und Studenten entsprechende Kompetenzen erwerben, um den sich verändernden Wirklichkeiten gerecht werden zu können.

Die Ambivalenzen und Unstimmigkeiten im Verhalten von Frauen, ihre Stärken, ihr Realismus, ihre Selbstzweifel, ihr Körpererleben, ihre gesellschaftlichen Interessen etc. sind und bleiben ein wichtiger Bereich soziologischer und erziehungswissenschaftlicher Forschung (z. B. Becker-Schmidt/Knapp 1995, Flaake/King 1992).

Aus der Schule bringen die Schülerinnen keine bewußten Erfahrungen von Diskriminierung und Selbstbegrenzung mit, zumindest dort nicht, wo in der Fächerwahl alle Möglichkeiten für beide Geschlechter gegeben werden. Benachteiligung erfahren sie durch andere gesellschaftliche Mechanismen. Sie erhalten zwar oft die besseren Zensuren, dies heißt aber nicht, daß sie gleich gute Ausbildungsplätze bekommen wie Jungen. Mädchen entwickeln selbst Berufsperspektiven, sie denken sie aber vor dem Hintergrund der gesellschaftlichen Möglichkeiten, die sie aus ihrer sozialen Lebenswelt heraus zu erkennen glauben. Hier liegen also zentrale Probleme (vgl. auch Krüger 1991 und 1992).

Darüber hinaus fehlt den Frauen vielfach der Mut, die Organisation von Gesellschaft und Wirtschaft überhaupt unter weiblicher Perspektive zu denken, ohne die eine Veränderung des bestehenden Geschlechterverhältnisses nicht möglich ist (vgl. Bentner/Petersen 1996). Vielleicht kann ein entsprechender Studiengang solche Entwicklungen befördern. Für den schulischen Bildungsbereich zumindest gilt, daß die Ziele und Vorstellungen des 19. und 20. Jahrhunderts zwar eingelöst sind, daß aber gleiche Leistungsprofile von Frauen und Männern keine entsprechenden gesellschaftlichen Umstrukturierungen nach sich gezogen haben. Erwachsenenbildung in ihren offenen marktförmigen Organisationen nimmt als Seismograph die alltagsorientierten Bildungsnachfragen von Frauen auf und wird mit den Widersprüchlichkeiten weiblicher Lebensläufe konfrontiert. Nur durch eine Vielzahl von Modellprojekten in der beruflichen Weiterbildung (Fortbildung, Umschulung, Wiedereinstieg) wird Frauen eine neue berufliche Chance gegeben. Das Interesse an anderen Lernkulturen und Lernformen, aber an gleichen Anforderungen und gleicher gesellschaftlicher Anerkennung, belegen die Untersuchungen (vgl. Axhausen/Dorn 1995, Foster 1988, Klähn/Dinter 1994, Paluch 1992). Lebenslanges Lernen ist dabei selbstverständlicher Bestandteil. Während die schulische Bildung den Entwicklungsstand der Beziehungen zwischen den Geschlechtern (Becker-Schmidt 1998) im Bildungsprozeß im Blick hat, will die Erwachsenenbildung neben ihren kompensatorischen Aufgaben in der politischen, sozialen und beruflichen Bildung über spezifische Bildungsangebote erreichen, daß den Frauen Fähigkeiten und Strategien vermittelt werden, um trotz Diskriminierung eine positive Lebensperspektive zu erreichen. Dies ist gerade in Zeiten hoher Arbeitslosigkeit besonders nötig (vgl. Holst/Schupp 1994, Ladensack u. a. 1994, Schamborski 1992).

Bildungstheoretisch können wir uns nicht mehr der Defizithypothese zur Begründung von Lernangeboten und Bildungsinteressen für Frauen in der Erwachsenenbildung bedienen. Die Folgen einer nicht vollzogenen Demokratisierung des Geschlechterverhältnisses in allen gesellschaftlichen Organisationen werden von den Frauen individuell aufgefangen. Dazu nutzen sie die allgemeine und berufliche Erwachsenenbildung, um wieder Anschluß zu finden. Hier ist die Zuweisung zu bestimmten Typen von Weiterbildungsangeboten, aber auch die Nachfrage nicht frei von geschlechtsspezifischen Perspektiven und Hierarchisierungsinteressen.

Da es keine Leistungsdifferenzen gibt, wird die Privilegierung des Mannes im Geschlechterverhältnis bei der Vergabe von höheren beruflichen Positionen – und auch bei der Aufstiegsbildung in Betrieben – deutlich. Immer wieder wird die Gebärfähigkeit von Frauen als Effizienzproblem dargestellt, was im Klartext heißt, daß Frauen gesellschaftlich ausgegrenzt werden, weil sie über die gleichen intellektuellen Fähigkeiten wie Männer verfügen und zusätzlich die Fähigkeit haben, Leben zu gebären – sie besitzen zu viele Potentiale. Wir haben es also mit einem ›Gebärneid‹ zu tun, der die Benachteiligung von Frauen erzeugt hat.

Die Sexualität, die Körperlichkeit stellt sich als Problem dar, und die Bildung bietet den einzigen Ausweg, um die eng gezogenen Geschlechtergrenzen zu sprengen. Das Bildungsinteresse von Frauen kumuliert vielleicht deshalb gerade in der Gesundheitsbildung (vgl. z. B. Venth 1987, Wohlfart 1998). Sie besuchen diese häufig belächelten Kurse, um sich selbst körperlich zu fühlen, zu erhalten, zu stabilisieren und zu akzeptieren.

Es ist noch sehr viel empirische Untersuchungsarbeit für eine umfassende Theoriebildung und für kreative Handlungsentwürfe notwendig. Am Bildungsbereich wird deutlich, wie vielfältig sich Aktivitätspotentiale von Frauen entfalten können, wenn frauenadäquate institutionelle Formen gefunden werden, die von einem demokratischen Verhältnis ausgehen und entsprechende Strukturierungen vornehmen.

Inhalte eines Gender-Studiums

Eine curriculare Entwicklung ist von den Forschungsmöglichkeiten abhängig, die sich in der Erziehungswissenschaft und ihren jeweiligen Teildisziplinen für die Frauenbildung ergeben. Die Theorieentwicklungen, gerade auch die bildungstheoretischen Überlegungen, bedürfen eines radikalen Perspektivenwechsels. Nur so kann ein Neubeginn aus der Perspektive des lebenslangen Lernens und mit der Akzeptanz biographie- und lebenslaufbezogener Forschungsinteressen entstehen.

Eine vergleichende Analyse des Bildungsverhaltens beider Geschlechter, auch in ihren jeweiligen schichtspezifischen und regionalen bzw. berufsspezifischen Varianten, bleibt ein notwendiges Thema für Forschungsarbeiten, um die Perspektive der Differenz von Frauen untereinander und der Differenz zwischen Frauen und Männern sowie den Wandel in diesem Verhältnis ausreichend untersuchen zu können. Die Institutionalforschung aus der Geschlechterperspektive erweist sich ebenfalls als wichtig, um Differenz oder Gleichheit zwischen den Geschlechtern in der Akzeptanz von Lernumwelten in der Kindheits- und Erwachsenenphase zu erheben. Auch die laufende Koedukationsdebatte könnte noch pragmatischer angegangen werden. Die bildungspolitischen Initiativen und begleitenden Untersuchungen zur Vollzeitschule sind ein Beispiel dafür, wie die Schulorganisation insgesamt und die gesellschaftliche Organisation des Geschlechterverhältnisses sich wechselseitig beeinflussen. Die Einführung einer Ganztagsschule wirkt sich beispielsweise auf die Diskussionen über die Berufstätigkeit von Müttern aus. Die Organisation des Bildungssystems, die Inhalte von Lehrbüchern, die interaktiven Kommunikationsformen zwischen den Geschlechtern in den Bildungsinstitutionen und ihre jeweiligen Sanktionierungen setzen gesellschaftliche Impulse, die weitreichende Auswirkungen auf die Geschlechterbeziehungen und langfristig auf das Geschlechterverhältnis bei der Strukturierung des kulturellen und öffentlichen Lebens haben werden.

Gleichzeitig sollte aber nicht suggeriert werden, daß die Gender-Perspektive für beide Geschlechter von gleich großer Bedeutung sei. Es wird im kommenden Jahrzehnt bei den zögerlichen, langsamen Entwicklungen immer auch darum gehen, die Mädchen- und Frauenperspektive überhaupt im Blickfeld zu halten, weil die männliche Sichtweise weiterhin als angeblich neutrale Perspektive in allen gesellschaftlichen Bereichen weiterwirkt. Aber die Vielfalt der Frauenperspektive in der Gender-Diskussion bietet die Möglichkeit der Relativierung, der Neubewertung des Geschlechterverhältnisses. Die theoretische Kompetenz und das empirische Wissen lassen sich in der Erziehungswissenschaft sichern, wenn aus Gender-Sicht folgende Themen behandelt werden:

- Historisches Wissen über Mädchen und Jungen im öffentlichen Bildungswesen;
- Frauenbildung/Frauenbewegung;
- Organisation der Bildungs-, Ausbildungs- und Weiterbildungsinstitutionen mit geschlechtsspezifischem Nutzen;
- Sozialisation/Erziehung aus der Geschlechterperspektive, Wandel und Statik;
- Alternative Gestaltungsformen der Bildungsinstitutionen und ihre Auswirkungen auf das Bildungsverhalten von Schülerinnen/Schülern und die Lebensgestaltung im Erwachsenenalter;
- Geschlechterverhalten in der Entwicklung der beruflichen Weiterbildung, Wirkungen von biographie- und lebenslaufbezogenen Konzepten;
- Eingreifende Bildung in betrieblichen Organisationen und Personalentwicklung;
- Allgemeine und politische Erwachsenenbildung, Nachfrageentwicklungen, Bedarfs- und Bedürfnisentwicklungen, geschlechtsspezifische Interessen, Nutzungs- und Verwertungszusammenhänge;

- Analysen von Lehrplänen sowie von nachfrageorientierten Programmentwicklungen in der Erwachsenenbildung/Weiterbildung und der allgemeinen Bildung;
- Lehr- und Lernmethoden in ihren geschlechtsspezifischen Wirkungen, Arbeit von Lerngruppen;
- Bildungstheorien in der Revision und Neuformung, Mädchen- und Frauenbildung und Interaktionen im gleichgeschlechtlichen Diskurs.

Welche Kompetenzen stellt das Studium zur Verfügung, und wo können sie angewandt werden?

Bildungstheoretische Betrachtungen zeigen, welche Bedeutung Bildung als Einstieg zur Erlangung der Gleichberechtigung, aber auch zur individuellen Stabilisierung und zur Kompensation von Situationen unter den gegenwärtigen Bedingungen des Geschlechterverhältnisses hat. Andererseits scheint es nötig zu sein, im Schwerpunktfach darüber hinaus eine spezifische Handlungskompetenz zu erwerben. Für den erziehungswissenschaftlichen Bereich könnte dies die Entwicklung und Planung von Bildungsprozessen, Konzepten und Projekten sowie Beratung im Sinne von Weiterbildungsberatung sein. Gleichzeitig ist die Kenntnis von Forschungsmethoden für jede Form der Praxisbegleitung, der Umsetzung von Modellvorhaben und der Evaluierung von Programmen unentbehrlich.

Die Praxisfelder entwickeln sich erst, Studentinnen und Studenten in diesem Studiengang werden aber später auf jeden Fall im Team mit anderen Fachvertreter/innen arbeiten. Besonders eine beratende und begleitende Kompetenz ist nötig, um sich in unterschiedliche Praxisfelder hineinzubegeben und sie unter Geschlechterperspektive zu untersuchen, zu verändern und zu optimieren.

Beginn und Entwicklung der Gender-Perspektive in der Erziehungswissenschaft

Bei einem Symposium auf dem Kongreß der Deutschen Gesellschaft für Erziehungswissenschaft 1984 wurde der Anstoß dazu gegeben, eine Arbeitsgruppe bzw. eine Kommission für Frauenforschung zu gründen. 1985 beschloß der Vorstand die Bildung einer Arbeitsgruppe Frauenforschung zunächst für vier Jahre. Das Thema der ersten Fachtagung war Koedukation, das folgende Thema beschäftigte sich mit dem Beitrag von Frauen zur Erziehungswissenschaft und mit dem Thema »Weibliche Identität«. Nach vier Jahren konstatierte man den Beginn eines neuen Bewußtseins über die Bedeutung des Geschlechterverhältnisses in der Erziehungswissenschaft. Die Laufzeit der Arbeitsgruppe wurde noch einmal um zwei Jahre verlängert, und aufgrund einer veränderten Blickrichtung in der Erziehungswissenschaft durch die Frauenforschung erfolgte 1991 die Umwandlung der Arbeitsgruppe in eine Kommission. Anhand von Untersuchungen der letzten Jahre wird deutlich, daß erziehungswissenschaftliche Fragen (z. B. Fragen der Bildungstheorie, Identitätsentwicklung und Unterrichtsforschung) zunehmend unter der Kategorie Geschlecht betrachtet werden. Es wird ein Perspektivenwechsel in der Pädagogik durch die Frauenforschung verzeichnet, der zwar alle Teildisziplinen berührt, aber noch nicht verarbeitend hineingenommen wird.

Seit 1993 ist in der Kommissionsarbeit ein Interesse für die Erstellung feministisch orientierter Curricula für erziehungswissenschaftliche Lehrveranstaltungen zu erkennen. Als weiterer Professionalisierungsschub ist die Beschäftigung mit Themen wie: *Pädagogische Berufe für Frauen im Spannungsfeld von Erziehungswissenschaft und Praxis* oder *Frauenarbeit und Frauenberufe in Europa* anzusehen. Große Nachfrage zeigte sich 1996 besonders im Bereich bildungsgeschichtlicher Forschung zu Frauen im 18. und 19. Jahrhundert.

Umfangreiche Publikationen, z. B. der Band *Konstruktion des Weiblichen* haben neue Maßstäbe gesetzt und theoretische Anstöße geliefert (Winterhager-Schmid 1998). Von Rendtorff/Moser liegt mittlerweile eine Einführung zum Thema *Geschlecht und Geschlechterverhältnisse in der Erziehungswissenschaft* vor (Rendtorff/Moser 1999).

Die Round-Table-Gespräche bei Kongressen und Arbeitstagungen, aber auch die für die Tagungen gewählte Thematik machen deutlich, daß mit der Professionalisierungsstrategie auch – und dies ist legitim – die bessere professionelle Positionierung von Frauen und die Frauenforschung Hand in Hand gehen sollen (siehe dazu auch die Tagung 1997: *Lehren und Lernen von Frauen an den Hochschulen*). Auf dem 15. DGfE-Kongreß in Halle (1996) wies die Diskussion wieder auf ein übergreifendes Frauenbildungsthema und eine schulische Frage mit gesellschaftlicher Wirkung hin: *Mütterfreundliche Grundschulzeiten – eine Herausforderung für die Grundschulentwicklung*. Seit dem Hamburger DGfE-Kongreß 1998 – zum Thema *Medien* – kündigen sich neue Vernetzungen an, die in Richtung interkulturelle Bildung gehen. Die Frauenforschung wird in diesem Zuge als eigenständige Kommission aufgelöst. Die Geschlechterfrage erscheint so als interkulturelle Aufgabe.

Die Arbeit in der Kommission ist nicht das einzige erziehungswissenschaftliche Forum für die Geschlechterfrage. Merkwürdig separiert – das hat mit der Schuldominanz in der universitären Ausbildung zu tun – ist die Erwachsenenpädagogik. Die für die erziehungswissenschaftliche Bearbeitung dieses Themas entscheidenden Tagungen finden seit 1991 bei den großen Weiterbildungsträgern (z. B.: Deutsche Evangelische Arbeitsgemeinschaft für Erwachsenenbildung (DEAE), Tutzing 1995 und 1997), aber auch als gesonderte Tagungen an den Universitäten (z. B.: Univ. Bremen 1991; Univ. Hamburg 1992) und Forschungsinstituten (z. B.: Forschungsinstitut für Arbeiterbildung, Recklinghausen 1994; Deutsches Institut für Erwachsenenbildung, Frankfurt a. M. 1994; Internationales Studienzentrum für wissenschaftliche Erwachsenenbildung und Demokratieforschung, Göteborg 1998) statt.

In den 70er Jahren wurden vor allem Konzepte für die allgemeine und politische Frauenbildung erarbeitet. In den 80er Jahren kamen Konzepte zum beruflichen Wiedereinstieg hinzu, um Frauen nach einer durch die Arbeitsstrukturen aufgezwungenen Familienphase neue Perspektiven zu eröffnen. Solche Projekte sind wissenschaftlich begleitet worden, um die Weiterbildungsmotive von Frauen, ihre Lernvorlieben, ihre Lerninhalte, ihre Biographien und ihre Zukunftsentwürfe zu erheben. Bildung wird hier zum Motor eines neuen Lebensentwurfs, eines Neubeginns nach einer biographischen Zäsur in der Familie. Die Untersuchungen decken die Ambivalenzen und Einbrüche, aber auch die Veränderungsschübe durch Bildungsprozesse und Aktivitäten außerhalb der Familie auf. Einen interessanten Blickwinkel eröffnen die Beobachtungen der offenen Weiterbildung in Erwachsenenbildungsinstitutionen der 90er Jahre (Borst/Maul/Meueler 1995, Eberhardt/Weiher 1994, Gieseke u. a. 1995). Die Untersuchungen, Praxisexpertisen und andere theoretische Arbeiten, die bezogen auf dieses breite Feld entstanden sind, verweisen vor allem darauf, wie Veränderungen und Bewegungen im Geschlechterverhältnis innerhalb der Mikrostrukturen ablaufen und wo die Widerstände liegen. Sie verdeutlichen, welchen Einfluß Bildungsprozesse ausüben und wo die Veränderungsinteressen von Frauen liegen.

Nun mag das von Goffman (1994) skizzierte Geschlechterverhältnis in den Interaktionsstrukturen immer wieder neu hierarchisch inszeniert werden (siehe auch Derichs-Kunstmann u. a. 1999), Frauen bauen sich aber über die Nutzung der offenen, für alle Interessierten frei zugänglichen Institutionen der Erwachsenenbildung, wie der beruflichen Weiterbildung, ihre eigenen Gegenwelten auf. Diese Bildungsinstitutionen sind zu Ersatzöffentlichkeiten geworden, in denen Frauen nach einer neuen Geschlechtsidentität suchen und ihr Selbstbewußtsein stärken können.

Erziehungswissenschaftliche Forschung kann also die Veränderungen und Entwicklungsprozesse im Geschlechterverhältnis und die Widersprüchlichkeiten der Individuen unter den gesellschaftlichen und kulturellen Einflüssen in Bildungsprozessen herausarbeiten. Der Stellenwert von Erfahrungen in der weiblichen Biographie, die Verarbeitung der Eindrücke in den Geschlechterbeziehungen machen einen wesentlichen Teil der Bildungsarbeit mit Frauen, vor allem im mittleren Lebensalter, aus. Hiervon werden weitreichende Impulse ausgehen können, um neues aktives Handeln zu ermöglichen, das Frauen als aktive Individuen sichtbar macht. Neue Organisationen eines demokratischen Geschlechterverhältnisses benötigen beide Geschlechter und nicht die selbsterklärte Auflösung des Weiblichen, weil man sie sich nur in polaren und patriarchalen Mustern denken kann.

Literatur

Ambos, Ingrid/Schiersmann, Christiane: *Weiterbildung von Frauen in den neuen Bundesländern. Ergebnisse einer empirischen Untersuchung.* Opladen 1996.

Arbeitsgruppe Kultur und Lebenswelt (Hg.): *Dialoge zwischen den Geschlechtern.* Frankfurt a. M. 1995.

Axhausen, Silke/Dorn, Charlotte: *Armut von Frauen und berufliche Qualifizierung.* Hg.v. Bundesinstitut für Berufsbildung. Berlin/Bonn 1995.

Becker-Schmidt, Regina: »Relationalität zwischen den Geschlechtern, Konnexionen im Geschlechterverhältnis«. In: *Zeitschrift für Frauenforschung* 16 (1998) 3, 6–21.

– : /Knapp, Gudrun-Axeli (Hg.): *Das Geschlechterverhältnis als Gegenstand der Sozialwissenschaften.* Frankfurt a. M. 1995.

Bentner, Ariane/Petersen, Susanne J. (Hg.): *Neue Lernkultur in Organisationen. Personalentwicklung und Organisationsberatung mit Frauen.* Frankfurt a. M./New York 1996.

Blochmann, Elisabeth: *Das »Frauenzimmer« und die »Gelehrsamkeit«. Eine Studie über die Anfänge des Mädchenschulwesens in Deutschland.* Heidelberg 1966.

Borst, Eva/Maul, Bärbel/Meueler, Erhard: *Frauenbildung in Rheinland-Pfalz. Ein Forschungsbericht.* Mainz 1995.

Brehmer, Ilse (Hg.): *Mütterlichkeit als Profession? Lebensläufe deutscher Pädagoginnen in der ersten Hälfte dieses Jahrhunderts.* Pfaffenweiler 1990.

Dausien, Bettina: *Biographie und Geschlecht. Zur biographischen Konstruktion sozialer Wirklichkeit in Frauenlebensgeschichten.* Bremen 1996.

– : /u. a. (Hg.): *Feministische Perspektiven verwandeln die Wissenschaft.* Opladen 1999.

Derichs-Kunstmann, Karin: »Frau kommt vor. Geschlechterthematik und Geschlechterperspektive in der gewerkschaftlichen Bildungsarbeit.« In: *Jahrbuch Arbeit, Bildung, Kultur* 15/16 (1998), 239–258.

– : »Frauen lernen anders ... Lernen Frauen anders?« In: Derichs-Kunstmann, Karin/Müthing, Brigitte (Hg.): *Frauen lernen anders. Theorie und Praxis der Weiterbildung für Frauen.* Bielefeld 1993.

– : »Von der alltäglichen Inszenierung des Geschlechterverhältnisses in der Erwachsenenbildung«. In: *Jahrbuch Arbeit, Bildung, Kultur* 14 (1996), 9–25.

– : /Rehbock, Annette (Hg.): *Jenseits patriarchaler Lei(d)t-Bilder. Zur Theorie und Praxis gewerkschaftlicher Frauenbildungsarbeit.* Bielefeld 1995.

– : Auszra, Susanne/Müthing, Brigitte: *Von der Inszenierung des Geschlechterverhältnisses zur geschlechtsgerechten Didaktik. Konstitution und Reproduktion des Geschlechterverhältnisses in der Erwachsenenbildung.* Bielefeld 1999.

Dietzen, Agnes: *Soziales Geschlecht: soziale, kulturelle und symbolische Dimensionen des Gender-Konzepts.* Opladen 1993.

Djafari, Nader/Kade, Sylvia (Hg.): »Frauen in der Umschulung«. In: *Praxishilfen für die Umschulung.* Bonn/Frankfurt a. M. 1989.

Eberhardt, Ursula/Weiher, Katarina (Hg.): *Rahmenplan Frauenbildung. Differenz und Gleichheit von Frauen.* Frankfurt a. M. 1994.

Ehrich, Karin: »Stationen der Mädchenschulreform. Ein Ländervergleich«. In: Kleinau, Elke/Opitz, Claudia: *Geschichte der Mädchen- und Frauenbildung.* Frankfurt a. M./New York 1996, 129–148.

Ellerbrock, Ruth: »Frauenbildung in der Volkshochschule oder: Was ihr wollt«. Manuskript 1999. Erscheint in: Gieseke, Wiltrud (Hg.): *Handbuch zur Frauenbildung.* Vorauss. 2000.

Enders-Dragässer, Uta/Fuchs, Claudia: *Interaktionen der Geschlechter. Sexismusstrukturen in der Schule.* Weinheim/München 1989.

Engelbrech, Gerhard/Gruber, Hannelore/Jungkunst, Maria: »Erwerbsorientierung und Erwerbstätigkeit ost- und westdeutscher Frauen unter veränderten gesellschaftlichen Rahmenbedingungen. In: *ibv* 26 (Juni 1997).

Faulstich-Wieland, Hannelore: *Geschlecht und Erziehung – Grundlagen des pädagogischen Umgangs mit Mädchen und Jungen.* Darmstadt 1995.

– : /Horstkemper, Marianne: *Trennt uns bitte, bitte, nicht! Koedukation aus Mädchen- und Jungensicht.* Opladen 1995.

von Felden, Heide: *Die Frauen und Rousseau: Die Rousseau- Rezeption zeitgenössischer Schriftstellerinnen in Deutschland.* Frankfurt a. M./New York 1997.

Flaake, Karin/King, Vera (Hg.): *Weibliche Adoleszenz. Zur Sozialisation junger Frauen.* Frankfurt a. M./New York 1992.

Foster, Helga: »Umschulung von Frauen im gewerblich-technischen Bereich«. In: Bundesinstitut für Berufsbildung (Hg.): *Arbeitsunterlagen und Materialien aus dem BIBB.* vervielf. Manuskript. Berlin 1988, 101–105.

Gerhard, Ute: *Unerhört. Die Geschichte der deutschen Frauenbewegung.* Reinbek 1990.

Giese, Carmen/Tesch, Petra: »Entwicklungen eines öffentlich geförderten Frauenbildungsträgers in Ostberlin am Beispiel von Wirkstoff e.V.« Manuskript 1999. Erscheint in: Gieseke, Wiltrud (Hg.): *Handbuch zur Frauenbildung.* Vorauss. 2000.

Gieseke, Wiltrud: *Politische Weiterbildung und Frauen.* Studien zur Wirtschafts- und Erwachsenenpädagogik aus der Humboldt-Universität zu Berlin. Bd. 4. Berlin 1995.

– : (Hg.): *Feministische Bildung – Frauenbildung.* Pfaffenweiler 1993.

– : /u. a.: *Erwachsenenbildung als Frauenbildung.* Bad Heilbrunn/Obb. 1995.

– : Siebers, Ruth: »Umschulung für Frauen in den neuen Bundesländern«. In: *Zeitschrift für Pädagogik* 42 (1996) 5, 687–702.

Goffman, Erving: *Interaktion und Geschlecht.* Frankfurt a. M. 1994.

Gottschalk, Felicitas: *Auf das Selbstdenken kommt es an. Ländliche Frauenbildung.* Pfaffenweiler 1998.

Hagemann-White, Carol: *Sozialisation: Weiblich – männlich?* Opladen 1984.

Herlyn, Ingrid/Vogel, Ulrike: *Familienfrauen und Individualisierung. Eine Literaturanalyse zu Lebensmitte und Weiterbildung.* Weinheim 1988.

Heuer, Ulrike: »Allgemeinbildende Angebote der Frauenbildung«. Manuskript 1999. Erscheint in: Gieseke, Wiltrud (Hg.): *Handbuch zur Frauenbildung.* Vorauss. 2000.

– : *Ich will noch was anderes! Frauen experimentieren mit Erwachsenenbildung.* Pfaffenweiler 1993.

Holst, Elke/Schupp, Jürgen: »Perspektiven der Erwerbsbeteiligung von Frauen im vereinten Deutschland«. In: *Beiträge der Arbeitsmarkt- und Berufsforschung.* Bd. 179. Nürnberg 1994, 140–174.

Horstkemper, Marianne: *Schule, Geschlecht und Selbstvertrauen. Eine Längsschnittstudie über Mädchensozialisation in der Schule.* Weinheim/München 1988.

Hovestadt, Gertrud: *Leidenschaft und Profession – Lehrerinnen und Lehrer in der Gewerkschaft.* Münster 1997.

– : *Schade, daß so wenig Frauen da sind. Normalitätskonstruktionen der Geschlechter in männerdominierter Bildungsarbeit.* Münster 1997.

Kade, Sylvia: *Altersbildung. Lebenssituation und Lebensbedarf.* Bd.1. Frankfurt a. M. 1994.

– : *Arbeitsplatzanalyse: Altersbildung.* Frankfurt a. M. 1992.

Klähn, Margitta/Dinter, Irina: »Umschulung von Langzeitarbeitslosen – Ergebnisse einer Modellversuchsreihe«. In: *Modellversuche zur beruflichen Bildung* Heft 34. Bielefeld 1994.

Kleinau, Elke/Mayer, Christine (Hg.): *Erziehung und Bildung des weiblichen Geschlechts. Eine kommentierte Quellensammlung zur Bildungs- und Berufsbildungsgeschichte von Mädchen und Frauen.* Weinheim 1996 (Auszüge: Helene Lange S. 110–123, Hedwig Dohm S. 155–161, Clara Zetkin S. 161–169).

– : /Opitz, Claudia (Hg.): *Geschichte der Mädchen- und Frauenbildung.* Frankfurt a. M./New York 1996.

Kreienbaum, Maria/Metz-Göckel, Sigrid: *Koedukation und Technikkompetenz von Mädchen. Der heimliche Lehrplan der Geschlechtererziehung und wie man ihn ändert.* Weinheim u. a. 1992.

Krüger, Helga: »Doing Gender – Geschlecht als Statuszuweisung im Berufsbildungssystem«. In: Brock, D. u. a.: *Übergänge in den Beruf.* München 1991, 139–169.

– : (Hg.): *Frauen und Bildung. Wege der Aneignung und Verwertung von Qualifikationen in weiblichen Erwerbsbiographien.* Bielefeld 1992.

Kuwan, Helmut: *Berichtssystem Weiterbildung VI. Erste Ergebnisse der Repräsentativbefragung zur Weiterbildungssituation in den alten und neuen Bundesländern.* Hg.: Bundesministerium für Bildung, Wissenschaft, Forschung und Technologie. Bonn 1996.

Ladensack, K. u. a.: *Arbeitslose Frauen der neuen Bundesländer in der Fortbildung und Umschulung.* Merseburg 1994.

Lehmann, Rainer H./Peek, Rainer: *Aspekte der Lernausgangslage von Schülerinnen und Schülern der fünften Klassen an Hamburger Schulen.* Berlin 1997.

Lion, Carl Theodor: *Joh. Amos Comenius' Große Unterrichtslehre.* Übersetzt mit Anmerkungen und einer Lebensbeschreibung des Comenius. 6., verbess. Auflage. Langensalza 1927.

Meier, Artur/Böhmer, Sabrina/Möller, Bettina/Neuberg, Kerstin: *Weiterbildungsnutzen. Über beabsichtigte und nicht beabsichtigte Effekte von Fortbildung und Umschulung.* Berlin 1998.

Meueler, Erhard: *Die Türen des Käfigs. Wege zum Subjekt in der Erwachsenenbildung.* Stuttgart 1993.

Meyer-Ehlert, Birgit: *Frauen in der Weiterbildung.* Hg. im Auftrag der Landesarbeitsgemeinschaft für eine andere Weiterbildung. Opladen 1994.

Neghabian, Gabriele: *Frauenschule und Frauenberufe. Ein Beitrag zur Bildungs- und Sozialgeschichte Preußens (1908–1945) und Nordrhein-Westfalens (1946–1974).* Köln/Weimar/Wien 1993.

Niehuis, Erika/Hasselhorn, Martin (Hg.): Orientierungskurs für Frauen in der Lebensmitte. Frankfurt a. M. 1986.

Nittel, Dieter: *Report: Biographieforschung.* Frankfurt a. M. 1991.

Paluch, Iris: »Hauptsache Spannung. Vorschläge, Denkanstöße und Materialien für frauengerechte Technikausbildung«. In: Stiftung Berufliche Bildung (Hg.): *Konzepte für die Praxis.* Hamburg 1992.

Pfister, Gertrud/Valtin, Renate (Hg.): *MädchenStärken. Probleme der Koedukation in der Grundschule.* Frankfurt a. M. 1993.

Rendtorff, Babara/Moser, Vera (Hg.): *Geschlecht und Geschlechterverhältnisse in der Erziehungswissenschaft.* Opladen 1999.

Schamborski, Heike: »Aber jetzt ist man ja echt gehandikapt, wenn man eine Frau ist«. In: *Frauenforschung* 4 (1992), 77–88.

Schiersmann, Christiane: *Frauenbildung. Konzepte, Erfahrungen, Perspektiven.* Weinheim/München 1993.

– : *Berufsbezogene Weiterbildung und weiblicher Lebenszusammenhang. Zur Theorie eines integrierten Bildungskonzepts.* Bielefeld 1987.

– : u. a.: *Innovationen in Einrichtungen der Familienbildung.* Opladen 1998.

Schneider-Wohlfart, Ursula/Vennemann, Anne: »Programmangebote der Frauenbildungsarbeit an Volkshochschulen und autonomen Frauenbildungseinrichtungen in Nordrhein-Westfalen. Eine Programmanalyse«. In: *Literatur- und Forschungsreport Weiterbildung.* Heft 34 (1994), 57–68.

Schroeder, Martin: »Umschulung von Frauen in Handwerksberufe. Handreichungen zu Fragen einer zielgruppenorientierten Umschulung im Lernortverbund«. In: *Modellversuche zur beruflichen Bildung.* Heft 38. Bielefeld 1995.

Schulenberg, Wolfgang u. a. *Soziale Lage und Weiterbildung.* Braunschweig 1979.

Siebert, Horst: *Lernen im Lebenslauf.* Frankfurt a. M. 1985.

Skripski, Barbara: *Auf ungleichen Wegen in ein neues Berufsfeld. Zugang von Frauen und Männern zum Arbeitsbereich der Weiterbildung im Strukturwandel der Volkshochschulen.* Bielefeld 1994.

Stahr, Ingeborg: »Zur personalen und kollektiven Identität von Frauen«. In: Faulstich-Wieland, Hannelore (Hg.): *Weibliche Identität.* IFG- Materialien zur Frauenforschung. Bielefeld 1989, 13–24.

Strichau, Dorothea: »Frauenbildung in der evangelischen Erwachsenenbildung«. Manuskript 1999. Erscheint in: Gieseke, Wiltrud (Hg.): *Handbuch zur Frauenbildung*. Vorauss. 2000.

Tillman, Klaus-Jürgen (Hg.): *Jugend weiblich – Jugend männlich: Sozialisation, Geschlecht, Identität*. Opladen 1992.

Valtin, Renate: »Geschlechtsspezifische Sozialisation in der Schule – Folgen der Koedukation«. Manuskript 1999. Erscheint in: Gieseke, Wiltrud (Hg.): *Handbuch zur Frauenbildung*. Vorauss. 2000.

Venth, Angela: *Gesundheit und Krankheit als Bildungsproblem*. Bad Heilbrunn 1987.

Voss-Goldstein, Christel: »Frauenbildung in der katholischen Erwachsenenbildung. Reflexion der bestehenden Praxis«. Manuskript 1999. Erscheint in: Gieseke, Wiltrud (Hg.): *Handbuch zur Frauenbildung*. Vorauss. 2000.

Winterhager-Schmid, Luise (Hg.): *Konstruktionen des Weiblichen. Ein Reader*. Weinheim 1998.

Wohlfart, Ursula: »Entwicklungsgruppe Gesundheitsbildung für Frauen und Männer«. In: *Hessische Blätter für Volksbildung* 2 (1998), 183–187.

Wolff, Monika/Ewert, Christel: »Fäden spinnen, Knoten knüpfen – Energie freisetzen, in Bewegung sein. Netzwerke im Umfeld von Frauenbildung«. Manuskript 1999. Erscheint in: Gieseke, Wiltrud (Hg.): *Handbuch zur Frauenbildung*. Vorauss. 2000.

III. Anhang

1. Institutionen

Einrichtungen zur Frauen- und Geschlechterforschung in der Bundesrepublik Deutschland

Zusammenstellung: Gabriele Jähnert

Freie Universität Berlin (FU)
Zentraleinrichtung zur Förderung von Frauenstudien und Frauenforschung (ZE)
Königin-Luise-Str. 34, 14195 Berlin
Internet: http://www.fu-berlin.de/zefrauen
Kontakt: Johanna Kootz, Dr. Ulla Bock, Elisabeth Böhmer, Dr. Anita Runge, Christiane Weber, Katrin Fritz
Die ZE (gegr. 1981) ist eine Einrichtung der FU, die vor allem Dienstleistungsfunktion hat und sich im Bereich des Wissenschaftsmanagements betätigt. Die ZE publiziert die *AGENDA*, *Querelles. Jahrbuch für Frauenforschung* sowie die Publikationsreihe »Ergebnisse der Frauenforschung an der FU«.

Humboldt-Universität Berlin (HU)
Zentrum für interdisziplinäre Frauenforschung (ZiF)
Sophienstraße 22a, 10178 Berlin
Internet: http://www2.rz.hu-berlin.de/inside/zif
Kontakt: Dr. Gabriele Jähnert, Dr. Karin. Aleksander, Dr. Katrin Schäfgen, Kerstin Rosenbusch, Anette Türk
Das ZiF (gegr. 1989) fördert die wissenschaftliche Kommunikation und unterstützt die Entwicklung der Frauen- und Geschlechterforschung an der HU. Es koordiniert den Magisterteilstudiengang »Geschlechterstudien/Gender Studies«, bietet Serviceleistungen an (Information/Dokumentation; PC-Pool), publiziert, u. a. die Bulletins, und organisiert wissenschaftliche Tagungen und Veranstaltungen.

Hochschule der Künste Berlin (HdK)
Zentrum für interdisziplinäre Frauenforschung und Gender Studies
Ernst-Reuter-Platz 10, 10587 Berlin
Internet: http://www.hdk-berlin.de.gender-studies
Kontakt: Ines Lindner
Das Zentrum für interdisziplinäre Frauenforschung und Gender Studies an der HdK (gegr. 1995) ist ein Forum zur Diskussion feministischer Forschung in Kontexten ästhetischer Praxis. Es organisiert themenbezogene Veranstaltungsreihen, unterstützt projektorientiertes interdisziplinäres Arbeiten und berät Studierende und Lehrende im Bereich Frauenforschung und Gender Studies. Einer der Schwerpunkte ist das Gendering in den Neuen Medien.

Technische Universität Berlin (TU)
Zentrum für Interdisziplinäre Frauen- und Geschlechterforschung (ZIFG) am FB 1 für Kommunikations- und Geschichtswissenschaften
Sekr. TEL 20-1, Ernst-Reuter-Platz 7, 10587 Berlin
Internet: http://www.kgw.tu-berlin.de/ZIFG
Kontakt: Prof. Dr. Karin Hausen
Das ZIFG (gegr. 1995) ist eine eher forschungsorientierte Einrichtung am Fachbereich 1 der TU. Das Zentrum initiiert und veranstaltet fächerübergreifende Lehrveranstaltungen, Tagungen und Forschungsprojekte. Diese gruppieren sich um die Schwerpunkte: »Wissenschaftsforschung als Geschlechterforschung« und »Kulturgeschichte der Geschlechterverhältnisse«.

Universität Bielefeld
Interdisziplinäres Frauenforschungszentrum (IFF)
Universitätsstraße 24, 33615 Bielefeld
Internet: http://www.uni-bielefeld.de/IFF/fraueninfonetz
Kontakt: Prof. Dr. Marlene Stein-Hilbers
Die Aufgaben des IFF (gegr. 1980) als Forschungseinrichtung sind die Unterstützung, Koordination und Weiterentwicklung von interdisziplinär ausgestalteter feministischer Wissenschaft und Forschung; hierzu erbringt das IFF Dienstleistungen und führt in Kooperation mit Fakultäten Forschungsvorhaben durch. Das IFF publiziert die Schriftenreihe »Geschlecht und Gesellschaft« sowie die IFF Forschungsreihe.

Universität Bremen
Zentrum für Feministische Studien (ZFS)
Postfach 330440, 28334 Bremen
e-mail: zfs@uni-bremen.de
Kontakt: Katrin Heinz, Barbara Thiessen
Das ZFS (gegr. 1998) ist eine zentrale wissenschaftliche Einrichtung, die gezielt die disziplin übergreifende Vernetzung der Natur-/Technikwissenschaften und der Kultur-/Gesellschaftswissenschaften befördern will und die personell größtenteils auf den geplanten bzw. z. T. bereits besetz- ten sieben Frauenforschungsprofessuren basiert. Das ZFS will zur Verbesserung und Qualitätssicherung der Lehre beitragen und plant die Einrichtung eines Magisternebenfachs Feministische Studien.

Universität Gesamthochschule Essen
Essener Kolleg für Geschlechterforschung
Internet: http://www.uni-essen.de/geschlechterforschung
Kontakt: Prof. Dr. Doris Janshen
Das Essener Kolleg für Geschlechterforschung (gegr. 1997) ist eine zentrale Einrichtung der Hochschule, die interdisziplinär mit allen Fachbereichen kooperiert, insbesondere auch mit den naturwissenschaftlichen und medizinischen Fächern. Das Kolleg bietet Lehrveranstaltungen an, organisiert wissenschaftliche Tagungen und übernimmt im Bereich der Graduiertenförderung wichtige Aufgaben.

Bildungswissenschaftliche Hochschule Flensburg, Universität
Zentrum für Geschlechterforschung (ZGF)
Apeniader Str. 117, 24937 Flensburg
Internet: http://www.uni-flensburg.de/zgf/index.htm
Kontakt: Angreth Ahrend, Susanne Dwinger
Aufgaben des Zentrums für Geschlechterforschung (gegr. 1993) sind die Konzeption und Durchführung von Forschungsprojekten zur Geschlechterdifferenz, die interdisziplinäre Koordination der Geschlechterforschung an der Hochschule sowie die Veröffentlichung von Forschungsergebnissen. Das Zentrum bietet prüfungsrelevante Lehrveranstaltungen im Erziehungswissenschaftlichen Grundstudium und in der Schulpädagogik an.

JohannWolfgang Goethe-Universität Frankfurt/Main
Zentrum für Frauenstudien und die Erforschung der Geschlechterverhältnisse
c/o FB Gesellschaftswissenschaften, Robert-Mayer-Str. 5, 60054 Frankfurt/Main
Internet: http://www.rz.uni-frankfurt.de/ZfF/Kontaktd.html
Kontakt: Prof. Dr. Ute Gerhard
Das Zentrum für Frauenstudien und die Erforschung der Geschlechterverhältnisse (gegr. 1997) versteht sich als Forschungseinrichtung, in der interdisziplinär und interkulturell, empirisch und theoretisch über das Geschlechterverhältnis in Geschichte und Gegenwart gearbeitet wird. Darüber hinaus verfolgt es das Ziel, für die beteiligten Fachbereiche und Disziplinen kooperativ Lehrveranstaltungen im Bereich von Frauenstudien und Geschlechterforschung zu entwickeln.

Ernst-Moritz-Arndt-Universität Greifswald
Interdisziplinäres Zentrum für Frauen- und Geschlechterstudien (IZFG)
Anklamer Straße 20, 17487 Greifswald
e-mail: izentrum@rz.uni-greifswald.de
Kontakt: Dr. Monika Schneikart
Das IZFG (gegr. 1996) fungiert als Koordinationsstelle und möchte einen fächerübergreifenden Diskurs im Bereich der Frauen- und Geschlechterforschung an der Universität Greifswald und in Mecklenburg-Vorpommern initiieren. Es organisiert wissenschaftliche Tagungen und Ringvorlesungen und publiziert deren Ergebnisse.

Universität Hamburg
Koordinationsstelle Frauenstudien und Frauenforschung
Bindestr. 34/Josef-Carlebach-Platz, 20146 Hamburg
Internet: http://www.frauenforschung-hamburg.de
Kontakt: Dagmar Filter
Die Koordinationsstelle Frauenstudien und Frauenforschung (gegr. 1984) trägt zur Stärkung und Verstetigung der Frauen- und Geschlechterforschung in den Bereichen Lehre, Forschung und Weiterbildung an den Universitäten und (Fach)Hochschulen Hamburgs bei, u. a. durch Teilfinanzierung von Projekten, Tagungen, Lehrveranstaltungen und den Aufbau eines hochschulübergreifenden Studiengangs zur Frauen- und Geschlechterforschung.

Universität Gesamthochschule Kassel
Interdisziplinäre Arbeitsgruppe Frauenforschung (IAG FF)
Mönchebergstr. 17, 34109 Kassel
Internet: http://www.uni-kassel.de/iag-ff/Welcome.html
Kontakt: Bärbel Sauer
Die IAG FF (gegr. 1987) stellt einen Kooperationsverbund dar, in dem Wissenschaftlerinnen verschiedener universitärer Statusgruppen mit Wissenschaftlerinnen und Expertinnen, die nicht Mitglieder der Hochschule sind, zusammenarbeiten. Die IAG arbeitet forschungsorientiert, publiziert die Schriftenreihe »Wissenschaft ist Frauensache« und koordiniert Frauenforschung und Lehre an der GhK.

Christian-Albrechts-Universität zu Kiel
Zentrum für interdisziplinäre Frauenforschung
Olshausenstr. 40, 24098 Kiel
Internet: http://www.uni-kiel.de/zif/introdt.htm
Kontakt: Dr. Ulla Pasero
Ziel des Zentrums für interdisziplinäre Frauenforschung (gegr. 1991) ist die Konzeption und Durchführung interdisziplinärer und innovativer Forschungsprojekte, die Plazierung neuer Forschungsschwerpunkte und die Vernetzung mit der internationalen Frauen- und Geschlechterforschung. Das ZiF organisiert wissenschaftliche Konferenzen und publiziert die Schriftenreihe »Frauen-Männer-Geschlechterverhältnisse«.

In Planung/Gründung befindliche Einrichtungen:

Universität Freiburg
Zentrum für Anthropologie und Gender Studies (ZAG) i. G.
Werderring 8, 79098 Freiburg
Kontakt Gender Studies: Ellen Biesenbach, Sonja Dehning, Marion Mangelsdorf
e-mail: gender@ruf.uni-freiburg.de
Kontakt Anthropologie-Studiengänge: J. Martin, Seminar f. Alte Geschichte, Werthmannplatz, 79098 Freiburg
Aufgabe des ZAG (Gründung: voraussichtlich Herbst 2000) wird es sein, auf den Gebieten der Anthropologie und der Gender Studies (Frauen- und Geschlechterforschung) interdisziplinäre, über den Bereich der

Geistes- und Kulturwissenschaften hinausreichende Forschung und Lehre zu initiieren und zu fördern sowie Drittmittel für Forschungsprojekte einzuwerben. Geplant ist die Einrichtung eines eigenständigen Studienganges Gender Studies und die organisatorische Unterstützung der Lehrenden und Studierenden durch das ZAG.

Universität Hildesheim und Fachhochschule Hildesheim/Holzminden
Zentrum für interdisziplinäre Frauen- und Geschlechterforschung i. G.
c/o Frauenbüro der FHS Hildesheim/Holzminden/Goettingen, Hohnsen 4, 31134 Hildesheim
e-mail: ingrid.haasper@fh-hildesheim.de
Kontakt: Ingrid Haasper, c/o Frauengleichstellungsbüro der Universität Hildesheim, Marienburger Platz 22, 31141 Hildesheim, e-mail: goeller@rz.uni-hildesheim.de
Kontakt: Gabi Goeller
Das Zentrum für interdisziplinäre Frauen- und Geschlechterforschung i.G. (Gründung: voraussichtlich im Jahr 2000) soll die Frauen- und Geschlechterforschung an der Universität Hildesheim und der FHS Hildesheim/Holzminden koordinieren und aufbauen. Langfristig ist die Entwicklung eines eigenen hochschultypübergreifenden Forschungsprofils und Akquirierung von Forschungsprojekten geplant.

Universität Leipzig
Zentrum für Frauen- und Geschlechterforschung i. G.
c/o Prof. Ilse Nagelschmidt, Gleichstellungsbeauftragte; Dittrichring 15, 04109 Leipzig
e-mail: gleiref@rz.uni-leipzig.de
Kontakt: Prof. Dr. Ilse Nagelschmidt
Das Zentrum für Frauen- und Geschlechterforschung i.G. (Gründung: voraussichtlich 2000) soll als Koordinationsstelle fungieren, die die an den einzelnen Instituten initiierten Forschungsvorhaben zusammenführen und aufeinander abstimmen soll.

Philipps-Universität Marburg
Interdisziplinäres Zentrum für Gender Studies und Zukunftsforschung i. G.
Geschäftsstelle, Hans-Meerwein-Straße, 35032 Marburg
Internet: http://staff-www.uni-marburg.de/(gender
Kontakt: Dr. Karola Maltry
Das geplante Interdisziplinäre Zentrum für Gender Studies und Zukunftsforschung (Gründung: voraussichtlich Sommersemester 2000) soll der Forschung und Lehre im Bereich der feministischen Wissenschaft und Gender Studies mit dem Schwerpunkt Zukunftsforschung dienen. Zukunftsforschung wird in diesem Zusammenhang als feministische Zukunftsforschung verstanden, die bei der kritischen und systematischen Behandlung von Zukunftsfragen das Geschlechterverhältnis als wesentliches Strukturmerkmal der Gesellschaft stets mit einbezieht.

Studiengänge, Graduiertenkollegs und interdisziplinäre Studienschwerpunkte

Zusammenstellung: Katrin Schäfgen

In Deutschland gibt es z. Z. nur an zwei Universitäten Frauen- bzw. Geschlechter-Studiengänge: an der Humboldt-Universität zu Berlin und der Carl von Ossietzky-Universität Oldenburg. Allerdings gibt es darüber hinaus Graduiertenkollegs, interdisziplinäre Studienschwerpunkte Gender Studies in »traditionellen« Studiengängen sowie Planungen, auch an anderen Universitäten derartige Studiengänge einzurichten (z. B. Freiburg, Hamburg, Potsdam und Bremen).

Nachfolgend soll ein kurzer Überblick über die Verankerung der Gender Studies (Studiengang, Graduiertenkolleg, Studienschwerpunkt), die beteiligten Disziplinen, die Zahl der Professor/innen, die Anbindung des Studiengangs, die Zahl der Studienplätze und die Ansprechpartner/innen gegeben werden.

1. Bereits eingerichtete Frauen- und Geschlechterstudiengänge bzw. -schwerpunkte in Deutschland

Magisterteilstudiengang Geschlechterstudien/Gender Studies an der Humboldt-Universität zu Berlin

Art des Studiengangs: Magisterhaupt- und Magisternebenfach
Studienplätze: 80 Plätze im Hauptfach 50 Plätze im Nebenfach
Zeitpunkt der Einrichtung: Wintersemester 1997/98
beteiligte Disziplinen: Anglistik/Amerikanistik, Asien-/Afrikawissenschaften, Erziehungswissenschaften, Ethnologie, Germanistik, Geschichtswissenschaften, Kulturwissenschaften, Kunstgeschichte, Landwirtschaft, Medizin, Musikwissenschaften, Philosophie, Psychologie, Rechtswissenschaften, Romanistik, Sozialwissenschaften, Theologie
Zahl der Professorinnen:

- 3 dauerhaft besetzte Professuren mit einer Denomination in der Frauen- und Geschlechterforschung in der/den Sozialwissenschaften (Arbeit und Geschlecht), Kulturwissenschaft (Kulturtheorie mit Schwerpunkt Geschlecht und Geschichte), Germanistik (Neuere deutsche Literatur/Geschlechterproblematik im literarischen Prozeß)
- 3 mit Gastprofessorinnen besetzte Frauenforschungsprofessuren in der/den Rechtswissenschaften, (Feministische Rechtswissenschaft), Landwirtschaft (Rurale Frauenforschung), Theologie (Feministische Theologie)
- weitere Professor/innen ohne Gender-Denomination, die ihren Schwerpunkt im Bereich der Frauen- und Geschlechterforschung setzen – in der Anglistik/Amerikanistik, Kunstgeschichte, Erziehungswissenschaften, Sexualwissenschaften

Anbindung/Koordination: Der Studiengang wird vom Zentrum für interdisziplinäre Frauenforschung (ZiF) koordiniert, das Teil des Institut für Kultur- und Kunstwissenschaften (Philosophische Fakultät III) ist.
Für die Absicherung der Interdisziplinarität und die inhaltliche Gestaltung des Studiengangs wurde eine Gemeinsame Kommission eingerichtet, die sich aus Vertreter/innen der beteiligten Institute und Fakultäten zusammensetzt.
Kontakt: Studiengangskoordinatorin: Dr. Katrin Schäfgen, Philosophische Fakultät III, Zentrum für interdisziplinäre Frauenforschung (ZiF), Sophienstraße 22a, 10178 Berlin
homepage: http://www2.hu-berlin.de/genderstudies/
Der Studiengang immatrikuliert nur zum Wintersemester; seit dem WS 1998/99 besteht ein universitätsinterner numerus clausus. Aus diesem Studiengang sind mehrere Initiativen entstanden: das Mittelbauforum, das studentische GenderInn und ein Gender-Kolloquium, das einmal pro Semester statt findet.

Magisterstudiengang Frauen- und Geschlechterstudien an der Carl von Ossietzsky-Universität Oldenburg

Art des Studiengangs: Magisternebenfach
Studienplätze: 20 Plätze pro Semester (Sommer- und Wintersemester)
Zeitpunkt der Einrichtung: Wintersemester 1997/98
beteiligte Disziplinen: Biologie, Erziehungswissenschaft, Geschichtswissenschaft, Kulturwissenschaften, Kunstwissenschaft, Literaturwissenschaft, Mathematik, Musikwissenschaften, Politikwissenschaft, Rechtswissenschaft, Sozialpsychologie, Soziologie, Sportwissenschaft, Theologie

Zahl der Professorinnen:
- Frauen- und Geschlechterforschungsprofessuren in der Soziologie und Kunstwissenschaft
- weitere Professorinnen ohne Gender-Denomination, die ihren/einen Schwerpunkt im Bereich der Frauen- und Geschlechterforschung setzen, in der Erziehungswissenschaft, Mathematik, Musikwissenschaft, Soziologie, Textilwissenschaft

Anbindung/Koordination: Der Studiengang ist im Fachbereich 3 (Sozialwissenschaften) angesiedelt. Die Koordination erfolgt durch die Studiengangskommission (Vorsitzende: Prof. Karin Flaake).

Kontakt:
- Prof. Dr. Ilse Dröge-Modelmog, FB Sozialwissenschaften, Institut für Soziologie und Sozialforschung
  E-mail: ilse.droege.modelmog@uni-oldeburg.de
- Prof. Dr. Karin Flaake, FB Sozialwissenschaften, Institut für Soziologie und Sozialforschung
  Prof. Dr. Heike Fleßner, FB Pädagogik, Institut für Erziehungswissenschaften 1

Adresse: Carl von Ossietzky Universität Oldenburg, Ammerländer Heerstraße 114–118, 26111 Oldenburg
homepage: http://www.admin.uni-oldenburg.de/zsb/studien/frau.htm

Die Studiengänge Frauen- und Geschlechterstudien (Magisternebenfach) und Kulturwissenschaftliche Geschlechterstudien (Promotionsstudiengang) kooperieren eng miteinander. Gemeinsam wird ein regelmäßig stattfindendes Interdisziplinäres Kolloquium zur Frauen- und Geschlechterforschung durchgeführt. Auf Gesamthochschulebene besteht ein Arbeitskreis Wissenschaftlerinnen, der sich mit dem weiteren Ausbau bzw. der weiteren Institutionalisierung von Frauen- und Geschlechterstudien/Frauen- und Geschlechterforschung an der Universität befaßt.

Aufbaustudiengang Kulturwissenschaftliche Geschlechterstudien an der Carl von Ossietzky Universität Oldenburg

Art des Studiengangs: Promotionsstudiengang
Zeitpunkt der Einrichtung: Sommersemester 1997
Studienplätze: 5 Studierende pro Studienjahr
beteiligte Disziplinen: Kunst- und Medienwissenschaften, Politikwissenschaften, Textilwissenschaften, Kooperation mit dem Fachbereich 9 (Kulturwissenschaften) der Universität Bremen

Zahl der Professorinnen:
- Frauen- und Geschlechterforschungsprofessuren in der Kunstwissenschaft
- Professorinnen in den Textilwissenschaften, Kunstwissenschaften, Politikwissenschaft

Anbindung/Koordination: Der Studiengang ist im Fachbereich 2, Kommunikation und Ästhetik, angesiedelt. Er wird organisiert durch das »Kolleg für kulturwissenschaftliche Geschlechterstudien« an diesem Fachbereich in Kooperation mit Lehrenden am FB 9 der Universität Bremen.

Kontakt:
- Prof. Dr. Karen Ellwanger, FB Kommunikation und Ästhetik
- Prof. Dr. Silke Wenk, FB Kommunikation und Ästhetik

Adresse: Carl von Ossietzky Universität Oldenburg, Ammerländer Heerstraße 114–118, 26111 Oldenburg
homepage: http://www.admin.uni-oldenburg.de/zsb/studien/kulturwi.htm

Die Zulassung zum Aufbaustudiengang setzt einen Hochschulabschluß, bevorzugt in den Fächern Kunst- oder Textilwissenschaft, Kulturwissenschaft, Europäische Ethnologie, Kulturanthropologie, Literatur-, Medien- und Musikwissenschaften voraus. Für die Dauer von 4–6 Semestern werden je ca. 4 Semesterwochenstunden (SWS) belegt. Neben regelmäßig stattfindenden Veranstaltungen wie dem Doktorandenkolloquium werden auch Kompaktveranstaltungen (Sommerakademien), Workshops mit auswärtigen Referent/innen angeboten.

Ziel des Aufbaustudiengangs ist die Qualifizierung zur Promotion. Die Teilnahme wird zudem durch ein Zertifikat bescheinigt.

2. Graduiertenkollegs im Bereich der Gender Studies

Graduiertenkolleg »Öffentlichkeiten und Geschlechterverhältnisse, Dimensionen von Erfahrung« des Zentrums für Frauenstudien und die Erforschung der Geschlechterverhältnisse der Johann Wolfgang Goethe-Universität Frankfurt/Main und der Interdisziplinären Arebitsgruppe Frauenforschung (IAG FF) der Universität Gesamthochschule Kassel

Art des Studiengangs: Graduiertenkolleg
Zeitpunkt der Einrichtung: 1. 10. 1999
Studienplätze: Insgesamt sollen 20 Doktorandinnen und 4 Postdoktorandinnen gefördert werden; z. Z. werden 8 Doktorandinnen und 1 Postdoktorandin gefördert.
beteiligte Disziplinen: Soziologie, Politikwissenschaften, Anglistik/Amerikanistik, Erziehungswissenschaften, Linguistik, Geschichtswissenschaften, Theologie, Tanzwissenschaften
Zahl der Professorinnen:
- 10 beteiligte Professorinnen aus Frankfurt a. M. und Kassel für Politikwissenschaften, Soziologie, Anglistik/Amerikanistik, Erziehungswissenschaften, Theologie, Geschichtswissenschaften
- 3 assoziierte Professor/innen aus Frankfurt a. M. für Tanzwissenschaften, Politikwissenschaften, Theater, Film, Medienwissenschaften

Anbindung/Koordination: Das Graduiertenkolleg ist an das Zentrum für Frauenstudien und die Erforschung der Geschlechterverhältnisse der Johann Wolfgang Goethe-Universität Frankfurt a. M. und die Interdisziplinäre Arbeitsgruppe Frauenforschung der Universität Gesamthochschule Kassel angebunden.
Sprecherinnen sind:
- Prof. Dr. Ute Gerhard, Zentrum für Frauenstudien und die Erforschung der Geschlechterverhältnisse, Johann Wolfgang Goethe-Universität Frankfurt a. M., c/o FB Gesellschaftswissenschaften, Robert-Mayer-Str. 5, 60054 Frankfurt
- Prof. Dr. Heide Wunder, Interdisziplinäre Arbeitsgruppe Frauenforschung (IAG FF), Universität Gesamthochschule Kassel, FB 05 Gesellschaftswissenschaften, Nora-Platiel-Str. 6, 34127 Kassel
  homepage: http://www.rz.uni-frankfurt.de/~petrap/gradko.html

Im Graduiertenkolleg werden 5 Forschungsfelder bearbeitet:
I. Die Herstellung von Öffentlichkeiten
II. Institutionen, ihre Kritik und Veränderbarkeit
III. Die Funktionalität und Fiktionalität von Öffentlichkeit und Privatheit
IV. Erfahrungen des Selbst – Kulturen des Widerspruchs
V. Wissen als Kritik und Kritik der Wissenschaft

Graduiertenkolleg »Geschlechterdifferenz & Literatur« an der Ludwig-Maximilians-Universität München

Art des Studiengangs: Graduiertenkolleg
Zeitpunkt der Einrichtung: wird bis zum 31. 3. 2001 finanziert
beteiligte Disziplinen: Allgemeine und vergleichende Literaturwissenschaft, Amerikanistik, Anglistik, Germanistik, Geschichtswissenschaft, Klassische Philologie, Nordistik, Romanistik, Slavistik
Zahl der Professorinnen: 12 Professor/innen ohne Denomination in der Frauen- bzw. Geschlechterforschung in den o. g. Disziplinen
Anbindung/Koordination:
Das Graduiertenkolleg ist an der Ludwig-Maximilians-Universität München an das Institut für Komparatistik angebunden. c/o Institut für Komparatistik, Schellingstr. 3 RG, 80799 München
Kontakt: Katrin Lange, Schellingstr. 7, 80799 München
Studienplätze: In dieser Phase haben 17 Doktorand/innen und 2 Postdoktorand/innen ein Stipendium erhalten.

Die Graduiertenausbildung enthält ein obligatorisches Lehrprogramm, das aus einem kontinuierlich durchgeführten Workshop, auf dem auch die Dissertationsprojekte vorgestellt und besprochen werden, einem mehrtägigen Kompaktseminar sowie aus Haupt- und Oberseminaren besteht. Darüber hinaus verfolgt das Graduiertenkolleg ein jeweils thematisches Jahresprojekt, das als mehrtägiges Symposium realisiert wird.

Graduiertenkolleg »Identität und Differenz« an der Universität Trier

Art des Studiengangs: Graduiertenkolleg
Zeitpunkt der Einrichtung: 1. 1. 2000
Studienplätze: 12 Stipendiat/innen, 1 Postgrad.-Stipendiat/in
Voraussichtliche Laufzeit: 9 Jahre; Bewilligte Laufzeit: 3 Jahre
beteiligte Disziplinen: Ethnologie, Germanistik, Geschichtswissenschaften, Japanologie, Kunstgeschichte, Spanische Philologie
Zahl der Professorinnen: 6 Professor/innen: in der Germanistik, Geschichtswissenschaft, Japanologie, Kunstgeschichte, Spanische Philologie
Kontakt: Karoline Gottschalk, Dr. Annegret Friedrich
homepage: http://www.uni-trier.de/~linsenho/graduiertenkolleg.htm
Durch die Verknüpfung von Geschlechterkonstruktion und Interkulturalität und die historisch-philologische Dimension ergibt sich ein grundlegender Unterschied zu den anderen Graduiertenkollegs in Dortmund oder München.

Graduiertenkolleg »Geschlechterverhältnis und sozialer Wandel. Handlungsspielräume und Definitionsmacht von Frauen« an den Universitäten Dortmund, Bielefeld, Bochum und Essen

Art des Studiengangs: Graduiertenkolleg
Laufzeit: 1. Januar 1993 bis Dezember 1999
beteiligte Disziplinen: Soziologie und Politikwissenschaften
Zahl der Professorinnen: 8 Professorinnen an den 4 Universitäten
Anbindung/Koordination: Das Graduiertenkolleg war an die Universität Dortmund angebunden.
Kontakt: Angelika Kalbitz, Universität Dortmund, Hochschuldidaktisches Zentrum, Vogelpothsweg 78, 44227 Dortmund
homepage: http://www.hdz.uni-dortmund.de/gradkoll/index.htm
Dieses Graduiertenkolleg war das einzige sozialwissenschaftliche in der Bundesrepublik, das sich mit den Veränderungen im Geschlechterverhältnis befaßte.

3. Interdisziplinäre Studienschwerpunkte Gender Studies innerhalb bestehender (disziplinärer) Studiengänge

Bundesweit besteht in zahlreichen Studiengängen die Möglichkeit, einen Schwerpunkt auf die Frauen- und Geschlechterforschung zu legen (z. B. an der Universität Halle in den Erziehungswissenschaften, an der Freien Universität Berlin in den Politikwissenschaften oder in den Agrarwissenschaften an der Humboldt-Universität zu Berlin). An dieser Stelle kann kein bundesweiter Überblick über derartige disziplinäre Schwerpunktsetzungen gegeben werden. Hervorgehoben werden sollen jedoch interdisziplinäre Studienschwerpunkte innerhalb disziplinärer Studiengänge.

Interdisziplinärer Studienschwerpunkt Gender Studies an der Universität Hannover

Art des Studiengangs: Studienschwerpunkt im Hauptstudium der Studiengänge Geschichte, Philosophie und Sozialwissenschaften

Zeitpunkt der Einrichtung: Wintersemester 1999/2000
Studienplätze: Keine Begrenzung
beteiligte Disziplinen: Psychologie, Politikwissenschaften, Soziologie, Geschichtswissenschaften,
Zahl der Professorinnen: 5 Professorinnen in der Psychologie, Soziologie, Politikwissenschaft, Geschichtswissenschaft
Anbindung/Koordination: Der Studiengang ist in den Fachbereich Geschichte, Philosophie und Sozialwissenschaften eingebunden. Die Koordinationsstelle ist am Historischen Seminar angesiedelt.
Kontakt: Dr. Sybille Küster, Universität Hannover, Fachbereich Geschichte, Philosophie und Sozialwissenschaften, Historisches Seminar, Im Moore 21, 30167 Hannover
homepage: http://www.soz.uni-hannover.de/gender/

Das interdisziplinär abgestimmte Studienprogramm ist auf vier Semester angelegt und erlaubt Studierenden im Hauptstudium eine Schwerpunktbildung im Bereich der Frauen- und Geschlechterforschung, die mit einem Zertifikat belegt wird. Der Studien- und Forschungsschwerpunkt steht unter dem übergreifenden Leitthema »Gesellschaftliche Transformationen und Geschlechterverhältnisse«, in dessen Kontext sich die vier zentralen Felder von Forschung und Lehre ansiedeln. Diese sind: 1. Geschlechtliche Arbeitsteilung und ihre sozialen Folgen; 2. Körper- und Sexualpolitik; 3. Lebenswelten und Alltagsräume; und 4. Demokratisierungsprozesse: Chancen und Blockaden. Dabei ist das Programm der Gender Studies in jedem Semester thematisch auf *einen* inhaltlichen Schwerpunkt konzentriert, auf den sich sowohl Seminarangebote der beteiligten Fächer als auch eine integrierende Rahmenveranstaltung in Form eines Colloquiums mit Gastvorträgen beziehen. – Über den Studienschwerpunkt hinaus wird ein *Graduiertenkolleg* beantragt.

Interdisziplinärer Studienschwerpunkt »Frauen- und Geschlechterstudien« an der Johann Wolfgang Goethe-Universität Frankfurt/Main

Art des Studiengangs: 4-semestriger interdisziplinärer Studienschwerpunkt im Hauptstudium der am »Zentrum für Frauenstudien und die Erforschung der Geschlechterverhältnisse« beteiligten Fachbereiche.
Zeitpunkt der Einrichtung: voraussichtlich Wintersemester 2000/2001
Studienplätze: Keine Begrenzung
beteiligte Disziplinen: Soziologie, Politologie, Pädagogik, Film- und Medienwissenschaft, Amerikanistik
Zahl der Professorinnen: 8 Professorinnen, die folgende Bereiche abdecken: Das Geschlechterverhältnis in der Soziologischen Theorie, Sozialpolitik als Geschlechterpolitik, Gender und Entwicklung, Feministische Filmtheorie, Feministische Medien- und Kommunikationswissenschaft, Geschlechterdifferenz und Erziehungswissenschaft, Migration und Geschlecht, Sprache und Geschlecht, Amerikanische Literatur und Geschlecht.
Anbindung/Koordination: Der Studienschwerpunkt ist am »Zentrum für Frauenstudien« angesiedelt und wird mit einem Zertifikat abgeschlossen.
Kontakt: Dr. Ulla Wischermann, Zentrum für Frauenstudien, c/o FB Gesellschaftswissenschaften, Robert-Mayer-Str. 5, 60054 Frankfurt a. M.
homepage: http://www.rz.uni-frankfurt.de/ZfF
Über den Studienschwerpunkt hinaus ist ein Graduiertenkolleg eingerichtet (s.d.).

Weiterbildungsstudiengang Frauenstudien an Hamburger Hochschulen

Art des Studiengangs: 5-semestriger Weiterbildungsstudiengang für Frauen in/nach der Familienphase
Zeitpunkt der Einrichtung: 1988
Studienplätze: ca. 45 Frauen pro Durchgang
beteiligte Disziplinen: Bewegungskultur, Erziehungswissenschaft, Geschichtswissenschaft, Psychologie, Soziologie

Zahl der Professorinnen: Getragen wird das Projekt von einer Gemeinsamen Kommission und Professorinnen aller Hamburger Hochschulen.
Anbindung/Koordination: Das interdisziplinäre Studienprojekt Frauenstudien ist an die Hamburger Hochschulen angebunden. Die Lehrangebote können entweder hauptsächlich aus dem Frauenstudien-Angebot (Studiengruppe) oder eher aus den Regelseminaren der Hamburger Hochschulen ausgewählt werden (offene Studiengruppe).
Kontakt: Dagmar Filter, Koordinationsstelle Frauenstudien/Frauenforschung, Studienprojekt Frauenstudien Hamburg, Joseph-Carlebach-Platz, Binderstr. 34, 20146 Hamburg
homepage: http://www.uni-hamburg.de/Dienste/Frauenvv/frauisfh.html

Das Studienprojekt Frauenstudien Hamburg bietet Frauen die Möglichkeit, sich als »Familienfrau« wissenschaftlich und interdisziplinär weiterzubilden und neu zu orientieren. Angesprochen sind Frauen, die ihre Ausbildung oder Berufstätigkeit zugunsten der Familien- und Erziehungsarbeit unterbrochen haben. Die Studiendauer beträgt 5 Semester und umfaßt 6 Semesterwochenstunden. Das Studium schließt mit einer eigenständigen Abschlußarbeit ab; ein Zertifikat bescheinigt das erfolgreiche Studium.

4. Geplante Frauen- und Geschlechterstudiengänge

Gender Studies an der Albert-Ludwigs-Universität Freiburg
Art des Studiengangs: geplant als Magisterhaupt- und -nebenfach
geplante Einrichtung: Wintersemester 2000/2001
geplante Beteiligung der Disziplinen: Forstwissenschaften, Geowissenschaften, Germanistik, Geschichtswissenschaft, Informatik, Medizin, Philosophie, Politikwissenschaft, Psychologie, Rechtswissenschaft, Romanistik, Slavistik, Soziologie, Theologie, Völkerkunde, Wirtschaftswissenschaften
Zahl der Professorinnen:
- eine Professur mit einer Denomination in Gender Studies in der Soziologie
- Professur für Soziologie und empirische Geschlechterforschung
- weitere Professorinnen ohne Gender-Denomination, die ihren Schwerpunkt im Bereich der Frauen- und Geschlechterforschung setzen, in der Slavistik, Psychologie, Völkerkunde, Geschichte, Informatik

Anbindung/Koordination: Der Studiengang soll an das neugegründete (offizielle Eröffnung: Herbst 2000) Freiburger Zentrum für Anthropologie und Gender Studies (ZAG) angebunden werden.
Eine professorale Arbeitsgruppe entwirft in Zusammenarbeit mit der Koordinierungsstelle Studienordnung und -pläne.
Kontakt: Prof. Dr. Elisabeth Cheauré, Albert-Ludwigs-Universität Freiburg, Büro der Frauenbeauftragten, Werderring 8, 79098 Freiburg
homepage: http://www.uni-freiburg.de/einrichtungen.html
Der Studiengang Gender Studies ist im Grundstudium mit dem interdisziplinären Studiengang Historische Anthropologie verwoben; im Hauptstudium ist er eigenständig.
Mit Einführung des Studiengangs werden auch die Abschlüsse Bachelor of Arts (B. A.) und Master of Arts (M. A.) eingeführt.

Feministische Studien an der Universität Bremen

Art des Studiengangs: geplant als Magisternebenfach
geplante Einrichtung: 2001
Anbindung/Koordination: Das Magisternebenfach Feministische Studien soll in Kooperation von Fachbereichen und dem Zentrum für feministische Studien durchgeführt werden.
Kontakt: Arbeitsgruppe »Lehre« am Zentrum für feministische Studien, Kathrin Heinz, Universität Bremen Zentrum für feministische Studien, Postfach 330440, 28334 Bremen, e-mail: zfs@uni-bremen.de

Gender Studies an der Universität Konstanz

Art des Studiengangs: Geplant als Magisternebenfach
geplante Einrichtung: Wintersemester 2000/2001; geplant für 25 Studierende
geplante Beteiligung der Disziplinen: Geschichtswissenschaft, Literaturwissenschaft, Sprachwissenschaft
Zahl der Professorinnen: drei Professorinnen ohne Denomination in den Gender Studies in der Literaturwissenschaft, Geschichtswissenschaft; geplant ist die Beteiligung von Erziehungswissenschaften, Soziologie, evtl. Naturwissenschaften sowie Rechtswissenschaften
Anbindung/Koordination: Der Studiengang wird an die Geisteswissenschaftliche Sektion angebunden.
Kontakt: Gudula Stellmacher, Universität Konstanz, Geisteswissenschaftliche Sektion, Projekt Gender Studies, Fach D 12, 78457 Konstanz, e-mail: gudula.stellmacher@uni-konstanz.de
Bisher haben sich nur die Geschichtswissenschaft, Literatur- und Sprachwissenschaft zu einem ausreichenden Angebot (mind. 2 Veranstaltungen pro Semester) verpflichtet. Unsicher ist die Beteiligung von Soziologie und Erziehungswissenschaft. Zur naturwissenschaftlichen Fakultät wurde noch kein Kontakt aufgenommen. Auch ist die Koordinationsstelle langfristig nicht gesichert.

Women's and Gender Studies als hochschulübergreifender Studiengang an Hamburger Hochschulen

Art des Studiengangs: Geplant als 4–semestriger Masterstudiengang
geplante Einrichtung: noch offen
geplante Beteiligung der Disziplinen: Ziel ist ein institutionalisiertes Lehrangebot, an dem Lehrende verschiedener Hamburger Hochschulen beteiligt sind (Universität Hamburg, Hochschule für bildende Künste, Hochschule für Musik und Theater, Technische Universität Hamburg Harburg, Hochschule für Wirtschaft und Politik, Fachhochschule, Evangelische Fachhochschule).
Aus diesem universitätsübergreifenden Zusammenschluß ergibt sich die Beteiligung folgender Disziplinen: Bauwesen, Erziehungswissenschaft, Geschichtswissenschaft, Literaturwissenschaft, Philosophie, Sozialarbeit, Sozialwissenschaft, Sportwissenschaft, Wirtschaftswissenschaft
Zahl der Professorinnen: Geplant ist die Einrichtung eines Zentrums/Instituts, für das mindestens 2 Professuren (eine C4 für feministische Theorie und eine C3 als internationale Gastprofessur) sowie eine wiss. Assistentin vorgesehen sind.
Anbindung/Koordination: Geplant ist die Einrichtung eines hochschulübergreifenden Instituts/Zentrums »Women's and Gender Studies«, das von allen beteiligten Hochschulen getragen wird, jedoch über eine eigene wissenschaftliche Leitung verfügt.
Kontakt: z. Z. existiert eine hochschulübergreifende Arbeitsgruppe zur Einrichtung dieses Studiengangs.
Dagmar Filter, Koordinationsstelle Frauenstudien/Frauenforschung, Studienprojekt Frauenstudien Hamburg, Joseph-Carlebach-Platz, Binderstr. 34, 20146 Hamburg
homepage: http://www.frauenforschung-hamburg.de/

Gender Studies an der Universität Potsdam

An der Universität Potsdam ist die Einrichtung eines Magister-Nebenfachs Frauen- und Geschlechterstudien geplant. Realisierungszeitraum sowie die Beteiligung von Disziplinen sind noch offen.
Kontakt: Prof. Dr. Irene Dölling, Universität Potsdam, Wirtschafts- und Sozialwissenschaftliche Fakultät, Postfach 900327, 14439 Potsdam
homepage: http://enterprise.rz.uni-potsdam.de/u/soziologie/frauenforschung/fraufor.htm

Literatur zur Frauen- und Geschlechterforschung im Internet

Zusammenstellung: Karin Aleksander

Bibliotheken

Hier werden nur die nationalen Bibliotheken genannt, die in den letzten Jahren wegen der inhaltlichen Ausrichtung der Universitäten im Bereich der Frauen- und Geschlechterforschung gezielt Literatur erwarben und auch in die lokalen OPACs einordneten, ohne bereits eine spezielle Datenbank dieser Thematik anzubieten. Jede Internet-Seite von Universitätsbibliotheken bietet darüber hinaus Zugang zu den Bibliotheksverbünden und großen Bibliotheken im In- und Ausland.
Die internationalen Beispiele stehen für Besonderheiten: die erste Frauen-Bibliothek in London und das Bibliothekssystem der Universität Wisconsin, das ab 1977 erstmals eine Bibliothekarin für Women's Studies beschäftigt und heute ein umfassendes Internet-Angebot bietet.

Universitätsbibliothek der Humboldt-Universität zu Berlin – OPAC
Magisterstudiengang Geschlechterstudien/Gender Studies
http://www.ub.hu-berlin.de/kataloge/katleit.html

Universitätsbibliothek Bielefeld
mit Schwerpunkt Frauen-/Geschlechterforschung
http://www.ub.uni-bielefeld.de/

Universitätsbibliothek Potsdam
mit Schwerpunkt Frauen-/Geschlechterforschung
http://info.ub.uni-potsdam.de/homegd.htm

Fawcett Library – The National Library for Women, London (GB)
www.lgu.ac.uk/fawcett/main.htm

University of Wisconsin System – Women's Studies Librarian's Office (USA)
Linksammlung mit zahlreichen Informationen über und Ressourcen für die Frauen- und Geschlechterforschung weltweit
www.library.wisc.edu/libraries/WomensStudies

Literaturrecherche in Datenbanken für Frauen- und Geschlechterforschung

Zahlreiche Datenbanken werden bereits online angeboten. Hier werden darüber hinaus Einrichtungen mit Datenbanken vorgestellt (s. die ersten drei Adressen), die noch nicht im Internet recherchierbar sind. So können regionale Ressourcen genutzt werden, weil diese Spezialeinrichtungen der Frauen- und Geschlechterforschung gezielt die entsprechende Literatur sammeln.

Frauenwissen in Datenbanken
Projekt des Interdisziplinären Frauenforschungs-Zentrums (IFF) an der Universität Bielefeld (1990–97). Diese Übersicht stellt erstmals die Datenbestände in den zahlreichen Lesben- und Frauenarchiven, -bibliotheken und Informations- und Dokumentationszentren im deutschsprachigen Raum zusammen (alphabetische und regionale Ordnung nach Postleitzahlen).
http://www.uni-bielefeld.de/IFF/fraueninfonetz/forsch/iud/dat/datenb.htm

Deutschsprachige Frauen- und Lesbenarchive (Kassel)
http://www.uni-bielefeld.de/IFF/fraueninfonetz/forsch/iud/archiv.htm

Netzwerk Berliner Lesben- und Frauenarchive
http://wwwbs.cs.tu-berlin.de/~bak/fachinfo/DBANKEN/_DNBLFA_.html

DaSinD – Schriftstellerinnen in Deutschland: 1945ff. hrsg. von Stiftung Frauen – Literatur – Forschung e.V., Bremen
Diese Datenbank wird als CD-ROM vom Zeller Verlag herausgegeben. Die Website gibt Informationen zur Datenbank.
http://www.dasind.uni-bremen.de/datenbank.html

GenderINN – Köln
Datenbank des Englischen Seminars der Universität zu Köln mit über 5 500 Titelangaben aus den Bereichen feministische Theorie, feministische Literaturwissenschaft, angewandte feministische Literaturwissenschaft (Schwerpunkt Anglistik/Amerikanistik) sowie landeskundlich und kulturwissenschaftlich relevanter Arbeiten aus interdisziplinären Gebieten wie Geschichte, Sozialwissenschaften, Erziehungswissenschaften, Psychologie und Medien.
http://www.uni-koeln.de/phil-fak/englisch/datenbank

ZIFG – Datenbank, Technische Universität Berlin
Datenbank des Zentrums für interdisziplinäre Frauen- und Geschlechterforschung an der TU mit Literatur zur Frauen- und Geschlechterforschung in der Universitätsbibliothek der Technischen Universität Berlin.
http://www.kgw.tu-berlin.de/ZIFG/zentrum/literatur.html

ARIADNE – Wien (Österreich)
Serviceeinrichtung und Datenbank der Österreichischen Nationalbibliothek zu Frauenforschung, feministischer und Gender-Forschung (unselbständige Literatur). Die Website bringt außerdem einen News-Letter mit Neuerscheinungen (thematisch), frauenspezifische Bibliographien, ein Verzeichnis historischer Frauenzeitschriften von 1848 bis 1938, Link-Sammlungen und viele News.
http://www.onb.ac.at/ben/ariadfr.htm

KVINFO – Center for information om kvinde- og kønsforskning- Kopenhagen (Dänemark)
Datenbank des Zentrums für Informationen über Frauen und Frauenforschung, die Literatur aus Skandinavien sowie englischsprachige Titel auswertet (über 15 000 Angaben). Die Zeitschrift des Zentrums »Forum« ist online zu lesen, teilweise in Englisch. Außerdem gibt es eine Expertinnen-Datenbank von Dänemark.
http://www.kvinfo.dk

Frauensolidarität – Wien (Österreich)
Datenbank, die vorrangig Literatur über Frauen in Entwicklungsländern und der Dritten Welt auswertet, einschließlich Fragen der Globalisierung und politischen Aktivitäten von Frauen weltweit.
http://oefse.at/lib/

Fawcett Library – The National Library for Women – London (GB)
Online-Katalog mit Materialien zur Rolle der Frauen in Vergangenheit, Gegenwart und Zukunft mit dem Schwerpunkt Großbritannien, aber auch andere Länder, insbesondere des Commonwealth und der Dritten Welt.
http://www.lgu.ac.uk/fawcett/main.htm

Server Donna – (Italien)
Informationsangebote für Frauen und Frauenforschung in italienischer Sprache; enthält den Katalog der Nationalen Frauenbibliothek in Bologna.
http://orlando.women.it/

LILITH – (Italien)
Bibliographische Datenbank des Netzwerks der italienischen Frauen-Dokumentationszentren, -Bibliotheken und -Archive mit über 20 000 Titeln zu Frauengeschichte, -politik und -forschung (in italienischer Sprache; Erläuterungen in Englisch).
http://orlando.women.it/lilith/ehome.htm

IIAV – Internationaal Informatiecentrum en Archief voor de Vrouwenbeweging – *Amsterdam* (NL)
Datenbank mit Dokumenten der Bibliothek, des Dokumentationszentrums und Archivs zur Position von Frauen und Frauenforschung. Die Website enthält folgende Datenbanken: Bibliothekskatalog, Archivdokumente (seit 1935), Frauenarchive, -bibliotheken und -Informations-/Dokumentationszentren (weltweit), Frauenforschung (Suche nach Personen, Disziplinen u. a.), außerdem die Zeitschrift ›*Lover*‹ und News über Aktionen der internationalen Frauenbewegung.
http://www.iiav.nl/

Bibliographien, Wörterbücher, Enzyklopädien, spezifische Online-Angebote

Amazonenforschung – Klagenfurt (Österreich)
Informationsseite des Netzwerks zur Amazonenforschung, das Forschungsergebnisse, Projekte und Literatur vorstellt.
http://www.myrine.at/Amazons/indexd.html

Ethics Updates – The Values Institute, University of San Diego (USA)
Material zur Ethik als Theorie und angewandte Ethik, eingeschlossen Gender- und Sexismusforschung, Reproduktionstechnologie, Abtreibung und sexuelle Orientierung; Glossar zu ethischen Begriffen; Lehrpläne; Diskussionsforum (Englisch).
http://ethics.acusd.edu/index.html

Buddhism for Feminists
Kommentierte Bibliographie und Essays zu feministischen Interpretationen buddhistischer Philosophie und Praxis von Catherine Holmes Clark (Englisch).
http://www.loudzen.com/SkyDancer/biblio/index.html

Dictionary of Feminist Theologies
Bibliographie, Vorwort und Einleitung des Wörterbuchs der feministischen Theologie von Letty M. Russel und J. Shannon Clarkson, Westminster John Knox Press, 1996 (Englisch).
http://www.yale.edu/adhoc/research_resources/dictionary/

DIOTIMA – University of Kentucky; UK College of Arts and Sciences
Diese Seite enthält verschiedene Bibliographien, Kursmaterialien, Bilder, Anthologien und Essays zum Thema Frauen und Geschlecht in der Antike (Englisch).
http://www.uky.edu/ArtsSciences/classics/gender.html

Feminist Theory – Kim Dayton
Auswahlbibliographie zu den wichtigsten Werken der feministischen Theorie und feministischen Rechtswissenschaft (Englisch).
http://lark.cc.ukans.edu/~akdclass/femlit/femjurbib.html

Feminist Theory – Beth Sibley
Diese Bibliographie basiert auf englischsprachigen Titeln des Verzeichnisses »Books in Print« von Januar 1999 (Englisch).
http://www.library.wisc.edu/libraries/WomensStudies/core/crfemthe.htm

Gender Issues in Film – Media Studies Working Group; Ryerson Polytechnic University; Toronto, (Canada)
Bibliographien zu den Einzelthemen: Geschichte, Genres, Techniken und Methoden im Film, einzelne Filme und Regisseure/Schauspieler, kritische Studien, Fernsehen, populäre Kultur und eine Reading List (Englisch).
http://www.ryerson.ca/mgroup/filmsex.html

Hexen – Andrè Schmidt, Universität Leipzig
Bibliographie mit über 400 Titeln zu Hexen, Hexenverfolgung und Hexenprozessen; außerdem eine Bibliographie über Hexen im Saarland und eine über Hexen als Hebammen.
http://ilabws.informatik.uni-leipzig.de/~andre/hexen/hexenbib.html

Hexenprozesse – Silbermann-Kolleg, Abendgymnasium Münster
Projektseite mit einer Chronik der Hexenverfolgungen, Informationen über Folgen der Hexenprozesse, den Hexenhammer u. a.
http://www.learn-line.nrw.de/Mitarbeit/Schuldb/hexen

Hildegard von Bingen-Seite – Arbeitskreis zur Förderung der Hildegardtradition, Bingen
Bibliographie zur Literatur über Hildegard v. Bingen und mehrere Online-Dokumente.
http://www.uni-mainz.de/~horst/hildegard/

Kassandras Geschichtsseiten (BRD)
Private Homepage mit einem Lexikon zur Frauengeschichte und zu Frauenpersönlichkeiten in der Geschichte; Schwerpunkte sind die Französische Revolution und die Hexenverfolgung.
http://www.omen.de/history/

Matrix – hrsg. von Lisa M. Bitel (Prof. University of Kansas) und Katherine Gill (Prof. Boston College)
Seite einer internationalen Gruppe von Spezialist/innen über die Geschichte, Religion, Kunstgeschichte und Architektur des Mittelalters gemeinsam mit Bibliothekar/innen und Computerfachleuten. Die Seite enthält biographische und bibliographische Daten, ein Glossar und Archiv und visuelles Material über das Leben von Frauen in religiösen Gemeinden in Europa von 500 bis 1500 (Englisch).
http://matrix.divinity.yale.edu/MatrixWebData/matrix.html

Medivial Feminist Index – hrsg. von Margaret Schleissner, Rider University, Lawrenceville, NJ (USA)
Suche zum Thema Frauen, Sexualität und Gender im Mittelalter in Zeitschriftenartikeln, Buchrezensionen und Essaybänden; weitere Links zu Frauen im Mittelalter und ein Newsletter (Englisch).
http://www.haverford.edu/library/reference/mschaus/mfi/mfi.html

Music – Committee on the Status of Women; Society for Music Theory; Michigan University (USA)
Bibliographie und weitere Materialien zu Women's Studies, Gender Studies, Feminismus unter dem Blickwinkel Frauen und Musik (Englisch).
http://home1.gte.net/esayrs68/CSWBibIndex.html

NISSO – Netherlands Institute for Social Sexological Research (NL)
Die Datenbank über Gesundheit und kulturelle Aspekte von Sexualität enthält 55.000 Daten über Sexualität und persönliche Beziehungen sowie 15.000 über HIV/AIDS. Die Seite informiert über Forschungsprojekte, Publikationen, Rezensionen und das Bulletin des Instituts (auch Englisch).
http://www.nisso.nl/

NOEMA – Philosophy Department, Indiana University Southeast, New Albany, IN (USA)
Bibliographie über Frauen in der Philosophie (Werke und biographische Angaben); erschien 1997 auch als Buch (Englisch).
http://billyboy.ius.indiana.edu/womeninphilosophy/womeninphilo.html

Philosophy – Sara Brownmiller (USA)
Diese Bibliographie basiert auf englischsprachigen Titeln des Verzeichnisses »Books in Print« von Januar 1999.
http://www.library.wisc.edu/libraries/WomensStudies/core/crphilos.htm

The Feminist Theory Website – Kristin Switale, Center for Digital Discourse and Culture, Virginia Tech University (USA)
Seit 1997 bietet diese Website bibliographische Sammlungen zu den verschiedensten Gebieten der Frauen- und Geschlechterforschung, zu einzelnen Regionen und Ländern (auch BRD, z. B. zu Ästhetik, Geschichte und Literatur) und einzelnen Forscherinnen weltweit (5 425 Einträge, 593 Links und 684 Informationshinweise).
http://cddc.vt.edu/feminism/index.html

The Jewish Women's Archive – Brookline, MA (USA)
Sammlung von Literaturempfehlungen zur Geschichte jüdischer Frauen in Amerika, mit virtuellem Archiv und Ausstellungen (Englisch).
http://jwa.mit.edu/main.htm

The Men's Bibliography – Michael Flood, Canberra (Australien)
Umfangreiche Bibliographie zu englischsprachigen Schriften über Männer, Männlichkeit und Sexualität (seit 1992; jetzt in 7. Aufl.). Diese drei Bereiche sind inhaltlich breit untergliedert; keine Recherchefunktion.
http://www.anu.edu.au/~a112465/mensbiblio/mensbibliomenu.html

The Witchcraft Bibliography Project – Jeffrey Merrick; University of Wisconsin-Milwaukee (USA)
Die Bibliographie enthält Daten zu Büchern und Materialien über Hexen im frühen modernen Europa und Amerika (in verschiedenen Sprachen).
http://www.hist.unt.edu/witch.htm

Third World Women – Bibliography (Kanada)
In dieser Bibliographie werden die Arbeiten Sachbegriffen zugeordnet, die wiederum untergliedert sind nach den einzelnen Ländern (Englisch, Spanisch, Französisch).
http://tww.tao.ca/eng/tengindex.html

ViVa – International Institute of Social History, Amsterdam (NL)
Diese Bibliographie über Frauen- und Geschlechtergeschichte wertet seit 1995 über 100 Zeitschriften der Gebiete Geschichte und Women's Studies in Europa, Amerika und Indien aus (Angaben in Französisch, Englisch, Deutsch, Holländisch).
http://www.iisg.nl/~womhist

Women and Comics – (USA)
Diese Literaturliste englischsprachiger Titel basiert auf der »Comic Research Bibliography« von John Bullough und Michael Rhode (1997) (Englisch).
http://www.rpi.edu/~bulloj/search/WOMEN.html

Women Composers – Tara Guthrie (USA)
Eine Bibliographie und andere Ressourcen über Komponistinnen (Englisch).
http://www.geocities.com/Heartland/7282/women.html

Women and Religion – Susan C. Lau; North Huntington, PA (USA)
Datenbank mit Stichwort- und alphabetischer Suche nach Verfasser/innen englischsprachiger Literatur zum Thema »Frauen und Religion« (Englisch).
http://www.library.wisc.edu/libraries/WomensStudies/core/crrelig.htm

Women and Science – Phyllis Holman Weisbard; University of Wisconsin System Women Studies Librarian (USA)
Diese Leseliste enthält Material zur Kritik der wissenschaftlichen Theorie und Praxis in Vergangenheit und Gegenwart (Bücher, Zeitschriftenartikel, Kursmaterialien, Biographien und Werke über das Leben von Wissenschaftlerinnen; Englisch).
gopher://silo.adp.wisc.edu:70/11/.uwlibs/.womenstudies/.wom_science/

Women in Buddhism – David Carpenter; Prof. an der St. Joseph's University, Philadelphia (USA)
Bibliographie zu Frauen im Buddhismus (Englisch). (Die Seite wird z. Zt. überarbeitet und soll ab Frühjahrssemester 2000 wieder im Netz sein).
http://www.sju.edu/~dcarpent/2161/BIBLIO/Women.html

Women in Late Antiquity – Antthi Arjava (University of Helsinki); Seite der Nipissing University, North Bay, Ontario (Ca)
Bibliographie mit Werken zur Geschichte der Frauen in der späten Antike. Hier wird internationale Literatur zusammengestellt, auch deutschsprachige; keine Recherchefunktion.
http://www.unipissing.ca/department/history/orb/arjava.htm

Women in Philanthropy – Ann Castle; Clinton, NY (USA)
Kombinierte Materialsammlung von wissenschaftlichen und allgemeinen Pressedokumenten mit bewußtem Verzicht auf politische und philosophische Richtungen. Die Autorin möchte generell Informationen über Frauen weitergeben und bietet dafür alphabetisch geordnete Listen an zu: Artikeln, Dissertationen, Büchern/Rezensionen, Newsletter, Internetressourcen, Sponsoren und Bibliotheken (Englisch).
http://www.hamilton.edu/personal/acastle/

Women in the Ancient Near East – Terry G. Wilfong; The Oriental Institute Research Archives, University of Chicago, Il (USA)
Auswahlbibliographie zum Thema »Frauen im antiken Nahen Osten« mit englischen und z. T. deutschen und französischen Titeln.
http://www-oi.uchicago.edu/OI/DEPT/RA/WOMEN.HTML

Women's Studies Syllabies – hrsg. von Joan Korenman (USA)
Umfangreiche Sammlung von über 500 Lehrplänen im Bereich Frauen- und Geschlechterforschung, alphabetisch nach Fächern geordnet, mit weiteren Links zur gleichen Thematik.
http://www.umbc.edu/cwit/syllabi.html

4000 Years of Women in Science – auf der Seite der University of Alberta, Dept. of Physics and Astronomy in Tuscaloosa (USA)
Alphabetische Sammlung von Frauen weltweit und aus allen Epochen, die sich wissenschaftlich betätigten; mit Kurzinformationen, Bildarchiv und weiteren Links.
http://www.astr.ua.edu/4000ws/4000WS.html

Zeitschriften für Frauen- und Geschlechterforschung

Wichtige Zeitschriften der Frauen- und Geschlechterforschung aus dem deutschsprachigen und internationalen Raum sind hier sowohl als reine Printmedien als auch mit ihren Internetseiten nach Inhalt und Umfang beschrieben.

Ariadne – Almanach des Archivs der deutschen Frauenbewegung in Kassel
Die Zeitschrift beschäftigt sich jeweils thematisch mit den verschiedensten Seiten der Frauengeschichte und Frauenbewegung in Deutschland, bringt Rezensionen und Informationen.

Das aktuelle Heft ist mit Editorial im Volltext und Abstracts von Artikeln, das nächste Heft wird inhaltlich angekündigt, die alten Hefte seit 1985 sind mit Titel und Bestellmöglichkeit verzeichnet.
http://www.uni-kassel.de/frau-bib/addf5.htm

beiträge zur feministischen theorie und praxis – Sozialwissenschaftliche Forschung und Praxis für Frauen e. V., Köln
Die Zeitschrift (seit 1978) ist einer der ersten Publikationsorte für feministische sozialwissenschaftliche Forschung und Diskussionsforum für theoretische Auseinandersetzungen über eine feministische politische Praxis von Frauenprojekten. Außer thematischen Beiträgen gibt es in jedem Heft Tagungsberichte und Rezensionen. (Internetpräsenz im Jahr 2000 geplant.)

Bulletin – Zentrum für interdisziplinäre Frauenforschung der Humboldt-Universität zu Berlin
Die Zeitschrift veröffentlicht seit 1990 thematische Beiträge der Frauen- und Geschlechterforschung an der Humboldt-Universität, informiert in ständigen Rubriken über den Gender-Studies-Studiengang, Lehre und Forschung, Fraueninitiativen, Tagungen und Rezensionen.
ISSN: 0947-6822
Zu beziehen über: ZiF der HU Berlin, Sophienstr. 22a, 10178 Berlin

Die Philosophin – Forum für feministische Theorie und Philosophie, Tübingen
Jede Ausgabe hat einen Themenschwerpunkt zu philosophischen Fragen aus feministischer Sicht. Darüber hinaus stellt die Zeitschrift Neuerscheinungen und wichtige Literatur zu feministisch-philosophischen Themen vor. Sie kündigt Kongresse und Tagungen an und berichtet über deren Verlauf und Ergebnisse.
Seit Heft 10 (Okt. 1994) sind die Inhaltsverzeichnisse, seit Heft 11 auch die Einleitungen zu den Themenschwerpunkten online zu lesen, die Hefte 1 (1990) bis 9 sind bisher nur mit dem Thema des Heftes verzeichnet.
http://www.culture.hu-berlin.de/Philosophin/

femina politica – Zeitschrift für feministische Politik-Wissenschaft, Berlin
Die Zeitschrift ist die Nachfolgerin des *Rundbriefs* des Netzwerks politikwissenschaftlich und politisch arbeitender Frauen sowie des Arbeitskreises ›Politik und Geschlecht‹ in der Deutschen Vereinigung für Politische Wissenschaft (DVPW). Jedes Heft hat einen thematischen Schwerpunkt und Rubriken mit Informationen zur Tagespolitik, Lehre und Forschung, zum o. g. Arbeitskreis und Netzwerk, zu Tagungen, Ankündigungen und Rezensionen.
Ab Heft 1/99 werden Einleitungen und Abstracts der Artikel online angeboten. Von Heft 1/97 bis 2/98 sind die Inhaltsverzeichnisse zu lesen. Außerdem gibt es eine lokale Suchfunktion zu allen Inhalten auf den HTML-Seiten der *femina politica*, dazu News zu den geplanten Heften, Veranstaltungen, Manuskriptvorschriften und weitere Links.
http://www.femina-politica.de

Feministische Studien, Weinheim
Die Zeitschrift ist seit 1982 ein offenes Forum für Fragen der Frauenforschung in verschiedenen Disziplinen. Jede Ausgabe enthält Beiträge zu einem Schwerpunkt, dazu Diskussionen, Informationen und Rezensionen. Im Internet sind seit Heft 1/93 die Inhaltsverzeichnisse und die Einleitungen zu lesen, ein Register enthält die Angaben zu den Heften von 1982 bis 1992. Die Links enthalten viele internationale Zeitschriften zur Frauen- und Geschlechterforschung.
http://www.rz.uni-frankfurt.de/~wischerm/

figurationen, Hamburg
Mit dieser Publikation wird der Rundbrief *Frauen in der Literaturwissenschaft* vom Literaturwissenschaftlichen Seminar der Universität Hamburg seit Oktober 1999 fortgesetzt. Die neue Zeitschrift wird Beiträge der Geschlechterforschung aus Literatur und Kulturwissenschaft bringen.

Zu beziehen über: Arbeitsstelle für Feministische Literaturwissenschaft, Literaturwissenschaftliches Seminar der Universität Hamburg, Von-Melle-Park 6, 20146 Hamburg
e-mail: FemLit@rrz.uni-hamburg.de

Frauen-Prisma – Wissenschaftliche Beiträge zur Frauenforschung, Potsdam
Die Zeitschrift veröffentlichte bisher die Ergebnisse von wissenschaftlichen Tagungen zur Frauen- und Geschlechterforschung an der Universität Potsdam. Die Hefte 1 und 2/1995 sind mit Volltexten vertreten, Heft 3 mit dem Thema und Heft 4 mit dem Inhaltsverzeichnis. Außerdem enthält die Website das Frauen-Info der Universität Potsdam von 1996–97 online und einen Reader für die Gleichstellungsarbeit.
http://141.89.65.1/u/gleichstellung/prisma~1.htm

Freiburger Frauenstudien – Zeitschrift für interdisziplinäre Frauenforschung, Freiburg
Die Beiträge der Zeitschrift sind jeweils einem Schwerpunkt gewidmet. Seit 1997 sind sie abgestimmt mit der laufenden Vortragsreihe »Freiburger Frauenforschung«. Bisher sind die Inhaltsverzeichnisse der ersten drei Hefte seit 1995 im Internet zu lesen.
http://www.uni-freiburg.de/philfak3/eng/ffs.htm

hypatia – Historische Frauenforschung in der Diskussion, Berlin
Zeitschrift des Netzwerks historisch arbeitender Frauen der Heinrich-Böll-Stiftung mit Beiträgen zur Frauen- und Geschlechtergeschichte, Konferenzdokumenten und Informationen; erscheint unregelmäßig.

Koryphäe – Medium für feministische Naturwissenschaft und Technik, Oldenburg
Seit 1986 ist dies die einzige Zeitschrift mit dem Schwerpunkt feministische Naturwissenschaft und Technik, die sich kritisch mit ihren Schwerpunktthemen beschäftigt und über Initiativen in diesem Bereich informiert.
Zu beziehen über: Koryphäe, Cloppenburger Str. 35, 26135 Oldenburg

L'Homme – Zeitschrift für feministische Geschichtswissenschaft, Köln, Wien
Jedes Heft (gegr. 1990) enthält Beiträge zu einem Schwerpunkt feministischer und geschichtswissenschaftlicher Theorie und Empirie, auch aus unterschiedlichen Wissenschaftskulturen. Dazu gibt es Rezensionen, Annotationen sowie Kommentare und Aktuelles.
Die Hefte von 1991–95 werden mit einem Verzeichnis der Aufsätze vorgestellt, seit 1996 sind detaillierte Inhaltsverzeichnisse, Editorials und Abstracts online vorhanden.
http://hsozkult.geschichte.hu-berlin.de/zeitschr/lhomme.htm

metis – Zeitschrift für historische Frauenforschung und feministische Praxis, Dortmund
Die Zeitschrift publiziert jeweils unter einem thematischen Schwerpunkt Beiträge zur historischen und kulturwissenschaftlichen Frauen- und Geschlechterforschung und feministischen Praxis. In jedem Heft gibt es Tagungsberichte und Rezensionen.
Zu beziehen über den Buchhandel. Verlag: edition ebersbach, Dortmund

Schlangenbrut – Streitschrift für feministisch und religiös interessierte Frauen, Münster
Seit Anfang der 80er Jahre ist diese Zeitschrift aus Münster ein Diskussionsforum für feministische Fragen in der Theologie. Neben einem Schwerpunktthema, zu dem meist auch eine spezielle Bibliographie erscheint, gibt es Rezensionen und Informationen.
Zu beziehen über: Schlangenbrut e.V., PF 7467, 48040 Münster

Script: Frau – Literatur – Wissenschaft im alpen-adriatischen Raum (Österreich)
Die Halbjahresschrift ist ein internationales Diskussionsforum für Literaturwissenschaftlerinnen und Literatinnen. In einem jeweiligen Schwerpunktthema werden Probleme des weiblichen literarischen und wissenschaftlichen Schreibens behandelt. Neben literaturwissenschaftlichen Beiträgen zum jeweiligen Schwer-

punkt (Aufsätze, Auszüge aus Diplomarbeiten und Dissertationen) veröffentlicht SCRIPT in jeder Nummer auch literarische Beiträge (Lyrik, Kurzprosa, Auszüge aus Romanen). Darüber hinaus werden frauenspezifische Projekte sowie Rezensionen vorgestellt.
Die Website enthält die Inhaltsverzeichnisse seit Heft Nr. 0 im Jahre 1991 und Links zu Elisabeth Reichardt, Elfriede Jelinek und österreichischen und internationalen Frauenseiten (Kultur, Wissenschaft, Frauengeschichte, Netzwerke, Frauen im Netz u. a.)
http://www.uni-klu.ac.at/~script/

[sic!] – Forum für feministische Gangarten, Wien (Österreich)
Diese Zeitschrift zeichnet sich aus durch differenzierte Berichterstattung nicht nur österreichischer Prozesse und linksdemokratische feministische Positionen. Einzelne Artikel der inzwischen erschienenen 31 Hefte (1991–1999) sind im Volltext (bis Heft 27) vorhanden, alle Inhaltsverzeichnisse sind online verfügbar.
http://club.atnet.at/sic/Welcome.htm

Streit – Feministische Rechtszeitschrift, Frankfurt a. M.
Die Zeitschrift behandelt sowohl Themen der feministischen Rechtswissenschaft als auch der juristischen Praxis unter frauen- und geschlechterspezifischem Aspekt.
Die Website enthält ein Sachregister zu allen STREIT-Artikeln, ein Verzeichnis von Rechtsanwältinnen, ein Register zu den Entscheidungen von Gerichten in der BRD und der EU sowie Informationen über Veranstaltungen, Stellenangebote und Pressemitteilungen.
Die Inhaltsverzeichnisse der Jahrgänge 1 bis 14 (1983–1996) und 1999 sind online vorhanden.
http://www.fbp.fh-frankfurt.de/streit/

Menschenrechte für die Frau – Die Zeitschrift von Terre des femmes, Tübingen
Die Zeitschrift ist ein Nachrichten- und Diskussionsforum zum Thema Menschenrechte für Frauen. Sie berichtet sowohl in Schwerpunktthemen als auch mit regionalen Berichten über Probleme und Initiativen von Frauen weltweit (besonders in den Dritte-Welt-Ländern).
Auf der Website des Vereins »Terre des femmes« gibt es Links zu Frauenrechten, zu aktuellen Kampagnen und zum Thema »Genitalverstümmelungen«.
http://www.terre-des-femmes.de/

Zeitschrift für Frauenforschung – hrsg. vom Institut Frau und Gesellschaft, Hannover
Mit der Schließung des Instituts für Frauenforschung endet zwar die Herausgeberschaft des Instituts für die Zeitschrift, aber sie soll auch nach 2000 weiter publiziert werden.
In den vergangenen 17 Jahren gehörte diese Zeitschrift zum Grundbestand der Frauenforschung. Sie veröffentlichte Forschungsergebnisse zu thematischen Schwerpunkten, dazu Tagungsberichte und Rezensionen.

Internationale Zeitschriften für Frauen- und Geschlechterforschung (Auswahl)

Feminist Studies – Department of Women's Studies, University of Maryland (USA)
Zeitschrift für feministische Analysen, Kritik und neue Ansätze und Debatten.
Inhaltsverzeichnisse seit 1972 (Heft 1), keine Volltexte; Themen des kommenden Heftes und Manuskriptvorschriften.
http://www.inform.umd.edu:8080/FemStud/

Feminist Collections – A Quaterly of Women's Studies Resources; University of Wisconsin Systems Women's Studies Librarian Office (USA)
Dieses Informationsblatt enthält jeweils die wichtigsten gedruckten und audiovisuellen Medien für Forschung und Lehre im Bereich Women's Studies (einschließlich Internetressourcen, Bibliotheken und Archive).

Inhaltsverzeichnisse bis 1992 zurückgehend und ausgewählte Texte online verfügbar; keine inhaltliche Ordnung der Artikel.
http://www.library.wisc.edu/libraries/WomensStudies/fcmain.htm

Feminist Economics – hrsg. von Diana Strassmann, Rice University (USA)
Die Zeitschrift bringt sowohl Beiträge zur feministischen Ökonomie, als auch disziplinäre Artikel anderer Gebiete mit Anregungen für die Ökonomie. Inhaltsverzeichnisse mit Abstracts, aber keine Volltexte (Englisch)
http://www.facstaff.bucknell.edu/jshackel/iaffe/

Genders – University of Colorado and Washington State University (USA)
Die Zeitschrift veröffentlicht Artikel über Gender und Sexualität unter sozialen, politischen, künstlerischen und ökonomischen Aspekten.
Seit Heft 27 (1998) wird die Zeitschrift elektronisch publiziert, d. h. alle Volltexte sind abrufbar. Die Ausgaben 1–26 (1988–97) gibt es nur in Bibliotheken, auf der Webseite auch keine Inhaltsverzeichnisse, dafür Call for Papers mit Manuskriptvorschriften und Links.
http://www.genders.org/

Hecate – An Interdisciplinary Journal of Women's Liberation – English Department at the University of Queensland (Australien)
Dieses interdisziplinäre Journal bringt sowohl theoretische Artikel aus der Literatur- und Kulturwissenschaft als auch literarische Arbeiten aus und über Regionen Asiens/Ozeaniens, Australiens, aber auch USA und Europa. Die Website weist auf die Artikel der einzelnen Hefte hin (Artikelregister).
http://english.uq.edu.au/awsr/journ1.htm

Journal of South Asian Women's Studies – hrsg. v. Enrica Garzilli (Asiatica Association) von der Universität in Perugia (Italien)
Elektronisches Journal zu den interdisziplinären Fragen der Women's Studies im Gebiet Südasien. Die Ausgaben von 1995–97 liegen jetzt erstmals als Buch vor. Texte der aktuellen Ausgabe online verfügbar, sonst Inhaltsverzeichnisse und Abstracts und Online-Zugang zu allen Dokumenten, wenn die elektronische Zeitschrift abonniert wird (Englisch).
http://www.asiatica.org/publications/jsaws/default.asp

Journal of the History of Sexuality – University of Texas (USA)
Interdisziplinäres und internationales Forum für historische, kritische und theoretische Forschungsarbeiten über Sexualität. Alle Inhaltsverzeichnisse seit Heft 1 (1990), keine Volltexte (Englisch).
http://www.utexas.edu/utpress/journals/jhs.html

Jouvert – A Journal of Postcolonial Studies – College of Humanities and Social Sciences, North Carolina State University (USA)
Als Webpublikation umspannt diese Zeitschrift verschiedene theoretische Inhalte und kulturelle Orte. Sie widmet sich auch dem in der theoretischen Diskussion wachsenden Komplex von Race-Class-Gender-Nation. Alle Artikel sind im Volltext zu lesen. Links verweisen auf weitere wissenschaftliche Webzeitschriften und Projekte zum Thema Postkolonialismus.
http://152.1.96.5/jouvert

Lilith : The Independent Jewish Women's Magazine (USA)
Die unabhängige Vierteljahresschrift fühlt sich den Beziehungen zwischen jüdischer Identität und Feminismus verpflichtet. Jedes Heft bringt Analysen, Neuerscheinungen, Interviews, literarische Beiträge und andere Informationen über das Leben jüdischer Frauen in all seiner Differenziertheit. Auf der Website sind Beiträge der aktuellen Ausgabe im Volltext sowie einige Texte älterer Hefte (Englisch).
http://shamash.org/shmooze/lilith/

Lover : Magazine on Feminism, Culture, and Science (NL)
Diese Zeitschrift (in Holländisch) ist ein Magazin für Feminismus und Women's Studies (sowohl für Spezialistinnen als auch für die breite Öffentlichkeit). Sie bringt feministische Diskussionen, ohne Kontroversen zu scheuen.
http://www.iiav.nl/lovereng.html

Muse: The Journal of Women in Music – Los Angeles (USA)
Zeitschrift mit Features über und Interviews mit vorwiegend zeitgenössischen Musikerinnen. Die besten Artikel der jeweiligen Hefte sind im Volltext zu lesen.
http://www.val.net/~muse/

NORA. Nordic Journal of Women's Studies – The Nordic Institute for Women's Studies and Gender Research, Oslo (Norwegen)
Mit dieser interdisziplinären Zeitschrift wollen die Herausgeberinnen theoretische und methodologische Fragen der Frauen- und Geschlechterforschung diskutieren. Sie veröffentlichen Forschungsartikel, Ergebnisse von Diskussionsforen und Überblicksartikel zu neuesten Büchern aus dem skandinavischen Raum, die auch für den internationalen Diskurs bedeutsam sind. Die Inhaltsverzeichnisse sind seit 1997 online zu lesen. Drei Ausgaben sind bei spezieller Registrierung im Volltext zu lesen (Englisch).
http://www.scup.no/journals/en/j-123.html

n.paradoxa – the only international feminist art journal – Katy Deepwell (GB)
Seit 1997 existiert dieses Journal online, seit 1998 auch als Printversion. Es berichtet über die feministische Theorie in den Kultur- und Kunstwissenschaften und über das Leben von Künstlerinnen weltweit (Volltext; Englisch).
http://web.ukonline.co.uk/members/n.paradoxa/index.htm

Resources for Feminist Research/Documentation sur la Recherche Féministe – Ontario Institute for Studies in Education; University of Toronto (Kanada)
Diese Zeitschrift wird seit 1972 vom Center for Women's Studies des o. g. Instituts herausgegeben. Von den vier jährlichen Heften widmen sich zwei der interdisziplinären Sammlung neuerer feministischer Forschung, eins einem Spezialthema der Frauenforschung und ein Heft ist jeweils ein Überblick über die jährliche Buchproduktion mit Rezensionen. Inhaltsverzeichnisse und Abstracts sind online zu lesen (Englisch, Französisch).
http://www.oise.utoronto.ca/rfr

Signs – Journal of Women in Culture and Society – hrsg. von Carolyn Allen und Judith A. Howard, University of Washington (USA)
Diese Zeitschrift entwickelte sich seit 1975 zu einem führenden Medium für die internationale Frauen- und Geschlechterforschung. Die Artikel widerspiegeln sowohl Theorien verschiedenster Disziplinen als auch methodologische Ansätze einzelner Wissenschaften, um den interdisziplinären Dialog anzuregen.
Die Inhaltsverzeichnisse sind seit 1996 online zu lesen.
http://www.journals.uchicago.edu/Signs/

The European Journal of Women's Studies, London (GB)
Die Zeitschrift ist ein interdisziplinäres, feministisches Forum für verschiedene theoretische Ansätze und feministische Perspektiven von Wissenschaftler/innen aus Europa. Sie wird unterstützt von WISE (The European Women's Studies Association) und herausgegeben von SAGE Publications, London. Ein Editorial leitet jeweils den Schwerpunktteil ein, dazu gibt es Konferenzberichte und Rezensionen.

The Journal of Women's History – hrsg. von Leila J. Rupp, Indiana University (USA)
Das Journal beschäftigt sich seit 1989 mit der internationalen Frauengeschichte, wobei Gender als Analysekategorie benutzt wird. Die Inhaltsverzeichnisse sind seit 1996 online verzeichnet. Artikel können online bestellt werden.
http://iupjournals.org/jwh

Women and Performance: A Journal of Feminist Theory – New York (USA)
Die Herausgeberinnen engagieren sich für eine kritische Sicht auf die laufende Diskussion um Gender und Sexualität im Rahmen von ›performance‹ und ›representation‹ mit Beiträgen aus Ethnographie, Theater- und Tanzgeschichte, Film- und Kulturwissenschaften und ›performance studies‹. Das aktuelle Heft ist im Volltext, die Back Issues mit Inhaltsverzeichnissen zu lesen.
http://www.echonyc.com/~women/index.html

Women and Politics – hrsg. von Karen O'Connor, American University (USA)
Fachzeitschrift, die seit 1980 theoretische und empirische Forschungsergebnisse publiziert, die sich mit dem Platz von Frauen im politischen Spektrum beschäftigen (politische Partizipation von Frauen, politische Philosophie, internationale Beziehungen, amerikanische Politik und vergleichende Politik).
Auf der Website gibt es Links zu anderen relevanten Seiten und Diskussionsforen.
http://american.edu/oconnor/wandp/

Women in Judaism – Dept. of Near & Middle Eastern Civilizations, University of Toronto (Kanada)
Dieses multidisziplinäre Journal ist ein Online-Journal für die Diskussion von geschlechterspezifischen Inhalten des Judentums in Vergangenheit und Gegenwart mit theoretischen Artikeln, biographischen Essays und Bibliographien zu speziellen Themen (Volltext).
http://www.utoronto.ca/wjudaism/

Women's History – hrsg. von Margaret Fortier, Harrisburg (USA)
Dieses Magazin veröffentlicht neben allgemeinen Artikeln zur Frauengeschichte auch illustrierte Biographien von Frauen. Über eine Artikeldatenbank sind Artikel per Schlagwort zu suchen.
http://www.thehistorynet.com/WomensHistory

Women's History Review – hrsg. von June Purvis, School of Social and Historical Studies, University of Portsmouth (GB)
Diese Zeitschrift ist ein internationales Diskussionsforum für die Frauengeschichte im 19. und 20. Jahrhundert, aber auch für frühere Abschnitte. Die Beiträge stammen aus verschiedenen Disziplinen (Women's Studies, Philosophie, Soziologie, Kulturwissenschaften, Politische Wissenschaften, Anthropologie). Regelmäßige Buchbesprechungen gibt es in allen Heften (Volltext; Englisch).
http://triangle.co.uk/whr/index.htm

Women's Writing – hrsg. von Marie Mulvey-Roberts, University of the West of England und Janet Todd, University of East Anglia (GB)
Internationale Zeitschrift, die sich mit dem weiblichen Schreiben und Schriftstellerinnen vor 1900 beschäftigt, besonders unter dem Aspekt der Wechselbeziehungen zwischen den Kategorien Geschlecht, Kultur, Rasse und Klasse. Viele Artikel sind im Volltext lesbar.
http://www.triangle.co.uk/wow/index.htm

Yale Journal of Law and Feminism – (USA)
Seit 1987 werden in dieser Zeitschrift Artikel über Erfahrungen von Frauen im Rechtssystem veröffentlicht; heute ein breites Spektrum feministischer Perspektiven zu verschiedenen Gebieten des Rechts. Die Webseite (wird z. Zt. umgestaltet) hat ein Verzeichnis über relevante Zeitschriften weltweit.
http://www.yale.edu/lawnfem/law&fem.html

Weitere Zeitschriften

Blau – BerLiner FrAUenzeitung (Berlin, BRD)
Printmedium, aber auch als Online-Magazin. Die Herausgeberinnen bringen Artikel über Kunst/Kultur, Medien, besonders Internet, aber auch Politik im Bezug zu Lesben und Frauen. Ab Heft 13 online zu lesen. Links zu Internetnutzung, Cyberfeminismus und Netzwerken (Deutsch).
http://www.txt.de/blau/

Forum : Frau und Gesellschaft – hrsg. von Bettina Licht
Die Fachzeitschrift veröffentlicht seit 1997 Ergebnisse aus Forschung und Praxis der sozialen und pädagogischen Arbeit mit Mädchen und Frauen (Studien, Diplomarbeiten und Dissertationen mit feministischem Blickwinkel).
http://www.fulda-online.de/privat/frauen-forum/plattform/

LoLaPress – (BRD, Uruguay)
Diese Zeitschrift ist ein feministisches Magazin, das sich mit Frauen-Problemen in den Ländern Lateinamerikas, Mittel-, Ost- und Südeuropas, Asiens und Afrikas beschäftigt. Die Artikel erscheinen simultan in Englisch und Spanisch, einige davon im Volltext.
http://www.chasque.apc.org/lola/index-e.htm

Wechselwirkung – hrsg. vom Vijlen Institute for Physics (Niederlande)
Informationsmagazin und Diskussionsforum, das seit 1979 Vordenker/innen aus Wissenschaft, Technik, Sozialwissenschaften und Philosophie mit ihren Ideen vorstellt. Kein Volltext, Liste mit bisher erschienenen Themen (Deutsch).
http://members.aol.com/Vijlen/wwhome.htm

Weibblick – Zeitschrift aus Frauensicht (Berlin, BRD)
Die Zeitschrift, 1992 in frauenbewegter östlicher Nachwendezeit geboren, ist heute ein unabhängiges frauenpolitisches Magazin mit weiblichem Blick auf die Geschlechterrealität in den östlichen Bundesländern und über die Ländergrenzen hinaus. Jedes Heft bringt Artikel zu einem Schwerpunkt, dazu Reportagen, Rezensionen, Essays, Satiren und Informationen.
Zu beziehen über: Anklamer Str. 38, 19115 Berlin

Online-Datenrecherche (Institutionen, Personen, Projekte)

EDITH – Women's Organisations in the Nordic and Baltic countries and North West Russia – hrsg. vom Nordic Institute for Women's Studies and Gender Research, Oslo (Norwegen)
Diese Datenbank hilft bei der Suche nach Organisationen von Frauen im Baltikum und Nordwestrußland (Norwegisch, Englisch).
http://www.esst.uio.no/nikkdb/baltic/emilja.html

EMILJA – The Baltic and North West Russia Database for Women's Studies and Gender Research – hrsg. vom Nordic Institute for Women's Studies and Gender Research, Oslo (Norwegen)
Diese Datenbank hilft bei der Suche nach Wissenschaftlerinnen und Zentren für Frauen- und Geschlechterforschung im Baltikum und Nordwestrußland (Norwegisch; Englisch).
http://wwworg.uio.no/www-other/nikk/english-index.html

Europäische Datenbank – Frauen in Führungspositionen – hrsg. von FrauenComputerZentrumBerlin
Die Datenbank liefert statische und individuelle Daten über Frauen in Führungspositionen (Parteien, Regierungen, Parlamente, Wahlen), außerdem Daten über nationale Wahlen in Europa und verglei-

chende Zusammenstellungen aus Daten der Datenbank (Deutsch, Englisch; auch Französisch, Niederländisch).
http://www.fczb.de/edatenb.htm

European Women's Talent Bank – European Women's Lobby, Brüssel (Belgien)
Datenbank mit Spezialistinnen (Namen und Qualifikation) aus ganz Europa, deren Arbeit Bezug zu den Arbeitsfeldern der Europäischen Union hat (Managerinnen, Politikerinnen, Wissenschaftlerinnen u. a.). Es ist möglich, diese Expertinnen zu Konferenzen, für Projekte u.ä. einzuladen (Englisch).
http://195.109.137.2/ewl/talentbank.nsf

GRACE – Europäische Forschungsdatenbank (Projekte, Personen)
Diese Datenbank enthält Angaben über 2 000 Wissenschaftlerinnen aus über 250 universitären Lehrangeboten zur Frauen- und Geschlechterforschung in 12 europäischen Ländern. Es gibt einen auszufüllenden Fragebogen, Ansprechpartnerinnen einzelner Länder und Zusammenstellungen, aber keine Suchfunktion (Englisch).
http://www.univ-tlse2.fr/grace/

InfoSys – Verzeichnis promovierter und habilitierter Frauen – Universität Dortmund, Hochschuldidaktisches Zentrum
Die Datenbank speichert Namen von rund 9000Wissenschaftlerinnen aus allen Fachdisziplinen in Deutschland und darüber hinaus. Autorisiert sind die Daten von rund 3500 Frauen erfaßt. Sie sollen dazu dienen, Frauen in Berufungsverfahren an Hoch- und Fachhochschulen gezielt zu berücksichtigen. Ein Formular kann von allen promovierten Wissenschaftlerinnen ausgefüllt werden. Suche ist nur über das Zentrum auf Anfrage möglich.
http://www.uni-bielefeld.de/IFF/fraueninfonetz/forsch/iud/infosys.htm

Mapping the World of Women's Information Services Project – IIAV, Amsterdam (Niederlande)
Diese Datenbank ermöglicht die Suche nach internationalen Archiven, Bibliotheken und Informations- und Dokumentationseinrichtungen für Frauenliteratur und Frauen- und Geschlechterforschung. Die einzelnen Einrichtungen werden im Profil dargestellt und sind verlinkt, wenn diese Möglichkeit besteht.
http://www.iiav.nl/mapping-the-world/index.html

Resources of Scholarly Societies – Women's Issues – University of Waterloo Library (USA)
Hier gibt es eine Zusammenstellung von wissenschaftlichen Organisationen verschiedenster Fachrichtungen, die sich mit Women's Studies beschäftigen, meist aus den USA, aber auch aus Dänemark und der Schweiz. Die einzelnen Websites berichten über Konferenzen und stellen auch spezielle Fachzeitschriften vor.
http://www.lib.uwaterloo.ca/society/women_soc.html

WITEC – European Database of Women's Experts in Science, Engineering and Technology
In dieser Datenbank sind die Lebensläufe von Expertinnen aus Naturwissenschaft, Ingenieurwesen und Technik gespeichert als Quelle für Expertinnen für Regierungen oder die Europäische Kommission (aus Dänemark, BRD, Niederlande, Spanien, Schweden und Großbritannien). (Englisch)
http://www.shu.ac.uk/witec/

Women in Decision Making – Sabine de Bethune (Koordinatorin)
Diese Website stellt das Netzwerk für Politikerinnen in der Europäischen Union vor, mit Konferenzbericht, Dokumenten, Deklaration u. a. (seit 1996 nicht erneuert; Englisch)
http://www.reference.be/wo-mancracy/

Weitere Ressourcen für Frauen- und Geschlechterforschung (Sammelangebote)

Frauen-Infonetz – IFF, Universität Bielefeld, BRD
Umfangreiches Informationsangebot zu (fast) allen Belangen der Frauenförderung, der Frauen- und Geschlechterforschung und Frauenbewegung (national und international) mit vielen Links.
http://www.uni-bielefeld.de/IFF/fraueninfonetz/

die media – Fraueninfoservice- hrsg. von Helga Dickel und Carolina Brauckman, Köln (BRD)
Kommerzieller Recherchedienst für viele Themen, die speziell für Frauen aufbereitet sind, z. B.: Online-Kommunikation und Internet, Aus- und Weiterbildung, Job und Arbeitswelt, Gender Studies, Kultur, Geschichte, Politik, Wirtschaft, Soziales. Viele Informationen sind auch schon auf der Website zu finden. Eine Datenbank *die media* wird als CD ROM vertrieben und erlaubt die Suche nach Frauenorganisationen, Netzwerken, Projekten, Verlagen usw. (über 5 000 Adressen bundesweit und international).
http://www.diemedia.de/

Regionale Ressourcen

AOIFE – Association of Institutions for Feminist Education and Research in Europe – hrsg. von Nordic Institute for Women's Studies and Gender Research (NIKK), Oslo (Norwegen)
Hier werden die Einrichtungen für feministische Forschung und Lehre aus Europa mit Personen, Zielen und Projekten vorgestellt.
http://wwworg.uio.no/www-other/nikk/AOIFE/homedaa.htm

NOISE – Centre of Women's Studies Utrecht (Niederlande)
Seite des Netzwerks der interdisziplinären Women's Studies in Europa innerhalb des Erasmus-Programms. Studierende können hier Austauschplätze suchen, anbieten und finden. Alle Partneruniversitäten sind aufgeführt (Englisch).
http://hgins.uia.ac.be:80/women/noise/index.html

Russian Feminism Resources – hrsg. von Elena Leonoff, Tver (Rußland)
Sammelangebot über Ressourcen zu Frauen in Rußland, Women's Studies und die Frauenbewegung in der UdSSR. Einige Artikel sind in Englisch.
http://www.geocities.com/Athens/2533/russfem.html

Women's Studies Euro Map – Centre of Women's Studies of Antwerp (Belgien)
Hier werden Informationen über die Women's Studies und die Gleichberechtigung in Europa und Links weltweit angeboten (Englisch).
http://women-www.uia.ac.be/women/index.html

NIKK – Nordic Institute for Women's Studies and Gender Research (NIKK), Oslo (Norwegen)
Diese Seite ist eine umfangreiche Sammlung wichtiger Adressen, Projekte, Datenbanken, Veranstaltungskalender u. a. für die Frauen- und Geschlechterforschung in Europa (Norwegisch, Englisch).
http://www.nikk.uio.no/english-index.html

African Gender Institute – University of Cape Town (Südafrika)
Homepage des Gender Instituts in Kapstadt mit Projekten, Berichten, Newsletter und interessanten Links zu anderen afrikanischen Ländern.
http://www.uct.ac.za/org/agi/

Dritte Welt Frauen
Viele Links zu Frauen in der Dritten Welt, die inhaltlich und regional geordnet sind (Englisch).
http://women3rdworld.miningco.com/culture/women3rdworld/

South African Women's Studies Programs
Aufzählung von Einrichtungen mit Women's Studies-Programmen in Südafrika (mit Online-Verbindungen). Auf der Website »Women in Research« von Natascha Primo, Pretoria (Englisch).
http://www.nrf.ac.za/wir/sagender.htm

Kanada – Canadian Women's Studies – University of Toronto, Kanada
Die Website informiert über Women's Studies Programme in Kanada, über Ressourcen und Organisationen und bietet viele Links weltweit (Englisch).
http://www.utoronto.ca/womens/cdnwomen.htm

Database on Women's Studies Programs in the USA
Diese Datenbank der University of Illinois at Urbana und der National Women's Studies Association ermöglicht die Suche nach vorwiegend inhaltlichen Aspekten der Women's Studies Studiengänge aller Abschlüsse.
http://www.library.uiuc.edu/wst/search3.htm

Diese Datenbank ›*Artemis*‹ erlaubt die regionale Suche aus über 250 Angeboten.
http://www.users.interport.net/~kater/ (nach Staaten)

Joan Korenmans Links
Eine der umfangreichsten Linksammlungen weltweit, in der nahezu alles zu Women's Studies erfaßt ist, was im Internet vertreten ist.
http://www.research.umbc.edu/~korenman/wmst/links.html

WSSLINKS – Women's Studies Section Links des WSS Collection Development Committee der Association of College and Research Libraries (USA)
Umfangreiche Sammlung zu Ressourcen der Frauen- und Geschlechterforschung, geordnet nach Disziplinen bzw. Themen.
http://libraries.mit.edu/humanities/WomensStudies/wscd.html

Women's Studies Resources – University of WisconsinSystem – Women's Studies Librarian's Office
Umfangreichstes bibliothekarisches Angebot zu Ressourcen der Frauen- und Geschlechterforschung weltweit.
http://www.library.wisc.edu/libraries/WomensStudies/home.htm

Dritte Welt Frauen – Südamerika
Informationen zur ökonomischen, politischen und sozialen Lage von Frauen im spanischsprechenden Teil Lateinamerikas.
http://women3rdworld.about.com/culture/women3rdworld/msub3.htm

Dritte Welt Frauen
Informationen zur Lage der Frauen in Ländern Asiens.
http://women3rdworld.about.com/culture/women3rdworld/msub2.htm

Korean Women's Institute, Ewha Womans University – Seoul (Süd-Korea)
Umfangreiche Website mit Links zu Ressourcen, Women's Studies Studiengängen, Asian Women's Studies Center, Women's Studies Association, zu Forschungsergebnissen, Publikationen, Kalendern, Zeitschriftenartikeln u. a. (Koreanisch, Englisch).
http://ews.ewha.ac.kr:8081/ews/eng/m5kwi/index.html

Linksammlung zu Women's Studies Centers in Australien
http://www.cowan.edu.au/ses/research/crow/

Center for Research for Women – Edith Cowan University, University of Western Australia, Murdoch University und Curtin Universities (Australien)
Ein Zusammenschluß von vier Zentren (seit 1993), die feministische Forschung in interdisziplinären Programmen unterstützen. Projekte, News und Links sind auf der Homepage zu erfahren. (Englisch)
http://www.cowan.edu.au/ses/research/crow/

Centre for Women's Studies, Australian National University, Canberra (Australien)
Die einzelnen Studienangebote, Konferenzen, Personen und Seminarthemen sind auf dieser Homepage versammelt (Englisch).
http://www.anu.edu.au/womens_studies/

2. Bibliographie

Abel, Elizabeth (Hg.): *Writing and Sexual Difference.* Chicago 1982.

Abelove, Henry/Barale, Michèle, Aina/Halperin, David M. (Hg.): *The Lesbian and Gay Studies Reader.* New York/London 1993.

Aichhorn, Ulrike (Hg.): *Frauen und Recht.* Wien 1997.

Althoff, Gabriele: *Weiblichkeit als Kunst. Die Geschichte eines kulturellen Deutungsmusters.* Stuttgart 1991.

Amstutz, Nathalie/Kuoni, Martina (Hg.): *Theorie – Geschlecht – Fiktion.* Basel/Frankfurt a. M. 1994.

Angerer, Marie-Luise (Hg.): *The Body of Gender. Körper/Geschlechter/Identitäten.* Wien 1995.

– : *Body Options – Körper. Spuren. Medien. Bilder.* Wien 1999.

Armbruster, L. Christof/Müller, Ursula/Stein-Hilbers, Marlene (Hg.): *Neue Horizonte? Sozialwissenschaftliche Forschung über Geschlechter und Geschlechterverhältnisse.* Opladen 1995.

Arthurs, Jane/Grimshaw, Jean (Hg.): *Women's Bodies. Cultural Representation and Identity.* Leicester 1997.

August, Eugene R.: *Men's Studies. Selected and Annotated Interdisciplinary Bibliography.* Littleton 1985.

Aurnhammer, Achim: *Androgynie. Studien zu einem Motiv in der europäischen Literatur.* Köln/Wien 1986.

Baader, Renate/Fricke, Dietmar (Hg.): *Die französische Autorin vom Mittelalter bis zur Gegenwart.* Wiesbaden 1979.

Badinter, Elisabeth: *XY. Die Identität des Mannes.* München/Zürich 1993.

Barta, Ilsebill/Breu, Zita/Hammer-Tugendhat, Daniela u. a. (Hg.): *Frauen Bilder, Männer Mythen. Kunsthistorische Beiträge.* Berlin 1987.

Bartlett, Katharine T./Kennedy, Rosanne (Hg.): *Feminist Legal Theory: Readings in Law and Gender.* Boulder 1991.

Basu, Amrita (Hg.): *Women's Movement in Global Perspective.* Boulder 1996.

Battersby, Christine: *Gender and Genius. Toward a Feminist Aesthetics.* London 1989.

Battis, Ulrich/Schultz, Ulrike (Hg.): *Frauen im Recht.* Heidelberg 1990.

BauSteineMänner (Hg.): *Kritische Männerforschung: Neue Ansätze in der Geschlechtertheorie.* Berlin 1996.

Beauvoir, Simone de: *Das andere Geschlecht. Sitte und Sexus der Frau.* Reinbek 1949.

Becker, Ursula A./Rüsen, Jörn (Hg.): *Weiblichkeit in geschichtlicher Perspektive. Fallstudien und Reflexionen zu Grundproblemen der historischen Frauenforschung.* Frankfurt a. M. 1988.

Becker-Cantarino, Barbara: *Der lange Weg zur Mündigkeit. Frau und Literatur in Deutschland von 1500 – 1800.* Stuttgart 1987.

Becker-Schmidt, Regina/Knapp, Gudrun-Axeli (Hg.): *Das Geschlechterverhältnis als Gegenstand der Sozialwissenschaften.* Frankfurt a. M. 1995.

Beer, Ursula: *Geschlecht, Struktur und Geschichte. Soziale Konstituierung des Geschlechterverhältnisses.* Frankfurt a. M. 1991.

Beinssen-Hesse, Silke/Rigby, Kate: *Out of the shadows : contemporary German feminism.* Carlton South, Victoria 1996.

Belsey, Catherine u. a. (Hg.): *The Feminist Reader. Essays in Gender and the Politics of Literary Criticism.* London 1989.

Benhabib, Seyla/Butler, Judith/Cornell, Drucilla/Fraser, Nancy (Hg.): *Der Streit um Differenz. Feminismus und Postmoderne in der Gegenwart.* Frankfurt a. M. 1993.

Benhabib, Seyla: *Selbst im Kontext. Kommunikative Ethik im Spannungsfeld von Feminismus, Kommunitarismus und Postmoderne.* Frankfurt a. M. 1995.

Benjamin, Jessica (Hg.): *Unbestimmte Grenzen. Beiträge zur Psychoanalyse der Geschlechter.* Frankfurt a. M. 1994.

– : *Die Fesseln der Liebe. Psychoanalyse, Feminismus und das Problem der Macht.* Frankfurt a. M. 1990.

– : *Phantasie und Geschlecht. Studien über Idealisierung, Anerkennung und Differenz.* Basel, Frankfurt a. M. 1993.

Bennewitz, Ingrid/Tervooren, Helmut (Hg.): *Manlîchiu wîp, wîplîch man. Zur Konstruktion der Kategorien ›Körper‹ und ›Geschlecht‹ in der deutschen Literatur des Mittelalters.* ZfdPh-Beiheft 9, 1999.

Berger, Maurice/Wallis, Brian/Watson, Simon (Hg.): *Constructing Masculinity.* London 1996.

Berger, Renate: *Malerinnen auf dem Weg ins 20. Jahrhundert. Kunstgeschichte als Sozialgeschichte.* Köln 1982.

Bergvall, Victoria L./Janet M. Bing/Alice F. Freed (Hg.): *Rethinking language and gender research. Theory and practice.* London/New York 1996.

Bettinger, Elfi/Funk, Julika (Hg.): *Maskeraden. Geschlechterdifferenz in der literarischen Inszenierung.* Berlin 1995.

Bischoff, Cordula/Dinger, B./Ewinkel, E./Merle U. (Hg.): *Frauenkunstgeschichte. Zur Korrektur des herrschenden Blicks.* Gießen 1984.

Blau, Francine/Ferber, Marianne/Winkler, Anne: *The Economics of Women, Men and Work.* Upper Saddle River, New Jersey 1998.

Bock, Ulla: *Androgynie und Feminismus. Frauenbewegung zwischen Institution und Utopie.* Weinheim, Basel 1988.

Bohnacker, Anke (Hg.): *Körperpolitik mit dem Frauenleib.* Kassel 1998.

Böhnisch, Lothar/Winter, Reinhard: *Männliche Sozialisation. Bewältigungsprobleme männlicher Geschlechtsidentität im Lebenslauf.* Weinheim 1993.

Boone, Joseph A./Cadden, Michael (Hg.): *Engendering Men. The Question of Male Feminist Criticism.* New York, London 1990.

Bovenschen, Silvia: *Die imaginierte Weiblichkeit. Exemplarische Untersuchungen zu kulturgeschichtlichen und literarischen Präsentationsformen des Weiblichen.* Frankfurt a. M. 1979.

Bowker, Lee H. (Hg.): *Masculinities and Violence.* Thousand Oaks/London/New Delhi 1998.

Braun, Christina von: *Die schamlose Schönheit des Vergangenen. Zum Verhältnis von Geschlecht und Geschichte.* Frankfurt a. M. 1989.

–: *Nicht Ich. Logik, Lüge, Libido.* Frankfurt a. M. 1990.

Breen, Dana (Hg.): *The Gender Conundrum. Contemporary Psychonanalytic Perspectives on Femininity and Maculinity.* London 1993.

Breiner, Ingeborg: *Die Frau im deutschen Lexikon. Eine sprachpragmatische Untersuchung.* Wien 1996.

Brett, Philip /Thomas, Gary /Wood, Elizabeth (Hg.): *Queering the Pitch: The New Gay and Lesbian Musicology.* London 1994.

Brinker-Gabler, Gisela (Hg.): *Deutsche Literatur von Frauen.* 2 Bde. München 1988.

Brittan, Arthur: *Masculinity and Power.* Oxford/New York 1989.

Brod, Harry (Hg.): *The Making of Masculinities. The New Men's Studies.* London/Sydney/Wellington 1987.

Brod, Harry/Kaufmann, Michael (Hg.): *Theorizing Masculinities.* Thousand Oaks/London/New York/New Delhi 1994.

Bronfen, Elisabeth/Erdle, Birgit R/Weigel, Sigrid (Hg.): *Trauma. Zwischen Psychoanalyse und kulturellem Deutungsmuster.* Köln u. a. 1999.

Bronfen, Elisabeth: *Das verknotete Subjekt. Hysterie in der Moderne.* Berlin 1998.

–: *Nur über ihre Leiche: Tod, Weiblichkeit und Ästhetik.* München 1994.

Brück, Brigitte/Heike Kahlert u. a. (Hg.): *Feministische Soziologie. Eine Einführung.* Frankfurt a. M. 1997.

Brügmann, Margret/Kublitz-Kramer, Maria (Hg.): *Textdifferenzen und Engagement: Feminismus – Ideologiekritik – Poststrukturalismus.* Pfaffenweiler 1993.

Bublitz, Hannelore (Hg.): *Das Geschlecht der Moderne: Genealogie und Archäologie der Geschlechterdifferenz.* Frankfurt a. M. 1998.

Bucholtz, Mary/A.C. Liang/Laurel A. Sutton (Hg.): *Reinventing identities. The gendered self in discourse.* New York/Oxford 1999.

Busch, Alexandra/Linck, Dirk (Hg.): *Frauenliebe – Männerliebe. Eine lesbisch-schwule Literaturgeschichte in Porträts.* Stuttgart/Weimar 1997.

Bußmann, Hadumod/Hof, Renate (Hg.): *Genus. Zur Geschlechterdifferenz in den Kulturwissenschaften.* Stuttgart 1995.

Butler, Judith: *Das Unbehagen der Geschlechter.* Frankfurt a. M. 1991.
– : *Haß spricht.* Berlin 1998.
– : *Körper von Gewicht. Die diskursiven Grenzen des Geschlechts.* Berlin 1995.
– : *The Psychic Life of Power. Theories in Subjection.* Stanford 1997.
Bynum, Caroline Walker: *Fragmentierung und Erlösung. Geschlecht und Körper im Glauben des Mittelalters.* Frankfurt a. M. 1996.

Caduff, Corinna/Weigel, Sigrid (Hg.): *Das Geschlecht der Künste.* Köln u. a. 1996.
Cameron, Deborah (Hg.): *The feminist critique of language. A reader.* London/New York ^{2}1998.
Chasseguet-Smirgel, Janine (Hg.): *Psychoanalyse der weiblichen Sexualität.* Frankfurt a. M. 1974. (Orig.: *La sexualité feminine.* Paris 1964.)
Cheng, Cliff (Hg.): *Masculinities in Organizations.* Thousand Oaks/London/New Delhi 1996.
Chodorow, Nancy J.: *Das Erbe der Mütter. Psychoanalyse und die Soziologie der Geschlechter.* München 1985.
– : *The Power of Feelings. Personal Meaning in Psychoanalysis, Gender and Culture.* New Haven, London 1999.
Citron, Marcia J.: *Gender and the Musical Canon.* Cambridge/New York/Melbourne 1993.
Cixous, Hélène: *Weiblichkeit in der Schrift.* Berlin 1980.
Coates, Jennifer (Hg.): *Language and Gender. A Reader.* Oxford 1998.
Cockburn, Cynthia: *Die Herrschaftsmaschine: Geschlechterverhältnis und technisches Know-how.* Berlin/Hamburg 1988.
Connell, Robert W.: *Der gemachte Mann. Konstruktion und Krise von Männlichkeiten.* Opladen 1999.
– : *Gender and Power. Society, the Person and Sexual Politics.* Oxford 1987.
Cornell, Drucilla: *Beyond Accomodation. Ethical Feminism, Deconstruction and the Law.* New York/London 1991.
– : *Die Versuchung der Pornographie.* Berlin 1995.
Cornwall, Andrea u. a. (Hg.): *Dislocating Masculinity: Comparative Ethnographies.* London/New York 1994.
Craig, Steve (Hg.): *Men, Masculinity, and the Media.* London 1992.
Crawford, Mary: *Talking difference. On gender and language.* London/Thousands Oaks/New Delhi 1995.

Dahl, Tove Stang: *Frauen-Recht: eine Einführung in feministisches Recht.* Bielefeld 1992.
Daly, Mary: *Jenseits von Gottvater Sohn & Co. Aufbruch zu einer Philosophie der Frauenbefreiung.* München 1978, ^{2}1982.
Dausien, Bettina u. a. (Hg.): *Feministische Perspektiven verwandeln die Wissenschaft.* Opladen 1999.
Dietzen, Agnes: *Soziales Geschlecht: soziale, kulturelle und symbolische Dimensionen des Gender-Konzepts.* Opladen 1993.
Dijkstra, Anne/Plantenga, Janneke (Hg.): *Gender and Economics – A European Perspective.* London/New York 1997.
Dinnerstein, Dorothy: *Das Arrangement der Geschlechter.* Stuttgart 1979.
Dölling, Irene/Krais, Beate (Hg.): *Ein alltägliches Spiel. Geschlechterkonstruktion in der sozialen Praxis.* Frankfurt a. M. 1997.
Dormagen, Christel: *Mond und Sonne. Über die Aufhebung der Geschlechter.* Hamburg 1994.
Duby, Georges/ Perrot, Michelle (Hg.): *Geschichte der Frauen.* 5 Bde. Frankfurt a. M./New York 1993–95.

Eckert, Gisela (Hg.): *Trauer tragen – Trauer zeigen. Inszenierungen der Geschlechter.* München 1999.
Edwards, Tim: *Erotics and Politics: Gay Male Sexuality, Masculinity and Feminism.* London/New York 1994.
Eigler, Frederike/Susanne Kord (Hg.): *The Feminist Encyclopedia of German Literature.* London 1997.
Elam, Diane: *Feminism and Deconstruction.* London/New York 1994.
Enders-Dragässer, Uta/Fuchs, Claudia: *Interaktionen der Geschlechter. Sexismusstrukturen in der Schule.* Weinheim/München 1989.
Engelfried, Constance: *Männlichkeiten. Die Öffnung des feministischen Blicks auf den Mann.* Weinheim/München 1997.

Erhart, Walter/Herrmann, Britta (Hg.): *Wann ist der Mann ein Mann? Zur Geschichte der Männlichkeit.* Stuttgart/Weimar 1997.

Fast, Irene: *Von der Einheit zur Differenz. Psychoanalyse der Geschlechteridentität.* Frankfurt a. M. 1996.
Faulstich-Wieland, Hannelore: *Geschlecht und Erziehung – Grundlagen des pädagogischen Umgangs mit Mädchen und Jungen.* Darmstadt 1995.
Fausto-Sterling, Anne: *Gefangene im Geschlecht. Was biologische Theorien über Mann und Frau sagen.* München 1988.
Feldstein, Hilary Sims/Janice Jiggins (Hg.): *Tools for the Field. Methodologies Handbook for Gender Analysis.* West Hartford 1994.
Feministische Studien. 11. Jahrgang (November 1993), Nr. 2: Kritik der Kategorie Geschlecht.
Féminimasculin. Le sexe de l'art. Éditions du Centre Georges Pompidou. Paris 1995.
Ferber, Marianne/Nelson, Julie (Hg.): *Beyond Economic Men – Feminist Theory and Economics.* Chicago 1993.
Flynn, Elizabeth A./Schweickart, Patrocinio P. (Hg.): *Gender and Reading. Essays on Readers, Texts, and Contexts.* Baltimore 1986.
Folbre, Nancy: *Who pays for the kids? Gender and the structures of constraint.* London/New York 1994.
Foster, Edgar J.: *Unmännliche Männlichkeit. Melancholie, Geschlecht, Verausgabung.* Wien 1998.
Foucault, Michel: *Der Wille zum Wissen (Sexualität und Wahrheit I).* Frankfurt a. M. 1977.
Fox Keller, Evelyn: *Liebe, Macht und Erkenntnis. Männliche oder weibliche Wissenschaft?* München/Wien 1986.
Frader, Laura/Rose, Sonya O. (Hg.): *Gender and Class in Modern Europe.* Ithaca 1996.
Fragner, Stefan /Hemming, Jan/Kutschke, Beate (Hg.): *Gender Studies & Musik – Geschlechterrollen und ihre Bedeutung für die Musikwissenschaft.* Regensburg 1998.
Fraisse, Geneviève: *Geschlecht und Moderne. Archäologien der Gleichberechtigung.* Frankfurt a. M. 1995.
Fraser, Nancy: *Widerspenstige Praktiken. Macht, Diskurs, Geschlecht.* Frankfurt a. M. 1994.
Frevert, Ute: *»Mann und Weib, und Weib und Mann«. Geschlechter-Differenzen in der Moderne.* München 1995.
Frosh, Stephen: *Sexual Difference. Masculinity & Psychoanalysis.* London/New York 1994.

Garber, Majorie: *Vice Versa. Bisexualität and the Eroticism of Everyday Life.* New York u. a. 1996.
– : *Verhüllte Interessen. Transvestismus und kulturelle Angst.* Frankfurt a. M. 1993.
Gerhard, Ute (Hg.): *Frauen in der Geschichte des Rechts. Von der frühen Neuzeit bis zur Gegenwart.* München 1997.
– : *Unerhört. Die Geschichte der deutschen Frauenbewegung.* Reinbek 1990.
Gilman, Sander L.: *Inscribing the Other.* Lincoln/London 1991.
– : *Freud, Identität und Geschlecht.* Frankfurt a. M. 1994.
Gilmore, David: *Mythos Mann. Wie Männer gemacht werden: Rollen, Rituale, Leitbilder.* München 1993.
Gnüg, Hiltrud/Möhrmann, Renate (Hg.): *Frauen Literatur Geschichte. Schreibende Frauen vom Mittelalter bis zur Gegenwart.* Stuttgart 1985, [2]1998.
Goffman, Erving: *Interaktion und Geschlecht.* Frankfurt a. M. 1994.
Goodwin, John D.: *Gender Studies and the Critique of Men.* Leicester 1993.
Gössmann, Elisabeth u. a. (Hg.): *Wörterbuch der Feministischen Theologie.* Gütersloh 1991.
Gößner, Gesine: *Frauen und Literatur in den Niederlanden.* Frankfurt a. M. 1994.
Gottgetreu, Sabine: *Der bewegliche Blick. Zum Paradigmenwechsel in der feministischen Filmtheorie.* Frankfurt a. M. 1992.
Gould, Carol C. (Hg.): *Gender. Key Concepts in Critical Theory.* New Jersey 1997.
Graham, Elaine: *Making the Difference. Gender, Personhood and Theology.* London 1995.
Gransee, Carmen/Stammermann, Ulla: *Kriminalität als Konstruktion von Wirklichkeit und die Kategorie Geschlecht.* Pfaffenweiler 1992.
– : *Grenz-Bestimmungen. Zum Problem identitätslogischer Konstruktionen von »Natur« und »Geschlecht«.* Tübingen 1999.

Graycar, Regina/Morgan, Jenny: *The Hidden Gender of Law.* Eichhardt, Australia 1990.
Günter, Andrea (Hg.): *Feministische Theologie und postmodernes Denken. Zur theologischen Relevanz der Geschlechterdifferenz.* Stuttgart u. a. 1996.
– : *Literatur und Kultur als Geschlechterpolitik. Feministisch-literaturwissenschaftliche Begriffswelten und ihre Denk (t) räume.* Königstein 1997.
– : *Politische Theorie und sexuelle Differenz. Feministische Praxis und die symbolische Ordnung der Mutter.* Königstein 1998.
Günthner, Susanne/Helga Kotthoff (Hg.): *Von fremden Stimmen. Weibliches und männliches Sprechen im Kulturvergleich.* Frankfurt a. M. 1991.

Haas, Aluis M./Kasten, Ingrid (Hg.): *Schwierige Frauen – schwierige Männer in der Literatur des Mittelalters.* Bern u. a. 1999.
Hagemann-White, Carol: *Sozialisation: Weiblich – männlich?* Opladen 1984.
Hagemann-White, C./Rerrichs, Maria (Hg.): *FrauenMännerBilder. Männer und Männlichkeit in der feministischen Diskussion.* Bielefeld 1988.
Hahn, Barbara: *Unter falschem Namen. Von der schwierigen Autorschaft der Frauen.* Frankfurt a. M. 1991.
Hanau, Katharina u. a. (Hg.): *Geschlechterdifferenzen. Beiträge zum 14. Nachwuchskolloquium der Romanistik*, Greifswald. Bonn 1999.
Haraway, Donna J.: *Die Neuerfindung der Natur. Primaten, Cyborgs und Frauen.* Frankfurt a. M./New York 1995.
– : *Modest. Witness. Second. Millenium. FemaleMan. Meets. Onco. Mouse. Feminism and Technoscience.* London 1997.
– : *Monströse Versprechen. Coyote-Geschichten zu Feminismus und Technowissenschaft.* Hamburg 1995.
Harding, Sandra: *Das Geschlecht des Wissens. Frauen denken die Wissenschaft neu.* Frankfurt a. M./New York 1994.
– : *Feministische Wissenschaftstheorie. Zum Verhältnis von Wissenschaft und sozialem Geschlecht.* Hamburg 1991.
Härle, Gerhard u. a. (Hg.): *Ikonen des Begehrens. Bildsprachen der männlichen und weiblichen Homosexualität in Literatur und Kunst.* Stuttgart 1997.
Hausen, Karin/Wunder, Heide (Hg.): *Frauengeschichte – Geschlechtergeschichte.* Frankfurt a. M. 1992.
Hausen, Karin/Nowotny, Helga (Hg.): *Wie männlich ist die Wissenschaft?* Frankfurt a. M. 1990.
Hearn, Jeff/Morgan, David (Hg.): *Men, Masculinities and Social Theory.* London 1990.
Hechtfischer, Ute u. a. (Hg.): *Metzler Autorinnen Lexikon.* Stuttgart/Weimar 1998.
Hellinger, Marlis/Hadumod Bußmann (Hg.): *Gender across languages. The de/construction of gender through language variation and change.* Amsterdam 2000 [im Druck].
Herbrand, Susanne/Khaled, Sandrina: *Geschlechterdifferenz. Zur Feminisierung des philosophischen Diskurses.* Pfaffenweiler 1994.
Herdt, Gilbert (Hg.): *Third Sex, Third Gender. Beyond Sexual Dimorphism in Culture and History.* New York 1994.
Hermann, Anne C./Stewart, Abigail J. (Hg.): *Theorizing Feminism.* San Francisco, Oxford 1994.
Hey, Barbara (Hg.): *Que(e)rdenken. Weibliche, männliche Homosexualität und Wissenschaft.* Innsbruck, Wien 1997.
Hirschauer, Stefan: *Die soziale Konstruktion der Transsexualität.* Frankfurt a. M. 1993.
Hof, Renate/Hadumod Bußmann: *Genus: Zur Geschlechterdifferenz in den Kulturwissenschaften.* Stuttgart 1995.
Hof, Renate: *Die Grammatik der Geschlechter. »Gender« als Analysekategorie der Literaturwissenschaft.* Frankfurt a. M./New York 1995.
Hoffmann-Curtius, Kathrin/Wenk, Silke (Hg.): *Mythen von Autorschaft und Weiblichkeit im 20. Jahrhundert.* Marburg 1997.
Honneger, Claudia: *Die Ordnung der Geschlechter. Die Wissenschaft vom Menschen und das Weib. 1750–1850.* Frankfurt a. M. 1991.

Hornscheidt, Antje/Gabi Jähnert/Annette Schlichter (Hg.): *Kritische Differenzen – geteilte Perspektiven. Zum Verhältnis von Feminismus und Postmoderne.* Opladen 1998.
Horrocks, Roger: *Masculinity in Crisis. Myths, Fantasies and Realities.* New York 1994.
Hunt, Lynn (Hg.): *Die Erfindung der Pornographie. Obszönität und die Ursprünge der Moderne.* Frankfurt a. M. 1994.

Illich, Ivan *Genus. Zu einer historischen Kritik der Gleichheit.* München 1995.
Irigaray, Luce: *Genealogie der Geschlechter.* Freiburg 1989.
Irigaray, Luce: *Speculum. Spiegel des anderen Geschlechts.* Frankfurt a. M. 1991.
– : *Zur Geschlechterdifferenz. Interviews und Vorträge.* Wien1987.
Jackson, Stevi/Sue Scott (Hg.): *Feminism and Sexuality. A Reader.* New York 1996.
Jacobsen, Joyce: *The Economics of Gender.* Cambridge Mass. 1994.
Jardine, Alice/Smith, Paul (Hg.): *Men in Feminism.* New York, London 1987.

Kaufmann, Linda (Hg.): *Gender and Theory. Dialogues on Feminist Criticism.* Oxford, New Xork 1989.
Keller, Evelyn/Helen E. Loongino (Hg.): *Feminism and Science.* Oxford 1996.
Keller, Evelyn: *Reflections on Gender and Science.* New Haven 1985.
Kersten, Joachim: *Gut und (Ge)schlecht. Männlichkeit, Kultur und Kriminalität.* Berlin/New York 1997.
Kilian, Eveline/Susanne Komfort-Hein (Hg.): *GeNarrationen. Variationen zum Verhältnis von Generation und Geschlecht.* Tübingen 1999.
Kimmel, Michael S. (Hg.): *Changing Men: New Directions in Research on Men and Masculinity.* Newbury Park 1987.
Kleinau, Elke /Opitz, Claudia (Hg.): *Geschichte der Mädchen- und Frauenbildung.* Frankfurt a. M./New York 1996.
Knapp, Gudrun-Axeli (Hg.): *Kurskorrekturen. Feminismus zwischen kritischer Theorie und Postmoderne.* Frankfurt a. M. 1998.
– /Wetterer, Angelika (Hg.): *Traditionen Brüche. Entwicklungen feministischer Theorie.* Freiburg/Breisgau 1992.
Koch, Gertrud: »*Was ich erbeute, sind Bilder*«. *Zum Diskurs der Geschlechter im Film.* Basel 1989.
Kramarae, Cheris/Paula A. Treichler (Hg.): *A Feminist Dictionary.* London 1995.
Kramer, Helgard (Hg.): *Frauenstudien und Frauenforschung im internationalen Vergleich.* Frankfurt a. M. 1995.
Krell, Gertraude: *Das Bild der Frau in der Arbeitswissenschaft.* Frankfurt a. M./New York 1984.
Kroker, Arthur/Kroker, Marilouise (Hg.): *The Hysterical Male. New Feminist Theory.* Montreal 1991.
Kroker, Britta: *Sexuelle Differenz – Einführung in ein feministisches Theorem.* Pfaffenweiler 1994.
Kroll, Renate/Zimmermann, Margarete (Hg.): *Feministische Literaturwissenschaft in der Romanistik. Theoretische Grundlagen – Forschungsstand – Neuinterpretationen.* Stuttgart, Weimar 1995.
Kuhn, Annette/Lundt, Bea (Hg.): *Lustgarten und Dämonenpein. Konzepte von Weiblichkeit in Mittelalter und früher Neuzeit.* Dortmund 1997.
Kühne, Thomas (Hg.): *Männergeschichte. Geschlechtergeschichte. Männlichkeit im Wandel der Moderne.* Frankfurt a. M./New York 1996.
Kuiper, Edith/Sap Jolande (Hg.): *Out of the Margin – Feminist Perspectives on Economics.* London/New York 1995.
Kulawik, Teresa/Sauer, Birgit (Hg.): *Der halbierte Staat. Grundlagen feministischer Politikwissenschaft.* Frankfurt a. M. 1996.

Lang, Susanne/Richter, Dagmar (Hg.): *Geschlechterverhältnisse – schlechte Verhältnisse. Verpaßte Chancen der Moderne?* Marburg 1994.
Lange, Ralf: *Geschlechterverhältnisse im Management von Organisationen.* München 1998.
Laqueur, Thomas: *Auf den Leib geschrieben. Die Inszenierung der Geschlechter von der Antike bis Freud.* Frankfurt a. M./New York 1992.

Laslett, Barbara/Joeres, Ruth-Ellen B./Maynes, Mary Jo u. a. (Hg.): *History and Theory: Feminist Research, Debates, Contestations.* Chicago/London 1997.
Lauretis, Teresa de: *Technologies of Gender. Essays on Theory, Film, and Fiction.* Bloomington, Indianapolis 1987.
Lehnert, Gertrud: *Wenn Frauen Männerkleider tragen. Geschlecht und Maskeraden in Literatur und Geschichte.* München 1997.
Lerner, Gerda: *Die Entstehung des Patriarchats.* Frankfurt a. M./New York 1991.
Lewis, Reina: *Gendering Orientalism. Race, Femininity, and Representation.* London u. a. 1996.
Libreria delle donne di Milano: *Wie weibliche Freiheit entsteht. Eine neue politische Praxis.* Berlin 1991.
Lindemann, Gesa: *Das paradoxe Geschlecht. Transsexualität im Spannungsfeld von Körper, Leib und Gefühl.* Frankfurt a. M. 1993.
Lindhoff, Lena: *Einführung in die feministische Literaturtheorie.* Stuttgart/Weimar 1995.
Lindner, Ines/Schade, Sigrid/Wenk, Silke/Werner, Gabriele (Hg.): *Blick-Wechsel. Konstruktionen von Männlichkeit und Weiblichkeit in Kunst und Kunstgeschichte.* Berlin 1989.
List, Elisabeth: *Die Präsenz des Anderen. Theorie und Geschlechterpolitik.* Frankfurt a. M. 1993.
Lloyd, Geneviève: *Das Patriarchat der Vernunft: »männlich« u. »weiblich« in der westlichen Philosophie.* Bielefeld 1985.
Lovell, Terry (Ed.): *Feminist Cultural Studies.* University of Warwick 1995, 2Bde.

Mac An Ghaill, Máirtín (Hg.): *Understanding masculinities: social relations and cultural arenas.* Buckingham 1996.
Mae, Michiko (Hg.): *Beiträge zur Geschlechterforschung in Japan.* Düsseldorf 1999, Bd. 1ff.
Maihofer, Andrea: *Geschlecht als Existenzweise. Macht, Moral, Recht und Geschlechterdifferenz.* Frankfurt a. M. 1995.
Medick, Hans (Hg.): *Geschlechtergeschichte und allgemeine Geschichte: Herausforderungen und Perspektiven.* Göttingen 1998.
Meuser, Michael: *Geschlecht und Männlichkeit. Soziologische Theorie und kulturelle Deutungsmuster.* Opladen 1998.
Meyer, Ursula I.: *Einführung in die feministische Philosophie.* Aachen 1994.
Meyer-Willmes, Hedwig: *Rebellion auf der Grenze. Ortsbestimmung feministischer Theologie.* Freiburg u. a. 1990.
Mies, Maria/Vandana Shiva: *Ökofeminismus.* Zürich 1995.
Moi, Toril: *Sexus – Text – Herrschaft. Feministische Literaturtheorie.* Bremen 1989.
Morgan, David H.J.: *Discovering Men.* London/New York 1992.
Morgan, Thaïs E. (Hg.): *Men Writing the Feminine Literature, Theory, and the Questions of Gender.* Albany 1994.
Mosse, George L.: *Das Bild des Mannes. Zur Konstruktion der modernen Männlichkeit.* Frankfurt a. M. 1997.
Müller-Funk, Wolfgang (Hg.): *Macht, Geschlechter, Differenz. Beiträge zur Archäologie der Macht im Verhältnis der Geschlechter.* Wien 1994.
Müller-Tamm, Pia/Sykora, Katharina (Hg.): *Puppen, Körper, Automaten. Phantasmen der Moderne.* Düsseldorf 1999.
Murphy, Peter (Hg.): *Fictions of Masculinity. Crossing Cultures, Crossing Sexualities.* New York, London 1994.

Nabakowski, Gislind/Sander, Helke/Gorsen, Peter: *Frauen in der Kunst.* 2 Bde. Frankfurt a. M. 1980.
Nagl-Docekal, Herta/Pauder-Studer, Herlinde (Hg.): *Denken der Geschlechterdifferenz. Neue Fragen und Perspektiven der feministischen Philosophie.* Wien 1990.
Nardi, Peter M. (Hg.): *Gay Masculinities.* Thousand Oaks/London/New Delhi 2000.
Nicholson, Linda (Hg.): *Feminism/Postmodernism.* New York/London 1990.

Öhlschläger, Claudia: *Unsägliche Lust des Schauens. Die Konstruktion der Geschlechter im voyeuristischen Text.* Freiburg 1996.

Orland, Barbara/Scheich, Elvira (Hg.): *Das Geschlecht der Natur. Feministische Beiträge zur Geschichte und Theorie der Naturwissenschaften.* Frankfurt a. M. 1995.

Ortner, Sherry B./Harriet Whitehead: *Sexual Meanings. The Cultural Construction of Gender and Sexuality.* Cambridge/Londo/New York 1993.

Osinski, Jutta: *Einführung in die feministische Literaturwissenschaft.* Berlin 1998.

Ostner, Ilona/Lichtblau, Klaus (Hg.): *Feministische Vernunftkritik. Ansätze und Traditionen.* Frankfurt a. M./ New York 1992.

Perry, Linda A. M./Turner, Lynn H./Sterk, Helen M. (Hg): *Constructing and Reconstructing Gender. The Links among Communication, Language and Gender.* New York 1992.

Philipps, Anne (Hg.): *Feminism and Politics.* Oxford/New York 1998.

Pinl, Claudia: *Vom kleinen zum großen Unterschied. Geschlechterdifferenz und konservative Wende im Feminismus.* Hamburg 1993.

Projekt für historische Geschlechterforschung (Hg.): *Was sind Frauen? Was sind Männer?* Frankfurt a. M. 1995.

Pusch, Luise F. (Hg.): *Feminismus. Inspektion der Herrenkultur. Ein Handbuch.* Frankfurt a. M. 1983.

– : *Das Deutsche als Männersprache.* Frankfurt a. M. 1984.

Raasch, Sibylle: *Frauenquoten und Männerrechte.* Baden-Baden 1991.

Regenhard, Ulla/Maier, Friederike/Carl, Andrea-Hilla (Hg.): *Ökonomische Theorien und Geschlechterverhältnis – Der männliche Blick der Wirtschaftswissenschaften.* Berlin 1994.

Rendtorff, Babara/Moser, Vera (Hg.): *Geschlecht und Geschlechterverhältnisse in der Erziehungswissenschaft.* Opladen 1999.

Rhode, Deborah : *Justice and Gender. Sex Discrimination and the Law.* Cambridge 1989.

Rick, K./Treudl, S. (Hg.): *Frauen-Gewalt-Pornographie.* Berlin 1989.

Riecke, Christiane: *Feministische Filmtheorie in der Bundesrepublik Deutschland.* Frankfurt a. M. 1998.

Rohde-Dachser, Christa: *Expedition in den dunklen Kontinent. Weiblichkeit im Diskurs der Psychoanalyse.* Berlin/Heidelberg 1991.

Rosenbaum, Heidi: *Die Ordnung der Geschlechter.* Frankfurt a. M. 1991.

Rott, Renate (Hg.): *Entwicklungsprozesse und Geschlechterverhältnisse.* Saarbrücken/Fort Lauderdale 1992.

Sacksofsky, Ute: *Das Grundrecht auf Gleichberechtigung. Eine rechtsdogmatische Untersuchung zu Art. 3 Abs. 2 des Grundgesetzes.* Baden-Baden 1997.

Samel, Ingrid: *Einführung in die feministische Sprachwissenschaft.* Berlin 1995.

Schabert, Ina: *Englische Literaturgeschichte. Eine neue Darstellung aus der Sicht der Geschlechterforschung.* Stuttgart 1997.

Schade-Tholen, Sigrid/ Wagner. Monika/Weigel, Sigrid (Hg.): *Allegorie und Geschlechterdifferenz.* Köln/Weimar/Wien 1995.

Scheich, Elvira: *Naturbeherrschung und Weiblichkeit. Denkformen und Phantasmen der modernen Naturwissenschaften.* Pfaffenweiler 1993.

– : *Vermittelte Weiblichkeit. Feministische Wissenschafts- und Gesellschaftstheorie.* Hamburg 1996.

Schiebinger, Londa: *Am Busen der Natur. Erkenntnis und Geschlecht in den Anfängen der Wissenschaft.* Stuttgart 1993.

– : *Schöne Geister. Frauen in den Anfängen der modernen Wissenschaft.* Frankfurt a. M./New York 1993.

Schlesier, Renate: *Mythos und Weiblichkeit bei Sigmund Freud.* Frankfurt a. M. 1989.

Schlüter, Anne (Hg.): *Pionierinnen, Feministinnen, Karrierefrauen? Zur Geschichte des Frauenstudiums in Deutschland.* Pfaffenweiler 1992.

Schlüter, Anne/Stahr, Ingeborg (Hg.): *Wohin geht die Frauenforschung?* Köln/Wien 1990.

Schmale, Wolfgang (Hg.): *MannBilder: Ein Lese- und Quellenbuch zur historischen Männerforschung.* Berlin 1998.

Schmidt, Uta C.: *Vom Rand zur Mitte. Aspekte einer feministischen Perspektive in der Geschichtswissenschaft.* Dortmund 1994.

Schnell, Rüdiger: *Frauendiskurs, Männerdiskurs, Ehediskurs. Textsorten und Geschlechterkonzepte in Mittelalter und Früher Neuzeit.* Frankfurt a. M. 1998.

Schulte, Regina: *Die verkehrte Welt des Krieges. Studien zu Geschlecht, Religion und Tod.* Frankfurt a. M. 1998.

Schultz, Dagmar/Hagemann-White, Carol: *»Das Geschlecht läuft immer mit.« Die Arbeitswelt von Professorinnen und Professoren.* Pfaffenweiler 1991.

Scott, Joan W. (Hg.): *Feminism and History.* Oxford/New York 1996.

– : *Gender and the Politics of History.* New York 1988.

Sedgwick, Eve K.: *Between Men. English Literature and Male Homosocial Desire.* New York 1985.

– : *Epistemology of the Closet.* Berkeley/Los Angeles 1990.

Segal, Lynne: *Slow Motion: Changing Masculinities, Changing Men.* London 1990.

Segler-Messner, Silke: *Zwischen Empfindsamkeit und Rationalität. Dialog der Geschlechter in der italienischen Aufklärung.* Berlin 1998.

Seidler, Victor J.: *Unreasonable Men: Masculinity and Social Theory.* London/New York 1993.

Sgier, Irena: *Aus eins mach zwei und zwei lass' gehn. Zweigeschlechtlichkeit als kulturelle Konstruktion.* Bern/Zürich 1994.

Shorter, Edward: *Der weibliche Körper als Schicksal. Zur Sozialgeschichte der Frau.* München 1987.

Showalter, Elaine (Hg.): *Speaking of Gender.* New York 1989.

– : *Hystorien. Hysterische Epidemien im Zeitalter der Medien.* Berlin 1997.

– : *The New Feminist Criticism. Essays on Women, Literature, and Theory.* New York 1985.

Sieburg, Heinz (Hg.): *Sprache – Genus, Sexus. Dokumentation Germanistischer Forschung.* Frankfurt a. M. 1997.

Silverman, Katja: *Male Subjectivity at the Margins.* New York/London 1992.

– : *The Accoustic Mirror. The Female Voice in Psychoanalysis and Cinema.* Bloomington u. a. 1988.

Söntgen, Beate (Hg.): *Rahmenwechsel: Kunstgeschichte als Kulturwissenschaft in feministischer Perspektive.* Berlin 1996.

Spivak, Gayatri C.: *In Other Words: Essays in Cultural Politics.* New York/London 1987.

Steinbrügge, Lieselotte: *Das moralische Geschlecht. Theorien und literarische Entwürfe über die Natur der Frau in der französischen Aufklärung.* Weinheim/Basel 1987.

Stephan, Inge (Hg.): *Frauensprache – Frauenliteratur?* Tübingen 1986.

Stephan, Inge/Weigel, Sigrid: *Die verborgene Frau. Sechs Beiträge zu einer feministischen Literaturwissenschaft.* Berlin 1983.

Stephan, Inge: *Musen & Medusen. Mythos und Geschlecht in der Literatur des 20. Jahrhunderts.* Köln u. a. 1997.

Stoll. Andrea/Wodtke-Werner, Verena: *Sakkorausch und Rollentausch. Männliche Leitbilder als Freiheitsentwürfe von Frauen.* Dortmund 1997.

Strossen, Nadine: *Zur Verteidigung der Pornographie. Für die Freiheit des Wortes, Sex und die Rechte der Frauen.* Zürich 1997.

Talbot, Mary M.: *Language and Gender. An introduction.* Cambridge/Oxford/Malden 1998.

Theweleit, Klaus: *Männerphantasien.* 2 Bde. Frankfurt a. M. 1977.

Todd, Janet: *Gender, Art and Death.* Cambridge 1993.

Tong, Rosemarie: *Feminist Thought. A Comprehensive Introduction.* Boulder, San Francisco 1989.

Trömel-Plötz, Senta: *Frauensprache. Sprache der Veränderung.* Frankfurt a. M. 1982.

Vinken, Barbara (Hg.): *Die nackte Wahrheit. Zur Pornographie und zur Rolle des Obszönen in der Gegenwart.* München 1997.

– : *Dekonstruktiver Feminismus. Literaturwissenschaft in Amerika.* Frankfurt a. M. 1992.

Visvanathan, Nalini/Lynn Duggan/Laurie Nisinoff (Hg.): *The Women, Gender and Development Reader.* 1997.

Völger, Gisela (Hg.): *Sie und Er. Frauenmacht und Männerherrschaft im Kulturvergleich.* 2 Bde. Köln 1997.

Völger, Gisela/Weck, Karin von (Hg.): *Männerbande – Männerbünde. Zur Rolle des Mannes im Kulturvergleich.* 2 Bde. Köln 1990.

Walsh, Mary Roth (Hg.): *Women, Men, and Gender. Ongoing Debates.* New Haven/London 1997.

Weedon, Chris: *Wissen und Erfahrung. Feministische Praxis und poststrukturalistische Theorie.* Zürich/Dortmund 1990.

Weigel, Sigrid: *Die Stimme der Medusa. Schreibweisen in der Gegenwartsliteratur von Frauen.* Reinbek 1989.

– : *Topographien der Geschlechter. Kulturgeschichtliche Studien zur Literatur.* Reinbek 1990.

Weissberg, Liliane (Hg.): *Weiblichkeit als Maskerade.* Frankfurt a. M. 1994.

Wenk, Silke: *Versteinerte Weiblichkeit. Allegorien in der Skulptur der Moderne.* Köln/Weimar/Wien 1996.

Werlhof, Claudia von/Maria Mies/Veronika Bennholdt-Thomson: *Frauen, die letzte Kolonie. Technologie und Politik 20.* Reinbek 1983.

Werneck, Harald: *Übergang zur Vaterschaft. Auf der Suche nach den ›Neuen Vätern‹.* Wien/New York 1998.

Wetterer, Angelika (Hg.): *Profession und Geschlecht. Über die Marginalität von Frauen in hochqualifizierten Berufen.* Frankfurt a. M. 1992.

Whiteley, Sheila (Hg.): *Sexing the Groove: Popular Music and Gender.* London 1997.

Winterhager-Schmid, Luise (Hg.): *Konstruktionen des Weiblichen. Ein Reader.* Weinheim 1998.

Wobbe, Theresa/Lindemann, Gesa (Hg.): *Denkachsen. Zur theoretischen und institutionellen Rede von Geschlecht.* Frankfurt a. M. 1994.

Wölke, Doris: *Der männliche Blick in der Literaturwissenschaft. Rolle und Bedeutung der männlichen Perspektive für literaturwissenschaftliche Arbeiten.* Essen 1990.

Woolf, Virginia: *Ein Zimmer für sich allein.* Berlin 1978.

Wunder, Heide/Vanja, Christina (Hg.): *Wandel der Geschlechterbeziehungen zu Beginn der Neuzeit.* Frankfurt a. M. 1991.

Young, Lola: *Fear of the Dark. ›Race‹, Gender and Sexuality in the Cinema.* London 1996.

Zulehner, Paul M./Volz, Rainer: *Männer im Aufbruch. Wie Deutschlands Männer sich selbst und wie Frauen sie sehen. Ein Forschungsbericht.* Ostfildern 1998.

3. Die Autorinnen und Autoren

Karin Aleksander, Dr. phil. und wiss. Bibliothekarin; Studium der Philosophie und Bibliothekswissenschaft in Leipzig und Berlin; seit 1990 verantwortlich für die Information und Dokumentation im Zentrum für interdisziplinäre Frauenforschung der Humboldt-Universität zu Berlin. Veröffentlichungen zu bibliothekswissenschaftlichen Aspekten der Frauen- und Geschlechterforschung.

Susanne Baer, Studium der Rechts- und Politikwissenschaften in Berlin; LL.M. in Michigan/USA; Promotion in Frankfurt am Main; seit 1995 Assistentin an der Juristischen Fakultät der Humboldt Universität zu Berlin, Arbeit im öffentlichen Recht und zur Feministischen Rechtswissenschaft; Habilitation. Veröffentlichungen im Bereich Verfassungsrecht, feministische Theorie und Geschlechterfragen im Recht, u. a. *Würde oder Gleichheit? Zur angemessenen grundrechtlichen Konzeption von Recht gegen Diskriminierung am Beispiel sexueller Belästigung am Arbeitsplatz in der Bundesrepublik Deutschland und den USA* (1995); »Verfassung und Geschlecht. Anmerkungen zu einem geschlechtssensiblen deliberativen Konstitutionalismus«. In: Christensen (Hg.): *Demokratie und Geschlecht* (1999); »Inexcitable Speech. Zum Rechtsverständnis postmoderner feministischer Positionen am Beispiel Judith Butler«. In: Hornscheidt, A. u. a. (Hg.): *Kritische Differenzen – geteilte Perspektiven* (1998).

Monika Bloß, Studium der Kultur- und Musikwissenschaft an der Humboldt-Universität zu Berlin; 1990 Promotion mit einer Arbeit zum Funktions- und Wirkungszusammenhang von populärer Musik; seit 1989 wissenschaftliche Assistentin am Forschungszentrum Populäre Musik der Humboldt-Universität mit Schwerpunkt Geschlechterkonstruktionen und Geschlechterverhältnisse in Musik. Veröffentlichungen u. a. *Weiblichkeit als Kulturbarriere – Eine Untersuchung mit Berliner Rockmusikerinnen* (1994); *Arrangements der Geschlechter: Konzeptualisierungen von Männlichkeit und Weiblichkeit in populärer Musik* (1997); *Geschlecht als musikkulturelle Performance? – Androgyne Images von Popmusiker/innen und das Spiel mit der ›sexuellen Differenz‹* (1998) und *The Making of Boys and Girls: The Boy Group Phenomenon* (1998).

Christina von Braun, Prof. Dr. phil., Kulturtheoretikerin und Filmemacherin; ca. fünfzig Filmdokumentationen und Fernsehspiele zu kulturgeschichtlichen Themen u. a. VOM SINN DES SEHENS. AUGEN-BLICKE DER GESCHLECHTER. (1994); VERFEMT VERFÄLSCHT VERGESSEN. Die Frauen der Französischen Revolution (1981); VON WUNSCHTRAUM ZU ALPTRAUM. Eine Geschichte des utopischen Denkens (1984); zahlreiche Bücher und Aufsätze über das Wechselverhältnis von Geistesgeschichte und Geschlechterrollen; Lehrtätigkeit in Deutschland, Österreich und den USA in den Fachbereichen Philosophie, Literatur-, Theater- und Erziehungswissenschaften; seit 1994 Professorin für Kulturwissenschaft an der Humboldt-Universität zu Berlin. Forschungsschwerpunkte: Gender, Medien, Religion und Moderne, Antisemitismus. Veröffentlichungen u. a.: *Nicht ich. Logik Lüge Libido* (1985); *Der Einbruch der Wohnstube in die Fremde* (1987); *Die Schamlose Schönheit des Vergangenen. Zum Verhältnis von Geschlecht und Geschichte* (1989); *Der Ewige Judenhaß. Christlicher Antijudaismus, deutschnationale Judenfeindlichkeit, rassistischer Antisemitismus.* Begleitbuch zur gleichnamigen Filmreihe der Autorin (1990); Mitherausgeberin: *Multiple Persönlichkeit. Krankheit Medium oder Metapher* (1999).

Dorothea Dornhof, wiss. Assistentin am Kulturwissenschaftlichen Seminar der Humboldt-Universität zu Berlin, Studium der Kulturwissenschaft und Ästhetik an der Humboldt-Universität zu Berlin, Promotion; Rundfunkredakteurin, wissenschaftliche Mitarbeiterin am Institut für Literaturgeschichte der Akademie der Wissenschaften der DDR, nach 1989 Zentrum für Literaturforschung; Lehrtätigkeit an der Freien Universität Berlin, der University of Chicago, der Monash-University Melbourne und der Leopold Franzens Universität Innsbruck; Forschungsfelder: Kultur- und Literaturgeschichte der Bundesrepublik und der DDR, Zusammenhang von Wissenschafts- und Geschlechterforschung, Geschichte und Theorie der Alterität. Veröffentlichungen u. a.: »Von der ›Gelehrtenrepublik‹ zur marxistischen Forschungsgemeinschaft an der

Deutschen Akademie der Wissenschaften. Das Institut für deutsche Sprache und Literatur«. In: Boden/Rosenberg (Hg.): *Deutsche Literaturwissenschaft 1945–1965. Fallstudien zu Institutionen, Diskursen, Personen* (1997); »Herrschaftsbereiche des Dämonischen: Geschlecht – Sünde – Perversionen«. In: Liessmann (Hg.): *Faszination des Bösen. Über die Abgründe des Menschlichen* (1997); »Inszenierte Perversionen. Schmerzlust und der phantasmatische Körper«. In: Wolf/Walter u. a. (Hg.): *Körper-Schmerz. Intertheoretische Zugänge* (19989, zusammen mit Claudia Breger und Dagmar von Hoff: »Gender Studies/Gender Trouble. Tendenzen und Perspektiven der deutschsprachigen Forschung«. In: *Zeitschrift für Germanistik.* Neue Folge 1 (1999).

Karin Flaake, Professorin für Soziologie mit dem Schwerpunkt Frauenforschung an der Carl von Ossietzky Universität Oldenburg; mitbeteiligt am Studiengang Frauen- und Geschlechterstudien an dieser Universität; Arbeitsschwerpunkte: psychoanalytisch-sozialpsychologische Analysen zum Geschlechterverhältnis und zu Entwicklungsprozessen bei Mädchen und Frauen, psychoanalytisch-hermeneutische Textinterpretationen; derzeit abschließende Arbeiten an einem empirischen Projekt über weibliche Adoleszenz, Körperlichkeit und Familienbeziehungen. Veröffentlichungen: u. a. Mitherausgeberin: *Weibliche Adoleszenz* (1992).

Hildegard Frübis, Studium der Kunstgeschichte und Ethnologie in Tübingen und Bologna; Promotion 1993 in Tübingen; 1996/97 Postdoktorandenstipendium im Rahmen des Graduiertenkollegs »Psychische Energien bildender Kunst«, Kunsthistorisches Institut Frankfurt am Main; seit Januar 1998 wissenschaftliche Assistentin am Kunsthistorischen Seminar der Humboldt-Universität zu Berlin; Habilitationsprojekt: »Bilder der Jüdischen Moderne im Spannungsfeld von ›Judenfrage‹, Anthropologie und Kunstwissenschaft« (Arbeitstitel). Veröffentlichungen im Bereich der feministischen Kunstwissenschaft, zu Bildern der »Jüdischen Moderne« und zur Kunst im 16. und 20. Jahrhundert u. a.: *Die Wirklichkeit des Fremden. Zur Entdeckung Amerikas in den Bildprägungen des 16. Jahrhunderts* (1995), »Die ›Reinheit‹ der Jüdin«. In: *Metis. Zeitschrift für historische Frauenforschung und feministische Praxis* 11 (1997); »Die ›Schöne Jüdin‹ Bilder vom Eigenen und vom Fremden«. In: (Hg.): Annegret Friedrich u. a.: *Projektionen: Rassismus und Sexismus in der visuellen Kultur* (1997); »Picasso im Alten. Bandmann über ›Les Demoiselles‹«. In: Klein/Prange (Hg.): *Zeitenspiegelung. Festschrift für Konrad Hoffmann* (1998).

Wiltrud Gieseke, Studium in Oldenburg, Berlin, Münster; 1. Lehrerprüfung 1970 Oldenburg, Diplom in Erziehungswissenschaften 1973 Berlin; 1980 Promotion in Münster; 1987 Habilitation in Oldenburg; seit 1992 Professur für Erwachsenenpädagogik (C4) an der Humboldt-Universität und Leiterin der Abteilung Erwachsenenbildung/Weiterbildung am Institut für Wirtschafts- und Erwachsenenpädagogik der Philosophischen Fakultät IV. Forschungsschwerpunkte: Professionsforschung im Bereich Erwachsenenbildung, qualitative Lehr- und Lernforschung in der Erwachsenenbildung/Begleitforschungskonzepte, Frauenbildung, Programmplanungshandeln. Veröffentlichungen: *Erwachsenenbildung als Frauenbildung* (1995); »Eingreifende Bildung – Formen der Frauenbildung«. In: Zentrum für interdisziplinäre Frauenforschung (Hg.): *Frauen- und Geschlechterforschung in den Erziehungswissenschaften* (1998); Mitherausgeberin: *Erwachsenenpädagogik. Zur Konstitution eines Faches* (1999); »Geschlecht und Geschlechterverhältnis in der Erziehungswissenschaft aus der Sicht der Erwachsenenbildung«. In: Rendtorff/Moser (Hg.): *Geschlecht und Geschlechterverhältnisse in der Erziehungswissenschaft. Eine Einführung* (1999); Mitherausgeberin: *Die Weiterbildungsgesellschaft.* 2 Bde (1999); Herausgeberin: *Handbuch zur Frauenbildung* (vorauss. 2000); Mitautorin: *Programmplanung als Bildungsmanagement? Qualitative Studie in Perspektivverschränkung* (im Druck).

Gabriele Jähnert, 1978–1982 Studium der Germanistik, Anglistik und Pädagogik an der Humboldt-Universität zu Berlin; 1982 Abschluß Diplomlehrerin für Deutsch und Englisch; 1982–1986 Forschungsstudium, wissenschaftliche Assistentin am Fachbereich Germanistik der Humboldt-Universität; 1988 Promotion zum Dr. phil. an der Humboldt-Universität; seit 1991 Geschäftsführerin am Zentrum für interdisziplinäre Frauenforschung an der Humboldt-Universität. Veröffentlichungen zur deutschen Literaturgeschichte des ausgehenden 18. Jahrhunderts sowie zur Institutionalisierung der Frauen- und Geschlechterforschung in den neuen Bundesländern.

Antje Hornscheidt, Studium der Anglistik, Germanistik und Skandinavistik in Kiel, Göteborg (Schweden) und Sunderland (England); wissenschaftliche Assistentin für skandinavistische Sprachwissenschaften an der Humboldt-Universität Berlin; Arbeitsschwerpunkte: Angewandte Linguistik, Kritische Diskursanalyse, linguistische Theoriebildung. Veröffentlichungen zur Gender- und Sprachforschung: »Grammatik als Ort von Geschlechterkonstruktion. Eine kritische Analyse«. In: Hornscheidt u. a. (Hg.): *Kritische Differenzen – geteilte Perspektiven. Zum Verhältnis von Feminismus und Postmoderne* (1998); »On the limits of language planning: a comparison of Swedish and German language change.« In: Pedersen/Scheuer (Hg.): *Sprog, køn – og kommunikation. Rapport fra 3. Nordiske Konference om Sprog og Køn København* (1998); »The im/possibility of a feminist language change within a postmodern feminist perspective. A comparison of Swedish and German ›generic‹ pronouns«. In: *Language, gender and sexism* 7.2 (1998).

Martina Kessel, Studium der Neueren Geschichte, Politikwissenschaft und Osteuropäische Geschichte in Köln, München und College Park, USA; Professorin für Allgemeine Geschichte unter besonderer Berücksichtigung der Geschlechtergeschichte an der Universität Bielefeld. Veröffentlichungen im Bereich der Politik-, Kultur- und Geschlechtergeschichte, u. a.: *Westeuropa und die deutsche Teilung. Englische und französische Deutschlandpolitik auf den Außenministerkonferenzen 1945 bis 1947* (1989); *Langeweile. Zum Umgang mit Zeit und Gefühlen in Deutschland vom 18. bis zum 20. Jahrhundert* (erscheint 2000); Herausgeberin: *Zwischen Abwasch und Verlangen. Zeiterfahrungen von Frauen im 19. und 20. Jahrhundert* (1995); Mitherausgeberin von *Geschichte schreiben in der Postmoderne. Beiträge zur aktuellen Diskussion* (1994); *Was sind Frauen? Was sind Männer? Geschlechterkonstruktionen im historischen Wandel* (1996); *Kultur & Geschichte. Neue Einblicke in eine alte Beziehung* (1998).

Hilge Landweer, Studium der Germanistik, Geschichtswissenschaft und Philosophie in Kiel und Bielefeld; Habilitation in Philosophie; nach Gastprofessuren in Wien und Innsbruck jetzt Gastprofessorin am Institut für Philosophie der Freien Universität Berlin; Arbeitsschwerpunkte: Praktische Philosophie (Sozialphilosophie), Phänomenologie, Feministische Philosophie; arbeitet derzeit an einer »Einführung in feministische Philosophie«; Dissertation: *Das Märtyrerinnenmodell. Zur diskursiven Erzeugung weiblicher Identität* (1990). Veröffentlichungen u. a.: *Scham und Macht. Phänomenologische Untersuchungen zur Sozialität eines Gefühls* (1999, Habilitationsschrift); Mitherausgeberin: *Wege – Bilder – Spiele. Festschrift für Jürgen Frese* (1999); darin: »Überlegungen zu Selbsttäuschung und Rationalität«; »Anthropologische, soziale und moralische Grenzen der Vervielfältigung der Geschlechter«. In: *Freiburger Frauenstudien* 1 (1999).

Christl Maier, Studium der Evangelischen Theologie in Tübingen und Berlin; Promotion; wiss. Assistentin im Fachgebiet Altes Testament an der Theologischen Fakultät der Humboldt-Universität zu Berlin; Forschungsprojekt zu Feministischer Hermeneutik und Methodik der Bibelauslegung. Veröffentlichungen im Bereich der Frauenforschung, u. a.: *Die ›fremde Frau‹ in Proverbien 1–9. Eine exegetische und sozialgeschichtliche Studie* (1995); »Jerusalem als Ehebrecherin in Ezechiel 16«. In: Hedwig Jahnow u. a.: *Feministische Hermeneutik und Erstes Testament* (1994); »Die Klage der Tochter Zion. Ein Beitrag zur Weiblichkeitsmetaphorik im Jeremiabuch« In: *Berliner Theologische Zeitschrift* 15 (1998).

Friederike Maier, Studium der Volkswirtschaftslehre an der Freien Universität Berlin; 1980 bis 1982 wissenschaftliche Mitarbeiterin am Wissenschaftszentrum Berlin; seit 1992 Professur für Makroökonomie und Allgemeine Wirtschaftspolitik mit dem Schwerpunkt Verteilung und Sozialpolitik an der Fachhochschule für Wirtschaft Berlin; Forschung und Lehre in den Bereichen Ökonomische Theorie und Geschlechterverhältnis, Frauenarbeit und Sozialpolitik sowie europäische/internationale Aspekte der Beschäftigungsentwicklung, Schwerpunkt Frauenerwerbstätigkeit. Zahlreiche Veröffentlichungen im Bereich Arbeitsmarktforschung und Frauenforschung u. a.: *Patriarchalische Arbeitsmarktstrukturen das Phänomen geschlechtsspezifisch gespaltener Arbeitsmärkte in Ost und West* (1991); Mitherausgeberin: *Ökonomische Theorien und Geschlechterverhältnis Der männliche Blick der Wirtschaftswissenschaft* (1994); Mitherausgeberin: *FrauenArbeitsmarkt Der Beitrag der Frauenforschung zur sozioökonomischen Theorieentwicklung* (1998); Mitautorin: *Normalarbeitsverhältnis und Geschlechterordnung* (1998).

Hildegard Maria Nickel, Studium der Kulturwissenschaften und Soziologie in Berlin an der Humboldt-Universität zu Berlin; 1977 Promotion mit einer Arbeit zur Familiensoziologie; von 197–1987 an der Akademie der Pädagogischen Wissenschaften der DDR, Abt. Bildungssoziologie; seit 1987 an der Humboldt-Universität zu Berlin, Institut für Soziologie (Schwerpunkt: Soziologie der Arbeit und Geschlechterverhältnisse); 1992 Ruf auf eine C3–Professur; Inhaberin des Helge-Pross-Preises; wissenschaftliche Leiterin des Zentrums für interdisziplinäre Frauenforschung an der Humboldt-Universität; Sprecherin der Sektion Frauenforschung der DGS. Veröffentlichungen: *Finanzmetropole Berlin. Strategien betrieblicher Transformation* (1998); *Feministische Gesellschaftskritik oder selbstreferenzielle Debatte? Ein (ostdeutscher) Zwischenruf zur Frauen- und Geschlechterordnung* (1996); *Großbetrieblicher Dienstleistungssektor in den neuen Bundesländern* (1997); *Erwerbsarbeit und Beschäftigung im Umbruch* (1996).

Katrin Schäfgen, Studium der Soziologie an der Humboldt-Universität zu Berlin, Promotion zum Dr. rer. soc. 1998; 1992–1997 wiss. Mitarbeiterin am Sozialwissenschaftlichen Institut der Humboldt-Universität zu Berlin; seit 1997 Koordinatorin des Studiengangs Geschlechterstudien/Gender Studies an der Humboldt-Universität zu Berlin. Veröffentlichungen u. a.: *Die Verdopplung der Ungleichheit. Sozialstruktur und Geschlechterverhältnisse in der Bundesrepublik und in der DDR* (1998); Mitautorin »Kulturelle Leitbilder und institutionelle Regelungen für Frauen in den USA, in West- und in Ostdeutschland«. In: *Berliner Journal für Soziologie*, Bd. 8, 1 (1998); »Gender Studies at Humboldt-University. The process of institutionalization in Germany«. In: *Gender in Transition* (2000).

Elvira Scheich, Studium der Physik und Politikwissenschaft; Wissenschaftliche Assistentin an der Technischen Universität Berlin, Schwerpunkt: Feministische Wissenschafts- und Gesellschaftstheorie; davor Mitarbeiterin im Schwerpunkt Wissenschaft und Kritik des Hamburger Instituts für Sozialforschung; derzeitiges Projekt: Objektivität, Moral und Differenz – Studien zu Wissenschaftsentwicklung und Geschlechterverhältnis. Veröffentlichungen u. a.: *Naturbeherrschung und Weiblichkeit. Denkformen und Phantasmen der modernen Naturwissenschaften* (1993); Mitherausgeberin: *Zwielicht der Vernunft. Die Dialektik der Aufklärung aus der Sicht von Frauen* (1992); *Das Geschlecht der Natur. Feministische Beiträge zur Geschichte und Theorie der Naturwissenschaften* (1995); Herausgeberin: *Vermittelte Weiblichkeit. Feministische Wissenschafts- und Gesellschaftstheorie* (1996).

Heidi Schelhowe, Studium der Germanistik, Katholische Theologie in Freiburg und Münster; Tätigkeit als Lehrerin. Studium der Informatik an der Universität Bremen; Wissenschaftliche Mitarbeiterin in Bremen und Hamburg; seit 1998 am Institut für Informatik an der Humboldt-Universität Berlin; Schwerpunkt: Informatik in Bildung und Gesellschaft, Geschlechterforschung; Leiterin des Projekts »Virtuelle Internationale Frauenuniversität«. Zahlreiche Veröffentlichungen in diesen Schwerpunkten, u. a.: *Frauenwelt – Computerräume* (1989); *Das Medium aus der Maschine* (1997).

Gunter Schmidt, Sozialpsychologe und Psychotherapeut, Professor für Sexualwissenschaft an der Abteilung für Sexualforschung der Universität Hamburg; veröffentlichte zuletzt *Sexuelle Verhältnisse. Das Verschwinden der Sexualmoral* (1998).

Gabriela Signori, Studium der Geschichte, Romanistik und Philosophie in Basel, Genf, Lausanne und Paris; Privatdozentin für Geschichte des Mittelalters an der Universität Bielefeld. Zahlreiche Veröffentlichungen im Bereich der Sozial- und Geschlechtergeschichte u. a. *Trauer, Verzweiflung und Anfechtung. Selbstmord und Selbstmordversuche in spätmittelalterlichen und frühneuzeitlichen Gesellschaften* (1994); *Maria zwischen Kathedrale, Kloster und Welt. Hagiographische und historiographische Annäherungen an den Typus der hochmittelalterlichen Wunderpredigt* (1995): »*Meine in Gott geliebte Freundin*«: *Freundschaftsdokumente aus klösterlichen und humanistischen Schreibstuben* (^{2}1998); *Vorsorgen Vererben Erinnern. Letztwillige Verfügungen kinder- und familienloser Erblasser in einer spätmittelalterlichen Stadtgesellschaft* (erscheint 2000); *Lesen, Schreiben, Sticken und Erinnern. Beiträge zur Kultur- und Sozialgeschichte mittelalterlicher Frauenklöster* (erscheint 2000); Mitherausgeberin der Sammelbände *Maria in der Welt. Marienverehrung im Kontext* *der Sozialgeschichte (10.-18. Jahrhundert)* (1993); »*Mundus in imagine*«. *Festschrift für Klaus Schreiner zum 65. Geburtstag* (1996); *Bilder, Texte, Rituale. Wirklichkeitsbezug und Wirklichkeitskonstruktion politisch-rechtlicher Kommunikationsmedien des späten Mittelalters* (Beihefte der Zeitschrift für Historische Forschung, im Druck).

Inge Stephan, Studium der Germanistik, Geschichte, Politik und Philosophie in Hamburg und Clermont-Ferrand; Professorin für Neuere deutsche Literatur zunächst in Hamburg, ab 1994 an der Humboldt-Universität zu Berlin (Schwerpunkt: Geschlechterproblematik im literarischen Prozeß). Zahlreiche Veröffentlichungen im Bereich der Frauenforschung, der feministischen Literaturwissenschaft und der Geschlechterstudien, u. a.: *Weiblichkeit und Tod in der Literatur* (1987); *Das Schicksal der begabten Frau* (1989, ^{7}1992); »*Wen kümmert's, wer spricht*«. *Zur Literatur und Kulturgeschichte von Frauen in Ost und West* (1991); *Die Gründerinnen der Psychoanalyse* (1992); *Jüdische Kultur und Weiblichkeit in der Moderne* (1994); *Musen & Medusen. Mythos und Geschlecht in der Literatur des 20. Jahrhunderts* (1997).

Parto Teherani-Krönner, Studium der Soziologie mit agrar- und entwicklungspolitischem Schwerpunkt, Promotion zum Thema Umweltsoziologie mit human- und kulturökologischen Ansätzen; Generalsekretärin der Deutschen Gesellschaft für Humanökologie; seit 1993 Leitung des neu gegründeten ergänzenden Fachgebiets »Frauenforschung« an der Landwirtschaftlich- Gärtnerischen Fakultät der Humboldt-Universität zu Berlin und Vorstandsvorsitzende des Schwerpunkts: Frauen in der Ländlichen Entwicklung. Feldforschungen in Deutschland und im Iran. Forschungsinteresse gilt den soziokulturellen Dimensionen der Entwicklung und einer Kulturökologie der Geschlechterbeziehungen. Veröffentlichungen u. a.: *Human- und kulturökologische Ansätze zur Umweltforschung* (1992); *Handlungsspielräume von Frauen in Agrarkulturen* (1997); *Women in Rural Production, Household and Food Security: An Iranian Perspective* (1999); Mitherausgeberin der Publikationsreihe und der Tagungsberichte: *Frauen in der Ländlichen Entwicklung* (1995, 1997, 1999).

Willi Walter, Studium der Gender Studies, Philosophie, Psychologie, Politikwissenschaft und Women's Studies in Freiburg i. Brsg., Peterborough/Ontario und Berlin; verschiedene Lehrtätigkeiten in Berlin und Innsbruck im Bereich der Männer- und Geschlechterforschung; Herausgeber des seit 1994 erscheinenden Periodikums *Kritische Männerforschung*; seit 1993 auch tätig als freier Bildungsreferent für geschlechtsspezifische und interkulturelle Jugendarbeit, Jungen- & Männerarbeit und Multiplikatoren- und Erwachsenenfortbildung mit den Schwerpunkten Sexualpädagogik, Rassismus, Jungensozialisation, Gewalt und Mediation. Mitorganisator verschiedener Tagungen, Vorträge und Podiumsdiskussionen zur Männer- und Geschlechterforschung. Koordinator des 1994 gegründeten deutschsprachigen Arbeitskreisese Kritische Männerforschung. Veröffentlichungen u. a.: *Gebärneidkonzeptionen in der Perspektive von Kritik an der Psychoanalyse* (1995); in der Autorengruppe Trio Virilent: *Überraschend Beraten. Niedrigschwellige Sexual- und Lebensberatung für Männer* (1995); im Herausgeberteam BauSteineMänner: *Kritische Männerforschung. Neue Ansätze in der Geschlechtertheorie* (1996).

4. Personenregister